TEATRO
COMPLETO

Coleção Textos – Dirigida por
João Alexandre Barbosa
Roberto Romano
Trajano Vieira
João Roberto Faria
J. Guinsburg

Equipe de realização – Revisão: Iracema A. de Oliveira e Soluá Simões de Almeida; Ilustrações: Rita Rosenmayer; Capa: Adriana Garcia; Produção: Ricardo W. Neves e Raquel Fernandes Abranches.

TEATRO COMPLETO

RENATA PALLOTTINI

PERSPECTIVA

Dados Internacionais de Catalogação na Publicação (CIP)
(Câmara Brasileira do Livro, SP, Brasil)

Pallottini, Renata
Teatro completo — São Paulo : Perspectiva, 2006.
— (Coleção textos ; 18)

ISBN 85-273-0733-2

1. Pallottini, Renata 2. Peças teatrais
3. Teatro brasileiro I. Título. II. Série.

05-6288   CDD-869.92

Índices para catálogo sistemático:
1. Teatro : Literatura brasileira 869.92

Direitos reservados à
EDITORA PERSPECTIVA S.A.
Av. Brigadeiro Luís Antônio, 3025
01401-000 – São Paulo – SP – Brasil
Telefax: (0--11) 3885-8388
www.editoraperspectiva.com.br
2006

TYPOGRAPHIA PALLOTTINI

1910

A Typographia Pallottini foi fundada no ano de 1910, em São Paulo. Teve sua primeira sede na antiga Rua das Flores, depois Rua Silveira Martins. Ali foi impresso o primeiro livro de poesia da autora deste "teatro completo".

SUMÁRIO

Cronologia 11

Prefácio – *Mariangela Alves de Lima* 17

PEQUENO TEATRO
"Uáite Crístimas" 27
O Vencedor 39
O Exercício da Justiça 47
A Lâmpada 61
Os Loucos de Antes 75
Pivete 103

BARRACA DE COMÉDIAS
O Crime da Cabra 117
Pedro Pedreiro 179
A História do Juiz 215

UM TABLADO NO LARGO DE SÃO FRANCISCO
Enquanto se Vai Morrer... 267
Serenata Cantada aos Companheiros 329

NA CENA DO MELODRAMA
Melodrama 369

10 TEATRO COMPLETO: RENATA PALLOTTINI

SIPARIO: UM CICLO ITALIANO

O País do Sol 403
Colônia Cecília 475
Os Fusillis da Senhora Carrara 513

REPERTÓRIO: TRADUÇÕES E ADAPTAÇÕES

A Verdade Suspeitosa 549
João Guimarães, Veredas 637
O Escorpião de Numância 685
Divinas Palavras 731
A Vida é Sonho 791
As Cidades Invisíveis 833

FORTUNA CRÍTICA

O Teatro de Renata Pallottini: 1ª Fase – *Elza Cunha de Vincenzo* .. 861
A Anarquia Organizada de Renata Pallottini – *Elzbieta Szoka* .. 867
Sobre o Teatro de Renata Pallottini 879

CRONOLOGIA

1931 – Nasce, em 20 de janeiro, na cidade de São Paulo, filha de Pedro Pallottini e Iracema Monachesi.

1934 – Ano da morte de seu pai.

1949 – Ingressa na Faculdade de Direito da USP (São Francisco) e na Faculdade de Filosofia da PUC (São Bento), onde faz o curso de Filosofia Pura.

1950 – Publicação dos seus primeiros poemas, nas revistas da Faculdade de Direito.

1951 – Termina o curso de Filosofia na PUC. Começa a trabalhar na gráfica de sua família (Typographia Pallottini), como revisora.

1952 – Publica seu primeiro livro de poemas, *Acalanto*, impresso na gráfica da família e feito quase manualmente pela própria autora. Recebe o prêmio de poesia de *A Gazeta*, com o livro *O Cais da Serenidade*.

1953 – Formatura na Faculdade de Direito. Publicação de *O Cais da Serenidade*.

1956 – Publicação de *O Monólogo Vivo*. Ganha prêmio de adaptação, instituído pelo Teatro de Arena, por um trabalho com o conto de Guimarães Rosa, *Sarapalha*.

1957 – Viagem à Europa. Conhece, em Madri, Gloria Fuertes, poeta espanhola que vai influenciar sua vida e sua obra. Publicação, pela revista *Diálogo*, da adaptação de *Sarapalha* para teatro.

1958 – Publicação de *A Casa* e de *Nós, Portugal*, primeiro livro editado fora do Brasil, em Tavira, Portugal, é resultado das impressões da viagem de 1957. Publicação, em Caracas, Venezuela, de uma *Antolo-*

12 TEATRO COMPLETO: RENATA PALLOTTINI

gia Poética, primeira tradução de sua obra em espanhol, feita pelo uruguaio Hugo Emilio Pedemonte.

1959 – Com uma Bolsa de Estudos oferecida pelo governo espanhol, vai estudar em Madri, em setembro; ficará na Espanha até julho de 1960, freqüentando a Faculdade de Letras da Universidade de Madri, o Instituto de Cultura Hispânica e outros cursos livres. Aproxima-se de poetas e escritores espanhóis e portugueses. Publicação, pela revista *Prisma*, da peça em um ato *A Lâmpada* e pela revista espanhola *Papeles de Sons Armadans*, de três poemas, traduzidos para o espanhol por Angel Crespo.

1960 – Primeira montagem de *A Lâmpada*, em Campinas, com direção de Teresa Aguiar.

1961 – De volta ao Brasil, matricula-se no Curso de Dramaturgia da Escola de Arte Dramática de São Paulo, o que mudará o curso de sua vida. Escreve a primeira versão de *O Crime da Cabra*. Edição do *Livro de Soneto*s. Primeira encenação de *Sarapalha*, com direção de Alberto D'Aversa. Recebe o prêmio de poesia do Pen Clube do Brasil. Primeiros textos encenados em televisão.

1962 – Escreve e dirige, na Escola de Arte Dramática, *O Exercício da Justiça*, peça em um ato. Fim do curso de Dramaturgia.

1963 – Publicação pela revista *Academus* da peça experimental *Geminis*.

1964 – Começa a lecionar na Escola de Arte Dramática. Colaboração em um espetáculo conjunto, com a peça em um ato *Nu para Vinicius*.

1965 – Estréia profissional em teatro, com a comédia *O Crime da Cabra*, direção de Carlos Murtinho, pela Cia. Nydia Licia, com a qual ganhará os prêmios Molière e Governador do Estado. Publicação do livro de poesia *A Faca e a Pedra*.

1967 – Encenação de *O Crime da Cabra* em Portugal. Recebe o prêmio de melhor texto do Concurso de Teatro Amador.

1968 – Ingressa, como professora, na Escola de Comunicações e Artes da USP. Início dos trabalhos teóricos sobre Dramaturgia. Publica *Antologia Poética*.

1969 – Prêmio Anchieta de melhor texto teatral, com *o Escorpião de Numância*. Participa do Festival de Teatro Universitário de Manizales, Colômbia, com a peça *Pedro Pedreiro*, baseada na personagem da música de Chico Buarque de Holanda. Assume a presidência da Comissão Estadual de Teatro da Secretaria de Estado da Cultura. Traduz o musical americano *Hair*, encenado com direção de Ademar Guerra. Recebe o prêmio de melhor tradução da União Cultural Brasil/Estados Unidos (UCBEU) do Rio de Janeiro.

1970 – Estréia de *O Escorpião de Numância*, direção de José Rubens Siqueira. Publica o volume *Pequeno Teatro*. Traduz *Tom Paine*, de Paul Foster, encenado com direção de Ademar Guerra.

CRONOLOGIA 13

1971 – Publicação de *Os Arcos da Memória*. Estréia a comédia *A História do Juiz*, com direção de Eloy de Araújo. Recebe a Medalha do Mérito da Câmara Municipal de São Paulo, e uma homenagem especial do Pen Clube do Brasil.

1972 – Começo da produção continuada para a TV: redige, em colaboração, os textos do programa infantil *Vila Sésamo*, dirigido por Ademar Guerra. Estréia de *João Guimarães, Veredas*, peça teatral baseada em textos de Guimarães Rosa, dirigida por Teresa Aguiar, produção da Cia. Nydia Licia. Escreve a peça *Enquanto se Vai Morrer...* sobre sua experiência na Faculdade de Direito, focalizando os problemas da pena de morte e da tortura. Submetida à Censura Federal a peça é totalmente proibida.

1973 – Publicação de *O Crime da Cabra*, na revista da Sociedade Brasileira de Autores Teatrais (SBAT). Traduz *Mulheres a Bordo* e *Godspell*, musicais norte-americanos. Recebe, pelo último, novamente, o prêmio de melhor tradução da UCBEU. Assume a direção da Escola de Arte Dramática da USP, cargo no qual permanecerá por dois anos. Preside o Centro Brasileiro de Teatro, instituição filiada à Unesco.

1974 – Traduz *Lulu* de Frank Wedekind, e ganha o prêmio de melhor tradução da Associação de Críticos Teatrais (APCA).

1975 – Chefia a delegação da Escola de Arte Dramática que participa do festival de Teatro Estudantil de Palermo, Itália. Publicação de *A História do Juiz*, na revista da SBAT. Edição do livro de contos *Mate é a Cor da Viuvez*, primeiras incursões pela prosa, fora do teatro.

1976 – Edição do livro *Coração Americano*, resultado das viagens pela América do Sul: Peru, Colômbia, Paraguai. Escreve e encena, com direção de Fausto Fuser, *Serenata Cantada aos Companheiros*, conseqüência da produção e da proibição de *Enquanto se Vai Morrer...* Escreve, durante um ano, em colaboração com Carlos Queiroz Telles, a telenovela *O Julgamento*, baseada na obra de Dostoiévski, e transmitida pela TV Tupi.

1977 – Publicação da antologia *Chão de Palavras*. Recebe o prêmio de melhor roteiro de TV, da APCA, por *O Julgamento*. Participa de recitais de poesia, feitos na rua. Começa, então, a dizer poesia sistematicamente, onde seja possível. O diretor Zecarlos de Andrade monta sua peça em um ato *Um Homem Vestido de Mulher*.

1978 – Traduz *A Vida é Sonho*, de Calderon de la Barca, para encenação dirigida por Celso Nunes. Publica o livro *Noite Afora*.

1979 – Segunda edição de *Coração Americano*, vendida no Teatro Municipal de São Paulo, como parte de uma Semana de atividades e protestos contra a ditadura. Proibição pela Censura da leitura de alguns poemas em praça pública. Participa do grupo de redatores do seriado *Malu Mulher*, exibido pela TV Globo.

14 TEATRO COMPLETO: RENATA PALLOTTINI

1980 – Escreve a série *Cabaré Literário*, para a TV Cultura, com direção de Ademar Guerra. Publica o livro *Cantar Meu Povo*. Traduz *Divinas Palavras*, de R. Valle-Inclán, para uma encenação dirigida por Iacov Hillel.

1981 – Produz uma série de textos para as séries *Teleconto* e *Teleromance*, da TV Cultura de São Paulo.

1982 – Publica *Cerejas, Meu Amor*. É encenado o texto teatral *Melodrama*, com direção de Annamaria Dias, em São Paulo. Redige, em colaboração com Wilson Aguiar Filho, toda a segunda parte da telenovela *Os Imigrantes*, pela TV Bandeirantes. Morte de sua mãe. Defende tese de doutoramento, na USP, com texto que engloba trabalho teórico de dramaturgia e a peça original *O País do Sol*. Começa aí a trilogia sobre imigração italiana, que se completará, depois, com *Colônia Cecília* e *Tarantella*.

1983 – Publicação de *Introdução à Dramaturgia*, primeiro livro teórico sobre assunto.

1984 – Participa do grupo de redação do seriado de TV *Joana*, produção independente. Primeira publicação de literatura infantil: *Tita, a Poeta*. A pedido de Ademar Guerra, escreve o texto de *Colônia Cecília*, sobre uma colônia anarquista italiana. Espetáculo apresentado no Teatro Guaíra, de Curitiba, com grande sucesso.

1985 – Coletânea de textos latino-americanos que redunda no espetáculo *Ah!mérica*, com interpretação de Raul Cortez e direção de Odavlas Petti. Traduz textos de Tchéckov para o espetáculo *O Camaleão*, com direção de Reynaldo Santiago. Participa do grupo que fundará a Associação Paulista de Autores Teatrais e torna-se sua primeira Presidente. Publicação do livro de poesias *Ao Inventor das Aves* e do infanto-juvenil *O Mistério do Esqueleto*. Traduz o texto do autor venezuelano Isaac Chocrón: *Simon*, sobre a vida de Simom Bolívar, espetáculo dirigido por Francisco Medeiros.

1986 – Sai o texto musical *PedroPedreiro*, na revista da SBAT. Espetáculo dirigido por Teresa Aguiar, sobre a vida e obra do poeta Garcia Lorca: *Caminho que Fazem o Darro e o Genil até o Mar*. É levada à cena sua tradução de *Topografia de um Desnudo*, do autor chileno Jorge Diaz, espetáculo dirigido por Teresa Aguiar. É feita leitura pública de *Tarantella*.

1987 – Publica a peça *Colônia Cecília*. Recebe a Medalha do Mérito Literário, do Pen Clube do Brasil.

1988 – Viaja à Cuba, para dar aulas de Dramaturgia na Escuela Internacional de Cine y TV (EICTV), de San Antonio de los Baños. Publica *Esse Vinho Vadio*. Encenação de *Rodinete*, comédia popular, dirigida por Elvira Gentil. Sai em Zurique, na Suíça, antologia de contos eróticos (*Tigrerin und Leopard*), com um conto seu; Publica *Praça Maior*, coletânea de poemas sobre a Espanha. Publica o livro de poesias para crianças, *Café com Leite*.

CRONOLOGIA 15

1989 – Organiza um Seminário Latino-americano de Dramaturgia dedicado ao estudo da telenovela. Publica seu segundo livro de estudos teóricos, *Dramaturgia: Construção do Personagem*.

1991 – Participa do 2º Seminário Latino-americano de Dramaturgia, em Havana. Sai a segunda edição de *Tigerin und Leopard*, em Hamburgo, Alemanha. Ministra um curso de Dramaturgia em Cuzco, Peru. Publicação em espanhol de *Introdução à Dramaturgia*. Nova montagem de sua tradução de *A Vida é Sonho*, agora com direção de Gabriel Villela, protagonizada por Regina Duarte.

1992 – Publicação da tradução de *A Vida é Sonho*. Inclusão de *Mulher Sentada na Areia*, de sua autoria, na antologia *Das Buch der Einfersucht* (*O Livro do Ciúme*), em Munique, Alemanha.

1993 – Publicação de *Do Tamanho do Mundo*, livro infantil.

1994 – Publicação do romance *Nosotros*.

1995 – Publica *Obra Poética*.

1996 – Recebe o Prêmio Jabuti, da Câmara Brasileira do Livro, pela publicação de *Obra Poética*.

1997 – Publicação em francês do romance *Nosotros* (trad. Jandira Teles de Vasconcelos). Publica *Cacilda Becker – O Teatro e suas Chamas*. Recebe da União Brasileira de Escritores o Prêmio Cecília Meireles de Poesia, no Rio de Janeiro.

1998 – Publica o ensaio *Dramaturgia de Televisão* e o romance *Ofícios & Amargura*.

1999 – Encenação de *O País do Sol*, direção de José Eduardo Vendramini, para a Escola de Comunicações e Artes – Teatro-Laboratório.

2000 – Lançamento do depoimento *Chão de Palavras* pelo Museu/Arquivo da Poesia Manuscrita de Florianópolis. Publicação da peça de teatro *Os Loucos de Antes*. Recebe o Prêmio Alejandro Cabassa, pelo romance *Ofícios & Amargura*.

2001 – Estréia do espetáculo *As Cidades Invisíveis*, adaptação do texto de Italo Calvino, no Teatro do Centro Cultural Banco do Brasil, direção de Márcia Abumjamra, SP.

2002 – Publicação do livro de poesia *Um Calafrio Diário*. Encenação, nas escadarias da Faculdade de Direito no Largo São Francisco, da peça *Enquanto se Vai Morrer...*, com direção de Zécarlos Andrade.

2004 – Publicação de *Renata & Others Poems* (trad. K. David Jackson), no Texas, EUA.

2005 – Publicação do ensaio *O que é Dramaturgia*.

PREFÁCIO

Mariangela Alves de Lima

Habituada à heterogeneidade das formalizações a cena brasileira acolheu, desde o final dos anos cinqüenta do século passado, vozes autorais de todos os timbres. Escritas por autores nacionais subiram ao palco comédias de costumes urbanos e rurais, dramas existenciais moldados sobre a psique das personagens, revisões da nossa história organizadas sobre a estrutura da narrativa épica e experimentos de abstração contrastando a validade dos formatos agrupados sob o rótulo genérico de drama. Essa liberdade exercitada na escrita teatral e provada nos palcos é o meio de cultura da dramaturgia de Renata Pallottini. O leitor deste volume poderá entrever, através da multiplicidade de cenários, a moldura de vários suportes dramatúrgicos submetidos à reelaboração crítica de acordo com os temas e paisagens que seduziram a imaginação da autora.Trata-se, antes de tudo, de uma obra que não rejeita o patrimônio histórico da dramaturgia universal, antes o utiliza como ponto de referência. Comprovam o diálogo interessado com o passado da literatura dramática as traduções e adaptações aqui incluídas.

Em meio a esse horizonte estilístico expandido há uma redução vocacional. Laços de parentesco filosófico e estético ligam estas peças ao teatro de Jean-Paul Sartre, no plano da dramaturgia internacional, e a Jorge Andrade. Dois autores exponenciais que na segunda metade do século passado recolocaram no plano frontal da arte cênica a dialética entre o imperativo social e autonomia do sujeito. Há muitos outros dramaturgos importantes trabalhando nessa vertente, mas, parece-nos, bastam os nomes citados para identificar uma linhagem. As peças inscritas neste conjunto testemunham a desigualdade social aprofundando-se ao longo do tempo em uma escala crescente que vai da perversidade ao horror. Ironizam as aberrações do aparato institucional atrasado e injusto, dão corpo e voz a indivíduos marginalizados pela ordem econômica ou por uma moral sexual arcaica e autoritária. São lúcidas na argumentação, pioneiras ao denunciar opressões nas esferas do público e do privado e, reunidas, expressam a grandeza com que os nossos melhores dramaturgos se empenham em combater a ignorância dos explorados, a má-fé dos poderosos e a violência que resulta dessa desigualdade institucionalizada.

Ainda que visto sob esse ângulo de temas e problemas comuns a uma geração, o agrupamento das obras da autora revela condensação em uma perspectiva única aplicada a vastos territórios ou nichos exemplares da experiência coletiva. Ao propor figurações do poder e da classe dominante, ao investigar comportamento da família nuclear pequeno-burguesa ou dramatizar cantos sombrios onde se abriga a marginalidade, as peças se apóiam sobre um alicerce que constitui a assinatura da artista singular em meio a uma tendência. Em síntese, todas estas obras se organizam sobre conflitos de direitos. E quase todas – porém nem todas- se alinhariam sob a égide do "teatro de situação".

Nesse sentido as seis peças curtas que abrem o volume, agrupadas aqui segundo critério de extensão, representam a constante mantida ao longo do tempo sob as variáveis das formalizações. É significativo o fato de que *A Lâmpada,* primeira peça encenada da autora, publicada pela primeira vez em 1958, dramatize o anátema e o conseqüente isolamento de um homem que procura o convívio de um companheiro de trabalho. É o "diferente" e cercam-no indícios simbólicos da hostilidade das pessoas e dos objetos. Sua morada miserável pulsa ao som de uma bomba de sucção barulhenta, a eletricidade falha e a dor física secunda a dor psíquica. É ainda uma figura sem instrumentos conscientes para reivindicar o direito à alteridade, mas o que a personagem não fala se insinua em cena por meio do grosseiro pragmatismo do interlocutor. É o visitante, extrato exemplar da norma, que nomeia o "esquisito". Trata-se, enfim, do direito à diversidade, manifestado na peça de modo ambíguo que tanto diz respeito à sexualidade quanto à dificuldade de funcionar a contento no ambiente da agiotagem disfarçado sob o eufemismo de "administração".Signos da pulsão sem objeto, como o maquinário rebelde à lógica do uso e as pústulas que irrompem no corpo sofredor apontam para a familiaridade da autora com o que era, então, a vanguarda no âmbito da dramaturgia européia.

Texto mais recente desse conjunto *Pivete,* peça escrita em 2004, retorna ao assunto da solidão urbana. Desta vez o conflito situa-se no cenário extremo da infância sem lar. Também neste caso a opressão da criança despersonalizou-se e a metáfora da carência realiza-se no palco por meio da manipulação do menino-marionete. Vácuo manifesto nas falas da criança, o contato materno é falha que não pode ser curada e suprema ambição de todas as crianças sem família e sem futuro que povoam as ruas da metrópole.

PREFÁCIO   19

Nos textos subseqüentes desta edição – e aqui nos referimos às peças longas – o foco sobre a exclusão desloca-se por vários estratos sociais. Ao funcionário do escritório de agiotagem sucedem o bandido pé-de-chinelo, camponeses e operários imigrantes, o migrante nordestino e artistas vivendo precariamente do seu ofício. Entre dois pontos cronológicos constituídos pelas datas de escritura das peças curtas, situam-se obras cujos protagonistas são a classe dominante, "lunáticos" na dupla acepção do termo, um pequeno meliante vendido a executores a troco de favores legais concedidos a um bandido mais abonado. Nestes casos a concisão do formato privilegia a inserção social dos agentes. São personagens que não precisam de fundamento psíquico porque cumprem seu destino ficcional por força de uma causalidade exógena. Para cada um deles a sociedade fechou uma porta que lhes permitiria, talvez, outro destino. Por essa razão adquirem acentuado contorno metafórico. São grotescas quando representam a classe dominante – caso dos granfinos ensandecidos pelo terror nuclear que protagonizam *Uáite Crístimas* – ou inteiramente líricos como os amantes de *Os Loucos de Antes*.

Se o ecletismo da formalização e a firmeza do núcleo temático são duas constantes na dramaturgia de Renata Pallotini há, contudo, variáveis que, emergindo neste volume em desordem cronológica, indicam uma atenção continuada às mutações da escrita cênica no decorrer das últimas cinco décadas do século XX. As buscas no terreno da linguagem evidenciam uma curiosidade renovada pelos feitos da literatura dramática no passado e no presente. Em um panorama em que, sobretudo nos anos setenta do século XX, a dramaturgia vinculou-se ao palco e disse adeus ao continente da literatura, o olhar retrospectivo valeu por teimosia e exercício de liberdade.

Como um parêntese histórico talvez valha lembrar aqui que a implosão dos gêneros detonada pelas vanguardas do começo do século firmou-se sobre os escombros da peça-bem-feita e forneceu para o público europeu ansioso pelo "teatro de arte" uma alternativa em alto contraste evidente às convenções teatrais em voga.

De outro modo se processou a renovação da dramaturgia brasileira que, não tendo experimentado o fastígio do drama realista e da peça-bemfeita – entre nós o melhor era a comédia de costumes - entrou de sola no universo conturbado da dramaturgia sem lei e nem freio.Nelson Rodrigues, emergindo no panorama do teatro moderno brasileiro como um cogumelo, assumiu proporções modelares. Excêntrico e original em tudo, o modelo não servia a todos e, talvez por essa razão dramaturgos paulistas contemporâneos de Renata Pallotini, entre eles Jorge Andrade e Lauro César Muniz, tenham processado uma exploração metódica de escrituras que, de algum modo, retomassem o fio tradição que ainda não havíamos exercitado e superado.

Em geral é de pouca valia investigar a intenção dos autores, mas, de qualquer forma, a variedade de procedimentos da autora destas peças per-

20 TEATRO COMPLETO: RENATA PALLOTTINI

mite deduzir que as alternativas de composição hegemônicas em diferentes períodos foram compulsadas como fontes de inspiração e modelos de aprendizagem. Sem considerar as obras desta edição como exercício evolutivo, mas tendo em vista a adequação da linguagem às situações – componente basilar da organização das peças – podemos notar que foram mobilizados o drama realista, a farsa popular, a comédia de costumes rural e urbana, os variados recursos do teatro épico, o poema dramático simbolista, o mimodrama e, como ressonância, os autos peninsulares seiscentistas e a comédia italiana do século XVIII.

Nada é retomado, está claro, em estado puro. Para cada situação há um tratamento específico, ao mesmo tempo ditado pela estrutura bipolar do conflito entre justiça e violação de direitos e pela curiosidade por tradições ou experimentos recentes da escrita cênica. Formalizações do passado e invenções contemporâneas se mantém, no interior das obras, em situação dialógica. Na maioria das peças os procedimentos se entrelaçam. *A História do Juiz*, escrita ainda no final dos anos cinqüenta, funda-se na memória da nossa primeira comédia de costumes. Há uma senhora cobiçada pelo juiz da cidadezinha que, ao enviuvar, é imediatamente fisgada pelo pretendente. Na apresentação da peça, contudo, utiliza-se a onisciência do prólogo épico. Contracenando com o juiz e a companheira, há uma figura alegórica que é a um só tempo contra-regra, narrador e suporte de outras personagens circunstanciais. Derivando da mesma tradição cômica *O Crime da Cabra* incorpora a mobilidade da farsa ibérica recorrendo à multiplicidade de localizações, proliferação de incidentes e tipos construídos sobre paradigmas da fala popular e da elocução culta. Ainda aparentada à comédia de costumes, a saga do trabalhador urbano aparece em *Pedro Pedreiro* como uma sucessão de quadros autônomos entremeados por música. Convergem todos esses episódios para uma espécie de moralidade de fundamento brechtiano onde se engalfinham virtude e necessidade.

Outras duas obras fazem colidir o direito e o aparato judiciário, tendo este segundo termo, na perspectiva da autora, se distanciado do seu fundamento ideal que seria garantir a livre manifestação do ser. Localizadas emblematicamente na Faculdade de Direito do Largo São Francisco, *Enquanto se vai morrer* e *Serenata cantada aos companheiros* recorrem ao substrato mnemônico e, por essa razão, são singulares neste conjunto. Embora objetivadas em um pensamento claro – todas fazem uma escolha existencial - as personagens destas duas peças têm motivos psicológicos residuais. São, portanto, entre as criaturas de Renata Pallottini, as que mais se assemelham, no plano da formalização, às caracterizações de personagens privilegiadas pelo drama realista.

De qualquer modo, como observou Elza Cunha de Vincenzo em um estudo perspicaz e circunstanciado sobre essas duas obras que mobilizam o plano da memória, o que se busca no trajeto não é o resgate de subjetividades em crise. "Em suas peças, o passado finca raízes em épocas muito mais recuadas no tempo e é muitas vezes mais que um passado pessoal.

PREFÁCIO 21

A memória descreve sempre um longo arco para abarcar um tempo e um mundo muito mais vastos. Neles se situam os que vieram antes, desenha-se o universo de idéias, seres e coisas que estão na base da vida dos que vivem agora".[1] Componentes psicológicos tornam-se, tendo em vista o coletivo, um recurso para tipificar o direito do sujeito à autonomia e o dever do grupo de respeitar a integridade individual. Personagens em uma mesma situação – jovens agrupados em uma faculdade onde se debatem a diferentes concepções da lei e do direito intencionam alguma coisa, instrumentalizam-se para poder realizar desígnios e, anos mais tarde, vemos que deram às suas vidas rumos que coincidem ou diferem das utopias juvenis. A aprendizagem não os molda da mesma forma e depreende-se dessa exposição de personalidades o exercício da liberdade sartreana. Vozes de outrora, como fantasmas do "país dos bacharéis", imiscuem-se nesse conflito superficialmente verista. De todas as convenções da literatura dramática a que menos interessa a autora é da quarta parede. Nas raras vezes em que suas peças focalizam a psique individual e ocorrências anímicas de qualquer ordem, o ponto de vista do realismo é rompido por artifícios espetaculares ou por uma sublimação do componente emotivo feita com o auxílio da poesia.

Três peças centradas na imigração italiana cumprem ordenadamente as etapas do assentamento dessa comunidade em terras brasileiras. Cada uma delas tem, contudo, um motivo central que transcende o aspecto de crônica histórica. Na primeira, *O País do Sol,* desenha-se um vasto panorama de tendências culturais e políticas. Há o imigrante que mesmo sem o desejar, por temperamento e sensibilidade naturais, vai-se misturando ao caldo étnico do país onde, de início, se imaginava exilado. Outros não se adaptam e um deles é, por escolha, um homem sem nação e comprometido com a libertação de todos os seres humanos. Drama de costumes, pregação política e incitamentos épicos se mesclam de modo análogo à da atuação das personagens. Estas, uma vez no novo país, tornam-se vítimas da desordem e, com perfeita ambigüidade, beneficiárias da diversidade de cultura e experiência.

O anarquismo em estado puro, quase como uma religião professada por austeros pregadores, é o tema de *A Colônia Cecília.* De nítida inspiração brechtiana a peça mescla canções, poemas e documentos sobre a colônia experimental liderada por Giovanni Rossi no Paraná de 1890 a 1894. Em parte o objetivo declarado é o de uma peça "como se fosse uma aula". Os recursos épicos, recomendando narrativas intercaladas por canções e poemas e segmentadas de modo que o foco possa ser grupal, individual ou "de gabinete" permitem que esse experimento social seja visto em suas múltiplas refrações. Há a idéia luminosa vivida com elevação e sentimento

---

1. E. C. de Vincenzo, *Um Teatro da Mulher.* São Paulo, Perspectiva/ Edusp, 1992, p. 235.

e os pequenos malogros econômicos e afetivos que, somados, a fazem soçobrar. Canto de saudade entoado à Idade de Ouro das utopias e informação sobre um dos muitos episódios recalcados da história dos movimentos sociais brasileiros, esta peça é o prelúdio de uma outra etapa do conflito de direitos presente em *Os Fusilis da Senhora Carrara*.

Outros tempos, e já é possível parodiar o próprio Brecht. Terceiro e, por enquanto, último episódio da saga da imigração italiana no Brasil o cenário é agora interiorizado. Estamos no salão de uma pequena cantina paulistana, tão pequena que funciona como as antigas pensões familiares. Gerida por uma senhora que é ao mesmo tempo dona e cozinheira, o empreendimento corresponde ao modelo organizacional do pequeno negócio familiar. Não é em estado de beligerância declarada que se trava a luta Senhora Carrara de hoje em dia. Seu conflito se trava em surdina no tempo da globalização e a luta é para resistir à grande empresa e, por conseguinte, à hegemonia da fast-food. Sendo assim, neste confronto entre o modo de produção artesanal e o industrial, entre a cultura regional e global, só a astúcia poderá vencer a força bruta. Potências desiguais fazem fermentar o ardil do mais fraco e, no plano estilístico, têm analogia com a comédia italiana do século XVIII. Sendo uma mãe italiana e não a temível espanhola de Brecht, a senhora Carrara pode sacrificar alegremente um filho à cobiça comercial e erótica dos chineses. Filha espiritual de Goldoni restar-lhe-á outro filho meio inútil, mas de bom convívio e um segredo inalienável, só acessível aos que veneram em um só templo a tradição da origem e a contribuição nova do lugar para onde foram transplantados. Paródia sem malícia, comédia de costumes contemporâneos e sátira explícita da era neoliberal – definida como uma época em que os grandes negócios devoram insaciadamente os pequenos – esta peça encerra com evidente bom-humor o trajeto histórico da imigração. Além disso, outro tipo de negócio fora de moda emoldura a velha cantina. Trata-se do teatro, lugar onde além do risco comercial, os intérpretes despendem à mão cheia o capital das paixões.

Pertence à mesma estirpe da atriz que interpreta a Senhora Carrara a personagem que monologa em *Melodrama*. Amor contrariado pelo preconceito, autopiedade, decadência profissional e física, falência financeira, lágrimas e sentimentos sempre à flor da pele engrossam o caldo do gênero anunciado pelo título. "Eu tenho coragem de beber Campari, de fazer melodrama e de chorar até me acabar! Quantas pessoas no mundo podem dizer a mesma coisa?" pergunta ao garçom impassível a protagonista da peça. O tempo é a madrugada, o cenário é um bar e, tal como a célebre personagem de Cocteau, o estado anímico é o da espera tensa por um telefonema que decidirá o destino amoroso da mulher que monologa. Gênero teatral ultrapassado, derrotado no teatro moderno e ainda vigente na cultura de massas o melodrama é, por isso mesmo, reinventado como veículo para um tema anacrônico na arte e sempiterno no plano da experiência humana. A curva dramática é a da queda da personagem até o que

PREFÁCIO

significa, para ela, o ponto mais baixo: a troca de um presente estimado por mais uma dose de Campari. E o final, também obediente aos preceitos do gênero, é o ingresso na vida compartilhada sob a luz de um dia novo. Sem pudor, empapado de lágrimas e perfumado a álcool, o formato adotado é, em um plano metateatral, análogo ao difícil trajeto pessoal das mulheres homossexuais. No repertório da tradição teatral há, portanto, gêneros que, exatamente por serem desprestigiados ou superados, servem para revestir comportamentos sociais anacrônicos. É a intolerância que, ao isolar e humilhar quem transgride as normas, dá origem ao melodrama.

Por último, mas não menos importante, apresentam-se neste volume adaptações e traduções da autora. Entre essas inscreve-se *O Escorpião de Numância*, obra em tal medida distante do seu ponto de referência que bem poderia livrar-se do respeitoso rótulo de "adaptação". Escrita em 1968 e "dedicada à resistência cubana" é, de modo explícito, uma peça engajada na oposição ao cerco que a direita, quase em todo o continente sul-americano, impôs aos movimentos sociais durante os anos sessenta do século passado. Ajusta-se até hoje, como luva bem-talhada, à Cuba no século XXI. Lembra que, sob o nome de embargo, somos testemunhas do mais longo sítio da história da humanidade.

Pequeno Teatro

"Uáite Crístimas"

Sob o nome de *Cena Atômica*, *Uaíte Crístimas* foi várias vezes representada por amadores, a primeira delas no Instituto Cultural Brasil-Japão, na década de 1960.

Personagens

Milionário
Secretária
Escritor
Engenheiro

Cenário

Sala grande e nua, de paredes brancas, com algo de metálico. Poltronas de material plástico, transparente. Mesa idem. Compartimentos recortados na parede, sugerem geladeira, aparelhos embutidos de rádio, televisão, bar, estante, discoteca etc.

*Ao se iniciar a ação, a cena está totalmente às escuras. Entram os
quatro personagens, e dizem suas falas no escuro.*

Escritor – Buh, que escuro.

Milionário – Calma, calma. Aqui é o quê?

Engenheiro – Não é impressionante? Não há claridade alguma. Vedação
completa.

Secretária – Chega de escuro, não é? Pode acender as luzes?

Engenheiro – Pronto. (*acendem-se todas as luzes*)

Todos – Ah!

Engenheiro (*orgulhoso*) – Então?

Milionário – Bárbaro!

Secretária – Não é mesmo? Bárbaro!

Escritor (*ligeiramente irônico*) – Uma barbaridade.

Engenheiro – Inútil insistir na segurança, não é? Segurança mais do que
total, segurança extra.

Secretária – Quer dizer que... estando aqui a gente está salva? Quer dizer... não há nenhum perigo?

Engenheiro – Nada. A prova de radiações atômicas. Aqui, está-se mais
seguro do que em outro planeta.

Milionário – Isso foi comprovado?

Engenheiro – Há físicos na nossa equipe. Médicos. Cientistas de toda espécie. Tudo está perfeito.

Milionário (*passeando*) – Bom. Também, pelo que custou...

Engenheiro – Uma ninharia...

Milionário – Uma o quê?

ENGENHEIRO –... Uma ninharia, se levarmos em conta o valor de sua construção, a perfeição nos mínimos detalhes, e, principalmente, a primazia mundial!

ESCRITOR – É mesmo o primeiro do mundo?

ENGENHEIRO – Particular, é.

MILIONÁRIO – Tome nota disso, moço! O primeiro abrigo anti-atômico particular do mundo!

ESCRITOR (*anotando*) – Não tenha dúvida de que eu anoto.

SECRETÁRIA – Ficaria muito bem na sua mensagem de Natal!

ENGENHEIRO – O senhor vai fazer uma mensagem de Natal?

MILIONÁRIO – Aos operários da minha indústria. Eles sempre esperam isso de mim.

SECRETÁRIA – O senhor sabe, são cento e cinqüenta mil operários!

ESCRITOR – Tudo isso?

MILIONÁRIO – Tudo isso. Por isso, é bom caprichar.

ESCRITOR (*anotando*) – Certo, chefe.

SECRETÁRIA – É uma grande responsabilidade!

ENGENHEIRO (*mostrando um detalhe*) – Vejam isto: quadro elétrico, controle de transmissões. (*abre um compartimento*) Luzes. Controle dos aparelhos de som. Abertura das portas. Células fotoelétricas.

MILIONÁRIO – Sei, sei. Eficiente, hem?

ENGENHEIRO – Total. Eficiência total. (*continua a exibir o abrigo*) Mas... o senhor faz isso... a sua mensagem... todo Natal?

MILIONÁRIO – Não sou eu quem redige, é claro.

SECRETÁRIA – O senhor infunde o espírito.

MILIONÁRIO – Isso, o espírito. Eu faço isso há sete anos.

SECRETÁRIA – Juntamente com a grande árvore... o pinheiro, o senhor sabe. Todo nevado, etcétera.

MILIONÁRIO – Naturalmente, o abonozinho...

SECRETÁRIA – E as sacolas... uma para cada esposa, mãe, ou... o que mais?

ESCRITOR – Amásia.

SECRETÁRIA (*corrigindo*) – Viúva de operário morto em serviço.

MILIONÁRIO – Mas o senhor dizia...

ENGENHEIRO – Dos detalhes de segurança, já falei. As paredes são de uma nova liga metálica, aliás, belíssima. Os aspectos estéticos não podem ser desprezados...

SECRETÁRIA – Pois é, não podem...

ENGENHEIRO – Enfim, as necessárias instalações elétricas, hidráulicas, de renovação de ar... O senhor tem aqui tudo o que for necessário para a sobrevivência... digo mais... para o conforto de...

MILIONÁRIO – Quantas pessoas? Isso é importante.

ENGENHEIRO – Seis pessoas.

MILIONÁRIO – É pouco.

ENGENHEIRO – Dado que o prendado casal não tem filhos...

MILIONÁRIO – Não temos filhos, mas só os afilhados...

"UÁITE CRÍSTIMAS" 33

ENGENHEIRO – Em caso de extrema necessidade, dez pessoas.

SECRETÁRIA – Pessoal de serviço, também?

ENGENHEIRO – Sem dúvida. Mas, é claro, só o estritamente necessário...

SECRETÁRIA (*inquieta*) – Necessário...

MILIONÁRIO – Guarda-costas, cozinheira...

ENGENHEIRO – Dois técnicos...

MILIONÁRIO – Massagista...

Secretária está pendente.

MILIONÁRIO – Secretária...

Secretária respira.

ENGENHEIRO – Bilíngüe. A senhora é bilíngüe?

SECRETÁRIA – Tri!

MILIONÁRIO – Ela é muito boa. Muito eficiente, digo.

SECRETÁRIA – A propósito...

MILIONÁRIO – Chefe de secretaria. Em caso de guerra atômica, a senhora passa a chefe de secretaria, naturalmente.

SECRETÁRIA – Com os vencimentos...

MILIONÁRIO – Com os vencimentos compatíveis, é claro.

SECRETÁRIA (*tranqüilizada*) – Ah, bom.

MILIONÁRIO (*voltando-se para o engenheiro*) – Então?

ENGENHEIRO – Dizia eu: seis pessoas, em caso de necessidade, até dez pessoas, podem sobreviver aqui dentro, com conforto, e em condições satisfatórias por... adivinhem quanto tempo!

SECRETÁRIA (*excitada*) – Seis meses!

MILIONÁRIO – Dois anos?

ESCRITOR – Uma semana...

ENGENHEIRO – Um ano, até que a atmosfera se purifique naturalmente, e que a vida na superfície da terra não mais ofereça perigo!

SECRETÁRIA – Os sobreviventes! Seremos os únicos sobreviventes.

ENGENHEIRO – Particulares.

SECRETÁRIA – As sementes de uma nova era!

ESCRITOR – Os filhos da bomba.

SECRETÁRIA – Não é maravilhoso?

MILIONÁRIO – Parece que o negócio é bom, mesmo. Vale o que eu paguei.

ENGENHEIRO – Esteja seguro disso.

ESCRITOR – Não convém que se ponha isso na mensagem, não?

MILIONÁRIO – O quê?

ESCRITOR – Que o abrigo só dá para seis. Visto que o senhor vai falar a cento e cinqüenta mil operários, fora as famílias...

MILIONÁRIO – Isso é problema seu, jovem. Quero uma mensagem de Natal que seja portadora da expressão do nosso pensamento cristão. Certo?

ESCRITOR – Certíssimo. (*anota*)

Milionário – Aliás, o senhor foi muito feliz na minha última entrevista.

Escritor – Era meio diferente. Mas esteja tranqüilo. Farei o melhor.

Milionário – É o que eu espero. Escute, doutor. E o problema da sobrevivência, em si? O que é que se come?

Engenheiro – Come-se e bebe-se do melhor, da maneira pela qual o senhor está habituado a ser servido. Ou seja: o abrigo tem uma provisão de alimentos ressecados, enlatados, comprimidos, congelados e defumados, que daria para abastecer um transatlântico em alto mar. Além disso, naturalmente, o que corresponde em matéria de uísque e outras bebidas espirituosas, bem como de refrigerantes, águas e licores para as senhoras. Ah! Champanhe, para as ocasiões especialmente festivas.

Escritor – Festivas?

Engenheiro – Chegada ao abrigo em seguida à explosão, casamentos, aniversários, passagens de ano...

Escritor – Novas guerras...

Engenheiro (*contrariado*) – Etcétera.

Secretária – Perfeito!

Milionário – O senhor se esqueceu do chá.

Engenheiro (*sorrindo, superior*) – Há quinhentas caixetas de chá da Índia!

Secretária (*aliviada*) – Ah, bem!

Engenheiro – Nossa organização não falha.

Secretária – Quanto à temperatura em que deve ser servido o chá...

Engenheiro – Contamos, naturalmente, com seus bons serviços...

Secretária – Contem comigo.

Milionário – Muito bem. Muito bem! Um abrigo perfeito!

Engenheiro – Perfeito, eficiente e agradável!

Escritor – Agradável?

Engenheiro (*sorrindo*) – Temos, por exemplo, aparelhos de televisão...

Escritor – Meu caro, em caso de guerra atômica...

Engenheiro – Nunca se sabe até onde chegarão as emissões do inimigo!

Escritor – Em matéria de diversões, o senhor é macabro.

Engenheiro – Naturalmente, temos toca-discos, correspondente discoteca de música ligeira...

Secretária – Adoro música ligeira.

Engenheiro – Biblioteca...

Escritor – Ligeira...

Engenheiro (*acelerando à medida que vai enumerando*) – Sala de jogos, de bilhar, de exercícios físicos, aparelhos de fisioterapia, sauna, banhos turcos, sala de massagens, boliche, cabeleireiros, farmácia, salas para diversos tipos de culto, sala para o clube de senhoras, escolas, creches, parques infantis e (*triunfante*) um rio subterrâneo para a pesca da truta!

Todos (*menos o Escritor*) – Genial!

Milionário – Adoro pescar truta!

Engenheiro – Nossa organização pensa em tudo!

"UÁITE CRÍSTIMAS"   35

Secretária – Esplêndido!

Engenheiro – Acho, aliás, que este é um daqueles momentos festivos de que falamos. Esta sala dispõe de geladeira... (*abre um compartimento da parede e saca uma garrafa de champanhe, de outro tira taças*) Portanto... (*serve*) A saúde!

Todos – A saúde!

Escritor (*meio sem jeito*) – A saúde de quem?

Milionário – Sei lá! Brinde, homem!

Secretária – Chin, chin!

Engenheiro – Mais uma? (*Serve outra rodada. Todos bebem*)

Secretária (*eufórica*) – Ah, champanhe... Que leveza, que borbulhar... (*está ficando de pilequinho*)

Milionário (*ao Escritor*) – Rapaz, preste atenção!

Escritor – Sim, senhor.

Milionário – Este é um momento de muita solenidade.

Escritor – Sim, senhor.

Milionário – Ponha isso ai na minha mensagem de Natal!

Escritor – O que, exatamente?

Milionário – Sei lá! Ponha que este é o primeiro abrigo antiatômico particular do mundo! E que é meu! E que me custou uma fábula!

Engenheiro – E que fui eu quem construiu!

Secretária – E que é divino!

Todos continuam bebendo.

Milionário – É preciso que o mundo saiba! Que estamos preparados! Que estamos aqui, prontos, defendidos, abrigados...

Secretária – Aconchegados!

Engenheiro – Os únicos do mundo!

Milionário – Que nós sobreviveremos! Podem vir! Podem vir!

Secretária – Não temos medo!

Milionário – Que venham agora! Estamos prontos!

Engenheiro – Poeira atômica, eu te saúdo!

Milionário – Radiações, aí vamos nós!

Secretária – Viva a bomba atômica!

Todos (*menos o Escritor*) Viva! (*bebem mais*)

Escritor – Bem, não creio que isso caiba muito bem na mensagem de Natal.

Milionário – Por que não?

Escritor (*olhando suas notas*) – Vamos ver... acho que... de qualquer maneira... o que devemos desejar é que não sobrevenha a guerra atômica... Não sei se me entendem...

Engenheiro – Eu não entendo.

Escritor – Este abrigo pode ser a maravilha do século, a garantia da vida de seus ocupantes, no caso de uma guerra atômica. Mas o que devemos desejar, acho eu, é que não haja a guerra!

Secretária – Como!

36 TEATRO COMPLETO: RENATA PALLOTTINI

Escritor – Digo que o nosso primeiro dever é desejar...

Secretária – Mas tem que haver guerra atômica!

Milionário – Este abrigo me custou uma fortuna! Só aqui com o engenheiro...

Engenheiro (*defendendo o seu*) – Não há nenhuma dúvida sobre o advento da guerra atômica. Caso contrário, eu não teria proposto a construção deste abrigo!

Milionário – E eu não teria aceito a proposta!

Secretária – Ele não teria aceito!

Engenheiro – Não há nenhuma dúvida!

Escritor – Eu espero que haja dúvidas. Eu espero que todos hesitem muito, antes de...

Milionário – Mas a coisa está evidente! A China já advertiu o mundo!

Engenheiro – O Vietnã está pegando fogo, o Cambodge idem, e a situação entre os árabes e Israel é a pior possível!

Milionário – Não podemos esquecer os africanos e a América do Sul!

Engenheiro – E os japoneses!

Secretária – O que o senhor diz é um absurdo!

Escritor – Mas compreendam! Uma guerra atômica seria o fim de tudo! É muito provável que ninguém queira dar o primeiro passo!

Engenheiro – Parece incrível! O senhor ignora o estado de coisas no Oriente!

Secretária – E não tem lido as notícias sobre a África!

Engenheiro – O senhor é um retrógrado!

Escritor – Pelo amor de Deus! Seria a destruição da humanidade! A guerra atômica é um absurdo e uma atrocidade!

Engenheiro – O senhor é um reacionário!

Milionário – Você é uma besta!

Engenheiro – Eu lhe quebraria a cara!

Secretária – Quebra mesmo!

Milionário – Se não, quem quebra sou eu!

Engenheiro – Deixa que eu bato! (*começa a bater*)

Secretária (*espumando*) – Isso! Bate! Mata!

Milionário – Malha ele!

Secretária – Liquida com ele! (*enquanto o Escritor vai ao chão*)

Escritor – Loucos! Estão loucos!

Milionário chuta-o.

Secretária – Na barriga! Bate na barriga!

Escritor – A mensagem! A mensagem... de Natal!

Milionário – É mesmo! A mensagem de Natal!

Secretária (*feroz*) – O Natal que vá à merda! Mata!

Engenheiro (*cansado de bater*) – Pronto... dura... barriga dura.

Milionário (*também cansado*) – Está morto. E agora?

Engenheiro – A gente joga no rio subterrâneo.

"UÁITE CRÍSTIMAS" 37

MILIONÁRIO – Não, digo: e a mensagem de Natal?
SECRETÁRIA (*arfando*) – O senhor repete a do ano passado.
MILIONÁRIO – E será que serve?
SECRETÁRIA – Serve. A gente muda aqui e ali. Só conserva o espírito cristão.
MILIONÁRIO – Está bom.

Vão saindo, cansados e esvaziados. O Escritor fica deitado
no chão, no meio do cenário branco. Quando
estão quase saindo, o Milionário volta e diz à Secretária.

MILIONÁRIO – Vai lá e tira a carteira dele.
SECRETÁRIA – Sim, senhor. (*vai lá, abaixa-se e tira a carteira do corpo*)
MILIONÁRIO – A caneta também, e o relógio.
SECRETÁRIA (*obedecendo*) – Não tem caneta, é lápis.
MILIONÁRIO – Pega.
SECRETÁRIA – Lápis, também?
MILIONÁRIO – Foi guardando toco de lápis que eu fiquei rico.

Ouve-se a melodia "I'm dreaming of a white Christmas",
cantada por Bing Crosby.

O Vencedor

Sob o título "A Avareza" e inserida no espetáculo *Os Sete Pecados Capitais, O Vencedor* foi estreiada em janeiro de 1969, no Teatro Oficina de São Paulo, sob a direção de Carlos Murtinho, e com a seguinte distribuição:

1º Astronauta – Telcy Perez
2º Astronauta – Eduardo Pinheiro
1º Servo – Ewerton Castro
2º Servo – Regis Lang
Banqueiro – Oswaldo Barreto

Personagens

1º Astronauta
2º Astronauta
1º Servo (depois, o Vencedor)
2º Servo
O Banqueiro Lunar

Cenário

Na lua. À direita, lugar onde devem pousar os dois astronautas, com sua nave. Espaço para que procedam às suas explorações lunares. À esquerda, mais alto, a mesa do Banqueiro e as dependências do Banco. Neste, cestas, ou recipientes em forma de cornucópia, transbordantes de objetos roubados. Sobre a mesa, pilhas de notas e moedas. Atrás da mesa, cadeira de balanço, onde se senta o Banqueiro.

Indumentária dos astronautas: roupa tipo macacão, prateada, com um globo de plástico na cabeça. Têm nas costas dois tubos de oxigênio. Em algum lugar à cintura, uma faca. Os tubos são bem visíveis, e de material flexível.

Iº Tempo

Ao se iniciar a cena, a mesa do Banqueiro deve estar escondida, ou no escuro, ou tapada com um biombo. Ação à direita. Música lunar.

A parte direita do cenário vai clareando, ou clareia de súbito. Vindos de fora, chegam os dois Astronautas, com sua nave. Esta é uma espécie de boi do "bumba-meu boi", ou de cavalo de mentira das festas. Os dois a levam, cavalgando-a, e a trazem para a cena. A música os acompanha. Eles dão várias voltas, até pousar suavemente. Quando pousam, sentam-se no chão. Logo em seguida, começam a se libertar do seu foguete, e começam a exploração propriamente dita.

Nesse momento, surge de algum lugar um cartaz grande, onde se lê "Lua". Os Astronautas olham em volta, cautelosos. Começam uma cena de reconhecimento do lugar, à base de mímica. Fazem cobertura para os olhos, com as mãos, olhando ao longe. Têm medo, avançam, recuam. A música os acompanha. Separam-se um pouco, cada um por seu lado. Um deles recolhe alguma coisa do chão, olha-a com cuidado. Estão muito cautelosos. De repente, os dois olham para o público e se dão conta de que ele existe. Apontam-no. Começam a se aproximar do público. Esta aproximação poderá ser exagerada até onde o permitam as condições do lugar e o desejo do Diretor. 1º Astronauta pergunta, através de letreiro ou cartaz: "Quem são?" Alguém, do meio dos espectadores, responde da mesma forma: "Lunáticos".

Este cartaz da resposta deve ser girado várias vezes, a fim de que possa ser visto por todo o público. Os dois Astronautas continuam passeando pela Lua. A música torna-se lírica. Os dois param num lugar mais iluminado. Um deles abre os braços, banhado pela luz, e aparece um cartaz: "Que lindo terra!"

O 1º Astronauta, que se afastou um pouco, ao voltar nota um defeito nos seus tubos de oxigênio. A cena torna-se dramática. O 1º Astronauta leva a mão à garganta, demonstrando sufocamento. O 2º Astronauta interessa-se pela sua sorte, procura ajudá-lo, verificando os tubos. Não descobre o defeito, faz sinal de negativa. 1º Astronauta está ficando cada vez mais sufocado, a cena torna-se aflitiva. 1º Astronauta cai de joelhos, cambaleia. 2º Astronauta não encontra a solução. De repente, 1º Astronauta, tem uma idéia: aponta para os dois tubos do 2º Astronauta. Pede, por meio de mímica, um deles. Aponta claramente, dois dedos, depois um. Mostra com os dedos que o 2º Astronauta tem dois tubos, e pode ceder-lhe um sem prejuízo. Repete várias vezes os sinais, desesperado. 2º Astronauta, depois de compreender, recusa energicamente. O diálogo mudo é repetido até ser bastante claro. 2º Astronauta continua negando. 1º Astronauta, agora, está claramente morrendo. 2º Astronauta, após uma última negativa, se afasta, primeiro de frente, depois virando ostensivamente as costas ao 1º Astronauta que morre. Este, num último esforço, alcança-o, e com a faca rasga os dois tubos de oxigênio do 2º Astronauta. Surpresa deste. O 1º Astronauta cai morto. O 2º, depois de alguns movimentos agônicos, cai também, perto do outro.

IIº Tempo

Música. Depois de uma pequena pausa, surgem os dois Servos, vindos da direita, do lado do Banco. Eles têm uma aparência não muito humana e se movem rapidamente. Com muita agilidade, despem os dois Astronautas, tirando-lhes os sapatos, os globos de plástico, os tubos das costas, e revistando seus bolsos, de onde recolhem dinheiro. Os dois Astronautas, depois dessa revisão, são absolutamente esquecidos, passando a segundo plano.

Os dois Servos surgem diante da mesa do Banqueiro. Levam-lhe as coisas pilhadas e o dinheiro. O Banqueiro adota a posição de banqueiro. Abre os braços, sorridente e segura. Nesse momento, um cartaz surge detrás dele : "Credit Lunaire".

Os dois Servos, sob as ordens do Banqueiro, vão colocando as coisas roubadas dentro dos respectivos cestos; há um para os sapatos, outro para roupas, outro para tubos, capacetes, etc. Finalmente, entregam, com grandes gestos, as notas de dinheiro ao Banqueiro. Este, ainda de pé, examina o dinheiro sorridente. Depois, o põe na mesa.

Os dois Servos se colocam, um de cada lado da mesa do Banqueiro, um pouco à frente, montando guarda. O Banqueiro, depois de ter ajeitado todos os seus novos pertences, puxa a sua cadeira de balanço para a frente

O VENCEDOR 45

da mesa, um pouco de lado, e vira o cartaz que diz "Credit Lunaire" para a
outra face, onde se lê "Fechado para balanço". Em seguida, começa a se
balançar violentamente. Aos poucos, seu balanço vai se tornando mais doce, acompanhado de
música de sono. Ele adormece. Os dois Servos, quando o vêem adormecido, olham para os dois lados, espreitando. Caminham cautelosamente; depois, com um gesto de
entendimento entre os dois, começam a roubar metodicamente a propriedade
do Banqueiro. Quando estão pondo a mão sobre o dinheiro de cima da mesa,
o Banqueiro, avisado pelo seu coração, acorda, e apanha uma arma. Um dos
Servos rodeia a mesa, agarra-o pelo pescoço, e o estrangula. O Banqueiro
morre, caindo em cima da mesa, com as mãos nos montes de notas.

III° Tempo

Os dois Servos recolhem todos os objetos acumulados pelo Banqueiro, apanham as notas cuidadosamente, avançam até a frente da cena e começam a dividir tudo. Vão dividindo cautelosamente, até que chegam ao
dinheiro. O 1º Servo oferece um maço ao 2º, e quer ficar com o outro. O 2º
recusa energicamente, e quer fazer a troca oposta. O 1º também recusa, há
um começo de desarmonia, mas depois concordam em dividir igualmente.
Quando um pega mais que o outro, recomeça a briga. O 1º Servo quer ficar
com a arma do Banqueiro. O 2º recusa, e quer o revólver. Começam a se
irritar. Na luta que se segue, pegam ambos no dinheiro e no revólver, até
que este dispara, atingindo o 2º Servo. Este cai, e morre.

O 1º Servo, agora, é o Vencedor. Faz uma espécie de balé do Vencedor, cheio de orgulho. Pega os objetos que foram do Banqueiro, e os contempla e exibe, com cupidez. Pega o dinheiro, faz rolar as moedas e exibe
as notas. Joga as notas para o ar. Dá voltas sobre si, salta sobre o corpo
morto do 2º Servo, levanta a cabeça do Banqueiro morto e a deixa cair de
novo. Está eufórico.

A música o acompanha. Ele dá a impressão de satisfação total dentro
da abundância da sua propriedade.

De repente, o seu espaço começa a diminuir. (isto se fará, onde for
possível por meio de luz, que se vai concentrando cada vez mais nele;
quando não, por meio de painéis que o vão apertando, ou ainda, por meio
de mímica, simplesmente)

O Vencedor começa a se encolher, uma vez que seu espaço vai diminuindo. Vai ficando de joelhos, depois de rastros. Dá a impressão de sufocação e de compressão. Finalmente, quando já está totalmente arrasado no
chão, dá um enorme grito, único som humano em toda a peça. Fica estira-
do no chão, morto, ao mesmo tempo em que um cartaz aparece: "Quarto
minguante".

O Exercício da Justiça

Foi pela primeira vez encenado na Escola de Arte Dramática de São Paulo, em 1962, sob direção da autora, e tendo como intérpretes os seguintes atores, então alunos:

Zezé – Roberto Azevedo
Maria – Lourdes de Moraes
Helena – Ruth Motta
Leonardo Amor – Eloy de Araújo
Verinha – Claudia Genari
Voz de Eleutério – Benê Silva

Personagens

Zezé, rapaz franzino e alto, de 25 anos; veste-se de branco.
Maria, mulher moça. Veste-se de preto.
Helena, morena clara, bonita.
Leonardo Amor, homem de 35 anos, advogado.
Verinha, mulher bonita, de ar fatal. Veste-se de azul.
A Voz de Eleutério, detetive de polícia.

Cenário
    Liso, limpo, com rotunda escura. À esquerda, praticável onde se desenrolarão as cenas entre Zezé e Helena. À direita alta, outro praticável, onde terão lugar os diálogos de Leonardo Amor com a Justiça. As cenas de Leonardo e Verinha são feitas à direita baixa. As demais, principalmente os diálogos de Zezé e Maria, no centro.

Com o palco às escuras, abre-se o pano; ouve-se uma voz que, de dentro, grita por Zezé. Este entra com decisão, respondendo, e é recebido, no meio do palco, por um foco de luz. Uma rajada de metralhadora derruba-o. Zezé cai espetacularmente, segurando o estômago.

VOZ DE ELEUTÉRIO (*de fora*) – Zezé! Zezé!

ZEZÉ (*entrando*) – Aqui, aqui! (*é recebido pelas balas da metralhadora e cai, golpeado por elas*) Mãe! Mãe! Eles me pegaram! (*pausa*) Puxa, me pegaram direitinho... nem a oração... nem as promessas... nada me valeu... Mãe... (*grita*) Mãe! Estou com medo! (*chora*) Mãe, estou com medo de morrer! (*pausa*) Que calor no estômago... Mãe, se ao menos você viesse... Me ajudava, me salvava... Mãe... Mãe!

MARIA (*entrando do fundo, com passos leves e rápidos*) – Que foi, meu filho?

ZEZÉ – Mãe, você veio... (*pega-lhe a mão*) Segura a minha mão, não deixa eu ir... Se você segurar com força, a morte não me leva... Segura com força, mãe!

MARIA (*com serenidade*) – Estou segurando, meu filho.

ZEZÉ – Eles me encontraram, mãe. Não adiantou me esconder... Foi traição, me denunciaram...

MARIA – Não fale muito, meu filho.

ZEZÉ – Mãe, me salva! Me salva, mãe! É cedo ainda! Eu ia fazer tanta coisa...

MARIA – Não desespera, meu filho. Tem fé.

ZEZÉ – Eu tinha. Eu tinha, mas eles não ajudam. Me quebraram os dentes, me massacraram... até tísico fiquei...

52 TEATRO COMPLETO: RENATA PALLOTTINI

Maria – Deus é maior...

Zezé – Por que ele não me salva?

Maria (*deixando-lhe a mão, com algum ressentimento*) – A gente não sabe. Isso é serviço de humano. (*pausa*) Onde está aquele homem?

Zezé – Qual?

Maria – Aquele que sempre te defendia.

Zezé – O advogado? Nem sei. Diz que está metido numa enrascada. (*pausa*) Está tão escuro... Eu precisava de um médico...

Maria – Isso não é mais coisa de médico... Onde você disse que o homem estava?

Zezé – O doutor Leonardo?

Maria – Ele.

Zezé – Por aí. Não sei onde. Mas se pudesse andar, achava ele.

Maria (*aproximando-se e tomando-lhe a mão*) – Achava mesmo?

Zezé – Achava, mãe. Sei todos os caminhos dele.

Maria (*levantando-o e ajudando-o com as mãos*) – Então, anda. (*Zezé se levanta, meio maravilhado; mexe no próprio corpo, mas sem largar a mão da mulher. Fica de pé, estático*)

Maria – Pode andar, meu filho.

Zezé – Posso, mãe?

Maria – Pode.

Zezé – Mas eu...

Maria – Vai. Se precisar de mim, chama. (*vai sair, detém-se quando Zezé a chama*)

Zezé – Mãe, qual será o melhor lugar? Não posso andar muito por aí, a polícia está me procurando.

Maria – Esse é o teu trabalho.

Zezé (*olhando*) – As ruas parecem que não estão mais no mesmo lugar. Isso ainda é a minha terra, mãe?

Maria – Isso onde você está é a Terra.

Zezé – Eu tinha amigos. Ainda tenho?

Maria – Não, agora não tem mais. Você só tem um pouco de tempo. (*subitamente ansiosa*) Salve-se, meu filho, salve-se depressa! Gente má corre, vôa! (*olhando para trás*) Eu também tenho pouco tempo. Sou uma mulher pobre, e nem que não fosse pobre, sou uma mulher.

Zezé – As pernas não ajudam, mãe! É o pulmão... Me dá um auxílio!

Maria – Anda dois passos e chama por ele. Quem sabe ele ouve... (*sai silenciosamente*)

Zezé (*de costas para ela*) – Mãe... mãe! (*sente-se sozinho*) Dois passos... (*caminha. Olha para os lados, a princípio com medo*) Doutor Leonardo... Doutor Leonardo... Doutor Leonardo! Doutor, me ajude! Preciso do senhor! Tenho dinheiro, posso pagar o serviço! Doutor Leonardo, por favor! (*desesperando*) Ele não pode me escutar... Doutor Leonardo!

O EXERCÍCIO DA JUSTIÇA

*Ilumina-se a direita alta, onde Leonardo Amor
dialoga com a Justiça invisível.*

LEONARDO (*para baixo*) – Cala a boca, estúpido! Eu aqui às voltas com a Justiça e você me aborrecendo com as suas lamúrias! (*para o alto*) Hem? Como, excelência?

ZEZÉ (*aproximando-se*) – Doutor, quem sabe eu até podia ajudar o senhor... Já ajudei uma vez, no caso da Hilda, não foi?

LEONARDO – Ajudou, ajudou, mas isso foi há muito tempo. E de qualquer modo, agora estou ocupado. Diabos! Nem escuto direito as perguntas! (*com voz humilde*) Como, excelência? (*pausa*) Se me deixarem livre, eu trago a mulher. Já disse que trago. É só me deixarem sair daqui. (*pausa*) Aquilo foi confusão da Imprensa. Eu não tinha dito nada. A Imprensa sempre confunde tudo. Foram cavar e não encontraram nada. Claro, não havia ninguém morto! Ninguém morreu nessa história, excelência! Posso garantir. Ninguém morreu! Me dêem liberdade e eu trago a moça, aqui.

ZEZÉ – Doutor...

LEONARDO – Excelência, eu posso poupar o tempo da Justiça... Posso ajudar... É só me deixarem sair... Vou ser discreto, me escondo, não dou pasto aos jornais... Em sete dias eu trago a mulher viva e sã...

ZEZÉ – Doutor Leonardo, é só um "habeas corpus". Eu tenho dinheiro, eu pago! Senão, eles me matam de pancada, doutor! Já estou ruim do peito, já perdi meus dentes. Ontem, no morro do Cão mataram um guarda. Vão dizer que fui eu, doutor! Tudo que acontece eles dizem que fui eu. Querem me acabar, doutor!

LEONARDO – Silêncio? Excelência, eu prometo... (*pausa*) Os cheques? Foi ela que assinou. Prova que não está morta. Eu era procurador, administrador, tinha a confiança dela... Jóias, não. Nunca recebi jóias dela, tenho a minha dignidade. (*pausa*) São sete dias, excelência, uma semana...

ZEZÉ – Doutor...

LEONARDO – Vai pro diabo!

*Apaga-se a luz da direita, cortando a fala. Sozinho, no meio da
cena, Zezé permanece iluminado. Depois, estende as mãos
para os lados, procurando apoio. Sente o silêncio. Pausa.*

ZEZÉ – Um barulho de ramagem! Por favor, um barulho de árvore! Isto é silêncio de morto! Silêncio de terra por cima! Sozinho que nem um morto. Nem antes de nascer se estava tão sozinho. Sozinho que nem uma faca antes de ser cravada. Que nem um grito de agonizante. Nem um bicho pra agradar. Nem um cachorro. Nem uma planta... Minha mãe, que diferente. Sem chale, sem cabelo branco. Não tem mais o cheiro da minha casa. Nenhum lugar tem mais esse cheiro. Por isso que eu não paro em parte nenhuma. Por isso que eles me espancam.

Não tenho casa nem endereço. Fujo pra tudo, pra qualquer lugar. Não me lembro de ter visto nenhum rico criminoso. Criminoso de como a gente era. De como o jornal diz: "Perigoso facínora. Delinqüente desalmado. Malandro. Bandido." Eles têm um mistério. Têm crimes bonitos. Um crime que escorrega pela folha de jornal e no outro dia virou suicídio de operário. Nosso crime é encardido, cheira mal e sempre acaba em prisão da pior. Rico é fraco e só cabe em sala especial, com fumo de cigarro subindo prô céu. O clima bom tem preço, a praia boa cerca. Minas! O ar da montanha foi loteado e o ar do morro ainda não cura o peito... Isso é silêncio de morto! Silêncio de enterrado! Fim de carreira... delinqüente desalmado... tocaia da polícia... cerco no morro... morto... crivado de balas... Zezé morto... metralhado na estrada... Metralhado na estrada! Metralhado na estrada! Metralhado na estrada...

Luz na esquerda, onde está Helena, que entremeia suas falas com as dele.

HELENA – Zezé... Zezé...

ZEZÉ (*chorando*) – Metralhado na estrada... morto... na estrada...

HELENA – Zezé... a gente não ia se casar?

ZEZÉ (*levantando a cabeça*) – Helena... meu bem...

HELENA – Estou te esperando...

ZEZÉ – Helena meu bem...

HELENA – Tua mãe me falou e você não vinha...

ZEZÉ – Helena...

HELENA – Você demorou...

ZEZÉ – Escondido... Andei procurando advogado. Preciso acertar minha situação... Estou fugido, isso não pode durar muito...

HELENA – Achou ele?

ZEZÉ – Achei, mas não quer me ajudar. Está metido numa encrenca...

HELENA – A gente dá jeito em outro...

ZEZÉ – Difícil. Que nem ele é difícil. Homem esperto. Consegue tudo.

HELENA – Mas está encrencado.

ZEZÉ – Pegaram ele numa. Me espantei, sujeito fino.

HELENA – Ele acaba saindo. Deve ter muito dinheiro.

ZEZÉ – Diz que matou uma mulher...

HELENA – Zezé... fala que me ama...

ZEZÉ – Te amo...

HELENA – Você falou porque eu pedi...

ZEZÉ (*rindo*) – Mas eu te amo sempre, mesmo sem você pedir... Vou te amar até sem você querer...

HELENA – Zezé, se a gente conseguisse...

ZEZÉ – Vai conseguir, meu bem... A gente consegue tudo. Eu sou um cara de sorte, sempre fui. (*tira um papel do bolso*) Olha aqui a minha oração de fechar o corpo: "Cinco minutos de Santo Antônio"...

HELENA (*rindo*) – Tem um buraco, Zezé...

O EXERCÍCIO DA JUSTIÇA 55

Zezé (*guardando*) – Velhice... é de tanto ler, de tanto andar no bolso. Mas fecha o corpo que nem armadura! (*abraçando-a*) A gente vai se casar, Helena, direito, como faz todo mundo! Você vai ver, eu prometo!
Voz de Maria (*vinda de fora*) – Zezé! Meu filho! Foge! Foge, meu filho, que eles vêm chegando! Foge, menino!
Zezé – Por onde, mãe, por onde?
Voz de Maria – Por aqui!
Zezé (*desorientado*) – Por onde? Mãe, me mostra! Por onde? Por onde?
Voz de Maria – Por aqui!... Por aqui!... Por aqui!... (*a voz vai desaparecendo.*)

Apaga-se a luz sobre Zezé e acende-se a da direita alta,
rapidamente, onde está Leonardo.

Leonardo – Sete dias, excelência! Nem um minuto mais! (*desce do praticável*) Sete dias! Trago a mulher sem falta! Poupo o dinheiro e o tempo da Justiça! Sete dias!

Apaga-se a luz da direita alta. Leonardo continua,
encaminhando-se para o centro.

Sete dias... uma semana inteira! Verinha, um pacote de dinheiro... Preciso de um tipo esperto pra me ajudar... Esperto e necessitado. Preciso do Zezé... onde será que aquele cara se meteu?...
Zezé (*surgindo da esquerda, num salto, ofegante*) – Doutor, estão atrás de mim!
Leonardo (*olhando para os lados*) – Calma. Segura no meu braço. Deixa essa cara de culpado. Sossego. Ponha ar de gente respeitável. (*Dão alguns passos para a frente*) Tudo bem?
Zezé (*respirando*) – Com o senhor é fácil, doutor. Eu ando tonto, cansado.
Leonardo – Então descansa. Preciso de você.
Zezé – Pode dizer.
Leonardo – Primeiro vamos cuidar da minha situação. Depois da sua.
Zezé – Eu estou fugido, doutor! Não tenho prazo!
Leonardo – Bom, mas se você for preso eu te solto. E se eu for preso?
Zezé (*amargo*) – Meu caso não é mais de prisão, doutor.
Leonardo – Ânimo, rapaz. Tenha coragem, como eu! Olha aqui, pega esse envelope e vai entregar no endereço que está marcado. Não anda a pé, toma carro. Olha o dinheiro. Dorme num hotel. Amanhã, me encontra às cinco horas da manhã, na estrada do Iraú, logo depois da ponte. Chegando lá alguém, se esconde. Eu te chamo pelo nome, só eu sei que você está lá.
Zezé – Às cinco horas?
Leonardo – É. Você vai ter que me entregar um pacote que vão te dar nesse endereço. Cuidado com ele! Durma em lugar que não pede documentos. Depressa, vai, homem!

56 TEATRO COMPLETO: RENATA PALLOTTINI

ZEZÉ – Tudo isso não vai dar confusão, doutor?

LEONARDO – Não! Amanhã a gente conversa com calma. Agora tenho que ir encontrar a Verinha.

ZEZÉ – Estrada do Iraú?

LEONARDO – Depois da ponte, às cinco da manhã. Te chamo pelo nome. Não vai faltar!

ZEZÉ – Não tem perigo, doutor. (*Leonardo sai; Zezé permanece em cena, repetindo*) Não tem perigo... coragem... não tem perigo... não faça essa cara de culpado... não tem perigo... amanhã... (*assustado, como se falasse a alguém*) Não tenho documentos! Dinheiro sim... (*cai sobre as mãos e fica deitado*) Mãe, tudo isso será seguro?

MARIA (*sentada no praticável da esquerda, à luz*) – Eu só posso te dar a oportunidade, Zezé, não a certeza. Se eu pudesse... você teria tido leite, calor, saúde, férias na praia, escolas, bom trabalho. Uma roupa mais grossa nos dias de frio, uma roupa quente que desse vontade de viver... De bom trato eu só te dei carinho... e conselho... mas conselho não vinga no frio... bom exemplo se desmancha na privação, a gente não consegue escutar nem ver...

ZEZÉ – Mas você podia tudo, mãe!

MARIA (*pondo a cabeça de Zezé no colo*) – Sua casa diminuiu, sua rua encurtou. Os velhos se abaixaram, o jardim encolheu. Não foi? Minha força é pequena. Só valia por você. Não posso te dizer sim nem não. Dorme, meu filho. Sono e amor ainda não custam nada.

Dorme como um rico
que fecha os seus olhos;
os homens são iguais
só dormidos ou mortos.
Dorme como um rei
que adormece em seu quarto;
os homens são iguais
só de olhos fechados.
Descansa o teu corpo
que desde a nascença
já era diferente
das outras crianças.
Que não nasceu igual
e nem nasceu livre:
nasceu com sua fome
que jamais sacia.

Dorme, meu menino,
como uma criança;
quem te vir dormindo
deitado de bruços
verá tua cabeça

O EXERCÍCIO DA JUSTIÇA

tão menosprezada,
teu corpo franzino
mal alimentado,
tuas mãos abertas
que não possuíram nada.
E de teu, na figura
de fragilidade,
de só teu, o sono
que não custou nada.
Dorme, desolado,
dorme, desmentido.
Do teu corpo marcado
brotarão quinze tiros!
Ou então, quinze moedas
para quinze mendigos
tentarem, como os ricos,
subornar o destino.

*Apaga-se a luz que incidia sobre Zezé e Maria; acende-se
uma sobre Leonardo e Verinha, à direita, baixa.*

LEONARDO (*abraçando a moça*) – Custou, hem, Verinha?

VERINHA – Custou o que, meu amor?

LEONARDO – Custou pra gente se encontrar, ué. Fiquei dez dias engaiolado
por causa daquela encrenca.

VERINHA – Esqueça. Agora passou. Você vai mesmo procurar a tal mulher?

LEONARDO – Só se eu fosse minhoca pra andar debaixo da terra. Vou mas é
sumir daqui. Com um bom dinheiro no bolso e você do lado. Você
vem comigo, boneca?

VERINHA – Mas como é que a gente sai? Você acha que a polícia...

LEONARDO – Freta-se um avião. Um avião para o sul. Passou a fronteira, e
tudo começa de novo. Depois, isso de polícia... (*faz um gesto de
pouco caso*) Precisava é de uma papelada que está com o Zezé...

VERINHA – Logo com o Zezé?

LEONARDO – Marquei um encontro com ele amanhã, na estrada do Iraú.
Pego os documentos, e vamos direto para o campo. De lá, o avião e
prrrr .... (*faz um gesto com a mão, para significar o vôo*) Liberdade,
menina! Liberdade, dinheiro e... você... (*tenta iniciar uma cena de
amor, quando batem na porta, com força*)

VERINHA (*ofendida*) – Que é isso? Toquem a campainha ao menos, não?

LEONARDO (*assustado*) – Que é que foi?

VERINHA – Vou ver.

LEONARDO – Não abra a porta!

VERINHA – Tenho que abrir pra ver, não tenho?

LEONARDO – Já disse pra não abrir! Aposto que querem me sangrar!

58   TEATRO COMPLETO: RENATA PALLOTTINI

VERINHA – Quem está aí?

VOZ DE ELEUTÉRIO (*de fora*) – Sou eu, dona Vera, o Eleutério!

VERINHA – Quem?

LEONARDO – Pronto, sabia. É "tira". Diga que eu não estou.

VERINHA – O... o doutor Leonardo não está aqui...

VOZ DE ELEUTÉRIO – Eu não perguntei se estava... agora estou até achando
que está mesmo... a senhora não quer abrir a porta?

LEONARDO (*nervoso*) – Dê o fora, Eleutério. Você não tem nada contra
mim. Estou dentro do meu prazo. Não sou um coitado qualquer, você
não me pega com a sua conversa.

VOZ DE ELEUTÉRIO – Não estou querendo pegar ninguém, doutor. Estou
aqui pra trocar idéias...

LEONARDO – Conheço as suas idéias. Que é que você quer?

VOZ DE ELEUTÉRIO – Abra a porta, doutor.

LEONARDO – Fala logo. Quanto?

VOZ DE ELEUTÉRIO – Ora, doutor...

LEONARDO – Quanto?

VOZ DE ELEUTÉRIO – A gente podia fazer um negócio...

LEONARDO – Que negócio?

VOZ DE ELEUTÉRIO – Soube que o Zezé andou procurando o senhor...

LEONARDO (*aliviado*) – Ah, é ele que vocês querem?

VOZ DE ELEUTÉRIO – Se pudesse...

Leonardo está indeciso entre contar ou não.

VERINHA (*baixo*) – E a tal papelada?

LEONARDO (*idem*) – Posso passar sem ela.

VERINHA – Não tem perigo se acharem?

LEONARDO – Não... não tem meu nome...

VOZ DE ELEUTÉRIO – Como é, doutor?

LEONARDO – Está bom... escuta bem... (*hesita ainda*) Às cinco horas da
manhã... você encontra o homem na estrada do Iraú... na curva grande, depois da ponte... chame pelo nome, senão ele não aparece... e
veja lá se não me suja...

VOZ DE ELEUTÉRIO – Tem certeza disso tudo, doutor?

LEONARDO – Tenho, estou lhe dizendo. E agora suma!

VOZ DE ELEUTÉRIO – Até, doutor. Obrigado e... boa viagem!

A luz da direita se apaga. Aparece Zezé no meio da cena, sozinho.

ZEZÉ – Tudo certo. Que bonita manhã que vai ficar! Parece feita de vidro.
Se a gente não for delicado quebra. Até os passarinhos cantam quebra-
diço. Na hora que vier o sol, entrego o recado e... vou ficar livre!
Tudo vai ter seu jeito. Helena, a vida, minha mãe... Afinal, sou moço!
Doença também tem cura; liberdade e bom trato, comida de casa,
carinho, sossego. A vida de todo o dia é remédio. Volto pra Minas. Lá

O EXERCÍCIO DA JUSTIÇA   59

tem ar bom, de terra conhecida... Trabalho de relojoeiro. Delicado. Consertar o tempo... É tarde! Ele está demorando... Vou ver a luz mudar e voltar como ontem. Helena, queria você aqui pra ver comigo. Assim a gente via mais, tudo aberto, tudo tão sem fim... melhor morrer do que ficar fechado outra vez... Mas ele vem... Já vem vindo... um carro... Deve ser ele... Se esconde, Zezé... Sendo ele, me chama... (*se esconde*).

> *Pausa. Silêncio.*

Voz de Eleutério – Zezé... Zezé!
Zezé (*saindo do esconderijo*) – Aqui, aqui!

> *É recebido com uma rajada de metralhadora, como no início. Todos os movimentos se repetem, e também as primeiras falas.*

Zezé – Mãe! Mãe! Eles me pegaram! Puxa, me pegaram direitinho! Mãe! (*cai*)
Maria (*entrando*) – Estou aqui, meu filho.
Zezé – Que pena, mãe. Tanta coisa que eu ia fazer...
Maria – Descansa, Zezé.
Zezé – Fala pra Helena...
Maria – Deixa que eu falo.
Zezé – Estava tão bonito...
Maria – Eu sei.
Zezé (*deitado, de costas*) – Tinha passarinho... como em Minas... a gente ia pra lá... vê, mãe... tem andorinhas passando...
Maria – Está amanhecendo...
Zezé – Você ainda pode me salvar, mãe?
Maria – Escuta... (*olha o céu*)
Zezé – Que é?
Maria – Avião...
Zezé – Onde?
Maria – Lá... vem vindo...
Zezé – É mesmo... vai prô lado do sul... vai embora... (*morrendo*) Você ainda... pode... mãe?
Maria (*olhando para o avião com ódio*) – Agora eles te mataram, meu filho.
Zezé (*que não ouviu*) – Você pode, sim... você sempre... pode... (*morre*)
Maria (*olhando para o alto*) –
Dorme, meu menino...
do teu corpo marcado
brotarão quinze tiros...
Ou então quinze moedas
para quinze mendigos
tentarem, como os ricos,
subornar o destino...

A Lâmpada

Personagens

Luciano, 35 anos, pequeno e deselegante.
Augusto, 24 anos, um rapaz de boa aparência.

Cenário
Quarto de solteiro, simples. À esquerda, um abajur de pé, com corrente de puxar e um armário de roupas. De cada lado do abajur uma poltrona, sendo uma delas com braços. À direita, cama e criado-mudo. A porta da rua está no fundo, a do banheiro à esquerda. À direita, além da cama, uma janela que dá para o poço de ventilação do prédio.

*O quarto está quase escuro quando entram Luciano,
mancando e segurando a coxa direita, e Augusto, logo atrás,
olhando tudo com curiosidade. Luciano cai numa das poltronas,
com um suspiro de alívio. Augusto se senta na outra, ressabiado.
Durante todo o tempo se ouve um barulho de motor, surdo e contínuo.
Está para cair uma tempestade, e os trovões vão se sucedendo
no decurso da ação e aumentando de freqüência.*

LUCIANO – Puxa... trabalhando, a gente se cansa todo dia... Mas eu nunca me
cansei tanto como hoje. (*tenta rir*) Estou ficando velho...

AUGUSTO – Besteira. É o calor.

LUCIANO – Minha perna doeu e latejou a tarde inteira. Quase que eu não
podia parar em pé.

AUGUSTO (*olhando em torno e depois apontando a perna do outro*) – Afinal de contas, o que é que você tem aí?

LUCIANO – Um antraz.

AUGUSTO – Um o quê?

LUCIANO – Um antraz. É como os médicos dizem. Um tumor, um furúnculo.

AUGUSTO – Ah!

LUCIANO – É uma ferida danada. Quando dá, inflama, dói e lateja. A gente
fica que nem louco, enquanto não fura. Este não furou ainda. Começou há três dias.

AUGUSTO (*desinteressado*) – Custa, não?

LUCIANO – Está na hora. Talvez seja durante a noite. (*espanta moscas*) E
além de tudo, essas moscas!

66   TEATRO COMPLETO: RENATA PALLOTTINI

Augusto – Vai chover. (*levantando-se, para ver melhor o quarto*) Por que é que você não bota um remédio aí? Uma pomada qualquer resolve isso.

Luciano – Não adianta. Ele precisa amadurecer sozinho. (*constrangido*) Pode ficar à vontade, viu? Não posso te oferecer nada... Quer um café?

Augusto – Não.

Luciano – Eu tinha um uísque aí...

Augusto – Ah, essa não!

Luciano – Juro que eu tinha! Acabou...

Augusto – Faz de conta que eu acredito, vá.

Luciano – Daqui a pouco, quando eu estiver mais descansado, saio prá comprar alguma coisa...

Augusto – Deixa disso. Se quisesse beber, eu ia no bar. (*pausa*) Que barulho é esse?

Luciano – É a bomba d'água. Das caldeiras.

Augusto – Caldeiras?

Luciano – Da água quente.

Augusto – E não para nunca?

Luciano – Para, às vezes.

Augusto – De dia ou de noite?

Luciano – Conforme calha.

Augusto – Muitas vezes?

Luciano – Poucas... Mas quando acontece, é como se a gente estivesse no paraíso... eu me levanto e ando pelo quarto, como um tonto. Não tenho coragem de dormir, quero aproveitar o silêncio. O silêncio me acorda, sabe?, como um barulho pelo avesso.

Augusto – Você é esquisito. Não é à-toa que o pessoal acha você esquisito.

Luciano – Eu sei.

Augusto – Quando souberem que eu estive na tua casa, vão me encher de perguntas.

Luciano – E o que é que você vai dizer?

Augusto – Não sei ainda. (*continuando a inspeção*) É só este quarto?

Luciano (*levanta-se mancando*) – Este quarto e o banheiro. Quer ver?

Augusto – Não, queria só saber... (*volta a sentar-se*) É, não é ruim não. Como eu pensava... (*pausa*) Tomara eu, ter um apartamento assim e não precisar viver por aí, trocando de pensão, comendo porcaria e dormindo mal, feito vagabundo...

Luciano (*entusiasmado*) – Agora está desarrumado, mas no fim de semana eu ponho tudo em ordem, limpo tudo, arrumo as coisas. Aqui no criado mudo está o retrato da minha mãe.

Augusto (*olhando, indiferente*) – Morreu?

Luciano (*meio chocado*) – Meu pessoal mora no interior. (*novamente entusiasmado*) Aqui no armário está o meu album de fotografias. Quer ver?

Augusto – E isso aí?

Luciano – São os meus cadernos da escola!

Augusto – Você guardou?

A LÂMPADA 67

LUCIANO – Espera aí que eu vou te mostrar!

AUGUSTO – Ah, rapaz, não chateia! Vamos brincar de não chatear? Você guardou toda essa porcaria aí?

LUCIANO (*voltando a sentar-se, sombrio*) – Eu fiz um bom curso; cheguei até o ginásio e tinha boas notas. Estudei até canto. Quando eu vim pra cá, foi pensando em estudar. Não em ser empregado de agiota...

AUGUSTO (*corrigindo*) – Administrador de bens!

LUCIANO – Agiota! Lá, quem não é agiota é candidato a agiota! E nós somos os capachos de agiota! E a gente leva o dia inteiro falando "sim senhor, sim senhor, sim senhor"! E no fim do mês, recebe um ordenadinho que não dá nem pra atravessar quinze dias! Mal pago, mal tratado, mal reconhecido! Ninguém olha pela gente, ninguém se importa com a gente! Eu queria viver no meio de gente que fosse alguém, gente que tivesse uma conversa que se aproveitasse... o que é, que posso aproveitar, vivendo no meio de vocês?

AUGUSTO – Nós não estamos lá pra aproveitar nada de ninguém. Estamos lá pra ganhar dinheiro! Ninguém aproveita nada dos outros; só dinheiro! Quem trabalhar bem, ganha mais dinheiro. A gente tem que viver no meio dos outros, é o jeito. E eu quero ganhar dinheiro!

LUCIANO – Pra quê?

AUGUSTO – Pra tudo, bolas!

LUCIANO – O que é que você faz com dinheiro? Você não sabe nem do que é bom na vida... Um teatro, uma ópera... Convido você pra ir no teatro; como outro dia... e você nem sabe do que é... Pra que dinheiro?

AUGUSTO – Eu vou me casar no fim do ano. Preciso de dinheiro, preciso fazer economia!

LUCIANO (*espantado, e um pouco decepcionado*) – Casar?

AUGUSTO – É.

LUCIANO (*devagar*)– Casar com quem?

AUGUSTO – Com a minha noiva. (*zombando*) Dá licença?

LUCIANO (*sem perceber*) – Quem é ela?

AUGUSTO – Você não conhece.

LUCIANO (*ressentido*) – E é só por isso que você vai casar? Porque tem noiva?

AUGUSTO (*impaciente*) – Claro! Ninguém pode casar sem ter noiva! Cada pergunta besta!

LUCIANO (*tentando acalmá-lo*) – Está bom. Desculpe. Não era isso que eu queria dizer... Sei lá o que eu queria dizer... (*apalpa a perna dolorida*) É, vai ver que é assim mesmo. O mais difícil é arranjar a noiva, depois o resto vem naturalmente. Será que é assim?

AUGUSTO (*estupidamente*) – O quê?

LUCIANO (*sorrindo*) – É. A noiva já tem enxoval, quer casar... A noiva quer casar de qualquer jeito... E a gente... casa...

AUGUSTO – E não está certo? O que é que você queria?

68 TEATRO COMPLETO: RENATA PALLOTTINI

Luciano – Eu? (*sorri*) Eu só queria saber, por exemplo, porque é que a minha perna tem de doer, e a sua não.

Augusto – Ora...

Luciano (*subindo o tom, levemente*) – Por que é que o meu cabelo está caindo, os meus olhos vermelhos, tenho calo no dedo, úlcera de estômago... Por que é que você tem noiva e eu não tenho nada?

Augusto (*decidindo*) – Vou-me embora. Você não funciona.

Luciano (*segurando-o pelo paletó*) – Não! (*Augusto se detém*) Não... Espera mais um pouco... Fica mais um pouco, puxa... Eu não falo mais nada que te aborreça, prometo... Você pode escolher até o assunto... Vamos falar de cinema... Você vai no cinema com ela?

Augusto (*encaminhando-se para a janela, sem lhe dar atenção*) – Que calor desgraçado! Posso abrir isto?

Luciano (*desanimado*) – Não adianta. A janela dá para o poço do prédio. Não tem ventilação, e o barulho aumenta.

Augusto – Vou tentar assim mesmo. (*tenta, sem resultado*).

Luciano – E além do mais, está encrencada...

Augusto – Está tudo encrencado, nessa casa... (*volta a sentar-se*) Está bom, vamos ficar aqui, assando... (*pausa. espanta uma mosca*) Palavra que eu gostava de saber por onde essas moscas entraram... (*pausa*) Você não está morrendo de calor, debaixo dessa luz?

Luciano – Estou acostumado. Sempre fico aqui, quando estou em casa. Não é ruim.

Augusto – Não, é uma beleza!

Luciano – O que estraga tudo é o barulho da bomba. Uma vez, teve um defeito, e ela ficou parada quatro dias... Foi quando eu faltei no escritório.

Augusto – Quando?

Luciano – No fim do ano passado, lembra?

Augusto – Lembro. Foi na hora que tinha mais trabalho...

Luciano – Era dezembro, quase no natal. As noites estavam ainda mais quentes... a janela já não estava mais abrindo, e a bomba sempre com o mesmo barulho... até que...

Augusto (*surpreendido*) – Você faltou... por causa disso?

Luciano – Foi. Fiquei aqui os quatro dias. Só saía pra almoçar. Ficava quieto aqui, sentindo... o silêncio até refrescava... eu pensava de novo em tudo, no mato verde que tinha em volta da minha casa, em antigamente, na escola... Ficava aqui lembrando... só saía pra almoçar... No quarto dia, quando estava voltando do almoço, senti um calor no rosto, e uma dor na sola dos pés, como se estivesse pisando caco de vidro. (*mudando de tom*) Era ela... tinha sido consertada... (*faz uma careta de dor e apalpa a coxa*).

Augusto – Você não pode se mudar?

Luciano – Mudar pra onde? Os aluguéis são caros; isto aqui é bom pra mim, perto do centro.

Augusto – É, bom é mesmo. (*olha ao redor, invejoso*)

A LÂMPADA

LUCIANO – Não posso sair daqui. (*pausa*) Vocês conversam?

AUGUSTO – Quem?

LUCIANO – Você e a sua noiva.

AUGUSTO – Claro, né, colega?

LUCIANO – O quê?

AUGUSTO – A gente fala pouco. Fala do filme quando vem do cinema, eu conto as fofocas do escritório, ela se queixa da família... Coisas assim.

LUCIANO – Você não diz que gosta dela?

AUGUSTO – Pra quê? Se eu não gostasse, não ficava noivo!... De vez em quando digo, prá não perder o freguês... Conforme a hora, precisa dizer!

LUCIANO (*ligeiramente amargo*) – Não posso imaginar você dizendo que gosta dela... Ela acredita?

AUGUSTO – Que diferença faz? Eu vou casar, não vou?

LUCIANO (*inadvertidamente*) – Pra mim, faria diferença.

AUGUSTO (*rindo com grosseria*) – Por sorte, não é você que é a minha noiva! (*levanta-se de novo, impaciente*) Escuta, vamos descer e tomar uma cerveja, vá! Essa tua perna não vai nem vem!

LUCIANO (*sem ouvir*) – Você soube que o pessoal da caixa vai ser aumentado?

AUGUSTO – Soube.

LUCIANO – Eles têm sorte.

AUGUSTO – Logo chega a nossa vez.

LUCIANO – Não a minha. O agiota não vai com a minha cara.

AUGUSTO – Um dia você se estrepa, chamando o chefe assim!

LUCIANO – Diz que eu espanto a clientela... com esse meu jeito.

AUGUSTO (*falso*) – Que jeito?

LUCIANO – Você mesmo falou!

AUGUSTO – Eu não...

LUCIANO – Você já ouviu, o pessoal comenta... Não?

AUGUSTO – Comigo não...

LUCIANO (*mudando de assunto*) – Será que o Lauro vai largar o serviço, mesmo?

AUGUSTO – Tomara. Não topo ele.

LUCIANO – Eu preferia que não fôsse verdade. Gosto de olhar pra ele... Ele se parece comigo, quando eu tinha aquela idade.

AUGUSTO – Quantos anos você tem?

LUCIANO – Trinta e cinco. Parece?

AUGUSTO – Não. Quer dizer... a não ser o cabelo, que está caindo.

LUCIANO (*passa a mão pela cabeça, desanimado*) – Já passei uma loção que me ensinaram, mas não adianta nada.

AUGUSTO – Que é que você passa na cara?

LUCIANO (*assustado*) – Eu? Nada.

AUGUSTO – Passa, sim. Fica enfarinhado.

LUCIANO – É que eu sou muito lustroso.

AUGUSTO – E daí?
LUCIANO – Passo...
AUGUSTO – Pó de arroz?
LUCIANO (*ofendido*) – Talco!
AUGUSTO (*caçoando, levemente*) – Você, rapaz...

> *A lâmpada do abajur se apaga, de repente.*

AUGUSTO (*assustado com o escuro*) – Hei, o que é isso? Que aconteceu?
LUCIANO – Não é nada. A lâmpada às vezes faz dessas. É só esperar.
(*a lâmpada volta a se acender sozinha*)
LUCIANO – Pronto. É assim mesmo. Tudo aqui é assim: a lâmpada acende e
apaga, a bomba liga e desliga, eu entro e saio...
AUGUSTO – Que calor!
LUCIANO – É, está cada vez pior. Desculpa, viu? Não sei porque, mas a
culpa deve ser minha...
AUGUSTO (*inquieto*) – E as moscas...

> *Ouve-se um trovão.*

LUCIANO (*levantando-se e indo até a janela*) – Está ouvindo? São os tro-
vões. Quando eu era menino...
AUGUSTO – O barulho da bomba continua firme!
LUCIANO – Era assim: quando eu era menino, a gente ia sempre...
AUGUSTO – Por que é que não chove de uma vez?
LUCIANO (*exasperado*) – Sei lá! O que é que eu tenho com isso?
AUGUSTO (*violento*) – Não grita comigo!
LUCIANO (*caindo em si, humilde*) – Desculpe, é esta perna que dói, dói sem
parar... (*sacode a cabeça, atormentado*) Escuta, Augusto, você que
vive no meio deles, me diga, por que aquela gente do escritório está
sempre de olho em mim?
AUGUSTO – Como é que eu vou saber? Dizem que você é diferente dos
outros, que sei lá.
LUCIANO – Diferente em quê? Eu trabalho como todos, uso as mesmas
roupas, falo do mesmo jeito. Explica: diferente por quê?
AUGUSTO – Ah, meu velho, isso eu não sei.
LUCIANO – Eu almoço com vocês no sábado, até bebo com vocês...
AUGUSTO (*irônico*) – E depois?
LUCIANO – Depois do quê?
AUGUSTO – Deixa pra lá. O que acontece é que você... não dá boa liga.
LUCIANO – Ninguém ri junto comigo... vocês riem lá, entre vocês, mas
ninguém ri junto comigo. Fala... diferente em que?
AUGUSTO (*procurando livrar-se de Luciano, que lhe agarra a lapela*) – Sei
lá, me deixa!
LUCIANO – Você veio aqui!
AUGUSTO – Vim só pra ver!

A LÂMPADA 71

LUCIANO – Você tem de me ajudar!

AUGUSTO – Tenho nada!

LUCIANO (*mudando de tom*) – Eu não confio em mais ninguém, lá dentro, Augusto! Só em você! Por isso trouxe você aqui em casa... Olha, não é boa a minha casa? Você podia viver aqui, como eu, e ser meu amigo... O apartamento não é grande, mas dá ainda pra outra pessoa... Olha, a gente põe outra cama aqui, as suas roupas ficam no armário... tem muito espaço... Em dois a gente vive melhor, tudo fica mais fácil... Você não precisava mais andar em pensão, e eu não ficava mais sozinho, ouvindo sempre o mesmo barulho, sem ter com quem falar...

AUGUSTO (*sarcástico*) – Belo futuro, o meu... Ficar ouvindo as suas queixas. Você pensa que eu quero cair na boca do pessoal?

LUCIANO (*numa última tentativa*) – Dava pra você guardar dinheiro! Economizar para o casamento!

AUGUSTO – E daí?

LUCIANO – Você não quer casar?

AUGUSTO (*irônico*) – Eu não tenho tanta pressa assim.

Pausa. Ouvem-se trovões, mais perto. O barulho da bomba continua. Augusto espanta uma mosca.

LUCIANO (*cai em si, volta a sentar-se, mão na perna*) – Eu sabia. Eu devia saber. Sou tão burro, que continuo tentando. Quanto menos peço, menos recebo. (*está abatido*).

Ouvem-se trovões. Augusto levanta-se, preparando a partida. Está desconsertado.

AUGUSTO – Eu... acho que vou embora. Poxa, eu sempre tive problema na hora de sair dos lugares...

LUCIANO – O quê?

AUGUSTO – Você não acredita, mas eu tenho problema pra sair dos lugares! Eu não sei me despedir, é um negócio, sei lá!

LUCIANO (*como quem faz um descobrimento*) – Um ponto fraco! Veja só, o bacanão tem um ponto fraco!

AUGUSTO – Pronto, a gente não pode falar como amigo com você! Está vendo? Você é um bolha!

LUCIANO – É fácil, bacanão! Você diz assim: "Com licença, já vou indo..." E vai retirando toda a sua boniteza do ambiente... Consciência, precisa consciência! É só pensar que todo o mundo vai ficar sentindo a sua falta! Que na hora que você sair, vai parecer que o mundo acabou! Só isso!

AUGUSTO – Safado!

LUCIANO – Pronto! Agora que você já aprendeu, é só partir! Vai, bacanão, vai embora! Que é que você está fazendo aí? Mexa-se, dê o fora! Ou prefere ouvir as minhas últimas declarações? Também pode! Olha lá:

amanhã eu não volto mais àquele escritório sujo! Nem amanhã, nem nunca mais! Chega de agiotas, de calos, e de "sim senhor". Chega de ficar olhando o Lauro e me lembrando de mim mesmo. Não volto mais! Pode dizer adeus aos outros!

AUGUSTO (*surpreso*) – É mesmo?

LUCIANO (*desesperando-se com a impassibilidade*) – É mesmo! Você não se importa? Não vai sentir a minha falta? (*descontrolado, quase chorando*) Quem é você, do que é feito? Fala, idiota!

AUGUSTO (*estupidamente*) – Posso ficar com o seu grampeador?

> *Pausa. Luciano dá um gemido, segurando a perna.*
> *Ouve-se mais um trovão.*

LUCIANO (*novamente calmo*) – Pode sim. (*pausa*) Eu estudava canto, sabe? Quando estava estudando, não pensava em nada. Era o único momento que eu não pensava absolutamente nada. (*palpa a coxa, com cara de dor*) Se ao menos isto furasse... Dava pra ser quase feliz... é tão fácil ser feliz. (*para Augusto, que se encaminha até a janela, limpando o suor*) Do que é que você precisa pra ser feliz, ó coisa?

AUGUSTO (*desanimado de calor*) – Se você não fosse louco, eu te quebrava a cara.

LUCIANO – Se eu não fosse louco, você não estava aqui. A gente não teria falado nada; eu não seria esquisito pra vocês. A gente não tinha falado essa palavra, nem nenhuma outra... Você não estaria aqui, e não existiria, nem o que você diz... nem a bomba d'água, nem o agiota, nem os furúnculos... (*vai ficando histérico*) Se você não existisse, nem o agiota, nem os furúnculos, nem a bomba, eu era livre, livre pra não ter de ver a sua cara, as suas mãos, pra não ter de ver você! (*a voz aumentou em conjunto com a bomba, transformando-se num soluço histérico, quase grito*) Maldito barulho!!

A lâmpada se apaga de repente. O quarto conserva alguma luz, como no início da cena. Luciano, que se levantara no decorrer da última fala, volta a sentar-se, na cadeira que não tem braços, com dificuldade, agarrando a coxa, chorando. Puxa com violência a corrente do abajur, enquanto Augusto, impressionado com o seu sofrimento, se aproximou dele.

LUCIANO – Por que não acende? Meu Deus, por que não acende?

AUGUSTO (*Sincero*) – Espera aí, deixa eu tentar. (*debruça-se sobre a cadeira sem braços onde está Luciano, e tenta alcançar a corrente; desequilibra-se, e cai com todo o peso de uma das mãos sobre a perna ferida de Luciano*).

LUCIANO (*gritando de dor*) – Minha perna, animal! (*ergue-se, desesperado de dor, e avança para o pescoço de Augusto; este, mais forte, livra-se dele, atira-o na poltrona, e sai*).

LUCIANO (*lutando*) – Minha perna, minha perna...

A LÂMPADA

Augusto – Desculpa, seu! Não quis fazer...

Luciano – Não volto lá! Idiotas! Não volto mais! Podem rir! Não volto mais!

Augusto – Me larga! Bolas! Me larga, seu! (*empurra-o, finalmente, e consegue sair*).

Ouve-se o barulho da chuva forte, que começa a cair assim que Augusto sai. Luciano está sentado, cheio de dor, mas apaziguado.

Luciano – Minha perna... animal... minha perna... (*move a cabeça, ainda com a dor*) Não volto... por que não acende... podem rir... eu não volto... minha perna, minha perna... (*repete palavras sem nexo; cessa de repente o barulho do motor. O quarto continua na semi-escuridão. Luciano levanta a cabeça, maravilhado, e cessa de se lamentar*). Que é isso... dá pra ouvir a chuva... (*volta a atenção para a perna, com cuidados infantis*) Já furou... não dói mais... (*soluça às vezes*) Já acabou... acabou...

Continua a balbuciar as mesmas coisas. A lâmpada acende de novo, sozinha. Luciano encosta a cabeça no espaldar da cadeira, aliviado... Vai adormecendo, murmurando coisas, como uma criança que chorou muito. Só se ouve o barulho da chuva.

Os Loucos de Antes

Personagens

Ele, Homem de cinqüenta anos, vestido com simplicidade.
Ela, Mulher de 45 anos, vestida de preto, elegante apesar das condições
negativas do momento.
Vigilante, Neutro, simples, seguro.

Cenário
Palco nu e claro. À direita, uma capela branca. À esquerda, uma bandeira vermelha, fincada numa base. À frente, um machado, um tronco, um cepo e uma pilha de lenha para lareira, meio cortada.

Nota
Os interlocutores quase não dialogam. A peça é uma sucessão de monólogos poéticos. Quem lhes dá sentido e unidade é o Vigilante. Mas às vezes, embora sem dialogar logicamente, eles interagem.

Primeira Parte

Quando a peça começa, os três estão em cena.

VIGILANTE – Não há nenhum sentido neste espaço
que poderia ser o de um campo, o de um pátio,
talvez um sanatório – palavra proibida! –,
um lugar onde se põe
entre parêntesis
a vida...
Também a vida, que não dá escolhas,
só relâmpagos rápidos de entendimento,
dores que queimam, deixam marcas, esfolam
a alma, quando a gente vê o de dentro...
(*aponta para os dois, que estão por ali, irresolutos*)
Eles eram de ir às conseqüências,
os loucos de antes. Tinham seus excessos.
Eram totais, competentes, furiosos.
Não mediam esforços, exageros.
Exorbitavam, sempre demasiados.
Ele tinha casado, duas vezes;
agredia, insultava, mas amava as mulheres.
Tinha por elas um desejo permanente
que mais tarde seria confundido
com a mania mórbida do prazer.

Ela casara apenas e tinha tido filhos...
Dois filhos, masculino e feminino.
Também netos. Não gosto das crianças.
Não sei gostar de nada... mas
me atrai a vida.
A vida verdadeira, a que se vê nas praças,
a que se vê no vídeo.
De noite eu olho a tela iluminada.
Só o que é verdade. Não compreendo a mentira.
Chamam de ficção. Mas é mentira.
Também mentira a relação fictícia
de filhos e de netos. Somos bichos.
Nada amoroso nisso.

ELE (*se senta*) – Ando na rua pra me proteger.
Na rua se está a salvo. Outros homens caminham.
Não posso estar fechado nos carros dos homens
porque estaria entregue. Na rua eu me guio.
Tenho muito que andar. E ando sozinho.
Dou risadas. O dia é cheio de bromélias,
assim como de muitas outras plantas
e flores...

Enquanto Ele fala, Ela o ouve com atenção; o Vigilante espera
a sua vez, pacientemente. Afinal, Ela o interrompe.

ELA – Era assim, era assim, isso era antes.
Agora o dia dura, o dia não tem plantas,
não tem nada! O dia é só um tempo
escolhido no alto como espaço do sofrer.
O dia é uma parcela, encolhida, esperando...
E as semanas e os meses
são armadilha de apanhar os homens...

VIGILANTE (*apontando os dois*) –
Estão sempre muito perto
da enorme depressão. Mas escapam a ela
porque são tão visceralmente maus
que querem ter ativa essa maldade...

ELA – Me disseram que os braços são carinho.
Eu nunca soube disso antes. Confesso que as crianças
têm medo de mim. E isso não se sabe.
Quando eu era criança, esbarrava nas folhas,
tinha bonecos e caçava grilos.
Nunca fui de chorar... eu sabia que a água
era preciosa...

OS LOUCOS DE ANTES

VIGILANTE – Loucos frios
na sua solidão.
O sangue é como se não circulasse.
Só os cabelos crescem
para todos os lados.
Acumulam os livros da cordura
como se ler montasse algum caminho
até os fogos
circulares
da família.
No entanto sabem
que ter filhos é matar-se
tão gravemente como com venenos...

ELE – Para ajustar o amor não tem medidas boas,
o amor castiga como um sapato ingrato,
o amor te dói como meias molhadas.
Amor – essa incomodidade imposta ao homem.
Também eu caí nessa – o calor, o fervor,
a companhia, a poesia, e todas essas **ias**,
e me doía, me doía, me doía, me doía
e eu ia, eu ia, eu ia, eu ia,
até que vi que nada mais era EU, era tudo o infuso do Outro,
era tudo a impulsão e a imposição,
nada mais tinha vindo do meu **dentro**,
nada mais era a planta de mim nascendo do ventre,
nada mais era o verme da minha barriga
que aquecia as entranhas com a doença da solidão,
solidão que era minha e só, de mais ninguém,
solidão – o meu verme – e minha dor sozinha.
Nessa eu me reencontrava e me incomodava
com meus próprios e velhos desconsolos
que eu lidava e lidiava e eram meus velhos touros
conhecidos, em preto-e-branco, ali entre os tocos.
Nada é melhor que os males que já estão conosco.
O amor, eu não sabia, ele era novo
e me desconcertou quando mostrou a cara,
me fez medo com sua boca escancarada;
quando chegou de noite ele exigia a sua parte,
isso não – eu dizia – isso não sou, não é verdade,
mas como o beijo chega muito perto
não há forma nenhuma de tirarmos a boca
dessa loucura que se forma em nossa boca,
dessa insânia que inflama a nossa carne
até que nada foi você do que se fez naquela noite
e te deixou insone até tarde, até tarde...
(*se levanta e anda, muito desorientado*)

TEATRO COMPLETO: RENATA PALLOTTINI

VIGILANTE – Você se lembra do bom que era amar-se?

ELE – Não, não contem comigo para mais essa farra
em que se entrechocam ossos com algumas águas,
em que se cruzam cartilagens
e depois nos conquistam porque estamos cansados.
Não contem mais comigo para fingir essa viagem
de delírios fictícios em busca de um espasmo,
não contem mais comigo, amantes da adrenalina,
essa que se procura nas quedas nos abismos,
essa que se encontra nos vôos entre as aves
ou nas quedas submarinas,
eu não quero mais não ser eu, ser o comparsa,
companheiros não há, isso é o negar-se da pessoa,
isso não pode ser nenhuma coisa boa...
(*no decorrer da cena, vai pouco a pouco se cobrindo de coisas
encontradas por ali*)

ELA – A mim me disse o homem: minha casa é tua casa.
Mas eu queria um casco,
um escafandro opaco, um vidro pintado,
eu queria o meu banho calafetado
e o meu sono na cama suficiente,
cama que fosse feno, linho e alfazema.
Que a parte do interior das minhas coxas
quisesse ser tocada, isso era outra coisa.
Eu, não sou isso, eu sou uma pessoa
que porventura come, quando come.
Eu não sou um conduto, um reservado.
Mas quando o sol,
mas quando o sol pelas ladeiras agrestes,
mas quando ele deixava as pedras quentes,
eu me sentava nelas, tão nua por dentro
que me bastava o sol! E era suficiente...

*O Vigilante disfarça e toca o sexo, discretamente. Afinal, ele
não é de ferro. Vira-se de costas, ajeita-se. Volta-se outra ver
observando Ele, que está todo coberto por um montão de roupas.*

ELE – Sempre tive meus medos. Era um peso.
Eu nunca soube carregar os dias.
Os outros assustavam os meus vermes.
Disse à mulher um dia, no quentinho da cama,
que eu não germinava de ter filhos.
Fechou-se assim. Era uma coisa coesa.
Definia o processo de ter beijos.
Vivíamos da casa para a pátria,

OS LOUCOS DE ANTES   83

sendo a pátria este campo...
Estou cansado...
(*pára, respira*)
Eu não tive arcabouço. O calabouço
propunha escuridão, sufocação,
o momento do aperto, o aprisionamento,
o ar, a falta de ar, o ar, a falta de...
aaaaaaaaaaaaaaaaahhhhhhhhhhhhh!
(*repete indefinidamente. Grita e começa a despir-se de tudo o que vestia; seu comportamento é o de alguém que esteja sufocando*)

> *O Vigilante vai pausadamente até Ele e o ajuda*
> *a desembaraçar-se de tudo.*

VIGILANTE – Cada aldeia o seu louco, com flores na lapela.
Seus gritos desenterram as raízes.

ELA – Então é certo que Ele esteve preso?

VIGILANTE – Esteve preso e mais do que estar preso.
Teve seus medos de sofrer a dor da pele.

ELA – Deve ser muito agudo estar preso e ser claro
de cabeça, acordado de noite, como os mochos.
Deve ser pontiagudo ter estado preso, sem ser nesta comarca
de infortúnios.

ELE – Não é redondo ter estado preso.
Redonda é a liberdade. A prisão é de pontas.
Mas isso eu disse já.

VIGILANTE – É preciso paciência. O seu filho nasceu.

ELE (*gritando.*) – Eu não posso ter filhos! É um peso nos meus olhos!
Eu contei! Quando via mulher que me deram
– e era outra – eu contei que tinha a alma estéril.
Ela sabia! Eu não vejo ter filhos! Esses ovos...
(*respira*)
Aquela coisa, os filhos. Eles crescem
e se tornam exigências infinitas...
Eles são mais que nada. Eles são bichos
gigantescos que restaram de um tosco mundo antigo,
arcaico. Eles são o que não é preciso...

VIGILANTE – Ninguém te deu tua mulher. Foi um encontro simples.
O teu filho nasceu. E foi definitivo!
Logo vamos entrar. Já está fazendo frio.
(*sussurrando*)
Pra suportá-lo inventamos o vinho...

84 TEATRO COMPLETO: RENATA PALLOTTINI

ELE – (*olha-o desconfiado, como se temesse ser encerrado*)
Ninguém pode ter nada a fazer dentro de um quarto.

VIGILANTE – O quarto é o descanso dos loucos de antes.
Ali dormem, ali fazem seus jogos escuros,
gemem, fingem amor, recordam lápides,
recordam pedras, mães, recordam ventres
e a água circular e morna
que eram
antes...

ELA – O fogo na lareira.
Não esquecer o fogo na lareira.

VIGILANTE – Terão fogo.

ELA – Não vejo a lenha da lareira.
Na minha aldeia,
nas suas ladeiras,
os carros que desciam com gemidos nas rodas
traziam, sempre em paz, o sossego das toras.

ELE (*encaminhando-se para o lugar onde está o machado*) –
Lá em cima era a igreja inabalável.
Eu corto a lenha!

VIGILANTE – Não! Há gente para isso...

ELE (*manso*) – Então vou pro jardim... Eu sou gente pra isso?
(*vai para o lado da capela*)

VIGILANTE – Alguns dentre eles cultivavam rosas,
o aço das ferramentas ressoando no cisco,
as roupas penduradas nas paredes...

Ele pega uma enxada e começa a afiá-la com uma lima.
Leva um certo tempo nesse trabalho. Ela o observa.
Maliciosamente. A certa altura, sem que o Vigilante o perceba,
Ela começa a se aproximar do machado.

VIGILANTE – Quando era necessário
estendiam as mãos, pra serem amarradas,
e cruzavam os braços no peito. Um conforto.
Os gestos se guardavam para outro porvir.
Ofereciam cachos de flores aos mendigos
e às moças. Casavam-se no horto
dos sonhos invernais. Eram deslizes
as imagens do gáudio sexual.

Ela oferece a Ele, de repente, o machado, levantando-o acima da
cabeça. Num gesto ambíguo que pode ser de ameaça ou oferecimento.

OS LOUCOS DE ANTES

VIGILANTE (*grita*) – O choque!

> *Os dois paralisam, com ar de imenso medo.*
> *Ela deixa cair o machado, que se enterra no chão.*

ELA – Isto nem fere nem diz nada; é só um momento
no vento, um vaivém concreto.
O que fere é a voz, a voz que sabe coisas,
essa é aguçada. O mais são movimentos!

ELE – Você sabe o momento e o lugar de ferir.
Você aprendeu um dia; e não vai esquecer.
Você sabe onde está a pele última,
a carne nova rodeando as unhas...

> *Para fazer as pazes com Ele, que está assustado, amuado, Ela o convida*
> *para dançar. Ele não quer, hesita, mas logo começam, um primeiro,*
> *depois o outro, a cantarolar uma melodia qualquer, dançante, que pode*
> *ser uma valsa. Ele, apaziguado, abraça a companheira, que se deixa*
> *levar e começam a dançar. A música invade a cena, aumentada e*
> *gravada. Os dois dançam felizes, até que Ele aperta demais a*
> *companheira, começa a excitar-se, a passar a mão pelo seu corpo,*
> *seios, ancas, a demonstrar excitação sexual. Ela o repele.*

ELA (*Grita.*) – Assim não, assim não, cavalo louco!
Possesso, garanhão quebrado, bode malcheiroso!
Perfumes, ervas, flores, eu gosto de perfumes!
O que só é não me interessa... quero o antes e o depois!
Não me interessa, esse permanecer.
Pertencer a um alguém seria saber ser!
(*mutação, depressão*)
E eu não sei ser, eu nunca soube ser...

> *Ele se separa dela, frustrado, ajeita o próprio*
> *sexo depois da excitação.*

VIGILANTE – Os gestos se guardavam para outro porvir.
Ele e ela queriam trabalhar a terra,
na verdade queriam brotar de si mesmos,
queriam ver a carne florescer,
sentiam pobre a sua lama conformada,
que enfeitavam de flores,
de cores
manchadas...

> *Ela retira de um saco uma porção de rosas de papel crepom,*
> *de cores variadas. Separa uma rosa vermelha.*

ELA – Quando eu amei, fui um corpo.
Meu amor era pouco, mas meu sangue
corria pelo todo exterior.
Homens que conheciam
diziam que esta fêmea era como uma terra,
só que em brasa
e portanto
mais de cova pra morto.
Sei que eu posso me dar muito prazer
sem ter que repartir o louco em mim com mais ninguém.

VIGILANTE – Desdenhavam do amor,
faziam ninhos de serpentes no quintal,
discutiam filósofos marxistas,
brincavam com as sombras dos coelhos.
Eram belos e límpidos e cortavam com faca.
Ai de quem os quisesse,
porque às vezes mordiam na garganta.

Ele se abraça ao machado e o utiliza para aliviar
o corpo excitado. Ela o olha com ar de desprezo.

ELA – Nunca se é sozinho o suficiente.
Ninguém está tão só como devia.
O corpo do homem se projeta, se revela.
A mulher tem esconsos e tem sombras.
Só eu sei de que poças vêm meus sonhos...
(*oferece a rosa vermelha a Ele*)
Anda, te dou minha rosa...

ELE (*sem recebê-la*) –
Responde: quem te fez essa coisa tão sem nome?

ELA – Nasci na minha aldeia, no tempo do degelo.
Mãe tive, como os outros, e pai que esperava no tempo.
Filha fui, talvez que com certa alegria,
eles eram antigos, como se devia.
Não fui bela, cabelos negros de tristeza;
nos olhos, onde devia haver alguma beleza,
as pálpebras fechadas de quem não quer o mundo.
Depois, me aconteceu a vida; e eu confiava
e os irmãos e os brinquedos e a praça
e os burros transitórios e os cavalos
e os bois levando palha e as vacas e o seu leite
e os peitos bons de mãe onde a tristeza se deita
e a dor morre e a doença morre e morre a morte...

ELE – Que aconteceu?

OS LOUCOS DE ANTES

ELA – O que sempre acontece!
Vem alguém que se julga o teu irmão e te interroga
como se visse a cor do punhal que é só teu...
Vem alguém que não pode nada e que não se interessa
e te pergunta: o que aconteceu?

ELE – Eu posso te beijar?

VIGILANTE (*intervém*) –
Melhor não se decidam.
O beijo do lunático é terrível
e eles beijam até ficar famintos.

Ele, que ia em direto a Ela, pára desconfiado.

ELA (*Cruel.*) – Do que é que você costumava ter medo?

ELE – Antes?
Antes... eu tinha medo de viver
como todos. Depois, quando teve a mudança,
percebi que eu devia ser... feliz,
um rebelde feliz! Mas eu não era,
não por não ser rebelde, por não ser... feliz.
Mas era incompreensível, compreende?
Ninguém compreendia, um moço forte,
de olhos claros, mãos firmes, um moço que escrevia...
– nunca sabem o quê – mas... escrevia!
Por que não caminhar pelas ruas cantando?
Por que não celebrar a tremenda mudança?
Por que não festejar a morte do tirano?
O tirano matara, por um gosto profano,
o tirano destruía o Belo e a Juventude,
como todo tirano, tinha medo do espaço
livre, do futuro!
Como todo tirano temia a verdade
dos poetas que jogam no chão as moedas...
Ah, por que não sair? Eu perguntava...
(*vai em direto à bandeira vermelha, arranca-a do suporte e a
empunha, triunfante*)
Tão bonita, a bandeira! Tão bonito, ser moço,
ser como todo o mundo, que bonito!
Rebelião, revolução, a vida contra a morte!
Ser o que todos são, tão mais fácil, tão mais forte!
Os gritos mais sonoros, as palavras mais simples,
estar junto, ser parte de um imenso coletivo
vencedor, protegido, desejado, promissor!

88 TEATRO COMPLETO: RENATA PALLOTTINI

Ouvem-se os acordes da "Internacional". Tanto Ele como Ela se entusiasmam com a música. Tomam outra atitude, a que tinham antes. Ela amarra na cabeça uma banda vermelha e Ele empunha com energia a sua querida bandeira. Cantam um pouco da marcha. Há um momento de entusiasmo.

ELE e ELA *(juntos, cantando)* –
La, Ia, lalalalalaaaaa!
(seguem, com letra.)
Viva a Internacional!
(sacodem a bandeira com entusiasmo)

ELE – Operários de todo o mundo, uni-vos!

ELA – Mulheres de todo o mundo, uni-vos!

VIGILANTE – Loucos de todo o mundo, uni-vos!

Ela e Ele param, atordoados, hesitantes. Ela desamarra devagar a banda vermelha. Ele pousa a bandeira. A bandeira pesa nas suas mãos; Ele tenta volteá-la, com força, com energia, com alegria, mas fracassa. Aquilo não lhe diz mais nada.

ELE *(ao Vigilante)* –
Se todos nos uníssemos, a nossa voz te mataria.
(pausa)
Se todos nos uníssemos, a nossa voz **nos** mataria.

VIGILANTE – Antes, não existia essa delicadeza.
Foram os homens bons, escondidos nos partidos,
os que inventaram a nobreza da loucura.
Os que fazem marchar o exército de loucos,
que vão podar roseiras e fabricar brinquedos,
e que estão proibidos de ter medo...

ELE *(baixo)* – Viva a Internacional...

ELA – Os outros perceberam! Não é fácil.
Ver a verdade nunca é assim tão fácil...
(torna a pousar a bandeira no seu lugar)

ELE – Eu tive medo. Sempre tive medo.
Os outros aceitaram personagens,
gostavam de jogar... eram belos atores,
representavam, tinham figurinos,
máscaras, roupas, tinham seus cenários...
Eu era feio. E fui crescendo feio.
Era covarde. Sempre fui covarde.

ELA – Covarde não se mata.

OS LOUCOS DE ANTES

ELE (*surpreso*) – Mas eu não me matei...

ELA (*sorrindo*) – Ainda. Ainda.

VIGILANTE – Às vezes eles mordem na garganta...

> *Ele se afasta; Ela está triunfante.*

ELA – Sonhadores habituais,
presos eternos às correntes temporais,
cativos das cadeiras de hospitais
em devaneios, ilusões, delírios,
viajamos pelos mares infinitos,
descobrimos atlântidas e antilhas,
imergimos em naves submarinas...
(*começa a se masturbar, mão sobre o sexo, tocando-o enquanto diz o texto*)
...mergulhamos em águas cristalinas
onde as vidas, os peixes, as anêmonas
provam que ali está todo o princípio...
(*já ofegante*)
O princípio da vida e das carnes da vida,
o princípio das peles roçadas, feridas,
o princípio do sangue das extremidades,
das veias que se inflamam e se eriçam,
do mundo e deste mundo e de outros mundos
que penetramos (*sexual*), penetramos, dominamos,
que possuímos, escavamos, conquistamos,
até que... (*cansada*) finalmente descobrimos...
(*procura seguir, mas, depois de insistir, vê que não consegue o orgasmo*)
...para depois, molhados de suor
e ofegantes pelas más bronquites,
tomarmos chás, tisanas e poções
e inconscientes, vagos, nus, vazios,
calmarmo-nos, forçados pelos frios...

> *Cai sobre os joelhos, com um sorriso frustrado.*

Segunda Parte

O Vigilante recolhe Ela do chão onde estava e meio que a arrasta
para apoiá-la junto ao tronco. Ele, que depois do episódio da
bandeira se recolheu à sua solidão, mexendo com suas flores
e seus trapos velhos, pega uma grande boneca de pano
e começa a contar o incidente a que Ela se referiu.

Ele – Foi verdade; houve um dia em que a mulher, a mãe do filho,
aquele que não devia ter nascido,
me encontrou balançando de uma corda
quando voltava de levar a criança até a porta...
Puderam me salvar (*ri*), me salvaram! Para isto.

Vigilante – Voltando à noite para a casa solitária
move-se o corpo nos canais do vento...

Ele – Para que me salvar?

Vigilante – Pode ser que um meliante,
um gatuno comum, um ladrão de automóveis,
tenha interesse pela cor dos gerânios...

Ela (*começa a se levantar, ajeitando o vestido*) –
Chorar é tão alegre, algumas vezes.
Existe gente igual a mim, com a minha forma humana,
que se alegra ao tomar café num aeroporto.

OS LOUCOS DE ANTES 91

Existe gente que se alegra quando come.
Eu me alegro ao ferir; hoje é a única forma.
Me alegro ao sentir sangue junto ao sangue.
Me alegro ao ver os mortos lamentados,
velórios com as vidas malogradas,
saudades infinitas, me alegro ao ver perdidos,
ao ver fracassos, com os meus fracassos lado a lado,
ao ver a faca fria volteada na ferida.
(*Rindo*)
Um dia entrei num velório qualquer,
pálido e desconhecido
e chorei toda a mágoa de existir.
Me tomaram pela amante do falecido...

Há um minuto inteiro de silêncio total; esse minuto deve
ser rigoroso, um minuto completo de um silêncio completo.

VIGILANTE – O silêncio faz surgir dos matos mariposas,
o silêncio é sadio como um copo de chá.
Ele comporta flores entre nuvens, e o carinho
súbito e transparente da língua de um cão.

Ele está abraçando carinhosamente a sua boneca de pano.
Ela se aproxima e se interessa por um momento.

ELA – Para quê?

ELE – Para mim.

ELA – Retorna? Dá resposta?

ELE – Ela existe, um volume. Tem cheiro, tem perfume.
(*beija e abraça carinhosamente a boneca e lhe dedica as fra-*
ses seguintes)
Pra você estas coisas que não fazem nenhum nexo,
isto que detectaram no meu sangue,
esta espécie danada de impostura,
quando eu disse que era covarde e me disseram
louco!
Porque ser louco pode, mas ser covarde nunca.
(*começa uma longa declaração de amor*)
Pra você o fervor da cabeça na almofada,
o calor do suor das noites enredadas,
pra você minhas últimas esperanças...
(*aos poucos vai passando a fazer suas declarações de amor*
a Ela, afastando o olhar da boneca, que põe de lado; pega a
sua bandeira e a usa como estandarte do seu amor)

Pra você as batalhas, as canções e as praças,
as marchas, os palácios e as medalhas,
tudo o que eu não tive por covarde.
Pra você meus secretos despertares,
meus desesperos de manhã cedinho,
pra você a capela, os tijolos organizados,
os santos, as imagens em que eu pus
toda uma crença inútil, que não vale nada,
pra você os remédios, as pílulas diárias,
as injeções e sua dor e sua inutilidade,
as gotas, o oxigênio, o soro, o sangue,
os choques e as pancadas e as camisas-de-força,
o peito lacerado e os braços magros e as lágrimas...
e por você o bendito adormecer das drogas,
por dormir com você o vício de entregar-me...

VIGILANTE – Construir a capela foi decisão dos homens.
Todos contribuíam, com trabalho ou com olhares.
Ela olhava mergulhada no desprezo
de quem sabe que um deus a mais não vai salvá-la.

ELA – A cruz me pacifica, me dá alívio.
Desde antes, no alto da montanha,
a cruz sabia
coisas que nós, meninas, ignorávamos.
Minha mãe ia à igreja pelo caminho do atalho.
Ali sempre seguiam um burro sem seu dono
e um cavalo alvo.
Meu pai era o Juiz a quem todos respeitavam.

ELE – Meu pai, desde pequeno, trabalhava.
Era mestre em sapatos, sapateiro.
Remendava com tino, a maestria.
Tinha cheiro de couro. Não fedia!
Tinha cheiro de couro, o meu pai! Era assim!
(*olha os outros como se tivesse sido acostumado a defender o pai*)
A maestria
é coisa própria de mãos definidas!
Mãos riscadas com ouro! É escolha de peritos!
São poucos, os artistas! E o meu pai sabia!
Diziam que fechava as portas da oficina
e falava com os couros e imprecava às solas
porque não pretendia
falar com gentes, que não entendia.
(*ri, indiferente*)
Diz que isso é: maníaco-depressivo!

OS LOUCOS DE ANTES　　　93

(*ri de novo*)
Diz que isso é gravíssimo! Gravíssimo!
(*volta a ficar sério*)
Eu não suporto mais ficar fechado!
(*grita*)
"Eu não suporto mais ficar
fechado".

VIGILANTE – Tranqüilo. Ainda não é a hora de encerrarmos.

Ele se afasta. Está agitado.

VIGILANTE – Quando chegar a hora, o sol responde.
É natural. Vai vir um crescendo de sombra,
vai fazer frio, os pés terão suas dores,
as costas vão ficar mais tensas,
as árvores mais longas
e Deus vai entender que já está bom por hoje.
E Deus vai entender que já está bom, por hoje.

Ele e Ela se entreolham, sem saber que rumo tomar.

ELA – Ninguém disse que a vida era alguma coisa fácil de ser tomada
pelos cornos...

ELE (*desesperado*) – A criança não devia ter nascido!

VIGILANTE (*calmando-o*) – Foi dito. Já foi pago. Está zerado.

ELE (*gritando*) – Eu avisei! Eu disse que não tinha renovo,
eu expliquei que não podia vir de novo,
eu disse que acabava aqui a minha ruína,
eu conversei o corpo dela até que ela entendesse,
eu pensei!

VIGILANTE – Ela não. Ela não entendeu. Os buracos do corpo
têm também suas leis.

ELE – E agora ele está morto!

VIGILANTE – Ele está vivo para sempre.

ELA (*com satisfação*) – Quem?

ELE – O meu filho!

ELA – E quem foi? Foi você? Foi você que matou?
Essa coisa maldita tem no entanto um sabor.
Fazer mal me faz bem. Dói menos. Mas eu não sei.
Só mato nos avessos; só renegando amor.

94   TEATRO COMPLETO: RENATA PALLOTTINI

ELE (*depois de um tempo*) –
         Eu não. Que não fui eu; foi esta dor
         que toma o peito todo de um cristão
         até se sufocar... foi a nuvem de pó,
         foi o vapor,
         foi o calor vertical do verão,
         foi o sol – ferramenta, arma de mão,
         foi a faca do sol, a lâmina de luz,
         quem cortou... Foi o Juiz.
         Acho que quem matou foi quem fez
         o meu ser
         que na infância só quis beber
         a água da paz...

VIGILANTE –   Calma. Tudo passou. Aquele mundo todo
         é um mundo que morreu. Calma. Agora é este outro.

ELA (*resolve entrar nas suas próprias lembranças*) –
         Meu pai era o Juiz e minha mãe era a senhora.
         Eu tinha roupas de cambraia, tão serenas.
         No macio do corpo o macio das plumas;
         algum tempo vivi entre os gansos e suas penas.
         Algum tempo vivi entre animais
         que não me davam medo.
         Depois, ao me casar, pensei que o homem fosse
         um tigre, no seu belo arranjo de pêlos.
         Mas o homem era uma hiena.
         Assim mesmo tentei viver com o homem que escolhera.
         Supunha coincidência de luares.
         O corpo às vezes pode ser
         uma verdade inteira.
         O homem que escolhi tinha uns olhos lavados,
         fontes frias, cercadas de plantas aquáticas.
         O homem que escolhi tinha um sexo pleno.
         Pensei que ao ter amor teria meus prazeres
         e ao ter prazer a ilusão
         talvez
         de pertencer ao homem e de ser seu ser.
         Porém não foi assim.
         Pertencer, pertenci.
         Mas, ao chegar ao fim de mim,
         ao meu limite, esquinas do meu corpo,
         tudo o mais era o outro. Só o outro.

De repente Ele surge, completamente nu, só
de gravata sapatos, e meias. O Vigilante dá risada e
Ela baixa a cabeça, claramente chocada.

OS LOUCOS DE ANTES

ELE (*rindo*) – Surge o homem louco, devidamente louco.
O homem louco deve incomodar.
O homem louco deve ser transtorno.
Ninguém nunca quis saber o que faltou ao homem louco,
ninguém perguntou ao homem louco quem o fez ficar louco.
Só lhe dizem: louco! Como se isso fosse tudo,
como se fosse pouco.
Não sabem que custou, não sabem e nem pensam,
não sabem quanto tempo, quanta margem de erro,
quantos gritos e sonhos, quantos negros amores,
quantas noites e flores, quantos amigos mortos,
quantas belas viagens, quantas doces cidades,
quantos livros amados, quantos poucos salários,
quantos adeuses doídos, quantas verdades doídas.
Quanto nos foi roubado.
Quanto nunca foi dado.
(*brinca com seu sexo nu, como o faria uma criança*)
E depois, o que há de mais no sexo de um infante?
Não sei por que há de ser tão ofensivo
se no escuro parece essencial,
se o desejam e protegem e se, no fim de tudo,
a vida, o mundo, a espécie se miram nesse símbolo
tão único e, afinal, tão repetido.

VIGILANTE (*tranqüilo*) – Faz frio e você é feio, e Ela se sente triste.

ELE – A roupa é importante pra esconder o invisível.
(*vai se vestindo com seus pertences que estavam ali à margem, amontoados*)

Começa a ouvir-se um coro de igreja.

ELA – Está na hora da igreja?

ELE – Se uma capela é feita, convém aproveitá-la.

Ouvem-se os sons do canto gregoriano, que invadem a cena,
também se pode ter a visão iluminada e colorida de uma virgem rústica,
rodeada de flores de papel e velas também coloridas. Lanterninhas,
terços e ex-votos. Ela cai de joelhos e reza em latim, alto.

ELA – Qui sine peccato est vestrum, primus in illam lapidem mittat...
(*baixa a voz e segue de maneira inaudível*)

ELE (*resolve fazer uma paródia enlouquecida e grotesca*) –
O fim do mundo
sequadonqüe si dorma
absqüe figuramos in tuto e profundus e enorme
sangüedunqüe si trema e o medo sicut amplo

ivi cometas lunas in caelo ricamo...
In caelo ricamo!
Qual sulla morte amnesia
femina aleluia paradiso feroce
voce di flore allures, iclesia facile
finis mundis
in paradiso domine terminus terribilis
vita nostra! Falsivia! Lisânia! Et abismus!

*Durante todo o tempo o coro se ouve. Para Ela isso
tem um sentido qualquer, mas Ele o recusa – embora tenha sido
ele um dos construtores da capela. Acabam por levantar-se
os dois, quando o coro se detém.*

ELE *(preocupado)* – Já é hora?

VIGILANTE – Ainda não escureceu...

ELA – Não temos lenha!

*Ele se aproxima, põe a mão d'Ela sobre o seu
próprio peito e a segura ali.*

ELE – Veja porém como crepita o coração do homem!
Ele parece o mar, parece um bicho que tem fome,
parece uma cabeça pousada contra o muro,
parece alguém que tem frio e sonha com o fogo...
Porém veja você o fim do mundo,
essa destruição programada de tudo...

ELA *(afastando a mão d'Ele)* –
Não é essa a mão que eu temo
como se treme à aproximação
da mão que vai ferir
a alma, a carne,
e vai ser indelével e vai ser corte austero,
não é essa a mão que eu quero e temo.
Aquela era morena e tinha sombras
e os dedos eram assim como desenhos.
Ordenavam, por ordem e desejo,
mandavam por devida autoridade.
Não eram mãos de medo.

*Ele, sua mão afastada e desprezado, vai aproximando
as duas cabeças, a princípio lentamente.*

ELE – Uma cabeça contra a outra cabeça
e está feita uma vida. O sexo é nada.
Aqui, aqui está o começo. Por aqui se penetra
no outro, ou se está alheio e não se sabe nada.

OS LOUCOS DE ANTES

Ela não ousa resistir. O Vigilante observa, atento.
Afinal, Ele segura a mulher pela nuca, como se fosse beijá-la,
Ela tolera um pouco, medrosa, mas também agressiva, até que o afasta.

ELA – Não. Não assim. Mais doçura. Eu desejo,
mas tem de ser suavemente. Eu sei que você vive
e está aqui. Eu vi tuas bandeiras
e estão aqui. Eu também mataria
o filho. Mas suave, suavemente.
Não assim! Porque assim é como antes,
como foi o que foi! Como foi na montanha!
(vai elevando a voz)
Assim é como a aldeia!
Faz muito tempo quando eu quis um beijo.
(mutação)
Mãe, me dá um beijo? Pega a minha cabeça.
Não, mãe. É um beijo. Só um beijo!
(ouve-se um ruído grave, surdo, como se fosse um trovão,
ou uma fera, "off": Ele começa a aumentar a pressão até
torná-la insuportável)
Eu preciso espantar as mariposas!
Mãe! Já comi o meu prato, já limpei meus sapatos,
sou boa, mãe? E você me dá um beijo?
(Ele segue aumentando a pressão na cabeça d'Ela)
Posso esperar meu pai? Posso olhar a janela?
É tão bom ver as coisas! Mãe, você gosta do mundo?
Eu gosto dos sapatos e das roupas.
Me dá um carneiro, mãe? Já tenho um livro,
aprendi a cismar, a ouvir os outros.
Sabe que a árvore dormiu tão tarde
que atrasou despertar? O sol teve trabalho
pra secar suas folhas... Mas não tem importância...
(Ele aumenta a pressão. Ela se defende de alguém indefinido,
de alguém que não é Ele, mas é o passado, e que lhe aperta a
garganta)
Que é isso, mãe, na tua boca? Que é isso,
essa água nos teus olhos?
Mãe, por que você me olha
como quem não me vê? Mãe!
O dia! Eu vivia...
Tinha sol na garganta...
(a mãe está tentando matá-la; Ele é apenas seu instrumento,
uma lembrança; Ela luta contra a lembrança e contra o ho-
mem; há uma verdadeira confrontação física entre os dois, Ele
está definitivamente tentando matá-la e Ela se defende)

Não! A vida! Não! Essa imprecação!
A vida, eu quero! (*grita*) Ahhhhhhhh!
Minha garganta, não! Minha palavra, não!
(*Ele fica estabilizado, congelado, no ato de tentar sufocá-la;
enquanto se ouve a voz d'Ela, "off", serena*)
O meu pai, um juiz de desvalidos,
esse, não me valeu; onde ele estava
que não pôde valer? Em que cama ele estava,
em que braços de outra, uma rival de amores,
o meu pai, que me amava, a quem amava mais?
O meu pai, um amante como todos os pais?
Onde foi que ele foi? Que não estava?
Meu pai que serenava,
que fazia as abelhas e a minha mãe dormirem,
por que não estava nesse dia dos nossos destinos?
Onde estava a irmã, que se chamava Amara
e que me amava e que me ouvia de noite, à janela,
quando a neve caía e nós bebíamos neve?
Onde estava, onde estavam aqueles que me amavam?
(*Ela – que agora não fala – está sufocada, quase desistindo de
viver*)

*O Vigilante intervém e separa os dois. Ele deixa-a em paz.
Ela vai encostar-se à bandeira, as mãos na garganta.*

VIGILANTE – Dizem que as coisas realmente acontecidas
ficam demais no juízo dos mortais...

*Os dois se sentam perto da bandeira; o Vigilante os observa,
fumando. Ela acaricia a própria garganta, murmurando coisas
ininteligíveis. Ele não se importa e monologa.*

ELE – Minha mãe tinha gosto em se sentar no tamborete,
ver meu pai batendo as solas, pregos na boca,
ver as pessoas que passavam, que saudavam,
ver a gente que era a nossa gente
e que falava como estar em casa:
"Seu Alfredo!", diziam, "minhas botinas amarelas!",
diziam, "como vai, dona Encarnação?", diziam, e essa era
minha mãe; "como vai, Eliodoro?", diziam, e esse era eu,
e me diziam, porque eu estava lá, "Eliodoro, você quando vai
botar o barco na corredeira?", diziam, porque os outros meninos
botavam os seus barcos na corredeira, sem medo, e eu... e eu...

ELA – Minha mãe não fazia nada disso, porque,
diziam, minha mãe era doente, diziam,
"a senhora do Juiz não passa bem", diziam,
"ela tem alguma coisa estranha, talvez tenha sido

OS LOUCOS DE ANTES 99

da guerra", diziam, a guerra é um bom pretexto,
diziam: "a senhora do senhor Juiz está piorando",
diziam: "outro dia atacou a empregada,
tiveram que chamar quatro pessoas
pra salvar a pobre moça", diziam "a senhora
do senhor Juiz" com o máximo de respeito, diziam:
"vai ver que foi do parto da menina",
diziam e até me olhavam, mas eu corria
nas ladeiras, com cestos e os anzóis;
"vai ver que foi do rio...", diziam, e se olhavam
com uma espécie de asco e diziam e diziam,
diziam, até que um dia, disseram, "a menina!", disseram
"a mulher do Juiz atacou a própria filha!", disseram e era a mãe,
aquela que você procurou pra que te amamentasse,
aquela com seus seios, aquela que era fonte, proteção, alimento,
a casa, o fogo, o teto, o agasalho, o beijo...
"Tiveram que chamar quatro pessoas...",
diziam, "talvez tenha sido do parto...",
diziam... Meu pai não estava perto –
diziam: "o pai não pode defendê-la",
diziam: "será que não quis? Será que ela,
a mãe", diziam, "a mãe, sabia dele?".
E a mãe, será que a mãe sabia dela?

ELE –   Mas sempre existe um parto, existe um rio,
ou um pai, ou um trauma, uma bandeira,
ou os outros meninos, que diziam, diziam,
sempre o mundo se adianta e nos pega de costas
pela garganta, ah, pela garganta!

*Levanta-se para dizer esta fala final. Dirige-se até a sua bandeira,
tira-a da base. Tem ponta aguda como uma lança. Ele brinca com a
ponta da bandeira, como se fosse uma arma, empunha-a contra o
Vigilante, que o olha, atento, ameaça a mulher, como se fosse atingí-la,
mas Ela não se importa. Por último, verifica se seria possível matar-se
com aquela lança. O Vigilante intervém e lhe toma a bandeira.*

VIGILANTE –   Com estas coisas um homem nunca brinca.

ELE –   Se um homem brinca com a sua vida,
pode brincar com qualquer coisa, meu caro doutor.

*É a primeira vez que o Vigilante é chamado de "doutor".
Ela olha para os dois, admirada com a audácia d'Ele.*

ELE (*para o Vigilante*) –
Não gostou?
Não lhe agrada o seu ofício?

Ganha pouco?
Não vê dignidade?
Eu era um escritor.
E tampouco era rico.
Hoje sou louco.
E mais: louco de graça!

*Começam a rir, ambos, caçoando do Vigilante; que consegue ficar sereno,
superior; sabe que, dos três, é o único que tem alguma liberdade.*

ELE — Ele não liga; ele sabe que é como as formigas,
pode sair e entrar; e se o pisam, outro nasce,
e se morre, deixou seus ovos, seus filhotes.
Ele não liga. Ele é como os sapos da chuva.
Ele não liga. Ele é como as saúvas...

VIGILANTE — Já é quase tarde.

ELA — **Quase** não é nada.
Eu sou quase normal,
quase mulher, quase feliz, quase vigília.
Você, quase doutor, é quase nosso amigo.
Ele é quase um amante, e isto é quase vida.

VIGILANTE — Já é hora de ir.

ELE — E se não fôssemos?
E se inventássemos um pátio de loucos,
com loucas cordas de cânhamo,
loucos pratos de estanho,
loucas opiniões sobre política
e loucas soluções para esta vida,
loucas sanções, loucos prêmios ou apenas
se zerássemos todas as loucuras
e fôssemos à igreja pintar as paredes,
as paredes, de verde,
as paredes
há muito precisadas de pintura?

ELA — Não serve. Deixa. É que ele tem a força.

ELE — Eu tenho a força. E você?

ELA — Eu tenho a vulva. Meu único patrimônio.

VIGILANTE — Vamos?

ELA (*a Ele*) — Você quer ser meu tentador de vida?

ELE — Venceria o meu medo?

ELA — O meu te venceria.

OS LOUCOS DE ANTES
101

VIGILANTE – Está escurecendo...

> *Caem as luzes gerais e acendem pequenas lâmpadas*
> *que fazem o contorno da capela.*

ELA – Se tivermos prazer já teremos vencido...

> *Começa a despir-se, Ele a acompanha.*

VIGILANTE – Não gosto de fazer mais ameaças...

> *Os dois, nus, se deitam sobre as próprias roupas e vão começar um*
> *coito sem escândalo visual mas em que os sons são muito importantes.*

ELE – Teus seios são pequenos... e estão frios...

ELA – Quente, a tua boca...

> *O tom das falas é muito sensual.*

VIGILANTE – Eu também recebi uma carta de amor!

> *Tira do bolso um papel que abre e começa a ler,*
> *alternando com o amor de ambos.*

ELE – Esta carne de dentro do meio das coxas...

> *Já estão em plena cópula. Daqui por diante são palavras*
> *soltas e gemidos até o orgasmo, que será saudado como uma*
> *iluminação. O Vigilante lê. A carta, muito vulgar, deve*
> *ser um contraponto realista e cotidiano.*

VIGILANTE – Querido Ronaldo: benzinho...

ELA – ...a carne que ressalta do meio do homem,
essa que é o prazer de ser e de poder fazer prazer!

VIGILANTE (*com voz neutra e tonta, lendo*) –
...acho que sim, que
a gente pode fazer o cruzeiro pelo Caribe na lua-de-mel, que
você acha?
O importante é sair deste rame-rame, tudo sempre igual, as
fofocas...

ELE – Assim?

ELA – ...assim...

VIGILANTE – ...porque, você sabe, bem? Esse povo tá sempre puxando o
tapete da gente e eu não sei por quanto
tempo vou me agüentar como
assessora do Homem...

ELA – ...essa carne, essa carne do meio do homem...

VIGILANTE (*lendo*) – ...tá todo mundo querendo mais é que você se dane...

102 TEATRO COMPLETO: RENATA PALLOTTINI

ELE – ...quero te ver inteira, essa tua violência!

ELA – Essa tua inteireza!

ELE – Chegar onde só chegam os caminhos do sangue...

ELA – ...do sangue, leite e sangue!

ELE – ...aqui, no esconderijo...

ELA – Dentro do mais profundo! Ah!

Seguem-se puros gemidos e o Vigilante, que continua lendo.

VIGILANTE – Quando mudar o governo, vai ser broca.
Porque eu não sou efetiva, cê entende?
É cargo de confiança...

*É importante alternar os sons do amor com a banalidade
da carta que está sendo lida.*

ELA – É igual morrer!

ELE – Matar!

ELA – É só um segundo!

ELE – É pra sempre, é mortal!

VIGILANTE – Por isso é que eu te digo, benzão, que a gente tem que
aproveitar logo...

*Há novamente um espado de tempo que é só de cansado e prazer.
Depois, os dois levantam meio corpo, nus, ofegantes.*

ELE – Água, que eu tenho!
(*passa a Ela um cântaro cheio de água que estava a seu lado;
Ela bebe, sorri, devolve, Ele bebe*)
Encerrados? Pra sempre?

ELA – Pra sempre encerrados...

Abraçam-se. O Vigilante completa a leitura.

VIGILANTE (*lendo*) – Miami é legal no verão deles... O problema
é o seguinte: será que o dinheiro dá?

*Os dois se levantam completamente, cobrem-se com as roupas que
tinham despido e começam a subir o caminho que vai para a igreja.
Estão muito felizes. O Vigilante dobra a carta e repete:*

VIGILANTE – É... será que o dinheiro dá?

*A música invade a cena, violenta, total; é um som
triunfante, feliz. Os dois vão chegando à igreja.*

Escurece.

PIVETE

Inédita.

Personagens

Pivete, garoto de rua , com 13 anos, aparentando menos.
Velho, homem de 60 anos, feio.

*Noite de sexta-feira; baixos do elevado da Amaral Gurgel, o
"minhocão", na cidade de São Paulo. Faz calor, já é mais de
meia-noite. Entra um homem de mais ou menos sessenta anos;
ele é um forasteiro, talvez um turista, um viajante, vestindo calça de
brim com elástico na cintura, camisa esporte, de mangas compridas,
colete desses de mil bolsos, sapatões, máquina fotográfica bem
aparente. É um tipo meio ridículo e inofensivo. Pode ser que seja
um homossexual velho, à procura de aventura, mas pode ser
apenas um fotógrafo interessado no submundo.
O Velho entra, para e olha ao redor. Tudo parece deserto.
Ele sente-se seguro e resolve urinar contra um dos pilares
do elevado. Vira-se de costas, prepara-se e começa a urinar.
Surge de repente, vindo de qualquer lugar, um Pivete, moleque
de treze anos, mas muito miúdo, sujo, de calção, camiseta,
sandália e gorro de lã, com um estilete na mão.*

PIVETE – Quieto aí, coroa! Se não te furo!
VELHO (*sempre urinando*) – Que foi?
PIVETE – Isto é um assalto! Não se mexa! E vai passando a grana!
VELHO (*virando de frente, assustado, mas sem deixar de urinar*) – Como?
    O quê?

*O resultado da manobra do velhote é que, de pinto pra fora, urinando
sempre, e tendo se virado, movido pela surpresa, ele acaba urinando em
cima do menino, que fica puto da vida, procura se defender, se cobrir.*

108 TEATRO COMPLETO: RENATA PALLOTTINI

PIVETE – Pára! Pára com isso! Pára de mijar em cima de mim! Pára!

O Velho tenta deter o fluxo de urina, mas não consegue.

PIVETE – Que merda! Velho de merda! Para de me mijar em cima! Tá me molhando todo! Velho sacana! Puto! Mijão! Para com isso, eu já falei!

O Velho, afinal, consegue parar de urinar, detido pelo susto e pelos gritos. Confuso e dividido, não sabe se sacode o membro, se o guarda, se enxuga o menino, se saca um lenço ou recolhe o estilete. Começa por recompor-se, sempre acompanhado pelos insultos do menino, que procura se limpar sozinho.

PIVETE – Viado! Velho boiola! Com essa bosta desse pinto de fora! Porco!

O Velho, afinal, saca do lenço e tenta limpar a cara do menino.

VELHO – Pronto! Deixa eu te limpar!
PIVETE – Sai daí com esse lenço cagado!
VELHO – É só pra te limpar... tá limpo...

Guarda o lenço sem jeito e só aí repara no estilete. Recolhe-o do chão, enquanto o menino esfrega os olhos, que ardem.

PIVETE – Porra, meus olhos tá ardendo!
VELHO (*com o estilete na mão*) – Que é isto?
PIVETE (*ainda com os olhos tapados*) – O quê?
VELHO (*insistindo*) – Isto! (*mostra o estilete*)
PIVETE (*olhando o estilete pela primeira vez e dando uma de inocente*) – Sei lá...
VELHO – Caiu da tua mão...
PIVETE – Mentira.
VELHO – Caiu. O quê que é?
PIVETE – Vai me dizer que nunca viu?
VELHO – Você queria... me matar?
PIVETE – Não... só dar uma furadinha...
VELHO – Por que?
PIVETE – Ah, deixa de ser besta! Eu queria levantar uma grana! Pronto, agora me dá isso, que é meu, você mesmo disse!

O Velho pondera, com o estilete na mão, olha-o, depois olha o menino. Agora, a situação está invertida. Ele empunha o estilete, apontado para o menino.

VELHO – Pra quê que você anda com isso?
PIVETE – Adivinha.
VELHO – Pra se defender?

PIVETE – Pra me defender, pra defender o meu! Pra viver, homem!
VELHO – Perigoso, isso...
PIVETE – Deixa de ser bundão. Parece cata-menino!
VELHO – Quê que é cata-menino?
PIVETE – Esses caras do governo que pega a gente na rua e quer levar pra
dar banho e encher o saco.
VELHO – Você não vai com eles?
PIVETE – Pra quê? Pra ficar preso? Fazer cara de bonzinho e ficar vendo
TV de babaca? Anda, me dá isso.
VELHO (*balançando na mão o estilete*) – E se eu te matasse? Com isto!?
PIVETE – Cumé?
VELHO – E se eu te furasse, como você queria fazer comigo? Hem? Uma
furadinha só, assim, bem dada, aqui debaixo... (*ameaça na barriga
do menino*).
PIVETE – Pára com isso!
VELHO – Eu podia, né?
PIVETE – Tu não é macho pra isso!
VELHO (*agarra o menino pelo cangote, com força e encosta o estilete*) –
Não, mesmo?
PIVETE – Eu posso sair correndo...
VELHO – Então sai...
PIVETE – Eu vou mesmo...
VELHO – Então vai...

*O Pivete tenta se mexer, tenta liberar-se da ameaça, mas é como
se não tivesse domínio sobre seus movimentos; ele está como que
amarrado, com as mãos atadas, seguro. Ele está preso por cordéis,
como se fosse uma grande marionete. Esses cordéis podem ser
simulados, ou, realmente, algo pode surgir do alto, para prendê-lo.
A ideia é fazer dele um boneco, movido por alguma força
desconhecida, e sem domínio de si mesmo.*

PIVETE – Não tou podendo... não tou podendo me mexer... . Larga de mim!
Larga de mim, velho boiola! Larga! Me deixa ir! Me deixa ir!!!! Me
solta!
VELHO – Não estou te segurando.
PIVETE – Então alguém está.
VELHO – Isso não é comigo.

*O Pivete se esforça para soltar-se mas está bem preso.
O Velho senta num resto de lixo qualquer, no chão e
começa a limpar as unhas com o estilete.*

VELHO – Saiu de casa, é?
PIVETE – Tem nada com isso, você?
VELHO – Tenho. Podia ser seu pai. Ou seu avô.

PIVETE – Mas não é. Me solta daqui, anda!

VELHO – Não sou eu que estou te prendendo. Fugiu, é?

PIVETE – Imagina se a gente precisa fugir. Fugir de quê? Eles manda a gente pra rua!

VELHO – Eles, quem?

PIVETE – A velha.

VELHO – Tua mãe?

PIVETE – Mãe, não. Madrasta. Não tive mãe, sou filho de chocadeira.

VELHO – Todo o mundo teve mãe.

PIVETE – Mãe pra quê?

VELHO – Pra cuidar, limpar. Pra dar de mamar.

PIVETE – Isso você gosta, né, velho sujo. Mamar.

VELHO – Estou falando de mãe. De mamar leite. É bom. É quente, dá força e dá carinho.

PIVETE – Sei. Agora conta aquela que você morre no fim.

VELHO – E teu pai?

PIVETE – Que é isso? Pobre lá tem pai? É um macho que tem lá em casa.

VELHO – Será que a tua madrasta não te manda pra rua porque não tem dinheiro pra te sustentar?

PIVETE – Eles diz que a gente já é marmanjo pra comer de graça.

VELHO – E daí?

PIVETE – Daí que nada. Me solta!

VELHO – Fala! E daí?

PIVETE – Daí que a gente vem pra rua, se vira e tem sempre uns caras que protege a gente.

VELHO – Mas é porque eles querem dinheiro, não é? Dinheiro de vocês?

PIVETE – Imagina se eu vou dar dinheiro pra homem! A grana é minha!

VELHO – Mas acaba dando pra não apanhar.

PIVETE – A grana é minha!

VELHO – Que você faz com ela?

PIVETE – O que me dá nos cornos! Anda, me solta!

VELHO – Não sou teu pai .

PIVETE – É tira, então?

VELHO – Não, por quê? Só teu pai ou tira é que podia te soltar?

PIVETE – Me solta, vai, moço...

VELHO (*imitando*) – Moço, é?

PIVETE – De onde é que você é, velho filha da puta?

VELHO – Faz diferença?

PIVETE – Faz. Se você é gringo, tem dólar, euro. Se é daqui mesmo...

VELHO – Sou do interior.

PIVETE – Casado?

VELHO – Viúvo.

PIVETE – Chato, né?

VELHO – Que é que há, ta querendo me comover? Ficar com pena de mim? Cuido muito bem da minha vida sem mulher.

PIVETE (*desconfiado*) – Chi... Mas sua cueca tá sujona...

VELHO (*chateado*) – Nem viu minha cueca... .

PIVETE – Vai, tio, me solta pelo amor de Deus!

VELHO – "Tio"? "Amor de Deus"? E você não ia me furar?

PIVETE – Não ia não, era brincadeirinha!

VELHO – Se solta, ué! Quem você acha que está te prendendo?

PIVETE – Como é que eu vou saber?

> *Faz força, tenta se desembaraçar, mas não consegue.*
> *Os laços invisíveis são muito apertados. Ao longe,*
> *ouve-se uma sirene de carro policial.*

VELHO – E se a polícia vier aqui e te prender?

PIVETE – Eu saio logo. Eu sou de menor. Eles me dão umas porradas, me levam pra uma casa muito da escrota, me dão um banho, me raspam o cabelo, me dão uma camiseta de eleição e depois me soltam na rua outra vez. Eles não tem lugar pra mim.

VELHO – E a Febem?

PIVETE – Nem fala nessa merda!

VELHO – Periga de você ir prá lá...

> *Moleque esperneia, bate os braços, tenta de todas*
> *as formas, mas não consegue.*

PIVETE – Vamos fazer um acordo...

VELHO – Qual é?

PIVETE – Você escolhe: ou eu te dou o rabo, ou eu te faço um boquete.

VELHO – Negativo. Como é que eu sei se você vai cumprir? Eu te solto e você ganha o mundo. Pensa que eu não conheço a tua raça?

> *Pausa.*

PIVETE – Sabe por que a gente não melhora neste mundo? porque tem gente que nem você. (*exagerando, melodramático*) Que não acredita num (*enfático*) menino que nem eu. Uma criança.

VELHO – Ah, não. Ah, não! Não me faça rir! "Menino"! "Criança"! Que é que você pensa, moleque? Que eu vou te pegar no colo e te dar beijinhos? Que eu vou te levar pra casa e te adotar?

PIVETE – Podia, velho brocoió. Podia. Pelo menos eu te limpava a bunda, quando você ficar um pouco mais velho e se cagar todo.

VELHO – Podendo antes me roubar tudo que eu tivesse em casa...

PIVETE – Ou não. Podendo te ajudar a viver.

VELHO – Podendo me furar de faca, com mais três merdosos que nem você.

PIVETE – Tá vendo? Tá vendo? Não confia em ninguém. Podia até ter mulher, ter noiva, ter uma menina legal pra te cuidar, te fazer companhia. Mas não. O puto velho não confia em ninguém. Vai me solta daqui, velho, tem dó! Já passou da minha hora!

VELHO – Hora? E você lá tem hora?

PIVETE – Tenho. Tenho que entregar... a féria. E pegar o meu.

VELHO – O quê... Você não disse que não dá dinheiro pra homem?

PIVETE – Eu tava exagerando um pouco...

VELHO – Isso. Então, você é um otário daqueles que dá o dinheiro pra um macho qualquer? Que nem puta?

PIVETE – Me respeita, velho brocha... Me respeita...

VELHO – É ou não é?

PIVETE (*depois de um minuto de hesitação*) – É... sou...

VELHO (*ameaçando com a faca*) – Fala aí : " eu sou uma puta" .

PIVETE – Nem morto.

VELHO (*cutucando-o*) – Fala!

PIVETE (*puto da vida*) – Eu sou uma puta.

VELHO – Eu não sou melhor que esses viados que andam por aqui, pelas esquinas!

PIVETE (*esperneando e bracejando*) – Me solta! Me solta! Socorro! Socorro!

Volta-se a ouvir a sirene da Polícia.

VELHO – Cala a boca, bobão. Se os homens vierem aqui, vão sacar na hora que você estava querendo me assaltar.

PIVETE – Vão ver que eu estou amarrado!

VELHO – Amarrado? Onde? Por quem? Cadê as cordas!?

PIVETE (*desesperado*) – Não sei!!!!

VELHO – Aí que está. Você não sabe. Nem sabe... Toma. Pega esta faca. (*dá-lhe o estilete*) Vai! Se solta!

Pivete pega a faca e, a principio sem convicção, tenta soltar-se.

PIVETE – Onde é que eu corto?

VELHO – Corta aí, nos braços... nas pernas...

Pivete vai tentando e, pouco a pouco, vai se soltando, sem nem saber como. Vê-se solto, completamente, de repente. Estira os braços e as pernas, feliz. Anda de um lado para outro.

PIVETE (*radiante*) – Orra, meu! Tô solto, mano!

VELHO – Pois é. Tá solto. Mas tão duro como antes. E sem saber nem quem te prendeu, nem quem te soltou.

PIVETE – E daí? Tou cagando. Dinheiro a gente acha fácil. Por exemplo: vai passando o teu aí, velho boiola. E o relógio. E esse anel de bicha. Ah, e a máquina, também. (*ameaça-o com o estilete, agora em seu poder*)

VELHO (*meio que levando na gozação*) – Nem morto.

PIVETE – Me passa a grana, velho!

VELHO – Só se você me der o rabo.

PIVETE – Seja bobo não, velho viado! Eu agora tô com tudo em cima! (*mostra a arma*)

PIVETE

Velho – Mas eu estou apostando que você está querendo dar o rabo. Que você dá por gosto. Que você gosta de dar. Acertei?

Pivete – Num brinca...

Velho – Estou apostando que você dava pra qualquer um, lá na Febem guarda, instrutor, companheiro de cama... Estou apostando que você gozava gostoso... sem vaselina e com areia...

Pivete (*aproximando-se, ameaçador*) – Cala essa boca, velho fedido... Mijão de merda...

Velho (*encontrando prazer na gozação*) – Estou apostando que você está de pau durinho, só de olhar pra mim e pensar... imaginar... só de cobiçar... só de sonhar com o meu pau... metendo gostoso em você... hem? Metendo gostoso, firme e forte... e você gritando de tanto achar bom... de tanto gozar...

Pivete (*avançando, furioso*) – Velho puto! Aprende a me respeitar!

Mete o estilete furiosamente no Velho, uma, duas, três vezes, até que o homem caia, sangrando; o velho estremece e morre. O Pivete olha-o sem acreditar. É a primeira vez que ele mata alguém. Não se conforma. Abaixa-se.

Pivete – Velho... velho bicha... velho... acorda... levanta... (*sacode o Velho*) – Acorda, velho... volta... acorda, vá! Volta aqui... agora como é que eu fico... volta aqui, velho... (*desesperando-se, abre a camisa do Velho, tenta ver onde está a ferida, tenta conter o sangue, não consegue e se desespera cada vez mais*) Volta aqui... volta aqui, velho puto! E agora, como é que eu fico? Não me deixa! Não me deixa! (*põe o ouvido no peito do morto*) Tá morto... Tá bem morto... Vai me deixar aqui sozinho? Eu não queria te matar, velho! (*abraça o corpo do Velho. Ouve-se ao longe o som do carro de polícia.*) Eu menti... eu tive mãe, sim... mas não me lembro dela... era muito pequeno...

Ele se abaixa de novo e tira o relógio e o anel do homem, coloca-os no dedo e no pulso.. Pega a sua máquina fotográfica e a coloca a tiracolo. Volta a abraçar o corpo do homem.

Pivete – Que merda, velho... que merda, tava até gostando de você... era até capaz de dar pra você...

Abraça-o de novo, deita-se a seu lado, aninhando-se. Procura com a boca o mamilo do Velho. Ajeita-se e começa a sugar com força. Ouve-se cada vez mais perto a sirene do carro de polícia.

Pivete (*sugando com força*) – Leite... quentinho... é bom... mãe... mãe...

Ouve-se música solene, lenta, pesada.

Barraca de Comédias

O Crime da Cabra

O Crime da Cabra foi estreada em dezembro de 1965, no Teatro Bela Vista, em São Paulo, pela Companhia Nydia Licia, com direção de Carlos Murtinho, cenários e figurinos de Odilon Nogueira e a seguinte distribuição:

Comadre Maria – Ivone Hoffmann

Vendedor de Sorvete – Bené Silva

Zé Boa Morte – Cley Militello

Dona Leontina – Linda Fernandes

Cego – Rui Nogueira

Manuel – Eloy de Araújo

Deolino – Libero Miguel

Filinto – Gibe

Delegado – Serafim Gonzalez

Chico – Decio Tangará

Cobrador – Cyro Magalhães

Romilda – Thilde Franceschi

Vizinho – Georges Ohnet

Coronel Terso – Alceu Nunes

Prêmio Moliére e Governador do Estado de 1965.

Personagens

Comadre Maria
Vendedor de sorvete
Zé Boa Morte
Dona Leontina
Cego
Manuel
Deolino
Filinto
Delegado
Chico
Cobrador
Romilda
Vizinho
Coronel Terso

PRIMEIRO ATO

QUADRO 1

*No mercado, de manhã – para a metade esquerda do cenário, entram
os que vão compor a cena móvel do mercado; Comadre Maria vem
empurrando um carrinho de mão, cheio de gaiolas de passarinhos,
garrafas de bebida, comestíveis. Vão entrando os Vizinhos que
conversam entre si e apontam os passarinhos, Zé Boa Morte entra e se
achega ao carrinho, procurando uma bebida. O Cego vai entrando de
mansinho, sem ser muito notado, violão nas costas, placa no peito.
Manuel chega depois. Deolino, trazendo a cabra por uma corda, entra
seguido de Filinto. Os dois se colocam separadamente dos demais.
A cena é barulhenta e alegre. Alguém deve trazer instrumentos musicais
rústicos, um cavaquinho, um pandeiro, um reco reco, um chocalho,
qualquer coisa assim, despretensiosa. Comadre Maria vende pinga.*

COMADRE MARIA (*apregoando*) – Vendo pastel cheio de vento e pinga do
sítio do seu Bento!

SORVETEIRO (*idem*) – Olha o sorvete de amendoim, quem lamber um pouco, lambe até o fim!

COMADRE MARIA (*idem*) – Vendo passarinho que não bebe água e água que
passarinho não bebe!

ZÉ BOA MORTE (*apontando um passarinho*) – Me vende esse?

COMADRE MARIA – Quinhentos mil réis.

Zé Boa Morte – Vem com a família?

Comadre Maria – Qual, a dele?

Zé Boa Morte – Não, a sua!

Comadre Maria – Nasci de asilo, não tenho mãe. Pra tratar com bêbado é o melhor jeito. Vai falando!

Zé Boa Morte – Não me ofendo com mulher. Com mulher o bom é fazer as pazes.

Comadre Maria – Com você, prefiro guerra.

Zé Boa Morte – A senhora que sabe. Me dá uma pinga. (*é servido; derrama um pingo no chão, depois bebe*) Pras almas.

Comadre Maria – Só praquelas que você providenciou precisava outra dose.

Zé Boa Morte – Calúnia, nunca matei ninguém. Eles morrem de medo.

Comadre Maria – A viúva do Olegário que diga...

D. Leontina (*chegando*) – Tem aguardente com alecrim?

Comadre Maria – Com alecrim não senhora. Não quer beber pura?

D. Leontina (*ofendida*) – Não é pra mim, é pra suadouro de criança!

Comadre Maria – Sempre as crianças é que pagam o pato!

D. Leontina – Mas afinal, tem ou não tem pinga com alecrim?!

Comadre Maria – Tem pinga de um lado e alecrim de outro. A senhora dá pra criança um de cada vez, depois sacode.

D. Leontina (*saindo*) – Atrevida! (*risadas*)

Sorveteiro (*canta*) – Ajoelha, baiana, ajoelha.
Ajoelha, baiana, ajoelha.
Nos caminhos da cidade ajoelha.
Ôi, nos caminhos da cidade ajoelha...

Todos cantam. Filinto e Deolino conversam. O Cego vem chegando para conseguir esmolas, e lasca, com o violão, a quadrinha.

Cego – Ajudai um pobre cego
sem a luz dos seus olhinhos,
passarinho pela estrada
sem asa de passarinho...

Todos se mexem, apalpam os bolsos, vão se ajuntando. Manuel toma a iniciativa de recolher o dinheiro.

Manuel – Vamos ajudar, vamos ajudar! Vai cantando outra, cantador!

Cego – Sem asa de passarinho
pra voar por este mundo,
cego sem eira nem beira,
cego sem beira nem fundo...

Manuel – É bom! Toma lá um dinheiro.

Comadre Maria – Está se coçando, hem, soldado?

Manuel – Se importe com a sua vida e me dê um café. Visto?

COMADRE MARIA – Café por quê? Está doente do peito?

MANUEL – Não bebo em serviço.

ZÉ BOA MORTE (*comicamente, levantando os braços*) – "Estejo" preso. O soldado está de serviço.

MANUEL (*zangado*) – Não gosto dessas graças comigo.

COMADRE MARIA – Quando está de serviço você não bebe?

MANUEL – Não senhora.

COMADRE MARIA – Então, pro tanto que trabalha, você devia estar sempre bêbado.

> *Risadas. De repente, do canto em que estavam Deolindo*
> *e Filinto, explode uma gritaria, protestos etc.*

FILINTO – Socorro! Acudam aqui um homem de bem! Comadre, me ajude aqui!

DEOLINO – Auxílio pro meu animal. Não tenho culpa!

COMADRE MARIA – Que é que foi? Que é que foi?

> *Vozerio. Confusão.*

MANUEL – Que é isso? Calma, calma. Olha a autoridade!

FILINTO – Foi a cabra!

DEOLINO – Não foi não senhor!

FILINTO – Foi a cabra e se não foi ela foi o senhor!

> *Aumenta a gritaria. Estão furiosos. Os passarinhos fazem*
> *barulho, o Cego procura adivinhar; Zé Boa Morte se aproxima,*
> *ficando à parte apenas um vizinho, quieto e imóvel.*

MANUEL – Vamos tudo pra delegacia!

DEOLINO – Vamos é pra igreja!

MANUEL – O Delegado é que tem de resolver!

FILINTO – Não, é o juiz!

OS DEMAIS – É o Delegado! O juiz! O padre!

MANUEL – Silêncio!

> *Pregão do sorvete de coco. Enorme confusão.*
> *O Cego se aproxima do vizinho, que está à parte.*

VIZINHO – Que foi, heim?

CEGO – Não sei, não senhor, sou cego.

VIZINHO – Ah, me desculpe...

CEGO – O senhor não vai ver porque é cego também?

VIZINHO – Eu? Não senhor, mas é que eu tenho uma preguiça...

> *Aumenta a confusão, que tinha tido uma pausa; os dois*
> *litigantes se engalfinham, a cabra é sacudida.*
> *Escurece essa parte da cena, e ouve-se, através de*
> *microfones, um formidável berro da cabra.*

Quadro 2

Em seguida, na delegacia – lado direito do cenário.
Mesa do Delegado, mesinha da máquina de escrever, cadeiras, armas.
Ao fundo, porta gradeada que dá para o xadrez. O Delegado
está decifrando um problema de palavras cruzadas
e Chico está azeitando a máquina de escrever.

Chico – Doutor...

Delegado – Heim...

Chico – Que quer dizer esse "ele" cruzadinho que tem aqui em cima?

Delegado – É libra.

Chico – O que é isso?

Delegado – É dinheiro.

Chico – Então, por que não é cifrão?

Delegado – Porque vale mais.

Chico – Por quê?

Delegado – Porque sim! Você não vê que a libra está por cima e o cifrão está por baixo?

Chico – É mesmo... (*pausa*) Doutor...

Delegado – Que é...

Chico – É por isso que o dinheiro da gente não vale nada?

Delegado – Deve ser. (*decifrando*) "Defunto"...

Chico – Sei.

Pausa, Delegado morde o lápis e olha o teto.

Delegado – Horizontal, seis letras, defunto...

Chico – Doutor...

Delegado – Heim!

Chico – Que é horizontal?

Delegado – Deitado.

Chico – Então todo defunto é horizontal, doutor.

Delegado – Ó santa ignorância! Isto é palavra-cruzada, Chico, quebra-cabeça! O defunto, aqui, é conceito!

Chico – Ah, bom, pensei que fosse defunto morto.

Delegado – Morto... Morto... (*experimenta*) Não, não serve. Tem cinco. "Ca-dá-ver"... Também não. "Fa-le-ci-do"... Ih, esse é comprido.

Chico – Ih, ih... Defunto comprido. Uma vez eu vi um que parecia uma "tauba".

Delegado – E daí? Não ajuda em nada. Este aqui tem que ter seis letras.

Chico – O que eu vi tinha uma só; mas diz que protestaram ela, ele se enfezou, provocou o outro pra brigar e levou facada.

Delegado – "Fi-na-do"!

O CRIME DA CABRA 125

CHICO – Senhor?

DELEGADO – Achei! (*escreve, repetindo alto*) "Finado".

CHICO (*contente*) – Acabou?

DELEGADO – Que nada. Está só começando.

CHICO – Que divertimento! Prefiro azeitar as letrinhas, Chi... Isso está que é só ferrugem... O dabliú está todo azinhavrado...

DELEGADO – Também, nunca se usa... Que é do Manuel?

CHICO – Saiu pra dar uma volta.

DELEGADO – Vocês estão me saíndo uns folgados de marca. Isso é que dá a gente ser humanitário, boa pessoa, amável com os subalternos. Se eu fosse um desses majorengos, que cada duas palavras dizem três palavrões, vocês me respeitavam!

CHICO – A gente respeita o senhor, doutor! É que Manuel não pode ficar parado muito tempo, dá uma coisa nele. Ele sai, dá umas voltas, aproveita e faz a ronda. Se tiver algum "causo", ele logo resolve. Doença, doutor.

DELEGADO – Doença é conversa. Só se ele sofre de unha encravada. Nunca vi homem mais forte.

CHICO – O que eu sei é que ele lhe quer um bem doido. É Deus no Céu e o senhor na delegacia.

DELEGADO – Está bom, é assim que vocês me levam. (*decifrando*) Moléstia, três letras. É boa! Moléstia com três letras só pode ser dor, Mas dor lá é moléstia!

CHICO – Não sei não, senhor.

DELEGADO – Moléstia é doença. Quando você tem dor, diz que está doente?

CHICO – Ah, isso é que digo, sim senhor! Pois dor, dói. O que dói, é doença!

DELEGADO – Não senhor, doença é um negócio que a gente tem que ir no médico pra curar!

CHICO – Chi, doutor, se fosse isso, pobre nunca ficava doente! Se o dinheiro não chega pra ir ao médico, a dor continua doendo e ele não vai. Então não é moléstia?

DELEGADO – Pronto, lá vem você com comício. É assim – pobre quando fala um pouco mais, desanda logo na demagogia. Vocês são é comunistas!

CHICO – Sim senhor, doutor. Mas dor de barriga é doença, e a gente resolve com erva de Santa Maria!

DELEGADO (*decifrando*) – Cinco, assassino com oito letra... Oito letras?

CHICO – Dioguinho?

DELEGADO – Tem muita letra!

CHICO (*desanima; depois anima-se novamente*) – Lampeão!

DELEGADO – Pode ser... Não. Não dá. Tem letra de menos. E depois, nem combina com a vertical. A vertical é "cheiro agradável"...

CHICO – Ah, então não combinava mesmo...

DELEGADO – Mamífero ruminante, cinco letras...

*Enquanto os dois prosseguem no diálogo, vai-se aproximando
o Cego; traz o violão, preso nas costas, bengala com a qual vai
tateando. Segue a parede até encontrar a delegacia. Traz uma placa
no peito, onde se lê o número de sua licença e o lugar de onde veio –
Pouso Alegre. Ouviu a conversa, tira o chapéu e aproveita.*

CEGO – Uma esmola, pelo amor dos seus...
DELEGADO (*distraído*) – Deus lhe favoreça...
CHICO –... Favoreça, irmão..
CEGO – Amém, a nós todos!
DELEGADO – Hei, esse mendigo não é nosso!

O Cego vai se afastando rapidamente.

DELEGADO – Hei, o senhor aí! Seu cego, o senhor!
CEGO – Eu?
DELEGADO – É, o senhor mesmo, vem cá.
CEGO (*com voz piedosa*) – Quem chama um pobre ceguinho?
DELEGADO – O delegado de polícia.
CEGO (*com voz normal*) – Pronto. Complicação.
DELEGADO – De onde é o senhor?
CEGO – Pouso Alegre, doutor. Está aqui a minha licença.
DELEGADO – Licença de lá?
CEGO – É, sim senhor.
DELEGADO – E desde quando licença de lá valeu aqui?
CEGO – Vale em todo lugar, doutor. Ando por tudo isso aí, e nunca...
DELEGADO – O senhor sabe quem é o delegado de Pouso Alegre?
CEGO – Sei, sim senhor, é o doutor Veloso!
DELEGADO – E sabe o que esse doutor Veloso fez comigo?
CEGO – Não sei não senhor.
DELEGADO – Pois eu lhe conto. Aproveitou-se de uma noite que eu estava
dormindo, depois de um dia inteiro de trabalho aqui na delegacia, e
mandou um caminhão despejar aqui todos os ladrões de cavalo que
ele tinha encalhados lá na cadeia. Ouviu?
CEGO – Ouvi, sim senhor... Mas é que eu...
DELEGADO – O senhor, o quê?
CEGO – Não sou ladrão de cavalos... Sou um pobre ceguinho...
DELEGADO – Não tem pobre ceguinho nenhum. Sente aí e espere. Quando
chegar o praça vamos resolver o seu caso. Por enquanto, pode esperar.
CEGO – Sim senhor. (*tateia ostensivamente com a bengala, procurando
um lugar*)
DELEGADO (*comovido*) – Chico, arranje uma cadeira.
CHICO – Sim senhor... Está aqui, companheiro.
CEGO – Deus lhe pague.
DELEGADO (*fazendo força pra parecer durão*) – Pouso Alegre! Veloso!
(*voltando à, decifração.*) Assassino... Oito letras...

O CRIME DA CABRA 127

CEGO (*tranqüilo*) – Que é, doutor?

DELEGADO – Palavras-cruzadas.

CEGO – O que é que o senhor está procurando?

DELEGADO – Assassino, oito letras.

CEGO (*sereno*) – "Ho-mi-ci-da".

DELEGADO – Como é?

CEGO – "Ho-mi-ci-da". Com "H".

DELEGADO (*experimenta e dá certo*): Ué, como é que o senhor sabe?

CEGO – Eu também gosto disso, doutor. Só que faço para os outros.

DELEGADO – É? O senhor tem muita prática?

CEGO – Chi, doutor, só daquelas palavrinhas de três letras que servem pra tapar buraco, eu sei um montão...

DELEGADO (*cobiçoso*) – Não diga... Veja só... Um dicionário ambulante.

CEGO – Pois é pra ver... Estou meio mal encadernado, mas estou servindo...

DELEGADO – Ótimo! Vá ficando por aí. Depois a gente resolve o seu caso. Viu? Fique aí. (*decifrando*) E agora? Onde é que eu ponho o "cheiro agradável"?

CEGO – Quantas letras, doutor?

DELEGADO – Quatro.

CEGO – Então, é "Olor".

DELEGADO – Será?

CEGO – Pode ver.

DELEGADO – Mesmo!

CHICO – Homem bom, heim doutor? Não é burro que nem eu!

DELEGADO – Homem bom, sim senhor! Vá ficando por aí, vá ficando, quem sabe eu ainda lhe arranjo um lugar de carcereiro, ou então, de ronda...

CEGO – Credo, doutor, ronda cego...

Enquanto prossegue o diálogo na delegacia, fora se aproximam Deolino, Filinto e Manuel, trazendo a cabra amarrada por uma corda.

DEOLINO (*fora*) – Eu vendi, quero o dinheiro.

FILINTO (*fora*) – O dinheiro eu já dei!

MANUEL (*fora*) – Silêncio!

DEOLINO (*fora*) – Me devolve ela!

FILINTO (*fora*) – Me dá o dinheiro!

MANUEL (*fora*) – Silêncio, gente, que seu delegado vai resolver.

DEOLINO (*fora*) – Ainda acho que devia ser o padre!

MANUEL (*fora*) – O padre não quis dizer nada!

FILINTO (*fora*) – Então, o juiz!

MANUEL (*fora*) – Vamos acabar com isso, de uma vez?

Entram na delegacia, sempre batendo boca.

DELEGADO (*batendo na mesa*) – Ordem! Que baderna é essa?

MANUEL – É que tem um problema aqui, não vê o senhor?

DELEGADO – Pronto, acabou meu sossego.

DEOLINO – É que a cabra é minha, doutor!

FILINTO – Não é não senhor, é minha, que comprei!

DEOLINO – Pois se comprou, pague!

FILINTO – Já paguei, e quem disser que não, quebro a cara!

Avança para o outro, sem largar a cabra. Intervém Chico e Manuel.

DELEGADO – Silêncio! Fala você, Manuel, e bota pra fora essa cabra, que vai me sujar a delegacia.

MANUEL – Não posso botar pra fora não senhor, porque ela é a *causa mortis*.

DELEGADO – Você quer dizer o corpo de delito...

MANUEL – Ou isso. O que eu quero dizer é que, com perdão da palavra, a cabra é a pessoa mais importante do recinto.

CEGO – Salvo seja!

MANUEL – Esse cidadão é o Cego que estava no mercado?

DELEGADO – Só sei que é um cego do Veloso de Pouso Alegre. Vai falando!

DEOLINO – É que essa cabra sempre foi minha!

FILINTO – Ninguém mandou vender!

DEOLINO – Vendi pra receber!

FILINTO – Não recebeu porque não quis, o pagamento foi feito!

DEOLINO – Porque não quis! Pois se a cabra...

DELEGADO – Silêncio! Fala um só! Manuel, vai me explicar isso logo?

MANUEL – É pra já, doutor. Pois não vê que seu Deolino "tinha" uma cabra.

DEOLINO – Tinha não, que ainda tenho.

DELEGADO – Cala a boca. E daí?

MANUEL – Tinha uma cabra. Vai e anuncia que queria vender a cabra.

DEOLINO – Não anunciei. Escrevi um papel e preguei no mercado.

MANUEL – Vale por um anúncio. Que diabo!

DELEGADO – Está bom, Manuel, continua!

MANUEL – É que eu não gosto que fiquem me aperreando assim, doutor!... Anunciou a cabra por cinco mil cruzeiros.

CHICO – É barato, por um cabrão desse.

CEGO – É boa de leite?

CHICO (*examinando a cabra*) – Homem, parece...

MANUEL –... Cinco mil cruzeiros, e vai seu Filinto e vê a cabra e resolve fechar o negócio.

FILINTO – Com dinheiro na mão!

DEOLINO – Que é dele?

FILINTO – Está com a cabra!

MANUEL –... Pois vai daí, enquanto os dois acertavam o negócio, seu Filinto pegou a nota e pôs em cima do balcão do mercado...

CHICO – Já foi imprudência...

CEGO – Alguém podia passar a mão!

CHICO – Inda mais no mercado!

O CRIME DA CABRA

DEOLINO – O pessoal do mercado é de confiança e a barraca é do meu compadre.

FILINTO – Bom traste, isso é que é... Meu dinheiro se foi e eu quero a cabra!

DEOLINO – Vai ter a cabra mas é no inferno! Tem que passar por cima do meu cadáver!

FILINTO – Passo até de mais...

Vão se atracar novamente. Todos intervêm.
O delegado puxa o revólver.

DELEGADO – Chega! O primeiro que interromper agora leva bala! (*silêncio total*) Vou saber essa história, ou não?

MANUEL – Pois, pra encurtar – a cabra comeu o dinheiro!

DELEGADO – Comeu...?

CHICO –... O dinheiro? Êta, cabra vivida!

MANUEL – Cabra da peste!

CEGO – Comeu o dinheiro!

DELEGADO – Comeu o dinheiro? Mas como! E ninguém viu?

FILINTO – Eu tenho pra mim que o compadre dele viu e não me avisou.

DEOLINO – Viu não senhor. Se visse avisava, que é um homem honesto!

FILINTO – Honesto como o senhor!

DEOLINO – Lhe quebro a cara!

DELEGADO (*intervindo*) – Mas vocês não viram na boca... Não olharam?

DEOLINO – Já tinha ido... Quando a gente olhou já tinha ido...

FILINTO – Meti o braço até o cotovelo dentro da bruta... Mas já tinha caminhado.

DELEGADO – E depois? Não saiu nada?

MANUEL – Nada, doutor. Se fosse moeda... Ainda podia ser...

FILINTO (*quase chorando*) – Mas era papel, doutor... Uma notinha nova, vermelhinha que estava estalando... Novinha...

MANUEL – Não adianta nem pensar...

CEGO – É doloroso...

DEOLINO – Não tem jeito...

DELEGADO – É, não tem mesmo...

MANUEL – O remédio é se conformar.

DELEGADO – Pois é... Paciência... Não se pode fazer nada. Fatalidade! (*procurando encerrar o assunto*) Sinto muito etc... e tal. (*empurrando o pessoal para a porta*) Para outra vez, mais prudência.

FILINTO – Mas a minha notinha... Eu sou um homem pobre, doutor... Tenho filhos...

DEOLINO – Aí não tem que entrar os filhos, tem que entrar a razão!

DELEGADO – Quem fala sou eu. Fique quieto o senhor!

FILINTO – Eu não me conformo, doutor!

DELEGADO – A cabra está bem de saúde?

DEOLINO – Muito bem, doutor, é uma cabra que se preza.

DELEGADO – Não se podia dar um jeitinho... Um purgante...

DEOLINO – Não adianta mais...

FILINTO – Meu dinheiro se foi e eu quero a cabra!

DEOLINO – Eu não recebi o dinheiro e não vendo a cabra!

FILINTO – O senhor já vendeu!

DEOLINO – Vendi mas não levei!

FILINTO – Quem não levou fui eu, que estou sem cabra!

DEOLINO – Me pague!

FILINTO – Me dê a cabra!

DEOLINO – Quero o dinheiro!

FILINTO – Já paguei!

DELEGADO – Silêncio! Me deixem pensar! Senta todo mundo aí! (*todos obedecem*) Me parece, pra começar, que não é ilícito penal.

DEOLINO – Não é o quê?

DELEGADO – Não é crime.

FILINTO – É crime sim senhor.

DELEGADO (*irônico*) – Crime de quem?

FILINTO – Crime da cabra.

DELEGADO – Ora, não seja burro. Cabra não pratica crime.

FILINTO – Por que não?

DELEGADO – Porque não! Se vocês não fossem tão ignorantes, saberiam que... Chico, me dá aí o Código Penal.

CHICO – É pra já, doutor.

FILINTO – É agora!

DELEGADO (*lendo*) – Está aqui "Artigo primeiro – não há crime sem lei anterior que o defina. Não há pena sem prévia cominação legal".

FILINTO – E daí?

DELEGADO – Daí que está claro! Cabra não pratica crime!

FILINTO – Por quê? Não vi isso em lugar nenhum! Aí não diz nada de cabra!

DELEGADO – É claro que não! Por isso mesmo! Pra ser crime, precisa que o código diga!

FILINTO – Diga o quê?

DELEGADO – Que é crime!

FILINTO – E o senhor acha que quem fez o código ia pensar numa cabra tão desgraçada que fosse comer dinheiro?

DEOLINO – Desgraçada é sua avó!

FILINTO – Não ofende a família! Não ofende a família!

DELEGADO – Pelo amor de Deus!... Nós estamos fugindo do assunto!

MANUEL – Meu braço já está doendo. Daqui a pouco quem foge é a bichinha.

FILINTO – O doutor faça o favor de me esclarecer. Não vi nada nesse código que diga que cabra que come dinheiro não faz crime.

DELEGADO – Está aqui. Veja com seus olhos.

DEOLINO – Não deixa ele fazer maroteira, doutor.

FILINTO (*folheando o código*) – É... Aqui não fala nada de cabra...

O CRIME DA CABRA

DELEGADO – Viu? Pois é, não fala nada. Pronto! Vamos embora e não se fala mais nisso...

FILINTO (*insistindo*) – É... Mas um livro tão bonito... Tão sério... Vai ver, a gente procurando bem... Quem sabe...

DELEGADO (*encaminhando-os para a porta*) – Vamos indo, vamos indo... Vão em paz

CEGO – Não se esqueçam da caridade a um pobre cego...

MANUEL – O que é queu faço com a bichinha?

FILINTO (*parando no meio do caminho, sempre lendo*) – Está aqui! Ah, conheceu, papudo!? Está aqui – "Artigo quarto – aplica-se a lei brasileira, sem prejuízo de convenções, tatati, tatatá... Ao crime cometido, no todo ou em parte, no território nacional..." Pronto. Taí. Vai me dizer que o mercado não é território nacional?

DELEGADO – Não é isso, seu Filinto. Não se trata de território nacional. É claro que o mercado é território nacional. (*enfurecendo-se*) Mas é que não é crime! Aí fala em crime! O território entrou depois! Primeiro fala em crime! Qual é o crime da cabra?

FILINTO – Comer o dinheiro.

DELEGADO – Mas não é crime!

FILINTO – Não é crime porque o dinheiro não é seu!...

DELEGADO – Mais respeito!

FILINTO (*continuando a procurar*) – Esta tudo contra mim. Aqui tem proteção. Eu devia saber que tinha proteção. Sempre os mais ricos é que saem ganhando. Tudo o que eu acho não serve. Está escrito no mesmo livro, mas o que ele acha serve, o que acho não serve! Pobre não tem direito!

DELEGADO – Vai começar o comício? Mando todo mundo pro olho da rua!

FILINTO – É isso. Vai ver, acho outra, também não serve. Fosse ele... (*aponta Deolino.*) Servia. Está aqui, esta aqui! "Artigo quinto – ficam sujeitos à lei brasileira... Tatatá... Os crimes praticados por brasileiros..." Pronto! Se o mercado é território nacional, vale o outro. E se não é território nacional, vale este aqui. Ou vai me dizer que a cabra não é brasileira?

DELEGADO (*quase chorando de desespero*) – Não é isso! A cabra é brasileira, o mercado é território nacional, mas cabra não pratica crime! Só quem pratica crime é gente! Gente! Gente!

DEOLINO – Me dá aqui esse livro, quem vai resolver a parada sou eu.

FILINTO – Lhe digo que a cabra comeu o dinheiro. (*entrega o livro*) Se ela comeu, roubou. O dinheiro não era dela, era meu. Comeu meu dinheiro, roubou. Não pense que eu quero que o senhor prenda a cabra, isso não.

DELEGADO – Ai, minha mãe...

FILINTO – Eu só quero dizer...

DEOLINO – Está aqui, está aqui! Achei.

DELEGADO – Pronto, mais asneira.

DEOLINO – "Artigo 23 – Os menores de dezoito anos são penalmente irresponsáveis, tatati, tatatá." E agora? A cabra tem cinco anos. Tenho certeza.

MANUEL – Agora não tem saída.

CHICO (*aproximando-se da cabra*) – É... Não tem mais do que isso... Ih...

CEGO – Ih... Não quero atrapalhar, mas estou achando essa lei esquisita...

FILINTO – Não acho nada esquisito. Acho que agora matou na cabeça. Se ela não tem dezoito anos, e acho que não tem mesmo, matou na cabeça. O livro diz isso mesmo? Então matou na cabeça. Não sou eu que vá contra. "Leis", é "leis".

DELEGADO – São todos idiotas! Está tudo errado!

DEOLINO – Mas o senhor não disse que não era crime?

DELEGADO – Disse!

DEOLINO – Pois então, agora eu provo que não é crime, e o senhor me insulta? É assim que a autoridade trata o povo?

DELEGADO – Não é isso! É que... É que... (*desistindo*) Está bom. Chega! Não vamos mais falar nisso. Me dá aqui o livro. Está resolvido o assunto. Vai todo mundo embora.

FILINTO – Não senhor. Nem ver. E o meu dinheiro?

DELEGADO – Mas o senhor disse...

FILINTO – Disse que não era crime. Se o livro disse que não é, não é. Mas eu quero o meu dinheiro, ou então a cabra. O livro diz que quem perde dinheiro tem que ficar quieto? Era uma nota novinha! Quero o meu dinheiro, ou a cabra!

DEOLINO – Pode ficar querendo!

FILINTO – Safadeza!

DEOLINO – Safado é o senhor!

DELEGADO – Espera aí! Vamos resolver isso já. Presta atenção todo mundo. Manuel, segura bem a cabra. Atenção – não é crime. Certo?

TODOS – Certo.

DELEGADO – Eu sou o delegado. Certo?

TODOS – Certo!

DELEGADO (*exultante*) – Então, se delegado cuida de crime, eu sou o delegado e não é crime, eu não tenho nada com isso! Certo?

TODOS (*desanimados*) – Certo...

DELEGADO – Ótimo! Vão embora e me deixem em paz! (*encaminha-se para a mesa e se dispõe a continuar o problema*)

FILINTO – É. Mas o meu dinheiro?

DEOLINO – E a minha cabra?

DELEGADO – Ai, vocês com essa cabra. Já disse que não é comigo!

DEOLINO – Bom, mas se não é com o senhor deve ser com alguém...

MANUEL – Isso é bem falado, doutor. Não se pode mandar por aí esse povo de Deus sem ajuda...

O CRIME DA CABRA
133

DELEGADO – Vão ao padre.

DEOLINO – Já fomos antes de vir aqui. Não adiantou. Ele disse que cuida de almas e não de cabras.

DELEGADO – Então vão ao juiz de direito.

DEOLINO – O juiz de direito?

FILINTO – Mas ele é tão surdo, doutor...

DEOLINO – Depois, ele não atende a gente assim sozinho. Ainda mais com uma cabra...

DELEGADO – Contratem um advogado...

DEOLINO – Só assim precisa pôr outra cabra para pagar os honorários...

DELEGADO – Querem saber do que mais? Já estou cheio de vocês, de dinheiro, de notinha e de cabra. Já falei que não é comigo! Vão ao juiz! Vão ao advogado! Vão ao diabo!!!

FILINTO – Mas doutor, o meu dinheiro...

DELEGADO – Morreu o assunto!

DEOLINO – A cabra...

DELEGADO – Chega!

FILINTO (*aproximando-se do Cego*) – Acho que o senhor não entendeu direito. Foi um prejuízo. Vou lhe mostrar. Imagine só que o senhor tem uma coisa que vale... (*pegando a viola do Cego*) Olhe, um instrumento bom como esse...

CEGO – Cuidado com a viola!

FILINTO –... Uma viola em ordem, decente, boa madeira, e vem um desgraçado qualquer...

DEOLINO – Tenha jeito com a língua!

FILINTO –... Um nojento qualquer, e só pra lhe dar prejuízo, lhe arrebenta com o violão... (*faz menção da bater o violão no lajeado*)

CHICO – Pare, pare aí, olhe o violão do ceguinho!

MANUEL (*largando a cabra*) – Segure o homem que ele racha tudo!

DELEGADO – Ordem! Vamos ter ordem!

CEGO – Olhe o meu instrumento, seu delegado!

MANUEL – Pára!

Deolino, no meio da confusão, se abaixou e agarrou a corda que Manuel largara. Discretamente vai se afastando.

DELEGADO – Hei, o Sr. aí, seu Deolino. Onde é que pensa que vai?

DEOLINO – Eu? Eu vou tratar do que é meu já que a lei não trata!

Sai correndo com a cabra, enquanto os demais lhe saem no encalço aos gritos de "pega", "pego".

Quadro 3

Dia seguinte, à tarde, na rua de Deolino. Mesmo cenário, com destaque para a metade esquerda, que é a rua de Deolino. Da ponta da rua vem vindo uma bandinha desafinada, cantando e tocando o "Me dá um dinheiro aí". Na frente, vestido de roupa berrante com um letreiro de "Cobrador" nas costas, vem o chefe da banda. A banda pára na porta de Deolino.

COBRADOR – Ô de casa! Vocês aí, podem descansar. (*os músicos sentam-se e se abanam; o Cobrador bate palmas.*) Não tem ninguém aí?

Saem Romilda e alguns vizinhos.

ROMILDA – Tem eu. O que é que há?

COBRADOR (*lendo um papel*) – Seu Deolino Silveira. É aqui?

ROMILDA – É aqui, mas não está. Eu sou a mulher dele. (*coquete*) Não serve?

COBRADOR (*galante*) – Servir, até que serve. Mas eu preciso é falar com ele mesmo. Assunto de dinheiro.

ROMILDA – Vai falando, moço. Aqui vive um casal unido. Dívida dele é dívida minha, dinheiro dele é dinheiro meu. Pode dizer...

COBRADOR – Acontece que ele vendeu: uma cabra...

ROMILDA – Eu já sabia que era a desgraçada da cabra...

COBRADOR –... Vendeu a cabra, consumiu o dinheiro e ainda trouxe o animal embora...

ROMILDA – Pois não havia de trazer? O bicho era dele!

COBRADOR – Pode ser. Meu ofício não é discutir. É cobrar. Aqui no papel diz que ele deve cinco mil cruzeiros, mais juros de mora, custas e honorários e mais o que for julgado devido pela valorização da cabra.

ROMILDA – Que é isso? Que história é essa? Que juros de demora, é esse? Se a coisa demorou, a culpa foi de Deolino?

COBRADOR – Não sei de nada, estou aqui para cobrar.

ROMILDA – É, mas a coisa não é assim como vai, não. Tem que explicar. Que juros de demora é esse?

COBRADOR – Demorou pra pagar.

ROMILDA – Pagar o quê?

COBRADOR – Meu patrão.

ROMILDA – Quem é seu patrão?

COBRADOR – Pois não está vendo? Meninos, vamos tocar! (*os músicos se encorporam e tocam alguns compassos*) Chega! (*faz uma mesura*) Agência de cobranças "Me dá um dinheiro aí", da capital. Meu patrão é o dono.

Os vizinhos gozam.

O CRIME DA CABRA

ROMILDA – E foi seu patrão quem disse que meu marido tem que pagar cinco mil cruzeiros e mais os juros da demora?

COBRADOR – Foi.

ROMILDA – Pois diga a seu patrão que cresça e apareça! Já se viu! Vir um tipo da cidade, com uns músicos muito mambembes, pra me dizer o que é que eu tenho que fazer! Já se viu?

COBRADOR – Mambembe não senhora. A gente tem dignidade. E além do mais, tem as custas!

ROMILDA – Ah, tem mais! E que custas são essas?

COBRADOR – Passagem de trem para todos, ida e volta, sanduíche de mortadela, cerveja e café... (*lendo no papel*) E despesas de secretaria. Só despesas de secretaria são dois mil cruzeiros.

ROMILDA – E o que é que o meu marido tem se vocês comeram sanduíche? Trouxessem merenda de casa! Aproveitadores!

COBRADOR – A senhora não precisa ofender, dona. A gente está aqui de educado. (*lendo*) E tem também honorários.

ROMILDA – Que é isso?

COBRADOR – É o que meu patrão cobra pra fazer o serviço. Cinco mil cruzeiros.

ROMILDA – Cinco mil cruzeiros! Mas é o preço da cabra!

COBRADOR – Era! Porque agora tem valorização. A cabra dobrou de preço.

ROMILDA – Só nestes dias?

COBRADOR – A senhora bem se vê que não está a par do custo da vida.

ROMILDA – Que custo?

COBRADOR – Da alta! Está tudo subindo, dia a dia!

ROMILDA – Cabra também?

COBRADOR – Principalmente cabra! Cabra produz leite, produz cabritinho, produz... Esterco.

ROMILDA – Não serve, é muito forte.

COBRADOR – A cabra é a rainha dos animais.

ROMILDA – Credo, que exagero!

COBRADOR – Se não for rainha, é pelo menos Primeira Ministra! A senhora não pode desprezar a cabra!

ROMILDA – Eu não desprezo a cabra, moço. Meu marido pegou ela na delegacia no dia da briga e trouxe com muito cuidado para cá. Está no quintal. Nós tratamos ela muito bem. Brinca com meus filhos.

COBRADOR – Se o seu marido não quiser pagar, também pode fazer um acordo.

ROMILDA – Que acordo?

COBRADOR – Entregar a cabra.

ROMILDA – Isso não adianta nem falar, que ele não entrega. Essa cabra ele tem muito amor. Virou bicho de estimação.

COBRADOR – Bom, se é assim, deixo aqui o aviso pra senhora. O trem sai às quatro. Temos que ir andando. Pessoal, vamos tocar um pouquinho, pra justificar o preço.

136 TEATRO COMPLETO: RENATA PALLOTTINI

Os músicos recomeçam. Os vizinhos se assanham.
Vem surgindo o Cego, para assuntar. Do fim da rua surge
Deolino, que aperta o passo, quando vê a cena armada.

DEOLINO – Posso saber que confusão é essa na minha porta? Isto é casa de
família! Ó Romilda, vai pra dentro!

ROMILDA (*sem arredar o pé*) – Aí, Deolino, mostre pra eles!

DEOLINO – Vão se explicar? (*para os músicos*) Pára com esse barulho!

COBRADOR – Pára, gente!

DEOLINO – Faça o favor de se explicar. Você, mulher, vai pra dentro.

ROMILDA – Já vou indo. (*fica*)

COBRADOR – O senhor é seu Deolino Silveira?

DEOLINO – Sou eu mesmo.

COBRADOR – Então está aqui. (*toma o papel das mãos de Romilda e passa
a Deolino*) Cinco mil cruzeiros de cabra, dois mil de secretaria, cinco
mil de honorários. Cinco mil e trezentos e vinte e três de condução,
custas, juros, valorização da cabra... Total – Dezessete mil, trezentos e
vinte e três... Se quiser dar uma "groja", também pode...

DEOLINO – Eu lhe dou uma "groja" na cara.

Confusão, Os músicos procuram salvar os instrumentos,
o Cego sai da roda, Romilda atiça, os vizinhos protestam.

ROMILDA – Quebra a cara dele, Deolino!

COBRADOR – O senhor se acalme!

CEGO – Cuidado comigo! Sou um pobre ceguinho!

COBRADOR – Então sai do meio!

1º VIZINHO – Isso não é direito! "Vim" aborrecer um cidadão de bem!

2º VIZINHO – Fosse comigo, matava!

DEOLINO – O senhor suma daqui! Por causa de uma porcaria de uma cabra,
dezessete mil e...

COBRADOR – Se é porcaria, entregue ela e não se fala mais nisso!

DEOLINO – Não entrego! Essa cabra só sai daqui morta! Morta, entendeu?

CEGO – Creio em Deus Padre!

DEOLINO – Pode dizer isso pro vagabundo do Filinto!

COBRADOR – Não sei quem é. Cumpro ordens do patrão. Não tenho nada
com esse.

DEOLINO – Mas eu tenho. E ele vai ver comigo!

COBRADOR – O senhor é quem sabe. Pessoal, mais uma tocadinha!

DEOLINO – Aqui ninguém toca mais nada!

VIZINHOS – Tem razão! Não está certo! Esses porcarias desses músicos!

COBRADOR – Não precisa ofender!

VIZINHOS – Músicos da mixuruca!

COBRADOR – Que é que vocês entendem de música, neste fim de mundo?

VIZINHOS – Fim de mundo, também não!

DEOLINO – Vocês são uns exploradores!

O CRIME DA CABRA 137

COBRADOR – E vocês? Cambada de caipiras!

Formam-se duas alas; de um lado, o Cobrador, os músicos.
Da outro, os vizinhos, Deolino e Romilda.

DEOLINO – Passa pra cá, se for homem!

ROMILDA (*baixo, para o Cego*) – Acho que é melhor chamar o Delegado...

CEGO – Vê lá que ele quer entrar nessa embrulhada...

ROMILDA – Isso é capaz de acabar mal...

CEGO – Não era a senhora que estava atiçando?

ROMILDA – Estava, sim, mas eu sou desse jeito. Me arrependo logo. Dê um jeitinho...

CEGO – Vamos ver... (*empunha a viola*)

COBRADOR – O senhor abusa porque eu estou de serviço.

DEOLINO – Isso não é serviço de homem...

COBRADOR – Pois olhe, ficar olhando a vida dos outros, que nem seus vizinhos, é que é serviço de mulher...

1º VIZINHO – Isso não fica assim! Avança pessoal!

A ala dos vizinhos avança, os músicos depõem os instrumentos
e se preparam para resistir. Nessa momento, o Cego irrompe
entre as duas filas, tocando e cantando com voz tremida
de medo. Atravessa as duas alas, da frente para os fundos.

CEGO – "Faz favor de abrir caminho. Para um pobre ceguinho..." (*música de pedir esmola*)

COBRADOR – Ué, vocês não iam avançar? Acho que quem vai somos nós! Avança, pessoal!

Os músicos ameaçam avançar, mas o Cego vem dos fundo
para a frente, tocando e cantando a mesma melodia,
atrapalhando e impedindo o choque direto.

DEOLINO – Raio de cego!

COBRADOR – Vai ver que está estorvando a mandado seu!

DEOLINO – Pois não estorva mais! (*entra na casa*)

Comadre Maria surge em cena, à procura de Romilda.

COBRADOR – Fugiu, heim? Vamos tocar; minha gente!

Deolino reaparece com uma espingarda.

COMADRE MARIA – Dona Romilda! Ó dona Romilda!

DEOLINO (*cego de raiva*) – Fora daqui! Todos! Já!

COBRADOR – Coragem, turma!

ROMILDA – Aí, Deolino, passa fogo neles! (*baixo.*) Que foi, Comadre?

DEOLINO – Pára, antes que eu mate um!

COBRADOR – Força pessoal!

COMADRE MARIA – O Coronel Terso mandou perguntar se pode vir hoje!

O Cego, por perto das duas, ouve a conversa, disfarçando.

ROMILDA – Diz pra ele vim depois da meia-noite. (*alto*) Mata, Deolino!

DEOLINO – É hoje que eu faço uma desgraça!

*Dá um tiro pro ar. A banda se desincorpora e desanda a correr,
com o Cobrador na retaguarda. Os vizinhos gozam.*

ROMILDA – Conheceram, trastes da cidade?

COMADRE MARIA – Depois da meia-noite?

ROMILDA – É.Vai depressa! (*alto*) Corre, gente!

VIZINHOS – Assim, vocês chegam antes do trem!

DEOLINO – Vão tocando no caminho!

CEGO – Se precisar, aqui tem violão!

DEOLINO – Cambada! (*larga a espingarda e arregaça as mangas*) Bom,
agora é o Filinto quem vai me pagar.

ROMILDA – Vai desarmado, bem?

DEOLINO – Com ele eu vou é no braço!

ROMILDA – Deolino, você é que é homem! (*para a Comadre*) Vai, ou não vai?

COMADRE MARIA – Vou indo... (*sai*)

*Os vizinhos se recolhem, aos poucos comentando; Deolino partiu
para a vingança. Romilda entra em casa, como uma fiel esposa;
o Cego, violão em punho, canta a "Moda da mulher traideira",
em surdina, enquanto a luz cai em resistência. Acaba por
sair de cena, quando a noite cai completamente.*

CEGO – A moda da mulher traideira
é a moda mais triste que há;
marido tá trabalhando,
mulher tá a lhe envergonhar...
Mulher tá a lhe envergonhar
e o marido não sabe de quê
mulher que não tem recato
o marido é que vai sofrê...

O CRIME DA CABRA 139

Quadro 4

Mesmo dia, pouco antes da meia-noite. No mesmo local.
Entra Filinto, cautelosamente, com um rolo de corda na mão.
A cara está marcada de curativo.

Filinto (*olhando para os lados*) – Tudo quieto... É hoje, Deolino! Desta vez você me paga pela minha notinha, pela humilhação e pelos sopapos, tudo de uma vez! Que é isso, vem gente? Não é nada... Calma, seu Filinto! Que tremedeira é essa? Até parece que nunca foi de roubar fruta? Verdade que foi em criança... Mas desta vez, a fruta é melhor! Uma cabra que vale sete mil cruzeiros, e mais umas bofetadas... (*sacode o rolo de corda*) Desta vez você me paga, Deolino! Desta vez a cabra é minha!

Ouve-se o sino da Igreja, que bate meia-noite. Filinto se esconde, amedrontado. Quando resolver pôr a cabeça de fora, é Romilda quem abre a janela, cautelosamente, pra ver se já veio o Coronel Terso. Torna a fechar com cuidado. Filinto se esgueira, procurando melhor posição pra entrar na casa e roubar sem ser visto. Quando está quase alcançando o seu intento, chega o Coronel Terso. Caminha com cuidado, mas como quem tem hábito de mandar. Traz chapéu, botas e cinturão de prata, com cartucheira e revólver. Vem bem arranjado, apurado para o encontro. Filinto ao vê-lo, arruma-se para sumir num canto qualquer, sem, no entanto perder de vista a cena.

Coronel (*baixo, ao pé da janela*) – Romilda... Dona Romilda...
Romilda (*abrindo a janela*) – Quem está aí...
Coronel – Sou eu...
Romilda – Eu quem?
Coronel – A senhora está sozinha?
Romilda – É o senhor, Coronel?
Coronel – Sou eu, Comadre Maria me disse...
Romilda – Ah, sim senhor... Não quero que o senhor pense mal de mim...
Coronel – Imagine... Faz tanto tempo que eu estou esperando essa oportunidade.
Romilda – Foi uma coincidência...
Coronel (*galante*) – A coincidência toda minha...
Romilda – Esta noite o Deolino precisou sair... E eu pensei...
Coronel – Pensou muito bem. Ele foi longe?
Romilda – Foi levar a cabra pastar.
Filinto (*à parte*) – Pronto! Foi-se a cabra! (*atira com o rolo de corda*) Perdi meu latim!

Coronel – Que cabra?
Romilda – Então o senhor não sabe? O diabo daquela cabra que ele ia vender para seu Filinto...
Coronel – Ah, sei. Mas isso é hora de levar a cabra no pasto?
Romilda – Assim ninguém vê. E a pobrezinha estava se definhando nesse quintal. É muito pequeno...
Coronel – Abençoada cabra...
Romilda – Não fale assim, Coronel... É pecado...
Coronel – Então não hei de falar? Faz tanto tempo que eu amo a senhora a distância... Em segredo... Homem, nem minha mulher, que é minha mulher, sabe disso...
Romilda – Antes assim! Quando a Comadre Maria me falou, outro dia, fiquei que era um medo só...
Coronel – Pra que medo? Bobinha. Vê que algum homem daqui se mete a besta comigo!
Romilda – O senhor não conhece Deolino! Precisava ver a surra que deu no seu Filinto!
Coronel – Também, o Filinto é um coitado!
Filinto (*à parte*) – Coitado? Ah, coronel de uma figa!
Coronel – Se fosse um homem de verdade! (*passa a mão no cinturão, com empáfia*)
Romilda – Bonito, não?
Coronel (*convencido*) – Bonito, o quê?
Romilda – Seu cinturão. Isso aí é prata?
Coronel – É. Veio do Paraguai. Tem as letras do meu nome. Olha aí; C. T.: Coronel Terso.
Romilda (*derretida*) – Coronel...

Os dois se aproximam o quanto permite a janela. O Coronel pega as mãos dela e beija. Depois beija os braços, e vai por aí afora. Nesse momento, vem chegando o Cego; caminha com cuidado. Os namorados não o vêem. Filinto, escondido, com medo de ser traído, chama, baixinho.

Filinto – Pss... Pss...
Cego (*baixo*) – Quem me chama?
Filinto (*idem*) – Cego! Ô Cego! Vem cá!
Cego – Estou indo, estou indo!

Encaminha-se para Filinto, que o puxa para o esconderijo e continua a falar baixo.

Filinto – Fique quieto, senão entorna o caldo... O Coronel e a mulher do Deolino...
Cego – Ih, eu já sabia...
Filinto – Puxa! E você é que é cego?

O CRIME DA CABRA

Cego – Cego sim, mas não sou surdo. Faz tempo que ele chegou?
Filinto – Pouquinho. Quieto, que eles estão falando...
Coronel – Romildinha, meu bem...
Romilda – Coronel...
Coronel – Me deixe entrar só um pouquinho...
Romilda – Não posso, Coronel. De repente o Deolino chega...
Coronel – Você não disse que ele foi levar a cabra pro pasto?
Filinto – Desgraçado...
Romilda – Disse...
Coronel – Então, bem... O pasto é longe... Depois, tem que esperar a cabra comer. Deixe eu entrar só um pouquinho...
Romilda – Inda mais armado desse jeito? Deus me livre, Coronel... Pode sair tiro... Tenho um medo de tiroteio...
Cego – Quem não te conhece...
Coronel – Não sai nada. Eu sou ou não sou homem?
Romilda – Ninguém duvida disso. Mas é que eu tenho...
Coronel – Tiro o cinturão. Quer?
Romilda – Eu preferia...
Coronel (*tirando o cinturão, e deixando-o ao pé da janela, não muito perto*) – Pronto. Estou melhor assim?
Romilda – Parece mais um namorado...
Coronel – Romilda...
Romilda – Coronel...

Continua um idílio mudo entre os dois.

Cego – Que é que o senhor veio fazer aqui?
Filinto – Você não conta, Cego?
Cego (*fazendo cruz na boca*) – Juro.
Filinto – Vim ver se roubava a cabra. Você bem sabe da surra que eu levei. Vim me vingar.
Cego – E daí?
Filinto – Não ouviu? O homem levou a cabra a pastar e me tirou o pão da boca. Também, homem que se preza não faz de ama-seca de cabra...
Cego – Que confusão...
Filinto – E o senhor? Isso lá é hora de esmolar?
Cego – Não estou esmolando não. (*importante*) Estou em missão oficial.
Filinto – Oficial??
Cego – Sou auxiliar de seu doutor. Vigia.
Filinto – Vigia cego? Esta terra está perdida! Cabra que come dinheiro, vigia cego!...
Cego – Schiu, quieto! Estão falando!...
Filinto – Sem vergonhas!

Ouvem-se murmúrios apaixonados.

CEGO – Que é que estão fazendo agora?

FILINTO – Se beijando! Ah, Ah! Até que está engraçado ver o papelão que o Deolino está fazendo. Quem diria!

CEGO – Quieto! Escuta!

CORONEL – Agora você não pode dizer "não"...

ROMILDA – Coronel...

CORONEL – O tempo está passando, meu bem! Daqui a pouco amanhece!

ROMILDA – Mas meu marido...

CORONEL – Seu marido é um caipora! Onde já se viu fazer um papelão daqueles por causa de uma cabra! (*Romilda se ofende ligeiramente*) Se fosse eu, lá ia fazer questão de uma porcaria de uma cabra... Por você, Romilda... Por você eu dou um rebanho inteiro, dou toda a minha criação... É só me dizer que sim... Sim... Diz?

ROMILDA – Não!

CORONEL – Mas, meu benzinho!

ROMILDA – Não e não! O Deolino pode ser lá o que o senhor quiser, mas é um bom marido pra mim!

CORONEL (*passeando empertigado e mostrando o físico*) – Isso agora é que eu duvido!

ROMILDA – Ele pode não ser assim emproado, mas o que vale é o que a gente faz, não o que a gente fala!

CORONEL – O que é que você está querendo dizer?

ROMILDA – Ora essa, Coronel, não se ofenda!

CORONEL – Agora é melhor ir em frente!

ROMILDA – Eu sou uma pobre mulher, Coronel! Eu não sei de nada. O Deolino é que me contou...

CORONEL – Contou o quê?

ROMILDA – Bom, também não foi ele que inventou. Diz que ouviu dizer na farmácia...

FILINTO – Essa mulher vai dizer besteira...

CORONEL – Fale logo!

ROMILDA – Ora, Coronel, tenho vergonha!

CORONEL – Diga logo, dona Romilda, antes que eu perca a cabeça!

ROMILDA – Disseram pra ele que o senhor... O senhor...

CORONEL – Fale!

ROMILDA – Que o senhor... Não é de nada...

CORONEL – O quê?

FILINTO – Não disse? Falou.

CEGO – E é verdade?

FILINTO – É o que dizem!

CORONEL – Repita!

ROMILDA – Que o senhor não é de nada!

CORONEL (*sufocado de ódio*) – Quem é que espalhou... Isso?

ROMILDA – Bom... Diz que a primeira pessoa que falou isso... Foi...

O CRIME DA CABRA 143

Coronel – Quem?

Romilda – Foi a sua mulher mesmo, Coronel...

Coronel – Caluniadores! Infames! Eu mostro pra vocês quem é o Coronel Terso de Oliveira! Eu mostro! (*ameaça a janela com os punhos*) Você me paga, Deolino! Todos vocês me pagam! Isso não fica assim!

Romilda (*rindo*) – Calma, Coronel, senão acorda a vizinhança!

Coronel – Que acorde!

Romilda – Como é que o senhor vai explicar tudo a sua mulher?

Coronel – Infames! Cascavéis! (*vai-se afastando*) Mas eu me vingo! Eu me vingo! (*sai de cena furioso, ameaçando o céu e proferindo injúrias; Romilda, rindo, fecha a janela*) Infames!

Romilda – Adeus, Coronel! Durma bem e descanse bastante... Quem sabe assim o senhor melhora! (*entra em casa*)

Filinto (*saindo do esconderijo*) – Que confusão!

Cego (*gozando*) – Cidade boa, esta. Melhor que Pouso Alegre.

Filinto – Você está rindo cedo. O Coronel é de briga.

Cego – Pois olhe, desta saiu-se muito mal. A mulherzinha é pimenta!

Filinto – O que vai me consolar é a cara do Deolino, quando souber que a mulher dele...

Cego – E é você quem vai contar?

Filinto – Por que não?

Cego – Pra meter o Coronel no embrulho e depois agüentar a vingança dele?

Filinto – É, não dá...

Cego (*caminhando debaixo da janela*) – É preciso pensar muito, homem. Nada de resolver as coisas com pressa. (*tropeça no cinturão do Coronel*) Sapicuá de lazarento! (*dá um pontapé, depois se abaixa*) Que é isso aqui?

Filinto – Chi, é o cinturão do Coronel. Melhor não mexer.

Cego (*apanhando o cinturão*) – Por que não?

Filinto – É do Coronel, homem! Tem o nome dele! Vai criar encrenca... Você mesmo acabou de dizer...

Cego – Isso depende do jeito... (*afivela o cinturão na cintura*) Tudo depende do jeito... Tudo tem um jeito certo...

Filinto – Acho melhor largar isso aí...

Cego – Deixa por minha conta... Deixa comigo... Eu fico com o cinturão, depois...

Filinto – Deus do céu! Olha o homem aí!

Cego – Quem, o Coronel?

Filinto – Não, o Deolino! Corra, venha!

Cego – Vamos voltar onde a gente estava...

Filinto – Vamos fugir!

Cego – Não seja galinha! E era você quem ia roubar a cabra!

144   TEATRO COMPLETO: RENATA PALLOTTINI

Filinto – Isso foi antes do Coronel!
Cego – Se esconda!

> *Os dois se escondem novamente; está chegando Deolino,*
> *que traz a cabra, puxada por uma corda. A cena é muda, apenas*
> *mimada. Deolino se espreguiça, cheio de cansaço.*
> *Depois, coloca a cabra no quintalzinho lateral da sua casa,*
> *que seria visível da rua, mas não do público. Espreguiça-se*
> *de novo, depois olha em torno, com cara de poucos amigos,*
> *e entra em casa. Filinto sai do esconderijo, apavorado.*

Filinto – Vamos embora! Depressa, Cego!
Cego – Eu tenho pra mim que ainda vai acontecer mais coisa, esta noite...
Filinto – Você quer ficar, fica. Eu, já apanhei bastante pra um dia só...
Cego – E vai levar a cara cheia desse jeito, sem dizer nada?
Filinto – Amanhã, Deus pensa...
Cego – Então, vai indo, seu Filinto... Pode ir. Eu fico.
Filinto (*saindo*) – Isso é com você. Credo! Cego mais atrevido que vidente...

> *Pausa. O sino da Igreja bate duas horas. Uma última luz que havia*
> *na janela de Romilda se apagou. Ouvem-se passos, muito longe,*
> *uma voz que vem cantando, voz engrolada, de bêbado. É Manuel,*
> *que está de pileque, e resolveu tentar fazer a corte a Romilda.*

Manuel (*cantarolando*) – Oi, eu dei um beijo no cangote de uma nega
tinha gosto de manteiga deu vontade de vomitar... Oi, eu... (*pára,*
meio enjoado, depois bate na boca, com medo de fazer barulho; co-
meça a chamar Romilda, muito baixinho) Dona Romilda... Dona
Romilda.... Romildinha... (*silêncio*) Ninguém responde? Ninguém
responde... Acho que está tudo dormindo... Donaaaa... (*se arrepende*)
Ninguém se importa com Manuel... (*começa a ficar bêbado triste*)
Manuel pode cair morto, que ninguém se importa... Nem mãe eu tenho... (*choraminga e funga*) Homem solteiro que não tem mãe é homem jogado ao Deus dará... Acho que vou beber mais um golinho...
(*pega uma garrafa que tinha no bolso, e vira*) Só a pinga é que se
importa comigo... Se eu não beber ela, ela fica numa tamanha tristeza... (*bebe mais*) Eta, caninha boa... (*senta no chão; ouve um ruído*)
Quem está aí? Ninguém? Ninguém... Manuel, você é um cachaceiro...
Amanhã, quando seu doutor souber vai te chamar de sem-vergonha...
E é bem feito... Bem que a minha mãe me dizia... (*ameaça chorar*
outra vez) Dizia... Manuel, meu filhinho, você não presta... Igual aquele
desgraçado do teu pai, que Deus tenha em bom lugar a sua santa
alma... Papai... Papai! (*bate na boca outra vez*) Estou querendo é
criar alteração pra mim mesmo. Fica fazendo barulho na porta da
casa do homem, fica, desinfeliz! Mas que a mulher dele é boa, isso é
que é, mesmo! Pena que fica só no ameaço, no ameaço e não resol-

ve... Ai, ai, dona Romilda... (*ouve outra vez o barulho*) Quem está aí? (*Levanta com auxilio das mãos e resolve investigar.*) Aqui não tem ninguém... Aqui também não... Aqui também não... (*chega ao quintalzinho*) Aqui também... Cabrinha! É você! Cabrinhazinha! Cabrinhazinhanhazinha! (*fica feliz com a companheira*) Só você quer conversar comigo, não é, bichinha? Coitadinha! Tanta gente brigando por causa da cabrinha branca... Dá o pé, bichinho... Você gosta de mim? O pé não, a mão... Fala, cabrinha, fala bichinho... Conversa com o Manuel... Você é a única mulher desta cidade que quer conversar com o Manuel, hoje... Não é?

Inesperadamente, a cabra responde com um béeeee,
que corresponde a um é. Manuel fica espantado, depois
entra no milagre que ele mesmo criou.

Manuel – Ela fala! Não disse que falava? Fala mesmo!

Cego – Manuel! O Manuel!

Manuel (*sem prestar atenção*) – A cabra fala!

Cego – Manuel, deixa de falar besteira, que você se dana todo!

Manuel – É você, Cego? A cabrinha que comeu dinheiro fala! Não é, cabrinha?

A cabra responde como de costume depois, excitada pelo
barulho e pelo movimento, começa a responder, cada vez
mais alto, até que o Deolino vai despertar com o ruído.

Cego – Manuel, acabe com isso! O homem acorda!

Manuel – A cabrinha fala! Você quer ver, Cego? Cabrinha, não é verdade que o Coronel é um sem-vergonha? (*resposta da cabra*) E que o Delegado é boa gente? (*idem*) E que o Chico dormiu com a Comadre Maria? (*idem*) E o seu Vigário... (*idem*)

Cego – Manuel, pelo amor de Deus...

Manuel – E que o seu Deolino... (*resposta da cabra*)

Cego – Manuel!

Abre-se a janela de Deolino. Este sai, inquisitor.

Deolino – Quem está aí?

Manuel – Aqui não tem ninguém! Não é cabrinha? (*resposta da cabra*)

Deolino – Ah, é? Pois eu vou buscar o pau de fogo eu queimo esse ninguém que está fazendo algazarra! (*entra*)

Cego – Foge, Manuel, que você estrepa!

Manuel – Hoje pode vir qualquer um, que a gente agüenta! (*resposta*)

Deolino – Então, agüenta lá! (*faz fogo, repetidas vezes*)

Manuel (*se espanta, depois fica instantaneamente bom da bebedeira*)– É tiro mesmo!

CEGO – Sebo nas canelas, Manuel!

DEOLINO – Foge, praça sem-vergonha, que eu te acabo!

MANUEL – Fujo sim, mas a cabra fala! O Cego viu!

DEOLINO – O Cego vai ver é o teu fim!

MANUEL (*fugindo*) – A cabra fala! O Cego viu! A cabra fala! A cabra fala! (*desaparece*)

> *O cego depois de toda essa barulheira, resolve sentar-se no procênio, arrumando o cinturão que ainda traz ajustado, e pega o violão para tocar mais uma parte da moda. Deolino, que estava à janela, resolve pregar uma peça no Cego, inspirado pelo momento. Enquanto o Cego experimenta alguns acordes, dá a volta, pega a cabra pela corda, e vem chegando perto do Cego. Este começa dar sinais de perceber, pelo cheiro, que a cabra está se aproximando.*

CEGO (*durante o afastamento de Deolino*) – Cabra que fala... Só essa faltava! (*canta*):

A moda da cabra falante é uma moda bem moderna...

Cabra falante... Besteira... (*começa a cheirar*)

Hum... Hum... Que cheiro de bode... Bode? Só pode ser a cabra. (*Deolino vem se aproximando com a cabra, até chegá-la bem perto do Cego*) Cabra? É você que está aí? (*a cabra raspa a barba no Cego; é ela mesmo...*) Cabra?

DEOLINO (*com voz de Cabra*) – Ceeeeeeeegó!!

CEGO – Socorro!!!

SEGUNDO ATO

QUADRO 5

*Mesmo cenário na parte direita, delegacia. Dia seguinte. Delegado,
decifrando seu problema, Chico, sentado na porta.*

DELEGADO – Defunto... Não, esse eu já fiz. Mamífero ruminante...

CHICO – Ainda está no mamífero, doutor?

DELEGADO – Claro! Desde que essa maldita cabra comeu dinheiro que eu
não tenho mais sossego pra nada!

CHICO – E a última, agora? Diz que a cabra fala!

DELEGADO – O quê? Cabra que fala?

CHICO – Descobriram ontem de noite. Todo mundo comenta. Até o cego
está metido na coisa.

DELEGADO – Isso é o cúmulo! Não bastava a besteira trivial, inventam outra!

CHICO – E o pior é que estão dizendo que, a cabra falou foi com a autoridade.

DELEGADO – Comigo?

CHICO – Não sei, doutor, comigo é que não foi. Mas o povo está falando.
Diz que vai sair até no jornal de Pouso Alegre.

DELEGADO – Logo de Pouso Alegre? Mais essa! O Veloso vai morrer de rir
a minha custa! Não é possível! Eu vou virar palhaço mesmo! Cabra
que come dinheiro, cabra que fala com a autoridade! Está todo mundo ruim da bola!

Chico – Eu não digo nada, doutor, mas uma cabra esperta como aquela é capaz de qualquer coisa! Papagaio fala, não fala? Por que é que cabra não há de falar?

Delegado – Deixe de burrice, Chico! Papagaio fala, mas é diferente!

Chico – Só tinha que ser diferente! Papagaio "avúa" e cabra não "avúa"!

Delegado – Ó santa ignorância!

Chico – Mas também nunca se ouviu dizer de papagaio que comesse dinheiro! Eu tenho pra mim que a cabra, aí, está ganhando do papagaio de dois a zero...

Delegado – Mas quem falou em papagaio... Puxa vida, eu acabo louco, nesta terra...

Chico – Exagero seu, doutor. Quem deve estar louco é seu Deolino, que foi cobrador, na porta de casa. E ainda incomodaram a mulher dele...

Delegado – A dona Romilda? Bonita moça...

Chico – Olhe, e por falar nisso, aí vem o Manuel.

Delegado – Por falar em quê?

Chico (*Arrependido*) – Nada, não senhor.

Delegado – Espera aí, Chico, você vai explicar isso direito. Que é que tem Manuel com a Romilda?

Chico – Eu não sei nada não, doutor.

Entra Manuel, sem jeito e com cara de ressaca.

Manuel – Dia, doutor, dia, Chico.

Chico – Dia, Manuel. Doutor, eu vou ali na ladeira grande, buscar um negócio...

Delegado (*interrompendo*) – Você vai ficar aí mesmo, onde está! E o senhor Manuel, como é que vai ? Ouvi dizer que o senhor, estava "alegre", ontem...

Manuel – Eu sempre sou alegre doutor...

Delegado – Mas parece que o senhor estava alegre porque entrou na pinga..

Manuel – Eu bebi umas e outras. Mas não foi muito não, doutor...

Delegado – Eu estou sabendo mais...

Manuel – Vai dizendo, doutor...

Delegado – Parece que tem rabo de saia no meio da história. E o pior é que é de mulher casada!

Manuel acusa Chico de ter alcaguetado, e Chico nega, por gestos.

Delegado – E tem mais uma história de cabra falante, que eu estou achando que foi sua invenção!

Manuel – Isso o senhor me perdoe, mas não é invenção, não! O bicho me falou!

Delegado – Falou? Falou?

O CRIME DA CABRA 149

MANUEL (*com a voz de cabra, inocente*) – Éeeeeeeeeeee!
DELEGADO – Você quer ir em cana, quer?
CHICO – Calma, doutor!
DELEGADO – Está me achando com cara de engraçado?
MANUEL – Doutor, o senhor está nervoso!
DELEGADO – Cabra que fala!
MANUEL – O Cego viu!
DELEGADO – Cego que vê!!
MANUEL – O Cego viu a cabra falar, doutor!
DELEGADO – Chega! Virem na delegacia, me dizer uma coisa dessas!
CHICO – Doutor! "Teje" calma!
DELEGADO – Quando aquele povo do mercado souber, não vai ter cristão
que agüente!
CHICO – Já estão sabendo...
MANUEL – O Cego contou...
DELEGADO – O Cego! Um homem sério!
CHICO – Ele só disse que "seu" Deolino pregou um susto nele!
MANUEL – É, mas Comadre Maria já está vendendo cadeira na calçada de
"seu" Deolino, pra quem quiser ver a cabra.
DELEGADO (*irônico*) – E pra ouvir ela falar, não vende?
MANUEL (*sério*) – Não senhor, pra ouvir ela falar, quem vende sou eu.
DELEGADO – Chega!
CHICO – Doutor, vem vindo o homem aí.
DELEGADO – Quem, o Deolino?
CHICO – Não, o Filinto.
DELEGADO (*dando murros na cabeça*) – Agüenta, desgraçado, agüenta. Não
queria ser xerife, que nem no cinema? Agora agüenta!
FILINTO – Quero ver! Agora quero ver se tem justiça nesta terra!
DELEGADO – Que é que foi, seu Filinto...
FILINTO – Quero ver me dizer agora que não é crime! Estou com a cara
arrebentada. O negócio foi no território nacional, e malvado do Deolino
é brasileiro e tem trinta e nove anos. E agora?
DELEGADO – Vamos por partes. Que foi que aconteceu?
FILINTO – Aconteceu que ele foi na minha casa ontem de tarde, com uma
história de custas, honorários, e sanduíches, e me desceu o braço a
traição, na frente da minha mulher e de meus filhos. Não sou homem
de levar desaforo para casa, por isso vim aqui!
DELEGADO – Levou desaforo pra delegacia.
FILINTO – Eu podia me vingar sozinho, se quisesse. Podia ir lá de noite e
roubar a cabra dele! Mas não sou homem disso!
DELEGADO – Então foi a traição?
FILINTO – Foi sim senhor.
DELEGADO – Acho engraçado, isso de sopapo a traição no nariz.
FILINTO – Isso não é com o senhor. Eu digo que foi a traição. Ele não me
avisou que ia dar o tranco.

Chico (*caçoando*) – Ele queria aviso "breve".

Filinto – O senhor aí também podia ficar quieto, não?

Delegado – Conte o resto, seu Filinto.

Filinto – Já contei tudo. Apanhei na cara. Na frente da família. Isso não se faz.

Delegado – Mas por que foi que seu Deolino lhe bateu? Não teve nenhum motivo?

Filinto (*disfarçando*) – Deve ter tido, ué. Homem de briga, que nem ele, sempre arranja um motivo... Um homem endemoniado... Não vive bem nem com a mulher...

Delegado – Aí não entra mulher, seu Filinto, o motivo do homem deve ter sido forte! Então, o senhor perde dinheiro, perde a cabra, e ainda apanha? Como?

Filinto – Pra o senhor ver!

Delegado – Conte logo, seu Filinto...

Filinto (*desenxabido*) – Deve ter sido por causa da cobrança...

Delegado – Ah...

Filinto – Eu cobrei meus direitos...

Delegado – Quem lhe aconselhou?

Filinto – O advogado.

Delegado – O senhor cobrou só seus direitos?

Filinto – Eu quero meu 5 contos de reis. O resto não é comigo.

Delegado – Mas diz que o cobrador andou aumentando um pouco...

Filinto – Isso eu não sei.

Delegado – Mas precisamos saber!

Manuel – Se o senhor dá licença, doutor, posso explicar. Diz que "seu" Deolino, agora, vai ter de pagar dezessete contos e lá vai pedra.

Delegado – Dezessete contos?

Manuel –... E lá vai pedra. Diz que é juros de mora, custas, sanduíches, cerveja e mais numerários.

Delegado – Honorários...

Manuel – Ou isso – o dinheiro do homem da banda.

Delegado – Muito bem, seu Filinto. E o senhor se espanta de ter levado as bolachas? Fosse eu, lhe dava de couro!

Chico – Eu batia até criar bicho!

Manuel – Eu matava!

Filinto – O senhor se cale! Já vi que está tudo contra mim! Delegado, praças, tudo! Fosse o Deolino, que tem cabra e mulher bonita, mulher que conversa com qualquer um, nem o senhor nem seus praças me tratavam desse jeito!

Delegado – O senhor tem alguma coisa a dizer de mim, seu Filinto?

Filinto – Do senhor não, mas tem gente aí que tem rabo de palha

Delegado – Manuel, o negócio é com você?

Manuel – Comigo não, doutor, que é *isso!* (*baixo a Filinto*) Cala a boca, senão eu te acerto, capiau!

Filinto (*disfarçando*) – Não é nada não, doutor; a gente está nervoso...

O CRIME DA CABRA 151

Delegado – Nervoso, nervoso. Eu devia é ter fechado todo mundo no xadrez no primeiro dia!

Filinto – Pois olhe, pelo menos a minha cara estava ainda inteira!

Delegado – Ora, francamente, com a sua cara! Quem ouvir há de pensar que não há outra cara mais importante no mundo!

Filinto – Homessa! Pra mim, tirante a da cabra, a mais importante é esta mesmo! Não tenho outra!

Delegado – Chico, vá buscar seu Deolino na casa dele. Precisamos ouvir o homem.

Manuel – Eu vou, doutor!

Delegado – O senhor fique aí mesmo! Temos que conversar!

Chico – Quero ver é se consigo abrir a casa dele. Deve de estar fechada a sete chaves. Lá vou eu. Ó vida! (*sai*)

Delegado – Agora nós, seu Manuel. Vamos lá.

Manuel – Pronto doutor.

Delegado – Quando o senhor sai... Pra fazer a sua ronda... Será que não passa por uma rua... Que tem uma casa...

Manuel – Eu passo, sim senhor.

Delegado (*bravo*) – Por onde?

Manuel – Por rua que tem casa.

Delegado – Não se faça de besta! Estou lhe perguntando se o senhor não anda arrastando a asa a dona Romilda!

Manuel – Eu, doutor?

Delegado – É sim, o senhor mesmo!

Manuel (*gaguejando*) – Pode ser como pode não ser, doutor. É a seu gosto!

Delegado – A meu gosto não senhor, a seu gosto!

Manuel – Pois é, sim senhor.

Delegado – Eu quero ver é se seu Deolino vai gostar disso, quando souber!

Manuel – Mas eu não faço nada não, doutor. Só passo por lá e olho... É pra alegrar a vista. A vida da gente é triste, doutor...

Delegado – E ela – também alegra a vista?

Manuel – Ela é uma mulher direita, doutor. Mas todo mundo precisa variar um pouco, nem que seja só no olhar. É como comida. Carne de sol com farinha todo dia enjôa!

Delegado – É uma pouca vergonha!

Manuel – Não houve nada não, doutor. Juro por essa luz.

Delegado – Nas minhas barbas! Na hora da ronda!

Filinto – Acho engraçado... Esses delegados que ficam de Santo Antônio, em vez de prender os delinqüentes!

Delegado – Cale a boca!

Filinto – O senhor não pode me tratar assim! Eu sou a vítima!

Delegado – Por enquanto o senhor não é nada. O inquérito não foi aberto! Me aborrece muito, lhe mando embora, e olhe! (*gestos de mão*) Acabou-se a vítima!

Filinto – O advogado me disse que o senhor não pode fazer isso!

152 TEATRO COMPLETO: RENATA PALLOTTINI

DELEGADO – Posso fazer o que quiser, diga para ele. E, se foi ele que inventou a história da banda, inventou mal. É só olhar pra sua cara!

FILINTO – A cara é minha e ninguém tem nada com ela!

DELEGADO – Pois faça bom proveito!

Vêm chegando Chico e Deolino, este pisando duro. Manuel se afasta um pouco, com a lembrança da noite anterior.

DEOLINO – Bati e não nego! Pronto!

DELEGADO – Pois fez muito mal! Desde quando se faz justiça com as próprias mãos?

DEOLINO – O homem foi me envergonhar na porta de casa! Homem como eu não se envergonha assim, doutor! Inda mais na frente da minha mulher!

FILINTO – Ele me bateu na frente da minha!

DEOLINO – Isso é diferente.

FILINTO – É claro que é diferente. A mulher é minha, não sua.

DEOLINO – Nem eu queria.

FILINTO – Agora eu mato! Eu mato!

CHICO – Aparta! Aparta! Separa!

DELEGADO – Calma! Calma! (*esmurro a mesa*) Silêncio! (*pára a confusão*) Seu Deolino, o senhor está se excedendo. Primeiro leva a cabra, fecha em casa e não se explica com o dinheiro; agora bate no homem só porque ele quer cobrar o que é devido.

DEOLINO – Devido? Ele pensa que sou a Caixa Econômica? Um disparate! Sanduíche! Banda! Não pago, isso é que não pago! Pode espernear, que não pago! E a primeira banda que vier na minha porta fazer barulho, eu arrebento!

FILINTO – Me admira o Delegado ouvir tudo isso e ficar quieto.

DELEGADO – A autoridade sabe o que faz! Não precisa do seu auxílio! Seu Deolino, o senhor errou e não tem razão. Nós vamos ter de abrir inquérito. O senhor ofendeu a integridade física do seu Filinto. Está no livro.

DEOLINO – E ele me caluniou! Também está no livro!

DELEGADO – Não caluniou, não senhor. O que ele diz é verdade. O senhor levou a cabra e não quer devolver os cinco mil cruzeiros.

DEOLINO – Como, devolver! Não fui eu que peguei!

DELEGADO – Ai, meu Deus do céu! Começa tudo de novo! É pra isso que um desgraçado estuda toda a vida e vem se afundar neste inferno! (*pausa; com calma*) O senhor é o responsável; foi a sua cabra que comeu o dinheiro!

DEOLINO – Não senhor. Se fosse coisa de gente, de gente minha, minha mulher, meus filhos, vá lá. Mas cabra? Quem é que governa boca de cabra?

DELEGADO – Bom, mas o homem ficou sem dinheiro, sem cabra e com a cara arrebentada!

O CRIME DA CABRA

DEOLINO – E eu com isso? O dinheiro não está comigo, a cabra era minha, e a cara eu arrebentei porque ele levantou falso contra mim e me envergonhou. Pode escolher – se tem inquérito porque eu bati, tem que ter também do falso que ele levantou. Está no livro!

DELEGADO – Eu queria saber quem é o miserável que está vendendo Código Penal pra esse povo!

DEOLINO –... Se fosse minha mulher, que tivesse pegado o dinheiro pra gastar... Mas a cabra!

FILINTO (*depressa*) – Nem dizer não tem diferença.

DEOLINO – O quê?

CHICO – Não foi nada não, seu Deolino.

DEOLINO – Foi, sim senhor!

FILINTO – Porque não pergunta o que foi ao Manuel?

DEOLINO – Que história é essa?

DELEGADO – Ninguém não falou nada não!

MANUEL – Bobagem de seu Filinto!

DEOLINO – Bobagem não senhor, que eu escutei coisa séria!

FILINTO – Assim escutasse o que andam dizendo por aí!...

DEOLINO (*agarrando Filinto*) – Eu me desgraço! Eu me desgraço!

CHICO – Segura!

DELEGADO – Agarra o homem!

FILINTO (*soltando-se do aperto e desafiando*) – Deixa ele vim!

DEOLINO – É hoje!

MANUEL – Minha Nossa Senhora da Ajuda!

> *Dentro da maior confusão, chega Romilda da rua,*
> *ofegante, depois de uma longa corrida.*

ROMILDA – Deolino! O Deolino!

DEOLINO – Me deixa que hoje eu acabo com a vida dele!

ROMILDA – Deolino, pelo amor de Deus, pare com isso! Aconteceu uma desgraça! Tenho que lhe falar!

DELEGADO – Uma desgraça?

> *Todos se largam e se aproximam. A curiosidade vence.*

DEOLINO – Pois fale logo!

ROMILDA (*encabulada*) – Tem que ser no particular.

DELEGADO – Que é isso? Não há segredos para a lei. Do que se trata?

ROMILDA – Ah, doutor..

DEOLINO – Diga, mulher!

ROMILDA – É assunto da cabra.

TODOS – Da cabra?

ROMILDA – É!

CHICO – Morreu!

ROMILDA – Não senhor, Deus me livre!

FILINTO – Fugiu!

ROMILDA – Creio em Deus Padre! Não fugiu, não senhor!

MANUEL – Perdeu a fala!

DELEGADO – Cala a boca, Manuel! Que foi, dona Romilda?

ROMILDA (*coqueteando*) – Ah, seu Delegado...

DELEGADO (*meloso*) – Pode falar, dona Romilda... A lei não tem sexo...

ROMILDA (*idem*) – É que eu...

DEOLINO – Deixa disso e venha falar aqui no ouvido! Ande! (*ouve o que Romilda diz, com crescente expressão da surpresa*) Não!

ROMILDA – Pois é... Agora de manhã...

DEOLINO – Quem viu?

ROMILDA – Comadre Maria, tem certeza!

DELEGADO (*curioso*) – O que é que foi, o que é que foi...

CHICO (*pra Manuel*) – Você está sabendo?

MANUEL – Eu não, tudo é comigo?

CHICO – Aposto que o Cego sabe.

DEOLINO – É que a cabra... Com sua licença...

DELEGADO – Vai falando!

DEOLINO – É difícil explicar...

DELEGADO – Fala logo, diabo!

DEOLINO – Ela está esperando nenê!

DELEGADO – Nenê?

DEOLINO – Quer dizer... Cabrito!

DELEGADO – Ah, como é que o senhor sabe?

DEOLINO – Eu não sei nada não senhor. Foi a Romilda.

DELEGADO – A senhora...

ROMILDA – Eu não senhor. Foi a Comadre Maria...

DELEGADO – Mas ela... Tem certeza?

ROMILDA – Ela viu...

DELEGADO – Viu... O quê?

ROMILDA – Ora, seu Delegado...

DELEGADO – Mas ela... Viu direito?

ROMILDA – Ih, ela entende dessas coisas!

DELEGADO – E será que a cabra...

DEOLINO – Ah, não falha, doutor. A minha cabra não falha. Pode contar que tem cabritinho no Natal.

DELEGADO (*esfregando as mãos*) – Bom, então, há males que vem para o bem. Não se esqueçam aqui dos funcionários, da autoridade, das pessoas que não medem esforços etc. Um quarto de cabrito até que não faz mal a ninguém. A propósito – de quem é... O marido?

ROMILDA – O... Pai? Diz que é o bode... (*constrangida*) Do Coronel Terso...

DELEGADO – Do Coronel?

CHICO – Daquele unha de fome?

FILINTO – Que coincidência!

DELEGADO – Então, seu Deolino, adeus cabritinho!

O CRIME DA CABRA

DEOLINO – Como? A cabra é minha!

FILINTO – Mas o bode é dele, e ele é o Coronel!

DEOLINO – Que me importa? Coronel lá na barranca dele! Pra mim ele não é nada!

DELEGADO – Calma, calma. Vamos acertar isso. Seu Deolino, tenha sossego. Dona Romilda – onde é que estava a cabra?

ROMILDA – No cercadinho. O bode dele é que estava solto.

DEOLINO – O senhor devia fazer alguma coisa!

DELEGADO – O senhor vai querer que eu prenda o bode do Coronel?

DEOLINO – Devia prender o bode mais o Coronel, pra ele deixar de se mostrar na cidade, com revólver na cinta e cinturão de paraguaio, atentando as mulheres!

FILINTO – Deu na cabeça...

DELEGADO – Prendo quem eu quero! O senhor fique quieto! Se me der na telha de prender o Coronel, prendo mesmo!

DEOLINO – Só queria ver...

DELEGADO (*mudando aos poucos*) – Prendo! Prendo e reprendo! Prendo a hora que quiser! (*pausa*) A verdade é que não há nenhum motivo pra se prender o Coronel. Ele não fez nada errado. Assim como não se manda em boca de cabra, também não se manda em... (*sugestivo*) Pois não é?

DEOLINO – Uai, acabou a bravesa?

DELEGADO – Digo que não há motivo!

MANUEL – O dono do genro do "seu" Deolino vem vindo aí!

DEOLINO – Chega de gozação!

DELEGADO (*aparentando autoridade, mas intimidado*) – Eu não me curvo!

O Coronel vem pela rua, autoritário. Entra na delegacia
com seu jeito característico, agora exagerado.

CORONEL – Muito bom-dia para todos!

CHICO, MANUEL e FILINTO – Bom-dia... Bom-dia... Bom-dia... Seu Coronel...

DELEGADO (*lutando intimamente, acaba por puxar a cadeira*) – Vamos sentar, seu Coronel.

CORONEL – Obrigado, fico de pé, mesmo. Sou um homem forte! Eu vinha a procura de seu Deolino; passei na sua casa, homem, e não lhe achei. Por isso vim cá – seu Deolino a essas horas, deve estar na delegacia... Quem tem coisa a reclamar, vai logo pra delegacia. E o senhor tem muito do que reclamar, não é seu Deolino?

DEOLINO – É como Deus é servido, Coronel.

CORONEL – Pois é. É como eu sempre digo pra Leontina, minha santa mulher. Homem bom é seu Deolino. Boa pessoa, bom marido. Bom até demais. Tomara toda mulher ter um marido como ele. Não é dona Romilda?

ROMILDA (*séria*) – Meu marido é muito bom homem, seu Coronel! E tem mais. (*com intenção*) Ele não diz mentira!

Coronel (*picado*) – Ah, é? Pois muito bem. O senhor tem uma boa mulher, seu Deolino.

Delegado – Desculpe, Coronel, mas o que o senhor veio fazer foi uma visitinha ao distinto casal? Se foi, fique à vontade, que a gente sai...

Coronel – Se fosse, seu Delegado, o senhor ia ter que me aturar, porque, como sabe, quem criou esta delegacia fui eu... Ou não sabia?

Delegado (*contrafeito*) – Sabia, sim senhor.

Coronel – Pois é. Mas não foi isso não. Vim é comunicar a seu Deolino, e também à autoridade, que meu bode Mimoso cobriu esta manhã a cabra dele, com perdão do lugar e da senhora. Cobriu e cobriu bem, pra mostrar que bicho varão da minha fazenda, sem exceção de nenhum, é macho. Eu disse, que sem exceção de nenhum!

Delegado – Nós entendemos. Mas era bom o senhor ter dito também que "não desfazendo dos presentes".

Coronel – Como eu vinha dizendo, bicho da minha fazenda é macho. Quem disser o contrário mente! E macho é quem manda. Isso, meu avô me ensinou, quando eu ainda andava nos cueiros. Macho nasceu para mandar. Visto isso, vim para lhes dizer que a cabra que foi de seu Deolino, de hoje em diante é minha.

Deolino – Como é?

Coronel – É assim. Meu bode cobriu, minha ficou. A cabra e mais o cabritinho.

Todos – Mas não é direito!

Coronel – Quem é que disse?

Deolino (*para o Delegado*) – O Senhor tem que fazer alguma coisa! Isso não pode ficar assim!

Filinto – Se fosse o cabritinho só, ainda era pra discutir! Mas a cabra!

Romilda – Isso é abusar dos pobres!

Coronel – A senhora faça o favor de não dizer nada. Isso é assunto de homem!

Romilda – Deus que está lá no alto há de enxergar...

Chico – Amém!

Manuel – Sim seja...

Delegado – Quem sabe a gente não arrumava uma solução... O senhor, Coronel, é homem abastado... Não vai fazer questão de uma cabra caipira, sem nada de especial... O senhor fica com o cabrito, salva seus direitos... Mas deixa a cabra aí pra os homens...

Coronel – A questão não é necessidade, doutor. Eu não preciso de cabra, nem de cabrito. Se a Igreja precisasse, eu dava cabras, mais seus cabritos. Mas essa cabra é minha! É minha! Não tem discussão! Vamos ver quem pode mais! Se sou eu, Coronel Terso de Oliveira ou se é quem me calunia pela rua!

Delegado – Coronel, eu apelo pros seus sentimentos cristãos.

Coronel – Não tem sentimento nenhum. (*violento*) Quero a cabra, e pra já. Não espero nem mais um minuto!

O CRIME DA CABRA 157

DELEGADO – Coronel Terso...
CORONEL – Vou contar até três!
FILINTO – Mas seu Coronel...
CORONEL – Estou contando – Um...

Enquanto inicia a contagem, surge o Cego, vem tocando viola,
trazendo o cinturão de prata do Coronel na cintura, bem visível.
Canta uma moda e vai se aproximando da delegacia, onde os
personagens se calarão, com sua chegada.

CEGO (*cantando*) –
A moda da cabra viva
Tem história e tem verdade
Tem encontro à meia-noite
Numa rua da cidade...
CORONEL (*ouvindo*) – Dois...
CEGO – A moda da cabra viva
Tem coisa que se descobre
Tem gente que é poderoso
e ronda a casa dos pobres

O Cego está à vista de todos. O cinturão aparece.
O Coronel emudeceu de espanto. Romilda ri, escondida.
Filinto esplende de satisfação.

CEGO – Mas tem ainda a história
Do Coronel graudão
Que foi pra enganar um homem
E esqueceu o cinturão
Meu cinturão é de prata
É dessa prata de lei
Quem dever tome cuidado
Posso falar, já falei...
FILINTO – Como é, seu Coronel, esqueceu de contar?
MANUEL – Parou no dois, seu Coronel?
CEGO (*fingindo espanto*) – Seu Coronel Terso de Oliveira está aí?
CORONEL (*amedrontado*) – Onde é que o senhor vai indo... Com esse
cinturão?
CEGO – Cinturão? Que cinturão, esse aqui? Eu vou indo pra sua casa mesmo,
Coronel. Sua mulher, dona Leontina, que Deus sempre a proteja, me
prometeu umas ajudazinhas... Vou indo lá pra buscar...
CORONEL (*morto de medo*) – Espere aí, Cego, não vá não...
CEGO – Por que, o senhor quer me ajudar antes, Coronel?
CORONEL – Não... Quer dizer, quero sim... Tome lá duzentos... Quinhentos
mil réis...
TODOS – Quinhentos mil réis?

CEGO – Quem está falando é mesmo seu Coronel Terso de Oliveira?

CORONEL – Sou eu, sim. Estou lhe dando esse auxílio...

CEGO – Deus lhe pague, Coronel. Deus que lhe acrescente...

CORONEL –... Que é pra o senhor não ter de ir incomodar a minha mulher lá em casa...

CEGO – Mas ela me pediu pra ir...

CORONEL – Não é preciso não! Fique por aqui mesmo... Vamos prosear um pouquinho.

CEGO – De que é que estão conversando aqui?

FILINTO – É da minha cabra que o seu Coronel quer pra ele. A cabra que era de seu Deolino...

CEGO – O senhor quer mesmo a cabra, Coronel?

CORONEL – Não! Tou fazendo questão, não!

CEGO – Ah, pensei...

DELEGADO – Ué, então o senhor não faz mais questão?

CORONEL – Bobagem, doutor... O que é uma cabra pra quem tem cinco fazendas? (*ri sem graça*)

CHICO – Veja só que mudança...

CORONEL – Não faço mais questão, não. O senhor é quem resolve, doutor. O senhor é uma autoridade. A propósito – parece que esse Cego tem uma coisa, aí, que não é dele... Seu Cego... Esse cinturão... É seu?

CEGO – Não é meu, não senhor, achei ele ali debaixo...

CORONEL (*tapando-lhe a boca, depressa*) – Ah, o senhor achou, é?

CEGO (*lutando*) – É, achei ele... (*não consegue se fazer ouvir*)

CHICO – Credo, seu Coronel, deixe o ceguinho falar...

FILINTO – Assim o senhor "afoga" o homem...

CORONEL (*ao Cego*) – Cale a boca, que leva mais quinhentos...

CEGO (*baixo*) – Sim senhor. (*alto*) Então quer dizer que o senhor desiste mesmo da cabra?

CORONEL – Desisto.Todo mundo está aqui de testemunho. Me dê o cinturão.

CEGO – Dou sim seu Coronel. Mas antes gostava de ouvir o senhor fazer as pazes aqui com seu Deolino. Sempre ouvi dizer que o senhor gostava muito do seu Deolino. Não é verdade?

> *Enquanto fala, vai desafivelando o cinturão, que manterá na mão, sacudindo bem à vista.*

CORONEL – Gosto, sim senhor. Sempre achei seu Deolino ótima pessoa...

CEGO – Honesto, bom marido, homem macho...

CORONEL (*contrariado*) – Honesto, bom marido, homem macho...

CEGO – Homem verdadeiro, que não diz mentira nem conta boato...

CORONEL –... Nem conta boato...

CEGO – Homem que quando diz uma coisa, é pra gente escrever. Não é, Coronel?

O CRIME DA CABRA

O Coronel demora a repetir.
O Cego ameaça com o cinturão, que balança.

CEGO – Não é Coronel?

CORONEL (*bufando*) – É sim, Cego.

CEGO – É o quê, Coronel?

CORONEL – É homem que quando diz uma coisa é para gente escrever.

CEGO – Ah, bom. Gosto de ver todo mundo bem, satisfeito, sem nenhuma briga armada. Está aqui seu cinturão, Coronel. E não se esqueça de um pobre homem sem a luz dos seus olhos...

CORONEL (*pegando o cinturão*) – Tome lá duzentos...

CEGO – Quinhentos, Coronel...

CORONEL – Está certo, quinhentos...

CEGO – Confira aqui, doutor...

DELEGADO – Está certo, é quinhentos, mesmo.

CEGO – Então, está tudo em paz. Hoje já não preciso mais de andar por aí, pedindo. Se tudo continuar como está, acho que até sou capaz de deixar esta profissão infeliz e arrumar um negocinho que me ajude a viver... Voltar para Pouso Alegre, me estabelecer por lá...

CORONEL – Por burrice não será que o senhor deixa de fazer isso...

CEGO – O que vale são as pessoas como o senhor, Coronel!

CORONEL (*afivelando o cinturão*) – Bobagem! Estamos aqui neste mundo de Deus pra "se" ajudar! Somos todos irmãos!

TODOS – É verdade! Tem razão, Coronel! Homem bom está aí! Grande alma!

Estão todos contentes. Há uma pausa de alívio, com a retirada de um rival. Depois de um pequeno instante de silêncio, o Coronel enfia os polegares no cinturão, e solta a fala, risonho e auto-suficiente.

CORONEL – Bom! Agora... Só falta... A cabra!

TODOS – A cabra?

CORONEL – É, a cabra! O doutor vai mandar buscar, ou já está aqui?

DELEGADO (*quase sem voz*) – O senhor está falando da cabra... Aquela?

CORONEL – Estou falando da minha cabra! A que foi coberta pelo meu bode Mimoso!

DELEGADO – Mas o senhor tinha desistido dela!

CORONEL – Quem foi que disse?

DELEGADO – O senhor mesmo, aqui na frente de todo mundo!

CORONEL – Engano seu, doutor. Eu não desisti nada...

CEGO – Mas coronel, e o cinturão?

CORONEL (*rindo e batendo na cinta*) – O cinturão está aqui comigo!

CEGO – Mas eu vi!

CORONEL – Você viu, Cego? Já viu cego ver?

CEGO – Mas tinha também seu Filinto...

160 TEATRO COMPLETO: RENATA PALLOTTINI

FILINTO – É isso mesmo, eu estava lá!

CORONEL – Agora que o Cego contou a mentira, você também quer acompanhar, homem? Agora, não! Nessa vocês não me levam mais! Perdi um dinheiro, mas não perdi a parada! Quem foi que disse que eu desisto? Estou no páreo, doutor!

DELEGADO – Não é possível! Agora, que a coisa estava melhorando!

FILINTO – Melhorar não melhorou nunca! Taí minha cara que não me deixa mentir!

DEOLINO – Pra mim não teve mudança. A cabra sempre foi minha.

FILINTO – Sua, não, que eu comprei e paguei!

CORONEL – Não discutam... O dono sou eu, que sou dono do bode...

FILINTO – Exploração!

CORONEL – E que elegi o prefeito também...

CHICO – Bem que eu tinha dito que a política ia entrar na história!

CORONEL – Vamos, pessoal, vamos fazer a marcha pela família! O cabritinho não pode ficar sem sua mãe, nem a cabra sem seu marido! Eu não quero nada mais, quero proteger uma família!

MANUEL – Que conversa mais desavergonhada!

CORONEL – O senhor me conhece? Me conhece?

DEOLINO – Todo mundo tem boa conversa. Mas só largo a cabra morto!

CORONEL – Se a questão é de morte pode deixar que eu providencio! (*batendo no revólver.*) Tem alguém que queira começar?

DELEGADO – Coronel, isto aqui é a delegacia! A autoridade sou eu!

CORONEL (*batendo no revólver*) – A autoridade é isso aqui!

DELEGADO (*armando-se*) – Pois então o primeiro que se meter a besta leva bala!

CORONEL – O senhor não pode me ameaçar! O senhor não manda em mim!

DELEGADO – Mando e remando!

CORONEL – Eu não estou disposto a agüentar suas manias, doutor!

DELEGADO – Se não posso manter a ordem na cidade, desisto do cargo!

ROMILDA – Isso não, doutor, nossa sorte está nas suas mãos!

DELEGADO – Manuel, reviste esses homens! Chico, se arme!

MANUEL (*a Filinto, evidentemente desarmado*) – Deixa ver essas armas aí!

FILINTO – Eu? Por que você não começa pelo Coronel, que está que nem arsenal?

CHICO (*enquanto aponta a arma, confidencialmente*) – Doutor o senhor vai deter todo mundo?

DELEGADO – Por quê?

CHICO – Porque acho que não vai dar..

DELEGADO – O que é que há?

CHICO – Só tem uma cela...

DELEGADO – Vai tudo junto.

CORONEL – Exijo uma cela só pra mim.

DELEGADO – E os outros, ficam onde?

O CRIME DA CABRA 161

CORONEL – Problema seu. Eu fico sozinho.Tanto, é por pouco tempo. Daqui a pouco, tem gente minha aqui. Minha mulher vai mover céus e terras, quando souber...

CEGO – Pois sim!

DELEGADO – Ponha os três juntos, Manuel!

FILINTO – Junto não, doutor. Não me ponha junto com esse homem! (*aponta Deolino.*) Tudo isto é culpa dele. Eu mato ele, doutor! Eu tenho família!

ROMILDA – Pelo amor de Deus, doutor, meu marido!

DEOLINO – Deixa ele, Romilda. Ele não é homem!

FILINTO – Viu só? Ele me provoca! Eu faço uma desgraceira, doutor!

CORONEL – Não quero barulho perto de mim, doutor. Quero uma cela sozinho!

DEOLINO – Cambada de maricas!

CORONEL e FILINTO – Desgraçado! Maldito!

Avançam. Nova confusão. Novo apartar.
O Cego se aproxima do Delegado, em primeiro plano.

CEGO – Doutor, posso lhe dar uma sugestãozinha?

DELEGADO – Fala, Cego.

O Cego se aproxima do Delegado e fala-lhe no ouvido.
A cara deste se ilumina, enquanto vai largando o revólver de lado.
Depois, enquanto o Coronel e Filinto ainda estão agarrados
pelos praças com a satisfação de quem resolveu um problema
larga a ordem para Manuel.

DELEGADO – Manuel!

MANUEL – Senhor!

DELEGADO – Relaxe a prisão de toda essa gente...

MANUEL –... Sim senhor...

DELEGADO –... Vá até a casa de seu Deolino e prenda a cabra!

Terceiro Ato

Quadro 6

Novamente no mercado. Em cena o carrinho, Comadre Maria,
Zé Boa Morte, os vizinhos, o Cego e Manuel. D. Leontina
passa, espiando. Comadre Maria, na sua barraca,
faz negócio; o sorveteiro apregoa.

Sorveteiro – Olha o sorvete de milho;
Se não quiser tomar;
Leve pra seu filho!

Comadre Maria – Vamos jogar no jogo do bicho, vamos ganhar do primeiro ao quinto!

Manuel – A senhora bote aí também cem mil réis no grupo da cabra.

Comadre Maria – Só no grupo?

Manuel – Tem de dar o grupo. Sorte é sorte. Bote aí.

Comadre Maria – Tá botado. Mais ninguém?

Manuel – Credo, todo mundo já jogou! Quando é que chega o resultado?

Comadre Maria – Pelo telefone ou pela jardineira da noite.

Zé Boa Morte (*voltando de uma conversa que tinha com os vizinhos*) – Vosmecê me devolva o dinheiro que lhe dei pela cadeira de ver cabra.

Comadre Maria – Isso é que não devolvo não. Se a cabra foi removida, não foi por minha culpa. Ô praça, quem é que mandou prender a cabra falante?

O CRIME DA CABRA

MANUEL – Seu Delegado.

COMADRE MARIA – E ela não protestou?

MANUEL – Protestou, sim senhora, mas não adiantou nada. Seu Delegado não acredita que ela fale, nem quando escuta com as orelhas dele. Eu bem que perguntei – "cabrinha", não é verdade que você fala? E ela bem que respondeu – "ÉÉÉÉ". Disse que era, mas seu Delegado não houve jeito de acreditar.

CEGO – Ó história mais descarada! Depois do susto que eu levei, não agüento mais conversa de cabra falante!

COMADRE MARIA – O senhor não dê palpite. Cego não enxerga!

CEGO – E cabra não fala!

COMADRE MARIA – Se meta com a sua vida!

ZÉ BOA MORTE – Só o que eu sei é que a cabra está detida, eu não vou poder ver ela; me devolva o dinheiro da cadeira de ver cabra, já lhe disse, Comadre.

COMADRE MARIA – Não devolvo não. O dinheiro não é mais seu.

ZÉ BOA MORTE – Por que não?

COMADRE MARIA – Porque sim! Agora tudo mudou. Depois que a cabra comeu dinheiro, o sistema é diferente. Andam dizendo que o dinheiro não é mais de quem tem ele na mão. Diz que tem de inventar outro jeito.

ZÉ BOA MORTE – Por que isso? Não entendo desse jeito. Então o dinheiro do Coronel meu patrão, não é mais dele?

CEGO – É, mas não devia ser. Ele é um mentiroso!

ZÉ BOA MORTE – O senhor está é implicado com meu patrão! Não fosse o senhor um cego...

CEGO – Não estou implicado com ninguém! Seu patrão é que falhou com a palavra na frente de todo mundo! Eu não fiz nada de mais! Além disso, não fui eu quem vendeu cadeira de ver cabra! Acho isso tudo uma besteira!

ZÉ BOA MORTE – Besteira ou não besteira, a senhora vai me devolver o dinheiro, comadre!

COMADRE MARIA – Não devolvo não, e tomo esse povo por testemunha de que não devolvo o dinheiro porque não tenho mais ele. Comprei tudo em pinga, senão não podia abrir o balcão hoje.

ZÉ BOA MORTE – Então, se não tem o dinheiro, pague em pinga!

MANUEL – E ajunte uma rodada pra todo mundo, pelo trabalho que a gente teve de ficar aqui, olhando!

TODOS – Muito bem.

*Comadre Maria serve pinga pra todos de má-vontade.
Os vizinhos se rejubilam.*

MANUEL (*a Zé*) – Então, o senhor vai ficar sem ver a cabra?

ZÉ BOA MORTE – Não vou não. Vou ver ela de graça.

MANUEL – Como?

ZÉ BOA MORTE – Isso é cá comigo. (*para a Comadre*) Mais uma.

COMADRE MARIA – O dinheiro da cadeira já inteirou.

ZÉ BOA MORTE – Pois ponha mais uma pelos juros, mulher! (*bebe*) Bom, pessoal, vou indo!

COMADRE MARIA – Lembranças ao Coronel, seu patrão!

ZÉ BOA MORTE – É a senhora quem diz. Vou saindo. (*sai*)

Entra a música, a mesma da cena inicial, algum instrumento portado por um dos vizinhos. Cantam a "Moda da Cabra Falante".

MANUEL – Quem quer cadeira de ouvir cabra falar!

CEGO – Isso da cabra falar, inda não vi e duvido. Mas tenho uma moda boa, pra saber de quem é a cabra.

TODOS – Canta, cego, canta!

CEGO – Lá vai. (*canta a moda de quem é a cabra*)

> Um dia teve uma cabra
> que todos queriam ter.
> Quem era o dono ficava
> quem não era queria ser.
> Veio rico e abastado
> querendo a cabra reter
> veio gente remediada
> que só tinha pra viver.
> Nem Juiz nem delegado
> pode o caso resolver
> mas eu tenho um jeito fácil
> pra tudo se esclarecer.
> Dos exageros do rico
> devem de se precaver.
> Dê mais a quem necessita
> isto é o que deve fazer!
> Quem tem riqueza demais
> pode bem se convencer:
> A cabra é de quem precisa,
> assim é que deve ser.

CORO DOS VIZINHOS (*cantando*) – A cabra é de quem precisa assim é que deve ser!

1ª VOZ – O Coronel não precisa!

2ª VOZ – O Coronel tem demais!

3ª VOZ – O Coronel bem podia repartir com os demais!

CORO DOS VIZINHOS – O Coronel bem podia repartir com os demais!

CEGO – Calma pessoal, eu só cantei uma moda!

COMADRE MARIA – A moda é que está certa, o Coronel tem demais!

MANUEL – Cego, você armou uma confusão!

CEGO – Manuel, avisa o Delegado pra guardar bem a cabra, que ela está ameaçada! Eu vou correndo na fazenda do Coronel!

MANUEL – Agora?

O CRIME DA CABRA 165

CEGO – Agora! É o jeito de saber... Corre, Manuel! (*o Cego sai*)

O povo do mercado se reúne agitado; Manuel indo
para sair, olha-os, depois levanta os braços espantado
com o vulto assumido pelos acontecimentos.

MANUEL – Só faltava agora dar mesmo o grupo da cabra!

QUADRO 7

Na delegacia, à noite. Em cena o Delegado, Chico, Manuel e o Cego.
Este está fazendo um relatório ao Delegado.

CEGO – Quando vi aquilo, lá no mercado, corri na fazenda do Coronel, Dona Leontina é uma santa mulher, e não podia me faltar nessa hora.

DELEGADO – Ela se assustou?

CEGO – Não senhor, parecia até que estava de acordo!

DELEGADO – O Coronel viu você?

CEGO – Não viu não senhor, dona Leontina me escondeu.

DELEGADO – Isso pode ser traição daquela gente!

CEGO – Pode confiar, doutor. Ela está até aqui do marido. Me disse que eu podia ficar sossegado, que lá estava garantido. Que não ia mentir a um ceguinho por nada deste mundo. E tem mais – me disse... (*olha ao redor e apura o ouvido*) Disse que o Coronel vai mandar um camarada armado aqui na delegacia...

MANUEL – Zé Boa Morte!

CEGO – Tal e qual!

MANUEL – Então era isso, a história da cadeira de ver cabra!

CEGO – Pois é!

DELEGADO – Zé Boa Morte aqui? Pra quê?

CEGO – Pra levar a cabra!

CHICO – Não pode ser. O Coronel não ia levar essa história tão a peito por causa de uma cabra. Zé Boa Morte não é de brinquedo!

CEGO – Pois olhe, o Coronel está mesmo levando a peito. Dona Leontina diz que nunca viu homem tão mal humorado. Diz que parece que jantou cascavel!

DELEGADO – Zé Boa Morte... E ele pensa que a gente tem medo?

CEGO – Isso eu não sei, doutor. Mas o Coronel deve pensar. Pra ele só tem um homem valente neste mundo – ele mesmo.

MANUEL – Pois vá pensando.

CHICO – E nós, que vamos se, armando!

DELEGADO – Peguem armas aí. (*pega um revólver na gaveta, põe um fuzil a mão*) Vamos ver quem pode mais.

CEGO – E eu, doutor?

DELEGADO – Você fica na torcida, Cego. A não ser que prefira ir-se embora. Dona Leontina lhe deu ajuda?

CEGO – Deu sim senhor, entre tudo o que consegui, já tenho cinco contos e trezentos!

DELEGADO – Isso não é nada.

CEGO – Pra mim é. Com isso, posso voltar a Pouso Alegre e fazer alguma coisa. Lá tudo é mais fácil. Era só ter uma idéia boa; a gente começa ganhando pouquinho, depois vai aumentando...

DELEGADO – Você não quer ir já, com seus cinco contos? Pode ser que saia barulho por aqui...

CEGO – Ir já? Não senhor, doutor. Entrei nessa encrenca, agora vou até o fim. Se o senhor precisar dos meus cinco contos, pra alguma coisa... Quem sabe pode ajudar...

DELEGADO – Obrigado, Cego. Você é bom sujeito, e foi de muito ajutório. Mas não precisamos de dinheiro, agora.

CHICO – Precisamos é de sorte!

DELEGADO – Manuel, a cabra está segura?

MANUEL – Vou ver, doutor. (*sai*)

DELEGADO (*olhando as armas*) – Isso dá tiro, Chico?

CHICO – Em gato dá, doutor.

DELEGADO – Que gato é esse, Chico?

CHICO – É que tem uns gatos que costumam vir fazer barulho aqui, doutor, miau, miau. A gente dá tiro neles, e eles, miau, miau, fogem. Pra dar tiros em gatos, elas estão funcionando.

DELEGADO – Nunca vi uma terra como esta! Você já viu, Cego?

CEGO – Nunca vi, não senhor.

CHICO – Também, pudera! É cego!

MANUEL (*que voltou*) – Na hora da briga é melhor você se esconder, Cego.

CEGO (*ofendido*) – Ora essa, por quê?

MANUEL – A gente vai ter muito que se preocupar, pra ainda ter de lhe defender.

CEGO – Ninguém precisa me defender! Eu sou cego, mas ainda sou homem!

DELEGADO – Que é isso?

CEGO – É o seu praça que está ofendendo a gente, doutor!

DELEGADO – Não ligue, Cego.

CEGO – Se estou incomodando, vou-me embora! Eu sei quando sou demais!

DELEGADO – Manuel, pede desculpas pro Cego.

MANUEL – Ora essa...

DELEGADO – Pede já!

MANUEL – Desculpe, Cego.

CHICO – Desculpe ele, Cego. A gente não teve intenção.

CEGO – Não tem nada...

CHICO – A gente está nervoso...

O CRIME DA CABRA

DELEGADO (*aparentando calma*) – É isso... Se vocês fizessem alguma coisa, como eu... (*afunda-se no problema*) "Árvore frondosa do Sul" – Aqui tem "um"... Mais duas letras... Bu! "Umbu"! Pronto, mais uma resolvida! (*nervosíssimo, tenta escrever não consegue*) Diabo, o lápis quebrou a ponta.

CHICO – Não quebrou não, doutor, é que o senhor está escrevendo com o lápis ao contrário...

DELEGADO – Como?

CHICO – De cabeça pra baixo e ponta pra cima...

DELEGADO – Ora, seu Chico, tenha respeito! Está me chamando de burro? (*vira o lápis depressa*) Imagine só, eu, ora essa... Pronto, está aqui!

MANUEL (*cutucando Chico, de troça*) – A gente está nervoso...

No decorrer das próximas falas vê-se o Coronel e Zé Boa Morte, reunidos à esquerda, explicando suas intenções por mímica, o Coronel mostra que pretende escalar a delegacia. Dá instruções a Zé Boa Morte, para que entre pela frente e arme uma confusão, para cobrir a sua entrada. Os gestos são bem eloqüentes.

ZÉ BOA MORTE (*baixo*) – Quando for para armar o rolo, o senhor assobia?

CORONEL – Assobio!

O Coronel se encaminha, pé ante pé, para a delegacia. Ao mesmo tempo, sem se verem, Deolino e Filinto entram em cena, com o mesmo intuito. Vêm todos para roubar a cabra, com cordas, armas etc. Cada um tentará a escalada por caminho diverso. Só se verão quando estiverem dentro da cela. A cena deve ser simultânea, de maneira a que todos alcancem o seu objetivo ao mesmo tempo. Também, às escuras, com exceção de interior da delegacia, que está iluminada. Fora, Zé Boa Morte aguarda a sua vez de entrarem cena.

CEGO (*pegando o violão como se fosse canhoto*) – Melhor cantar uma musiquinha... "A moda da cabra rica..."

DELEGADO – Não, chega de cabra!

CEGO – Também parece que nem a música não quer sair hoje!

CHICO – Você é canhoto, Cego?

CEGO – Eu não, tirante os olhos, sou igual a todo mundo.

CHICO – Então, desvire o violão!

CEGO (*desapontado*) – É mesmo... (*recomeça a tocar, baixinho*)

MANUEL – Não é que a gente tenha medo de um capanga vagabundo, mas é que se esse desgraçado tinha que vir, que viesse logo!

CHICO – É falta de consideração, fazer a gente esperar desse jeito!

CEGO – "A moda da cabra..." (*se arrepende e bate na boca, olhando o Delegado de lado*)

DELEGADO – Cante, cante. Cante, a gente não escapa dessa cabra mesmo...

Cego – A moda da cabra rica
   tem ouriço e carrapicho,
   tem cadeira de ver cabra
   tem também jogo de bicho.
   A moda da cabra...
   (*interrompe*) Que é isso?
Delegado – Que foi?
Cego – Acho que ouvi um barulho.
Delegado – Onde?
Cego – Isto é que não sei.
Delegado – Chico, dê uma espiada.
Chico – Eu?
Delegado – É, homem! Dê uma espiada!
Chico (*espiando de má-vontade, sem sair da porta*) – É gozado! Devia
   mandar espiar quem ouviu! (*pausa*) Não tem nada, doutor!
Delegado – Bom. Cante mais, Cego.
Cego – Acho melhor não, doutor. Senão, não se escuta nada.
Manuel – Chiu...
Chico – Que é?
Manuel – Agora eu também ouvi!
Delegado – De onde vem?
Manuel – Acho que é de lá! (*aponta para o alto, na direção de um dos
   invasores*)
Cego – Acho que vem mas é de lá. (*aponta para o alto, na direção de
   outro invasor*)
Delegado – Só falta alguém dizer que vem de lá. (*aponta o terceiro*)
Chico – Não é pra lhe aborrecer, doutor, mas acho que ouvi um barulho
   que vinha de lá mesmo!
Delegado – Ora bolas! Vocês estão morrendo de medo! Vou eu mesmo
   sair e espiar.

> *Na hora que se encaminha para a porta, chega*
> *Zé Boa Morte, com cara de mau.*

Delegado – Quem vem lá?
Zé Boa Morte – Gente de bem.
Delegado – Não me venha com mentira logo de cara!
Zé Boa Morte – Estou aqui para conversar, doutor. Não vim arrumar briga!
Delegado – Pessoal, este aqui é seu Zé Boa Morte, que veio aqui conver-
   sar e não quer arrumar briga!

> *Chico e Manuel fingem ter um ataque de riso conjunto, pra gozar*
> *Zé Boa Morte, mas param, ante o olhar furioso deste.*

Cego – Por que é que seu Zé tem esse nome?
Chico – É uma homenagem aos falecidos amigos dele.

O CRIME DA CABRA 169

CEGO – Muito delicado.

ZÉ BOA MORTE – Quem é esse aí?

CHICO – É cego.

ZÉ BOA MORTE – E o senhor quer ficar mudo também?

DELEGADO – Chega de conversar. Vamos ao assunto.

ZÉ BOA MORTE – Como o senhor deve desconfiar, doutor, estou aqui por causa de uma cabra, que é do Coronel Terso, meu patrão. É a cabra que comeu o dinheiro, e também a que fala, a que vai ter cabrito e a do grupo do jogo de bicho.

CHICO – Só aí já tem quatro cabras. Nós não temos rebanho de cabras, não.

ZÉ BOA MORTE – Doutor, eu estou sendo gozado!

DELEGADO – Não merecia outra coisa. Quem disse que essa cabra é do Coronel?

ZÉ BOA MORTE – Eu pensei que já estava resolvido.

DELEGADO – Pois não está não.

ZÉ BOA MORTE (*tentando ver o estado da escalada, constata que está atrasada*) – Se o senhor quiser, eu posso explicar outra vez.

DELEGADO – Não tem mais explicação, pra que isso, agora?

ZÉ BOA MORTE – O senhor é quem sabe. Eu vim buscar a cabra. (*entorta o pescoço pra tentar ver pela porta*)

CHICO – O que é que o senhor tem, dor de pescoço?

ZÉ BOA MORTE – Nada, não. O senhor assobiou, doutor?

DELEGADO – Eu, não! Que confusão é essa?

ZÉ BOA MORTE – Impressão minha. (*vai até a porta, se coça, falta de imaginação*)

DELEGADO – Se está com pulga, saia da delegacia, homem.

ZÉ BOA MORTE – Vim pela picada, doutor, raspei na erva.

MANUEL – Doutor, essa história está mal contada!

ZÉ BOA MORTE (*começando a ficar nervoso com a demora*) – Como é, doutor, vamos resolver isso?

DELEGADO – Sua história não está me cheirando bem, já lhe disse!

ZÉ BOA MORTE – O doutor não vai querer me ofender sem mais nem menos!

DELEGADO – Ninguém está ofendendo, não provoque!

ZÉ BOA MORTE – Não quero ser o primeiro a atirar!

DELEGADO – Quem falou em atirar?

ZÉ BOA MORTE – E esse desgraçado que não assobia!

DELEGADO – Com quem o senhor está falando?

CHICO – Cuidado, doutor, aí tem traição!

DELEGADO (*puxando o revólver*) – Pois vamos ver quem pode mais!

ZÉ BOA MORTE (*idem*) – Eu rijo sou o primeiro, doutor!

Ouve-se assobio do Coronel. Zé Boa Morte dá um passo atrás, empunha firme o revólver, faz o sinal de cruz e encena a confusão.

ZÉ BOA MORTE – Deus é testemunha! (*grita*) Ai, ai, ai, Minha Nossa Senhora!

DELEGADO – Que é isso, homem?

ZÉ BOA MORTE – Acuda, minha, mãe estou morto! (*cai no chão, segurando a barriga, rolando, com grande escândalo e lamentação*) Ai, ai, ai, meu Deus, meu último dia!!

DELEGADO – Mas ninguém atirou!

CHICO – Só se ele morreu de medo!

ZÉ BOA MORTE – Morto à traição! Minha mãezinha, adeus! (*arrisca um olho, pra ver se o Coronel está adiantando, e continua*)

MANUEL – Cuidado, doutor, que isso é truque?

DELEGADO – Se for, agora eu atiro de verdade!

Ouve-se barulho dentro da cela.

CHICO – Cuidado com as falsidades, doutor! Ouvi barulho lá dentro!

O barulho dentro aumenta progressivamente, enquanto as lamentações de Zé Boa Morte crescem.

MANUEL – Ouvi barulho também, doutor!

ZÉ BOA MORTE (*para os gritos para escutar, depois continua*) – Ai, ai, ai. ai, ai, ai!

De repente, ouve-se o barulho maior, trambolhão. Os três assaltantes caíram dentro da cela, juntos. Vozes, de dentro.

FILINTO – Você também, ladrão?

DEOLINO – Você também, safado?

FILINTO – E quem é esse outro?

DEOLINO – Pega ele!

FILINTO – Pego logo é você, sem vergonha!

DELEGADO – É na cela de dentro. Corre, Manuel!

MANUEL (*entrando*) – É pra já, doutor!

ZÉ BOA MORTE (*levantando-se, bonzinho, e limpando a roupa*) – Pera aí, que já vou, Coronel!

DELEGADO (*calmo*) – Quem der um passo, eu queimo. Vai lá, Chico.

ZÉ BOA MORTE (*na mira do fuzil*) – Não faça isso, doutor.

CHICO – Não vou deixar o senhor sozinho!

MANUEL (*dentro*) – Seus vagabundos! Deixem o bicho em paz!

DEOLINO – Quem está aí? Diabo de escuridão!

DELEGADO – Vai lá Chico, que eu agüento.

MANUEL (*fora*) – Safados! Se rendam, senão atiro!

CORONEL – Tiro por tiro, também posso dar! Avança Zé!

ZÉ BOA MORTE – Já vou lá, Coronel!

Durante estas falas, o Cego pegou um fuzil sem ser visto.

DELEGADO – Você não se mexe, homem!

O CRIME DA CABRA   171

Zé Boa Morte – Pois então, seu Coronel vai dar tiro já dentro! Atire, Coronel!

Delegado – Coronel, o senhor é responsável!

Coronel (*dentro*) – Doutor, entregue a sua arma, senão eu faço uma desgraça aqui dentro!

Delegado (*titubeia e depois entrega o revólver*) – Está aqui.

Zé Boa Morte – Você também, mocorongo.

Chico – Toma, capanga.

Zé Boa Morte – Está tudo desarmado?

Delegado e Chico – Está!

Cego – Então se escondam todos, que lá vai fogo!

Começa a atirar a esmo. Todos se escondem, Zé, Delegado e Chico.
Cego esgota uma arma e pega outra. A cena é de pânico. Quando
cessa o fogo na frente, há uma pausa. Depois, ouve-se, bem destacado,
um tiro dentro do cela. Pausa. Emergem os três assaltantes,
na mira de Manuel. Tudo volta ao normal.

Delegado – Que foi?

Manuel – Mataram a cabra.

Delegado – A cabra?

Cego – Mataram o bichinho?

Manuel – É, esses sem-vergonha!

Delegado (*frio*) – Quem foi que fez isso? (*alto*) Quem foi que fez isso? (*Pausa, zun, zun. Ninguém responde.*) Estou perguntando quem foi...

Deolino – Eu não fui, doutor.

Coronel – Nem eu! Pode olhar meu revólver! Está cheio!

Manuel – Agora não foi ninguém. Mas o bicho está lá morto!

Cego (*grave*) – Quem foi que fez essa barbaridade?

Chico – Uma cabra prenha!

Filinto – Eu não fui.

Deolino – Não sou homem de assassinar bicho, doutor. Se tiver de matar, mato gente, e no tapa. Não animal.

Delegado – Barbaridade! Os animais são vocês!

Cego – Estão contentes, agora? Conseguiram resolver o assunto?

Deolino – Por mim, ninguém precisava ter feito essa maldade. Mais do que eu, ninguém gostava do bichinho. Bem dizer, criei ela...

Filinto – Eu tinha desistido logo, se soubesse. Afinal cinco contos...

Delegado – Pois é, cinco contos. Agora o bicho está morto. Ficaram contentes?

Zé Boa Morte – Não se aborreça com a gente, doutor. Eu estava aqui de bem mandado. A ordem era fazer confusão, eu fiz. Não dei nenhum tiro, só levei. Esse cego maluco quase me mata!

Delegado – Vá-se embora! Sorte que eu não lhe tome a arma!

Zé Boa Morte – O senhor, Coronel, fica?

172 TEATRO COMPLETO: RENATA PALLOTTINI

CORONEL – Vou também, aproveito... Vou contar a história a Leontina. Até qualquer dia, doutor. Apareça lá na fazenda!

DELEGADO (*com desdém*) – Vá esperando, Coronel...

DEOLINO – Também vou indo. Tenho de contar o caso à Romilda. Virgem, como ela vai ficar aborrecida! Seu Filinto, quero que o senhor saiba...

FILINTO – Eu também quero...

DEOLINO – Nunca quis o seu mal...

FILINTO – Nem eu o seu... Me desculpe qualquer ofensa...

DEOLINO – Aquela da banda foi forte...

FILINTO – Me desculpe...

DEOLINO (*estendendo-lhe a mão*) – Precisô morrer o pobre bicho, pra gente se acertar de vez...

FILINTO (*apertando a mão*) – Pois é...

DEOLINO – Doutor, desculpe o trabalho que a gente lhe deu!

DELEGADO – Vá-se embora!

DEOLINO (*humilde*) – Sim senhor. (*Sai.*)

FILINTO – Também vou indo, doutor.

DELEGADO – Suma daqui!

FILINTO – Sim senhor. Até logo, Manuel.

MANUEL – Até logo, caluniador.

FILINTO – Até logo, Chico.

CHICO – Não falo com matador de cabra.

FILINTO – Não fui eu.

CHICO – Então, quem foi?

FILINTO – Sei lá, estava no escuro, alguém atirou... Até, Cego. Até, pra todos...

CEGO – Barbaridade...

MANUEL – O senhor quer ver o bicho, doutor?

DELEGADO – Agora não tenho coragem... Vamos esperar que amanheça... (*senta-se à mesa, desanimado*)

CEGO (*depois de uma longa pausa*) – Que coisa besta... Parece que se acabou tudo...

CHICO – Agora aqueles trastes ficaram todos de bem. Pra isso precisavam matar uma criação de Deus?

DELEGADO (*resolvendo palavras cruzadas, num esforço para se esquecer*) – Canoa de índio, três letras...

CEGO (*maquinalmente e triste*) – Ubá...

DELEGADO – Ubá. Obrigado, Cego.

CEGO –... Tem de que.

MANUEL (*misterioso*) – Acho que vou um pouquinho lá dentro. (*ninguém presta atenção e ele sai*)

CHICO – Que é que você vai fazer agora, Cego?

CEGO – Voltar pra Pouso Alegre

CHICO – Fazer o quê?

O CRIME DA CABRA

CEGO – Pedir de novo e tocar violão. Vou contar a todo mundo a história do crime da cabra...

CHICO – Crime foi o que fizeram com ela...

CEGO – Isso também vai entrar na história...

DELEGADO (*decifrando*) – Mamífero ruminante...

CHICO – Ainda está nisso, doutor?

DELEGADO – O resto já está pronto.

CEGO – Quantas letras?

DELEGADO – Cinco.

CEGO – Então, desculpe, doutor, mas é cabra...

DELEGADO (*chocado*) – Cabra?

CEGO – É, sim senhor. Mamífero ruminante, cinco letras...

CHICO – Então, ela... (*aponta para dentro*) Era ruminante?

CEGO – Era.

CHICO – Que é ruminante?

DELEGADO – É um bicho que come duas vezes a mesma comida.

CHICO – Ela fazia isso?

DELEGADO – Fazia.

CHICO – Todos os bichos fazem isso?

CEGO – Não, é difícil...

CHICO – E mataram um bicho que fazia uma coisa assim difícil?

CEGO – Pra ver.

DELEGADO (*escrevendo, amargurado*) – Cinco letras... Cabra. Pronto.

CHICO – Acabou o problema?

DELEGADO – Acabou.

Pausa.

CEGO (*a Chico*) – E o resultado da loteria? Nada de telefone?

CHICO – Nada!

CEGO – E a jardineira?

CHICO – Está atrasada.

CEGO – E agora?

DELEGADO – Sei, lá. Dá até um nojo no fundo do estômago! Vou-me embora desta terra!

CHICO – Isso não, doutor!

DELEGADO – Vou-me embora. Isto não é terra de gente!

CEGO – Não abandone seus amigos, doutor!

DELEGADO – Terra de traição!

CHICO – Pense com mais calma, doutor!

DELEGADO – Já pensei. Manuel, ô Manuel.

MANUEL (*de dentro*) – Já vou, doutor!

DELEGADO – Venha logo, preciso de você! (*aos outros.*) Mando comprar passagem, arrumo minhas coisas e vou-me embora! Depois providencio o resto, mas aqui não fico mais! Terra de desalmados, Manuel!

MANUEL – Estou indo, doutor!

174 TEATRO COMPLETO: RENATA PALLOTTINI

Aparece no fundo, enquanto Chico e o Delegado estão
de costas para ele. De frente está só o Cego, que não o vê.
Traz a cabra no colo, com grande pompa, festiva.

DELEGADO (*sem se virar*) – Manuel, você vai me comprar uma passagem
para a cidade, já, no primeiro trem!

MANUEL (*maroto*) – O senhor nem se vira mais pra falar comigo, doutor?

DELEGADO (*chateado*) – Ora, Manuel, deixe de... (*espantado.*) A cabra!!

CHICO e o CEGO – A cabra! A cabra?!

MANUEL (*vitorioso*) – A cabra!

TODOS – Mas como? Como pode ser? A cabra, viva! Ela não tinha morrido?
Quem morreu?

As perguntas e exclamações se cruzam.

DELEGADO (*chegando-se e palpando*) – A cabra!

MANUEL – Viva e sã!

CHICO – É a mesma cabra?

MANUEL – Como não havia de ser? É a cabra falante! Fui eu que salvei ela!

CHICO – Como foi, Manuel?

MANUEL – Mudei ela pra privada de fora, antes do assalto, e botei um rolo
de estopa na cela. No escuro enganava direitinho. Parecia bicho enrolado, dormindo. Lá fora não estava bem acomodada, pobrezinha, mas
estava segura. Tão pacientezinha... Não falou nada, nada.

DELEGADO – Quer dizer que o tiro...

MANUEL – Fui eu que dei tiro pro alto, doutor!

DELEGADO (*terno*) – A cabrinha...

CHICO – O que é que o Cego disse que ela é doutor?

DELEGADO – Ruminante...

CHICO – Bonito nome.

DELEGADO – Não é o nome dela, Chico!

CHICO – Mas pode ficar sendo!

MANUEL – Quero ver vocês dizerem que eu não sou um sujeito vivo!

DELEGADO – Muito vivo, Manuel! Muito vivíssimo! (*agrada a cabeça da
cabra*) Pobrezinha... Quantas emoções...

MANUEL – É... Ela deve estar cansada.

DELEGADO – Pois é. (*todos se lembram ao mesmo tempo do problema*) E
agora?

CHICO – Pois é, e agora?

DELEGADO – Onde a gente põe ela?

CHICO – É. Porque ela morreu...

MANUEL – Não morreu não, taí vivinha!

DELEGADO – Oficialmente morreu, Manuel. Se ressuscitar, começam as
brigas outra vez.

CEGO – E o povo que ficou amigo, fica inimigo de novo!

MANUEL – Será possível?

O CRIME DA CABRA

DELEGADO – É certo.
CHICO – É, preciso pensar...
MANUEL – Vamos ver...

Todos se afundam em pensamentos. De repente, mais ou menos ao mesmo tempo, todos olham para o Cego, que não os pode acompanhar. Depois, olham entre si, e assentem com a cabeça. Chico aponta para o Cego, sem palavras. O Delegado faz que sim, e manda Manuel falar. Manuel, sempre por gestos, recusa. Depois aponta o próprio Delegado. Este, afinal, se conforma, e avança para falar.

DELEGADO – Cego..
CEGO – Diga, doutor.
DELEGADO – Nós gostamos muito de você.
CEGO – Sim senhor.
DELEGADO – Nós achamos que você é um bom homem, honesto e necessitado.
CEGO – Obrigado, doutor. Necessitado sou mesmo.
DELEGADO – Depois você queria mesmo voltar pra Pouso Alegre não queria?
CEGO – Queria e quero, doutor.
DELEGADO – Então, nós damos a cabra pra você, que necessita dela pra viver e vai cuidar dela até a morte!
CEGO (*levantando-se, tonto*) – Pra mim?
DELEGADO – É! E você volta pra sua cidade. Não é que a gente queira lhe ver longe!
CEGO – Não estou pensando nisso, doutor! É que é muito pra mim! Uma cabra tão querida, tão disputada!
DELEGADO – Bobagem! Quem brigou não precisava dela! E se você aceita, nós ficamos contentes!
CHICO – É, sim!
MANUEL – E aposto que ela também fica!
DELEGADO – Você leva ela pra Pouso Alegre e quando o cabritinho nascer, você pode vender leite na rua. Depois vai aumentando a criação, vai aumentando... Você pode viver disso!
CEGO – O senhor acha... Que eu devo, doutor?
DELEGADO – Por que não? (*entrega-lhe a corda, simbolicamente*) Tome, Cego. Transfiro a você a propriedade da Cabra Ruminante. Chico! Bata um papel aí, dizendo que eu faço a doação da Cabra Ruminante ao Cego número tal e tal, assim, assim, de Pouso Alegre. Mato dois coelhos de um tapa – dou uma lição no Coronel e outra naquele Delegado Veloso! Vai ver o que é cidade generosa!

Chico senta-se à máquina e bate o documento.

CEGO – Ruminante!
MANUEL – E falante!

176 TEATRO COMPLETO: RENATA PALLOTTINI

Delegado (*assinando o papel*) – Está aqui. Assinem vocês dois como testemunha. (*Os dois assinam. Depois, o Delegado faz a entrega solene.*) Ao Cego mais vidente desta terra, e das vizinhas, e ao melhor decifrador de palavras cruzadas do mundo!

Cego – Obrigado, doutor! Obrigado Chico. Obrigado Manuel!

Manuel – Tem de quê! E vá andando, direto pra casa!

Chico (*apavorado*) – Doutor, doutor!

Delegado – Que foi?

Chico – Os dois de novo! Seu Deolino e Seu Filinto vêm aí, correndo. Esconde o Cego!

Manuel – O Cego não, esconde a cabra!

Cego – Me esconde, doutor, me esconde!

> *Vem aumentando o barulho de fora. De repente,*
> *Deolino e Filinto, correndo a berros.*

Deolino e Filinto – O Delegado, o Delegado!

Delegado – Pessoal, vamos fazer um cordão! Cerca, cerca!

> *Manuel e Chico dão-se as mãos, e cercam a passagem,*
> *enquanto o Cego procura fugir o mais depressa possível.*

Manuel – Foge, Cego!

Chico – Não esquece "ela"!

Cego – Me enrosquei na corda!

Delegado – O Cego é o mais pobre!

Manuel – Ninguém mexa na cabra!

Deolino – Socorro, doutor! (*quer passar, mas o cordão o impede*)

Filinto – O "causo" aqui não é mais de cabra, doutor! É com o Coronel!

Manuel – Foge, Cego, que o Coronel vem aí!!!

> *Ouvem-se, ao longe, os gritos do Coronel, perseguido pelo povo*
> *do mercado. Entram todos, finalmente, em cena, todos os vizinhos,*
> *Comadre Maria, quem tomou parte nas cenas precedentes,*
> *com a única exceção de Romilda. O Coronel vem fugindo*
> *e o povo o persegue, berrando reivindicações.*

Coronel – Socorro, doutor, querem me matar! Socorro!

Chico – Credo, doutor! É o povo do mercado!

Manuel – Olha lá Comadre Maria!

Comadre Maria (*gritando*) – Lhe ensino a inventar modas de bode e me estragar o negócio das cadeiras!

Zé Boa Morte – Lhe ensino a me empregar como matador e me pagar com angu de cachorro!

1º Vizinho – Explorador!

2º Vizinho – Ladrão!

Coronel – Socorro, doutor!

O CRIME DA CABRA

DELEGADO (*para os praças, mais Deolino e Filinto*) – Querem ajudar aqui no cordão?

DEOLINO (*ajudando*) – Não sei não, o senhor quis namorar minha mulher, Coronel!

CORONEL (*passando para o lado de cá do cordão, e procurando auxilio*) – Peço perdão!

DEOLINO – Perdão não resolve!

FILINTO – O senhor queria a cabra, Coronel!

CORONEL – Não quero mais cabra, nem morta!

DELEGADO – Firme o Cordão? Vamos resolver tudo, Coronel!

> *O Delegado sobe num caixote no fundo de cena e
> fica servindo de apregoador.*

DELEGADO – Quer ficar livre, Coronel?

CORONEL – Quero! Prenda essa gente toda!

DELEGADO – Aqui não tem prisão, Coronel! O senhor me humilhou!

CORONEL – Peço desculpas!

DELEGADO – Só desculpas, Coronel?! Afrouxa, pessoal!

> *A cada ordem semelhante, o cordão fará menção de se desfazer.*

CORONEL – Mando um leitão no Natal!

DELEGADO – E um garrote para ajudar na festa da cidade?

CORONEL – Um garrote é muito!

DELEGADO – É muito, Coronel? Afrouxa pessoal!

CORONEL – Não, mando o garrote!

COMADRE MARIA – O senhor estragou meu negócio de ver cabra!

MANUEL – E o meu de ouvir cabra falar!

CORONEL – Dou indenização!

DELEGADO – Quanto?

CORONEL – Dou dinheiro!

DELEGADO – Uma casinha pra Comadre Maria montar uma venda!

TODOS – Muito bem!

CORONEL – Não dou!

DELEGADO – Não dá? Afrouxa, pessoal! Avança, turma!

CORONEL – Socorro, dou a casinha!

DEOLINO – O senhor zombou de mim!

CORONEL – Peço perdão!

DEOLINO – Quero o bode viúvo da cabra!

CORONEL – Dou o bode!

FILINTO – E eu, Coronel?

CORONEL – Dou um cabrito!

MANUEL – E eu, Coronel?

CORONEL – Dou outro!

CHICO – E pra mim, nada?

CORONEL – Dou um leitão!
DELEGADO – E pro resto do povo? Perdoa as dívidas do armazém da fazenda?
CORONEL – Isso não!
DELEGADO – Afrouxa pessoal!
CORONEL – Perdão, demônio!
DELEGADO – E paga cerveja pra todo mundo, esta noite!
CORONEL – Está pagado! Socorro!
TODOS – Viva!!!
CORONEL (*esperançoso*) – Está bem agora?
CHICO (*olhando para fora*) – Bem? Agora é que vem o pior!
COMADRE MARIA – Dona Leontina de cinturão!
TODOS – Salve-se quem puder!
D. LEONTINA (*fora*) – Hoje eu te pego, sem vergonha!
DELEGADO – Comunidade! É preciso salvar o Coronel!
CHICO – Como, doutor?
DELEGADO – Esconde ele! Todo mundo fazendo uma parede em volta do Coronel!
COMADRE MARIA – Quem sabe ele ainda dá alguma coisa?
DELEGADO – O saque é terminantemente proibido!

*Forma-se uma parede circular, dentro do qual
está metido o Coronel, morto de medo.*

D. LEONTINA (*entrando*) – Cadê esse safado, desencaminhador de mulher casada?
DELEGADO – Não está aqui não, dona Leontina...
D. LEONTINA – Cadê esse sem vergonha?
CHICO – Não vimos não, Dona Leontina...
D. LEONTINA – Hoje eu pego esse bandido!

*De repente, da outra ponta surge Romilda,
portadora de novidade grossa.*

ROMILDA – Pessoal! Chegou o resultado da loteria. Deu a cabra!!!!

*Todos dão um grito de alegria e abandonam imediatamente a posição,
exibindo pedacinhos de papel, listas e bilhetes de loteria.
A cidade inteira ganhou na cabra. Sozinho e abandonado o Coronel
está apenas de ceroulas, ligas e camiseta. O saque, apesar de proibido,
foi realizado. O Coronel olha com ar de
comiseração para a mulher.*

CORONEL – Leontina me tiraram até a camisa...
D. LEONTINA – Pois eu vou te tirar agora é o couro, desgraçado!!!

Saem os dois ele na frente, ela atrás brandindo o cinturão.

Pedro Pedreiro

A idéia inicial de *Pedro Pedreiro* nasceu de um encontro, há muito tempo, entre mim, Chico Buarque de Holanda e Pasqual Lourenço. Éramos todos muito mais jovens e descompromissados. Depois, a vida levou Chico Buarque para um lado e Pasqual para outro, mas a idéia ficou verrumando a minha cabeça.

A primeira versão ficou pronta em 1968, um ano negro, por tantos motivos. Ela padecia de uma ligação ainda muito intensa com a música original de Chico (o que a tornava complicada para montagem, embora o compositor desde sempre tenha tornado explícito seu consentimento); padecia também de certa visão maniqueísta e de uma indignação engasgada, muito própria da época.

O texto que hoje é publicado, foi refeito e pretendeu ser melhor. Esperamos que assim seja.

Primeira montagem – Escola de Comunicações e Artes (ECA-USP), para espetáculo no Festival Universitário de Teatro de Manizales, Colombia, em 1968. Direção de Silney Siqueira.

Personagens

Pedro Pedreiro
Etelvina, sua mulher
Waldemar
Cantora
Juca
Nestor
Profeta
Otário
Repórter

Homens e mulheres e suas vozes.

CENA 1

*Casa de Pedro e Etelvina. Madrugada, barraco iluminado.
A luz interior da casa deve ir diminuindo. Aumentará uma luz
exterior, o sol. Fora, baixo, cantora entoa os primeiros
versos de "manhã", sem acompanhamento musical.*

CANTORA – Manhã, apaga a luz
     o sol é de graça;
     abre a janela que ele vem,
     manhã, abre a janela
     e ouve de graça
     este meu samba,
     meu samba cheio de graça
     e aproveita o que ele tem...

ETELVINA – Acorda, Pedro. Está na hora.

PEDRO (*resmunga*) – Hum...

ETELVINA – Acorda, Pedro, senão você perde o trem.

PEDRO – Já? Todo dia é a mesma coisa.

ETELVINA – Todo dia não, tem domingo.

PEDRO (*bocejando*) – E domingo, não tem que ir na feira... ahhh... carregar
a cesta dos outros?

184 TEATRO COMPLETO: RENATA PALLOTTINI

ETELVINA – Levanta, Pedro, que eu não estou com paciência. Tem café.

PEDRO – Tem pão?

ETELVINA – Se tivesse pão era dia de ir na feira!

PEDRO – Está bom, está bom. Beijo na cara? (*dá a cara para o beijo*)

ETELVINA (*recusando*) – Não amola, Pedro, que eu estou com problema.

PEDRO (*levantando*) – Que problema é esse?

ETELVINA – Problema de pobre ou é dinheiro ou é filho!

PEDRO – E qual é o seu agora?

ETELVINA – Os dois! Vai, Pedro!

PEDRO – Café.

Etelvina traz o café de Pedro.

CANTORA (*continuando*) – ... Manhã
O passarinho não sabe nada
do preço que te custa
mais um dia em paz
e canta sem saber
que encanta sem querer
quem tanta força faz
pra viver...

(*continua cantarolando a melodia, baixo, fundo*)

PEDRO – Quem é que está cantando?

ETELVINA – A vizinha, por que?

PEDRO – Puxa. Tem gente que ainda canta. Mais café...

ETELVINA (*tomando-lhe a caneca da mão*) – Vai, Pedro, se avia, que o trem não espera!

PEDRO – Estou indo, estou indo! (*sai, meio empurrado, meio perdendo o equilíbrio, para ingressar imediatamente em outro ambiente...*)

CENA 2

... onde muitas pessoas invisíveis vão empurrá-lo, apertá-lo, até conseguirem todos passar a borboleta e ingressar na plataforma propriamente dita.

PEDRO (*continua a fala da saída de sua casa*) – Espera, gente, estou indo, o mundo não vai se acabar! Espere um pouco, calma que o Brasil é nosso!

WALDEMAR – O senhor disse o quê?

PEDRO (*intimidado*) – Estou dizendo: calma que o Brasil é nosso!

WALDEMAR – Ah, bom, não tinha entendido bem.

PEDRO – O Brasil não é nosso? (*reclamando*) Ô, não empurra aí.

VOZ FEMININA – Olha a criança!

WALDEMAR – Por que traz a criança nesse aperto?

VOZ FEMININA – A criança ainda não nasceu!

WALDEMAR – Então se cuida, dona, senão não nasce! (*pausa*) É, o Brasil é nosso. Só que eu acho que está ficando pequeno.

PEDRO – Acho que o nosso pedaço ficou meio apertado.

WALDEMAR – Ficou curto.

PEDRO – Parece que uns tempos para cá eu só vejo criança nascendo ou crianças por nascer. Dá até um desespero.

VOZ FEMININA – É a riqueza dos pobres...

PEDRO (*resignado*) – Diz que é a vontade de Deus...

WALDEMAR – É? E Deus, sustenta, depois? Compra leite, leva ao médico, dá escola?

VOZ FEMININA – Olha aí a falta de respeito!

WALDEMAR – É fácil, dizer que é tudo com Deus!

PEDRO – Deixe de ser pagão, homem!

WALDEMAR – Deus tem mais que fazer do que cuidar de criancinhas!

VOZ FEMININA – Te esconjuro! (*canta, sozinha inicialmente, depois acompanhada, em coro de vozes femininas, dialogando com a voz de Waldemar*)

VOZ FEMININA – Deus
                mandou fazer essa criança
                de Deus
                para viver nesse mundo
                de Deus

WALDEMAR – Mas Deus
                não deu a essa criança
                de Deus
                como comer nesse mundo
                de Deus

VOZ FEMININA – Deus
                só nos deu a esperança
                em Deus
                para viver nesse mundo
                de Deus

WALDEMAR – Mas é
                que só a esperança
                em Deus
                não alimenta a criança
                de Deus

VOZ FEMININA – Deus
                mande chegar a abastança
                de Deus
                para alimentar a criança
                e os seus

WALDEMAR – Que a gente
cansou da esperança
em Deus
e quem espera se cansa
meu Deus...
(*entusiasmado*) Vamos lá, pessoal, vamos fazer uma coletazinha para ajudar aí a dona, que está esperando...
2ª VOZ FEMININA – Eu estou também!
3ª VOZ FEMININA – Eu também!
OUTRAS VOZES FEMININAS – Eu também, eu também! Eu, é prá logo! Eu, prá daqui a quinze dias! Eu, é gêmeos! (*as exclamações se sucedem, se cruzam, enquanto Waldemar desanima*)
WALDEMAR – Bem, mas se é assim, acho que não dá...
PEDRO – Dá até um desespero...
WALDEMAR – Ao menos essa criança aí está em ordem?
PEDRO – Todas essas crianças aí estão em ordem?
CORO FEMININO – Parece que vão nascer a seu tempo!
WALDEMAR – Ainda bem. Por falar em tempo, o trem está no horário?
PEDRO – Um atrasozinho...
WALDEMAR – Então toca a esperar...
PEDRO – A esperar...
WALDEMAR – O senhor veio do Norte?
PEDRO (*carrancudo*) – E daí?
WALDEMAR – Está bom, não precisa se ofender.
PEDRO – É que aqui gozam a gente.
WALDEMAR – Não é a gente que goza, é vocês que são gozados!
PEDRO – Olha aí!
WALDEMAR – Calma. (*aponta a roupa, suja de tinta*) Pedreiro?
PEDRO – Sim senhor. Pedro, prazer. (*alegre*) Prazer! Vamos festejar! Hei, laranjeiro! (*chama o vendedor de laranjas que passa na plataforma*)
WALDEMAR – Vai gastar dinheiro com laranja, homem?
PEDRO – Estou lhe conhecendo, quero oferecer!
WALDEMAR – Deixa dessa conversa!
PEDRO (*oferecendo*) – Faça o favor de aceitar.
WALDEMAR – Obrigado. Então dê também prá mulher que está esperando...
PEDRO (*oferecendo*) – Faça o favor, dona...
VOZ FEMININA – Vou passando...

A mulher grávida, visível ou não, estende a mão. A laranja é passada de mão em mão. Outras se sucedem. Cada pessoa de um longo banco, que simula a plataforma da estação, estende a mão para apanhar a laranja.
Esses movimentos devem ser ritmados, espécie de balé de braços.
A espera e o movimento compassado vão transformando a coisa numa espécie de litania, de amolecimento, de sono, algumas pessoas estão mesmo cochilando. Apaga-se a luz sobre a cena da espera, passando-se à...

Cena 3

... casa de Pedro.

Voz de Criança (*fora*) – Mãe! Vem ver o Toninho!

Etelvina (*cansada*) – Cala a boca, Dindo, senão eu vou aí!

Voz – É ele, mãe!

Cantora – Dona Etelvina!

Etelvina – Chamou?

Cantora – Quer ver a revista?

Etelvina – Agora não tenho tempo não, obrigada. Tem modinhas?

Cantora – Tem muita! Quer ver?

Etelvina – Não posso não. A senhora aprende, depois canta prá gente ouvir.

Cantora – Eh, isso pode deixar. (*entrando*) Dá licença?

Etelvina – Vamos entrando.

Cantora – Desculpe incomodar.

Etelvina – Não incomoda, é prazer.

Cantora – Calorão, hem? (*se abana com a revista*)

Etelvina – Quer um copo de água? Café acabou...

Cantora (*que é mais abonada e tem pena*) – Aceito água, dona Etelvina. Como vai a vida?

Etelvina – Sabe como é. Pedro ainda está ganhando menos...

Cantora – Menos que o salário?

Etelvina – Não sei como é que pode fazer isso. Diz que não pode... Mas fazem... Está aqui a água.

Cantora (*aceitando*) – Tem muita coisa que diz que não pode mas a gente vai ver, aconteceu. (*bebe*) Eta, que calor! (*começa a cantarolar uma música qualquer em voga*)

Etelvina – A senhora... (*chegando à sua preocupação*) Eu não devia dizer, porque a senhora é solteira...

Cantora (*que não é tão solteira assim*) – O que é? Pode dizer, dona Etelvina... A gente é solteira, mas não é criança...

Etelvina – Estou aborrecida. Acho que estou esperando menino outra vez.

Cantora – Outra vez?

Etelvina – Pois é. Dá até vergonha...

Cantora – Vergonha não pode dar ora essa. Mulher casada!

Etelvina – Pois é. Mas dá. E o pior é Pedro ganhando essa ninharia, a gente já com quatro... como é que vai ser?

Cantora – É. "Poblema".

Etelvina – Por isso, aproveitando, eu queria perguntar... a senhora não sabe?...

Cantora – O quê?

Etelvina – Algum jeito.

Cantora – Ah! Diz que escalda pé.

ETELVINA – Já experimentei.

CANTORA – Tem um chá, também. Mas é muito quente, precisa ficar em casa.

ETELVINA – Tudo que é chá já tomei. Agora, acho que é só remédio de farmácia que vai resolver.

CANTORA – Tem médico.

ETELVINA – Médico?

CANTORA – É. Eles dão jeito. Mas cobram.

ETELVINA – Caro?

CANTORA – Nem fale! Um dinheirão! (*emendando depressa*) Quer dizer, acho que é, não sei. Deve ser. Mas é o jeito.

ETELVINA – Se é caro, não dá. Guardei um dinheirinho, mas é pouco...

CANTORA – É. Essas coisas sempre custam caro. (*pausa*) Quer ouvir esta aqui? (*folheando a revista*) É bárbara! (*cantarola*)

ETELVINA (*de olho parado*) – E remédio de farmácia? Se desse...

CANTORA (*entre trechos de música*) – Diz que tem pílulas, mas eu não sei o nome... "E que tudo mais vá pro inferno... "

ETELVINA – Se o dinheiro desse...

CANTORA – É, se desse!

(Fora, passa o bilheteiro, cantando. Sua canção é tentadora)

BILHETEIRO (*canta*) – Vamos comprar bilhete
     da Federal
     é dinheiro no bolso
     é fenomenal.

CANTORA – Olha aí o homem da Loteria!

BILHETEIRO (*continuando*) – Tenho a cabra barbuda
     e a borboleta
     tenho o tigre malhado
     e a vaca preta;
     tenho o cachorro magro
     e o porco gordo
     tenho o veado fino
     e o leão grosso
     mas é tudo dinheiro
     pro seu bolso
     é dinheiro batido
     pro seu bolso
     dinheiro garantido
     pro seu bolso...

CANTORA – Que beleza!

ETELVINA (*sentida*) – Esse homem passa todo dia por aí! Parece uma tentação!

CANTORA – Se eu tivesse dinheiro, todo dia comprava um!

ETELVINA – Pra quê? Pra gastar o dinheiro?

CANTORA – Pelo menos, a gente tem o que esperar, até de tarde! O dia é comprido de passar!

PEDRO PEDREIRO

Etelvina – Besteira. Quanto custa o pedaço?

Cantora – Mil! Vai querer?

Etelvina – Besteira. Tenho mil e seiscentos, mas queria ver se dava...

Cantora – Compre, dona Etelvina! Compre só uma vez! Quem sabe dá sorte!

Etelvina (*de olho parado*) – Besteira!

Cantora – Compre!

Etelvina (*cantando com a mesma música do Bilheteiro*) –
Tenho pouco dinheiro
e muito gasto
pra cuidar dos meus filhos
e meu barraco;
tenho pouco dinheiro
e muito filho
tenho quatro meninos
e vem o quinto...

Cantora – Tenho tanta vontade
de esperar
que eu comprava um bilhete
sem pensar
tenho tanta vontade de ser rica
que eu comprava um pedaço
de qualquer bicho...

Bilheteiro – Tenho o galo vermelho
e o elefante
um é bicho pequeno
o outro é grande,
mas é tudo dinheiro
garantido
arriscando se ganha
e fica rico...

Etelvina – Tenho um filho chegando
que ainda não sabe
se vem a este mundo
ou se dele sai...

*O canto do Bilheteiro, repetido, vai diminuindo, como se
este fosse embora. A urgência da Cantora aumenta,
a tentação de Etelvina também.*

Cantora – Compra, dona Etelvina!

Etelvina – E a senhora, por que não compra?

Cantora – Estou dura. Mas a senhora tem!

Etelvina – Besteira.

Cantora – O homem está indo!

190 TEATRO COMPLETO: RENATA PALLOTTINI

ETELVINA – Mas eu queria experimentar, ir até a farmácia... Este já é o quinto filho!

CANTORA (*olhando fora*) – Ele já vai indo!

ETELVINA – Quanto que dá um bilhete?

CANTORA – Inteiro? Setenta e cinco milhões!

ETELVINA – Setenta e cinco... (*pausa*) E um pedaço?

CANTORA – Deixa ver. Sete e meio.

ETELVINA – Sete milhões e meio? (*pausa*) É dinheiro!

CANTORA – É. Quer?

ETELVINA – E a criança?

CANTORA – Deixa ele aí, coitadinho!

ETELVINA – A senhora não brinca!

CANTORA – Com sete milhões e meio a senhora volta pro norte e ainda compra uma casinha!

ETELVINA – Aqui mesmo servia...

CANTORA – Posso ir? Olha que ele está quase na esquina!

ETELVINA (*ainda hesitante*) – Não sei... (*pregão longe*)

CANTORA – Depressa, dona Etelvina!

ETELVINA (*correndo buscar dinheiro*) – Está bom, vai!

CANTORA (*entusiasmada*) – Que número?

ETELVINA – Não sei, qualquer um!

CANTORA – Então que bicho? Depressa!

ETELVINA – Qualquer um... Olha!

CANTORA – Lá vou eu!

ETELVINA – Olha! O porco! Diz que é sinal de riqueza! Porco! Porco!

Fora, um coro canta.

Coro – Esperança
   flor de sempre
   em qualquer mangue
   em qualquer água
   ela floresce.
   E cresce
   sem ninguém acreditar, tamanha
   é a força da gente esperar...

CENA 4

Outra vez na plataforma da estação.

WALDEMAR – Ô, demora do diabo!

PEDRO (*boceja*) – Quero ver explicar isso ao patrão. Só com o "demorando"...

WALDEMAR – Aquele papel? Se você esperar, perde o dia... (*pausa*) Esse negócio vai mal...

PEDRO PEDREIRO

1ª Voz – Vai de mal a pior...
2ª Voz – Se fosse só o trem...
1ª Voz – E as filas de ônibus?
Pedro – E os preços?
Waldemar – E o salário?
Voz Feminina – E o aluguel de casa?
Pedro – Está tudo ruim!
Waldemar – Tudo pela hora da morte! (*cantam*)
Pedro – Está tudo muito ruim!
Waldemar – Tudo pela hora da morte!
Coro Masculina – O nosso dinheiro é fraco!
Coro Feminina – E os preços dos outros são fortes!
Pedro – A situação está preta.
Waldemar – Mais preta não pode estar.
Coro Masculina – Nunca é hora de receber...
Coro Feminina – Sempre é hora de pagar...
Uma Voz (*interrompendo*) – Olha o trem, olha o trem!

Vozerio – confusão – "não empurra" – "cuidado aí", etc.
ad libitum. Barulho de trem que passa muito próximo, sem parar.
Finalmente, a decepção.

Pedro – Não era!
Waldemar – Era o Expresso!
Pedro (*acompanhando o rastro do trem, cheirando com delícia*) – Puxa,
que cheiro!
Waldemar – Eles estavam almoçando!
Pedro – Eles almoçam andando?
Waldemar – Até andando, eles almoçam.
Pedro – Puxa, que cheiro!
Waldemar – Que fome! Você trouxe marmita?
Pedro – Trouxe não, eu como sanduíche. (*pausa; olho parado*) No trem
tem cozinha?
Waldemar – Tem cozinha e restaurante.
Pedro – Waldemar, você acha que... rico tem mais fome que nós?
Waldemar – Ué, por quê?
Pedro – Se eu tivesse no meio desses cheiros, eu vivia sempre com fome!
Quem é que ia aguentar tanta tentação?
Waldemar – Bobagem. Porque eles vivem no meio desse cheiro é que eles
não têm fome nunca. É: "estou enjoado disto" – "estou enjoado
daquilo"...
Pedro – Como deve ser bom estar enjoado de bife, hem?

Pausa. Ouvem-se, ao fundo, alguns compassos de "Pedro Pedreiro".
Todos estão desanimados. Waldemar pegou no chão um pedaço
de jornal, enquanto resmunga e reclama.

WALDEMAR – Puxa vida! Esperar ainda mais?

PEDRO – Nunca vou me esquecer daquele cheiro.

WALDEMAR – A gente devia é ter agarrado o bruto pelo rabo, entrar lá dentro e ir comendo! Pelo menos, chegava atrasado mas chegava almoçado!

1ª VOZ – Desse jeito a gente não chega lá hoje de jeito nenhum.

2ª VOZ – Meio dia já perdi.

WALDEMAR – Precisa fazer alguma coisa. Quer ler, Pedro?

PEDRO (*carrancudo*) – Não, obrigado.

WALDEMAR – Te dou a folha de futebol. Quer?

PEDRO – Já disse que não, obrigado.

WALDEMAR – Pega, cara!

PEDRO – Não sei ler, poxa!

WALDEMAR (*pausa*) – Desculpa, não quis te gozar.

PEDRO – Tá.

WALDEMAR – Quer que eu te leia as novidades?

PEDRO – Quero.

WALDEMAR – Olha aí, tem guerra.

PEDRO – Isso não é novidade, sempre tem.

WALDEMAR – Tá morrendo gente.

PEDRO – Sempre morre.

WALDEMAR – Mas é diferente. É tudo dentro do mesmo país.

PEDRO – No mesmo país.

WALDEMAR – É. Que nem se eu atirasse em você.

PEDRO (*desconfiado*) – Você tem revólver?

WALDEMAR – Não! É "que nem se"!...

PEDRO – Ah. Olha, a gente já está tão estrepado de todo lado, que às vezes...

WALDEMAR (*continuando a ler e refletindo*) – As coisas lá devem estar muito ruins, não é?

PEDRO – Pra ter guerra...

WALDEMAR – Pois é. Devem estar péssimas... Acho que lá tem fome, falta de emprego, o pessoal não tem casa, os preços estão subindo... o diabo.

PEDRO – É. (*acordando*) Como é?

WALDEMAR – Estou dizendo que lá devem estar passando fome, deve subir os preços, faltar casa pra morar... o diabo.

PEDRO – Ah. Lá?

WALDEMAR – É estou dizendo lá. Onde tem guerra.

PEDRO – Ah. É gozado. Aqui não tem guerra, tem?

WALDEMAR – Não.

PEDRO – Então é porque aqui as coisas estão boas, não é?

WALDEMAR (*distraído*) – É. (*acorda*) Como é?

PEDRO – Estou dizendo que se lá tem guerra é porque as coisas estão ruins, e aqui não tem guerra porque aqui está tudo bem!

WALDEMAR (*espantado*) – É... mas que esquisito!

PEDRO – Não tem nada de esquisito, está certo!

PEDRO PEDREIRO

WALDEMAR – Eu não entendi, me explica.

PEDRO – Lá está ruim, por isso fizeram guerra. Aqui não fizeram guerra, logo está tudo bem!

UMA VOZ – E como é que não parece?

PEDRO – Não parece o que?

UMA VOZ – Que está tudo bem!

WALDEMAR – Bem, na verdade, meu pai sempre dizia que as aparências enganam. (*os dois ficam matutando, até que se ouve o trem*)

PEDRO – Atenção, turma! Agora é o trem, mesmo!

UMA VOZ – Corre, gente, que já está cheio até as janelas!

OUTRA VOZ – O degrau é meu!

UMA VOZ – O engate é meu!

WALDEMAR – Larga da alavanca que eu peguei primeiro!

PEDRO – Dois na privada não dá!

WALDEMAR – Sai daí e vem prá cá!

PEDRO – Não chega que está ocupado! Esta alça é minha!

WALDEMAR – Posso botar um dedo na beirada esquerda da alça?

PEDRO – Bem, só prá você que é meu amigo do peito.

> *Waldemar e Pedro estão ultra-espremidos, agarrados numa única alça do trem, no alto. Sacodem, balançam, estão por um fio. Assim mesmo vão conversar, enquanto, no fundo, ouve-se o ruído do trem.*

WALDEMAR – Gente! Que aperto!

PEDRO – É.

WALDEMAR – Vida desgraçada!

PEDRO – Pois é...

WALDEMAR – O trabalho não está dando.

PEDRO – Estão pagando menos que o salário!

WALDEMAR – Nesse caso, a gente tem que se virar.

PEDRO – Como é?

WALDEMAR – Me segura o braço esquerdo. (*fazem uma ginástica no fingido aperto*)

PEDRO – Qual?

WALDEMAR – O do relógio.

PEDRO – Cadê o relógio?

WALDEMAR (*chateado*) – Se eu tivesse relógio!

PEDRO – Ah. Tá seguro. (*segura*)

WALDEMAR – Tá. Agora tá dando. (*puxa do bolso um bilhete de loteria e uma lista, toda dobrada; faz incríveis esforços para conseguir desdobrar a lista, só com uma mão; finalmente consegue*) – Gente! Consegui! (*bufa*)

PEDRO – É fogo.

WALDEMAR – Está aqui. Olha esse número. Lê. (*mostra o bilhete*)

PEDRO – Número eu sei, quatro – sete – três – oito – dois.

WALDEMAR – Certo! Quarenta e sete mil, trezentos e oitenta e dois. Agora, olha aqui nesta lista do mesmo dia. Olha aqui este prêmio: quanto está escrito?

PEDRO – Aqui? Quatro – sete – três – oito – dois. Empatou.

WALDEMAR – Empatou nada! Está premiado!

PEDRO (*olho arregalado*) – Está premiado? Então você está rico! (*sinceramente feliz*) Parabéns!

WALDEMAR – Se manca, Pedro... os números foram trocados...

PEDRO – Como?

WALDEMAR – Fal-si-fi-ca-dos!

PEDRO – Quais?

WALDEMAR (*baixo, olhando em volta*) – Os da lista.

PEDRO – Então, não está premiado?

WALDEMAR – Não.

PEDRO – Não entendo.

WALDEMAR – Não precisa entender. Precisa me ajudar. Nós vamos pra cidade. Certo?

PEDRO – Certo.

WALDEMAR – Você já perdeu meio dia com o atraso. Certo?

PEDRO – Certo.

WALDEMAR – Perde mais meio dia e me ajuda. Ganha uma nota alta. Certo?

PEDRO (*hesitante*) – Não.

WALDEMAR – Por que não, Pedro?

PEDRO – Porque não está direito.

WALDEMAR – É dinheiro certo!

PEDRO – A gente não pode roubar, Waldemar!

WALDEMAR – Isso não é roubar, rapaz, é se defender!

PEDRO – Não quero não.

WALDEMAR – Você não quer sair desta miséria? Não quer melhorar de vida? Não quer ajudar Etelvina?

PEDRO – Quero, mas não fazendo o que é errado.

WALDEMAR – Pedro. Escuta. Você pagou a passagem de trem, não pagou? Quando você comprou a passagem, você comprou pro trem das sete, não foi? E que horas o trem passou? Sete? Passou às onze e meia!

PEDRO (*hesitante*) – Eu tenho medo, Waldemar. Eu não gosto dessas coisas!

WALDEMAR – É dinheiro no bolso, Pedro!

PEDRO – É mesmo?

WALDEMAR – Estou te dizendo! É só achar um bom otário... a gente acha um bom otário...

Black – out.

CENA 5: O PROFETA

Proximidade da Estação. Pedro e Waldemar descem e se misturam a um aglomerado de gente em volta de um pregador fanático, o Profeta. No grupo já está um senhor de meia idade, de chapéu, ar de caipira: é o Otário. Ouvem-se alguns risos.

PROFETA – Não é certo zombar de mim, nem dos mártires que sofrem. Ninguém é dono de ninguém. Ninguém é senhor. O passarinho é livre.

VOZ (*off*) – O seu também?

Risos.

PROFETA – Não é certo zombar de mim. Louco é o mundo que nós vivemos, louco é o homem que encarcera o homem. Louco foi Deus que criou o homem.

OTÁRIO – Minha Nossa Senhora, imagina se as autoridades ouvem isso.

PROFETA – As autoridades é o Senhor do céu, mas ninguém é Senhor, ninguém é Doutor.

WALDEMAR – E o Delegado?

PROFETA – O Delegado é o homem da acomodação.

WALDEMAR – O cara é porreta!

PEDRO – É profeta!

PROFETA – Eu não vou ferir sem ser ferido.

OTÁRIO – Que perigo!

WALDEMAR (*pressente um otário*) – Pois é, né, doutor? Um perigo... melhor a gente se afastar dessas aglomerações.

OTÁRIO – O senhor tem razão...

WALDEMAR – Isso é lugar de trombada!

OTÁRIO – É certo!

Saem do grupo.

OTÁRIO – O senhor é daqui, da cidade?

WALDEMAR – Nascido e criado, às suas ordens.

OTÁRIO – Então, quem sabe poderia me dar uma informação.

WALDEMAR – O que quiser, doutor.

OTÁRIO – Por onde é que se vai à Estação Rodoviária? Pensei em tomar carro, mas...

WALDEMAR – Bobagem, doutor, é aqui pertinho. Se o doutor quiser, posso lhe acompanhar.

OTÁRIO – Muita bondade, obrigado. (*caminham, Pedro junto*)

WALDEMAR – O doutor vai viajar?

OTÁRIO (*meio desconfiado*) – Vou e não vou.

WALDEMAR – O doutor pode ficar à vontade. Este aqui é um colega meu, Pedro. Agora está meio por baixo.

PEDRO – Prazer...

WALDEMAR –... mas já foi dono de canavial!

PEDRO (*protestando*) – Waldemar!

WALDEMAR (*convicto*) – O senhor fique à vontade!

OTÁRIO – Não é nada de especial. Acho que posso contar... estamos entre homens... é que sou casado no interior e arranjei um encontro pra hoje!

WALDEMAR – Oba, doutor! Parabéns!

OTÁRIO – Estou nervoso pra burro! Não é que seja novidade pra mim, mas é que aqui... assim... é a primeira vez e depois não sou criança... enfim! Vou mostrar lá no "Recreativo" que eu dou no couro!

WALDEMAR – Os seus amigos, doutor?

OTÁRIO – Eles contam um "farol"!

WALDEMAR – Parabéns!... a moça é bonita?

OTÁRIO – É. E parece séria!

WALDEMAR – É, doutor?

OTÁRIO – Quando encontrei ela, estava com um irmão, um rapaz todo arrumado, com o cabelo penteado para trás e chapéu. O moço se despediu dela, quando me viu chegando, e saiu. Mas é da polícia. Ela me disse que o irmão dela quer saber tudo o que ela faz, controla a vida inteira dela... Tudo!

WALDEMAR – Ah. E por que é que o senhor tem que ir prá Rodoviária?

OTÁRIO – Pois é, tenho que ir na casa dela. Olha aqui: (*puxa um cartão do bolso*) "Hotel-Pensão Felicidade – Familiar – Perto da Estação Rodoviária".

WALDEMAR – E ela mora no hotel, doutor?

OTÁRIO – É filha do dono!

PEDRO (*começando a estranhar*) – Waldemar...

WALDEMAR – Cala a boca, Pedro! (*ao Otário*) Sim senhor. E o irmão, aquele que é da polícia, mora junto?

OTÁRIO – Claro. Moram com o pai. O rapaz trabalha de noite. Eles não têm mãe. Quando eu vi ela, estava parada na esquina, esperando condução.

WALDEMAR – Onde, doutor?

OTÁRIO – Aqui por perto, mesmo. Ela me disse: "Minha casa não fica longe daqui, não". Mas eu tinha uns negócios pra acertar e marcamos o encontro pra agora. Eu estou nervoso! Estou uma pilha! O senhor acha que eu devia tirar a aliança?

WALDEMAR – É melhor... Mas, escuta aqui, doutor...

OTÁRIO – De repente, algum conhecido me vê... se bem que aqui tem tanta gente! Um inferno!

WALDEMAR – É, muita gente. Cidade grande! Mas, eu ia dizendo...

OTÁRIO – É longe?

WALDEMAR – O quê?

PEDRO PEDREIRO

OTÁRIO – A Rodoviária!
WALDEMAR – Não, é aqui mesmo! Olha lá: Bar Rodoviária. Estamos chegando!
OTÁRIO – Ainda bem.
WALDEMAR – O que eu queria lhe propor era um negócio...
OTÁRIO – Ah, sei. Outra hora.
WALDEMAR – É um bom negócio, doutor!
OTÁRIO – Não estou interessado.
WALDEMAR – O senhor nem sabe o que é!
OTÁRIO – É que agora eu só consigo pensar na menina!
WALDEMAR – Que tal tomarmos alguma coisa, doutor? Uma cerveja, uma batida? Meu colega oferece!
PEDRO – Eu?
OTÁRIO – Pode ser... Pra animar!
PEDRO – Mas Waldemar!
WALDEMAR – Ótimo! Vamos entrar aqui mesmo. Depois o senhor procura o tal Hotel.

Entram no bar e bebem.

WALDEMAR –... Mas o que eu tinha pra lhe mostrar, doutor... O senhor gosta de jogo?
OTÁRIO – Gosto. Mas gosto mais de mulher! (*ri, alvar*)
WALDEMAR (*rindo pra não perder o freguês*) – Bem, isso nem se discute! Mas é que...
OTÁRIO – Pinga ruim!
PEDRO – Waldemar, acho que o doutor não está interessado.
WALDEMAR (*decidido*) – Pois o que eu tenho aqui é garantido. Loteria Federal, coisa honesta, amparada por lei...
OTÁRIO – Esse troço está queimando por dentro. É pinga falsificada! Bem, vamos lá?
PEDRO – Waldemar, eu vou até ali... (*bate no bolso, aflito, para mostrar que não tem dinheiro*).
WALDEMAR (*começando a ficar aflito*) – O senhor doutor, pode olhar. Aqui está o bilhete...
OTÁRIO (*olhando o relógio de bolso*) – Três horas, já?
WALDEMAR – O bilhete é cem por cento!
PEDRO – Waldemar...
WALDEMAR (*desesperando*) – Espera, Pedro, poxa!...
OTÁRIO – Bem, vou indo. Muito obrigado por tudo... Puxa, estou até suando! Isto aqui é um formigueiro. Gente pra burro!
WALDEMAR (*gritando, no último esforço*) – Bilhete sério, dinheiro garantido!
OTÁRIO (*interessando-se para agradar a Waldemar*) – Bem, mas quando corre?

*O Grupo que rodeia o Profeta reaparece, com ele
no meio, andando e distribuindo bênçãos.*

Pedro – Não empurra!

Mulher – É um santo!

Waldemar (*ao Otário, esquecido do resto*) – O bilhete já correu, doutor. Pois é justamente isso! Eu lhe vendo um bilhete premiado!

Otário – Ora essa, e por quê?

Waldemar – Porque eu preciso do dinheiro agora, pra pagar a operação da minha mãe! A Caixa demora, e eu não posso esperar! Mas veja, é garantido!

Otário – Que confusão!

Profeta – Eu não fujo da Lei, nem obedeço a Lei!

Otário – Vou-me embora!

Uma Voz – Minha carteira!!!

Outra Voz – O que é que há?

Uma Voz – Bateram minha carteira!

Outra Voz – Não deixa ninguém sair!

Uma Voz – Abaixa a porta!

Waldemar –Pedro!

Pedro – Não fui eu!

Waldemar – Corre, Pedro!

Otário – Hei, moço, e o bilhete?

Waldemar – Pedro, se arranca! (*Waldemar desaparece*)

Uma Voz – Pega esses caras!

Outra Voz – Chama a polícia!

Uma Voz – Pega esse!

Pedro (*chamando a atenção inutilmente*) – Não fui eu! Podem revistar! Não fui eu!

Uma Voz – O outro fugiu!

Pedro (*sob um único refletor*) – Me larguem! Me larguem! Eu não fiz nada! Não fui eu! Não fui eu!

Cena 6

*Pedro e Profeta estão chegando, presos, com dois policiais.
São recebidos por Nestor, o carcereiro.*

Nestor – Vamos descendo, vamos descendo...

Profeta – Um dia, a voz da Liberdade vai falar.

Nestor – Por enquanto, quem fala é a voz da porrada. Vamos!

Pedro – Mas eu não fiz nada!

PEDRO PEDREIRO 199

Nestor – Quieto, aí! Entra! (*fecha os dois numa cela*)
Pedro – Mas, homem, eu não posso! Eu tenho família... Homem! Homem!
(*Nestor vai embora*) Ele não pode me deixar aqui. Ele não pode!
Juca – Pode, sim.
Pedro (*sem ver bem*) – Quem está aí?
Juca – Eu.
Pedro – Eles não podem me fazer isso!
Juca – Podem, sim. Senta. Que é que você fez?
Pedro (*hostil*) – Nada.
Juca (*comentando*) – Nada. Quem fez crime fui eu, na certa. Samba na
madrugada.
Profeta – A noite é o repouso das idéias!
Juca – E esse?
Pedro – Um que fazia comício. Daqueles que fala a Bíblia. (*em voz baixa*)
É meio pancada.
Profeta (*começando a irritar-se*) – Não é direito menosprezarem o ho-
mem de Deus. Quem fala há de pagar.
Pedro – Eu tenho de sair daqui. A Etelvina...
Juca – Ah, você também! Comigo é a Maria.
Pedro – Não sou homem de samba, seu! Sou pai de família, tenho profissão!
Juca – Que é que você fez, hem? Vai contar?
Pedro – Já disse que não fiz nada.
Juca – Ah, sei. Então te prenderam porque faltou na aula.
Pedro (*num acesso de fúria*) – Vosmecê não brinque comigo! Não brin-
quei! (*atira-se contra Juca*)
Juca (*segurando-o, meio a gozar*) – Se manca, meu! Pára, senão o homem
aparece!
Nestor (*off*) – Olha essa bagunça aí!
Pedro – Eu não agüento! Eu disse a Waldemar que não agüentava!
Profeta – Quem é Waldemar?
Pedro – É a mãe!
Juca – Calma. Senta aí.
Pedro – É tudo louco, aqui? Tudo? Não fiz nada, me prendem, aquele cara
lá de fora me empurra, você me insulta, este pergunta...
Juca – O Nestor te maltratou?
Pedro – Ele me empurrou.
Juca – Nestor não é de maltratar ninguém. O negócio dele é grana.
Pedro – Como é?
Juca – Tutu! Arame! Bufunfa!
Profeta – Por que ninguém fala comigo? Quero dizer as verdades.
Juca – Se a gente quiser sair daqui, tem que arranjar uma nota.
Pedro (*atordoado*) – Nunca vi uma coisa assim... tudo acontece comigo...

200   TEATRO COMPLETO: RENATA PALLOTTINI

JUCA – E a Maria me esperando lá fora... Que foi que você fez, mesmo...
Como é teu nome?

PEDRO – Pedro.

JUCA – Que foi que você fez, Pedro?

PEDRO – Já disse, não quero falar nisso!

PROFETA (*delicadamente*) – Que foi que o senhor fez, moço?

PEDRO (*nervoso, para fora*) – Homem! Homem! Eu preciso sair daqui...
Homem!

JUCA – Bateu carteira?

PEDRO – Deus me livre!

JUCA – Então que foi? Fala! Falar faz bem!

PEDRO – Falar o quê?

PROFETA (*cantando com voz incerta*) –

Fala, moço,
que a gente falando se entende,
moço, se a gente pudesse falar
mais, não teria mais
quem é preso e quem prende,
moço,
fala, moço,
que a gente falando se acalma,
moço, que a gente abre o coração
deixa cantar a alma,
o que é bom e que é mau,
quem é preso e quem prende
fica tudo igual...

JUCA (*em outro tom e com outro vigor*) –

Fala, Pedro,
que a gente te ouvindo se esquece,
Pedro, do mal que a gente não merece,
esquece, e da triste vida,
e da mais querida se esquece,
Pedro,
fala Pedro,
que a gente te ouvindo adormece,
Pedro, cansado da luta perdida,
e da mulher querida não se lembra mais,
o que é bom, o que é mau,
fica tudo igual...

PEDRO (*consigo mesmo*) – O que é bom, o que é mau... É tudo igual...

Black – out.

PEDRO PEDREIRO

Cena 7

*Na Delegacia, Waldemar dialoga com Nestor,
tentando resgatar Pedro.*

WALDEMAR – Faz favor. Tem um amigo meu aí. O Pedro.
NESTOR – E você acha que agora eu sei nome de preso?
WALDEMAR – Um magrelo, baixo.
NESTOR – Que é que você quer?
WALDEMAR – Ele não fez nada.
NESTOR – Sei. Ninguém fez nada.
WALDEMAR – Dá pra soltar? É pai de família.
NESTOR – E eu, tenho cara de mãe?
WALDEMAR – Será que dava?
NESTOR (*coçando a cabeça*) – Depende...
WALDEMAR (*humilde*) – Depende do quê?
NESTOR (*olhando-o*) – Estou pensando...
WALDEMAR (*humilde*) – Pense, pense...
NESTOR (*resolvendo*) – Não dá.
WALDEMAR – O quê?
NESTOR – Estou falando chinês? Eu sou um funcionário honesto.
WALDEMAR – Mas ele também é honesto!
NESTOR – Se fosse não tava aqui.
WALDEMAR – O senhor não pode dar um jeitinho?
NESTOR – Cem.
WALDEMAR – Cem pratas?
NESTOR – Eu disse sem jeitinho. Não me comprometa!
WALDEMAR – Mas, com cem pratas...
NESTOR – Volte mais tarde. Mas não volte sem!
WALDEMAR – Fechado! (*sai*)

Black – out.

Cena 8

*Etelvina e a Cantora, arranjadinhas, bonitas, estão indo de metrô, pra
cidade. Etelvina, de batom, cabelo puxado pra trás.*

ETELVINA – Eu acho que não vou, não...
CANTORA – Não vai, por que, boba? Dá cinqüenta paus, seguro.
ETELVINA – Aonde é?
CANTORA – No escritório de um advogado.
ETELVINA – Assim... ? Lá mesmo?

CANTORA – Ele fecha a porta...

ETELVINA – Mas... enganar o Pedro...

CANTORA – Fazer essa criança ele soube, não é? E agora?

ETELVINA – Pedro é trabalhador.

CANTORA – Está se vendo...

O metrô pára e elas vão descer.

CANTORA – É aqui, praça da Sé...

ETELVINA – Tou com medo... Se alguém vê...

CANTORA – A senhora diz que tava comigo, que fui tratar dos meus "dereitos"...

ETELVINA – Mas... e lá com ele? Como é que vai ser?

CANTORA – Vai ser como é com o Pedro! Só que com o Pedro é de graça e aqui a senhora ganha! Vamos! (*empurra a outra, que sai.*)

CENA 9: O VENDEDOR

Na rua, num lugar movimentado, Waldemar tenta vender sandálias havaianas, para conseguir o dinheiro.

WALDEMAR – Olha a sandália havaiana, é barato, é dado! Olha a sandália havaiana, a vinte cruzeiros o par! Olha a sandália havaiana, quem levar um pé pode levar o outro também! O senhor, aí, não vai querer, doutor? Moço! Vai querer sandália havaiana prá andar na praia?

1º HOMEM (*sombrio*) – Que praia?

WALDEMAR – Bem, serve também pra andar no mato.

1º HOMEM – Que mato?

WALDEMAR (*desesperado*) – Se o senhor quiser, pode usar em casa!

1º HOMEM – Que casa? (*sai*)

WALDEMAR – Puxa, fulano de mau gênio! Temos sandálias também pra senhoritas. Senhorita!

MULHER – Você não tá vendo que estou grávida?

WALDEMAR – Ô desculpe, madame... (*a mulher vai saindo*) Mas justamente... a sandália havaiana... para senhoras grávidas... é muito interessante... (*a mulher foi-se*)

2º HOMEM – Quanto custa?

WALDEMAR – Vinte! É dado!

2º HOMEM (*sarcástico*) – É dado ou é sandália? (*ri*)

WALDEMAR (*ri sem vontade*) – Ah, ah!

2º HOMEM – Sai o elástico?

WALDEMAR – Não senhor, é garantido. Vai querer?

2º HOMEM – Me dá um par.

PEDRO PEDREIRO   203

WALDEMAR – Pois não, meu senhor. (*dá, recebe, conta, guarda. O 2º Homem se vai*) Quinze pro patrão, cinco prá mim, já tenho dez, logo mais tenho cem, volto na delegacia e aquele "tira" desgraçado pode enfiar dinheiro até no rabo... Vamos comprar sandália havaiana! Vamos comprar sandália havaiana!

3º HOMEM (*pegando uma sandália*) – Esta sandália fede.

WALDEMAR (*ofendido*) – Não fede, não senhor!

3º HOMEM (*olhando acintosamente em baixo da sandália*) – Fede, sim! E fede muito! O senhor não andou pisando na... n'alguma coisa?

WALDEMAR – A sandália é nova. E o senhor não atrapalhe o negócio. Sandália havaiana! Sandália havaiana!

GAROTO – Meu patrão mandou comprar dois pares dessa sandália aí.

WALDEMAR – Seu patrão é um grande sujeito. Que número ele quer?

GAROTO – Ele falou que tanto faz, é pra espantar uns clientes chatos que tem lá no escritório.

3º Homem ri. Waldemar engole em seco, embrulha as sandálias, recebe o dinheiro, conta, separa, guarda, engole o insulto.

3º HOMEM – Não falei que fedia? Me dá um par.

WALDEMAR (*espantado*) – Pra quê?

3º HOMEM – Pra encher o saco da minha mulher.

WALDEMAR (*contente*) – Sim senhor, tome lá. Viva a felicidade conjugal. (*3º Homem sai e Waldemar continua*) Sandália havaiana!!!... Sandália havaiana!... Compre dois pés pelo preço de um par! Sandália havaiana com variadas utilidades! Selecione seus clientes, selecione seus companheiros de quarto, com as famosas sandálias havaianas! Vai querer! Vai querer! Vai querer, sandálias havaianas!

2º HOMEM – Ô sua besta, você não me disse que o elástico não saía? Olha aí! (*mostra a sandália arrebentada*) Como é que não sai?

WALDEMAR (*pegando a sandália*) – E não sai mesmo! Está aqui o elástico!

2º HOMEM – Está arrebentado!

WALDEMAR – Mas não saiu daí, saiu? O senhor não perguntou se arrebentava, perguntou se saía! Não sai! Sozinho ele não sai daí.

2º HOMEM – Eu vou te fazer comer essa sandália!

VOZ (*fora*) – Olha o rapa!

Waldemar puxa os cordões do pano branco que serve de forro, no chão, às sandálias. O pano se transforma numa sacola.

WALDEMAR – O elástico não sai, quem vai sair sou eu!

2º HOMEM – Mas vai calado! (*enfia-lhe uma sandália na boca*)

Black – out.

Cena 10 – A Libertação

Nestor entra, pra chamar Juca; Pedro e o Profeta assistem.

NESTOR – Você aí. Pode sair.

JUCA (*espantado*) – Eu?

NESTOR – Esteve aí uma mulher. Diz que era a mãe de Maria. A tal que você andou cantando.

JUCA – Eu cantei *"pra"* ela!

NESTOR – Diz que veio pagar a carceragem pra você sair. Não quer ter remorso. E disse mais: que se você aparecer por lá de novo, perturbar a filha dela, que ela lhe mostra com quantos paus se faz um violão.

JUCA (*apertando o violão*) – Ela disse isso?

NESTOR – E disse mais. Disse: de mixuruca em casa, chega minha filha. Homem pra encostar nela tem que ter conta no banco. E disse mais...

JUCA – Chega... Já disse muito...

PROFETA – Eu bem que falava: não vai botando a tua vida na boca do mundo! Mas ele não quis acreditar e veio o fracasso. E fracasso não tem volta. É a voz do profeta.

NESTOR – Como é, não vai cantar um samba?

JUCA – Quem tá na merda não canta...

PEDRO – Força, Juca. Tenha coragem. "Seje" homem.

JUCA – Ingratidão de mulher!

PEDRO – Você está livre.

JUCA – Tchau, Pedro. Tchau, Profeta.

PROFETA – Quando for o fim do mundo, estamos aí, pro céu ou pro inferno!

Juca sai. Pausa.

PEDRO – Esse já foi.

PROFETA – Feliz do homem que veio e que se foi.

PEDRO– Estou pensando no Waldemar.

PROFETA – Aquele que lhe deixou?

PEDRO (*ofendido*) – Não foi por mal, tinha que se salvar.

PROFETA – Mas nesse mundo um irmão tem que ser salvo pelo outro.

PEDRO – A vida é dura, homem.

PROFETA – Desculpe. Não queria ofender. Às vezes me dá um escuro na idéia. Mistura tudo. O senhor acredita?

PEDRO – Acredito.

PROFETA – Deus é quem disse: não comerás da "álvole" do bem e do mal. Se comerás, morrerás!

PEDRO – O senhor fala sempre assim, é?

PROFETA – Eu leio a Bíblia e conto as verdades pro povo, as verdades que Deus falou.

PEDRO – Sim senhor.

PEDRO PEDREIRO 205

PROFETA – Às vezes não sei o que pensar. Fico cansado. (*pausa*) O que o senhor fazia?

PEDRO – Eu sou pedreiro. E o senhor?

PROFETA – Eu... trabalhava...

PEDRO – Onde?

PROFETA (*procurando lembrar-se*) – Trabalhava... ah, já sei... trabalhava na repartição. Chegava sempre ao meio-dia... saía quando ficava de noite. Às vezes trabalhava de manhã também. Tinha um cartão azul. Eu escrevia no cartão.

PEDRO – Escrevia o que?

PROFETA – Escrevia... um nome e um número. Depois, de noite, chegava em casa e lia a Bíblia. Depois dormia. Às vezes, no meio da noite, sonhava com o cartão azul. Um nome e um número. No dia seguinte chegava lá e começava tudo de novo. (*ingênuo*) Fiz isso muitos anos, moço!

PEDRO (*tentando passar o tempo*) – É? E o senhor gostava disso?

PROFETA – Gostava, sim, era serviço sossegado. Fiz isso durante muito tempo... (*hesita*) Muito tempo. Cinco anos... Não: dez, dez anos. Quinze anos, vinte anos! Sei lá. Muitos anos. O cartão nunca mudava de cor, era sempre azul.

PEDRO – E por que o senhor deixou essa vida?

PROFETA (*continuando, sem ouvir*) – Às vezes eu sentia dor de cabeça e ia ao médico. Ele me dizia: férias, precisa tirar férias! Mas eu não queria tirar férias, não. Eu sentia saudades... O senhor acredita que eu sentia saudades do cartão?

PEDRO – Credo! Que coisa de louco.

PROFETA (*começando a irritar-se*) – Louco? Quem falou em louco?

Na Delegacia, chega Waldemar.

WALDEMAR – Olhe, chefe, arranjei o dinheiro.

NESTOR (*de má vontade*) – Que dinheiro?

WALDEMAR – Os cem mil cruzeiros, ora essa...

NESTOR – Cala a boca! Quer me estragar a vida?

WALDEMAR – O senhor tinha dito que cem paus resolvia!

NESTOR – Cem paus... o que é que se faz com cem paus?

WALDEMAR – Eu suei pra ganhar eles!

Toca o telefone e Nestor vai atender. Volta-se à cena do xadrez.

PROFETA – Um dia... me deu uma dor de cabeça logo cedo. Eu vinha trabalhando todo dia de manhã e de tarde... sempre.

PEDRO – Sempre?

PROFETA – Era sempre. Eu estava com uma dor de cabeça desde cedo. Aí o chefe me chamou e disse: olha, queria te dizer que o teu serviço vai ser mudado. Eu levei um susto. A dor de cabeça apertou mais. Ele disse: chegou uma máquina aí que vai fazer o seu serviço. Máquina importante. Computador. Chama "cérebro eletrônico". A máquina vai fazer o seu serviço muito melhor que o senhor. Ela faz o serviço de cem funcionários! Eu fiquei quieto, não era de discutir com o chefe. Naquele dia, fui embora pra casa, deitei e dormi. Mas não sonhei com o cartão. Sonhei com uma máquina, um cérebro. Um cérebro bem grande! O senhor sabe como é um cérebro?

PEDRO – Não senhor.

PROFETA – Era uma coisa vermelha, cheia de sangue, que batia! Que nem se fosse um coração. No dia seguinte, quando cheguei, já tinha um serviço novo pra mim. Era no balcão, e eu tinha de atender ao público. Mas eu não gostava de falar. Eu ainda não tinha aprendido as verdades do mundo, e que a gente deve contar o que é Deus pro mundo.

PEDRO – E o que é Deus, pro mundo?

PROFETA – Deus é o coração, e não o cérebro! Entendeu? E aí eu disse... eu disse ao chefe que queria de volta o cartão azul... o nome e o número... Ele me disse que não era possível. Que já tinha a máquina, que o cérebro estava fazendo o serviço! Se chegue aqui estou lhe dizendo!

Em cima, Nestor volta a falar com Waldemar.

NESTOR – Você inda está aí?

WALDEMAR *(louco de raiva, contendo-se)* – Seu Nestor, o senhor me prometeu... é o meu amigo que está lá embaixo... Olha, aí tem duas notas... *(bota o dinheiro em cima da mesa)*

NESTOR *(olha o dinheiro, com cuidado, sem pegá-lo)* – Sei. Mas é que é pouco, pra correr o risco...

WALDEMAR *(desesperado)* – Mas o senhor prometeu!

Na cela.

PROFETA – Eu dizia pro homem: chefe, me deixe voltar pro meu serviço antigo. Ele respondia: mas tem o cérebro, homem! Agora tem o cérebro.

PEDRO *(alerta)* – O senhor tá se sentindo bem?

PROFETA – Eu sentia era uma dor de cabeça... quando eu olhava mais forte, embrulhava tudo na minha frente. E eu ouvia só: o cérebro, tem o cérebro eletrônico! Eu olhei bem pra ele... Na cabeça dele tinha um cérebro, vermelho, que batia que nem coração... Tinha tudo cor de sangue... E ele dizia, dando risada: é o cérebro, homem, é o cérebro! Aí estiquei a mão pra frente, peguei no pescoço dele e disse: eu quero fazer o meu serviço! A garganta dele estava apertada, eu segurava ela na minha mão *(estende o braço e segura Pedro pelo pescoço)* e ele ainda estava gritando: é o cérebro, o cérebro! *(aperta Pedro e continua a gritar)* O cérebro! O cérebro! O cérebro!

PEDRO – Homem, me larga! Homem! *(tenta se defender)*

PROFETA – O cérebro, ele falava! O cérebro! *(aperta com ambas as mãos o pescoço de Pedro)*

PEDRO – Socorro! Alguém me ajude! O homem tá louco!

Fora, Waldemar escuta. Descem Nestor e Waldemar.

WALDEMAR – Pedro!
NESTOR – Que é isso! Larga o outro!
PROFETA – O cérebro! O cérebro!
NESTOR (*abrindo a cela*) – Larga o homem! (*o Profeta larga Pedro e se atira sobre Nestor*)
WALDEMAR – Pedro, cai no mundo!

Pedro e Waldemar escapam, enquanto o Profeta agarra Nestor.

NESTOR – Socorro!

Black – out.

CENA 11

Etelvina e a Cantora estão sentadas na Praça da Sé. Etelvina chora e a Cantora come uma talhada de melancia.

CANTORA – Ah, chega, dona Etelvina, já passou!
ETELVINA (*chorando*) – Mas... bagulho... a senhora acha que precisava me chamar de bagulho?
CANTORA – Eu quebrei o galho, não quebrei? O dinheiro tá aqui, e a gente faz meio a meio...
ETELVINA – Não quero...
CANTORA – Besteira... não quer o dinheiro, não quer melancia... pobre não pode ter esses luxos!
ETELVINA – E que eu só conheci o meu marido, até hoje...
CANTORA – No escuro, é tudo igual.
ETELVINA –... e ele nunca me desprezou assim.
CANTORA – Mas que a senhora tá meio maltratadinha, está... Precisa dar um trato, cuidar dos dentes... se quiser melhorar de vida...
ETELVINA – Melhorar desse jeito, não quero...
CANTORA – Então desista... Se a gente não valoriza o que Deus deu pra gente, e que os homens tão sempre querendo...

Etelvina se levanta pra se afastar, ofendida, e quase dá um encontrão no Otário, que tira o chapéu pra ela.

OTÁRIO – Êpa!
ETELVINA – Desculpe então!
OTÁRIO – Já desculpei, dona! (*demora os olhos nela.*) Sozinha por aqui?

Ele é delicado, e Etelvina se anima um pouco.

208 TEATRO COMPLETO: RENATA PALLOTTINI

ETELVINA – Não senhor, tou com a minha coleguinha... Aquela...
OTÁRIO – Ah, prazer... Estava mesmo procurando companhia pra ir naque-
le parcão que tem na Avenida...
CANTORA – O "Preicentro"? Mas é longe!
OTÁRIO – A gente pega um carro de praça!
CANTORA (*suplicante*) – Dona Etelvina, vamos pelo amor de Deus?

Etelvina levanta os ombros e topa.

CENA 12

*Pedro e Waldemar saem da prisão. Waldemar procura conservar
ainda a sua coragem, mas Pedro está derreado.*

WALDEMAR – Não tem nada não, Pedro.
PEDRO – Você perdeu seu dinheiro, e eu estou envergonhado.
WALDEMAR – Besteira esse negócio de vergonha. Vergonha é coisa de rico.
PEDRO – Eu tenho vergonha!
WALDEMAR – Vergonha de que? Ninguém ficou sabendo.
PEDRO – Você é um amigão.
WALDEMAR – Esquece. Fui com a tua cara.

*Aparece um repórter de rádio com um gravador
de pilha e é rodeado pelo coro.*

REPÓRTER – Muito bem, Gaspar Rodrigues, agora vamos entrevistar mais
dois populares sobre o assunto do dia. (*dirigindo-se a Pedro*) Por
gentileza, qual a sua profissão?
WALDEMAR (*pelos dois*) – Somos empreiteiros!
REPÓRTER – Muito bem! O repórter musical está nas ruas! E aqui vai a
pergunta de hoje: o que é que o senhor acha do homossexualismo?
PEDRO (*atordoado*) – Do quê?
WALDEMAR (*apressado*) – Vamos embora, Pedro, que isso é safadeza!
REPÓRTER – O nosso entrevistado não está por dentro... Segue, Gaspar!
PEDRO (*começando a irritar-se*) – O que eu acho do quê?
REPÓRTER (*que desligou o gravador*) – Bem, não tem importância...
PEDRO (*pegando o repórter pela gola*) – O que é isso? Que é que o senhor
quer saber?
WALDEMAR – Deixa pra lá, Pedro!
REPÓRTER – Não tem nada. Se não sabe eu explico: é quando um homem...
transa com outro!
PEDRO (*implacável*) – Quando o quê?
REPÓRTER (*assustado*) – Quando um homem gosta de outro!
PEDRO – E o senhor acha que tem homem que gosta dos outros?

PEDRO PEDREIRO

REPÓRTER – Está cheio por aí!
PEDRO – E isso é ruim?
REPÓRTER – Sei lá, pô!
PEDRO (*sacudindo-o*) – É bom ou ruim um homem gostar de outro, hem? É
bom ou ruim? Melhor não gostar, melhor matar, não é? Um homem
ser amigo do outro é ruim?
REPÓRTER – Acho que é ruim!
PEDRO – Por quê? Por quê? Porquê? (*sacode o Repórter até que ele cai,
levanta e corre*)

CENA 13

*Na Marginal, próximo ao Parque. O Otário está satisfeito, botando
o paletó e o chapéu, depois de ter transado com a Cantora.
Ela vem do mato, ainda fechando a saia, sacudindo as folhas,
se ajeitando. Etelvina está meio de lado, sem jeito.
A Cantora chega para o Otário.*

CANTORA – E agora, Coronel?
OTÁRIO – Agora? (*rindo*) Caga na mão e bota fora!

*A Cantora ri sem vontade. O Otário mete a mão no bolso,
tira uma nota e a enfia no decote da Cantora,
aproveitando para boliná-la mais um pouco.*

CANTORA – Não quer me levar contigo, bem? Eu sou maneira, bem mandada...
OTÁRIO – Comigo? Tá louco... Sou bem casado... tenho filhas moças...
Assim, igual você... (*bate na boca*)
CANTORA – Igual, é?
OTÁRIO – Mal comparando... (*sem jeito*) Bom... vou indo...
ETELVINA – E deixa a gente aqui?
CANTORA – Nós pegamos condução... Vai com Deus... brochão!

O Otário se afasta ofendido.

CANTORA – Pega um aeroplano, vovô! (*olha o dinheiro do decote*)
Cinqüenta... (*cantando*)
...E canta, sem saber,
que encanta sem querer
quem tanta força faz
pra viver...

Black – out.

Cena 14

Waldemar e Pedro. Noite fechada. Estão parados num canto longe
da rua e perto de um rio. Waldemar encostou num poste, meio agachado,
e está cochilando. Pedro está falando com Waldemar,
quando percebe que este dormia. Continua falando sozinho.
Conquanto esteja dizendo versos, a sua maneira de falar deve,
necessariamente, ser a mesma de até aqui.

PEDRO – Olha como a água brilha. Olha como a água treme.
    Água aqui tem muito. E que fria! De rio, de mar!
    Waldemar, aqui tem muita água... (*vendo que o amigo dorme*)
    Ô, Waldemar,
    Dorme, seu. Na minha terra, a água!
    Parecia que o dia de ter água havia
    de ser o dia de ter tudo. Parecia
    que o dia de ter água ia ser a vida, Waldemar.
    E agora, olha aí. Água. De nada.
    Continua a mesma luta e a mesma falta.
    O homem falou que o mundo vai virar.
    Nem na cama se tem mais alegria,
    porque o medo te acorda se tu dorme,
    homem, e o medo te acorda se a mulher
    te adormece no colo, O filho é a paga.
    Por que é que a gente há de sofrer até no amor,
    até na hora de voar... (*notando*) Ô, Waldemar.
    Dorme, seu. Esquece. (*passa a mão na garganta*)
    É aqui que dói...
    O homem quis me matar, ele quis me matar! (*elevando a voz*)
    Que mais me serve? É aqui que eu fico!
    Nesta água demais, neste rio de mar!

Waldemar, que estava cochilando, numa derrubada
de cabeça, acorda, em tempo de ver Pedro, cujos movimentos
prenunciam o desejo de suicídio. Waldemar levanta-se
de golpe e segura Pedro por trás.

WALDEMAR – Pedro... Pedro! Pedro!
PEDRO (*lutando*) – Me deixa, Waldemar! Pra mim chegou!
WALDEMAR – Pedro. Não faz isso! Não fala assim! Olha, Pedro! Eu estou
    aqui!
PEDRO – Não quero nada mais!
WALDEMAR (*lutando*) – Pedro, olha... não desespera... a gente vai dar um
    jeito na vida.

PEDRO – Essa vida não tem jeito... não dá futuro! Falta sempre um pouco pra inteirar!

WALDEMAR (*percebendo que o prirmeiro impulso passou*) – A gente pensando arranja um jeito... Vou arranjar um bom trabalho pra nós... que dê dinheiro decente...

PEDRO – Não quero trabalho!

WALDEMAR – Uma viração! Vamos vender retrato de safadeza, vamos depenar automóvel, qualquer coisa! A gente se arruma... esse de hoje foi azar... Mas não é sempre assim!

PEDRO (*olhando pro alto*) – Noite fechada... tenho que ir... Etelvina deve estar preocupada...

WALDEMAR – A vida tem coisa boa, Pedro. Caninha, mulher...

PEDRO – Não sou disso. Nunca tive graça pra isso.

WALDEMAR – A gente vai junto e eu te arranjo uma crioulinha...

PEDRO – Outro dia. Agora eu vou embora...

WALDEMAR – Vamos tomar um café...

PEDRO – Estou com a boca ruim.

WALDEMAR (*numa última tentativa*) – Te dou um cigarro...

PEDRO (*compreendendo o esforço, comovido*) – Obrigado. Até um dia, Waldemar...

WALDEMAR (*remexendo os bolsos*) – Pedro, olha... este bilhete aqui!... (*puxa uma fração de bilhete*) este aqui é bom... não correu ainda... Não é premiado, mas é bom... pode sair... toma pra você...

PEDRO – Deus lhe pague. Até...

WALDEMAR (*tentando detê-lo*) – Espera, Pedro!

PEDRO (*referindo-se a sua situação toda*) – Estou esperando.

Sai, bilhete na mão. Caminha pela cidade. Vai para a estação. E noite fechada. Pedro caminha. Música. Pedro chega, a uma praça, onde muita gente está reunida, para ouvir o pregador. Pedro fica ouvindo a longa fala do pregador que, naturalmente, é o Profeta. No meio da fala, Etelvina chega, com o rosto mudado pela experiência.

PROFETA –... é preciso se amarem uns aos outros! Deus vai descer um dia, e quando descer não pode achar filho de Cristo em amargura e perdição! Os homens de poder que não olha, tem que olhar! Senão, o mundo vai virar, o que está dentro sair prá fora, e é o fim de tudo. Mas quando o que é maior descer dos céus, não vai ficar pedra em cima de pedra. Deus disse: minha boca beijou o meu irmão, o coração é que manda, e não o cérebro... não o cérebro, eu disse! Mas quem manda vai ser danado nos infernos, porque faz padecer os pobres igual o cão das ruas! É preciso se amar!

ETELVINA (*saindo da escuridão*) – Pedro...

PEDRO (*sem espanto*) – Esse homem quis me matar...

Etelvina – Que é isso, Pedro?

212 TEATRO COMPLETO: RENATA PALLOTTINI

PEDRO – Esse homem quis me matar, me apertou o pescoço... quase me afoga... esse mesmo...

ETELVINA – Não pode ser! Esse só fala de se amar!

PEDRO – Esse mesmo! Escuta!

PROFETA – O que não pode é ficar quieto! Dia vai chegar, mas é preciso caminhar pro dia! É preciso ir encontrar o dia! Deus falou defendam o pobre e o órfão! "Fazem" justiça ao necessitado! Mas ninguém ouviu!

ALGUMAS VOZES – Muito bem!

PROFETA – Deus disse: agora se riem de mim os que são menos do que eu. Mas vou lutar e salvar todos da exploração dos poderosos.

ETELVINA (*assustada*) – Pedro, vamos embora!

PEDRO (*fascinado*) – Por quê?

ETELVINA – Está chegando a polícia!

PROFETA – Eu digo só a verdade! Deus mandou a gente se ajudar!

Chegam Policiais.

PROFETA – Eu não vou contra a ordem, mas meu serviço é este! Querem mudar meu trabalho! Querem pôr o cérebro a mandar no coração! É preciso lutar!

Vozes de apoio, outras de protesto. Toda a cena é muito agitada, com falas apenas pronunciadas, outras quase que só sugeridas. O clima deve ser de agitação e medo.

POLÍCIA (*a princípio com calma*) – Vamos embora, seu.

PROFETA – Eu digo a verdade pro mundo! É preciso se amar!

POLÍCIA – O senhor vai dizer a verdade em cana.

PROFETA – Eu não quero mais ficar fechado! Eu já fiquei fechado muito tempo!

POLÍCIA – E já apagou um. Vamos!

PROFETA – É o cérebro! A culpa é do cérebro! É preciso se amar!

Grita. É carregado. Repete sempre.
Pedro e Etelvina caminham em direção à Estação.

ETELVINA – Que horas são, Pedro?

PEDRO (*olhando em volta*) – Não sei. Tarde. Vamos logo, senão a gente perde o último trem.

ETELVINA – Você não vai perguntar onde eu fui?

PEDRO – Não. Nem pergunte nada pra mim. Hoje não teve, não existiu.

ETELVINA – Me perdi da vizinha...

PEDRO – E eu de Waldemar...

ETELVINA – Quem era?

PEDRO – Um homem que gosta de mim.

Chegam. Luz na Estação. Novamente o grupo que espera.

PEDRO PEDREIRO

Voz – Como é, esse trem não vem?
2ª Voz – Já vem, já vem... Espera!
PEDRO (*mostrando o pedaço de bilhete a Etelvina*) – Este aqui corre amanhã.
ETELVINA – Pedro... arrumei um dinheirinho... (*passa umas notas ao marido*)
PEDRO – Guarda. Não sei de onde veio, nem pra onde vai.
ETELVINA – Fiz uma fé na Loteca...
PEDRO – É mesmo? Quem sabe! (*Etelvina agarra a mão de Pedro*)
ETELVINA – Quem sabe, Pedro... Deus ajuda... Quem sabe...
CORO (*cantando, subindo aos poucos, em ritmo de marcha rancho*) –
　　Esperança, flor de sempre,
　　em qualquer mangue
　　em qualquer água ela floresce
　　e cresce
　　sem ninguém acreditar
　　tamanha é a força da gente esperar...

*Vão surgindo do escuro todos os personagens, que entram
no rancho: o Profeta, algemado, Juca, com o violão, a Cantora
com o Otário, o Repórter e finalmente Waldemar, que se
junta com Pedro e Etelvina no rancho final.*

A História do Juiz

Essa peça estreou em 1971, em montagem do Teatro de Equipe, com direção de Eloy Araujo e participação do diretor, Lourdes de Moraes e Zeca Ibanhez.

Personagens

Juiz Argeu,
Senhora Nicácia,
Todas As Coisas (TAC)

Cenário

À vontade, isto é, nenhum.

PRIMEIRO ATO

No escuro. Ouvem-se os primeiros acordes da "Marcha Fúnebre", as luzes vão clareando lentamente. Entra a senhora Nicácia. Luto fechadíssimo, uma mão enluvada estendida para a frente. Detem-se um pouco no meio da cena, olha para um lado e depois para o outro. Está à procura do Juiz. Não o vê. Tira da luva uma faca e lança um olhar ameaçador em volta. Depois, dispõe-se a bater palmas. Não o pode fazer com a faca na mão. Levanta a saia e põe a faca na liga. Bate palmas. Depois, volta a empunhar a faca. Repete a cena quantas vezes forem necessárias. Por fim, o Juiz Argeu, desapontado, entra.

ARGEU – Nicácia! Você aqui!
NICÁCIA (*avançando com a faca*) – Infame!
ARGEU – Meu Deus!
NICÁCIA – Não fale em Deus neste momento, assassino!
ARGEU – Nicácia!
NICÁCIA – Não me chame pelo nome!
ARGEU – Cacinha!
NICÁCIA – Idiota!

Entra de repente Todas As Coisas, interrompendo a ação.
Luz total. Finda a magia da ação, voltam a ser atores.

TAC – Espera, espera, para aí. (*os outros estacam*) Para aí, puxa-vida! Está tudo errado!

220   TEATRO COMPLETO: RENATA PALLOTTINI

ARGEU – Ué, eu até estava achando que ia bem...

NICÁCIA (*sentada no chão*) – Este sapato acaba com a minha vida.

TAC – A senhora quer fazer o favor de entrar e... (*lembrando-se da existência do público*) Ora, meus caros senhores... respeitabilíssimos... amigos... permitam que eu me apresente... por uma questão de economia dramática... por uma questão até de economia econômica... os senhores estão se defrontando com... comigo... que sou... uma espécie de pessoa que faz de tudo... "sono il fac-totum", como dizia o outro... bom... devo dizer que... eu sou: TODAS AS COISAS! Exato, esse é o meu nome e essa é a minha função: sirvo para tudo, todos os papéis sem dono caem sobre mim, pego pelas pontas todos os fios desatados; EU SOU TODAS AS COISAS! Leve, ponderado, inocente, arguto. Dou as deixas, "sopro" as falas esquecidas, carrego malas e reservo hotéis. Vou buscar sanduíches e copos de água mineral mas também sirvo para fazer as personagens que têm só uma fala de vez em quando. Eu, senhoras e senhores, sou TODAS AS COISAS!

NICÁCIA – Além de tudo o mais é um grande egocêntrico.

TAC – Mentira sua. Vou lhe dar a sua chance de aparecer. Quem é a senhora?

NICÁCIA – Eu sou a Senhora Nicácia.

TAC – E o senhor?

ARGEU – Eu sou o Juiz Argeu.

TAC – E agora, querem ter a bondade de voltar, e entrar em cena como se deve?

> *Os dois saem, chateados, e discutindo entre si
> sobre a ingrata profissão de ator.*

NICÁCIA – Ele fica atrasando o começo da peça. Desse jeito não se acaba nunca!

ARGEU – O que ele quer é aparecer! Ganha pouco, mas se diverte. (*saem*).

TAC (*sozinho em cena*) – Acreditem. Agora que estamos a sós. Ninguém trabalha mais do que eu, nesta "coisa". Eu sou o criado, a cozinheira, o escrivão... o hoteleiro... o fofoqueiro... o diabo! (*para dentro*) Hei, vocês aí! Podem entrar, agora!

> *Entram os dois novamente, pouco à vontade.*

TAC – Queiram apresentar-se.

ARGEU – Outra vez?

TAC – Outra vez.

ARGEU – Eu sou um Juiz de Direito de província.

NICÁCIA – Eu sou uma senhora casada.

ARGEU – Que pena!

NICÁCIA – E muito bem casada!

TAC – É, de fato, uma pena! Mas não vai impedir que se conte... A HISTÓRIA DO JUIZ!

> *Ninguém se mexe.*

A HISTÓRIA DO JUIZ

TAC – A HISTÓRIA DO JUIZ... (*entre dentes para os dois*) Já começamos!
NICÁCIA – Já?
ARGEU – Que é que eu faço agora?
TAC – Deite-se aí no chão. Vamos, Excelência!
ARGEU – Deitar no chão, com a minha toga?
TAC – Essa toga vai sofrer muito mais!
ARGEU – Vá lá. (*deita-se*).
TAC – Durma!
ARGEU – Estou dormindo.
NICÁCIA – E eu?
TAC – Fique um pouquinho de lado.
NICÁCIA (*empostada*) – Detesto ficar de lado!
TAC – É só por um minuto, Sarah Bernardt!
NICÁCIA – Quero só ver.
TAC (*para dentro*) – Tudo certo, aí? Luzes! Som! (*dá instruções "Ad Libitum", relativas aos espetáculos; olha no relógio*)
TAC – Senhor Juiz, ronque!

O Juiz Argeu ronca.

TAC – Menos! (*Juiz Argeu ronca menos*)
TAC – Já!

*O Juiz Argeu dormindo vira-se de costas para o público
e continua ressonando, depois de resmungar.*
*Entra a senhora Nicácia, com passos leves, olhando para o Juiz
Argeu que está deitado, de costas para o público, roncando.*

NICÁCIA – Senhor Juiz, Senhor Juiz!
TAC – Está dormindo.
NICÁCIA – Estou vendo!
TAC – Então chame mais alto.
NICÁCIA – Senhor Juiz. Senhor Juiz! SENHOR JUIZ!

*O Juiz Argeu, vira-se de frente para o público,
e continua ressonando, depois de resmungar.*

NICÁCIA – Nada.
TAC – Então, aperte o dedinho dele.
NICÁCIA – Pra quê?
TAC – Quando a gente aperta o dedinho de uma pessoa que está dormindo, e faz perguntas, a pessoa responde.
NICÁCIA – E daí?
TAC – Daí, ele dá a ficha da vida dele pra gente.
NICÁCIA – Não é isso que eu quero!
TAC – Aperte, aperte!
NICÁCIA (*aperta o dedinho do Juiz; Argeu dá um berro fenomenal*)

ARGEU – AAAAAAIIIIIII!
TAC (*aflito*) – Menos, minha senhora!

*Nicácia aperta o dedinho do Juiz com menos força. Este abandona
o ar dolorido, passa a um sorriso. E começa a sonhar. Vê-se
que o seu sonho é agradável até um pouquinho libidinoso.*

NICÁCIA – Senhor Juiz, diga alguma coisa...
ARGEU (*envergonhado e dormindo*) – Ah! dizer o quê?
NICÁCIA (*com voz doce*) – Qualquer coisa...
ARGEU – Estou tão cansado... trabalho demais... ganho pouco... e nem tenho mulher...
NICÁCIA – Ele fica inconveniente...
TAC – E o trabalho, Senhor Juiz?
ARGEU – Eu tenho que cumprir as leis... algumas são bobas, mas quem
pariu a lei que a embale... o pior é de noite, sem mulher...
NICÁCIA – Desemboca sempre na mesma coisa.
TAC – Mas a posição... tem sua dignidade...
ARGEU – Posição? Posição? (*vê-se que está pensando num sentido sexual*)
Ah! o que eu queria... o que eu queria mesmo... Nicácia... Nicácia...
NICÁCIA (*levantando-se, escandalizada*) – Eu! Eu! EU SOU UMA MULHER CASADA!
TAC – Acho que o melhor é acordá-lo!
NICÁCIA – Isso é o que eu estou esperando!
TAC (*sacudindo uma sineta*) – Senhor Juiz, Senhor Juiz. SENHOR JUIZ.
ARGEU – Pronto, pronto. Que barulheira é essa? Já estou acordado, pronto!
(*dá um enorme bocejo*) Já estou acordado. Que horas são? (*começa a
levantar-se*)
TAC – São oito horas.
ARGEU – Oito horas? Já estou dormindo de novo.
TAC – Não, Senhor Juiz, pelo amor de Deus! Tem aí uma senhora querendo
ser atendida.
ARGEU – Não estou para ninguém.
TAC – Parece urgente!
ARGEU – As aparências enganam.
TAC – Mas Senhor Juiz...
ARGEU – Ainda não é hora de expediente.
NICÁCIA – Meu caso é urgente!
ARGEU (*sem olhá-la*) – Ainda não tomei café.
NICÁCIA – Estou dizendo que meu caso é urgente!
ARGEU (*olhando-a, reconhecendo-a e precipitando-se*) – Ah! é a senhora
Nicácia? Pois não, senhora Nicácia, tenha a bondade senhora Nicácia,
por favor, senhora Nicácia.
TAC (*à parte*) – Ainda está dormindo.
ARGEU – Sente-se aqui perto de mim!

A HISTÓRIA DO JUIZ

Tac – Já acordou. (*não há cadeiras em cena*)
Nicácia – Obrigada, prefiro ficar em pé. Estou sinceramente, compungida.
(*fica sinceramente compungida e chora no lenço*)
Argeu – Minha senhora, minha senhora...
Nicácia (*chorando*) – Senhor Juiz, senhor Juiz.
Argeu – Senhora minha, senhora minha...
Nicácia – Senhor Juiz, eu vou perder meu filho...
Argeu – Minha senhora... não pode ser... numa cidade tão pequena...
Tac (*baixo*) – Não é isso, Excelência...
Nicácia – Digo que vou perder meu filho porque ele vai para a guerra...
Argeu – Guerra?
Tac (*explicativo*) – Guerra, Excelência. Assim: pum, pum, pum.
(*mímica de guerra*) Rattaatatatatatatatata...
Argeu – Eu sei o que é guerra, bolas! Já acordei! O que eu não sabia é que
o país está em guerra.
Tac – Mas o país não está em guerra.
Argeu – Então, como é que o filho dessa senhora vai para a guerra?
Nicácia – Não sei, doutor, mas vai. Fez dezoito anos, e vai para a guerra.
Meu marido está muito doente, sofre do coração. O ano passado teve
um enfarte. O médico disse que ele não agüenta esse desgosto.
Argeu – Podem me explicar que guerra é essa?
Tac (*em tom de locutor*) – Ninguém ignora que existem tratados internaci-
onais, que devem ser cumpridos, acordos que devem ser respeitados!
Quando um país irmão é ameaçado por ideologias estranhas, quando
a subversão ameaça as democracias de todo o mundo, é de nosso
imperioso dever...
Argeu – O senhor quer ter a bondade de desligar a televisão? Entrou em
rede!
Nicácia – Querem lembrar de mim? (*chorosa*) Ai, que desgraça a minha!
Argeu (*afável*) – Não chore, minha senhora. Por favor, não chore.
Nicácia – Meu marido morre, doutor!
Argeu – Bem bom!
Nicácia (*chorosa*) – Como disse?
Argeu – Não disse minha senhora, não disse.
Nicácia – Senhor Juiz, ele não suporta, o médico afirmou. O único remé-
dio para esse desgosto, seria termos outro filho.
Argeu (*fazendo uma careta*) – Não me parece boa idéia. Além do mais o
resultado seria muito demorado!
Nicácia (*envergonhada*) – Peço-vos, doutor!
Argeu – Claro minha senhora! Dentro de nove meses, seu marido já teria
morrido! Vê lá se enfarte espera!
Nicácia – É o que eu penso. A solução seria adotar uma criança!
Tac – Isso lá é. Criancinha adotada, já vem pronta.
Argeu – Uma criancinha... adotada?

NICÁCIA – É.

ARGEU – Bobagem.

NICÁCIA – Bobagem por quê?

ARGEU – Uma criança estranha...

NICÁCIA – Eu pego a criança aqui mesmo!

ARGEU – Uma criança daqui. Que monotonia!

NICÁCIA – Quem vai adotar sou eu!

ARGEU – Uma criança sem pai nem mãe!

NICÁCIA – Terá pai e mãe quando for adotada!

ARGEU – Uma criança sem pai nem mãe. Sabe-se lá como nasceu?

NICÁCIA – Nasceu como todas as outras, ora essa!

ARGEU – Uma criança, por assim dizer... bastarda!

NICÁCIA – O senhor não precisa ofender a criança!

ARGEU (*pensativo*) – Uma pergunta!

NICÁCIA – Sim.

ARGEU – Se adotarem a criança, seu marido não morre?

NICÁCIA – Não.

ARGEU – Aperte meu dedinho.

NICÁCIA – Para quê?

ARGEU – Vamos, aperte o meu dedinho!

NICÁCIA – Com licença.

ARGEU – TOMARA QUE ELE MORRA! TOMARA QUE ELE MORRA! OBA, TOMARA QUE ELE MORRA!

NICÁCIA – TARADO!

ARGEU – É isso que dá, ser Juiz de Direito. A gente é ofendido até antes de tomar café.

NICÁCIA – O senhor é um desabusado!

ARGEU – Minha senhora, se a senhora e seu marido, que Deus tenha em bom lugar, querem adotar uma criança, POR QUE NÃO ADOTAM LOGO E ME DEIXAM TOMAR CAFÉ?

NICÁCIA – Ah, mas é aqui que entra o senhor.

ARGEU – Ainda bem que eu entro em alguma coisa.

NICÁCIA – Me disseram que eu não posso adotar uma criança.

ARGEU – Por quê?

NICÁCIA – Pou causa do meu Arturzinho... que vai para a guerra... (*chora, interrompe, depois chora outra vez*) Como se chama mesmo essa guerra?

TAC (*impassível*) – Guerra para ajudar um país irmão, ameaçado por ideologias estranhas...

NICÁCIA (*chorosa*) – Pois é... o meu Arturzinho, que vai para as ideologias estranhas...

ARGEU – Que bagunça! Que tem a guerra com a adoção?

TAC – Não é a guerra, doutor. É o Código.

ARGEU – O Código?

A HISTÓRIA DO JUIZ

Tac – Filho legítimo, doutor...
Argeu (*cumplice e malicioso*) – Ah, e o dela não é legítimo, é?
Tac – Não é isso, doutor! Lembre-se das aulas.
Argeu – As aulas... as aulas... Ah, é mesmo! (*pontificando*) Minha senhora, a senhora tem um filho.
Nicácia – É claro que tenho um filho.
Argeu – É um filho legítimo?
Nicácia – Faça o favor de não me ofender!
Argeu – Visto que tem um filho legítimo, não pode adotar.
Nicácia – Isso já me tinham dito. Foi por isso que eu vim aqui.
Argeu – Pra quê?
Nicácia – Pra saber se essa besteira é verdade!
Argeu – Não se trata de besteira. É a lei!
Tac (*suburbano*) – "Leis é leis".
Nicácia – Mas o meu Arturzinho vai prá guerra!
Argeu (*mentindo*) – Não importa. A lei não distingue entre filho com guerra e filho sem guerra, tem filho legítimo, não pode adotar. A senhora tem filho legítimo, logo, a senhora não pode adotar criancinhas.
Nicácia (*bem brasileira*) – Não se pode dar um jeitinho?
Argeu (*exageradamente ofendido*) – Minha senhora! A senhora está falando com um Juiz! Minha função é aplicar as leis!
Nicácia (*chorosa*) – Mas que lei é essa... que não consulta os sentimentos de uma pobre mãe desolada? O senhor não compreendeu... que sem uma criancinha para alegrar a nossa casa... o meu marido... o meu santo marido... morrerá?
Argeu (*desejoso*) – A senhora acha?
Nicácia – Acho...
Argeu – Tem certeza?
Nicácia – Tenho...
Argeu – Minha senhora, nada posso fazer.
Nicácia – Ajude-me, doutor, ajude-me!
Argeu – Sempre que possível, minha senhora, estou às suas ordens. Mas agora, infelizmente... Vou tomar o meu café, minha prezada senhora... se estiver servida...
Nicácia – O Sr. vai tomar café?
Argeu – Vou, minha senhora...
Nicácia (*mudando*) – Ah, é assim, não é? Pois fique sabendo que o senhor é o único responsável por tudo o que vier a acontecer! Infame! Réprobo! Vil! (*sai, pisando duro*).
Tac – Puxa, Juiz, que coração de pedra!
Argeu – Fui durão, hem?
Tac – Foi. Por que tanto?
Argeu – Você já pensou, Alfredo, essa mulher, viúva!? Vai me buscar o café, vai. (*Alfredo sai*) Viúva! Ah! (*sonhando*) Mulherão! Mulher feita, conhece a vida, conhece as agruras... Não é uma menininha dessas

226 TEATRO COMPLETO: RENATA PALLOTTINI

que só fazem é ir ao clube, e criar problemas... eu não sou criança... preciso pensar nisso... mas essas guriazinhas...

TAC – O almoço está servido, doutor!

ARGEU – Já!

TAC – Pois é pra o senhor ver como o tempo passa.

ARGEU – Traz a sopa.

TAC – Aqui está a sobremesa. (*entrega salada de frutas*)

ARGEU (*comendo*) – Grande mulher. E eu fui durão. Ela pensou que eu ia dar um jeitinho... pois sim. Não posso. Sou um servo da lei. Filho legítimo é filho legítimo, com guerra ou sem guerra. E ela afinal, tem ou não tem um filho?

TAC – Tem o Arturzinho que vai prá guerra.

ARGEU – Pois é. E a lei diz que não pode.

TAC – Diz mesmo, doutor? (*em dúvida*)

ARGEU (*mentindo*) – Diz.

TAC – Lei besta, não?

ARGEU – O quê?

TAC (*formalizando*) – Não disse nada não, Excelência.

ARGEU – Pois é. Ela saiu daqui danada. (*rindo*) Gosto de tratar as mulheres assim. Mulher comigo, é desse jeito. Você acha que eu exagerei, Alfredo?

TAC – O senhor foi muito correto, doutor.

ARGEU – Ainda bem. Tomara que ela caia em si. Porque eu até que gosto dela.

Alfredo serve o café.

ARGEU – Ah, que bom. Cadê meu cachimbo? (*Alfredo lhe alcança o cachimbo*) Hum. Cachimbo... (*prepara o cachimbo; antes, bate a cinza que estava dentro. A cinza cai no chão*).

ARGEU – Ah, a vida do lar. Ter uma mulherzinha só da gente, que nos prepare o jantar, que nos traga os chinelos, que tire os processos de cima da poltrona quando queremos sentar... ai, a boa vidinha do lar... mulher, filhos, discos, jornais...

TAC – ALFREDO (*Limpando a cinza que o Juiz derruba do cachimbo*) – É, mas sem cachimbo...

ARGEU – Porque, sem cachimbo?

TAC – Por que mulher não gosta de cachimbo, nem de cinza de cachimbo... o senhor pensa que com mulher em casa o senhor ia poder derrubar cinza de cachimbo assim?

ARGEU – Não sei por que, não.

TAC – Porque não. Mulher não gosta de cachimbo.

ARGEU – Bobagem... garanto que ela gosta. Ah, uma mulherzinha só para a gente...

TAC – Como é que a gente vai saber?

A HISTÓRIA DO JUIZ

ARGEU – O que?

TAC – Se é só para a gente?

ARGEU – Você é insuportável! Veja bem que está falando da minha futura mulher! Da minha consorte, da mãe dos meus filhos!

TAC – A Senhora Nicácia é casada, doutor!

ARGEU – Estou falando genericamente, seu burro! (*sonhando*) Ah, a gente amando ela...

TAC –... Por seis meses...

ARGEU – Por que, só seis meses?

TAC – Porque depois a gente enjoa e quer outra...

ARGEU – Nunca. Eu a amarei eternamente... Uma mulher que nos faça companhia... que converse com a gente...

TAC – Que brigue com a gente porque a gente chegou mais tarde... que nos tome o livro que nós estamos querendo ler...

ARGEU – Garanto que a Nicácia não seria assim.

TAC – Mas ela é casada, doutor.

ARGEU – Por enquanto.

TAC – O senhor está desejando a morte do marido dela, doutor.

ARGEU – Exagero seu.

TAC – Isso é pecado, doutor.

ARGEU – Não me aborreça.

TAC – Se ele morre mesmo, o senhor vai ter um peso na consciência...

ARGEU (*já sentindo o peso*) – Pode sair, Alfredo...

TAC (*adivinhando*) – Vai ver, a lei nem diz aquilo que o Senhor disse...

ARGEU – Como você se atreve?

TAC – A lei não diz, nada, diz doutor?

ARGEU – Eu digo que eu sou Juiz de direito, que a lei é a lei, e que você está despedido!

TAC – Mas doutor...

ARGEU – Apresente as suas contas!

TAC – Doutor, eu não quero deixar o senhor sozinho!

ARGEU – Alfredo...

TAC – Doutor...

ARGEU – Rua...

Tac – Alfredo sai, desolado, o Juiz Argeu
fica sozinho, bufando de ódio.

ARGEU – Desaforado, atrevido... é como eu disse: antes só do que mal acompanhado! Pensa que eu não sei viver sozinho? Vivo! Sempre vivi! Solidão, esse é o segredo! Todas as grandes coisas foram feitas na solidão, já dizia um alemão qualquer! Viver sozinho, por que não? Arranjo uma cozinheira, é claro. Mulher cozinha bem. No mais, é a vida. Eu durmo bem, no meu camão... ponho um braço aqui, outro acolá... uma perna aqui, outra pra lá... largo meus livros espalhados...

228   TEATRO COMPLETO: RENATA PALLOTTINI

jornal pra todo o canto... no outro dia a mulher da limpeza vem e limpa. Largo a roupa toda pelo caminho... que delícia... Agora, se eu fosse casado, imagina se homem casado pode fazer essas coisas; de jeito nenhum... é só reclamação: "Não faz assim, querido" – "Recolhe a toalha do chão, benzinho" – "Amorzinho, olha as tuas meias na água" – "Queridinho, não deixa mais tuas coisas espalhadas" – "Quer tirar o jornal da poltrona, que mancha?" – "Vai guardar teus sapatos" – "Olha a cinza no chão, seu idiota, cretino, imbecil". Chega, chega que eu não tenho paciência. Já esquento demais a cabeça no trabalho! Essa agora! Mulher, em vez de ajudar... só serve é prá... Coitado do Alfredo... afinal, vai ver ele tinha razão... entendia do assunto...

> *Entra Todas As Coisas, agora como Benedita,*
> *cozinheira mole, aliciante e sensual.*

ARGEU – É Alfredo, a solidão tem suas vantagens...

TAC – Que Alfredo é esse, doutor, sou eu...

ARGEU – Ô Dita, desculpa. Estava aqui lembrando do Alfredo.

TAC – Casou, o Alfredo, doutor. Foi uma surpresa, por aqui. Ninguém esperava.

ARGEU – Casou, o Alfredo? Veja só!

TAC – Pois é. Pra ver. (*serve o café*) Cafezinho?

ARGEU – Obrigado, Dita.

TAC – Como é, e o senhor, doutor, quando é que resolve?

ARGEU – Não quero não, Dita. Estou bem assim.

TAC – Muito sozinho, doutor!

ARGEU – A solidão enriquece a alma...

TAC – Não diga isso! Pra estar sozinho, basta a cova!

ARGEU – Você fala assim porque é uma mulher simples. Você não tem vida interior, minha cara.

TAC – Mas o senhor já pensou numa vidinha exterior com uma boa mulher?

ARGEU – Não seja vulgar, Dita.

TAC – O senhor fala difícil, mas no fim precisa de tudo o que os outros precisam.

ARGEU – Não, não. Prefiro o meu cachimbo.

TAC – Cachimbo, Doutor?

ARGEU – Cachimbo, Dita!

TAC – Ah, não é a mesma coisa Doutor.

ARGEU – Não faz mal, mulher não gosta de cachimbo, e eu gosto. Isso o Alfredo dizia e tinha razão. Estou solteiro há muito tempo, Dita. Não me acostumo com mulher, agora.

TAC – O senhor é quem sabe, mas olhe tem cada mocinha dando sopa aí na cidade... e todas de olho no senhor.

ARGEU – Mocinhas, mocinhas...

TAC – Não, o senhor prefere esse cachimbo velho!

A HISTÓRIA DO JUIZ   229

Argeu – Dita, respeito!

Tac – O senhor não sabe o que está perdendo, doutor!

Argeu – Dita!

Tac (*maliciosa*) – Doutor...

Argeu – Que foi?

Tac – Virado de feijão.

Argeu – O quê?

Tac – Virado de feijão. Com torresmo. E lombinho.

Argeu – Ficou louca?

Tac – Lombinho de porco assado, com rodelas de limão.

Argeu (*engulindo em seco*) – Tem dó. Dita.

Tac – Costeleta com farofa e arrozinho solto.

Argeu – Chega...

Tac – Doce de abóbora com coco e café quente feito na hora.

Argeu – Dita...

Tac – Doutor, qualquer dia desses eu tenho de deixar o serviço. Sou assim, gosto de mudar. E se o senhor não tiver mulher, quem é que vai lhe fazer essas coisas boas?

Argeu – Arrumo outra cozinheira!

Tac – E pensa que é fácil? E pensa que ela fica também? Depois de um tempo, vai-se embora, cozinhar pro homem dela! Mas uma mulher sua, não! Cozinha, costura... e tudo!

Argeu (*espantando-a*) – Vai já pra dentro! Cobra, cascavel! Tentação!

Tac sai correndo. O Juiz Argeu fica sozinho, refletindo.

Argeu – É. Não tem dúvida. Uma mulher, etc e tal, Cozinha, costura e tudo. Mas uma mocinha qualquer não, sou um homem maduro. Não vou querer uma dessas mocinhas desmioladas, que a gente tem de acabar de criar... agora, uma mulher já feita... como Nicácia... que possa amar a gente... que possa nos acompanhar nas vicissitudes que podem chegar... que vão chegar... (*olha para fora*) Aliás... que já vêm chegando! (*esconde-se*)

Repete-se agora a cena do início.
Soa a marcha fúnebre. Entra a Senhora Nicácia, de luto fechadíssimo uma mão enluvada estendida para a frente. Tragicamente. Detêm-se um pouco no meio da cena, olha para um lado e para o outro.
Está à procura do Juiz. Não o vê. Tira da luva uma grande faca e lança um olhar ameaçador em volta. Depois, dispõe-se a bater palmas.
Mas não o pode fazer com a faca na mão. Então, levanta a saia, enfia a faca na liga. Bate palma. Depois, volta a empunhar a faca.
Repete a cena quantas vezes foram necessárias; por fim, o Juiz Argeu, desapontado sai do seu esconderijo.

ARGEU – Nicácia! Você aqui!

NICÁCIA (*avançando com a faca*) – Infame!

ARGEU (*fugindo*) – Nicácia, pelo amor de Deus!

NICÁCIA – Não fale em Deus neste momento, assassino!

ARGEU – Mas Nicácia!

NICÁCIA – Não me chame pelo nome!

ARGEU – Cacinha!

NICÁCIA – Idiota!

ARGEU (*sempre fugindo*) – Minha senhora!

NICÁCIA (*desistindo da perseguição*) – Detenho-me aqui, para não perder a dignidade (*respira várias vezes; voltando o fôlego*) Não é próprio de uma mulher enlutada, correr atrás do matador de seu marido.

ARGEU – Seu marido... Mas então seu marido?

NICÁCIA – Morreu! (*chora no braço enluvado*).

ARGEU – Morreu? Mas morreu mesmo?

NICÁCIA – Morto! O melhor dos homens, o mais gentil dos mortais, o mais... o mais... oh! desfaleço! (*desfalece*)

ARGEU (*acudindo-a, felicíssimo*) – Mas, o que é isso... console-se, minha senhora... coragem... é o destino de todos nós... ele morreu como um passarinho... agora é tocar para a frente... a vida continua foi a vontade de Deus, meus pêsames, quando é a missa de sétimo dia?

NICÁCIA – Ainda ousa perguntar? O senhor que, a bem dizer... o matou?

ARGEU – Eu? Não exageremos! Ele sofria do coração!

NICÁCIA – O desgosto o matou! Desgosto que o senhor lhe deu! Pérfido!

ARGEU – Ele morreu por causa de uma criancinha!

NICÁCIA – Criancinha que o senhor não quis nos conceder!

ARGEU – Não foi bem assim...

NICÁCIA – Quanto eu lhe implorei... e o senhor... com seu café!

ARGEU – Mas minha senhora eu não supunha... eu tinha toda boa vontade... Mas é o império gélido da lei...

NICÁCIA – Gélido é o seu coração!

ARGEU – É isso, as mulheres, são mesmo ingratas... Me desdobro pra lhe servir, e veja só a recompensa...

NICÁCIA – Recompensa? Eu devia matá-lo! Tirano!

ARGEU (*mudando de atitude*) – Pois então, mate-me! (*abre o peito*)

NICÁCIA (*mudando também*) – Feche isso aí... senão o senhor se resfria.

ARGEU – Ande, mate-me!

NICÁCIA – Feche logo essa roupa, imoral!

ARGEU – Ah, não ousa! E sabe porque? Porque sente que eu a amo! (*chega-se a ela*)

NICÁCIA – Atrevido... com o corpo de meu marido ainda quente...

ARGEU – Quente é o meu coração, Cacinha... Ah, se soubesse como eu tenho sonhado com você...

A HISTÓRIA DO JUIZ

NICÁCIA (*ameaçando-o com a faca*) – Não se chegue...

ARGEU – Como eu tenho desejado... até em casamento pensei... Nós dois juntinhos... bem juntinhos... a nossa casa modesta, os nossos filhos legítimos. Eu seria um pai para o Arturzinho...

NICÁCIA – Arturzinho, meu pobre órfão!

ARGEU – Pode ser que inconscientemente desejasse essa morte!

NICÁCIA – Confessa, o traidor!

ARGEU – Mas por que foi? Por que eu te amava, Nicácia, porque eu te queria só para mim... para minha companheira de toda a vida, de todos os dias...

NICÁCIA – O Senhor insiste?

ARGEU – Insisto, porque dentro de mim insiste a paixão! Nicácia, meu bem, eu te adoro!!

NICÁCIA – O senhor ousa tutear-me!

ARGEU – Tuteio-te, tuteio-te e tuteio-te.

NICÁCIA (*fraquejando*) – O senhor é muito ousado.

ARGEU – Porque te quero!

NICÁCIA – Assassino...

ARGEU – Meu bem...

NICÁCIA – Homicida...

ARGEU – Meu amor...

NICÁCIA – Sai prá lá...

ARGEU – Cacinha...

NICÁCIA – Assassininho...

ARGEU – Queridinha...

NICÁCIA – Homicidazinho...

> *Aproximam-se ainda mais, para um beijo apaixonado*
> *de reconciliação, quando de repente surge Todas As Coisas,*
> *como auxiliar de escritório, para fazer o inventário.*

TAC – Um momento, um momento, desculpem interromper.

ARGEU (*chateado*) – O que é?

TAC – É do escritório de advocacia: inventário!

ARGEU – Que inventário?

TAC – Seu falecido, que Deus o guarde, tinha bens?

NICÁCIA – Bens? Depende. O que são bens?

TAC – Casas, prédios, terrenos, automóveis, cavalos, uma amante, uma boa cozinheira, um cartório...

ARGEU – Não exagere!

NICÁCIA (*triste*) – Nós temos – tínhamos – não, temos, duas casinhas geminadas e uma chacrinha de flores.

TAC – Então, precisa fazer um inventariozinho.

NICÁCIA – E isso dá despesa?

232   TEATRO COMPLETO: RENATA PALLOTTINI

TAC – Dê ou não dê, minha senhora, é necessário. Sempre alguma coisa se há de gastar: selos, custas emolumentos, diligências, oficial de justiça, cartório, avaliador, imposto, juiz.

ARGEU – Eu não! Eu não ganho nada com isso! É boa!

TAC – E, naturalmente, os honorários. Vinte por cento sobre o valor do monte.

NICÁCIA – Que monte?

ARGEU – Dos bens.

TAC – Vamos começar: assine aqui, e aqui e aqui. Cem mil cruzeiros. Assine um cheque.

NICÁCIA (*assinando, atrapalhada*) – Eu tenho todo o trabalho de assinar e ainda pago?

TAC – A senhora não queira saber o trabalho que o Escritório vai ter! O processo de inventário é um dos mais complicados que se pode, etc... e tal. Mas fique descansada. O seu caso está em boas mãos.

NICÁCIA – Mas...

TAC – Não, não, não minha senhora, não quero mais adiantamento de honorários por enquanto...

NICÁCIA – Eu não disse...

TAC – Bom, já que a senhora insiste, assine outro cheque. Pronto. Duzentos contos dá prá começar.

NICÁCIA – Começar? Meu dinheiro já acabou!

TAC – Vende-se uma das casas, minha senhora! Fácil, rápido e simples. Bom até logo, vou indo. Tenho que cuidar do processo. Trabalho pra burro! Pra burro! (*sai*)

> *O Juiz Argeu e a senhora Nicácia. Ficam sós.*
> *Olham-se. Amam-se e estão felizes.*

NICÁCIA – Você me ama?

ARGEU – Te amo!

NICÁCIA – Tudo vai dar certo?

ARGEU – Vai, querida!

> *Os dois se aproximam, dão-se as mãos e andam, apaixonados*
> *e felizes. Estão a beira de um regato. Argeu tira do bolso uma*
> *margarida e começa a desfolhá-la. Nicácia senta-se no chão.*
> *Ele a acompanha e deita a cabeça no seu colo. Romance.*

ARGEU – Bem-me quer... Mal-me quer...

NICÁCIA – Bobinho...

ARGEU – Bem-me quer... Mal-me quer...

NICÁCIA – Não tem confiança no meu amor?

ARGEU – Bem-me quer... mal-me quer...

NICÁCIA – Que margarida mais comprida!

ARGEU – Mal-me-quer... (*suspira e joga fora o talo*) Não deu certo, Nicácia...

A HISTÓRIA DO JUIZ

Nicácia – Uma florzinha boba... tenha confiança em mim querido...

Argeu – Não é do teu amor que eu duvido, meu anjo... é dos outros... É desta saia...

Nicácia – Você tem complexo?

Argeu – O quê?

Nicácia – Quando você era pequeno sua mãe fez você usar cachinhos?

Argeu – Não, meu bem, não é isso. É a roupa de Juiz.

Nicácia – Não é bom ser Juiz?

Argeu – É e não é. A gente tem certas prerrogativas. Isso é bom. Mas ganha-se pouco. Depois, você já pensou? O Juiz é o sujeito mais vigiado da cidade. Não pode dar um passo sem ser visto. Não pode falar no telefone sem ser ouvido. Toda a minha vida particular é radiografada. E com tudo isso, gasto muito. Tenho de andar bem vestido, ter empregados, dar boas esmolas, ajudar a Igreja. Se tiver uma namorada, bem, preciso me casar com ela em seis meses... e se tiver uma amante...

Nicácia – Argeu...

Argeu – Nunca tive, meu bem! Mas agora... Por que sempre eu devo sofrer sozinho?

Nicácia – Você não está sozinho! Eu te amo!

Argeu – Eu sei meu bem, mas eu sou um homem pobre.

Nicácia – Eu também.

Argeu – Você também é um homem pobre?

Nicácia – Não, mas sou uma mulher pobre!

Argeu – Você tem duas casinhas geminadas e uma chacrinha de flores.

Nicácia – Tinha!

Argeu – Tinha, por quê?

Nicácia – Porque o inventariozinho já comeu uma casinha!

Argeu – Já?!

Nicácia – Daí você vê...

Argeu – Não, amor, não adianta. Continua tudo da mesma forma. Você ainda tem uma das casinhas geminadas e a chacrinha de flores. E eu continuo a ser um pobre Juiz de Direito...

Nicácia – "Um pobre Juiz de Direito" não! Você é o doutor Juiz de Direito desta Comarca!

Argeu – Sou. Nesta Comarca. Fora daqui, ninguém me conhece.

Nicácia – E prá que você precisa ser conhecido?

Argeu – Você não compreende, meu bem... Você tem bens de raiz, é proprietária... você tem até um filho!

Nicácia – Não exagere. É um rapazinho.

Argeu – Pois eu não tenho nem isso!

Nicácia – A gente providencia.

Argeu – Você resolve tudo com uma facilidade! Arre!

Nicácia – E você põe dificuldades em tudo. Poxa!

234 TEATRO COMPLETO: RENATA PALLOTTINI

ARGEU – Estou achando que você não quer me compreender.
NICÁCIA – E eu, que você quer fugir da situação!
ARGEU – Que situação?
NICÁCIA – Você sabe perfeitamente!
ARGEU – Não me venha com insinuações!
NICÁCIA – Não estou insinuando nada!
ARGEU – Claro que está.
NICÁCIA – Não estou.
ARGEU – Está.
NICÁCIA – Seu desaforado, grosseiro e poltrão!
ARGEU – Sua indelicada, incompreensiva e renitente!
NICÁCIA – Bolas! (*virando as costas*)
ARGEU – Bolas! (*idem*)

Entra Tac no papel de Anjo da Paz.

TAC – Que é isso, vamos consertar isso, *pax, pax*! Não? Não. Como pode
observar o respeitável público, o Juiz Argeu e a Senhora Nicácia, que
estavam entregues aos mais bucólicos dos idílios, acabam de se indis-
por, devida a... devido a que, mesmo? (*silêncio emburrado*) Ora, bri-
ga de namorados é o diabo! Nunca se sabe bem porque brigaram. Por
que é que vocês brigaram mesmo?
ARGEU – Ela não quer compreender que eu tenho o meu orgulho.
NICÁCIA – Ele põe mil dificuldades no nosso amor. Parece que não me tem
a menor afeição. Depois de tudo o que passei por ele... Depois da
morte de meu pobre falecido... (*chora*)
ARGEU – Não pense que vou aí lhe consolar...
TAC – Vamos, senhor Juiz.
ARGEU – Eu não.
TAC – Senhor Juiz, o lugar é propício às reconciliações.
ARGEU – Não!
TAC – Este riacho está longe da civilização... a grama é macia... Faça as
pazes...
ARGEU – Não... não quero, não devo... é imprudente... não... não...

Black-out.

TAC (*fora*) – Isso, Juiz! Pode deixar que eu vigio!
ARGEU – Você me aceita como eu sou?
NICÁCIA – Te aceito, como você é!

Depois de um tempo.

TAC – Os dois se aceitaram como eles eram. E se amaram como todas as
pessoas se amam. E se beijaram e foram felizes. Mas sempre existe
gente, quando se é feliz, que gosta de ver infelizes os que são felizes;

A HISTÓRIA DO JUIZ

gosta de ver namorados tristes, gosta de ver brigar marido e mulher, gosta de criar conflitos entre noivos. E quando está por perto de duas pessoas que se beijam, então... Não perdoa. E se puder, fala. E se puder falar, fala mal. Falando mal, espalha logo tudo o que viu. Envenena. Intriga. Conspurca.

Entra o Juiz Argeu, cabisbaixo.

ARGEU – Cons-purca. CONS-PUR-CA.

TAC – Senhor Juiz.

ARGEU – Estou envergonhado.

TAC – Não se aborreça...

ARGEU – Impossível!!

TAC – Leve as coisas na brincadeira... o senhor sempre foi tão alegre!

ARGEU – Isto não é brincadeira. Ela tinha razão. Alguém nos viu.

TAC – Quando?

ARGEU – Você sabe, quando.

TAC – La no riacho!

ARGEU – É... bem que a Nicácia me disse... Ela percebeu, sentiu... Alguém estava lá.

TAC – Alguém, alguém. Quem é alguém?

ARGEU – Alguém. Alguém que nos viu. E as coisas mudaram. Nós ficamos envergonhados...

TAC – E o que aconteceu?

ARGEU – Deixamos de nos ver.

TAC – Por quê?

ARGEU – Nós não somos mais crianças... Eu procurei por Nicácia, mas ela está me evitando...

TAC – Eu não entendo...

ARGEU – É a vergonha, eu entendo. Eu gosto dela e agora já faz dois meses que a gente...

TAC – Se gosta dela, por que não casa?

ARGEU – Casar?

TAC – Isso!

ARGEU – Será que ela quer?

TAC – Pergunte! Proponha casamento! Fique noivo!

ARGEU – Casar...

TAC – Casar!

ARGEU – E se ela disser que não?

TAC – Santa Insegurança...

ARGEU – Faz dois meses que ela não quer nem me ver...

TAC – E se ela disser que sim? Pergunte! Peça com jeitinho!

ARGEU – Onde? Quando?

TAC – Já! E aqui, no mesmo lugar onde...

ARGEU – Não, aqui não.

Tac – Ora, Juiz aqui! Ela vai se lembrar...

Argeu – Não fale nisso...

Tac – Quer que eu vá chamá-la?

Argeu – Não! Quer dizer... Quero. É, pode ir... Olha, mas conversa com ela... vá dizendo alguma coisa pelo caminho... vá preparando... olhe... Diz, prá Nicácia... você sabe... corre...

Todas As Coisas sai. Nicácia entra em seguida.

Nicácia – Argeu.

Argeu – Nicácia... (*se abraçam sem jeito*)

Nicácia – Quanto tempo!

Argeu – Um tempão.

Nicácia (*sem jeito*) – Que lindo dia!

Argeu – Lindo mesmo...

Nicácia – Um lugar tão aprazível...

Argeu – É. (*pausa*) Foi aqui. Você se lembra?

Nicácia – Não fale nisso.

Argeu – Que é que tem?

Nicácia – Fico envergonhada.

Argeu – Está bem. Ele te... contou?

Nicácia – Do noivado? Já.

Argeu – Você... aceita?

Nicácia – Aceito, Argeu.

Argeu – Você está contente?

Nicácia – Estou. Você também?

Argeu – Eu estava desfolhando aquela margarida, lembra?

Nicácia – Lembro. Aquela que não deu certo. E afinal, deu certo, não?

Argeu – Deu, bem.

Nicácia – Olhe o céu.

Argeu – Que tem? (*deitam-se os dois de costas para olhar o céu*)

Nicácia – Aquela nuvem.

Argeu – Qual?

Nicácia – Aquela! Parece um boi.

Argeu – Que nada! Parece um travesseiro.

Nicácia – Só se for prá você, que é preguiçoso!

Argeu – Boba...

Nicácia – Tontinho... (*pausa*) Argeu... nós vamos casar?

Argeu – Vamos sim, Nicácia!

Tac irrompendo e interrompendo com crueldade.

Tac – Não vão, não!

Os Dois – O quê?

Argeu – Explique-se!

A HISTÓRIA DO JUIZ

TAC – Está aqui no jornal de hoje! "A VOZ DA CIDADE" – Escutem só "Mexericos" – certo magistrado anda de amores com uma viúva de nossa cidade e até fala em casar! É muito bonito, mas ele se esquece do Código Civil, artigo cento e oitenta e três, inciso dezesseis. ASSINADO – Estudante Curiosa.

ARGEU – O Código Civil?

TAC – O Código Civil, doutor!

NICÁCIA – Que foi Argeu?

ARGEU – Eu não posso me casar com você!

NICÁCIA – BÍGAMO, MEU DEUS!

ARGEU – Não é isso!

NICÁCIA – Você é casado!

ARGEU – Não é isso!!!

NICÁCIA – Então, o que é?

Desce um grande cartaz – Então o que é? Embaixo, explicativo – É o fim do primeiro ato.

Segundo Ato

Quadro 1

Nicácia – Então, o que que é?

Argeu – Ora, cebolas!

Nicácia – Argeu, o que é?

Argeu – Pinhões!

Nicácia – Quer largar de agricultura e falar comigo?

Tac – Eu explico, minha senhora.

Nicácia – Não, foi o senhor que complicou tudo, como sempre.

Tac – Não se aborreça!

Nicácia – Como, não se aborreça? E sabe do que mais? Já sei de tudo!
Você, Argeu... você é um devasso...

Argeu – Eu?!

Nicácia – Você é um devasso... um bígamo! É isso mesmo! Bigamia!

Argeu – Não é isso, Nicácia!

Nicácia – É isso, sim! Bígamo!

Argeu – Juro!

Nicácia – Você era casado e me iludiu!

Argeu – Eu sou solteiro. Mas a lei me proíbe!

Nicácia – Por que, Santo Deus?

A HISTÓRIA DO JUIZ

ARGEU – Porque sou Juiz.

NICÁCIA – Ué, e Juiz não casa?

TAC – Com viúva da mesma circunscrição, não senhora.

NICÁCIA – Viúva daonde?

ARGEU – Da mesma Comarca.

NICÁCIA – Da mesma... quer dizer...

ARGEU – Não posso casar com viúva que more aqui na cidade, nem perto. É a lei.

NICÁCIA – Não acredito! Não acredito mais em você.

ARGEU – Está certo. Tem razão. Vou provar a você. Eu mostro... Escrivão!

TAC (*entrando de escrivão*) – Pronto, doutor!

ARGEU – Mostre a lei a essa senhora. (*exibe um livro, apontando a página com o dedo*) Está aqui.

NICÁCIA – Onde?

TAC – Aqui! – (*lendo*) – Não podem casar: O Juiz ou Escrivão... com órfão ou viúva da circunscrição onde um ou outro tiverem exercício...

NICÁCIA – Veja só, nem o escrivão! Nem o senhor, não é?

TAC – Nem eu, minha senhora. Por isso, perca as esperanças.

ARGEU – Sua besta, ela não está se referindo a você...

NICÁCIA – Mas não tem nenhuma saída?

ARGEU – Tem, como não.

NICÁCIA – Ótimo. Então, está tudo resolvido!

ARGEU – A saída é contar tudo, e pedir licença à autoridade judicial!

NICÁCIA – Contar... tudo?

ARGEU – Tudo. E dizer... que é urgente.

TAC – E é urgente?

ARGEU – É urgente?

NICÁCIA – Pode vir a ser urgente...

ARGEU – Suponhamos que seja.

NICÁCIA – E tem que contar tudo?

ARGEU – Tudo! A margarida, o riacho... o beijo... a grama... tudo.

TAC – Mas... não se poderia contornar... alguma história parecida...

ARGEU – Não. Chega de fazer besteira. Ou eu saio dessa limpamente, ou me afundo de uma vez!

NICÁCIA – Não fala, assim, Argeu!

ARGEU – Isso mata a gente! Sou solteiro, gosto de uma mulher viúva, ela gosta de mim e não posso me casar?

NICÁCIA – Mas também, que raio de lei boba!

ARGEU – Diz que é para eu não tomar o seu dinheiro. Se eu caso com viúva, eles acham que é prá tomar o dinheiro do inventário.

NICÁCIA – Ah, é? E que adianta a Lei? Você não toma o meu dinheiro, mas os impostos, o cartório, o avaliador e não sei mais o que tomam tudo! Preferia que fosse você!

240 TEATRO COMPLETO: RENATA PALLOTTINI

ARGEU – Pois é, mas eles podem. Quem não pode sou eu.

NICÁCIA – Quero que um raio me pique se eu entendo isso.

ARGEU – Nicácia..

NICÁCIA – É idiota!

ARGEU – Pode ser, mas é a lei. E minha função é fazer cumprir a lei e não enganá-la.

TAC – Posso dizer uma coisa?

ARGEU – Até duas...

TAC – Por que o doutor não muda de comarca?

NICÁCIA – Pra ficar longe de mim?

ARGEU – Pra ficar longe de Nicácia?

TAC – Não, prá se casar com ela!

ARGEU – Como?

TAC – Muito simples! Pede transferência, quando a ordem vier muda-se, leva a senhora Nicácia junto, e casa com ela em outra comarca!

NICÁCIA – É isso mesmo!

ARGEU – Mas é absurdo!

NICÁCIA – Por quê?

ARGEU – Porque se formos os dois para uma nova comarca, continuaremos a ser Juiz de Direito e viúva de uma mesma comarca!

NICÁCIA – Acho que não estou entendendo mais nada.

ARGEU – É simples. Sou transferido de Comarca.

NICÁCIA – Sim.

ARGEU – Mudo-me e levo você.

NICÁCIA – Sim.

ARGEU – E quando chegarmos na outra Comarca, não sou de novo o Juiz de Direito daquela Comarca e você não é de novo viúva da mesma circunscrição?

NICÁCIA – É verdade...

TAC – É verdade. Parece que a idéia não foi muito boa.

ARGEU (*desanimado*) – É...

> *Pausa. Nicácia afasta-se dos dois. Ela sente um ligeiro*
> *mau-estar, e leva a mão à boca. Cena discreta.*
> *Faz uma cara enjoada. Os dois continuam.*

TAC – Mas tem uma saída!

ARGEU – Qual é?

NICÁCIA – Eu quero um Alka Seltzer.

TAC – O senhor pede transferência. A autorização vem. O Senhor manda dona Nicácia para uma cidade vizinha. Toma posse na nova Comarca. Vai à cidade vizinha e casa com ela...

NICÁCIA – Eu quero um Alka Seltzer.

TAC –... Depois voltam à nova Comarca!... pronto. Em três meses tudo está resolvido!

A HISTÓRIA DO JUIZ

ARGEU – É isso mesmo!

TAC – Fácil!

NICÁCIA – Eu quero um Alka (*engulhos*) Seltzer! (*ninguém ouve*)

ARGEU – Ótimo! Três ou quatro meses! Nicácia, meu bem, tudo vai dar certo!

NICÁCIA (*ameaçando chorar*) – Eu quero um Alka Seltzer...

TAC – Enfim encontramos uma saída, minha senhora.

NICÁCIA – Eu exijo um Alka Seltzer! Sonrisal! Eno!

ARGEU (*contente*) – Já já a gente vai tomar uma tônica. Olha! São dois ou três meses... a gente espera um pouquinho...

NICÁCIA (*chorando*) – Eu vou-me embora! Vocês são dois homens brutos, estúpidos e grosseiros! (*sai chorando muito*)

Tac e o Juiz se entreolham, surpresos.

ARGEU – Essa agora eu não entendi. Você entendeu?

TAC – Eu não! Parecia uma boa idéia!

ARGEU – Pois é. Parecia.

TAC – Não desanime, doutor, a gente acha uma saída...

ARGEU – Será? É difícil. Estou cansado. O tempo passando, passando, e nada... Que vida complicada... que amor mais complicado... bem que o Alfredo dizia... Alfredo você tinha razão... o sossego que eu tinha... puxa vida... Estou tão cansado... tão cansado... (*se deita*)

Consultório médico. Entra a senhora Nicácia,
um pouquinho mais grávida, sem exagerar.

NICÁCIA (*pondo a cabeça para dentro*) – Posso entrar, doutor?

TAC – Pronto, pronto. É caso do Instituto, não é?

NICÁCIA – É... eu... é que eu...

TAC (*grosseiro*) – Grávida?

NICÁCIA – Eu... bem...

TAC – Obviamente grávida. De quantos meses?

NICÁCIA (*desapontada*) – Quatro...

TAC – É o primeiro?

NICÁCIA – Não senhor.

TAC – Fazer filhos vocês sabem, não?

NICÁCIA – É que...

TAC – É que nada... O Instituto me paga uma porcaria e eu ainda tenho de atender fora de hora...

NICÁCIA – É que eu pensei...

TAC – Não pense, minha senhora, não pense! Casada?

NICÁCIA (*humilhadíssima*) – Não, senhor!

TAC – Ah! Essa não! Mãe solteira...

NICÁCIA – Viúva!

TAC – Piorou! Que vergonha!

242 TEATRO COMPLETO: RENATA PALLOTTINI

Nicácia – Desculpe doutor (*abrindo a bolsa*) Mas quanto é a consulta mesmo?

Tac – A senhora não veio pelo Instituto?

Nicácia – Instituto? Não, senhor, eu sou aqui do bairro, mesmo. Sou a viúva Nicácia... quanto é mesmo?

Tac – Ora, minha senhora, desculpe... a enfermeira... são trezentos cruzeiros... devia ter me informado... mas a senhora, queira sentar... ora essa...

Nicácia – Não faz mal...

Tac – A senhora deseja...

Nicácia – Como eu disse, eu acho que estou esperando um filho...

Tac – Seu marido...

Nicácia – Pois é, ele morreu.

Tac – Há quanto tempo?

Nicácia – Há seis meses.

Tac – Então...

Nicácia – Não é dele, não senhor...

Tac – Não se preocupe, minha senhora. Tudo tem jeito. Se a senhora quiser... a senhora quer?

Nicácia – Não sei, doutor.

Tac – A gente dá um jeitinho, minha senhora, se for do seu desejo, é claro...

Nicácia – Mas não é crime, doutor?

Tac – Bem... crime... é um modo de dizer. Crime seria... mas nas circunstâncias... uma criança sem pai, digo... não se aborreça... a senhora está decidida?

Nicácia – Estou, sim, doutor. Quer dizer... não senhor... não sei!

Tac (*meio impaciente*) – Sim ou não?

Nicácia – Posso pensar mais um pouco? (*mexendo na bolsa*) Eu pago a consulta e volto outra hora.

Tac – Está na sua vontade, minha senhora.

Nicácia – Está bom, doutor. Então... eu volto outro dia...

Tac – Às suas ordens...

A Senhora Nicácia sai, cabisbaixa. O médico olha-a, como se estivesse cansado de tudo isso e sai. Ela se encaminha para o lugar onde o Juiz Argeu continua deitado. Ajoelha-se ao lado dele e o desperta.

Nicácia – Argeu... Argeu...

Argeu (*despertando*) – Nicácia! Você está boa?

Nicácia – Estou...

Argeu – Você queria falar comigo?...

Nicácia – É. Queria.

Argeu – Você ainda acha que a transferência não dá certo?

Nicácia – É que...

A HISTÓRIA DO JUIZ

ARGEU (*novamente animado*) – Olha, é simples – um pedido de transferência sempre demora um pouco, mas a gente dá um jeito. Nós ficamos os dois aqui, quietos. Eu faço o pedido. Nós quietos. A transferência vem; nós nos mudamos daqui, casamos, e vamos viver em outra Comarca...

NICÁCIA (*triste*) – E enquanto isso... o Argeuzinho... (*faz um gesto imperceptível*) Quieto?

ARGEU – Meu Deus! Criança cresce até antes de nascer!

NICÁCIA (*irritada*) – Você é tão engraçado!

ARGEU – Nicácia, não se irrite! Pense no nenê!

NICÁCIA – Bolas para o nenê!

ARGEU – Nicácia! Não é maternal!

NICÁCIA – Quero ver se eu vou ter tempo de ser maternal com esta criança que não vai ter pai, nem casinhas geminadas, nem chacrinhas de flores...

ARGEU – Oh, meu Deus! Não aumente a minha dor! (*atira-se no chão e chora desesperado, batendo com os punhos no chão e esperneando*).

TAC – Senhor Juiz, senhor Juiz...

ARGEU – Que é?

TAC – Por que casar?

NICÁCIA – O quê? O senhor se atreve?

TAC – Claro!! Porque casar? O senhor ama uma mulher e vão ter um filho. Nada mais natural! Um dos dois passa a morar na casa do outro e pronto!

Nicácia – Natural? O senhor acha isso natural? E o Arturzinho, quando voltar da guerra? Será que também vai achar natural?

Tac – É um risco minha senhora. Mas o amor vale um risco!

NICÁCIA – O senhor não entende. Eu não sou medrosa. E gosto dele. É que...

TAC – Lembra-se do que disse aquele dia?

NICÁCIA – Lembro, sim senhor. Eu disse que queria ele... como ele fosse.

TAC – Pois é. E ele é um Juiz, minha senhora. (*ela sai, devagar, pensando. Enquanto fala, Todas As Coisas se transforma num habitante moralista da cidade, falando ao Juiz*) O senhor é um Juiz, meu senhor! Não pode se permitir... certas coisas!

ARGEU (*amargurado*) – Se não fosse Juiz poderia?

TAC – Não digo isso. Mas é diferente! O senhor, o magistrado, com uma amante...

ARGEU – Ela é minha mulher!

TAC – Com uma concubina!

ARGEU – Ora, meu caro, eu já vi o senhor, que é casado, saindo de uma casa de tolerância!

TAC (*escandalizado*) – Aqui na cidade, nunca!

ARGEU – Então foi fora da cidade! Fora da cidade, pode?

TAC – Eu respeito a minha mulher!

244 TEATRO COMPLETO: RENATA PALLOTTINI

ARGEU – Já sei, é um respeito municipal. Saiu dos limites do município, o senhor, ó... (*faz o gesto correspondente*).

TAC (*passando da raiva ao sorriso*) – Bom. O assunto não sou eu, doutor. Eu não sou o Juiz de Direito. O assunto é o senhor. E assim como está, não é possível. O decoro de nossa cidade não o permite.

ARGEU – E o que o senhor me aconselha, então?

TAC – Deixe isso prá lá, doutor. Tanta mocinha solteira por aí, louquinha para casar com o Juiz de Direito!

ARGEU – Eu gosto dela! E vou ter um filho!

TAC – Ora, doutor... quem sabe, até esse filho... (*faz um gesto de "nem é seu"*)

ARGEU – Ponha-se na rua!

TAC – Doutor, o senhor está me insultando!

ARGEU – E o senhor já me insultou! Rua!

TAC – Pode se despedir desta Comarca, doutor! Aqui o senhor não fica!

ARGEU – Vou prá outro lugar. Rua!

TAC – Eu saio, mas o senhor vai se arrepender!

ARGEU – Rua!

O habitante da cidade sai. O Juiz Argeu fica sozinho.

ARGEU – Desaforado... infames... na certa vão me aprontar a cama, agora. Paciência! Vamos embora daqui. A gente sempre se arranja noutro lugar... há de haver um jeito... o importante é ficar junto, é a gente estar unido e se amar.

NICÁCIA (*entrando triste*) – Não está dando certo, não é Argeu?

ARGEU – Não está não, meu bem.

NICÁCIA – Argeu, eu acho que vou-me embora.

ARGEU – Embora Nicácia? Prá onde?

NICÁCIA – Prá qualquer lugar longe daqui.

ARGEU – Por quê? Você não gosta mais de mim?

NICÁCIA – Gosto. Mas é que eu só trago complicação.

ARGEU – Não é você, meu bem.

NICÁCIA – Depois que você me conheceu, só teve aborrecimentos.

ARGEU – Não é culpa sua. São as pessoas. É a moral pública, é a lei.

NICÁCIA – Argeu... Você, que é um deles... você entende por que essas leis são assim?

ARGEU – Eu sou o quê?

NICÁCIA – Você é um deles. Você entende por que essas leis são assim?

ARGEU (*abatido*) – Não. Eu não entendo. Eu não entendo nada.

Entra Todas As Coisas, lendo um jornal.

TAC (*na manchete*) – O JUIZ ARGEU NAO ENTENDE NADA! O Juiz Argeu não entende nada de lei, segundo ele próprio. Abatido, o

A HISTÓRIA DO JUIZ 245

Juiz Argeu afirmou que pretende deixar a cidade o mais breve possível. Estão nos planos do Juiz Argeu...

Todas As Coisas atravessa o palco sem levantar os olhos do jornal.

Argeu (*abatido*) – Preciso de um pouco de tempo. Não posso sair assim de uma hora para outra.

Nicácia – Quem sabe você pode pedir férias, Argeu.

Argeu – É. Quem sabe. E você disse que eu sou um deles.

Nicácia – É porque você... é um dos homens da lei. Você não acha? Devia entender. Antes você entendia, estava de acordo... eu não compreendia nada, mas também não me importava. Agora, fico pensando... primeiro, a gente não pode adotar uma criança, por causa da lei... depois, a gente quer um filho, precisa casar, por causa das conveniências... depois, se a gente quer casar... precisa fugir, por causa da autoridade... Você não acha isso esquisito?

Argeu – Acho sim.

Nicácia – É tudo mentiroso!

Argeu – É. Tudo hipócrita.

Nicácia – Vamos embora. Vamos arrumar as malas. Argeu.

Argeu – São uns mentirosos...

Nicácia – A gente há de se acomodar em outro lugar... vamos, meu bem... agora a gente pode casar em paz.

Argeu – Casar? (*despertando*) Casar? Não, Nicácia. Pra quê? Prá dar razão a eles? Você acha que eles têm razão?

Nicácia – Eu não, Argeu. Eu não me importo.

Argeu – Você tem medo que o Arturzinho...

Nicácia – Pensando bem, acho que ele vai entender. Ele é moço, vê as coisas de outro jeito. (*endireitando-se*) Eu agüento a mão, Argeu.

Argeu – Você gosta de mim, mulher?

Nicácia – Eu gosto, mesmo.

Argeu – Então vamos, Nicácia!

Quadro 2

Na estação da "Cidade I" marcada por uma placa com esse nome.
O Juiz Argeu e a senhora Nicácia estão na estação, prontos para embarcar. Todas As Coisas, como Dita, os acompanha e se despede.

Tac – Adeus, doutor. Espero que o senhor fique bem, prá onde for agora.

Argeu – Eu também, Dita. Agora eu tenho uma mulher prá cuidar de mim. Olha, meu bem, esta é a Dita, minha antiga cozinheira. Dita, esta é minha mulher.

246 TEATRO COMPLETO: RENATA PALLOTTINI

Tac – Muito prazer. Espero que a senhora seja muito feliz.
Nicácia – Prazer, Dita. (*olhando*) Será que não vem mais ninguém?
Tac – O Alfredo acho que vem. O senhor se lembra do Alfredo, doutor?
Argeu – Claro que me lembro. Ele era contra o casamento. O meu escrivão também disse que vinha.
Nicácia – O resto quer ver a gente pelas costas.
Argeu – Não ligue, meu bem.
Tac – Não ligue, dona Nicácia, besteira. É uma gente atrasada; eu também sempre me amiguei e sou muito feliz. (*bate na boca*) Quer dizer...
Argeu – Não tem nada, Dita. É assim mesmo. Está certo.
Tac – Desculpe, doutor. Eu sempre falo demais.

Ouve-se um apito. O trem vai partir.

Argeu – Vamos subir, meu bem, você não pode se expor.
Nicácia – Adeu Dita, dê lembranças... (*fica comovida*) Puxa vida, uma cidade onde eu praticamente nasci!
Argeu – Venha, meu bem.
Tac – O Alfredo deve estar chegando.
Argeu – Eu também gostava um bocado disto aqui. Nunca mais vou encontrar outro rio igual de pescaria. Nem outra pinga igual.
Nicácia – Você avisou para mandarem as cartas do Aturzinho?
Argeu – Avisei, meu bem. (*outro apito*) Lá vai. Adeus, Dita!

Dita vai se afastando.

Tac – Adeus, doutor! Adeus, dona Nicácia! (*vai ficando longe*) Adeus.
Argeu – Adeus Alfredo!
Tac – Vá com Deus, doutor!

Todos falam à vontade.

Todos – Adeus, adeus! Boa viagem! Fiquem com Deus!

*Apitos e bufos de trem. Todas As Coisas, enquanto fala muda
a placa indicatica que vira; está escrito agora "Cidade 2".*

Tac – E assim foi que o Juiz Argeu e a Senhora Nicácia, humilhados e ofendidos, deixaram a cidade número um em busca da cidade número dois. Removido para uma comarca menor, o Juiz Argeu contava com a boa-vontade que sempre cerca a chegada de uma nova autoridade. Mas não contava com as fofocas que voam pelo telégrafo, pelo telefone, pelo rádio, pela boca das comadres. Cidade menor, menos assunto. Menos assunto, mais cochicho, menos ocupação, mais intriga. Menor importância, maior hipocrisia, maior puritanismo. Maior puritanismo, maiores dificuldades...

A HISTÓRIA DO JUIZ

247

Palco vazio. Toca a campainha. Nicácia vem atender. Todas As coisas é, agora, o dono de um hotel suspeito de beira de estrada.

NICÁCIA – Bom dia.

TAC – Bom dia. O Juiz está?

NICÁCIA – Está trabalhando.

TAC – Desculpe, mas preciso falar com ele.

NICÁCIA – É urgente?

TAC – Pode dizer que é o dono daquele hotel.

NICÁCIA – Hotel?

TAC – Ele já sabe.

NICÁCIA *(saindo)* – Está bem. Vou chamá-lo.

TAC – Esse Juiz, em menos de um mês que está aqui, já se meteu em outra. É o cúmulo. Eis aí um Juiz que não merece o cargo que ocupa. Gosta é de mexer em vespeiro. Pago tudo quanto é imposto sem discutir. Agora vem qualquer juiz removido, e ainda por cima...

Entra o Juiz Argeu.

ARGEU *(sério)* – Queria falar comigo?

TAC *(Maneiroso)* – Eu sou o dono daquele hotel, doutor.

ARGEU – Que hotel?

TAC – Aquele que o senhor quer condenar porque... não pede documentos.

ARGEU – Aquele na estrada?

TAC – É.

ARGEU – Bom.

TAC – Acontece, doutor... que fechando, vou ter muito prejuízo... o senhor compreende não?

ARGEU – Compreendo, sim senhor. Acho que a freguesia era grande!

TAC – Era, sim senhor. Vinha gente das cidades vizinhas. E a gente não fazia mal a ninguém. Fazia?

ARGEU – A mim não, senhor. Mas é contra a lei.

TAC – Ah, tem lei, prá isso?

ARGEU – Tem, sim senhor.

TAC – Mas doutor... O casal chega lá quietinho... passa lá uma hora. Sai... sem fazer escândalo nem nada. Qual é o problema?

ARGEU – O problema não é meu, o problema é com a lei. Se a lei diz que não pode, não pode.

TAC – Mas doutor, se a gente não prejudica ninguém, se lá não vai menor, nem a gente faz escândalo... não é uma lei meio marota?

ARGEU – A minha função não é julgar as leis, é cumprí-las. O senhor já ouviu dizer que adultério é crime?

TAC *(espantado)* – Não!

ARGEU – Pois é crime. Homem casado ter relações com outra mulher é crime dos dois!

TAC – Essa não!

ARGEU – E o senhor pode ser cúmplice.

TAC (*espantado*) – Essa não!

ARGEU – Pois é!

TAC – Olhe, doutor, eu fico espantado. Tem fiscal aí que vive me explorando, levando meu dinheiro pra calar a boca... não lhes acontece nada... E eu...

ARGEU – Também existe lei contra eles.

TAC – Existe mesmo?

ARGEU – O difícil é cumprir.

TAC – O senhor cumpre todas as leis que existem, doutor?

ARGEU – Eu faço o possível. (*confuso*)

TAC – O senhor acredita nelas todas?

ARGEU – Já disse que não é essa a minha função. Não fui eu quem fez as leis.

TAC – Mas quando uma lei é cretina, como essa do adultério, o senhor reconhece?

ARGEU – Isso não é comigo.

TAC – Mas o senhor reconhece?

ARGEU (*baixinho*) – Reconheço.

TAC – Está bom. Não se aborreça doutor. Se tem mesmo essa lei... É claro que o meu hotel tinha de ser condenado. Mas mesmo assim... O senhor não podia dar um jeitinho?

ARGEU – Jeitinho?

TAC – É doutor. Depois a gente acertava. Segundo eu sei a sentença, ainda não foi assinada... o senhor mudava... depois a gente...

ARGEU – O senhor está brincando!

TAC – Falo sério, doutor! Não custava nada e podia lhe trazer algum proveito!

ARGEU – A sentença já foi dada.

TAC – Ora, doutor, não seja assim durão! O senhor vai se arrepender!

ARGEU – Já me arrependi de ter recebido o senhor!

TAC – Doutor... ponha a mão na consciência... afinal, em matéria de lei... parece que o senhor também... não?

ARGEU (*perturbado*) – O que é que o senhor quer dizer?

TAC – Ora essa, doutor. Já ouvi dizer... O senhor não é casado, é?

ARGEU – Não há lei contra isso!

TAC – De acordo! Só que fica engraçado, um Juiz que vive amancebado...

ARGEU – Dobre a língua!

TAC –... Um Juiz que vive amaziado, condenar o meu hotel, só porque não pede documentos... Ora, doutor! Pense um pouco!

A senhora Nicácia entra nesse momento,
carregando uma bandeja de café.

NICÁCIA – O senhor aceita um cafézinho?

TAC – Aceito, obrigado. (*toma o cafezinho, enquanto olha ironicamente para o Juiz e para a evidente gravidez da mulher*)

A HISTÓRIA DO JUIZ 249

Argeu – Nicácia, vá para dentro, por favor.

Tac (*enquanto a senhora Nicácia entra, e mostrando com um gesto o absurdo da situação*) – Viu?

Argeu – O senhor tem razão. Eu não vou assinar essa sentença.

Tac – Ótimo doutor! Depois a gente acerta isso. O senhor não vai se arrepender!

Argeu – O senhor está enganado. Eu não vou assinar, mas outro virá no meu lugar, que vive como deseja a sociedade, e que possa assinar a sentença. Eu vou-me embora.

Tac – Mas o senhor chegou há um mês, doutor!

Argeu – Não faz mal. Vou-me embora assim mesmo.

Tac (*sorrindo*) – Ora, doutor, o senhor é que é um puritano. O senhor não entendeu nada! (*sai*)

Argeu – Claro que entendi. Eu não posso defender esta sociedade se eu mesmo estou vivendo contra as regras dela. Não tenho força moral segundo esta moral. E o pior é que agora eu mesmo comecei a julgar a lei. Já estou criticando a lei. Mando fazer coisas nas quais eu, Juiz Argeu, não acredito!

Nicácia (*entrando*) – Argeu, o que foi que aconteceu?

Argeu – Nada, meu bem. Só que eu acho que nós não vamos parar muito tempo nesta cidade...

Nicácia – Nem nesta?

Argeu – Nem nesta. Você sente muito?

Nicácia – Não, eu quero estar com você. Só que...

Argeu – Sim?

Nicácia. – Logo o Argeuzinho vai nascer... Nós precisamos parar em algum lugar...

Argeu – Nós vamos parar, meu bem. Tem que haver um lugar...

Nicácia – Argeu... eu não quero que você... se você acha... eu não sei...

Argeu – Mas você quer casar?

Nicácia – Eu acho uma besteira, Argeu.

Argeu – E eu acho um desaforo. Nunca pensei que meu casamento me parecesse um desaforo!

Nicácia – Argeu...

Argeu – Que foi Nicácia...

Nicácia – Não sei... eu não estou me sentindo bem... bem... (*desmaia*).

Argeu (*atrapalhadíssimo*) – Nicácia... Cacinha, meu bem... Doutor! Um médico, depressa... ninguém atende a gente neste hospital?

Tac (*como enfermeira; entrando depressa*) – Estou aqui, estou aqui, que é que houve?

Argeu – Minha mulher, o nenê, acho que o nenê...

Tac – Qual é o problema? Tenha calma!

Argeu – Acho que o bebê vai nascer! (*encorajando-a*) Nicácia...

Nicácia (*voltando a si*) – Onde é que eu estou?

250 TEATRO COMPLETO: RENATA PALLOTTINI

ARGEU – No hospital, meu bem. Tudo vai dar certo...

TAC – Sua senhora? (*tomando notas*)

ARGEU – Sim... não... mais ou menos...

TAC – Já vi tudo. O que sente?

NICÁCIA – Acho que vou ter um filho...

TAC (*anotando*) – Percebe-se! Idade.

NICÁCIA – Do filho?

TAC – Da senhora!

NICÁCIA – Trinta e oito...

TAC – Trabalha?

NICÁCIA – Em casa...

TAC (*anotando*) – Não trabalha... Tem outros filhos?

NICÁCIA – Tenho o Arturzinho, que é soldado.

TAC (*anotando*) – Filho temporão... está na hora?

NICÁCIA (*aflita*) – Não sei, ora essa, eu estou nervosa!

TAC – Vamos ver. Ponham os dedos aí. Um, dois, três, vá (*todos poem os dedos, como no jogo, e a enfermeira conta*) Sete e sete são quatorze, com mais sete vinte e um, tenho sete namorados e não gosto de nenhum. (*apavorada*) Está na hora!

ARGEU – Já?

TAC – Já. Vamos minha senhora. (*carrega com a senhora Nicácia*)

ARGEU – E eu?

TAC – O senhor fique aí. Luz vermelha, menina. Luz verde menino. Luz amarela, espere. Vamos!

Sai levando a senhora Nicácia. O Juiz fica sozinho, fumando nervosamente, passeando e monologando.

ARGEU – Luz vermelha, menina. Luz verde, menino... Luz amarela... espere... Ai, meu Santo Argeu, me ajude... não vá Deus castigar a gente, ai meu Deus, eu prometo... bonito, na hora do aperto começam as promessas, não é sem vergonha? Meu Deus, eu juro que não faço por mal, eu gostava dela. Santo Argeu me ajude... (*ouve-se uma campainha – acende-se a luz amarela*) Puxa vida, ainda luz amarela... Espere, espere... quando o Argeuzinho nascer, quando a Nicacinha nascer... quando o alguémzinho nascer... pego a Nicácia e vamos embora desta cidade. Pior que cidade pequena, só cidade menor... Fica todo mundo vigiando a gente, tomando nota de tudo o que a gente faz... Ai, meu Deus, que demora... (*luz amarela pisca*) Pisca, pisca, diabo, não é filho teu... Nicácia, meu bem... Doutor, faz alguma coisa... Puxa vida, eu nunca pensei que fosse tão duro... (*senta*) Que sofrimento! (*levanta*) Quem sabe se é por ser o primeiro... mas que demora, diabo de cigarro que nem dá fumaça... está entupido... também, tem um tronco inteiro aqui dentro... não é mais fumo que eles usam é palha de milho... acho que botam até sabugo... se tudo correr

A HISTÓRIA DO JUIZ

bem, fico sem fumar seis meses... seis meses não, um ano... (*ouve-se outra vez a campainha*) – Luz amarela – Luz amarela... Piscou... Juro que deixo de fumar pra toda a vida... Piscou outra vez... (*luz verde*) Verde! VERDE! LUZ VERDE! O ARGEUZINHO NASCEU! O ARGEUZINHO NASCEU!

Pula de alegria, chora, joga o cigarro fora, quando entra Todas As Coisas como funcionário do Tribunal de Justiça.

TAC (*Solene*) – Juiz Argeu?

ARGEU (*radiante*) Sou eu mesmo! Acabo de ter um filho!

TAC – Estimo. (*entrega-lhe um papel*) O senhor deve comparecer ao Tribunal de Justiça. (*sério*) ASSUNTO URGENTE!

Terceiro Ato

O Juiz Argeu, na Capital, no Tribunal de Justiça, está tentando explicar-se. Pancadas de martelo. O Juiz adianta-se e olha para o alto, como para uma mesa imaginária, colocada sobre o estrado. A Justiça emite sons estranhos, como se fossem ruídos eletrônicos. A Justiça é Todas As Coisas.

Justiça – ....

Argeu – Sou eu, Excelência...

Justiça – ....

Argeu – Reconheço que é tudo verdade.

Justiça – ....

Argeu – Puxa, contaram logo, hem?

Justiça – ....

Argeu – Desculpe, Excelência. Eu sou um Juiz de interior.

Justiça – ....

Argeu – Sim senhor, era.

Justiça – ....

Argeu – Foi porque eu gostava dela.

Justiça – ....

Argeu – Pode não ser uma boa resposta, mas é a única que eu tenho.

Justiça – ....

Argeu – O senhor já viveu sem mulher, Excelência?

Justiça – !

A HISTÓRIA DO JUIZ

ARGEU – DESCULPE!

JUSTIÇA – ....

ARGEU – Eu podia ter dado um jeito na lei, mas não quis. Achei que não era direito.

JUSTIÇA – ....

ARGEU – É sim, Excelência, o que essas cartas dizem é verdade.

JUSTIÇA – ....

ARGEU – Até o Bispo?

JUSTIÇA – ....

ARGEU – Não é falta de respeito, mas será que o bispo não tem mais o que fazer?

JUSTIÇA – ....

ARGEU – Sim senhor.

JUSTIÇA – ....

ARGEU – Não senhor, até que o povo, mesmo, nem se importou. Muitos deles tambem não casam e vivem muito bem assim.

JUSTIÇA – ....

ARGEU – Sim, Excelência, prometo não emitir mais minhas opiniões.

JUSTIÇA – ....

ARGEU – É, eu imagino que as conseqüências sejam graves.

JUSTIÇA – ....

ARGEU – Fica na minha vontade? Mas então... continuo a ser Juiz?

JUSTIÇA – ....

ARGEU – Só, advertência e remoção?

JUSTIÇA – ....

ARGEU – Mas por quê? Se não sirvo prá ser Juiz onde estava, como servirei em outra cidade?

JUSTIÇA – ....

ARGEU – Ah! Casando...

JUSTIÇA – ....

ARGEU – Sim senhor, eu vou pensar, Excelência.

Três pancadas de martelo. A JUSTIÇA se apaga, o Juiz desce as escadas do Tribunal, de cabeça baixa. Embaixo, em outro plano, espera-o a Senhora Nicácia, com o nenê no colo.

ARGEU – Bilu, bilu, nenê.

NICÁCIA – Como é que foi, Argeu?

ARGEU – Bilu, bilu, Argeuzinho.

NICÁCIA – Fala.

ARGEU – Eles disseram que é pra eu decidir.

NICÁCIA – Decidir como?

ARGEU – Se eu decidir casar com você, eles só me removem. Se não, me aposentam.

NICÁCIA – Explica melhor.

254 TEATRO COMPLETO: RENATA PALLOTTINI

ARGEU – Se eu me caso, sofro uma advertência por escrito, e depois me mandam pra outra cidade, sem maiores problemas. Se não for assim, sou aposentado. Fim de carreira.

NICÁCIA – Quer dizer que a gente teria que casar pra você não perder o emprego?

ARGEU – É mais ou menos isso.

NICÁCIA – Dá impressão que assim você está casando com *eles,* e não comigo.

ARGEU – Não é bem isso, Nicácia.

NICÁCIA – Nós vamos viver sempre juntos, não vamos?

ARGEU – Sempre, enquanto a gente quiser.

NICÁCIA – Eu não quero que você case pra viver comigo mesmo sem querer.

ARGEU – Mas eu vou querer sempre!

NICÁCIA – A gente não sabe. A gente nunca pode saber. Eu também pensava assim, mas eles complicam tanto as coisas... põem idéias na cabeça da gente. Por que é tão importante pra eles que a gente se case ou não? Somos nós que estamos casando, e não eles!

ARGEU (*paciente*) – É claro que o casamento de qualquer pessoa é importante para a comunidade.

NICÁCIA (*ingênua*) – Por quê?

ARGEU (*explicativo*) – Porque garante a continuação da sociedade, a instituição da familia, a estabilidade de tudo... porque... porque (*irritado*) Porque sim!

NICÁCIA – Eu me casei uma vez e isso não me garantiu nada!

ARGEU – Não é pra você, é pra sociedade!

NICÁCIA – A sociedade é mais importante que eu?

ARGEU (*irritado*) – É.

NICÁCIA – Até você está contra mim!

ARGEU – Não! Não seja burra!

NICÁCIA – Você está me chamando de burra sem sermos casados! Imagina se fôssemos!

ARGEU – Você não entende!

NICÁCIA – Monstro! Nero! Tibério! Calígua!

ARGEU (*furioso*) – Sua... sua... Messalina!

Os dois furiosos; Nicácia ameaça partir. Argeu a encara.

NICÁCIA – Vamos, filhinho! Mamãe cuida de você... vem, meu pobre orfãozinho!

ARGEU – Orfão? Orfão? Esta criança tem pai! (*tentando pegar o filho*) Vem aqui, meu filho. Vem, que o pai te protege...

NICÁCIA – Argeu, não me provoca!

ARGEU – Me dá meu filho!

NICÁCIA – Seu não, nosso!

ARGEU – Me dá nosso filho! Feminista!

NICÁCIA – Tirano! Machão!

A HISTÓRIA DO JUIZ

Argeu (*enfrentando o público*) – Que foi? O que é? Nunca viram? É briga de marido e mulher, viu? Ninguém tem nada com isso! A gente resolve! Não tem que ficar olhando aí! É assunto nosso!
Nicácia (*tocada*) – Argeu, você é tão valente!
Argeu – Vem, meu bem. Vamos embora daqui.

Saem, evitando o trânsito; ruídos de automóveis, de tráfego. Argeu protege a mulher.

Argeu – Trânsito desgraçado. Quer tomar um refrigerante?
Nicácia – Era bom...

Param num bar, tomam um refrigerante, que lhes é servido por uma mão invisível; estão desanimados, tristes.

Argeu – O que é que eu faço, Cacinha...
Nicácia – Vamos ver... se eles te aposentam, como é que fica?
Argeu – Eles me dão um dinheiro todo mês, e eu fico em casa.
Nicácia – E isso não é bom?
Argeu – Não, não é. Ficar sem fazer nada, e ser sustentado por gente que acha que eu sou um devasso? Vamos embora daqui, Cacinha...

Saem e continuam caminhando.

Nicácia – Então, só se a gente casasse...
Argeu – Não quero! Não dou meu braço a torcer! Agora, eu não vou fazer o que eles querem!
Nicácia – Mas Argeu, pensando bem, desse jeito eu sou mãe solteira...
Argeu – Solteira não, viúva. Tem muitas por aí.
Nicácia – E se você largasse tudo, simplesmente?
Argeu – Pra morrer de fome? Pra fazer você e o Argeuzinho passarem necessidade?
Nicácia – O jeito, então, é aposentar.
Argeu – É contra a minha dignidade.
Nicácia – Casar!
Argeu – Seria dar parte de fraco!
Nicácia – Largar tudo!
Argeu – Pra fazer o que?
Nicácia – Ser advogado.
Argeu – Não gosto!
Nicácia – Professor.
Argeu – Não tenho jeito.
Nicácia – Comerciante.
Argeu – Não vai com meu temperamento.
Nicácia – Agiota! Barbeiro! Ator de teatro! Tira de polícia! Publicitário! Alfaiate!

256 TEATRO COMPLETO: RENATA PALLOTTINI

ARGEU (*com as mãos na cabeça desesperado*) – Meu Deus! E eu só queria ter a minha mulher! Eu só queria ter a minha mulher e o meu filho e viver em paz! Eu era um Juiz honesto! Um homem honesto!

No meio do desespero de Argeu entra Todas As Coisas, como se voasse, vestido de Deus grego, Hermes ou Mercúrio, o mensageiro. Traz nas mãos um pergaminho. Nicácia o vê antes.

NICÁCIA – Argeu... Argeu... tem um cara aí... acho que é aquele... como chama? Cupido, eu acho...

TAC – Ó santa ignorância... Hermes, minha senhora...

ARGEU (*alheio a tudo*) – Um emprego! Me dêem um emprego pelo amor de Deus, que eu quero sustentar minha mulher e meus filhos...

TAC (*desenrolando o pergaminho e lendo*) – Excelentíssimo senhor doutor Argeu de Oliveira. Nesta. Temos a súbita honra de convidá-lo, dados os seus evidentes méritos e experiência na carreira, para integrar o quadro de Juízes de Futebol de nossa Federação. O seu assentimento e a sua colaboração virão trazer honra e prestígio à nossa modesta entidade. Pela Federação Cosmopolitana de Futebol, assinado, Deus Ex Máquina.

Todas As Coisas lança longe o pergaminho, num gesto helênico, e saca da cintura um apito, que fica balançando diante dos interlocutores.

NICÁCIA – Deus ex quê?

ARGEU – O que é que esse deus quer?

NICÁCIA – Futebol?

TAC – Juiz de futebol, excelência; vossa excelência está sendo convocada para ser Juiz de futebol.

ARGEU – De futebol? Mas eu... eu fui um beque muito da michuruca!

NICÁCIA – Ah, Argeu, aceita! Juiz de futebol, que lindo! Tem uns tão engraçadinhos...

TAC – Cinco milhões por jogo, doutor. O contacto com a massa popular. E o senhor vai, finalmente, poder fazer justiça!

ARGEU – Justiça! Soprar uma latinha uma hora e meia, e ganhar numa tarde o que eu ganhava num mês!

NICÁCIA – Argeu, você aceita?

ARGEU – E eu era louco de não aceitar?

TAC – Prestígio!

ARGEU – Popularidade!

TAC – Viagens ao exterior!

NICÁCIA – Uns uniformes tão lindos!

ARGEU – Estamos aí!

A HISTÓRIA DO JUIZ

Apanha o apito que balançara na mão de Todas As Coisas.
Esse sai, elegantemente, despedindo-se.

TAC – Até breve! Fiquem com Deus! (*sai*)
ARGEU (*entusiasmado*) – Estamos aí!

Nicácia sai.

ARGEU – Meu filho... Será que você vai ententer esta nova Conceição que foi seu pai? Vou tentar a descida e subir, Argeuzinho. Eu prometo.

Despe a toga, solenemente; debaixo dela surge o uniforme
de juiz de futebol. Pendurando o apito no pescoço,
Argeu está pronto, toma fôlego, e apita longamente.

ARGEU – Tudo pronto! Certo? Então, vamos lá minha gente! (*apita*)

Black-out. Ao fundo, é projetado, como se fosse televisão,
o filme de uma partida de futebol, em que o juiz usa roupa
semelhante a do Juiz Argeu. Ao mesmo tempo, ouve-se
a retransmissão de um jogo emocionante. A senhora
Nicácia, diante da tela de televisão, com o Argeuzinho
no colo, torce, Todas As Coisas, que é Dita torce também.

TRANSMISSÃO – Trinta e sete minutos do segundo tempo! O Teeeeempo passa! Joãozinho deixa a bola a Bibi, Bibi pega a bola com o cotovelo, paraliza o árbitro Argeu de Oliveira. Bibi reclama e sua excelência chama a atenção do jogador. Colocada a pelota, Joaquim bate, recua a Waldemar, Waldemar estende para a direita, alcança Roberto, Roberto faz levantamento de bola para Zezinho, Zezinho rápido na ponta esquerda para Walter, Walter entra pela área. Levou na corrida dois adversários, levou mais um, está em excelentes condições quando sofre falta violenta dentro da área! Falta pênalti contra o Paineiras! Falta violenta dentro da área contra Waldemar. Vamos ver o que dá o árbitro! Os jogadores do Paineiras rodeiam sua excelência o Juiz Argeu de Oliveira!

NICÁCIA – Ai, meu Deus do céu.

TAC – Não é nada não, Dona Nicácia. Ele é durão!

TRANSMISSÃO – O Juiz Argeu deu jogo perigoso! Dois toques contra o Paineiras. Não foi dado o pênalti! Os jogadores do Atlético estão reclamando do árbitro. Argeu de Oliveira sacode o dedo no nariz de Lulu, o capitão do Atlético. O negócio é fogo, Gerson Guimarães!

OUTRA VOZ – É sim, Francisco Carlos de Azevedo! Mas o árbitro está agüentando a tranco! Na minha opinião ele está certo! Não houve falta!

TRANSMISSÃO – Parece que os ânimos estão serenados, graças à ação enérgica do árbitro, que não permitiu reclamações! Vai ser batido o tiro livre indireto... Juiz que sabe o que quer é assim, Gerson Guimarães!

258 TEATRO COMPLETO: RENATA PALLOTTINI

Outra Voz – É claro, Francisco Carlos de Azevedo! Sem dúvida Argeu de Oliveira é atualmente o primeiro Juiz do Quadro da Federação...

Apagam-se a tela e a voz da transmissão. A senhora Nicácia e Todas As Coisas-Dita.

Tac – Pois é. Quem diria! Tudo ficou bom, agora. A vida se arrumou.

Nicácia – Pois é. E depois que você veio ficar com a gente, então...

Tac – Bobagem, Dona Nicácia. O que vale é Deus. A senhora... tem tido notícias do Arturzinho?

Nicácia – Do Arturzinho? Tenho sim.

Tac – E como ele está?

Nicácia – Recebi uma carta dele; diz que aquela guerra está feia...

Tac – Ele já sabe?

Nicácia – Do Argeuzinho? Sabe sim, mandei dizer pra ele.

Tac – E ele?

Nicácia – Escuta... (*lê o seguinte texto*):
"Minha mãe – sua benção. Recebi ainda agora a carta que me fala do Juiz. Mãe, aqui neste campo de poeira, vendo as coisas que caem e as pessoas que morrem, eu acho que cresci e aprendi a lição. Eu não sei explicar, mas poucas coisas são de fato importantes pra viver. Me lembro do jantar na nossa casa, da sopa, do café e depois do cinema. Tudo isso era sossego e agora, neste inferno, enquanto tudo cai eu penso na senhora. Não se esqueça de mim, mas também não se esqueça de si mesma. Se existe um homem bom, que lhe quer bem, respeita e tem afeto, pode crer que ele é hoje um meu amigo. Hoje eu carrego pouco no meu corpo e o que é mais importante é o coração. Mãe, faça o melhor por nós e espere em Deus que eu volto. Não se esqueça de olhar o meu pé de jasmim, não se esqueça de mim. Tire as pilhas do rádio, ele pode estragar... Cuide bem da saúde e dê lembranças... Acredito que um homem deve ter confiança em outro homem, e é assim que eu penso no Juiz! Diga isto pra ele, e ele não há de me trair. Mãe, aqui só se mata porque é ordem. Mas o que existe mesmo é vontade de amor... Um beijo pra você, um beijo ao meu irmão. Hoje eu errei um tiro e me sinto melhor. Do seu filho saudoso, o Arturzinho".
(*dobra a carta e enxuga uma lágrima; dita chora.*)

Tac – Bom menino...

Nicácia – Bom rapaz, Dita... Está homem feito...

Argeu (*entrando, alegre*) – Nicácia, Argeuzinho está bom? Você está boa? Quem vai me dar um café?

Nicácia – Café, Dita.

Tac – É pra já. (*sai*)

Argeu (*abraçando-a*) – Meu bem. Estou cansado pra burro!

Nicácia – Descansa, Argeu.

Argeu – Dei duro neles!

A HISTÓRIA DO JUIZ

Nicácia – Bem que vi!

Argeu – Precisam aprender que comigo é ali... na verdade!

Nicácia (*esfriando*) – É.

Argeu – O que foi, meu bem?

Nicácia – Nada. Então foi tudo bem?

Argeu – Foi. Teve o problema do pênalti... aquilo é capaz de dar conversa... mas eu não tenho medo... eu digo a verdade... eu quero ver...

Nicácia (*cautelosa*) – Mas não teve mesmo, Argeu?

Argeu – O que que há Nicácia?

Nicácia – Aquilo não foi pênalti mesmo?

Argeu – Claro que não, meu bem! Se eu não dei, é porque não foi. Eu dei o que vi!

Nicácia – Você tem certeza?

Argeu – Nicácia, eu estou te estranhando!

Nicácia – Está bem, Argeu, a gente não fala mais nisso.

Argeu – Não, a gente fala sim. Entre nós não pode haver coisas escondidas! Que é que há Nicácia?

Nicácia – Bobagem Argeu, eu não entendo nada de futebol, você sabe.

Argeu – Mas entende de mim.

Nicácia – Bobagem, Argeu, não vale a pena.

Argeu – Fala mulher.

Nicácia – Está bem. (*mostrando*) É que você esqueceu este cheque em cima da escrivaninha. Ainda bem que fui eu que achei. E que a Dita é de confiança.

Argeu (*pega o cheque; pausa*) – E você...

Nicácia – Eu não tenho nada com isso? Argeu. A nossa vida tem sido muito dura. Nem família como as outras você tem. Nós já passamos até necessidades. Você sabe o que faz.

Argeu – E você acha agora que eu me vendi.

Nicácia – Você tinha uma posição e perdeu. Vai ver que você acha...

Argeu – Que dinheiro compensa tudo isso?

Nicácia – Podia ser.

Argeu – Vou te contar uma coisa, Nicácia. Não foi só esse cheque que eu recebi. Tem este outro. (*mostra*) Está vendo? Quase a mesma quantia. Não foi só um clube que me procurou. Foram os dois. Eu recebi dos dois. Aceitei dinheiro dos dois. Está aqui. Na hora "h" eu só faço o que acho direito, entendeu? Só dou o que vejo.

Nicácia – Mas por que isso, Argeu? Por que aceitar dinheiro?

Argeu – Nicácia, eu levei muitos anos sendo um Juiz de Direito honesto e mal pago. A situação que eu tinha só me era um empecilho. Quando chegou a minha vez de amar, de casar e ter família, só me puseram dificuldades. Pra me salvar, eu tinha que mentir, eu tinha que me envergonhar.

Nicácia – Era minha culpa...

260   TEATRO COMPLETO: RENATA PALLOTTINI

ARGEU – Não era não. Era culpa de qualquer um menos sua. No fim de contas, prá salvar minha dignidade, eu tive que desistir da profissão. Até que me apareceu este caminho. Foi bom, a gente ganha a vida e ninguém exige de mim o que não se exige de qualquer homem. Só que aqui a hipocrisia é outra. Eu sou Juiz de futebol, tenho de ser ladrão. É verdade estabelecida.

NICÁCIA – Mas você não é ladrão!

ARGEU – Não sou, não. Eu sei que não sou. Essa gente vem me trazer dinheiro porque quer. Nem sequer me pedem nada. Nem fazem a proposta. Dão o dinheiro e vão se embora. E eu pergunto...

NICÁCIA – Argeu!...

ARGEU – Pego dinheiro dos dois, e não roubo prá ninguém. Isso será ser desonesto? Sei lá! Quando eu usava saia, diria que sim! Mas quando eu usei saia, só me dei mal! Agora é diferente, ninguém pensou em nós, sou eu quem tem de pensar. Eu tenho família, Nicácia.

NICÁCIA – Eu sei, homem!

ARGEU – Eu tenho família!

NICÁCIA – E prá seu governo, vai crescer!

ARGEU – Nicácia!

NICÁCIA – Vá se aprontando!

ARGEU – Ai, meu Deus, de novo o sofrimento!

NICÁCIA – Eu que o diga!

ARGEU – Nicácia...

NICÁCIA – Meu bem...

ARGEU – Você ainda confia em mim?

NICÁCIA – Argeu, você é o meu homem, e o resto que se dane!

ARGEU – Puxa, nunca ouvi uma declaração de amor mais linda! (*gritando*) EU SOU UM HOMEM FELIZ! EU SOU UM HOMEM FELIZ! EU SOU UM HOMEM FELIZ!

Projeção, em "slide" da primeira página de um jornal qualquer, onde se lê em manchete: – "EU SOU UM HOMEM FELIZ" – Afirma o Juiz Argeu. Ao mesmo tempo, um repórter de jornal falado repete ao microfone.

TAC – Eu sou um homem feliz! Eis o que diz, para quem quiser ouvir o árbitro da Federação Cosmopolitana de Futebol, ARGEU DE OLIVEIRA, às vésperas de seu embarque para os Estados Unidos, onde irá apitar um jogo de futebol... (*pausa maliciosa*) recebendo em dólares... e, segundo consta, realiza o seu casamento, que é um dos mais comentados da temporada.

Tac repórter arranca o microfone de um suporte invisível e passa a ser repórter volante, irradiando, já, a partida de avião do aeroporto. Ruídos adequados, de entusiasmo popular, de motores, de músicas barulhentas, de bandas etc... Toda a movimentação que se segue deve ser conseguida

A HISTÓRIA DO JUIZ 261

no sentido de dar a impressão de que as cenas são vistas a certa distância, nos bastidores ou em direção a platéia.

Tac – Há muito tempo que não se via, senhoras e senhores, tamanho entusiasmo! Um dia claro, de céu aberto, ideal para a prática do futebol e para a partida de aviões! Os portões monumentais do aeroporto foram abertos cedinho... aliás, acho que nunca se fecham, sei lá... Enfim, um calor senegalesco, prezados amigos! Aqui, nos chapadões do campo de pouso os termômetros estão oscilando, oscilando, e vão acabar por cair! Um sucesso, popular e meteorológico, o Juiz Argeu, prezados ouvintes! Uma beeeeeeeeeeeleza de partida! Faixas e mais faixas ornamentam os salões próprios da municipalidade... e a alma ingênua, a alma "pop" do povo que se manifesta... Não é mesmo, Castelar Ramos de Carvalho? (*pausa*) O Castelar não está na escuta... Atenção! Atenção! Surge o Juiz Argeu! Aí vem ele com sua senhora... ou melhor com sua noiva, já que vão se casar... com sua domadora, como se diz no "LIONS"! Senhor Juiz! Juiz Argeu! Uma palavrinha aqui, Juiz!

Surge o Juiz Argeu com Nicácia gravidíssima.

Tac (*aflito*) – Olha o microfone! Tira a mão daí! Olha o fio!

O Juiz finalmente chega perto do locutor. Pausa de surpresa.

Tac – Senhor Juiz, diga aqui para o nosso público qual a finalidade de sua visita aos States!

Argeu (*tranquilo*) – Vou para apitar o jogo entre o "BROKEN LEGS" de Los Angeles e o "PATAS DE PATO" do México.

Tac (*excitado*) – E seu casamento em 'Hollyood', doutor!

Argeu – É falso. Não vou casar não, vou bem?

Nicácia – Não vai não. (*Alto*) Nós somos amigados, no civil e no religioso!

Tac (*Rindo*) (*constrangido*) – Ah! Ah! Boa piada, minha senhora! Família feliz, a sua, senhor Juiz!

Argeu (*rindo*) – Pois é. Tenho já um filhinho e outro encomendado!

Tac (*estupefato com tanta sinceridade*) – Ah, ah... pois é, pois é.

Argeu (*cumprimentando*) – Obrigado, colegas!

Tac – Acaba de chegar uma delegação para cumprimentar o Juiz Argeu! Arbitros da Federação, Excelência?

Argeu – Não, desembargadores. Muito obrigado, colegas! Agradeço a solidariedade! De fato eu reconheço que é a voz geral! Eu, o melhor Juiz do Estado? (*ruídos*) E quiça do País? Bondade! Eu sou um Juiz do interior... (*ruídos*) Ah, era? Agora sou nacional? Obrigado! Reconheço que é tudo verdade! É porque eu gosto dela! Quer dizer, da minha profissão! (*ruído*). É, o povo é o que importa! (*ruídos*) Consagração popular? (*ruídos*). Eu sempre podia dar um jeito na lei, mas não queria! Acho que não é direito! (*ruídos*) Noiva? Não, senhores. É minha mulher! (*ruídos*) Mais alto? MULHER! MULHER! Ah! querem que eu fique mais no alto! (*sobe alguns degraus*) Ela é minha mulher; eu durmo com ela, e já vamos para o segundo filho! (*ruídos*) Obrigado, obrigado! Muito obrigado, caros!

Tac – Grande consagração! Agitação popular! Delegações das mais das mais... "luzíadas"!

Nicácia – Olha lá, Argeu, está chegando a turma da escola de samba da Dita!

Ruídos da escola de samba.

Argeu – Boa gente! Tchau, meu povo!

Tac – Agora, falando sério doutor. Casam no México, mesmo?

Argeu – Já disse que não vamos casar em lugar nenhum! Nós somos...

Tac (*tapando o microfone*) – Cuidado, Juiz. Tem família ouvindo!

Argeu – Todas casadas é?

Tac – Mas já se falava até no vestido de noiva de sua... senhora!

Nicácia – Besteira, moço. Eu não posso casar de vestido de noiva, não sou mais virgem!

Tac (*tapando o microfone*) – Minha senhora!

Nicácia – Ué, e sou?

Tac – O JUIZ ARGEU e sua senhora não confirmam nem desmentem a notícia de seu casamento... antes pelo contrário!

Argeu (*agarrando o microfone*) – Eu não vou casar em lugar nenhum! Vou só apitar um jogo de futebol, e ganhar...

Tac – Olha o Imposto de Renda!

Argeu – Vou ganhar cinco mil dólares, com os quais vou abrir uma continha num Banco da Suíça...

Tac (*aflito*) – Isso dá cana!

Argeu – Como faz todo o mundo que pode! E isso é pra começar!

Tac – Me dá o microfone!

Nicácia (*falando ao microfone*) – vamos encontrar o meu outro filho o Arturzinho...

Argeu – Que vai conhecer o irmãozinho dele, que vai nascer!

Nicácia – E meu filho sabe de tudo!

Argeu – E aprova!

Todas As Coisas, desesperado, arranca a microfone das mãos do Juiz.

Tac – Senhores ouvintes, queiram perdoar esta interferência! Voltamos a transmitir diretamente do aeroporto! O Juiz Argeu e sua noiva já estão no alto da escadinha...

Argeu e Nicácia sobem; iluminados, cumprimentados, felizes.

A HISTÓRIA DO JUIZ

TAC – Já se ouvem as poderosas turbinas do Super Jumbo do Aeroporto que levará o feliz casal em viagem de... de núpcias, de negócios, e eu sei? Atenção... acaba de chegar uma simpática comissária... diz qualquer coisa a um funcionário... parece que estão chegando autoridades... uma delegação... um convite... ? O que? FALA MAIS ALTO! REINTEGRAÇÃO? REINTEGRAÇÃO NA MAGISTRATURA? Convite ao Juiz Argeu! Convite ao Juiz Argeu para se reintegrar na magistratura!

NICÁCIA – Querem você de novo, Argeu!

ARGEU – Não posso, estou de viagem!

NICÁCIA – Voltar para a carreira!

ARGEU – Não interessa!

TAC – Casamento solene na catedral!

ARGEU – Já estou em lua de mel!

TAC (*gritando, inutilmente*) – As vantagens... as vantagens e a honra da carreira... a dignidade... (*escuta o que lhe "sopram"*) a dignidade do cargo!

ARGEU – Aqui, prá dignidade do cargo! Me acompanha, mulher! Eu sou ou não sou o teu homem?

NICÁCIA – É, agora e sempre!

ARGEU – Então, já! Pra dignidade do cargo, tóóóóóó!

Todas As Coisas emudece, enquanto aumenta o ruído da escola de samba da Dita, com o samba enredo "A Dignidade do Cargo".

UM TABLADO NO LARGO DE SÃO FRANCISCO

Enquanto se Vai Morrer...

Enquanto se Vai Morrer... – escrita em 1972, proibida, em seguida, pela Censura Federal. Várias vezes lida, em sessões mais ou menos públicas, a peça só foi encenada em 2002, nas escadarias da Faculdade de Direito, por alunos da Faculdade Paulista de Artes, com direção de Zecarlos de Andrade.

Personagens

Álvaro – Ator 1
Cláudia – Atriz 1
Marília – Atriz 2
Roberto – Ator 2
Jonas – Ator 3
A Mestra – Atriz 3
Beccaria – Ator 4
Poeta Romântico – Ator 5
Nilson – Ator 5
Veterano
Zé Minueto – Ator 6
Corifeu
Júlio Frank – Ator 5
Soldado de 32 – Ator 1
Moça Mineira – Atriz 1
Senhora Mineira – Ator 2
Pracinha 1 – Ator 3
Pracinha 2 – Ator 6
Bispo – Ator 2
Cons. Brotero – Ator 6
Advogado Brotero – 6

Nota

A Mestra usa sempre beca. Beccaria usa roupa do século XVIII e cabeleira branca. O Poeta Romântico, Júlio Frank, o Bispo e o Cons. Brotero usam roupas do século XIX. Os demais, de acordo com as suas funções e as indicações do texto.

Primeiro Ato

Cena 1: A Escola
Tempo – 1970

No escuro, ouvem-se os sons característicos da harpa paraguaia,
numa "guarânia". Acende-se um foco, lentamente, em resistência,
sobre uma mesa de bar. Paraguai, calor, país interior. Álvaro,
sentado à mesa, escreve uma carta, relê, pensa, volta a escrever.
A canção entra num trecho cantando em espanhol, o som
torna a cair. Álvaro lê um trecho da própria carta.

Álvaro – ... "E agora me dizes que a Escola vai ser transferida, mudada.
Mudada por quê? É absurdo. Como podem levar uma Faculdade de
Direito para um *campus* universitário? Poderíamos usar os mesmos
argumentos, aqueles argumentos que usamos no nosso tempo... E o
fórum, e a advocacia, em si? Como despachar uma petição, ir ao tribunal, fazer as distribuições? A prática, onde está a prática? Onde
eles põem a vida?

Volta a escrever; torna-se a ouvir os sons da canção paraguaia.
Luz desce sobre Álvaro, enquanto se acende em resistência
sobre Cláudia no outro extremo da cena. Ela está lendo carta
de Álvaro, a mesma que ele escrevia quando foi visto.

272 TEATRO COMPLETO: RENATA PALLOTTINI

CLÁUDIA (*lendo*) – "Recebi, faz dois dias, o teu poema. Não sei como dizer-te o quanto me tocou – já pela beleza do poema em si mesmo, já pela temática, que me mostra o poeta engajado nas preocupações de seu povo, já pela dedicatória, que só a amizade explica. Por tudo, muito obrigado. Encontrei-te, como se fosse um reencontro pessoal, nos corredores da Escola, momentos antes de entrar em classe... A Escola! Quem poderá algum dia compreender, explicar, o que aquilo foi para nós? E agora me dizes que a Escola vai ser transferida, mudada. Mudada por quê? É absurdo! Como podem levar uma faculdade de direito para um *campus* universitário?"

CENA 2: SOIS DA PÁTRIA
TEMPO – 1956

Imediatamente em seguida às últimas palavras da carta entra em cena um grupo de estudantes, do qual fazem parte Marília, Roberto, Jonas, entre outros. Entram e vão vestindo beca preta de estudante de Direito, com gola branca e faixa vermelha à cintura. Cláudia junta-se ao grupo, vestindo também a sua beca. Reúnem-se mais estudantes, formados, como para um grupo de canto orfeônico, em filas. Quando o primeiro grupo está pronto, entram a Mestra, Beccaria, o Poeta Romântico, Júlio Frank; em suma, todos os personagens disponíveis. Os personagens não estudantes, com roupas características já indicadas sentam-se no chão. A Mestra fica em pé, no centro, destacada. O coro de estudantes começa a cantar o Hino Acadêmico, música de Carlos Gomes:

CORO – Sois da pátria esperança fagueira
branca nuvem de um róseo porvir
do futuro levais a bandeira
hasteada na frente a sorrir;
mocidade, eia avante, eia avante,
que o Brasil sobre vós ergue a fé,
esse imenso colosso gigante
trabalhai por erguê-lo de pé.
O Brasil quer a luz da verdade
e uma coroa de louros também
só as leis que nos dêem liberdade
ao gigante das selvas convém...
Mocidade, eia avante, eia avante
que o Brasil sobre vós ergue a fé
esse imenso colosso gigante
trabalhai por erguê-lo de pé...

ENQUANTO SE VAI MORRER...

No trecho da metade para o fim nos versos "uma coroa
de louros também..." o grupo abre-se ao meio, dividindo-se, e
aparece o monumento ao Soldado de 32 existente no pátio
da Faculdade de Direito de São Paulo, com seus versos
gravados em bronze; ao mesmo tempo, fundindo-se aos acordes
finais do hino, uma única voz masculina canta:

Quando se sente bater
no peito heróica pancada (*bis*)
deixa-se a folha dobrada
enquanto se vai morrer... (*bis*)

Os componentes do grupo vão saindo, um a um. Cláudia
e Marília ficam, tirando suas becas, que deixam ao chão;
fica também a Mestra, vestida com sua beca.

CENA 3: O VESTIBULAR
TEMPO – 1950

Cláudia e Marília estão subindo as escadas centrais da Escola;
cruzam com a Mestra, que desce, detendo-se um degrau
acima das duas; ambas têm livros nas mãos, são estudantes
que estão fazendo vestibular.

MESTRA (*a Cláudia*) – Eu notei você no exame de inglês; você foi bem.

CLÁUDIA (*muito atrapalhada*) – Eu... Eu tive sorte...

MESTRA – Não, você foi bem. Você pode se colocar bem no vestibular.

CLÁUDIA – Eu só queria entrar.

MESTRA – Por quê? Você pode ter uma boa colocação.

CLÁUDIA – Eu fui mal em latim. Ela foi melhor. (*aponta Marília; está as-sustada e diz coisas inoportunas.*) Ela é de Tietê.

MESTRA – Ah, é? (*voltando ao assunto, para Cláudia*) Quem foi seu pro-fessor de inglês?

CLÁUDIA (*muito confusa*) Foi... foi... o doutor... (*tem um branco de memó-ria. Os livros ameaçam cair do braço.*) No colégio foi o...

MARÍLIA – Ora, você me disse, outro dia...

CLÁUDIA (*começando a ficar em pânico*) – Era um médico... Um médico judeu...

MESTRA (*muito calma*) – Como era o nome?

CLÁUDIA – Era... Espera... Eu não me lembro... Era...

MESTRA – Você tinha estudado inglês antes disso?

CLÁUDIA – Tinha... Eu tinha uma amiga... Era uma senhora... Era norte-americana...

274 TEATRO COMPLETO: RENATA PALLOTTINI

MESTRA (*absolutamente neutra*) – Ah, uma amiga...

MARÍLIA (*tentando ajudar*) – Foi no cursinho. A gente fez um cursinho puxado...

MESTRA – Quer dizer que você não se lembra?

CLÁUDIA (*desesperada*) – Não me lembro mesmo! (*os livros despencam*)

MESTRA (*divertindo-se um pouco*) – Não é possível!

CLÁUDIA – Não me lembro! Não me lembro! (*destaca-se das duas outras, que se afastam para a zona escura, avança, grita, está em pânico*) Eu não me lembro!

> *Beccaria aparece, calmo; aproxima-se de Cláudia, dá-lhe*
> *a mão, amigo, ajuda-a a recolher os livros, acalma-a,*
> *passa a mão na sua cabeça, enquanto fala.*

BECCARIA – Ele se chama David; doutor David Selznik; o seu professor de inglês. Ele era pediatra. Era um médico, médico de crianças. Miss Leila era sua amiga. Você tinha seis anos. Você aprendeu inglês com ela. Ela era uma missionária protestante...

CLÁUDIA – ... Missionária...

BECCARIA – Ela te ensinou inglês, e também te ensinou a rezar... Você lia livros infantis em inglês; ela tinha jogos de armar, jogos trazidos dos Estados Unidos. Ela era missionária em Goiás, e tinha vivido com índios. O doutor David foi teu professor no colégio. Ele já encontrou muito trabalho feito, você já sabia bastante. Mas tinha se desencontrado de Miss Leila, desde os dez anos...

CLÁUDIA – Dez anos...

BECCARIA – Ele foi um bom professor. Mas ela já tinha feito o principal.

CLÁUDIA – Como é que ele se chamava, mesmo?

BECCARIA – Doutor David Selznik.

CLÁUDIA – É isso! Marília, ele se chamava David, eu não disse? Era médico e era judeu!

BECCARIA – Você não teve culpa de não se lembrar.

CLÁUDIA – Não tive culpa?

BECCARIA – Não, é claro.

CLÁUDIA – Mas, e agora? Agora, eu nunca mais vou esquecer disso!

BECCARIA – Esquece. Você esquece. E depois, se não esquecer, não tem importância.

CLÁUDIA – Tem importância, sim! Como é que eu vou fazer, se nunca mais me esquecer disso? De tudo isso? Da Escola, dos mestres, dos companheiros, de tudo isso?

BECCARIA – Você esquece... a gente sempre esquece... e depois, se não esquecer, não tem importância...

ENQUANTO SE VAI MORRER...

Cena 4: Trote
Tempo – 1950

Desaparecem Cláudia e Beccaria; estudantes, mais rapazes que moças, entram em cena, de roupas incompletas, sujos, cabeças raspadas ou semi-raspadas. Alguns veteranos, cabeludos. Um dos calouros pode estar sendo carecado no momento. Gritos, protestos. Os calouros invadem a platéia, com saquinhos de pano nas mãos, pedindo esmolas. Pedem e aceitam apenas moedas. Há bandeiras vermelhas. As moças riem, assustadas. Ambiente de susto e excitação. Pequenas mechas de cabelo são cortadas da cabeleira das meninas. Uma pequena mecha é grudada debaixo do nariz de uma delas, a modo de bigode. A caloura aceita a brincadeira. Ação simultânea, desenvolvendo-se em agitação crescente. De repente um calouro, careca e seminu, centraliza a ação. Insultos. Gritos de "calouro burro". O calouro protesta e reage. Por alguma razão ele se insurgiu contra o trote. Dão-lhe uma chave de braço, ele cai de joelhos; os calouros que estavam na platéia, vão voltando e fazem uma roda em torno da ação central. Rodeando o rapaz que está sendo maltratado pelos veteranos, os calouros sacodem os saquinhos de moedas que tilintam, fazendo marcação ritmada.
O calouro geme e apanha. Os veteranos passaram à condição de verdugos. As calouras aproximam-se e olham. A cena de violência prossegue, em ascendência, até que o calouro recebe uma bordoada na cabeça e cai de borco, imóvel. A música dos saquinhos de moedas pára, de repente. Ouve-se uma voz masculina, solitária, no mais absoluto silêncio e na completa imobilidade dos demais:

Voz – "Sois da pátria a esperança fagueira, branca nuvem de um róseo porvir, do futuro levais a bandeira hasteada na frente a sorrir..."

Black-out. Um tempo; ouve-se uma voz masculina, fora.

Voz – Calouro! Vai pra faculdade!

Um tempo, e surge Roberto, careca, ou quase, de sapatos, meias, cuecas e um paletó vestido do avesso; veio correndo, está desorientado. Agora, voam nuvens de farinha vindas do alto e de fora. Vozes, vaias, gritaria. Surgem Cláudia e Marília, cabelos sujos de farinha, cansadas e confusas.

ROBERTO *(ofegante)* – Valeu a pena. Puxa vida, se valeu. Cabelo raspado, era um distintivo! Mais cinco anos, e eu caso com a Silvinha!
CLÁUDIA *(com bigode feito de cabelo cortado de sua própria cabeleira e grudado)* – Você está com o teu distintivo?
Marília *(mexendo na blusa)* – Estou, e você?

276   TEATRO COMPLETO: RENATA PALLOTTINI

CLÁUDIA – Na bolsa. Tive medo de perder, na confusão. Amanhã eu já ponho.

ROBERTO (*falando para ninguém*) – Eu entrei! Eu entrei pra Escola! Eu, metade da turma do Cursinho, mais de um terço da turma do clássico!

MARÍLIA – E esse bigode?

CLÁUDIA – Eles cortaram da minha franja e grudaram aqui. Foi o Uoshinho.

MARÍLIA – Meu cabelo está que é só farinha.

ROBERTO – Pra agüentar aquela correria e tudo, me deram de beber.

MARÍLIA (*para ele*) – O quê?

ROBERTO – Conhaque.

MARÍLIA – Com esse calor?

ROBERTO – E daí?

MARÍLIA – Daí, eu telefonei pra Tietê, e avisei que tinha entrado. Foi aquela festa. Eu mesma não acreditava, ninguém acreditava. Ler os nomes na lista era uma emoção que a gente quase não suportava.

CLÁUDIA – A gente quase não suportava.

ROBERTO – A gente tinha dezoito anos.

MARÍLIA – Foi quatro anos depois do fim da guerra.

CLÁUDIA – Um ano antes da eleição do Getúlio.

ROBERTO – A gente ainda não tinha votado.

CLÁUDIA – Nem tinha vivido.

Tempo.

MARÍLIA – Não vai tirar esse bigode?

CLÁUDIA – Não. Por quê?

ROBERTO – Quer ver como eu tiro ele?

Roberto avança para Cláudia e beija-a. Tempo.
Os três estão parados. O bigode passou para o rapaz,
que o apanha nos dedos, olha, sorri.

MARÍLIA (*sentindo-se demais*) – Desculpem.

ROBERTO – Você sabia que um beijo pode apaixonar?

CLÁUDIA (*indiferente*) – Eu vou para casa. (*a Marília*) Você vai almoçar conosco?

MARÍLIA – Não posso, tenho que lavar o cabelo.

CLÁUDIA – Mas você prometeu, eu avisei minha mãe.

MARÍLIA – Hoje não dá.

ROBERTO – Um beijo pode apaixonar. Você sabia?

CLÁUDIA – E a Silvinha? Tem a Silvinha. Noiva é noiva.

As duas moças saem, cada uma para o seu lado.

ROBERTO – A gente ia casar, dentro de cinco anos. Foi minha primeira namorada. E, a bem dizer, a última. Casei com ela, depois. Ela tinha esperado como eu.

ENQUANTO SE VAI MORRER...   277

Voz (*fora*) – Calouro! Calouro burro! Corre, calouro! Corre!
ROBERTO (*alerta*) – Ia começar a corrida. Era a minha oportunidade. Eu tinha sofrido, suado, atravessado as noites.

Entra um Estudante Veterano, trazendo um canudo de papel e uma cabeça de burro, de papelão pintado. O Veterano deposita a cabeça no chão, desenrola o papel e lê.

VETERANO (*lendo*) – "A douta, eminente, emérita, egrégia, magnífica e sereníssima Comissão do Trote de 1950, enojada e profundamente revoltada com a asquerosa e nauseabunda presença do hipossuficiente e apalhaçado indivíduo denominado Roberto Stamato Burro da Silva, de mau grado aquiesce em extrair do indigitado supra a ínfima e irrisória importância de cento e cinqüenta paus, que reverterá para a Caixinha do governo desta comissão, concedendo-se ao Bicho o pré-excelso privilégio de receber a Carteira do Centro e de sofrer como um cão sem dono até o próximo dia de Graça. António P. de Lima. Presidente da Comissão do Trote".

Ao terminar a leitura do diploma, o Veterano coloca a cabeça de burro na cabeça de Roberto. Este se adianta, solenemente.

ROBERTO – Antigamente a Escola era risonha e franca.

Black-out. Sai o Veterano; em cena Roberto, entrando Cláudia, Álvaro, Marília, Jonas. Estariam em casa de Cláudia. Centro do espaço cênico. Vão fazer uma brincadeira...

CENA 5: BRINCADEIRA DE SALÃO
TEMPO – 1950

A brincadeira é comandada por Roberto. Álvaro, que veio de outro Estado, e ainda não se acostumou ao grupo, está muito esquerdo, mas ansioso por enturmar.

ROBERTO – Vamos lá formar essa roda?
CLÁUDIA – Roda, formar roda!

Fazem um círculo, aberto largo.

ÁLVARO – Que brincadeira é essa?
ROBERTO – É engraçado, entra aí depois você vê.
JONAS – Mas como é?
ROBERTO – Espera que eu explico.
ÁLVARO – É brincadeira paulista?

278 TEATRO COMPLETO: RENATA PALLOTTINI

ROBERTO – Lá vem o outro com discriminação...
ÁLVARO – Não é isso, é que eu não conheço...
MARÍLIA – Ninguém conhece.
ROBERTO – Vamos lá?
CLÁUDIA – Como é que se faz?
ROBERTO – É assim, prestem atenção.
JONAS – Tem prêmio?
CLÁUDIA – Tem lanche.
JONAS – Tem aquele sanduíche de sardinha?
CLÁUDIA – Alguma vez você foi mal servido aqui em casa?
JONAS – Eu não, mas o Álvaro não conhece a casa. É bom pra animar ele.
ÁLVARO – Que é isso, eu estou bem.
ROBERTO – O negócio é o seguinte – começando por mim, cada pessoa
deve passar a mão na cara do seu companheiro da direita.
JONAS – Como é?
ROBERTO – Quer dizer – cada rodada, o chefe faz uma coisa – passar a mão
no nariz do outro, na orelha, cruzar a testa, coçar a bochecha, qualquer
coisa. Em cada rodada o gesto muda, e todos devem imitar.
MARÍLIA – E isso é engraçado?
ROBERTO – Vocês vão ver. Começar!

Na roda que está formada, Álvaro está á direita
de Roberto; portanto será atingido por este.

ROBERTO – Lá vou eu!

Roberto inicia a brincadeira, passando a mão na cara
de Álvaro; este repete o gesto com Marília, todos repetem
o gesto e nada acontece. Completa-se o círculo.
Roberto enfia a mão direita no bolso da calça.

JONAS – Que brinquedo besta!
ROBERTO – Espera um pouco que já melhora!
MARÍLIA – Qual é a graça!
ÁLVARO – Vamos esperar, gente!

Álvaro continua ansioso por ser amigo; na segunda rodada, Roberto,
que manchou a mão de vermelho ao metê-la no bolso da calça, suja
o nariz de Álvaro; todos riem, mas não apontam. Ele não se dá conta,
assim continua o brinquedo e Álvaro vai aos poucos ficando todo
manchado, sem saber, e rindo com os demais, que se riem dele. A coisa
está, já agora, maligna e histérica. De repente, Marília interrompe.

MARÍLIA – Não. Assim não!

ENQUANTO SE VAI MORRER...	279

*A brincadeira pára, bem como as risadas. Álvaro percebe que
estavam rindo dele. Corre e apanha um espelho. Olha-se
com surpresa e dor. Alguns voltam a rir. Marília lhe dá um lenço,
ele limpa o rosto, esfrega-se com raiva. O lenço e o rosto
estão manchados como os de um palhaço.*

ÁLVARO – Isso não estava... Não era... Isso não é justo!

ROBERTO (*tentando rir*) – É brincadeira!

ÁLVARO – Não é justo! Vocês não me conhecem, isso não se faz!

CLÁUDIA – Foi brincadeira, Álvaro. Não foi por mal.

ÁLVARO – Brincadeira! E tinha que ser comigo? Por que, comigo? (*suspeitoso.*) Você sabia?

CLÁUDIA – Eu não. Eu não sabia. Juro que não sabia. (*todos vão saindo*) Nem eu, nem a Marília... nem o Jonas. Mas, e daí? A Escola era também isso – a crueldade, o sangue do calouro, o sangue do transferido. O Álvaro tinha vindo transferido do norte. Pra quê? Azar dele. Não tinha passado pelo nosso vestibular, e isso pra nós era imperdoável. O nosso suor da testa, o suor das mãos de quem sabia que um ano perdido era perdido pra sempre... Quem sofreu junto, diante daquelas malditas cátedras, a traduzir latim com a saliva embolada na garganta... Quem sofreu junto sabe... Ele era um estranho...

VOZ DE ÁLVARO (*fora*) – ... "E agora me dizes que a Escola vai ser transferida, mudada... Mudada, por quê?"

CLÁUDIA – Não sei por que. Razões sempre existem. Toda a universidade está sendo juntada num lugar só. Para isso existe uma Cidade Universitária, dizem eles. É preciso criar um espírito universitário, juntar todas as escolas e todos os estudantes num *campus*. Que importância tem um prédio, uma casa, ainda que seja uma casa especial como esta? Que importância tem o fato de que seja quase um convento? Ela não é mais um convento, dizem eles, só tem a forma de um convento. Os poetas, aqueles, poetas, de fato não viveram aqui, neste prédio. Que adianta supor que viveram? Eles não viveram aqui, só pisaram num chão que corresponde ao chão que nós pisamos... a este mesmo chão que eu agora piso. As paredes não são as mesmas... na verdade, são paredes relativamente novas. Não eram assim, no século passado... Nem um de nós é Castro Alves, nem Fagundes Varella, nem Álvares de Azevedo. Se algum de nós quiser morrer tuberculoso, será por sua própria conta e risco... e isso não terá glória nenhuma. Até a morte foi desmistificada. Morreremos de enfarte, como o Jonas; ou de cirrose, como o Paulo; ou de acidente de automóvel. Nosso velório será feito em nosocômio, nosso enterro em necrópole... Nossa morte não terá glória nenhuma... Se quisermos morrer tuberculosos, será por nossa conta e risco...

280 TEATRO COMPLETO: RENATA PALLOTTINI

CENA 6: A MORTE
TEMPO – 1950

Sai Cláudia. Entram, no escuro, Álvaro, Jonas, Roberto e Nilson, magro, vermelho de febre, e com uma garrafa na mão; sentam-se em círculo, tomando Álvaro a direção dos trabalhos. Nilson tosse um pouco e não deixa a garrafa. Está começando a se embriagar.

ÁLVARO (*batendo no chão*) – Ordem, ordem!

As conversas paralelas que estavam se iniciando diminuem.

NILSON – Se houver ordem, não é maçonaria, não é Bucha, nem é satanismo.
ÁLVARO – "Bucha" não quer dizer desordem.
JONAS – Ordem em termos, pra começar o relatório. Quem relata?
ÁLVARO – Você, burro!
NILSON – Eu protesto! Quero dizer o meu poema à Lúcia Beatriz.
ROBERTO – Eu não tenho nada contra a poesia, mas o assunto hoje é Satã.
NILSON – Pois é, as mulheres são uns demônios. (*tenta levantar-se, inseguro, e recita*)
NILSON – Conheço a vida, já vivi bastante, já conheço as mulheres, meu amigo. Desde a jovem donzela à livre amante todas fingiram grande amor comigo.
TODOS – Não é isso, não é isso! (*protestos*)
ROBERTO – Se for pra dizer poesia, o poeta de hoje é Carducci. Eu fiz tradução livre do "Anticlericalismo maçônico".
ÁLVARO – Vocês estão brincando! Com poesia não se brinca! Gente, que é a Bucha? O que é que nós vamos fazer? Vocês querem pensar nisso?
NILSON – O que é que você tem contra a poesia? (*bebe na garrafa*)
ROBERTO – Me passa isso.
JONAS (*medroso*) – Nilson, você já está... melhor?
Nilson – Você quer dizer se eu não estou mais contagiante?
JONAS – Não é isso... É que...
NILSON – A garrafa é minha, Roberto. É melhor você se cuidar... Cupim no peito é fogo.
ROBERTO (*machão*) – Deixa disso...

Nilson lhe passa a garrafa, limpando antes o gargalo, Roberto bebe um gole e passa a Jonas, que hesita, depois recusa.

ÁLVARO (*alheio a tudo o mais*) – O assunto é o seguinte – por que Satã?
TODOS – Porque sim! Porque não! (*confusão, assobios, risos*)
ÁLVARO – O Diabo tinha uma função, quando Júlio Frank trouxe a Burschenschaft pra cá... Aquele era um tempo... Tudo era novo, o fumo, o vinho... A gente ia pro cemitério, todos tremiam de medo,

ENQUANTO SE VAI MORRER... 281

mas se fingiam de indiferentes... Nada valia, muito menos a vida...
mas agora, a vida tem que valer... Por que Satã?

*Falas improvisadas, que darão aos atores a liberdade de dialogar
sobre o tema Satã, e o que este tema lhes sugira.*

ROBERTO (*declamando sua tradução*) –
"Teu aspersório
Já está demais.
Padre, Satã não volta atrás"!
JONAS – Está bom, mas por quê?
ROBERTO – Porque Deus não resolveu!
ÁLVARO – Porque o Diabo é indivíduo!
NILSON – Porque o Diabo é a mulher!
ÁLVARO – Ele tem idéia fixa.
JONAS (*tomando notas*) – Tenho que relatar tudo isso?
Álvaro – Claro. Ponha aí – porque Satã criou a liberdade!
JONAS – Então, a Bucha luta pela liberdade?
ÁLVARO – Claro, merda!
JONAS (*escrevendo*) – Já é alguma coisa.
NILSON – Pela liberdade e pelo Amor! (*tosse*) Aqui faz frio! (*calafrios;
bebe mais*)
Jonas – Vamos mandar pôr calefação no centro, viu?
ÁLVARO – Você está com febre ou está de fogo?
NILSON – Deixa pra lá.
ROBERTO – Pela liberdade e pelo Amor. E contra quê?
ÁLVARO – Contra a tirania!
JONAS – E contra o professor de Direito Romano!
ROBERTO – Contra todos os professores!
NILSON – Contra todas as mulheres, menos Lúcia Beatriz ... (*encolhe-se de
frio*)
ÁLVARO – Onde fica o Diabo nisso?
ROBERTO – Fica em tudo! Em toda parte está o Diabo!
ÁLVARO – E onde fica a atividade política?
JONAS – É... Não fica em lugar nenhum...
ÁLVARO – A Liberdade, a Liberdade... Mas o que é que a gente faz?
JONAS – A gente vota no Partido Libertador!
ÁLVARO – Palhaço! Você não vê que isso é uma eleiçãozinha vagabunda de
Centro Acadêmico? Que Renovador e Libertador são o mesmo parti-
do com nomes diferentes? Que na verdade tudo é igual e o nosso voto
não muda nada?
NILSON – Alguma coisa sempre muda. (*bebe; tempo; entra em cena o en-
graxate Zé Minueto, muito bêbado*)
ROBERTO – A gente precisa se unir no Libertador.
ÁLVARO – Por que Libertador, pitombas!?

282 TEATRO COMPLETO: RENATA PALLOTTINI

ROBERTO (*irritado*) – E por que União Estadual dos Estudantes?
Álvaro – Porque é a célula estadual de uma União Nacional dos Estudantes.
ROBERTO – Tá bom, mas por quê?
ÁLVARO – Porque nós somos estudantes, e temos que formar um grupo, pra pensar juntos.
ROBERTO – Aqueles caras são uns comunistas!
ÁLVARO – Eu não sou comunista. Sou democrata. É isso que você quer saber?
ROBERTO – Eu quero saber o que tem que ver União Estadual dos Estudantes com Bucha...
ÁLVARO (*cansado*) – Sei lá. Juro que não sei.
NILSON – A gente nunca sabe nada.
ROBERTO – Eu o que quero...
ÁLVARO (*interrompendo*) – Você o que quer é entrar pra Academia de Letras como a Cláudia... Vocês esquecem que isto é uma faculdade de Direito...

> *Zé Minueto, muito bêbado, já sentou no chão*
> *e bebeu da garrafa de Nilson.*

ZÉ MINUETO – Faculdade de Direito Canônico...
ÁLVARO – Não enche, Zé...
ZÉ MINUETO – Direito Canônico é direito que trata dos canos...

> *Roberto e Jonas já estão rindo.*

ZÉ MINUETO – Tem o Direto Pretoriano, que é o Direito dos pretos...
ROBERTO – E Direito putativo, Zé?
ZÉ MINUETO – Direito putativo é o Direito das putas...

> *Todos riem, inclusive Álvaro; Nilson dá gargalhadas e deita no*
> *chão; de repente, tem um acesso de tosse, e solta a garrafa, leva a*
> *mão à boca. Não se vê sangue; ele é socorrido pelos outros.*

ÁLVARO – Que que foi, cara!
ROBERTO – Ele não devia estar aqui... Tamanho inverno! Chama um médico!
ÁLVARO – Às três da manhã?
JONAS – Que que aconteceu?
ROBERTO – Ele não devia ter saído de São José... o cara tem um pulmão só... que Diabo!

> *Luz concentrada sobre Jonas, que se levanta,*
> *com o livro de ata nas mãos.*

JONAS – E o que é que eu ponho no relatório? Bom, está certo, o Diabo. Era pra tratar do assunto Diabo, mas não estava programado isso, quer dizer, é claro que isso não podia estar programado, mas a gente tinha

ENQUANTO SE VAI MORRER... 283

pensado numa sociedade secreta mesmo, a Burschenchaft, com símbolos, corujas, tudo em ordem, que nem no tempo do Júlio Frank, mas ninguém sabia muito, ninguém sabia quase nada, e depois, o Nilson estava lá, de vez em quando ele aparecia, fugia do sanatório, ele precisava da Escola, do ambiente, fazia treze anos, imagina só, treze anos que ele estava na Escola, vê se é possível... O meu enfarte não tinha se anunciado, não, isso não é do relatório, eu era apenas um pouco nervoso, disfarçava, todos pensavam que eu era um bonachão, mas eu tinha muita responsabilidade em casa, trabalhei, trabalhei muito, eu me preocupava sempre com tudo, ninguém sabia, sempre trabalhei muito e me preocupei, mesmo nesse dia, eu me lembro... O meu enfarte ainda não tinha se anunciado, a gente era muito moço, meu Deus, como a gente era moço... Eu tinha medo da tuberculose, que que eu ia fazer, eu tinha medo... Mas os outros... Como os outros eram diferente, parecia uma guerra, conforme a coisa ia se adiantando, era uma guerra...

Luz sobre o corpo de Nilson, morto, deitado; Jonas fica ajoelhado a seu lado, e se deve ver que o próximo a morrer, do grupo todo, será ele... Jonas começa a chorar, um pouco por Nilson, e um pouco por si próprio... Álvaro sai, indiferente a tudo, olhando pra frente, pensando na vida e não na morte... Roberto e Zé Minueto estão ainda em cena.

ROBERTO (*a Jonas*) – Por que você está chorando?

JONAS (*chorando*) – Porque ele morreu... Porque a gente vai morrer...

ROBERTO – O que que você acha do meu sapato; bacana pra burro, ou feio?

JONAS – O quê?

ROBERTO – Esquece, cara. Desliga. (*a Zé Minueto*) Zé. O que que é Direito real?

ZÉ MINUETO (*absolutamente bêbado*) – Direito real é o direito do rei.

ROBERTO – E quem é o rei, Zé?

ZÉ MINUETO – Não sei.

ROBERTO – Rei é aquele que põe a coroa na cabeça antes que ...(*estala os dedos*) antes que... O que, Zé?

ZÉ MINUETO – Outro aventureiro...

ROBERTO – Um aventureiro...

ZÉ MINUETO – Um aventureiro... Dela se aposse...

ROBERTO – A coroa, Zé... E o cortejo... A minha corte...

Zé Minueto apanha uma coroa de papelão dourado; uma das luzes está acesa sobre Nilson e Jonas; outra focaliza a coroação de Roberto, por Zé Minueto, bêbado.

ZÉ MINUETO (*fazendo a coroação*) – Direito real é o direito do Rei.

ROBERTO (*pondo as mãos na coroa*) – Ao Rei, os direitos reais!

284   TEATRO COMPLETO: RENATA PALLOTTINI

*Entra a corte, composta dos que forem na cena inicial os
calouros e os veteranos, cobertos de mantos e trapos coloridos.*

CORO – Deus salve o Rei!
ROBERTO – O rei de todos os tribunais!
CORO – Deus salve o Rei!
ROBERTO – Pois rastejei aos pés do que é mais, e aquejei mais que os demais serei o Rei das Sociedades...
CORO – ... Das Sociedades Profissionais, dos Sindicatos Patronais...
ROBERTO – E das contas dos Tribunais.
Coro – Deus Salve o Rei!

*A Corte circula e faz o beija-mão. Ignora-se
o corpo de Nilson e a presença de Jonas.*

ROBERTO – Para isso me preparei.
CORO – Deus salve o Rei!
ROBERTO – O que fiz e o que farei.
CORO – Deus salve o Rei!
ROBERTO (*com ódio*) – E por isso vencerei!
Coro – Salve! Salve! Deus salve o Rei!

*Zé Minueto cobre os ombros de Roberto com um manto, depois
apanha-o pela cauda, e o segue, enquanto ele sai, acompanhado
depois pela corte. Jonas e Nilson ficam em cena.*

JONAS – O meu enfarte ainda não tinha se anunciado...

Black-out. Passa-se imediatamente à cena seguinte...

CENA 7: A COMPOSIÇÃO DO TÚMULO
TEMPO – 1840

*Ambiente de penumbra onde sobressai o negro; ao fundo, meio
encostado a um sustentáculo, está o corpo de um moço louro, de cerca
de trinta anos. Tem os olhos abertos, mas está morto. Veste roupa de
cerimônia do século passado, camisa branca. É branco e pálido, de
cabelos longos, românticos. A luz está sobre ele. Entram no fundo duas
filas de rapazes, estudantes, vestidos de escuro. Trazem capas negras,
capuzes. Cada um deles traz nas mãos um elemento cabalístico e ao
mesmo tempo decorativo. Alguns trazem velas negras, outros triângulos
de madeira, outros ainda cruzes elaboradas, rosas brilhantes, estrelas,
faixas pretas. Os quatro últimos componentes do cortejo trazem quatro
corujas de metal dourado, de tamanho natural. À frente, um corifeu, que
traz um archote. Aproxima-se do corpo. O corifeu inclina-se e fixa o*

archote numa base, que está aos pés do morto. As velas são colocadas ao redor do corpo, formando um quadrilátero. Os portadores das corujas são as quatro pontas, os quatro ângulos do retângulo.
O corifeu inicia um canto, ao qual responderá o coro:

CORIFEU – Satã e a vontade do morto.
CORO – Assim seja com seu corpo.
CORIFEU – Satã e o descanso do morto.
CORO – Que ele sobreviva ao longe.
CORIFEU – Satã por dentro do morto.
CORO – Ali posto e a seu conforto.

Um dos membros do coro adianta-se e faz um "X" na testa do morto, com tinta vermelha, a mesma que marcou Álvaro, antes.

CORIFEU – Marcado para o desvelo.
CORO – Para que possam reconhecê-lo.
CORIFEU – Marcado para o eterno.
CORO – Como Satã no seu inferno.
CORIFEU – Assinalado na testa.
CORO – Para o demônio e sua festa.

Ouve-se o sino do convento de São Francisco, lento e ao longe.

CORIFEU *(ao morto)* – Ouve a música noturna.
CORO – Com teus ouvidos absurdos.
CORIFEU – Ouve a música noturna.
CORO – Como nos tempos do estudo.
CORIFEU – Ouve a música noturna!
CORO – Ouve e despede-te de tudo.
CORIFEU – Ouve a música noturna.
CORO – No teu poço sem fundo.
CORO – No teu universo mudo no teu frio profundo. OUVE A MÚSICA NOTURNA!
CORIFEU – Ouve, e despede-te de tudo.

Cessa o som do sino. Os membros do cortejo cercam o corpo e o levantam, até que ele esteja de pé. Trazem-no para o centro do espaço cênico. Seus olhos azuis estão abertos. O coro o rodeia, como se cada componente fosse uma haste da grade que vai rodear o túmulo de Júlio Frank na Faculdade de Direito de São Paulo.
As quatro corujas estão nos quatro cantos do túmulo, o corpo de pé.
Tambor. Com o Corifeu à frente, é feita a composição do túmulo.
As velas estão acesas. Luzes, concentradas no centro.
O coro grita, em latim, os termos do seu epitáfio:

Coro – Hic Jacet Julius Frank In Hac Paulopolitana Academia Professor Natus Gothas Sit Ei Terra Levis!

Os últimos gritos do coro ressoam, a luz se apaga, o túmulo se desfaz, mas os mesmos componentes do cortejo passam, agora, a entoar uma canção acadêmica moderna, o "Quim quim querum".

CENA 8: A PERUADA
TEMPO – 1950

Coro – Quim quim querum
good night in querum
quim quim querum (*bis*)
quim quim querum

Ó Nicodemo, ah, ah, ah, ah,
Ó Jalauba, ah, ah, ah, ah,

(*bis*)
Ó Nicodemo
Ó Jalauba
(*na segunda vez.*) uba, uba, uba, uba, uba, uba, uba, uba, uba, uba,
Pim pim pim piririm pim pim pim
Pim pim pim piririm pim pão
Pim pim pim pir!rim pim pim pim
Pim pim pim piririm pim pão
Universidade, universidade olha o Jalauba, uba, uba.
Uba, uba, uba, uba, uba, uba.
(*imitando foguete.*) shhhhhhhhhh pun!
shhhhhhhhhh pun!
shhhhhhhhhh pun!
Academia, Academia, Felicidade!

Extingue-se o grito de guerra; os estudantes, ainda de capa, estão escalando o muro da faculdade, tentando passar para dentro.
É noite, o prédio fechado. O muro é formado e escalado pelos próprios estudantes, divididos em duas turmas, a que compõe o muro e a que o escala. No grupo estão Álvaro, Roberto e Jonas.
Os estudantes carregam objetos debaixo das capas.
O diálogo deve surgir da própria escalada, de suas necessidades e dificuldades, com as seguintes frases base:

Cuidado, atenção aí. Olha o bicho. Trouxeram o vinho?
Menos barulho senão o Zé acorda.

ENQUANTO SE VAI MORRER...

Zé está bêbado a esta altura.
Se ainda não está, vai ficar.
Não empurra!
Vê se não aperta, senão não sobra nenhum vivo!

Toda a cena é, evidentemente, de movimentação exterior, e as falas devem sugerir e surgir da movimentação. Finalmente, o muro é escalado, desfaz-se, todos estão, agora, no interior. Debaixo das capas surgem alguns perus vivos e garrafas de vinho.

ÁLVARO – Finalmente!

ROBERTO – Caramba, que trabalho!

ÁLVARO – Que será que os velhos vão dizer amanhã?

ROBERTO – Sei lá? Também, você já ouviu falar de professor de Direito criar peru?

JONAS – Criar ainda não é nada, mas expor?

OS RESTANTES – Pega o peru aí, pega! Não deixa correr!

ROBERTO – Quem é que vai matar e limpar essa droga?

JONAS – Droga não, são perus premiados em exposição!

ÁLVARO – Menino, isso não existe! Roubar os perus da Exposição! Só nós.

ROBERTO – Já disse. Professor de Direito ensina Direito. Não cria peru nem vai ficar expondo o peru dele.

JONAS – O que o Consulado do Peru sofreu hoje, atendendo telefone...

ROBERTO – O melhor é o que vai sofrer amanhã.

ÁLVARO – Acorda o Zé Minueto.

ROBERTO – Pra quê?

ÁLVARO – Pra ajudar aqui nos perus.

ROBERTO – Zé vai estar tão bêbado que não vai saber se isso é peru ou elefante.

ÁLVARO – Mesmo assim, acorda ele. Eu não sei matar peru.

ROBERTO – Abre o vinho.

JONAS (*passando-lhe a garrafa*) – Está aberto.

Bebem nas garrafas. Gritam.

ÁLVARO – E pro peru nada!

TODOS – Tudo!

ÁLVARO – Um quim quim querum!

Recomeçam o "quim quim querum". Ao fundo, Roberto, Álvaro e Jonas permanecem.

ROBERTO – Com essa, a gente ganha as eleições do Centro.

ÁLVARO – Com essa não. É preciso ideologia, convicção. Quantas vezes eu preciso dizer isso pra vocês?

JONAS – Que é que vocês tão falando aí?

ROBERTO – Da eleição.

288   TEATRO COMPLETO: RENATA PALLOTTINI

JONAS – Pensei que era do peru. Quedê eles?

ROBERTO – O pessoal levou pra dentro. Dá um cigarro.

*Os restantes desaparecem com os perus. Desapareceu também
o grito de guerra. Restam as garrafas de vinho, e os três.*

ÁLVARO – Precisa ter ideologia, saber o que quer, falar com base. Isto aqui,
gente, é só o começo.

JONAS – Começo do quê?

ROBERTO – Começo de tudo, não, palhaço? Ou você vai advogar sem o
canudo?

ÁLVARO – Não é só isso. Advogar está certo. Mas o que é que a gente quer
no duro? Trabalhar, ganhar dinheiro, criar família?

JONAS – Pra mim, está bom, esse programa aí.

ÁLVARO – Pois pra mim não está! Eu quero fazer coisas, quero deixar minha marca na história, quero pensar!

ROBERTO – Cau-da-lo-so!

ÁLVARO – Ora, vai te fotografar.

JONAS – Oba, cheiro de peru assado!

ROBERTO – Ainda é muito cedo. Não deu tempo.

JONAS – Então, deve ser um peito de peru qualquer.

ROBERTO – Por falar em peito, onde é que a gente vai, saindo daqui.

JONAS – Que dúvida! Pegar mulher, não?

ROBERTO – Sei, mas qual delas?

JONAS – A mais barata, que eu estou duro.

ÁLVARO (*rindo*) – Em que sentido?

JONAS – Em todos que você quiser, bem...

ÁLVARO – Te racho o crânio.

JONAS – O problema é que se a gente pega a mesma mulher que você, e vai
depois de você, precisa arrumar um calço... O exemplar de domingo
do Estadão, por exemplo...

ROBERTO (*orgulhoso*) – Desculpa, mas o papai, aqui... Não é pra me
"gambá", porém...

JONAS – Quem vai quem não vai?

ÁLVARO – Eu não.

JONAS – Ué, fez promessa?

ÁLVARO – Não é isso. Não é isso. Estou cansado de mulher... qualquer...

ROBERTO – A gente pode mandar vir uma princesa árabe pra você... O
Álvaro quer uma mulher especial... Que ele ame!

ÁLVARO – Mas é claro. Você não vê que é claro?

ROBERTO – Sei. Tá bom. Agora recita uma poesia.

ÁLVARO – Não chateia.

JONAS – Recita! Recita!

ROBERTO – A última que você fez. Vá! A que está no bolso.

JONAS – A que está no bolso, essa mesma!

ENQUANTO SE VAI MORRER...   289

ÁLVARO – Merda, não chateiem!

JONAS – Pega ele, pega!

Roberto e Jonas pegam Álvaro à força; ele se defende,
esperneia, insulta, dá pontapés, mas acaba perdendo.
Tiram do seu bolso um poema escondido.

Roberto – Não falei? (*lírico*) "Alma de um amor..."

Álvaro (*furioso*) – Não mexe nisso!!!

ROBERTO – "Alma de um amor... Por que foi mesmo que ela não te quis?
Beijo nascido para humilhação, pobre beijo desprezado, tu foste, ainda assim, o maior beijo que eu já dei na vida!"

ÁLVARO (*arrancando o papel*) – Imbecil! Dá aqui!

JONAS (*exagerado*) – Aí, que lindo! Quem é ela, heim?

Roberto – Marília? Marisa? Norminha?

JONAS – Ou Cláudia, hem?

ÁLVARO – Vocês não são gente nem pra entender de amor, seus bestas! Pra
vocês vai ser tudo fácil! Casar, despejar nas mulheres e ter filhos! É
só isso que vocês vão fazer!

VOZ (*off*) – Está pronto! O peru está pronto! Atacar!

Roberto e Jonas – Vamos lá, vamos lá! Vamos lá! Poeta!

ÁLVARO – Me deixem! Eu vou depois.

Os dois saem, alegres, sem o mínimo constrangimento.

ÁLVARO – É só isso o que vocês vão fazer. E não é isso que eu quero.

Entra Nilson, devagar, com sua garrafa na mão.
Agora ele está pálido e sereno.

ÁLVARO – Não é isso que eu vou fazer!

NILSON – É. É sim. É também isso. E é bom que você saiba.

ÁLVARO – Eu tenho consciência. Eu sei que não sou como você.

NILSON – Eu nunca fiz, nada em realidade. Nem queria fazer.

ÁLVARO – Você era louco.

NILSON – Se você quer opor alguém àqueles dois, sou eu esse alguém. Eu,
e não você.

ÁLVARO – Como é que você sente a sua própria morte?

NILSON – Mal. Eu me sinto mal. (*arranca pedaços da própria roupa, que
se despregam*) Eu me dou mal com a morte. E, no entanto, era o que
eu mais queria.

ÁLVARO – Eu não quero morrer. Na verdade, eu não sou um romântico.

NILSON – É um romântico, sim. Mas de outro jeito. Vai se aproximar deles,
vai procriar como eles e não morrer como eu. É fatal, entendeu? Um
administrador que se preza tem esposa e filhos. Não pode ser solteiro,
amasiado, homossexual. Tem que casar e ter filhos. Eu não, eu podia não
ter nada. Podia ser jovem e agonizar, até a morte. Eu! Eu, e não você!

ÁLVARO – Talvez, sim, eu me case. Afinal, eu estou apaixonado...

NILSON – Está vendo? Você já começou a transigir... Ah, já começou... (*começa a rir, uma risada violenta, que irá até o fim da cena*) Já começou...

Vozes de dentro, Roberto, Jonas, gritos, alegria.

ROBERTO (*off*) – Vocês sabem do que mais? (*tempo*) Nós inventamos... A peruada!

NILSON (*rindo*): – ... Em 1950...

ROBERTO (*off*) – Inventamos a peruada!

NILSON (*rindo*) – ...Você começou a transigir!

ROBERTO (*off*) – Álvaro! Álvaro!

NILSON (*rindo às gargalhadas*) – Você, o herói romântico!

ROBERTO (*off*) – Nós inventamos a peruada!

NILSON (*rindo*) – Começou a transigir!

Risos em crescendo de Nilson, silêncio de Álvaro, ruídos, off dos demais. Voz masculina, off, cantando com a mesma música de "Quando se sente bater".

VOZ – A moça disse pra outra
com esse eu não me arrisco;
(*bis*)
pois ele estuda Direito
(*bis*)
no largo de São Francisco...

CENA 9: A AULA
TEMPO – 1950

Em cena a Mestra, Cláudia, Marília, Roberto, Álvaro, Jonas. A Mestra está na cátedra, de beca. Está dando uma aula explicativa sobre um ponto de Direito Penal que corresponde à obra de Beccaria. Os alunos ouvem, algumas capas pretas estão jogadas no lugar da cena, sobre escadas ou bancos. Música ao fundo, suave, do século XVIII.

MESTRA – ...Cesare Bonesana, Marquês de Beccaria, nasceu em Milão, no ano de 1738. Foi educado por jesuítas franceses, estudou literatura e filosofia. Muitíssimo influenciado por Montesquieu e Helvetius, escreveu sua obra principal "Dos delitos e das penas", em 1764...

ROBERTO – Que ano?

ENQUANTO SE VAI MORRER...

Mestra – 1764, século XVIII, portanto...

> *Beccaria surge em cena, com suas roupas de época.*
> *Um livro antigo na mão; caminha tranqüilamente*
> *por entre os alunos, que não o olham.*

Mestra – Sente-se na sua obra a influência de Rousseau...

Beccaria – Rousseau aceitava a pena de morte.

Mestra (*aceitando o diálogo*) – E o senhor não. Mas não se pode negar...

Beccaria – "Quem poderia ter dado aos homens o direito de degolar seus semelhantes"?

> *Os alunos continuam a seguir a aula como antes,*
> *sem nenhuma estranheza. Beccaria senta-se ao lado*
> *deles, para prosseguir no debate.*

Mestra – Isso está fora de discussão, hoje em dia.

Beccaria – Fora de discussão? Quando boa parte do mundo ainda aceita a pena de morte?

Mestra – Cada vez menos. E não se trata, aqui, de discutir a pena de morte, mas sim de expor as suas idéias, marquês.

Beccaria – Minhas idéias ainda são polêmicas.

Mestra (*continuando a exposição*) – O livro "Dos delitos e das penas" pode ser considerado o maior propulsor do humanitarismo, numa época em que este sentimento fora banido do coração dos homens, e se cultuava o gesto da vingança coletiva.

Beccaria – Por favor, que não se fale em humanitarismo. Deve-se falar em justiça.

Mestra – Repito – não estamos mais no século XVIII. Suas idéias, marquês, são hoje consagradas.

Beccaria – Será? Melhor. Isto significa que as leis já não se baseiam em privilégios.

> *Os alunos se levantam, apanham as capas pretas, e começam*
> *a executar um balé muito delicado, em que encenam*
> *"as leis já não se baseiam em privilégios".*

Beccaria – "Porque se assim não fosse, e se as leis fossem baseadas na prestação de um tributo imposto à massa em favor de poucos senhores, fatalmente se daria a multiplicação dos delitos".

Mestra – Beccaria inspirou-se, como é claro e vocês devem ter notado, na teoria do *Contrato Social* de Rousseau, ou seja, na crença de que os homens uniram-se em sociedade por sua livre vontade, estabelecendo entre si regras, direitos, deveres...

> *Os alunos, agora, dançam o "Contrato Social".*

BECCARIA – "As vantagens da sociedade devem ser igualmente repartidas entre os seus membros".

MESTRA – Não vamos expor o Contrato Social. Isso é matéria de filosofia do Direito.

BECCARIA – "Mas qual é a origem das penas e do direito de punir? Quais serão as punições aplicáveis aos diferentes crimes? Serão justos os tormentos e as torturas"?

Os alunos param um momento, depois recomeçam, uma dança amável e palaciana.

MESTRA – As perguntas são pertinentes, mas é claro que já estão respondidas. Por absurdo que pareça, há quem defenda a pena de morte, as torturas, as punições desmedidas...

Alunos fazem cara de "Oh".

MESTRA (*deixando aparecer seu amor à disciplina*) – E, por absurdo que pareça, há quem defenda a quebra do princípio de autoridade, a desordem e a anarquia. Para esses, a Lei e a Moral reservam castigos.

BECCARIA (*surpreso com a mudança de tom, responde submisso*) – "Dei um testemunho público dos meus princípios religiosos e da minha submissão ao soberano..." (*mostra o seu lado cortesão e submisso, que o levou a fazer dedicatórias aos governantes*)

MESTRA (*tranqüila*) – Aqui não há soberanos...

BECCARIA (*mais assustado ainda*) – "Se pude investigar livremente, a verdade, devo tal independência à indulgência, e às luzes do governo sob o qual tenho a felicidade de viver".

Prossegue o balé, sugerido, é claro, pela situação...

MESTRA – Nada se pode fazer sem isso, meu caro marquês. Nenhum trabalho sério é possível sem a colaboração do Estado, que nos facilita os meios, que nos garante a vida e a segurança. Sem isso não podemos trabalhar, pesquisar, produzir.

BECCARIA – (*reagindo*) "Mas não existe liberdade quando as leis permitem que, em certas circunstâncias, um cidadão deixe de ser um homem, para tornar-se uma coisa que se possa pôr a prêmio".

MESTRA – O marquês fala do passado, que só se pode usar como exemplo. No entanto, autoridade não significa tirania!

BECCARIA (*novamente maneiroso*) – ...A indulgência... As luzes do governo... Sob o qual tenho a felicidade de viver...

ÁLVARO – Nesse livro... *Dos Delitos e das Penas*... Existe alguma dedicatória? (*deixa a formação do balé, detendo-se a dança por alguns instantes*)

MESTRA – Por que não? As dedicatórias eram praxe, nessa época. Existem exemplos clássicos...

ENQUANTO SE VAI MORRER...   293

ÁLVARO – E o que diz essa dedicatória?

MESTRA – "Dei um testemunho público dos meus princípios religiosos e da minha submissão ao soberano..."

ÁLVARO – Pronto. O cidadão afrouxou.

CLÁUDIA – É só isso que diz a dedicatória?

MESTRA – Não. Diz também – "as vantagens da sociedade devem ser igualmente repartidas entre todos os seus membros".

CLÁUDIA – Esse marquês era confuso. Às vezes, o medo falava mais. Se entende. A época. Mas outras, quando deixava que se manifestasse a razão, era perigoso. (*irônica*) Altamente perigoso.

TODOS OS ESTUDANTES – Altamente perigoso!

BECCARIA (*assustado*) – "Devem ser evitados, no entanto, os excessos dos que, por um mal entendido da liberdade, procuram introduzir na sociedade a desordem..."

Os Estudantes dançam a liberdade e a desordem. Beccaria está desorientado e confuso. A Mestra o observa; ouve-se a sineta, determinando o fim da aula. A Mestra recolhe seus objetos e se prepara para deixar a cátedra. Os Estudantes despem suas capas e, um por um, desfilam diante de Beccaria. Cada um deles lhe diz uma frase, citação literal sua, e lhe atira a capa negra.

ÁLVARO – "Não é o rigor do suplício, que previne os crimes com mais segurança..." (*atira-lhe a capa*)

JONAS – "Os abusos de que vamos falar constituem a vergonha de séculos passados, mas não do nosso século..." (*atira-lhe a capa*)

ROBERTO – "Longe de pensarem diminuir a autoridade legítima, ver-se á que todos os meus esforços só visam engrandecê-la..." (*atira-lhe a capa*)

MARÍLIA – "Se se proíbem aos cidadãos uma porção de atos indiferentes, não tendo tais atos nada de nocivo, não se previnem os crimes..." (*atira-lhe a capa*)

CLÁUDIA – "Quereis prevenir os crimes? Marche a liberdade...!" (*atira-lhe a capa*)

Saem todos, Beccaria por último, arrastando as capas negras dos estudantes. Em outro ponto do espaço cênico, prepara-se a:

CENA 10: O CHAPÉU
TEMPO – 1950

Em cena, Cláudia e Álvaro, sentados juntos, nos bancos sob a escadaria da faculdade.

ÁLVARO – Você sabe que você não sabe o que é o amor?

CLÁUDIA – E você, sabe?

294 TEATRO COMPLETO: RENATA PALLOTTINI

ÁLVARO – Você não tem experiência de amor. Você já amou?

CLÁUDIA – O que é que você tem com isso?

ÁLVARO – Não desconverse. Você sabe que isso prejudica toda a sua vida...

CLÁUDIA – Não me importo...

ÁLVARO – Toda a sua criação?

CLÁUDIA (*mudando*) – O quê?

ÁLVARO – Tudo o que você faz. A sua poesia.

CLÁUDIA – Mentira.

ÁLVARO – A sua poesia é fria, porque você não sabe o que é o amor.

CLÁUDIA (*abalada*) – O que você quer dizer com isso?

ÁLVARO – O que eu disse – seu verso é frio. Você precisa amar de verdade,
ser beijada por alguém. Você já foi beijada?

CLÁUDIA – Você acredita na poesia que faz?

ÁLVARO (*desconsertado*) – Por quê?

CLÁUDIA – Pergunto se você acha que ela é boa.

ÁLVARO – Não sei. Por quê?

CLÁUDIA – Você tem experiência do amor. E daí?

ÁLVARO – Bom, e daí?

CLÁUDIA – Ela é boa?

ÁLVARO – Acho que não.

CLÁUDIA – Você é um poeta?

ÁLVARO – Não, eu acho que não.

CLÁUDIA – Por que você usa esse cabelo de poeta?

ÁLVARO – Porque me fica bem.

CLÁUDIA – Fica?

ÁLVARO – Fica.

CLÁUDIA – Está bom. Fica mesmo.

ÁLVARO – Quando eu cheguei aqui e vi que ninguém usava cabelo grande,
fiquei abalado e cortei.

CLÁUDIA – Eu me lembro.

ÁLVARO – Depois que cortei, comprei um chapéu por causa do frio que
fazia aqui. Usei o chapéu um tempo. De repente, percebi que o meu
cabelo comprido era eu, era mais eu. De cabelo curto eu estava agachado, encolhido. Deixei o cabelo crescer de novo. Me levantei. O
cabelo cresceu. Como está agora. Mas aí...

CLÁUDIA – Aí?

ÁLVARO – Aí o chapéu ficou pequeno.

CLÁUDIA – Eu vi.

ÁLVARO – Ele vai ser sempre pequeno pra mim. Mas meu cabelo vai ficar
comprido!

CLÁUDIA – Como o de Castro Alves, Álvares de Azevedo e Fagundes Varella.

ÁLVARO – Seja lá o que for. Eu não sou poeta, e daí?

CLÁUDIA – O que é que você quer ser um dia?

ÁLVARO – Eu vou ser.

CLÁUDIA – O quê?

ÁLVARO – Você não ri se eu disser?

CLÁUDIA – Juro.

ÁLVARO – Presidente da República.

CLÁUDIA (*boquiaberta*) – Presidente...

ÁLVARO (*levantando-se*) – ... da República...

> *Cláudia sai, olhando-o espantada. Álvaro, em pé diz versos seus, enquanto surge das sombras o Poeta Romântico, que responde com versos de Álvares de Azevedo.*

ÁLVARO – "Trago em mim a eterna irreverência das águas revoltas do Amazonas..."

POETA – "Perdoai-lhe senhor! Ele era um bravo, fazia as faces descorar do escravo quando ao sol da batalha a fronte erguia..."

ÁLVARO – "Mas vivem, nos recessos de minha alma, as cismas dos remansos, dos peraus sombrios e o marulho das ondas se quebrando..."

POETA – "Era filho do povo; o sangue ardente às faces lhe assomava incandescente..."

ÁLVARO – "Se visses o grande rio quando arfante vem beijar as pestanas da floresta..."

POETA – "Tinha sede de vida e de futuro! Da liberdade ao sol curvou-se puro e beijou-lhe a bandeira sublimada..."

ÁLVARO – "Mas deixa-me olvidar o temporal que ruge varrendo as mais profundas crenças! Deixa-me esquecer desta hora de luta..."

POETA – "Perdoai-lhe, Senhor..."

ÁLVARO – "Franjando de beijos os teus olhos..."

POETA – "A fronte envolta em ramos de loureiro..."

ÁLVARO – "... E desmaiando de amor sobre os teus seios!"

POETA – "Quando ao sol da batalha a fronte erguia, o gênio das batalhas parecia... Perdoai-lhe, Senhor!"

ÁLVARO – ... "A eterna irreverência... O temporal que ruge... As águas revoltas do Amazonas..."

POETA (*a Álvaro*) – Eu vou morrer amanhã.

ÁLVARO (*depois de um tempo*) – E eu?

POETA – Vai ser mais feliz... Vai ter mais vida...

ÁLVARO – Pra quê?

POETA – Pra lutar, pra amar... Aí onde a morte me apanha, ela te deixa em pé.

ÁLVARO – Mas, livre?

POETA – Quem sabe? Será outro século. Estes muros não serão os mesmos muros... (*olha em volta*) Esta será e não será a mesma Escola... a que nós conhecemos... A que nós amamos... O ponto inicial das fugas ao Campo Santo... As reuniões da Bucha... O fumo e o vinho.

ÁLVARO – A Bucha ainda existe, é igual.

POETA – Já não é igual, falta-lhe o mistério.

ÁLVARO – O mistério não cabe mais, é tempo de se ver as coisas claras.
POETA (*sorrindo*) – Você não é um poeta.
ÁLVARO – Não. Eu sou um político, digamos.
POETA – Por que não cultiva, então, a retórica?
ÁLVARO – Eu quero a ação!
POETA – Você pode conclamar, persuadir. Isso não anula a ação.
ÁLVARO – Isso também está nos meus planos.
POETA – Você tem planos!
ÁLVARO – Você não tinha?
POETA – De que me adiantou? (*caminhando para a frente, isolando-se*)
Eu... vou morrer amanhã.
ÁLVARO – Pois eu vou viver! Eu vou viver! Quero lutar, fazer coisas, cons-
truir! Eu quero trabalhar pelo meu povo, ver prosperar meu país!
Quero... Quero...
POETA (*afastando-se*) – Eu vou morrer amanhã... Amanhã... Amanhã...

Em cena apenas Álvaro. Luz sobre ele.
Organiza-se a cena seguinte, que é:

CENA 11: A PROVA
TEMPO – 1950

Sala de aula, durante uma prova de Direito Penal;
sentados, Álvaro, Roberto, Marília, Cláudia; chega Jonas,
atrasado. A Mestra está em cena, presidindo.

JONAS (*sentando, a Roberto*) – É sobre o que, mesmo?
ROBERTO – "A prova".
JONAS – Eu sei que é prova, mas é sobre o quê?
ROBERTO – Sobre as provas segundo Beccaria; vai!
JONAS – E eu sei isso?
ROBERTO – A Marília sabe e vai passar.
JONAS – Menos mal.
CLÁUDIA – Precisa passar?
JONAS – É bom. Pensando, a gente consegue fazer. Mas cansa.
MARÍLIA (*ditando baixo*) – As provas podem ser – perfeitas e imperfeitas.
JONAS – Já é um começo.

Jonas começa a escrever. Da cátedra, onde está a Mestra, um foco
de luz varre o espaço acima das cabeças dos alunos, como
um holofote de aeroporto que procurasse aviões no espaço.

ROBERTO – Que mais?
MARÍLIA – Você também?

ENQUANTO SE VAI MORRER...   297

Roberto – Vai dizendo!
Marília – Podem ser ...Testemunhas...
Jonas – ...Testemunhas...
Marília – Acusações secretas...
Jonas – Acusações...
Roberto – ... Secretas...

> *Cláudia e Álvaro estão escrevendo, mais ou menos desligados das indicações que Marília dá aos outros.*

Marília – Interrogatório sugestivo...

> *O foco de luz prossegue nas suas idas e vindas.*

Marília – A confissão sob juramento...
Jonas – O quê?
Marília (*repetindo*) – O interrogatório sugestivo...

> *Mestra levanta a cabeça e olha para os alunos.*

Mestra – Há algum problema? Alguma pergunta não entendida?
Álvaro – Não...
Cláudia – Não senhora...
Marília e Jonas – Tudo certo... É que...
Roberto – Poxa, falem baixo...
Marília – Que espeto... Você já fez o interrogatório?
Jonas – Já!
Marília – A confissão sob juramento...
Roberto – Minha mão está doendo...
Álvaro – Bom sinal, sinal de que já escreveu muito...
Marília – A questão...
Jonas – O quê?
Marília – A questão... Ou tortura...

> *O refletor que varria o espaço se detém por dez segundos, depois prossegue.*

Marília – A Suécia já não admitia a tortura...
Jonas (*escrevendo*) – Não admitia...
Marília – Desde Gustavo III... Em 1771...
Roberto – Desde quando?
Marília – Desde mil setecentos e setenta e um...
Mestra – Acho que vocês estão conversando demais. Isto não é um exame oral...

> *O foco de luz extingue-se às primeiras palavras da Mestra.*

298   TEATRO COMPLETO: RENATA PALLOTTINI

ROBERTO (*ingênuo*) – É que a matéria supõe muita controvérsia...

MESTRA – A controvérsia pode ser resolvida outro dia. Terminaram?

JONAS (*escrevendo*) – Mil setecentos e um. Puxa, quase duzentos anos!

MESTRA – O que foi?

JONAS – É Gustavo III...

MESTRA – Bem, se todos terminaram, quem sabe agora podemos conversar
sobre isso...

Os alunos entregam suas provas.

MESTRA – ... Ou agora vocês não querem mais?

ÁLVARO – Sobre Gustavo III, precisamente, não.

MESTRA (*paciente*) – Bom, então, sobre o quê?

Álvaro – A gente pode realmente falar sobre o que é importante?

MESTRA – Por que não?

ÁLVARO E MARÍLIA (*juntos*) – É que nós temos um problema... (*Ficam ce-
dendo a palavra um ao outro...*)

MARÍLIA – Nós achamos que aqui na Faculdade... A gente tem muito livro,
muita apostila... Muita coisa pra aprender de memória... Nós queríamos...

ROBERTO – A gente gostaria de aprender a enfrentar a vida prática...

MESTRA (*sorrindo*) – Já?

ROBERTO (*terminante*) – E a Escola não nos dá isso.

Marília – Nós nunca entramos no Fórum, por exemplo!

MESTRA – Mas isso é fácil!

MARÍLIA – Pode ser fácil, mas a verdade é que nunca entramos lá. Não
conhecemos nada... da vida! Da vida profissional!

JONAS – Mas, num escritório de advocacia...

ÁLVARO – Num escritório a gente vai ser *office boy!*

MARÍLIA – Em suma, o ensino não podia ser mais prático?

MESTRA – Ah, eu sabia que vocês iam chegar lá. (*a Cláudia, que está,
como sempre, meio embasbacada*) O que é que você acha?

CLÁUDIA – Eu, não sei bem... (*engole em seco*) Eu gosto tanto desta Escola!

MESTRA – Eu sei, eu sei. Mas é claro que a Escola tem defeitos.

CLÁUDIA – A senhora acha?

MESTRA – Acho. Mas é muito difícil reformá-la. É preciso baterem muitas
portas, tirar a poeira de muitas perucas velhas... Enfim... A gente pode
tentar... Se não cortarem a cabeça da gente, antes.

ÁLVARO – Isso é possível?

MESTRA – É bem possível.

ÁLVARO – Mas nós estamos aqui, ao seu lado!

MESTRA – Muito obrigada.

MARÍLIA – É verdade, a senhora tem a nossa solidariedade!

MESTRA – E com esta eu vou embora, antes que me acusem de promover
uma manifestação de caráter político.

ENQUANTO SE VAI MORRER...

ÁLVARO – Por que todo mundo tem medo dessa palavra?

MESTRA – Política?

ÁLVARO – Por que ainda nos dizem que estudante deve estudar?

MESTRA – Provavelmente porque é verdade. E adeus! (*sai*)

CLÁUDIA (*embasbacada*) – Ela é formidável!

ÁLVARO (*realista*) – Ela também tem medo!

CLÁUDIA – Medo de quê?

ÁLVARO – Da estrutura.

MARÍLIA – Ela está tentando.

ÁLVARO – Pode estar tentando, mas nunca vai chegar lá. Gente assim, compreensiva, simpática... Essa gente não se queima.

JONAS (*bocejando*) – Bom... Direito Penal já foi. Qual é o próximo?

ROBERTO – Civil.

MARÍLIA – Fim de ano está chegando.

ÁLVARO (*irônico*) – Depois vem outro ano, depois vem outro ano... E depois? Que que a gente faz?

JONAS – Formatura, casamento, escritório... Dinheiro!

ROBERTO – Sim, meu anjo, dinheiro. Mas quem monta o escritório pro anjinho, hein? O papai?

JONAS – Não. Não vai ser o papai. Também não vou puxar o saco de ninguém, de nenhum amigo do papai, com boa clientela e um lugar de *office boy* sobrando. Sabe, colega, eu nem tenho pai. Eu sou o pai. E o meu escritório vai ser suado. Vai ser uma biboca qualquer, junto com um colega qualquer, o mais coitadinho de todos. Vou trabalhar como uma besta, e um dia o dinheiro vai chegar. Vou ter um apartamento em Santos. Vou ter uma mulher e filhos e um apartamento em Santos.

ROBERTO – Você sabe que eu não tenho pai rico.

JONAS – Eu não sei de nada, nem quero saber. Vive a tua vida, e me deixa viver.

ROBERTO – Ora, seu merda... (*ameaça avançar em Jonas. Todos intervêm entre brincalhões e assustados*)

ÁLVARO – Que é isso!

MARÍLIA (*ironizando*) – Roberto Augusto! Que coisa feia!

CLÁUDIA – Imagine o que diria a Silvinha!

ÁLVARO – Ela te acha tão lindo! Tão gostosinho!

JONAS – Deixa pra lá. Foi bobeira.

ÁLVARO (*cantando*) – Quem vem de cá
     quem vem de lá
     é o Bernardão que quer entrar
     (*fazendo um gesto obsceno*)
     o Bernardão
     sinal de guerra
     o Bernardão é o maior da terra!

JONAS — É mole e treme
é mole e treme
o Bernardão do Álvaro Leme
ROBERTO (*topando*) —
Que coisa feia
que coisa feia
O Bernardão do Jonas Correia
ÁLVARO — Molhou o sapato
molhou o sapato
o Bernardão do Beto Stamato
JONAS — É fino e preto
é fino e preto
o Bernardão do Zé Minueto...

*O canto prossegue, com novos versos, protestos e exclamações
das duas meninas, e gestos obscenos dos rapazes.*

SEGUNDO ATO

CENA 1: TRINTA E DOIS
TEMPO – 1932

Quando se inicia a cena, a luz se acende sobre o monumento do soldado de 32; ao pé dele, sentado, está um moço, fardado como um soldado da Revolução. Está cansado, tirou uma das botas, estende o pé, tira o capacete, coça a cabeça. Está escrevendo e lendo; no decurso da leitura do seu texto, levanta-se, deixa lápis e papel e entra na ação do próprio texto. Esta ação poderá, facultativamente, ser feita por meio da projeção de filmes sobre a Revolução de 32, de "slides" sobre a mesma ocasião, de fotografias da época. Ou, ainda, por gravações de discursos da época, transmissões radiofônicas, falas de César Ladeira, Ibraim Nobre. Na verdade, todo o início da cena pertence ao Soldado Constitucionalista, e ao jornalista de "O Rebate".

SOLDADO (*lendo e escrevendo*) – 14 de julho; alistei-me ontem, dia treze. Essa onda entusiástica que transporta São Paulo, levou-me consigo. Começamos hoje, sob o comando do tenente Otávio, a receber alguma instrução militar. Fui ao Instituto do Café, onde o Sr. Vasquez distribuiu uniforme aos voluntários da lei; andei às voltas com um par de perneiras, mas consegui arrumar uma que me servisse, até conse-

302 TEATRO COMPLETO: RENATA PALLOTTINI

guir desapertar outra melhor. (*o Soldado olha para a bota que descalçou, e começa a descalçar a outra; sorri*)

Entra em cena a voz do Jornalista.

Voz do Jornalista – "São Paulo é o jequitibá frondoso, que arremete soberbamente para os céus, impelido pelo vigor de sua seiva, que é o Partido Republicano Paulista..." (*escuro*)

Soldado – 15 de julho; sete horas da manhã, cá estou eu. Recebo fuzil e cartucheira; exercício. Ao meio dia, o oficial de Estado comunica-nos que, daquele momento em diante, somos arranchados e sujeitos às leis militares, estando portanto o quartel impedido. Defendi-me num colchão e cobertor; ainda bem! Rancho! Recolher.

Voz do Jornalista – "São Paulo é o cadinho onde se fundem as aspirações da nacionalidade, e o Partido Republicano Paulista é o calor, fogo sagrado que as aquece!"

Soldado – Levantamo-nos cedo, somos vacinados pelo nosso Corpo de Saúde; ao meio dia recebemos licença para ir um dia até em casa, mas com ordem expressa de estar em quartel às duas da tarde. Às dezesseis horas formam-se as Companhias e marchamos rumo à Estação da Luz; às dezessete horas, sob flores e vivas, embarcamos com destino à fronteira mineira. Viajamos até as dezenove horas, quando, chegados a Campo Limpo, foi-nos transmitida pelo Tenente Otávio a ordem de passar a noite no carro. Naturalmente nosso rancho foi bolachas...

Voz Feminina (*cantando*) –
Andorinha viajeira que
andas cortando o espaço (*bis*)
vê lá se me dá notícias
de um capacete de aço...

Soldado – Dezoito de julho; cinco horas da manhã. Desenrarilhar armas. Rumo à fronteira; lá chegamos ao meio dia. Rancho; nota-se pela ruindade. Novos comandantes, capitão Labiano Gomes e capitão Souza Filho. Surgem desinteligências com o nosso comandante primitivo, Capitão Cícero Bueno Brandão. Boatos. Durante o rancho um colega, examinando uma Winchester, dispara casualmente; assobiou pertinho... Com o auxílio de pessoas do lugar, nos alojamos numa casa abandonada, onde passamos a noite. (*calça as botas*)

Voz do Jornalista – "O senhor Washington Luís, naquela época, desejou perpetuar-se no poder, sob o pseudônimo de Júlio Prestes. A revolução de trinta explodiu porque, eis a bandeira reivindicadora de então, o Presidente da República queria fazer o seu sucessor. Passam-se os tempos. O senhor Getúlio Vargas galga o poder".

Entra em cena uma moça, mineira, muito jovem, que vai dialogar com soldado, numa rápida cena de namoro.

ENQUANTO SE VAI MORRER...

Moça – Você é paulista?
Soldado – Sou, não vê?
Moça – Da cidade mesmo?
Soldado – Da cidade.
Moça – Soldado é um perigo.
Soldado – Quedê seu namorado?
Moça – Não tenho não.
Soldado – Como é que uma moça tão bonita não tem namorado?
Moça – Minha família é muito severa.
Soldado – Mas você veio à praça!
Moça – Estou fugida. Fui à reza, com as colegas.
Soldado (*sorrindo*) – Onde é que estão as colegas?
Moça (*rindo nervosa*) – Logo ali. Você é noivo?
Soldado (*escondendo depressa a mão*) – Não, não sou.
Moça – Mentira. Por que está nervoso?
Soldado – Quem disse?
Moça – Está sim, estou vendo!
Soldado (*superior*) – É a revolução. Quem sabe amanhã nem estamos aqui, quem sabe amanhã estamos mortos!
Moça – Não fale assim!
Soldado – Falo, por que não? Morrer não é destino de todos? Quem me diz que eu não vou morrer moço? (*pausa*) Quem me diz que eu não vou morrer moço? (*para si mesmo*) Vinte e dois anos, não é uma linda idade pra se morrer?

Moça desaparece. O Soldado volta a sentar-se.

Soldado (*lendo e escrevendo*) – Querida – são seis horas da manhã de terça-feira; desenrola-se diante de meus olhos o mais belo panorama do Brasil. Atravessamos ontem às sete horas a fronteira de Minas Gerais e marchamos com um efetivo de mil e duzentos homens em direção a Pouso Alegre. São Paulo triunfará nesta vibrante arrancada. Atravessaremos hoje a Serra da Mantiqueira; as cidades que vamos tomando estão sendo abandonadas pela população. Esperamos que o quartel de Pouso Alegre adira ao movimento... Sinto uma saudade imensa da minha Claudinha e peço que cuidem muito bem do meu tesouro...
Voz da Moça (*fora*) – Você é o noivo?
Soldado (*escondendo a mão*) – Não, não sou.
Voz do Jornalista – "O senhor Getúlio Vargas galga o poder, levado pela onda revolucionária. E a traição ao sangue derramado em trinta, começa. Porque, ávido de se perpetuar no Catete, faz-se candidato de si mesmo, à sucessão de si próprio..."
Soldado – Dezenove de julho – Fui apresentado ao capitão Souza Filho, que me nomeou seu agente de ligação. Foi requisitado um carro de

passeio, que passou a servir ao capitão. Continuamos a viagem rumo a Santa Rita de Extrema; às treze horas alcançamos essa cidade mineira. Grande parte da coluna veio a pé, chegaram exaustos. Um praça da Força tem uma vertigem ao chegar, devido à extrema fraqueza em que se encontra. Surgem reclamações contra o rancho, o tenente Nelson estrila em favor dos seus soldados. O bom padre de Santa Rita, um italiano rechonchudo cumula-nos de gentilezas. À noite convida-nos para dormir na igreja; recusamos energicamente. Arrumei um alojamento em casa de uma senhora mineira...

Cena do alojamento. O Soldado e a Senhora mineira.

SENHORA – Por aqui, meu filho.

SOLDADO – Muito obrigado.

SENHORA – Você vai ter que dormir no chão, só tenho este colchão, a cama me levaram.

SOLDADO – A senhora não se preocupe.

SENHORA – Mais café?

SOLDADO – Não senhora, só quero mesmo agora é dormir. Ah...

SENHORA – Pode falar.

SOLDADO – A senhora teria uma vela? Queria escrever uma carta, amanhã não vou ter tempo.

SENHORA – Vai escrever à família?

SOLDADO – A minha mulher.

SENHORA – Você tão moço, já casado?

SOLDADO – Vinte e dois anos. Casado, e pai de família.

SENHORA – Você tem filhos?

SOLDADO – Uma filhinha.

SENHORA – Sua mãe é viva, meu filho?

SOLDADO – Sim senhora, mamãe e papai.

SENHORA – Devem estar temendo pela sua vida.

SOLDADO – Na certa estão. Mas até agora eu não corri nenhum risco. Essa é que é a verdade. Quando a gente saiu, estava rezando pra que houvesse muito perigo, muito tiro, muito sangue. Depois, a caminhada, a comida ruim, a poeira, a lama... A gente vai ficando com outra idéia.

SENHORA – Vou buscar sua vela. (*sai*)

SOLDADO – Ver os companheiros caindo de fome, quando não sabem ler, não podem ser agentes de ligação, nem andar de automóvel requisitado pelo capitão... (*sorri*) Comer bolachas, beber água podre... E ainda nenhum tiro, nenhum heroísmo...

SENHORA (*voltando*) – Aqui está, meu filho. Você parte a que horas?

SOLDADO – A gente sai amanhã às quatro.

SENHORA – Eu me levanto pra lhe dar café.

SOLDADO – Por favor, não faça isso. Eu prefiro sair... Assim.

SENHORA – Por quê?

ENQUANTO SE VAI MORRER...

Soldado – Não gosto de despedidas, e já tive muitas nos últimos tempos.

Senhora – Então, tome isto... (*entrega-lhe objetos pequenos*)

Soldado (*olhando*) – Muito obrigado...

Senhora – Santa Rita e o Coração de Jesus vão lhe ajudar... Pra você sair logo desta guerra amaldiçoada, voltar a ver sua mãe, sua mulher, e sua filhinha...

Soldado – Amém...

Senhora – Dorme, meu filho...

Soldado – Amém... (*sai de cena com a Senhora e se encaminha de novo para o Monumento*)

Soldado (*lendo*) – ...Em casa de senhora mineira, tão gentil, que me deu um crucifixo e uma medalha que conservo...

Jornalista – Que importa ao senhor Getúlio Vargas que o Brasil seja um montão de ruínas, e de misérias, se o homem continuar comodamente instalado no Catete?

Soldado – Às dez horas levantamos acampamento em direção à cidade seguinte. Jaguari ou Camanducaia; são trinta e cinco quilômetros. Chegamos às quatro horas da tarde. Plínio Gayer, médico e chefe político da localidade, fugiu ao verificar a nossa chegada. Consta que tem assalariados cinqüenta jagunços. É sopa! Trata-se logo de guarnecer entradas e saídas da cidade. As casas todas estão fechadas ou abandonadas.

Jornalista – Homem nefasto, grande farsante! Traidor da revolução de 30, sanguinário de trinta e dois, tua hora há de chegar!

Soldado – Vinte e três de julho. Hoje cedo o capitão Cícero Bueno Brandão saiu, em companhia do seu chofer, não tendo mais voltado; murmura-se muita coisa. Prisioneiro, ou bandeado? Trinta de julho. Fala-se num acordo que houve com o Estado de Minas. Minas manter-se-á neutra com a condição de que fiquemos fora de suas trincheiras. Ordem de retirada imediata, até Bandeirantes ou Vargem, que é a fronteira.

Jornalista – Tu, que amordaçaste a imprensa, tu, que exilaste os teus protetores, tu, que fizeste o Brasil descrer de si mesmo, tu sentirás, nessa hora suprema de tua queda fatal...

Voz Masculina (*de fora*) – São Paulo é o jequitibá frondoso, que arremete soberbamente para os céus...

Coro – Quando se sente bater no peito heróica pancada, deixa-se a folha dobrada enquanto se vai morrer...

Voz Feminina (*fora*) – "Andorinha viajeira que andas cortando o espaço vê lá se me dás notícias de um capacete de aço..."

Voz Masculina (*fora*) – "Quando se sente bater no peito heróica pancada, deixa-se a folha dobrada enquanto se vai morrer..."

Voz Marcial (*fora*) – Voluntário da 1ª Companhia do Batalhão Nove de Julho, Pedro Piantino!

Soldado – Paulista por mercê de Deus!

306 TEATRO COMPLETO: RENATA PALLOTTINI

Voz do Jornalista (*ridicularmente empolado*) – "Para obedecer ao imperativo do seu civismo, esse moço renunciou à felicidade do seu lar, ao carinho da sua esposa e filhinha, pais e irmãs, oferecendo-se em holocausto na arrancada épica de trinta e dois, para defender a terra paulista que ele tanto adorava..."

Soldado – Quem me diz que não vou morrer moço?

Voz do Jornalista – "A morte arrebatou ao nosso convívio um ornamento edificante da nossa sociedade... aludimos à personalidade inolvidável de Pedrinho..."

Soldado – Voluntário do Batalhão Nove de Julho, Primeira Companhia...

Voz do Jornalista – Pedrinho!

Soldado – Paulista por mercê de Deus!

Luz apenas sobre o monumento ao Soldado de 32; ouve-se
o som, subindo aos poucos, da marchinha carnavalesca
referente e posterior à Revolução.

Som-Gravação Original – "Alerta,
           alerta,
           vamos fazer revolução
           nossa trincheira vamos ter
           mulata...
           na Avenida São João...

Som funde com nova marchinha, idem, da mesma época.

Som-Gravação Original – "Paulistinha querida
           qual é tua cor,
           que tanto disfarças
           com teu pó de arroz
           não és loura nem morena,
           não tens nada de mulata,
           paulistinha, querida,
           a tua cor é trinta e dois..."

Cena 2: O Concurso
Tempo – 1950

Reunidos numa sala de aula que serve para as ocasiões
excepcionais, alunos e curiosos assistem ao concurso de oratória
anual; entre eles, Cláudia, Marília, Roberto, Jonas e Álvaro,
extremamenste nervoso. Ele é o candidato. Em lugar mais alto, e

ENQUANTO SE VAI MORRER...

*que serve de tribuna, o candidato que o precedeu termina o
seu discurso e desce, empolgado pelo som das próprias palavras.*

CANDIDATO – Soa a voz de bronze, inconfundível, larga! Que é? Os sinos!
Que anunciam? A despedida! (*desce da tribuna e desaparece*)

Uma Voz, fora, chama.

VOZ – O próximo candidato, por favor queira preparar-se. Álvaro Antônio
Leme!

MARÍLIA – É agora, vai, força!

JONAS – Nós estamos torcendo. Pau neles!

ROBERTO – Acaba com eles!

VOZ (*fora*) – O assunto acaba de ser sorteado – "Os Direitos da Mulher na
Sociedade Moderna".

Álvaro se levanta, manifestando decepção pelo assunto escolhido.

ROBERTO – Isso? Puxa, ele está preparado noutra faixa!

MARÍLIA – Ele é um orador político, será que não perceberam?

CLÁUDIA – Mas não teria nenhuma razão pra quererem acabar com ele!

ROBERTO – Sempre tem uma razão.

VOZ (*fora*) – O candidato terá dois minutos para preparar-se.

MARÍLIA – Por que não dois segundos?

CLÁUDIA – É do regulamento, gente!

JONAS – Você está do nosso lado, ou contra nós?

ROBERTO – Vai ver que você está torcendo pelo Hamilton.

CLÁUDIA – Ora bolas.

Jonas – Assim mesmo ele vai ganhar. Força, Álvaro!

*Todas essas falas são ditas de maneira a não serem ouvidas pelos
organizadores do Concurso, e nem pelo próprio candidato,
que está separado dos demais, sozinho, concentrado.*

VOZ (*fora*) – O candidato pode iniciar.

ÁLVARO (*subindo à tribuna*) – Senhores! A evolução das idéias no mundo
moderno, seu incessante crescimento, não poderiam deixar de lado,
como princípio de razão e de Humanidade, a defesa da condição feminina!

MARÍLIA – Vai indo bem.

JONAS – Boa, Álvaro, boa!

CLÁUDIA – O assunto é fogo!

ÁLVARO – A mulher... Seus direitos inalienáveis...

ROBERTO – É isso...

ÁLVARO – Quem senão nós mesmos... Quem, senão o próprio homem...

JONAS – Vai, nego, vai...

MARÍLIA – Meu Deus, meu São Francisco...

308   TEATRO COMPLETO: RENATA PALLOTTINI

ÁLVARO – O homem, dizia eu... (*engole em seco*) Que em defesa dos direitos da mulher... Já desde a Idade Média... (*perde-se, titubeia*) Desde a Antigüidade... (*pausa*)... Senhores... Eu vou fracassar. (*desce da tribuna, arrasado*)

MARÍLIA – Meu Deus do Céu, o que aconteceu!

JONAS – Não é possível, ele está doente!

ROBERTO – Fizeram uma sujeira com ele!

VOZ (*fora, impessoal*) – O próximo candidato, por favor, queira preparar-se. Eduardo Cardoso!

Álvaro desce, entra para o meio dos amigos, é abraçado, amparado, está pálido e abatido; Cláudia afastou-se um pouco dos demais, está no limiar de uma zona de penumbra. Todos os colegas terminam por se afastar, até que Álvaro fica sozinho, e se encaminha para ela.

ÁLVARO – Você pode me dizer o que aconteceu comigo? Você entendeu?

CLÁUDIA – Você estava muito nervoso; e depois, o assunto. Foi um azar.

ÁLVARO – Não é motivo! Eu posso falar de improviso sobre qualquer assunto!

CLÁUDIA – Isso acontece, Álvaro! Não é a última oportunidade. Você vai se recuperar, vai ser o orador da turma na formatura, você vai ver! Isso acontece!

ÁLVARO – O que eu tinha esperado por isso! Dois anos, eu esperei dois anos! E agora, é só isso que você me diz!

CLÁUDIA – O que que eu posso te dizer, Álvaro. Você sabe o que vale.

ÁLVARO – Sei? Será que eu sei mesmo? (*pega-a pelos ombros*) Na noite de Natal, quando eu quis... Por que é que você... Você recusou?

CLÁUDIA – Álvaro, naquela noite, no elevador... Que coisa mais ridícula!

ÁLVARO – Era só um beijo!

CLÁUDIA – Está bom, mas eu não queria!

ÁLVARO – Por quê?

CLÁUDIA – Não sei, não sei, eu não queria e pronto!

ÁLVARO – E agora... E agora, quer? (*segura-a com força e procura beijá-la; ela se esquiva*)

CLÁUDIA – Nem agora, eu quero.

ÁLVARO – É por causa do que aconteceu... Comigo, hoje... Aqui?

CLÁUDIA – Não, eu sei o que você vale. Sei melhor que você mesmo.

ÁLVARO – A minha família... Não está aqui, eu sei... Mas a gente pode se conhecer melhor... Eu não sou qualquer pessoa, Cláudia...

CLÁUDIA – Eu sei.

ÁLVARO – E eu te amo.

CLÁUDIA – Eu sei.

ÁLVARO – Então por quê?

CLÁUDIA (*gritando*) – Não sei! Não quero, e não sei por quê! Não sei me explicar, e não quero! Chega de me explicar! Chega, eu não quero mais!

ENQUANTO SE VAI MORRER...

ÁLVARO (*enfurecido*) – Ah, é assim? Você pensa que é assim simples? Você pensa que é assim que se despede um homem? Um homem que se abriu com você, que se confessou com você? Não é assim Cláudia. Eu não sou qualquer pessoa! Você não vai me esquecer!

Ficam os dois em cena. Entra o Cortejo, o mesmo que compôs o túmulo de Júlio Frank, na cena 7 do Primeiro Ato. São apenas homens, naturalmente. Formam novamente o Coro.

CORIFEU – Não te é permitido esquecer.

CORO – Não te é permitido não querer.

CORIFEU – Vamos te denunciar!

CORO – Não te é permitido desencontrar,
não te é permitido desconhecer.

CORIFEU – Denunciada por ser.

CORO – Denunciada!

CORIFEU – Por querer
e por não querer
denunciada!

CORO – Denunciada por denunciar.

CORIFEU – Vamos passar a acusar!

CORO – És acusada de teus crimes
que não se podem perdoar.
És acusada de teus pecados
que não podemos publicar.

CORIFEU – És acusada!

CORO – ...De tuas faltas
impossíveis de enunciar!

CORIFEU – És acusada de não saber!

CORO – É proibido ignorar.
És acusada de não crescer
até o ponto em que todos estão.

CORIFEU – És acusada de traição ao mundo em que todos estão.

CORO – És acusada de fazer sofrer
a um homem que acabava de perder.
És acusada de repelir
a um homem que te vinha pedir.

CORIFEU – És acusada sem perdão.

CORO – És acusada de um "não".

CORIFEU – Vamos passar a julgar!

CORO – Os juízes te querem culpada
de haveres feito nada
por quem te buscou em sua nudez.
Os juízes te querem culpada
de haveres feito nada
mais uma vez!

310   TEATRO COMPLETO: RENATA PALLOTTINI

Corifeu – Culpada, culpada, culpada!
E para sempre condenada
à exceção
à solidão.
Coro – Os juízes te julgam culpada!
Corifeu – E dão a pena por publicada.

Saem todos, menos Cláudia, que está de pé, estarrecida.
Tempo, até que se esvazie a cena de todo o Coro. Cláudia ainda
não se refez. Ela chora, ou não chora. De pé, com a cabeça
entre as mãos, tenta lembrar-se, para poder prosseguir.

Cláudia – E aí, o que foi que aconteceu? O que foi? O que foi que aconteceu?

Entra o marquês de Beccaria, sempre calmo e tranqüilo.

Beccaria – Nesse momento, entra o marquês...
Cláudia – Não, não foi isso... O senhor sabe que não foi isso... Tudo se
tornou público... A acusação e a pena... Todos souberam, e tudo se
falou... E não se falava em outra coisa... E todos queriam saber por
quê... Por quê...
Beccaria (*insistindo*) – Nesse momento entra o marquês... E conversa com
você...
Cláudia – Eu quero lembrar de tudo, compreender tudo!... Vinte anos se
passaram... Agora eu preciso entender... O que é que todos queriam...
Que se passa na cabeça das pessoas... Quais são os interesses... Os
sentimentos... Tudo, tudo...

Cena 3: O Marquês
Tempo – 1970

Beccaria – Por que você acha que vai compreender tudo?
Cláudia (*insistindo*) – A gente tem que tentar, não tem?
Beccaria (*passeando, olhando-se a si próprio*) – Está certo. É preciso
tentar. Então, vamos lá. Olhe para mim! Você compreende que eu
esteja aqui?
Cláudia – Como?
Beccaria – Vamos, tente! Eu estou aqui, um homem do século XVIII, de
calções de seda e cabeleira. Eu sou um marquês. Por que você não
tenta compreender isso?
Cláudia – O senhor quer me confundir.
Beccaria – Não, de maneira nenhuma. Eu existo, simplesmente. Estou
aqui, não estou?

ENQUANTO SE VAI MORRER... 311

CLÁUDIA – Não sei se o senhor está aqui, ou dentro dos meus olhos. Acho que o senhor está dentro do que eu penso que vejo.

BECCARIA – Não é só você que me vê.

CLÁUDIA – A minha Mestra também o vê.

BECCARIA – E quem é a sua Mestra?

CLÁUDIA – É a minha mãe.

BECCARIA – Não, a sua mãe é uma mulher simples.

CLÁUDIA – É meu pai.

BECCARIA – O seu pai já morreu.

CLÁUDIA – É o meu amor!

BECCARIA – Bobagem, ela nem sabe que você existe!

CLÁUDIA – Sabe, sabe, ela fala comigo!

BECCARIA – Ela fala com todos.

CLÁUDIA – Mas ela se dirige a mim, ela me vê!

BECCARIA – Ela vê a todos.

CLÁUDIA – Ela conversa comigo.

BECCARIA – E diz o quê?

CLÁUDIA – Ela me aconselhou. Disse que eu devia seguir a minha vocação. Ela me disse – "siga a sua vocação. Não se importe com o que dizem os outros".

BECCARIA – Mas ela se importa com o que dizem os outros!

CLÁUDIA – E o senhor? O senhor também se importa! O senhor sempre foi um lacaio, um servo dos poderosos!

BECCARIA (*perdendo a serenidade*) – Mentira!

CLÁUDIA – É verdade! Um marquês, o senhor é um marquês! O grande campeão da Justiça, o lutador pela causa da Liberdade, é um aristocrata! Louvou vergonhosamente a arbitrariedade do governo "sob o qual tinha a honra de viver"! Deu "um testemunho público dos seus princípios religiosos e da sua submissão ao soberano". O senhor foi um covarde, que abandonou a luta para não se comprometer!

BECCARIA (*serenamente*) – Eu abandonei a luta mas escrevi um livro, que hoje você lê e discute, um livro onde eu denunciava a desumanidade das torturas e o arbítrio dos julgamentos! Eu mostrei ao mundo que o homem era mais que um animal, e que não devia ser tratado como estava sendo, como o último dos animais! Que nem tudo o que é consagrado pela tradição deve ser mantido! Que derramar o sangue do homem não é forma de provar nada! Que um criminoso, ainda que seja um criminoso, sofre, e não deve ser supliciado! Que a pena imposta ao criminoso não deve ser uma vingança da sociedade!

A Mestra, de beca preta, entra em cena.

BECCARIA – Eu provei que a dor não é um bom meio de se descobrir a verdade! E que o homem é feito de carne, de carne e ossos e sangue, e que ele é frágil, e precioso, e que essa criação de Deus, essa cons-

312 TEATRO COMPLETO: RENATA PALLOTTINI

trução de Deus, deve ser mantida e respeitada! EU ME ERGUI CON-
TRA A PENA DE MORTE!

MESTRA – Nós também somos contra a pena de morte.

BECCARIA – São contra a pena de morte, mas matam! Os seus carrascos
matam, os seus policiais matam!

MESTRA – O senhor está falando da guerra?

BECCARIA – De todas as guerras, e da guerra civil, principalmente, e da
guerra encoberta principalmente! (*pausa. Cai em si. A Cláudia*) Está
bem. Eu abandonei a luta. E vocês? Vocês chegaram a iniciar a luta?

MESTRA (*a Cláudia*) – Eu quero que você me arranje duas fotografias três
por quatro de cada um dos alunos de sua classe.

CLÁUDIA (*timidamente*) – Sim, senhora.

Mestra – E sua amiga, como vai?

CLÁUDIA – Marília está em Tietê.

MESTRA – Vocês são inseparáveis, não?

Pausa. Mestra sai.

CLÁUDIA (*triunfante*) – Viu? Ela fala comigo!

BECCARIA (*amargurado*) – Ela fala com todo mundo!

CENA 4: O ELEFANTE
TEMPO – 1940

*Entram em cena todos os atores disponíveis; trazem um pano
marrom, dois canudos brancos que imitam dentes e uma tromba
comprida de pano marrom. Vão construir um elefante.
O elefante, no decurso da cena, deve dançar, pular, levantar ora
uma perna, ora outra. Cláudia e Roberto estão fora da construção
do Elefante; também um figurante, que fará o papel do Domador,
um moço que faz o papel de Jayme Silva Telles e um outro que atira
nele com uma metralhadora de brinquedo.*

CLÁUDIA – Foi algum tempo depois da morte de Silva Telles, que, na festa
do XI de Agosto, os veteranos resolveram alugar um elefante.

O Elefante está sendo construído, como indicado.

ROBERTO – Quem era mesmo esse Silva Telles?

CLÁUDIA – Era muito moço, nem era estudante da Escola ainda. Chamava
Jayme.

*Luzes sobre o homem da metralhadora que atira,
e sobre Jayme, que cai.*

ENQUANTO SE VAI MORRER... 313

CLÁUDIA – Mas essa é uma outra história.

O Elefante levanta a tromba e se mexe um pouco.

CLÁUDIA – Era um elefante de circo, simpático e manso. Tinha que ser manso porque nenhum elefante selvagem suportaria a vida numa cidade. O elefante tinha um domador.

O Domador exibe um chicote e uma vara comprida.

CLÁUDIA – Levaram o elefante, mais o Domador, para o Largo de São Francisco. O Elefante mexia com a tromba, dava pulos, era engraçado. Todos achavam muito engraçado. O Domador ficava por detrás dele, e o guiava, com cutucões no lugar certo pra se conduzir elefante. As pessoas que passavam pelo Largo, senhoras, comerciantes, funcionários públicos, olhavam e comentavam. Ninguém se aproximava muito, pois todos sabem que um elefante, mesmo manso, é ainda perigoso.

ROBERTO – Quem era Silva Telles?

Repete-se a cena do homem da metralhadora e de Jayme que cai.

CLÁUDIA – Perto das casas de discos, a música alegrava o elefante.

Toca-se uma valsa, e o elefante dança.

CLÁUDIA – Ele movia as orelhas e ficava excitado. Acho até que foi alguma coisa assim que assustou o elefante. A certo momento, ele pareceu excitado demais, e confuso. Parou, e olhou com os olhinhos espantados. A tromba subia e descia mas ninguém percebeu. De repente, o elefante se atirou contra a vitrine da Casa dos Presentes, que ficava na esquina dos dois Largos. Foi terrível, mas não deixou de ser engraçado.

ROBERTO – E Silva Telles?

Repete-se a cena da metralhadora e da morte de Jayme da Silva Telles. O Elefante é tomado de fúria, sacode-se, mexe-se com violência e acaba por se atirar contra um alvo invisível. Partem gritos de dentro do elefante, que, depois, vai se desfazer, deixando ver suas tripas feitas de gente. O enchimento do elefante se desfaz e a cena é ridícula. Depois todos tomam o pano marrom e demais partes do elefante, e saem de cena com aquilo tudo.

CLÁUDIA – Os vidros se partiram, os presentes de cristais que estavam na vitrina se desfizeram como poeira e, naturalmente, feriram o elefante, que começou a sangrar. As pessoas corriam para todos os lados, e o Domador tentava conter o elefante.

314   TEATRO COMPLETO: RENATA PALLOTTINI

*Encerrou-se a parte mimada da cena, e todos os componentes
do elefante, inclusive seu Domador, já saíram de cena.*

CLÁUDIA – Não me lembro se o elefante morreu, nem como. Deve ter morrido. Todos os elefantes morrem, como toda a gente. Isso tudo aconteceu algum tempo depois da morte de Silva Telles, num comício no Largo de São Francisco. Isso foi por volta de 1943, mas desse tempo não é preciso falar. Todo mundo se lembra...

*Repete-se pela última vez a cena da morte de Jayme. Black-out –
Ouve-se o Hino do Expedicionário Brasileiro.*

CENA 5: OS EXPEDICIONÁRIOS
TEMPO – 1940

Ouve-se, dos bastidores, tocar o Hino do Expedicionário Brasileiro.

HINO –
"Você sabe de onde eu venho?
Venho do morro, do engenho,
das selvas, dos cafezais,
da boa terra do coco,
da choupana, onde um é pouco,
dois é bom, três é demais..."

*Quando volta a se acender a luz estão em cena dois
pracinhas da Segunda Guerra Mundial.*

PRACINHA 1 – Você quer saber de uma coisa? Eu acho esse hino uma bosta.
PRACINHA 2 – Também, você é poeta!
PRACINHA 1 – Não é isso, a letra até que não é das piores. É a música.
PRACINHA 2 – Deixa lá, negro, que a letra, também...
PRACINHA 1 – A gente é como é: vai ou não vai?
PRACINHA 2 – Primeiro pro Rio, depois...
PRACINHA 1 – E as aulas, como é que ficam?
PRACINHA 2 – Menino, a gente é herói!
PRACINHA 1 – E aqui, como é que fica?
PRACINHA 2 – Aqui? O quê?
PRACINHA 1 – Aqui, aqui. Ditadura. Lá, a gente vai lutar contra o totalitarismo. Não é? E aqui, como é que fica?
PRACINHA 2 – Deixa pra lá; o negócio é diferente!
PRACINHA 1 – Diferente de quê?
PRACINHA 2 (*um pouco espantado*) – Sei lá, porque lá tem guerra, compreende? Que diabo, afundaram os nossos navios!

ENQUANTO SE VAI MORRER... 315

PRACINHA 1 – Afundaram mesmo?

PRACINHA 2 – Você não viu, não leu no jornal? Larga de ser besta!

PRACINHA 1 (*irônico*) – Ah, você leu no jornal! Sabe o que dizia um jornal de 1934, que eu tenho guardado? Vou ler pra você, dizia assim (*puxa uma folha do bolso*) – "São Paulo é o jequitibá frondoso que arremete soberbamente para os céus impelido pelo vigor de sua seiva, que é o Partido Republicano Paulista..." Hem? Você acha que São Paulo é um jequitibá frondoso?

PRACINHA 2 – Nego, eu não sei nem o que é jequitibá.

PRACINHA 1 (*continuando*) – Você acha que São Paulo é impelido pela sua seiva?

PRACINHA 2 – Não, impelido pela seiva é o Jequitibá que eu não sei o que é.

PRACINHA 1 – Você sabe o que é o Partido Republicano Paulista?

PRACINHA 2 – Isso eu sei, também não sou uma besta tão grande, e não precisa querer me humilhar...

PRACINHA 1 – É tudo uma besteira, negão, uma besteira...

PRACINHA 2 – É lá hora de dizer isso, agora que a gente vai pra guerra?

PRACINHA 1 – Pois é, a gente vai pra guerra. E a gente vai, e a gente quer vencer, e vai lutar muito e vai dar muito tiro!

PRACINHA 2 – A gente é herói pra burro!

PRACINHA 1 – ...E a gente ama o Brasil e vai ficar comovido quando se lembrar dele, e vai tremer quando olhar a bandeira, e vai ser patriota, porra, vai ser patriota!

PRACINHA 2 – Puxa, nego, eu não sabia...

PRACINHA 1 (*chorando*) – A gente vai ser patriota... E é de verdade, de verdade...

Sons do Hino do Expedicionário. Ao fim da primeira estrofe,
ouve-se a quadra – "Quando se sente bater".

PRACINHA 2 – Vão'bora, nego, tomar umas e outras...

PRACINHA 1 – Eu tinha começado um trabalho de civil que estava uma beleza.

PRACINHA 2 – O negócio agora não é civil, é militar...

CENA 6: O ENTERRO DE JÚLIO FRANK
TEMPO – 1840

Luz sobre Júlio Frank, o mesmo que, no ato anterior, aparece morto e
sendo sepultado. Fazem-lhe perguntas, de fora do círculo de luz.

BISPO – Nome?

JÚLIO – Júlio Frank.

BISPO – É esse o seu nome?

JÚLIO – É o nome que eu tenho.

BISPO – Natural de?

JÚLIO – Gotha, Alemanha.

BISPO – Quando nasceu?

JÚLIO – Mil oitocentos e oito.

BISPO (*perfeitamente natural*) – Quando morreu?

JÚLIO – Dezenove de junho de 1841.

BISPO – É acusado de haver criado na Escola de Direito uma cédula da "Burschenschaft". Pode explicar o que era isso?

JÚLIO – Uma sociedade filantrópica.

BISPO – Só?

JÚLIO – Uma sociedade de auxílio mútuo.

BISPO – Atividade política?

JÚLIO – Tudo é atividade política.

BISPO – Sociedade secreta?

JÚLIO – Toda sociedade em que se reúnem moços acaba por ter um caráter esotérico. Faz parte do mistério de que os moços...

BISPO – Responda só as perguntas. Por que quer ser enterrado aqui?

JÚLIO – Eu quero apenas ser enterrado.

BISPO – Por que não no cemitério dos pobres?

JÚLIO – Em qualquer parte. São os meus amigos, os rapazes que querem me enterrar aqui.

BISPO – Parece que o Conselheiro Brotero também.

BROTERO (*saindo da sombra*) – Eu prefiro. Confesso que prefiro. Outros cadáveres existem nesta terra, isto já foi convento.

BISPO – Ossos de santos, é o que há por aqui. Ossos de cristãos!

BROTERO – Frank não é judeu.

BISPO – Huguenote!

BROTERO – Tampouco.

BISPO – Pedreiro livre, então! Chame-o como quiser. Cristão não é.

BROTERO – Vossa Eminência dá excessiva importância à "Bucha".

BISPO – Este homem estudou as ciências malditas.

BROTERO – Mas está morto, agora!

BISPO – Não importa. Essas coisas se prolongam além da morte.

BROTERO – Eminência, não me dirá que o seu Deus é insuficiente para tais esconjuros!

BISPO – Conselheiro!

JÚLIO – Por favor senhores, não briguem por mim. Eu vou para qualquer parte. A "Bucha" fica.

BISPO – Quais são os atuais chefes?

JÚLIO – Estou morto, Eminência. Me enterrem.

BROTERO – O senhor irá para o pátio da Escola!

JÚLIO (*sorrindo*) – Chega a ser engraçado.

ENQUANTO SE VAI MORRER...

BISPO – Feijó, Pires da Mota, esses poetinhas... E o senhor mesmo, Conselheiro... O senhor mesmo! Pertencem à Bucha!

BROTERO – Ele fica, senhor Bispo. O Convento é seu... Mas a Escola é minha.

BISPO – Conselheiro... Por que toma tudo a ferro e fogo?

BROTERO – Eu não discuto, Eminência. Seu domínio é o domínio do céu. Esse lhe pertence. Nem eu, nem Júlio Frank discutimos o que acontecerá à sua alma... Nem à nossa alma. Tratamos agora do corpo.

BISPO – Quem o enterra?

BROTERO – Disso trato eu.

Júlio se levanta e vai se encaminhando para o lugar em que anteriormente se localizou o seu enterro em "A composição do túmulo".

BISPO – Quem fará a cova? Deve ser feita discretamente!

BROTERO – Já temos gente tratando disso.

Entra o cortejo já referido na cena 7 do Primeiro Ato.

BISPO – Mas então o Conselheiro já dispôs tudo. Porque que veio me consultar, se posso saber?

BROTERO (*gentil*) – O assentimento da Igreja é para nós essencial, Eminência!

BISPO – Venha, senhor Conselheiro. Vamos tomar um bom café... Agora mesmo me chegou da chácara...

Saem ambos. O cortejo faz o final da cena do enterramento de Júlio Frank. Quando o cortejo está saindo de cena, num flash rápido, os três últimos componentes retiram, de repente, suas vestes negras. Por baixo destas surgem as fardas do Soldado de 32, e dos Soldados Expedicionários. Mistura dos sons que caracterizaram essas duas fases do espetáculo. Os três atores permanecem em cena e gritam, respectivamente.

SOLDADO DE 32 – Voluntário do Batalhão 9 de Julho 1ª Companhia!

Expedicionário 1º – Estudante aluno do CPOR!

EXPEDICIONÁRIO 2º – Estudante Cabo do 3.º REC-MEC!

SOLDADO DE 32 – Paulista por mercê de Deus!

EXPEDICIONÁRIO 1º – Eu estava fazendo um bom trabalho de Civil...

EXPEDICIONÁRIO 2º – ...Mas tudo ficou parado...

OS TRÊS – ... Mas tudo ficou parado...

Enquanto se vai morrer
enquanto se vai morrer
enquanto se vai morrer
enquanto se vai morrer
enquanto se vai morrer.

*Luz decresce enquanto os três repetem a mesma fala e o
cadáver de Júlio Frank continua iluminado.*

CENA 7: O PRIMEIRO OFÍCIO
TEMPO – 1955

*Roberto e o Advogado, sentado numa cadeira imensa,
ante uma mesa imensa, fumando um charuto.
Roberto pleiteia um empreguinho.*

ADVOGADO – É você o estudante que indicaram?

ROBERTO – Sou eu, sim senhor.

ADVOGADO – Você já tem carteira de solicitador?

ROBERTO – Já, sim senhor.

ADVOGADO – Prática?

ROBERTO – Já trabalhei dois anos num escritório.

ADVOGADO – Que especialidade?

ROBERTO – A gente fazia de tudo um pouco... O que vinha...

ADVOGADO – A gente?

ROBERTO – O doutor Amaro...

ADVOGADO – Ah, o Amaro, sei. Crime também?

ROBERTO – Não senhor, o crime não compensa... (*ri, o advogado não acompanha, ele embatuca.*)

ADVOGADO – Bem, aqui, você sabe... É como de praxe... Início do seu
expediente às 13 horas... Fórum, Cartórios, Registros de Imóvel, Protestos, Distribuições... Aquela lengalenga.

ROBERTO – Sim senhor...

ADVOGADO – Vinte por cento nos honorários...

ROBERTO – Sim?

ADVOGADO – ...Nos casos que você trouxer.

ROBERTO (*caindo em si*) – Ah, sim.

Advogado – Quer começar, já?

ROBERTO (*animando-se*) – Pois não, doutor! (*toma todas as atitudes de um
candidato a advogado*)

ADVOGADO – Ótimo! Vai me buscar um Alka-Seltzer! Toma lá o dinheiro.

*Luz apenas sobre o Roberto. Recebe um comprimido de Alka
Seltzer como se fosse uma grande moeda. Pega um copo
de água, joga o comprimido dentro e fica vendo ferver.*

ROBERTO – Eu já tinha corrido até ali. Mas ainda tinha a segunda parte.
Calça gasta na bunda, sapato engraxado com casca de banana... E
Alka Seltzer! Alka Seltzer, quilos de Alka Seltzer, quilômetros

de Alka Seltzer! Mas por um lugarzinho naquelas mesas eu engolia qualquer negócio! (*bebe a Alka Seltzer, pausa e depois arrota*) Hoje em dia me dizem que eu tenho mania de grandeza. Pois sim! Se eu tivesse bebido toda Alka Seltzer que carreguei eu teria levantado vôo! O caminho dos inventários, dos despejos, dos desquites é sempre pontilhado pelos arrotos do advogado mais antigo do escritório. A gente diz "saúde", e estamos aí! A gente diz "amém", e estamos aí! Um dia a casa cai, vem o câncer, o derrame, o raio, e se abre uma vaguinha naquelas mesas, naquelas salas e naquelas secretárias... E é a vez da gente! (*arreganha os dentes*) Da gente! Do tigre mais novo, do cachorro mais forte! Eu tinha que chegar lá! Eu tinha que chegar lá! (*pega a ponta de charuto deixada pelo Advogado e a põe na boca.*) E eu cheguei lá! O Rei de todos os Tribunais! (*faz pose de fotografia, enquadra-se a si próprio com os dedos polegares e indicadores das duas mãos*) O Presidente da Ordem... (*enquadra uma mulher imaginária a seu lado*) ...E a senhora Roberto Stamato, receberam ontem, na mansão da rua Canadá! É a glória!... (*demora-se no gozo da cena*)

Entra Jonas, no Tempo. Mansão da Rua Canadá, ou seja, 1964.

JONAS – Roberto, você sabe que o Álvaro está mal?

ROBERTO – Mal? De que, de saúde?

JONAS – Não, mal de vida. Problema político.

ROBERTO (*calmo*) – Problema dele, não é, Jonas?

Jonas – Vocês não podem fazer nada?

ROBERTO – Nós? Não. Nesta situação, nada.

JONAS – Ele vai partir pra Argélia amanhã.

ROBERTO – Se ele está bem, já é muito.

JONAS – Mas a família... Todos os bens... Ele vai sem ninguém, sem nada, Roberto!

ROBERTO – Eu sinto muito, mas a gente não pode nem mexer com isso, compreende, Jonas? Nem mexer com isso, se não quiser complicações maiores. É perigoso. E aliás, eu entendo que, nesta situação, o melhor procedimento, no caso, seria o de eventualmente...

JONAS – Eu pensei que a gente podia ajudar o colega... Sem nada de política... Afinal a gente foi amigo, colega de turma... Colega de banco de escola... Pô, a gente foi amigo, Roberto!

ROBERTO – Amigo? Foi... Foi sim, Jonas. Mas isso faz muito tempo, viu? Muito tempo... E eu entendo que, nas presentes circunstâncias, e na eventualidade de pressões maiores, não seria conveniente...

Cena 8: Paraguay
Tempo – 1970

Harpa paraguaia. Guarânia. Calor. País interior. Mesa de bar,
situada numa varanda, ao ar livre. Tudo terra em volta. Fronteira.
Caminho de um cassino de jogo, passam carros para o cassino.
Faróis que iluminam e se apagam, passando. Um farol ilumina e
pára em cima de Cláudia, sentada numa das mesas do bar.
Ela põe a mão sobre os olhos, protegendo-os. Álvaro surge por
detrás do farol. Vem vindo, encaminha-se para a mesa. Veste um
terno bem branco, bem sul. Coloca o farolete que trazia sobre a
mesa, com a luz para cima, luz difusa iluminando tudo frouxamente.
Os faróis de carros continuam a passar.

CLÁUDIA – Levei um susto. Como se chama isto aqui?

ÁLVARO – Desculpa o susto. "Media Luna".

CLÁUDIA – E os faróis?

ÁLVARO – É o cassino. Por aqui é sempre esse movimento.

CLÁUDIA – O cassino?

ÁLVARO – É. A fronteira. Passagem de meio mundo.

CLÁUDIA – Nossa, por exemplo.

ÁLVARO – É, nossa. Parece mentira.

CLÁUDIA – Quantos anos você está... Fora?

ÁLVARO – Vai pra sete anos.

CLÁUDIA – Parece mentira.

ÁLVARO – Deixa. Não foi pra isso que a gente se encontrou. Você, como
vai? O que faz agora, na profissão? Quando eu... saí, você era advogada
do Instituto, não?

CLÁUDIA – Era, mas deixei. Agora sou professora.

ÁLVARO – Meu Deus, vai para sete anos!

CLÁUDIA – Não se diz "meu Deus"! Se diz "meu Mao"!

ÁLVARO (*rindo*) – Não é isso, não é nada disso! Puxa, como é bom ouvir
uma piada bem... Uma brincadeira bem... (*sério*) Ah, como é que
vocês me chamavam?

CLÁUDIA – "Caudaloso". A gente dizia que você era caudaloso.

ÁLVARO – Caudaloso, é boa.

CLÁUDIA – Como o Amazonas. (*pausa*) Teu cabelo.

Álvaro – Que tem? Caindo, não?

CLÁUDIA – Eu me lembro do teu chapéu impermeável.

ÁLVARO – Impermeável?

CLÁUDIA – Do teu chapéu de chuva. Aquele que você comprou quando...

ÁLVARO – ...Quando cheguei e entrei pra Escola. Eu cortei o cabelo, e depois...

CLÁUDIA – Ele ficou pequeno quando o cabelo cresceu... (*pausa*) Como
você disse que se chamava aqui?

ENQUANTO SE VAI MORRER...

ÁLVARO – "Media Luna".

CLÁUDIA – Como é que a gente chegou aqui?

ÁLVARO – Você é repórter?

CLÁUDIA – Quero saber como é.

ÁLVARO – Cruzando a fronteira. Vocês cruzam esta fronteira, eu atravesso a outra.

CLÁUDIA – Outra. É engraçado. Eu me sinto como se tivesse cruzado "outra" fronteira.

ÁLVARO – Isto aqui é outro mundo, embora seja tão perto. Outra língua, outro jeito. Outra cana. Você olha a terra e é igual, as plantas e são iguais. Experimenta chamar um cachorro e dizer – "vem cá lulu"? Ele não te entende. As pessoas falam diferente e dizem outras coisas. Quando lembram, dos avós, não são os nossos, são avós índios ou espanhóis, tiveram outras guerras e outras mortes. Você passa pela estrada e vai vendo os nomes dos lugares. Riachuelo, Lomas Valentinas, Cerro Corá...

CLÁUDIA – Parece que a gente está sempre ganhando a guerra do novo...

ÁLVARO – Eles nos odeiam, mas não têm força pra confessar.

CLÁUDIA – Mas é boa gente, não é?

ÁLVARO – É gente batida. Tem que ser boa.

CLÁUDIA – Você está aqui?

ÁLVARO – Não, aqui não. Sabe que eu recebi a tua carta?

CLÁUDIA – A que eu te mandei o ano passado?

ÁLVARO – Não, a que você me mandou há sete anos.

CLÁUDIA – Ah, aquilo. Era bobagem.

ÁLVARO – Bobagem não. Você estava preocupada com a justiça. Eu li, levei em consideração. Ia responder, quando... Aconteceu aquilo.

CLÁUDIA – Eu compreendi que você devia ter muito trabalho, no ministério.

ÁLVARO – Mas eu não ia deixar de responder. Olha...

CLÁUDIA (*ao mesmo tempo*) – Você...

ÁLVARO – Fale.

CLÁUDIA – Não, você. Diga você.

ÁLVARO – Que é isso? Fale!

CLÁUDIA – Eu só queria saber...

ÁLVARO – Eu também!

Daqui em diante, passarão a falar de coisas diferentes.

CLÁUDIA – Por quê... Não deu certo?

ÁLVARO – É isso... Por quê?

CLÁUDIA – Parecia... Que ia ser bom, que ia ser a solução!

ÁLVARO – Mas você não me disse...

CLÁUDIA – Eu tentei.

ÁLVARO – Podia ter sido bom.

CLÁUDIA – O que faltou? Tudo prometia. Qual foi a razão?

322 TEATRO COMPLETO: RENATA PALLOTTINI

ÁLVARO – Naquele dia eu estava nervoso...

CLÁUDIA – Naquele tempo... A gente estava com tanta confiança!

ÁLVARO – Eu acreditava tanto!

CLÁUDIA – Nós tínhamos esperado... Desejado...

ÁLVARO (*explodindo*) – Por quê? Por que você não quis? O beijo? Por que você não quis? Tinha outra pessoa? Quem era? Quem era a outra pessoa? Tinha outro? Quem era? Por que você não me disse? Por quê?

CLÁUDIA (*espantada, confusa*) – Vocês eram os homens que a gente tinha escolhido... O governo que a gente tinha sonhado...

ÁLVARO – Por que você não me quis?

CLÁUDIA – ...Tudo estava caminhando... Era o que a gente tinha sonhado...

ÁLVARO – Você gostava de mim, ou não?

CLÁUDIA – Você era popular, o povo estava com você, a gente estava com você!

ÁLVARO – Por quê? Por quê?

CLÁUDIA – Vocês se precipitaram. E agora, nunca mais.

Pausa. Álvaro pega o farolete e ilumina o próprio rosto.

ÁLVARO – Senhores, eu vou ser Presidente da República!

Álvaro sai. No escuro, iluminada pela luz intermitente dos faróis de automóveis que passam, Cláudia segue falando.

CLÁUDIA – A única maneira de falar com ele era atravessando a ponte, passando a fronteira... Talvez eu pudesse me explicar... Talvez ele pudesse me explicar... Se eu fosse... Será que eu podia ir? Como se chamava mesmo aquele lugar? Como se chamava? Como...

Sobe o som da Guarânia, tocada na harpa. Sobe a voz masculina.

VOZ MASCULINA – Media luna
noche plena
lua, lua, lua, lua
três amores,
dois caminhos,
vida una, una, una,
siete anos
noche oscura
rios fundos, fundos, fundos
luta armada,
beira-rio
media luna, luna, luna...

Cena 9: O Enfarte
Tempo – 1970

*Luz sobre Jonas, sozinho, mais velho, sentado à mesa no meio
de mil papéis e livros, escrevendo, voltando a ler, escrevendo,
consultando um código, escrevendo... Um rádio ligado funde música
de velhos boleros com a última música da cena 8. Jonas usa
óculos, tira os óculos, limpa os olhos, volta a escrever, bebe de um
copo de uísque, atordoado de cansaço – de repente, ouve-se
um bolero de vinte anos atrás – "Vanidad". Jonas sorri,
se levanta, e começa a dançar e a cantarolar o bolero, sozinho.*

JONAS (*cantando e dançando*) –
"Vanidad,
por tu culpa he perdido
un amor, vanidad,
que no puedo olvidar...
Tararará, rará, rará..."
Ah,... "Vanidad"... Meus tempos...
Se ao menos eu ainda tivesse tempo de ir a um cabaré, boate, sei lá
como se chama agora, a um inferninho daqueles...
"Vanidad"... Ah...

*A música se acelera, de forma irreal, a dança também se acelera,
os passos se tornam espasmódicos, os óculos caem, Jonas tonteia, passa
a mão pela testa... De repente, a dor no peito, fulminante... Ele pára,
olha em frente, com os olhos cheios de dor...
Tenta avançar, mas as pernas recusam... No rádio, onde
cessou a música, ouve-se a voz de uma criança,
repetindo mecanicamente:
"Papai, não corra...
Papai, não corra...
Papai, não corra..."
Jonas cai fulminado, enquanto o rádio
continua com sua música de bolero.*

Cena 10: As Cartas
Tempo – 1970

ÁLVARO (*lendo uma carta*) – "No fundo, nada acontece por acaso. As considerações que te fiz na última carta revelam um estado de espírito – é o exilado, buscando descobrir, com olhos de lupa, o despertar do povo; tentando ouvir, no mais mínimo rumor, a clarinada do amanhã.

324 TEATRO COMPLETO: RENATA PALLOTTINI

As grandes linhas políticas estão mais do que presentes na minha inquietação. Mas, simplesmente, também há em mim a ânsia de regressar... Que estes sete anos já me vão pesando... Para o exilado, a distância é uma realidade viva e crua, e que tem o dom de alongar-se à medida que os anos vão passando..."

Apaga-se a figura de Álvaro, acende-se a de Marília.

MARÍLIA (*lendo uma carta*) – "Todos estávamos certos. Procurando, procurando... Eu sempre quis ter filhos, Cláudia, você sabe. E não podia tê-los aqui em Tietê, sem me casar. Cansei de escandalizar a vizinhança, a família, com aqueles passeios de noite, procurando sobradões coloniais, você se lembra? Os sobrados estão caindo, os tempos mudando... Nossa fazenda, aqui no Vale Feliz, é linda; apareça; ainda não tenho filhos, mas espero ter... Por enquanto, estou plantando hortências e criando galinhas..."

Apaga-se a luz sobre Marília e se acende sobre Cláudia. Ela tem duas folhas de papel nas mãos, que são as duas cartas lidas anteriormente. Deixa cair docemente as duas folhas. Depois, com um gesto criador, inventa uma árvore. Fantasia total.

CENA 11: SOB AS ÁRVORES
TEMPO – 1970

CLÁUDIA (*prosseguindo o jogo*) – Aqui, tem uma árvore... (*contempla-a, e inventa outras*) Mais árvores, um céu de árvores! (*olha para sua criação*) Estamos andando entre as árvores, eu e a minha Mestra. Aqui está ela! (*entra a Mestra*) Estamos passeando sob ramos das árvores. Não se passaram vinte anos, eu não sou a pequena órfã, a Escola não se acabou. Ainda tenho a vida pela frente, sempre terei a vida pela frente.

MESTRA (*sorrindo*) – É claro, por que não?

CLÁUDIA – Hoje eu sei como é fácil sorrir. Mas será que vale a pena?

MESTRA (*corrigindo*) – Não, não. Este não é o tom. Este tom é muito amargo. E não se passaram vinte anos.

CLÁUDIA – Estamos em 1950...

MESTRA – Eu pus a mão sobre o seu ombro, durante o vestibular de latim. Minha observação casual, depois, evitou que você cometesse um erro inútil.

CLÁUDIA – E isso foi bom.

MESTRA – Eu pretendia muito. Queria muito. Mas...

CLÁUDIA – Mas?

MESTRA – ...As estruturas...

ENQUANTO SE VAI MORRER...

CLÁUDIA – Sempre existem as estruturas... Nós fazíamos semanas de combate à prostituição. Dizíamos – "as prostitutas devem ser salvas! Deve-se favorecer a sua reintegração na sociedade".

MESTRA – E isso não era bom?

CLÁUDIA – Era. Só que não era o mais importante. Nós não dizíamos que, na sociedade feita pelos homens, as prostitutas eram indispensáveis. Não falávamos das causas!

MESTRA – Mas a sociedade estava organizada!

CLÁUDIA – É. Ela sempre está organizada. Ou pensa que está. *(tempo)* Veja as árvores!

MESTRA – São bonitas.

CLÁUDIA – Eu caprichei. São a minha oferta.

MESTRA – Seu exame de inglês foi realmente bom. Eu disse isso.

CLÁUDIA – "Siga a sua vocação; não se importe com o que dizem os outros."

MESTRA – Eu também disse isso!

CLÁUDIA – E foi bom.

MESTRA – Então, de que me acusa?

CLÁUDIA – De... De... Não. Eu não acuso. Eu tinha vinte anos e fui feliz. Eu amava e tinha vinte anos e era feliz. E isso encheu a minha vida e eu brotei a partir disso tudo. Eu cresci, tive folhas. Veja as árvores!

MESTRA – Você não existia!

CLÁUDIA – Isso não é verdade.

MESTRA – Não existia! E não existe agora! Só existe porque inventou umas árvores, porque pôs folhas nas árvores e me pôs aqui... A mim, que tenho tanto o que fazer lá fora!

CLÁUDIA – Desculpe. Pensei que o tempo fosse 1950.

MESTRA – É mesmo. *(muda)* Gostaria que você me arranjasse duas fotos 3 por 4 de todos os alunos de sua classe.

CLÁUDIA – Para o fichário de 1950, ou para os arquivos de 1970?

MESTRA – É inútil. Nós nunca nos entenderemos...

Entra Beccaria.

MESTRA – Você convidou outra pessoa?

CLÁUDIA – Não. Ele veio porque quis.

BECCARIA – Bom dia, senhoras. Ah, você pequena órfã. Sempre se lamentando? Seu avô materno está muito interessado em você.

CLÁUDIA – Um anarquista que morre aos trinta anos com um tiro nas costas deve ter bem pouco a se lembrar do mundo.

BECCARIA – Ao contrário, ele é um dos anjos do meu céu romano.

CLÁUDIA – O senhor era milanês.

BECCARIA – Quantos detalhes! *(a Mestra)* A senhora ainda se interessa pelas minhas doutrinas?

MESTRA *(com grande dignidade)* – Menos, agora. Mas não deixei de ler os filósofos. De manhã, sob as árvores, ainda são uma leitura...

Saem os dois, conversando. Cláudia permanece em cena.
Ouve-se a guarânia que marca o tempo paraguaio. Entram
Álvaro e Marília, conversando. Falam, enquanto vestem
suas becas, e Cláudia em silêncio, faz o mesmo.

MARÍLIA – Eu ainda não entendi tudo. Por que você não estava na cena do trote?

ÁLVARO – Eu vim transferido, do norte. Entrei para a Escola no segundo ano. Por isso é que a turma implicava comigo, me perseguia, me armou aquela brincadeira em casa da Cláudia, se lembra? Aquela da tinta vermelha...

MARÍLIA – Mas depois eles tiveram que te engolir...

ÁLVARO – Com chapéu e tudo...

MARÍLIA – Você ficou sabendo que o Roberto é presidente da Ordem?

ÁLVARO – Afinal, fiquei.

MARÍLIA – E que o Jonas morreu?

ÁLVARO – Também.

MARÍLIA – Coitado, tão moço.

ÁLVARO – Pelo menos, morreu na terra dele. E eu, que vai pra oito anos...

MARÍLIA – Não pensa nisso agora. Agora, você está aqui...

ÁLVARO – Só mais um pouco...

MARÍLIA – Todo mundo tem que morrer...

ÁLVARO – E não é mesmo?

Terminam de vestir as becas, e se encaminham para a:

CENA 12: RETRATO DE FORMATURA
TEMPO – 1955

Todos se encaminham para o lugar diante do Monumento ao
Soldado de 32. Todos estão de beca. Formam o grupo tradicional
para a fotografia, em três fileiras de altura crescente. Em destaque
estão os personagens principais, os demais são o coro e figurantes.
Fazem pose todos, estão sorridentes; espouca um flash, e o retrato
foi tirado. Agora, tornam a arrumar-se, sorrindo, para cantar
o Hino Acadêmico – começam a cantar.

TODOS (*cantando*) – "Sois da pátria a esperança fagueira,
branca nuvem de um róseo porvir
do futuro levais a bandeira
hasteada na frente a sorrir..."

Uma voz, de fora, diz – "Não, não, assim está muito formal".
E surge uma bola de futebol, atirada dos bastidores. Imediatamente,

ENQUANTO SE VAI MORRER...

o grupo se organiza de outra forma, ficando apenas onze, como um time de futebol, formado de Cláudia, Marília, Roberto, a Mestra e Jonas, de pé – e Álvaro, Zé Minueto, Beccaria, Júlio Frank, o Poeta Romântico e o corifeu, agachados, estando a bola aos pés de Álvaro. Estoura outro flash e eles cantam o Hino do Campeonato Mundial de Futebol de 1970.

TODOS (*cantando*) – "Noventa milhões em ação
pra frente Brasil
do meu coração
todos juntos, vamos,
pra frente Brasil,
salve a seleção...
De repente é aquela corrente pra frente,
parece que todo o Brasil deu a mão..."

Seguem cantando o hino quantas vezes for necessário, enquanto os componentes do time vão saindo; primeiro, sai a Mestra, depois Marília, Jonas, que cobre o rosto com as mãos, Roberto, o Poeta Romântico, Júlio Frank, Beccaria, o Corifeu, depois Zé Minueto, depois Álvaro, que leva a bola. Fica Cláudia. Quando todos saem, cessa a música do hino, e Cláudia, sozinha canta.

CLÁUDIA (*cantando*) – "Quando se sente bater
no peito heróica pancada (*bis*)
Deixa-se a folha dobrada
enquanto se vai morrer... (*bis*)

Luz decrescendo sobre ela, que continua cantando.

Serenata Cantada aos Companheiros

A primeira montagem de *Serenata Cantada aos Companheiros* deu-se em 1976, no Teatro Ruth Escobar, com direção de Fausto Fuser.

Personagens

Cláudia
Teresa
Mirian
Laércio
Ney
Roberto
O Homem (Álvaro)

*Todos os personagens estarão compostos e arrumados, com
perucas cheias de laquê, as mulheres, os homens penteados; máscaras
de maquiagem devem dar-lhes a aparência de 45 anos mais ou
menos, porém exagerados para pior. Os homens, com exceção de Ney e
do Homem, vestem ternos bem feitos, camisa e gravata convencional.
Ney também veste um terno, mas surrado e mal feito. O Homem
usa uma espécie de "smoking" impessoal. As mulheres estão vestidas
"para festa". Por baixo dessa roupa, os atores, que devem ser
todos muito jovens, terão indumentária única, malhas iguais,
talvez, com as quais aparecerão no fim da peça.*
*A ação se inicia com o espaço cênico às escuras; depois, gradualmente,
vai clareando o ambiente, com luz em resistência aumentando aos
poucos. Ouve-se música de hino, ou marcha heróica característica
da década de 1950. Quando a luz está toda aberta, cessa o som do hino;
aparece então, ligeiramente iluminada, uma mesa coberta de toalha
branca, grande, retangular. Outro foco de atenção (ou luz) é uma
beca preta, dependurada, vazia. Ouve-se então, uma voz "off", que
repete o seguinte juramento, gravado, ampliado:*

Voz – "Prometo manter-me sempre fiel aos princípios da Honestidade e
aos encargos da minha função; prometo trabalhar na defesa do Direito e lutar pela Justiça e pelo Bem. Prometo, enfim, não abandonar
nunca as causas da Humanidade".

*O Homem vem de dentro, trazendo uma grande ampulheta, que
coloca no centro da mesa. Depois do Juramento, ouve-se
música muito ampliada, de órgão, correspondente à que se ouve
em missa de formatura. O Homem traz seis cadeiras, pouco a pouco,
sem pressa e impessoal. A música do órgão cessa. Ouve-se
um "tic-tac" de relógio, grandemente ampliado, que serve
de fundo às seguintes falas, ditas em "off":*

VOZ – Mil novecentos e cinqüenta e quatro: quarto centenário da cidade de São Paulo.
Mil novecentos e cinqüenta e seis: revolta popular na Hungria.
Mil novecentos e cinqüenta e nove: ascensão de Fidel Castro.
Mil novecentos e sessenta: fundação da cidade de Brasília.
Mil novecentos e sessenta e três: assassinato de John Kennedy.
Mil novecentos e sessenta e oito: rebelião estudantil na França.
Mil novecentos e sessenta e nove: Neil Armstrong chega à lua.
Mil novecentos setenta e quatro!

*A voz subiu de tom na última frase – durante alguns segundos,
ouve-se apenas o som do "tic-tac" do relógio, ampliado;
depois, entra uma voz feminina, em "off":*

VOZ FEMININA – Fulano: está fazendo vinte anos que a gente se formou.
Puxa, nunca comemoramos nada! Será que a gente não podia se encontrar, ao menos num jantarzinho informal? Segunda-feira agora, às
nove horas da noite, no...

*A voz se dilui; o Homem, que estivera trazendo cadeiras
e arrumando a cena, terminou os preparativos.
Há uma pausa, depois ele vira a ampulheta, para começar a marcar o
tempo. Imediatamente em seguida, começam a entrar os convidados,
todos mais ou menos ao mesmo tempo. O Homem continua a se
movimentar, trazendo agora pratos, garrafas, copos. Os convidados
falam muito, mexem-se, abraçam-se, fazem uma certa algazarra.
O Homem traz bebidas, serve; os convidados bebem, fumam, falam, se
abraçam, se beijam. Há um clima de grande e falsa euforia.
Ouve-se o "tic-tac", que aumenta muito e depois cai. Ele ficará
sempre ao fundo, quase imperceptível, aumentando quando indicado.
Durante todo esse tempo, os convidados falam sobre coisas banais,
ouvindo-se pedaços de frases, soltas, no meio da confusão:*

– Puxa, rapaz, quanto tempo!
– Você não mudou nada.
– E você, o que é que está fazendo?
– E as crianças?
– Estou sem empregada.
– Você, sempre progredindo!

SERENATA CANTADA AOS COMPANHEIROS 335

– Tudo bom.
– Muito trabalho?
– Ah, problema de todos.
– E o escritório?
– É a situação. Situação geral.

Finalmente, o ambiente se aquieta, as pessoas ficam mais normais, passada a excitação do primeiro momento, em que todos queriam fingir que estavam à vontade. Agora sim, se estabelecem os primeiros diálogos pra valer.

CLÁUDIA (*a Teresa*) – Bom, pra começar, está bom.
TERESA (*a Mirian*) – Que bom que vocês puderam vir!
MIRIAN – Quase que não dava; o Júnior estava com febre!
CLÁUDIA – É, vocês têm um pequenininho!
MIRIAN – (*orgulhosa*) – Pois é, dois anos!
ROBERTO (*batendo nas costas de Laércio*) – Que coragem!
LAÉRCIO – Coragem mesmo! Peito!
NEY – Peito não! Testículos!
TERESA (*chocada*) – Ney!
CLÁUDIA – Esse não muda mesmo.
ROBERTO – Cadê o resto do pessoal?
CLÁUDIA – Avisamos o máximo de gente que foi possível.
NEY – Só eu telefonei pra umas vinte pessoas.
TERESA – Disseram que vinham?
NEY – Mais ou menos metade disse que sim; eu falei: Churrascaria Los Pampas, às nove horas. (*bebe*)
MIRIAN – Então logo mais estão aí.
TERESA – Você falou "Los Pampas"? (*eufórica*) Mas é Churrascaria Pampa Mia, Ney!
NEY (*nem um pouco preocupado*) – É?
TERESA – É!
NEY – Puxa, que chato, então acho que vai haver um desencontro.
CLÁUDIA – Você não deu o endereço?
NEY – Não, eu achei que nesta rua todo mundo encontrava logo! Bolas, a gente não nasceu ontem, que diabo!
LAÉRCIO – Não se preocupem!
ROBERTO – Bom, que a gente não nasceu ontem, é verdade. (*ri*)
MIRIAN – Que assunto!
TERESA (*aborrecida*) – Acho que uma porção de gente não vai encontrar o restaurante!
NEY – Ora, eles procuram!
LAÉRCIO – Vocês querem que eu vá dar algum telefonema?
CLÁUDIA – Não adianta. Já são nove horas. Quem tinha de sair de casa já saiu. O jeito é esperar. (*tentando se acalmar e acalmar os outros*) – Boazinha, esta batida, hem?

MIRIAN – Pena que eu não possa beber. Estou de regime.

LAÉRCIO (*cáustico*) – Bebe, meu bem! Pra que que você vai à sauna três vezes por semana? Depois, não vai ter como justificar o dinheirão que você gasta lá.

NEY – Pra mim, você está igualzinha ao tempo da Faculdade.

MIRIAN – Bondade sua, Ney. Você sempre foi meio poeta.

NEY – Não é, não. Naquele tempo você era uma gorduchinha muito simpática. Nem sei como é que o Laércio demorou tanto pra perceber!

Há um silêncio meio constrangido; O Homem entra,
vira a ampulheta, troca os copos de bebida e sai.

LAÉRCIO – Mas acabei percebendo, não é?

CLÁUDIA – Com um pouco de ajuda...

Todos riem, menos Mirian, que está ficando irritada;
bebem, mas Teresa está inquieta, olhando a entrada.

CLÁUDIA – Olha, Teresa, o jeito agora é desligar. O que está feito, está feito!

ROBERTO – É mesmo, não é, Laércio?

LAÉRCIO – Vamos encarnar em outra pessoa?

NEY – É só escolher!

LAÉRCIO – Verdade que você está noiva, Teresa?

TERESA (*sorrindo*) – Não é verdade não, e você nunca ouviu ninguém dizendo isso. Acabou de inventar.

LAÉRCIO – Ora essa, não sei por que seria uma coisa tão absurda. Você é uma moça bonitona.

TERESA – Essa é a pior maneira de dizer que uma mulher é feia.

ROBERTO – Bobagem! Você sempre teve uma porção de admiradores.

LAÉRCIO – Não, Teresa, sério mesmo, por que você não casa?

TERESA – Dizem que só existe uma pergunta pior do que "por que você não casa?" – É: "Por que você não casou?"

ROBERTO – E por que você não casou?

TERESA – Acho que não tenho vocação para o casamento.

MIRIAN – Vocês têm noticia do Álvaro?

Silêncio constrangido; ouve-se mais forte o "tic-tac"
do relógio; o Homem entra, vira a ampulheta, e sai.

TERESA – (*meio baixo*) Dizem que está bem.

ROBERTO – E o Rubens?

LAÉRCIO – Está nos Estados Unidos: em Washington.

NEY – Como se diz dos mortos: está melhor do que nós.

Sorrisos pálidos.

MIRIAN – Puxa, o Jonas, quem diria... tão moço...

LAÉRCIO – Ninguém esperava; como é que a gente podia pensar?

SERENATA CANTADA AOS COMPANHEIROS 337

Ney (*depois de uma pausa, a Roberto*) – E a tua mulher?
Roberto (*brincando*) – E a tua mãe?

Batem-se nos ombros amistosamente, empurram-se um pouco.

Ney – Tenho seis filhos, rapaz!
Roberto – Seis? Puxa, eu, com dois, não agüento mais.
Ney– Por que parou? Vai em frente!
Roberto – Filhos a gente precisa educar bem. Custam dinheiro!
Ney – Ah.
Roberto – Essas coisas.
Ney – A minha mulher é muito econômica; e tem uma paciência de Jó.
Roberto – Mulher é pra isso, é ou não é?

> *Riem; Laércio participa. As mulheres estão
> à parte, reunidas numa rodinha.*

Mirian – Pois é, e daí eu consegui perder três quilos em duas semanas.
Depois disso, nunca mais deixei de ir lá. Vocês continuam trabalhando?

> *Teresa e Cláudia ameaçam responder ao mesmo tempo.*

Teresa – Eu con...
Cláudia – Eu não...

> *Cedem a vez uma à outra.*

Teresa – Eu sempre lá, na Procuradoria.
Mirian – Muito trabalho?
Teresa – Olha, o suficiente.
Cláudia – Eu deixei, não estava dando certo pra mim. Depois pensando
bem, eu nem gostava. Estou noutra, agora.
Mirian – A gente acompanha o seu progresso pelos jornais. Está escreven-
do muito?
Cláudia (*encabulada*) – Mais ou menos. (*apontando o Ney*) Desde que
aquele tipo lá me fez começar.
Ney (*aproximando-se*) – Quem, eu?
Cláudia – É você! Você é o responsável.

*Aproximando-se um do outro e encostam as testas, ternamente; ficam a
se olhar de frente, cara a cara, olhos nos olhos.*

Ney – Porcaria!
Cláudia – Porcarião! Porcarião!
Ney – Sabe que eu gostava de você, muito?
Cláudia – Sabe que eu também?
Ney – Mentira. Dei em cima de você o que pude, e você nada.
Cláudia – Juro que não percebi.

338 TEATRO COMPLETO: RENATA PALLOTTINI

NEY – Porque não quis.
CLÁUDIA – Verdade, juro que não percebi!
NEY – Porque estava ocupada...
CLÁUDIA – Você é que não foi muito expressivo...

> *Estão de mãos dadas, com muito carinho; então,*
> *Ney, que está um pouco embriagado, desprende-se dela,*
> *caminha um pouco para frente, e anuncia:*

NEY – Atenção, atenção! Companheiros! Um dia, na nossa juventude, a gente acreditou na sutileza. A gente quis ser leve e gentil. Pareceu à gente que a convencional declaração de amor, pesada e sem graça, estava superada pela própria situação. Quero deixar bem claro...
(perde-se um pouco)
MIRIAN *(baixo)* – Laércio, ele está bêbado...
LAÉRCIO – Não, Mirian, ele é diferente de você, só isso...
NEY *(recuperando-se)* – Bem claro, compreendem? Eu sabia muito bem. Mas é que, como era muito importante, me pareceu que seria transparente. Depois, quando percebi, era tarde. Por isso, agora, desejo, aproveitando a presença dos meus queridos colegas, dizer alguns versos de minha lavra...
ROBERTO – Ah, Ney, você está brincando!
NEY *(seríssimo)* –... Versos de minha lavra... cujo titulo é... *(cumprimenta com a cabeça)* "Serenata Cantada à Companheira".
MIRIAN *(meio assustada)* – Ele está brincando, não está, Laércio?
LAÉRCIO – Mirian!
NEY *(muito sério)* – Serenata cantada à companheira
que se chamava... o nome não importa.
Depois de tantos anos, tantos anos,
Melhor será que não se conte o tempo.
Sentava-se a meu lado, no meu banco,
posso até vê-la se fechar os olhos...
(faz uma pausa e bebe; prossegue)
Serenata cantada à companheira
que na Escola sentava-se ao meu lado.
Vida,
vida passada,
coisas perdidas,
coisas deixadas...
Agora ninguém sabe onde ela está,
a companheira que sentava
ao lado...
talvez fosse a saída, a caminhada,
talvez angústia nova, a vaga vida...
Hoje é ninguém, hoje é nem mesmo amiga...

SERENATA CANTADA AOS COMPANHEIROS   339

Silêncio embaraçadíssimo de todos; ninguém sabe o que dizer.
Cláudia está emocionada e muda; as pessoas acham que devem
dizer alguma coisa e, naturalmente, é Mirian quem diz.

MIRIAN – Muito bonito, Ney – Parabéns!

NEY – Obrigado. Entrementes, vá a merda. (*pausa*)
Acho que vou ligar pra minha mulher. Ela não estava muito boa. Onde
é que tem telefone?

O Homem aponta para o canto da direita, onde, meio escondido,
Ney irá falar com a mulher; enquanto se encaminha para lá,
os outros procuram se pôr novamente à vontade.

TERESA – É, acho que não vem mais ninguém, mesmo.

LAÉRCIO – Toma qualquer coisa, né, Mirian?

MIRIAN – Você sabe que eu não posso tomar nada de álcool. Tem caloria
pra burro!

LAÉRCIO – É, se tem caloria pra burro, você não deve tomar.

NEY (*ao telefone*) – Bem? Bem, você está melhor? Está? E o dente? E o
Paulinho? Aqui está tudo bem! É! Estou bom! Não, demais não, pode
deixar! Está bom, qualquer coisa, eu estou aqui... nas Pampas... Pompas... sei lá, aquela churrascaria grande... e Tchau!... (*desliga e diz*
aos outros). Ela está com dor de dente.

MIRIAN (*desgostosa*) – Mas dor de dente não usa mais, Ney!

Pausa; "tic-tac" mais alto; o Homem entra e começa a retirar
definitivamente os aperitivos, enquanto Ney se agarra ao seu copo.

CLÁUDIA – É gozado como tem uma porção de coisas que não usa mais.

ROBERTO – Por exemplo?

CLÁUDIA – Dor de dente, gemada...

TERESA – Licor de cacau...

NEY – Cuba-libre...

ROBERTO – Banho de mar antes do sol nascer...

CLÁUDIA – Sol nascer... . agora só usa sol se pôr.

LAÉRCIO – Idealismo...

CLÁUDIA – Pois é. É isso aí. Vocês se lembram?

TERESA – Ah, não, pelo amor de Deus.

CLÁUDIA – Desculpa.

ROBERTO – O que foi?

TERESA – Ela tem uma tendência a se voltar para o passado. Essa expressão
"vocês se lembram?"– é típica.

CLÁUDIA – Está bom, mas vocês se lembram?

Sobre a mesa cai um punhado de folhas inexplicáveis;
o Homem vira a ampulheta, afasta calmamente as folhas secas e

340 TEATRO COMPLETO: RENATA PALLOTTINI

*continua a arrumar a mesa; de passagem, joga um pouco
de pó sobre a beca que está pendurada.*

CLÁUDIA – Que música usava naquele tempo?

NEY – Bolero.

ROBERTO – Como é que a gente vai saber?

CLÁUDIA – Mas tem de saber, tem de saber!

ROBERTO – Baile de formatura, ainda usava tocar valsa. Ainda usava ir a comício...

NEY – Comício... ah...comício... (*começa a dar risada*)

CLÁUDIA – O cardeal nos chamou "doutores do direito e da justiça"...

TERESA – Pra começar, doutor a gente não era...

LAÉRCIO – E essa de direito e justiça...

ROBERTO – Também, não é assim, não é mesmo? Eu, por mim...

LAÉRCIO – Deixa disso, Roberto... Então, você é um advogado próspero...

ROBERTO – E o que é que tem?

TERESA – Não tem nada, gente, não tem nada! A gente faz o que pode, não é?

CLÁUDIA – É claro. Todo mundo, faz o que pode.

ROBERTO – Temos que viver! Mas de minha parte, o juramento...

NEY – Ih, Roberto, que canseira...

ROBERTO – Você, lá naqueles cafundós, pode ser, viu? Mas eu! Eu estou aqui, lutando neste foro, dando o melhor de mim, entendeu? O melhor de mim.

NEY (*cantarolando*) – O enfarte lhe pega, doutor, e acaba essa banca...

CLÁUDIA – E o Jonas, hem? Quem diria!

TERESA – Excesso de trabalho.

LAÉRCIO – Rapaz sério, aquele sim, rapaz sério...

ROBERTO – Escuta, Laércio, está certo, o Jonas era meu amigo, e tudo. Agora, esse negócio de "aquele sim", por quê? É comigo? Eu estou trabalhando doze horas por dia, está certo? E quando vou para casa ainda levo autos, pra arrazoar!

CLÁUDIA – Está bom, Roberto, você é cu de ferro, mesmo, e daí? A sua posição corresponde a isso. Escritório de quatro salas, uma porção de escravos pra fazer o fórum, carro importado...

NEY – Amante...

ROBERTO (*avançando*) – Seu filho da...

*Tenta agarrar-se com Ney, este não foge, mas também
não dá desenvolvimento à luta, fica sorrindo,
caçoando, enquanto Laércio segura Roberto.*

MIRIAN – O que é isso, pelo amor de Deus! Laércio, vamos embora! Bem que eu não queria vir! Eu não disse? E o Júnior, com febre!

SERENATA CANTADA AOS COMPANHEIROS 341

TERESA – Calma, gente, por favor! Isto é um jantar de confraternização e nós somos colegas!

CLÁUDIA (*amargamente*) – Nós fomos colegas.

ROBERTO (*endireitando-se*) – Ele não tem direito!

LAÉRCIO – Não tem mesmo e está acabado!

NEY – Desculpem, caramba Vocês sabem que eu sempre fui meio grosso, o que é que eu vou fazer? Não tive intenção. (*para o Homem*) O senhor aí, me traga mais uma batida, tá? (*o Homem sai, sem responder, e volta logo depois, trazendo mais um copo para Ney, que o apanha e continua bebendo enquanto fala*) Não tive intenção, já disse. Eu não faço as coisas com intenção. Não sou desse jeito. Acho que tenho preguiça. Escritório de quatro salas, atendentes... Eu não queria muita coisa, pombas. Queria um empreguinho de advogado de Seguradora. Quase saiu...

ROBERTO (*nervoso*) – Vocês estão exagerando! O que é que tem, meu escritório, meu carro? Foi sorte, relações, sei lá!

TERESA – Foi trabalho, inclusive.

LAÉRCIO – Relações, isso é muito importante. Boas relações.

CLÁUDIA (*irônica*) – Mas o idealismo, como se ia dizendo...

ROBERTO – Idealismo, idealismo... o que estava no juramento, a gente sempre fez.

NEY (*bebendo, depois entrando num acesso de riso*) – O juramento... Ah! "Lutar pela justiça e pelo Bem..." Ah! Você! O gênio da mumunha! Você, o falencista!

ROBERTO – Você não me irrita mais, meu caro. Agora já entendi. Seu problema é apenas um carro importado e um escritório acarpetado. Com tudo isso, o seu idealismo teria ido pro brejo.

NEY (*cessando a risada*) – É mesmo. E não é que é mesmo? Pro brejo. Teria ido pro brejo.

TERESA – Vamos jantar? Acho que agora não vem mais ninguém.

Todos concordam; o Homem terminou a arrumação;
aproximam-se as cadeiras da mesa; ficam os seis sentados, de
maneira a propiciar a visão pelo público, de todos. Se for preciso,
sentam-se como na Santa Ceia, com uma parte da mesa vazia.
Cada um dos personagens come de acordo com suas características.
Ney não come nada, absolutamente nada, só bebe. Mirian come
pouquinho, afetadamente, desejosa de poder comer mais.
Laércio come com elegância e moderação.

TERESA – Nós gostaríamos, antes, de dizer alguma coisa...

NEY – Discurso, discurso...

TERESA – Gostaríamos de justificar este convite...

ROBERTO – Naturalmente, o convite não precisa de justificativa. Afinal, são vinte anos!

342 TEATRO COMPLETO: RENATA PALLOTTINI

LAÉRCIO – É verdade.
TERESA – Pois é. Justamente por isso. Vinte anos. E nós nunca nos reunimos...
MIRIAN – Falta de oportunidade.
TERESA – Todas as outras turmas...
CLÁUDIA – Nós tentamos... Há dez anos...
LAÉRCIO – Pois é...
TERESA – Nós tentamos, há dez anos. Mas vocês se lembram, aconteceu aquilo com o Álvaro...

Há um momento de constrangimento; entra o Homem,
que vira a ampulheta e balança, levemente, a beca pendurada;
ele examina a beca com cuidado, pega no seu pano, olha-a.

ROBERTO – Como é que foi acontecer aquilo com ele, logo... dias antes da comemoração?
TERESA – As coisas vinham se complicando.
NEY – Acho que foi uma época difícil para todos.
ROBERTO – Pra todos? Não, acho que não... eu, pessoalmente! A minha vida estava boa... acho que... estava, sim... Foram bons tempos, pra mim...
NEY – Sorte sua. Eu já tinha tido três filhos. Foi quando a minha vida deu uma virada... *(aponta com o dedo)* Pra baixo... *(bebe)*
MIRIAN – Não...foi um tempo quieto... Você se lembra, Laércio? A gente pensou que tudo tinha se acertado.....Foi quando a Katia nasceu..... Parecia que ela tinha trazido a solução, você ficou tão contente... Eu até gostei de não ter dado certo o jantar de aniversário da turma, porque não estava podendo usar as minhas roupas, tinha engordado muito... e quase já tinha esquecido daquela história, de carta anônima e tudo... Você disse que a Katia ia fazer a gente ser feliz de novo... Eu pensei... Mas depois eu vi que tudo continuava do mesmo jeito... você telefonando pra dizer que ia viajar, que ficava fora alguns dias... tudo mal e você longe... longe... como sempre.

Começa a chorar, a princípio com mansidão, depois
descontroladamente; todos procuram consolá-la. Laércio fica
firme, sério e composto. Todos cercam Mirian que chora alto,
até conseguir controlar-se; Teresa tenta retomar o fio
da conversa interrompida, disfarçando.

TERESA – Aquele teria sido o décimo aniversário e nós.. poderíamos ter comemorado...
TERESA –... todo este período de vinte anos não teria passado em branca nuvem se o problema com o Álvaro e, depois, com o Rubens, não nos tivesse obrigado a...
MIRIAN *(ainda chorando)* – Com licença! *(sai)*
TERESA – Mirian, você precisa...
CLÁUDIA – Deixa ela.

SERENATA CANTADA AOS COMPANHEIROS   343

TERESA – E então... então houve aquilo...
NEY – Puxa, Laércio, como é que ela soube?
LAÉRCIO (*explodindo*) Uma carta anônima, entendeu? Uma carta anônima!
Escrita por algum amigo, por algum colega! Pode ter sido qualquer
um de vocês, pode ter sido até você! E eu me pergunto por que? O
que é que os outros tinham que ver comigo? Eu tinha outra família,
está certo, e daí? Problema meu, está bom? Meu casamento foi uma
estupidez, é isso, foi uma estupidez! Eu nunca devia ter casado com a
Mirian, eu não gostava dela, e pronto! Mas não, tive que casar, tiver
que casar! Todo o mundo esperava que eu casasse, vocês inclusive, a
Faculdade inteira, o diabo a quatro. Eu tinha que casar! Casei; era
natural que eu encontrasse depois a mulher pra valer, é ou não é? A
mulher certa, aquela que eu queria. E eu não agüentei!
CLÁUDIA – Está bom, Laércio.
LAÉRCIO – Não, não está bom! Não está bom. Porque daí vieram os filhos,
obrigações, a minha vida se dividiu, eu andava de cá pra lá, tentando
me repartir, e era fatal que alguém... algum amigo, algum colega..
resolvesse a questão por mim!
TERESA – Você tem certeza que foi um amigo? Pode ter sido um estranho,
despeitado, qualquer.
LAÉRCIO – Não. Essas coisas são os amigos que fazem.
CLÁUDIA – É verdade. Essas coisas são os amigos que fazem.

Mirian regressa; está inteiramente recomposta,
os olhos firmes, e secos.

LAÉRCIO – Você está melhor?
MIRIAN – Estou. Tudo bem. Desculpem. Foi a emoção do reencontro. Não
parece, mas a gente se emociona. Afinal, alguns de vocês... você,
Cláudia... fazia muitos anos que a gente não se via.
CLÁUDIA – É. Fazia mesmo. O Ney, a Teresa... a gente sempre se vê. Você,
não havia oportunidade.
NEY (*de repente*) – Vocês sabem quantos morreram?
TERESA (*assustada*) – O quê?
NEY – Sabem quantos já morreram, da nossa turma? Eu sei. (*puxa do bolso*
um velho convite de formatura, de capa vermelha)
CLÁUDIA (*sorrindo*) – Você também?
NEY – E você, também?
CLÁUDIA – Claro.
TERESA – Eles marcam cruzes no convite de formatura, conforme a gente
vai morrendo!
ROBERTO – É o fim!
LAÉRCIO – Vocês são necrófilos!
NEY (*lendo*) – Celso, em 1960... Dante, em 1961...
ROBERTO – Esse era do Noturno...

Ney – Jonas, em 1970... Kurt, em 1969...

Mirian – Esse eu fiquei sabendo muito depois...

Ney – Marina, em 1972...

*Há uma pausa curtíssima, dentro da qual a luz baixa o
mínimo, como se estivesse para apagar, em todo o teatro;
todos olham, como se olha para a luz que ameaça queimar.
Depois a luz volta ao normal, e Ney continua.*

Ney – O Roque, em 1967...esse bebia como um louco.

Teresa – Chega, Ney...

Ney – Só mais dois: Renato Costa em 1968 e Salvador em 1969. Está por
ordem alfabética, desculpem a cronologia defeituosa. Mas não temos
só coisas tristes, que diabo... Este convite fala de muita coisa mais...
Duzentos e tantos formandos... Vários juízes, muitos promotores...
Industriais prósperos... professores...poetas, mães de família, mortos... e até advogados!

Mirian (*a Teresa*) – Então a Marina morreu?

Teresa – Você não ficou sabendo?

Cláudia (*examinando o convite*) – A capa é bem macia, e cor de sangue. A
espada e a balança douradas, já envelhecendo, como o papel, creme e
firme. O juramento foi impresso sobre uma gravura antiga, dessas
que dão à gente a ilusão de permanência... Nós não nos demoramos
em agradecimentos. Foram indicados os nomes de paraninfo e
patrono... e aqui... aqui em baixo... vejam só: "Libertas intrepida,
bonum supremum"...

Voz (*off*) – Libertas intrepida, bonum supremum...
libertas intrepida, bonum supremum...

*O Homem entra, substitui uns pratos por outros,
vira a ampulheta, volta a sair.*

Mirian – Que calor horrível!

Laércio – Eu disse a você que esse vestido estava apertado!

Mirian – Está perfeitamente bem e foi feito outro dia!

Laércio – Quando foi feito já estava apertado.

Mirian – Não é verdade, quando eu provei estava perfeito!

Laércio – Então você engordou depois, meu bem!

Mirian – Eu não sou um manequim, do estilo efebo que você gosta, meu
bem. Com três filhos, é difícil!

Laércio – Nem tanto!

*Há um terrível mal-estar entre os demais;
os dois procuram dominar a sua tensão.*

Mirian – O que é que você estava dizendo, Cláudia?

SERENATA CANTADA AOS COMPANHEIROS

CLÁUDIA – Que o convite traz, entre outras coisas, o nome do paraninfo.

TEREZA – É incrível, mas metade das meninas da nossa turma estava apaixonada por ele.

MIRIAN – Também, ele era um pão!

NEY – Exagero! Um homem velho daqueles!

MIRIAN – Velho não, maduro. Mas pão.

TERESA – Pão mesmo.

CLÁUDIA – Coisa de louco.

MIRIAN – Lembram da Marli? Era uma coisa, como ela gostava dele.

TERESA – Diz que chegava a sonhar.

CLÁUDIA – Pudera. Pra gente ele era o amor, o homem, o pai. Negócio que só Freud explica.

ROBERTO – Bobagem! Com a gente lá, uns rapazes lindos de morrer!

NEY – Lindos, inteligentes, elegantes!

LAÉRCIO – E talentosos!

Os três se olham, brincalhões, e resolvem
cantar, a um sinal de Laércio.

LAÉRCIO – Um, dois, três. Já!

Começam a cantar, com a melodia tradicional, a seguinte quadrilha:

"A moça disse pra outra
com esse eu não me arrisco
(*bisam sorrindo*)
a moça disse pra outra
com esse eu não me arrisco...

NEY – E por quê?

OS TRÊS (*cantando*) – "... porque ele estuda Direito
no Largo São Francisco...

NEY (*com voz de tenor*) – Francisco ooooooooooo..."

Os três se abraçam, batem-se nas costas, contam vantagem.

TERESA – Está bom, está bom. Vocês são ótimos. Mas eu, amava ele.

CLÁUDIA – Eu também.

Roberto (*incrédulo*) – Você também?

CLÁUDIA (*depois de uma pausa, friamente*) – Eu também... por que não?

ROBERTO – Eu não sabia.

CLÁUDIA – Na minha opinião, um pouco demais.

ROBERTO – Não tenho culpa se as coisas se tornavam de domínio público.

CLÁUDIA – As coisas se tornam conhecidas na medida em que a gente quer conhecê-las.

ROBERTO – Nós éramos amigos.

CLÁUDIA – Éramos? Mesmo?

346 TEATRO COMPLETO: RENATA PALLOTTINI

ROBERTO – Pelo menos eu me considerava assim. Freqüentei a sua casa, conheci seus pais. A gente fez cursinho e colégio juntos, não fez? Você se esquece disso?

CLÁUDIA – Mais uma razão pra você não me trair.

ROBERTO – Eu quis apenas ajudar. Foi a consideração por seus pais que me levou a isso. Pensei muito... Depois, não havia nada contra você... apenas contra.. aquela mulher...

TERESA – Ela já morreu, Roberto.

ROBERTO – E daí? Não vou modificar a minha opinião porque ela morreu! O que eu pensava, continuo a pensar! (*dirigindo-se, paulatinamente, a um "eu" interior*) Eu sou um homem normal; encaro a vida sob o prisma da normalidade. Que é a vida senão vencer na vida? E a felicidade, o que é? É ser um homem entre os homens, ser mais um irmão entre irmãos! Aquela mulher era uma pessoa estranha e estava nos roubando uma amiga, uma boa amiga, a qual, em si, nada tinha de peculiar, tudo sendo devido às más influências, como tantas vezes acontece...

A *luz, como já aconteceu antes, diminui sensivelmente.*

ROBERTO – Mas quero deixar claro...e tenho para mim que... Não, eu não tinha nenhum motivo pessoal, logo eu estava bem intencionado... eu sempre estive bem intencionado, eu acreditava... que é que eu vou fazer, se eu acreditava?... Fui dizer ao pai dela que tomasse cuidado, pronto! Um homem entre os homens!

CLÁUDIA – Você tem idéia do que me aconteceu depois?

ROBERTO – Não me interessei por saber.

CLÁUDIA (*adiantando-se e pegando a beca*) – Eram Castro Alves, Alvares de Azevedo e Fagundes Varela... Meus poetas, vou-me embora...Não dá pra agüentar mais, não dá pra, depois de tudo, ficar por aqui. Perdi o jeito, estou envergonhada. Eu não sabia, por isso vou-me embora. Fico na Escola, mas me despedi. Sofri demais, eu vomitei em seco! Vou-me embora, meus poetas, meu amor. Cortei o fio... (*chorando*) Eu me cortei de vós.

LAÉRCIO – Cláudia, você está exagerando...

CLÁUDIA (*recompondo-se*) – Eu fiquei na Escola, mas tinha ido embora por dentro. Tinha acabado a Escola e a minha adolescência.

TERESA – Você se ressentiu, precipitou-se.

MIRIAN – Do que é que vocês estão falando?

CLÁUDIA– Eu não me precipitei, e vocês sabem disso. Ou ainda existe alguém que não saiba?

TERESA – Desculpe, mas aí é que está o erro. Há uma porção de gente que não sabe, que nunca soube. Mas você se incumbe de tornar tudo público, de agravar tudo. Não percebe que você agrava tudo?

CLÁUDIA – Não fui eu quem começou!

SERENATA CANTADA AOS COMPANHEIROS   347

TERESA – Foi. Foi você mesma quem começou. A responsabilidade é sua.

CLÁUDIA – A vida era minha!

TERESA – Foi um erro; nós todos cometemos erros. Agora, esqueça!

CLÁUDIA – Não, não esqueço! Não esqueço, e é por isso que eu estou aqui!

TERESA – Por isso?

CLÁUDIA – É por isso, por isso! Então você acreditou nessa besteira de confraternizar, de tornar a ver os velhos amigos? Amigos? Amigos de quem!??

Há um enorme espanto; o Homem traz uma faixa vermelha, que coloca sobre a beca preta; a faixa fica ali atravessada balançando, muito visível como uma mancha de sangue. Os seis personagens olham-se uns aos outros; cuidadosamente, começam a se examinar mutuamente, a correr o dedo pelas máscaras de maquiagem, pelas rugas, pelas adiposidades... Cláudia observa o processo e o estimula.

CLÁUDIA – É isso, é isso, vamos continuar... é isso... você, Laércio.

Laércio corre a mão pelas gorduras muito evidentes de sua mulher, que se encolhe choramingando.

MIRIAN – Laércio, não faz assim!

CLÁUDIA – E você, Mirian, vai deixar por isso mesmo?

MIRIAN – Você não vai conseguir desunir a gente, viu?

Embora protestando, Mirian começa a procurar os ralos cabelos de Laércio, a despentear seu arquitetado penteado, feito para esconder a calvície incipiente. Laércio a empurra com ódio, e ela se encaminha, como que sonâmbula, para Ney.

CLÁUDIA – É isso, é isso... e agora?

NEY – Tira a mão de mim, não seja besta..

MIRIAN – Credo, Ney, que magreza...

NEY – Laércio, tira a tua mulher daqui!

Mirian corre a mão pelo corpo seco de Ney, pelas suas costelas, pelas suas cadeiras finas.

CLÁUDIA – É, conhecimento táctil...

NEY – Safadeza!

LAÉRCIO – Mirian, pára com isso!

MIRIAN (*encantada*) – Quanto osso, meu Deus, quanto osso!

NEY – E você, gorda, não se enxerga?

Mirian começa tentar a despir Ney, que se defende.

TERESA – O que é isso, despertem, vocês estão loucos! Cláudia – manda parar com isso!

CLÁUDIA – Por que, você não gosta?
ROBERTO (*excitado, aproximando-se de Teresa*) – É mesmo, você não gosta?

*Roberto se aproxima e tenta passar a mão em Teresa, que se
retrai violentamente; entra-se, então, numa espécie de "strip tease"
psicológico, em que todas as personagens exibem-se a todas,
sucessivamente, mostrando as suas fraquezas mais evidentes;
barrigas, pernas peludas, cabelos ralos. Os gestos são deselegantes,
os músculos frouxos, mostram-se pelancas. Cláudia assiste
a tudo, sem participar, estimulando.*

TERESA (*de repente*) – Chega! Chega, pelo amor de Deus! Vocês ficaram todos loucos?
MIRIAN – A gente está se conhecendo!
TERESA – Vocês estão entrando no jogo dela! (*aponta Cláudia*)

*Todos param, repentinamente; olham-se, reconhecem o absurdo
da situação; é como se despertassem. Ney, que tinha tirado as
calças, e está de cuecas, do tipo antigo, começa a vestir-se
de novo, resmungando como um velho.*

NEY – E no entanto... eu diria que... isso é esquisito... é muito esquisito... No entanto...
TERESA – Eu preciso dizer uma coisa.
NEY – O que é?
TERESA – Eu estava esperando desde o início... é que eu... tenho uma mensagem, para ser lida.
CLÁUDIA (*desconfiada*) – De quem?
TERESA (*Depois de uma pequena pausa*) – Dela.

*A luz volta a diminuir, quase escurecendo;
na penumbra que se segue, são ditas as falas seguintes;
Teresa engloba a personagem Marina.*

CLÁUDIA – Você... você viu o que eles fizeram?
TERESA – Vi... eu tinha medo disso. Mas não pude impedir.
CLÁUDIA – E agora, o que é que a gente faz?
TERESA – Eu estou do seu lado.
CLÁUDIA– Mas eu tenho que voltar pra casa, tenho que voltar pra Escola. E eu tenho medo!
TERESA – Eu sei. Pense que você não está sozinha.
CLÁUDIA – Mas é que...
TERESA – Não se esqueça, uma coisa é essencial: não tente me defender...
CLÁUDIA – Por quê?
TERESA – Eles estão todos contra mim, e estão certos de que têm razão. Você compreende isso? Eles não são maus... apenas pensam que estão com a razão.
CLÁUDIA – Eles falaram de tudo a todos! Mentiram, inventaram!

SERENATA CANTADA AOS COMPANHEIROS 349

Teresa – Queriam te defender, te salvar. Isso é o que eles tencionavam.
Cláudia – Mas agora eu sou uma pessoa marcada por todo o mundo! Todo mundo suspeita de mim!
Teresa – Você tem de estar preparada também para carregar essa suspeita.
Cláudia – O que é que eu vou fazer?
Teresa – Seja o que for, eu estarei aqui.

A luz volta a clarear; Teresa volta a ser ela própria.

Cláudia – Mensagem? De quem?
Teresa – Dela.
Cláudia – Dela?
Teresa – É.
Cláudia – Não pode ser! Ela morreu!
Teresa – Eu te disse que estive com ela.
Mirian – Eu tenho medo! Isso eu não quero! Tenho medo!
Laércio – Deixa, Mirian. Nós não fizemos nada.
Roberto – Eu repito que tinha boas intenções.
Cláudia – Ela não entregaria uma mensagem a você.
Teresa – Por que não? Eu paguei meu débito para com ela.
Mirian – Laércio, faça alguma coisa!
Roberto – Vocês exageram...
Teresa – Sei, nós exageramos a importância "daquela mulher"...
Cláudia – Então, leia!
Ney (*bebendo*) – Vai ler ou não vai? Estou esperando essa vingança de além túmulo!
Teresa – Quero dizer antes de mais nada que eu não conheço o teor dessa mensagem.
Roberto – Não acredito!
Teresa – E você pensa que isso me importa?

Teresa pega, de entre as pregas da beca, um papel grande, enrolado; todos os personagens voltaram às suas condições iniciais, depois do "strip-tease", vestiram-se, arrumaram-se, pentearam-se, quando era o caso. Preparam-se, então, para ouvir. O Homem entra, vira a ampulheta, e quando vai sair, é agarrado por Ney, que o segura pelo braço.

Ney – Fica. Você também precisa ouvir.
Roberto – Eu protesto!
Ney – Estou fazendo montes pro teu protesto. (*ao Homem*) Fica!
Mirian (*apavorada*) – Eu quero que fique bem claro o seguinte: ela não era certa da cabeça! Seja o que for que ela vai dizer nessa maldita mensagem, nós não propusemos...
Teresa – Nós?
Mirian – É, nós! Eu quero dizer que, quando a gente propôs, no Departamento Feminino da Escola...

350   TEATRO COMPLETO: RENATA PALLOTTINI

CLÁUDIA – Vocês propuseram alguma coisa no Departamento Feminino da Escola?

MIRIAN – Ora essa, ela foi expulsa do Departamento Feminino!

CLÁUDIA – Por quê?

MIRIAN – Por que, por que! É engraçado, vocês perguntam tanto, vinte anos depois! Sei lá!

TERESA – Você disse que você propôs...

MIRIAN – Eu, não. Nós!

LAÉRCIO – Foi você, Mirian.

MIRIAN – Eu? Eu? Você, também, Laércio? Está bom, se é pra falar tudo, está bom?! Vamos falar, pronto! E daí? A gente ficava constrangida.. pra dizer as coisas claras, ela não era mulher como a gente!

Pausa; ruído do relógio aumenta; a luz diminui, pisca, volta a se acender. O Homem, impassível, torna a virar a ampulheta, e ameaça sair. Ney o detém mais uma vez.

NEY – Eu já falei que você fica!

CLÁUDIA (*devagar*) – Então, você apresentou a sua versão dos fatos no Departamento Feminino. Depois, pediu a expulsão dela. E ela foi expulsa. É isso?

MIRIAN – Não fui eu! Não fui eu sozinha!

ROBERTO – Eu protesto contra esse acerto de contas!

NEY (*bebendo, ao Homem*) – Ele protesta! Não é realmente impressionante?

TERESA – Vou ler.

NEY – Mas então leia, que diabo!

Teresa desenrola o papel, e percorre-o com o olhar.

TERESA (*surpreendida*) – Não tem quase nada escrito...

CLÁUDIA – Leia...

TERESA (*lendo*) – "Maldição... Bilac... Poesias... 23ª edição... página 225..."

Teresa se detém, olhando o papel; há um espanto generalizado. Ney é o único que entende, começa a sorrir, depois termina sacudido pelas gargalhadas.

NEY – Ah! Não! Não pode ser!

MIRIAN – O que foi? O que quer dizer?

NEY (*declamando*) – "Se por vinte anos, nesta furna escura,
deixei dormir a minha maldição,
hoje, velha e cansada da amargura,
minh'alma se abrirá como um vulcão..."

Ney ri violentamente; Teresa contempla o papel que tem nas mãos; Mirian não entendeu nada, Roberto está desdenhoso, Laércio simula indiferença e se serve de um bolinho. O Homem sai.

SERENATA CANTADA AOS COMPANHEIROS   351

Ney (*prosseguindo*) – Ah! "Aquela mulher!" Ah, ah!

Teresa – Não faça isso!

Ney – A mensagem da morta! A grande mensagem além túmulo!

Cláudia – Não, Ney, por favor! Você falou... você dizia que me amava!

Ney (*subitamente sério*) – É? Eu dizia mesmo? E o que foi que adiantou?

Cláudia (*desesperada*) – Então, era só isso? Você estava defendendo só o seu orgulho masculino, você estava despeitado, era só isso?

Ney (*novamente calmo*) – Eu? Mas eu não fiz nada! O que foi que eu fiz? Eu não fiz nada! Eu olhei e lamentei, só isso. Eu não tomei nenhuma atitude, não fui contar nada a ninguém, nem delatei pessoa alguma! Eu fiquei triste. Por mim e por você.

Cláudia – Por mim? Obrigada. Eu não precisava disso.

Ney – Precisava, sim. Todos nós precisávamos. Porque era o começo de tudo; da tua opção, certa ou errada. Da minha submissão, certa ou errada. Da escolha de todos nós, do caminho nosso. A gente estava escolhendo entre caminhar suavemente, ou lutar a cada momento. Estava escolhendo entre vencer e não vencer, entre arriscar e se acomodar.

Cláudia – E você escolheu se acomodar, não foi?

Ney – Foi, sim. Foi, e assumo a minha escolha. Alguma vez te pedi, seja o que for? Alguma vez te pedi amor, companheirismo, compreensão? Nenhuma vez te pedi nada, nem recebi.

Cláudia – Eu era tua amiga.

Ney – Eu não queria ser teu amigo. Queria o teu amor. E depois que tudo aquilo aconteceu, tive força bastante pra respeitar a tua escolha e me calar.

Roberto (*deliciado*) – Muito bem, muito bem. Acabou a grande mensagem? Acabou a grande vingança?

Cláudia – Não, Roberto. Não acabou, embora pareça. Na verdade, está apenas começando.

Laércio (*professoral*) – Vamos, Cláudia, você está sendo ridícula. O Ney, por exemplo. O que é que você tem contra ele? Ele não fez nada.

Cláudia – Ele? Suponhamos que não. Mas você, não é Laércio? Você discutiu o assunto com professores da Escola!!

Laércio – Eu queria apenas a opinião deles! Do ponto de vista jurídico! Tratava-se de defender o bom nome da Escola!

Cláudia (*grosseira*) – Ora, não me venha com essa!

Laércio – Eu acreditava no bom nome da Escola! Eu acreditava na tradição!

Cláudia – Você tem razão! A tradição da Escola é feita de machões que tenham no mínimo duas famílias!

Mirian – Laércio! Vamos embora!

Laércio – Vá você! Vá e fique!

Miriam – Laércio!

Laércio – Não me enche o saco!

Mirian, assustada, se cala, o rosto contorcido por uma careta de choro; o Homem entra trazendo pedaços de carne e pão. Todos, com exceção de Ney, começam a comer com as mãos. Principalmente Cláudia e Laércio, que se defrontam, arrancam pedaços de carne com os dentes e usam os dedos como garras. Mirian come com dificuldade e deleite, escolhendo os pedaços e gemendo. Ney continua bebendo.

NEY – Que agradável reunião! Quem havia de pensar!... Pra mim, esta batida é feita com mel. Não poderia ser melhor, mais fina... é o mel, que faz isso... mel e cachaça de boa qualidade... o mel, quando é bom, ajuda a deslizar... bastante limão... é preciso bastante limão... gelo na medida certa, pra não aguar... Depois disso, pode vir o diabo, pode vir a guerra...a gente esquece tudo, a gente perdoa tudo! Seis filhos, mulher com dor de dentes, escritorinho de chão lavado, um terno no corpo e outro no tintureiro... Sabia que eu tenho úlcera no duodeno? Pois tenho!

MIRIAN – Será que algum dia eu vou poder deixar o regime?

TERESA – Isso é psíquico... às vezes, é psíquico...

MIRIAN – Você acha que ioga...

TERESA – Macrobiótica, eu acho que macrobiótica.

NEY – Pra mim, ainda vai chegar alguém. Dizem que eu sou "médium" precisando desenvolver. Sei lá, eu não ligo pra essas coisas, mas uma mulher me disse. Pra mim, ainda vai chegar alguém.

ROBERTO (*atirando de lado um osso*) – Pois pra mim, quem tinha de chegar já chegou.

NEY (*pegando o osso caído*) – Que é isso? Não atira fora esse osso. Levo pro meu cachorro.

TERESA – Você tem cachorro?

NEY – Gato, cachorro e papagaio.

ROBERTO – E crianças.

CLÁUDIA – Como é que a gente cantava? Ninguém trouxe o violão?

TERESA – Você é que devia ter trazido...

CLÁUDIA – Como é que a gente cantava mesmo?

Cláudia e Roberto limpam as mãos sujas de carne nas roupas, e se adiantam; abraçam-se e ficam de frente para o público. Cantam.

CLÁUDIA (*cantando*) – "Ainda me lembro do meu tempo antigo,
daquele tempo em que eu sonhei contigo
daquele tempo que não volta mais,
ai que saudade
ai que saudade
ele me traz..."

SERENATA CANTADA AOS COMPANHEIROS

CLÁUDIA e ROBERTO (*juntos, cantando*) –
"Viver, viver sozinho,
sem teu carinho,
sem teu amor, ó flor,
viver, por te querer,
hei de sofrer até morrer..."

Repetem, fazendo contracanto e mímica de violão; dançam, cantam, riem, como se estivessem num espetáculo ou festa de estudantes.

ROBERTO – Viver...
CLÁUDIA – Viver...
AMBOS – Viver sozinho...
CLÁUDIA – Sem teu carinho...
ROBERTO – Sem teu amor, ó flor;
AMBOS – Viver, por te querer,
hei de sofrer...
CLÁUDIA – Sofrer...
AMBOS – Morrer...

Todos os demais aplaudem vivamente, exageradamente; os dois agradecem, alegres como duas crianças, abraçam-se e confraternizam. Enquanto tudo isso aconteceu, o Homem levantou e manteve suspensa, em posição horizontal, a ampulheta, segurando o tempo. Roberto e Cláudia estão abraçados, Laércio olha para Teresa, Ney se agarra ao seu copo, e Mirian está solta, desligada de tudo.

ROBERTO – Você sabia que um beijo pode apaixonar?
CLÁUDIA – A lista, Roberto, você viu a lista?
ROBERTO – Vi. Você entrou.
CLÁUDIA – E você?
ROBERTO – Não sei. Quando eu vi o teu nome, fiquei tão contente que não vi mais nada. A gente conseguiu, eu bem que te dizia! Foi o cursinho mais comprido do mundo, foi o colégio mais chato do mundo! Mas valeu a pena, aquela desgraça de filosofia, aquele latim todo!
CLÁUDIA – Valeu a pena até enfrentar a química, até queimar os dedos!
ROBERTO – E agora?
CLÁUDIA – Agora vai contar pra ela! Não se esquece, você tem namorada!
VOZ MASCULINA (*off*) – Calouro! Calouro! Corre, calouro! Calouro burro!

O Homem deposita a ampulheta, depois de virá-la de novo, sobre a mesa; leva alguns dos pratos que ali estavam.

NEY – Agora sou eu quem vai fazer uma gracinha. (*larga o copo e, plantando bananeira, anda sobre as mãos; repentinamente, tem engulhos, e volta a posição normal, quase vomitando*)

MIRIAN – Ney! Isso não se faz, você estava comendo!

LAÉRCIO – Comendo não, bebendo.

NEY – Eu já não sou mais aquele.

ROBERTO – Ninguém é mais aquele.

MIRIAN – Eu já contei a vocês do Júnior?

LAÉRCIO – Tem dois anos!

NEY – É ter...

LAÉRCIO – Peito!

NEY –... ovários!

TERESA – Gostaria de lembrar que eu ainda não terminei a justificativa deste convite.

LAÉRCIO – Mas a gente já falou que não é preciso justificar!

TERESA – Eu tinha dito que, no décimo aniversário...

CLÁUDIA – Você tinha falado no Álvaro.

ROBERTO – Isso não é um pouco mórbido? Desde que entramos aqui, que não se fala em outra coisa senão no Álvaro!

TERESA – Não é bem verdade, mas se fosse, mostraria que nós nos preocupamos com ele.

LAÉRCIO – Como é que vai ele, no duro?

TERESA – Perdeu tudo o que tinha e teve de sair.

NEY – Mas o que foi que ele fez, afinal?

CLÁUDIA – Ora, você não sabe?

NEY – Não; como diz o Roberto, eu estou sempre naqueles cafundós.

TERESA – Fosse o que fosse, ele precisava de nós. E nós o abandonamos!

LAÉRCIO – Isso é mentira! Eu mesmo o ajudei, nos primeiros tempos!

TERESA – Não é dessa espécie de ajuda que eu falo!

LAÉRCIO – Então do que é?

TERESA – Você sabe muito bem do que é! Nós devíamos ajudá-lo de verdade! Nós devíamos preparar condições pra que ele pudesse voltar! Nós tínhamos obrigação de fazer um mundo que tivesse pronto para a chegada dele!

LAÉRCIO – Ora bolas, ele não é Cristo!

MIRIAN – É evidente que isso é uma besteira! E você fala desse jeito porque... porque...

TERESA – Por quê?

MIRIAN – Porque todo mundo sabe que vocês tinham um caso!

CLÁUDIA – Isso é mentira.

TERESA – Ainda que fosse verdade, não invalidaria a minha tese, ó maravilhosa idiota!

MIRIAN (*avançando para Teresa*) – Idiota é você! Metida a intelectual, metida a grande coisa! Vagabunda! Pensa que eu não sei que você deu em cima (*ofegante*)... do meu marido?

TERESA (*imóvel*) – Do seu marido? E alguém tinha tempo de dar em cima do seu marido? Você não saía de cima dele!

SERENATA CANTADA AOS COMPANHEIROS 355

*Mirian quer avançar sobre Teresa, e é contida por Laércio e pelo
Homem, que voltou para tirar os pratos e virar a ampulheta.*

MIRIAN – Me larguem! Me larguem! Eu acabo com essa vagabunda!
Laércio, me larga! Quem é esse homem aí? Está me machucando! Quem é
esse homem?

LAÉRCIO – Fica quieta, Mirian!

MIRIAN – Tira as mãos de cima de mim? Quem é esse homem? Quem é o
senhor?

LAÉRCIO (*dando-se conta*) – É isso mesmo – Quem é o senhor, pra estar
agarrando assim a minha mulher?

ROBERTO – É...quem é o senhor?

NEY – Quem é esse cara?

MIRIAN – Bate nele, Laércio! Ele me machucou!

TERESA – É um espião!

MIRIAN – Bate nele!

ROBERTO – Agarra ele! Já!

*Roberto, Laércio e Ney, juntos agarram o Homem; ouvem-se, em
"off" gritos de "calouro! mata! calouro burro! mata o calouro!"; o
Homem é agarrado e colocado em posição de relevo. Uma cadeira
é posta sobre a mesa, e o Homem é sentado aos empurrões nessa
cadeira. Luz sobre ele. Todos o rodeiam, examinando-o.*

ROBERTO – Parece um catedrático antigo de algum país distante.

NEY – Não! Parece um espantalho.

MIRIAN – Ele não fala?

CLÁUDIA – Parece a culpa. Está sempre aí.

LAÉRCIO – Pra mim é mesmo um espião.

CLÁUDIA – Talvez não seja...ele também precisa de um defensor...

NEY – Acusem ele... você Mirian, comece você...

MIRIAN – Acusar, eu? Não, é uma posição que não me agrada...

NEY – Você não tem feito outra coisa, desde que chegou aqui...

MIRIAN – Eu? Eu, acusar? Mas eu não tenho prática... Não trabalhei, depois que saí da Faculdade... (*arreganha os dentes como um animal*)
Acusar, é? Acusar esse tipo?

*Enquanto ela fala, os demais arrumam a cena para o
Julgamento; alguém passa as algemas no Homem, que é o réu, que
continua impassível, e em posição de destaque. Uma balança
da Justiça, em vermelho, ou o distintivo tradicional das Faculdades
de Direito, aparece, luminoso. Uma luz poderá fazer com
que essa visão seja intermitente, pulsando, sem jamais
se apagar, durante todo o Julgamento.*

NEY – Eu sou o Juiz!

ROBERTO – Não é preciso.

356 TEATRO COMPLETO: RENATA PALLOTTINI

CLÁUDIA – Quem defende?

LAÉRCIO – Vamos fazer assim. A Mirian começa acusando, e qualquer um defende. Mas o primeiro defensor, é o acusador seguinte. Todos têm oportunidade.

Ney senta-se sobre a mesa, e amarra um guardanapo branco sob o seu paletó escuro, imitando a toga de um Juiz. Bebe violentamente. Os demais se esparramam ao redor da mesa, comendo ainda os restos, e bebendo vinho. Mirian fica de pé, com um ar voluptuoso de satisfação.

NEY – Todos perguntam e todos aparteiam. O réu está à sua disposição. Acuse!

MIRIAN – Esse tipo? Não é bem ele que eu quero. Mas faz de conta que é ele. Afinal, seja quem for, ele foi testemunha. Todo o tempo ele esteve lá, como todo mundo.

LAÉRCIO – Lá onde? Esclareça.

MIRIAN – Esclarecer por quê? Não se pode esclarecer nada, não é conveniente! Ele esteve lá, vocês sabem onde. E ele viu tudo, como boa testemunha. Ele me viu, e viu você, *(indica Laércio)*, e viu todos vocês. Todos moços cheios de saúde e de agressividade. Todos querendo vencer na vida, querendo subir na vida, querendo ser felizes. Eu não queria vencer na vida, queria apenas ser feliz. E ele! *(aponta o Homem)* Ele me viu!

TERESA – O que foi que ele viu?

MIRIAN – Ele me viu lutando pra aparecer, lutando pra ser vista de qualquer maneira. Lutando pra conquistar o meu homem, contra tudo. Contra ele próprio, contra vocês todos! Eu era insignificante, pequena, burra! Mas queria, desesperadamente! E tinha que conseguir! Tinha que conseguir! O Réu me viu muitas vezes agarrada ao homem que eu queria, sem nenhuma dignidade, sem nenhuma cerimônia. Ele é acusado de estar lá, e de não ser cego!

CLÁUDIA – Todos nós estávamos lá e não éramos cegos.

MIRIAN – Mas eu consegui, apesar de tudo. Com a formatura veio o casamento. O noivo, no dia, na igreja, estava sorridente, como quem afinal se entregou. Mas não me amava, não me amava! Como é que todos sabiam?

TERESA – Essas coisas, a gente sente.

MIRIAN – E depois, naturalmente, veio o adultério e a carta anônima. E foi ele... *(voltando-se, num gesto teatral, para o Homem)* Ele! Quem escreveu a carta!

LAÉRCIO – Não há nos autos prova disso!

NEY *(rindo)* – Ah, Ah, Ah! Que babaca!

TERESA – Mas não foi ele...

NEY – Melhor que tenha sido! Vamos, defenda, garanhão!

LAÉRCIO – Não há provas de que ele tenha escrito a carta!

SERENATA CANTADA AOS COMPANHEIROS

Ney – É claro que foi ele quem escreveu a carta! Alguém escreveu a carta! Quem melhor do que ele?

Laércio – Não foi só ele que nos viu na Faculdade! Todo mundo nos via! Ela deu em cima de mim o que foi possível!

Teresa – Nos corredores...

Cláudia – Durante as aulas...

Laércio – Onde dava!

Ney (*rindo de perder o fôlego*) – É o fim, é o fim! Vamos lá, garanhão!

Laércio – Durante todo o curso! Todo o curso! A meu lado na classe, torcendo por mim nas provas, fazendo a minha campanha eleitoral... (*vai se tornando sério, consciente*)... me ajudando nos trabalhos...

Cláudia – Sempre, sempre.

Roberto – Ele tinha alguém por ele. Sempre.

Mirian (*quase inaudível*) – Eu só pensava nele.

Pausa.

Laércio (*abatido*) – Dessa forma, não me parece que o réu seja culpado do crime que lhe imputam. O que era evidente aos olhos de todos, foi evidente aos olhos dele. Quanto à carta...

Ney (*pulando de satisfação*) – Acuse, agora..acuse...

Laércio (*feroz*) – A carta anônima...

Ney (*bebendo*) – Não esqueça, você agora está acusando!...

Laércio – Aquela carta foi nojenta! E absolutamente gratuita! Quem poderia ganhar com o fato de minha mulher ficar sabendo do adultério? A quem isso poderia aproveitar? A ele!

Roberto – É uma loucura! Vamos, amigão, ataque! Ataque, agora! (*agarra comida de um dos pratos, e vai comendo; há um ar de festim decadente*)

Laércio – Entraram em detalhes... apontaram os dias e as horas... o endereço da casa...os meus filhos, os que eu tinha tido com a minha... segunda mulher... até as crianças foram envolvidas... é coisa de uma pessoa insensível... é inominável! E quem foi? Quem fez isso?

Ney – Todos, seu burro! Todos!

Laércio – Não há dúvida! Quem redigiu e enviou essa carta indigna e asquerosa foi o réu, senhores do Conselho de Sentença!

Cláudia – Não há Conselho de Sentença!

Laércio – E eu o entrego à Justiça dos homens, antes que ele seja punido pela Justiça de Deus! (*senta-se exausto*)

Roberto – Não há provas, meu caro. Você mesmo disse que não havia provas. (*começa a assumir a defesa*) E sem provas torna-se uma temeridade acusar, e temeridade maior ainda julgar.

Teresa – Se não foi ele, quem foi?

Roberto – E isso importa? Importa quem tenha sido o autor material de uma denúncia que envolve o bem comum da coletividade?

NEY (*bebendo*) – Ah! A coletividade!

ROBERTO – Sim, a sociedade! Que está organizada de modo a não permitir deslizes dessa espécie! Qualquer tipo de fratura, qualquer modo de quebra dos nossos padrões, põe em risco toda a sociedade, a qual, por esse motivo, tem o direito de se defender!

CLÁUDIA – Bendito Cristo!

ROBERTO – Disse bem minha nobre colega, Bendito Cristo! Nossos princípios devem ser respeitados, sob pena de um total esvaziamento! Todo aquele que infringe as regras de comportamento da sociedade em que vive, deve ser punido por essa mesma sociedade, a qual, nesses casos, está usando do seu direito de legítima defesa!

LAÉRCIO – Mas nós não fazíamos mal a ninguém!

ROBERTO – Engano seu, meu caro. Faziam mal à sua legítima esposa, aos seus filhinhos, em suma, faziam mal à sociedade organizada. Por isso, foram punidos. E esse pobre homem, esse, quase direi, boneco, foi – por que não dizê-lo? – o instrumento da ira divina. (*pausa solene*) Disse. (*retira-se do local elevado em que se tinha colocado, sob os aplausos entusiastas de todos, com exceção de Laércio e do Homem*)

NEY – Silêncio, silêncio! Foi tudo muito bonito, mas... e a próxima acusação?

ROBERTO – Desisto do meu direito de acusação. Eu não tenho nada contra esse pobre homem!

NEY (*irônico*) – Será que não?

CLÁUDIA (*feroz*) – Tenho eu, nesse caso! (*adiantando-se*) Então, fica estabelecido que ele... (*aponta o Homem*) Ele... é apenas o instrumento de que se serve a sociedade, a mão que defende as instituições?

ROBERTO – Se você quiser assim...

CLÁUDIA – Ele, então, é o defensor da moralidade pública? É ele quem diz o que se pode e o que não se pode fazer? E quem julga os atos dele? Quem nos diz que ele próprio não comete os pecados de que nos acusa?

TERESA – É você mesma quem se acusa.

CLÁUDIA – Todos, todos me acusaram!

TERESA – Você está delirando?

CLÁUDIA – Estou mesmo? Ah, então eu estou delirando! Não foram vocês que me evitaram na rua, quando eu passava... não foram vocês que me apontaram quando eu apareci.

TERESA – Ninguém nem sequer te via!

CLÁUDIA – E as reuniões feitas pra cuidar da minha salvação?

TERESA – Não havia reuniões.

CLÁUDIA – Eu deixei tudo, me afastei de tudo o que significasse aquela vida, aqueles dias... ainda hoje, eu sonho que estou voltando à Escola, para completar o curso... porque o meu curso foi truncado, foi castrado por vocês e, desde aqueles dias, eu não pertencia mais à Escola nem àquela comunidade!

LAÉRCIO – Por escolha sua.

SERENATA CANTADA AOS COMPANHEIROS   359

CLÁUDIA – Minha? Vocês me marcaram!
ROBERTO – Era tudo contra aquela mulher!
TERESA – Você não vê que o seu caminho era esse que você tomou agora, e não o daquele tempo? Você nos deixou, e estava certa!
CLÁUDIA – Mas eu tinha direto àquilo! Tinha direito aos meus cinco anos de irresponsabilidade!
TERESA – Foi ela quem te roubou esses anos! Ela e não nós!

Há uma pausa, Ney, sempre bebendo, vira a ampulheta e espana a roupa do Homem, que está sempre na sua posição de réu, algemado e impassível.

CLÁUDIA (*surpreendida*) – Ela? Mas ela... já morreu...
TERESA – Já. Vamos enterrá-la?

As duas se entreolham demoradamente; depois, Cláudia rasga o papel onde estava escrito a "maldição", que fora lida anteriormente. Os pedacinhos são jogados nas mãos em concha de Teresa. Ali estarão, também, pedacinhos outros de papel, coloridos, que formarão um grande monte de papel picado. Em seguida, as duas sopram os pedacinhos sobre a cabeça dos demais, que ficam indiferentes e continuam em suas atitudes anteriores: Ney bebe e molha os demais com vinho; Laércio come pouco. Roberto cata migalhas na mesa, e começa a comer uvas e figos, esparramando as frutas e esmagando-as. Mirian acaba por encontrar debaixo da mesa um pedaço de queijo e começa a roê-lo.

NEY – Vamos lá, vamos lá, por que pararam? Prossigam na acusação!
CLÁUDIA – Um dia, o Rei Viúvo percebeu que estava se tornando calvo, que perdia cabelos todas as noites. Olhava-se ao seu espelho de prata, cada manhã, e acompanhava melancólico o rarear de sua cabeleira, outrora brilhante e macia. Suspeitando que o desgosto e a idade pudessem ser os responsáveis pelo fato, mandou que se fizessem investigações. Mas nem as almofadas do leito, nem a água do banho, confirmavam as suas suspeitas. Prometeu então um prêmio a qualquer súdito do seu reino que lhe trouxesse a solução. Um jogral, de passagem pela corte, depois de passar várias noites na antecâmara real, conseguiu decifrar o problema, ao ver quando, numa noite de lua, o Rei, sonâmbulo, levantou-se do seu leito e caminhou até uma janela, onde, contemplando o luar, pôs-se a chorar de saudades da sua Rainha Amada, e a arrancar punhados de cabelos, que o vento levava. Deu, como era exigido, a solução ao Rei, e foi galardoado com muitas terras na montanha.
NEY – Espera aí: que solução era essa? O Rei queria saber onde estavam os cabelos perdidos?

CLÁUDIA – Não. O que se procurava era impedir que os cabelos continuassem a cair.

NEY – E qual era a solução?

ROBERTO (*acariciando as algemas do Homem*) – Eu sei! Amarrar os braços do Rei.

NEY – Muito próprio, mas não concordo. (*bebe*) Acho que bastava aumentar a dose de vinho no jantar do Rei... ou então...

CLÁUDIA – Ou então?

NEY (*rindo*) – Fazer o Rei dormir de touca!

CLÁUDIA (*sorrindo*) – Mirian...

MIRIAN (*sonhadora*) – Ressuscitar a Rainha...

CLÁUDIA – Laércio?

LAÉRCIO – Fazer com que o Rei casasse de novo, é claro.

CLÁUDIA – Teresa...

TERESA – Fazer com que o Rei morresse. É fácil: depois de mortos nossos cabelos continuam crescendo...

CLÁUDIA – Quase. É quase isso. É claro que o Rei era um farsante, que fingia sonambulismo e criou todo o problema unicamente para se livrar das suas terras na montanha, improdutivas, cheias de parasitas, e que só podiam render mediante o pagamento de impostos! O Rei foi morto, é claro. (*pausa*) E ai está, senhoras e senhores! O Réu é culpado na medida em que nós permitimos que ele seja culpado. E há de ser culpado, enquanto nós nos curvamos sob o peso da nossa culpa. (*senta-se*)

NEY – Que fome!

MIRIAN – É claro, você só bebe!

NEY (*gritando*) – Não há mais ninguém aqui pra servir?

LAÉRCIO – Não grite, a garrafa está aqui mesmo. (*pega uma garrafa de vinho de debaixo da mesa e serve a todos*)

O Homem continua no seu posto. Alguém pega
a ampulheta, que esteve esquecida, e vira-a.

NEY – E no entanto, eu acho que ainda vem alguém. Bom, bom, quem vai defender o culpado permitido?

TERESA – É tão fácil. A defesa está contida na acusação. Por que permitimos que o culpado seja culpado?

CLÁUDIA – Assim não vale.

TERESA – É assim que vale. Se a minha cara colega é atingida pelas eventuais cargas do Réu, é apenas porque se deixa atingir por elas.

LAÉRCIO – Isso é um sofisma.

MIRIAN – Na verdade, o que conta é a alma da gente, o coração da gente.

TERESA – Eu não estou esquecendo disso. Mas também não esqueço que os seres humanos têm cabeça.

SERENATA CANTADA AOS COMPANHEIROS 361

CLÁUDIA – Seria conveniente que a cara colega lembrasse também que os seres humanos têm corpo.

MIRIAN – O que é que vocês estão querendo dizer?

CLÁUDIA – E que esse corpo é frágil e mortal, e que pode ser atingido por golpes que venham de qualquer lado, eventualmente, por golpes que sejam provocados pelo Réu!

TERESA – Isso não estava contido na acusação!

NEY (*bêbado*) – Estava sim, estava sim!

TERESA – Peço maior serenidade ao senhor Juiz!

NEY – Serenidade? Que quer dizer com isso o senhor advogado? Quer me acusar de estar bêbado?

TERESA – Eu não disse isso.

NEY – Mas foi isso que quis dizer! Bêbado, não é? Bêbado, eu? Só porque bebi um pouquinho? Só porque eu bebo um pouquinho, todo o mundo se acha no direito de dizer que eu sou bêbado? Hem? Todo o mundo? Só porque eu me visto mal, só porque eu advogo naquela biboca e tenho escritório de chão lavado, é? E no entanto, podia ter sido diferente! Eu ia arrumar aquele emprego, eu precisava! A Seguradora, eu precisava daquele emprego! Mas foi alguém, algum crápula, algum... algum... (*virando-se para o Homem*) Não foi você, hem? Vai ver foi você?

TERESA – Vossa Excelência está confundindo as coisas.

ROBERTO (*avançando para uma travessa de pudim que está em cima da mesa, come gulosamente, lambuzando as mãos*) – Deixa ele! Deixa ele!

MIRIAN – Laércio, você acha que eu posso comer doce?

LAÉRCIO – Come, ora bolas!

Mirian também se adianta e enfia as mãos na travessa de pudim. Ela e Roberto continuam comendo, enquanto Laércio e Cláudia assistem à discussão entre Ney e Teresa.

NEY – Confundindo, o diabo! Minha mulher! Ela precisava de uma operação urgente, ouviu? Urgente!

MIRIAN – Sua mulher é aquela que tem dor de dente?

NEY – E dor de ovários, e dor de ouvido e dor de tudo! E que nunca reclama de nada! E que me recolhe quando eu volto de porre, e que me põe na cama, tira os sapatos, limpa a cara, tudo, tudo! Eu devia alguma coisa a ela! Um emprego decente, era o mínimo! E o emprego ia sair, e o que acontece? (*ao Homem*) Você! Você contou! Foi você!

TERESA – Não foi ele!

NEY – Você contou o que lhe pareceu verdadeiro, sabe? Mas não foi ver as circunstâncias, não investigou... Quem é que lhe deu o direito de analisar a alma das pessoas? Você pôs na sua boca as palavras eficientes aquelas que contavam os fatos. Está bom, eu bebo. Está bom, eu fico embriagado. Já fiz audiência fedendo a pinga? Já! Já perdi prazo por bebedeira? Já! Mas por quê? Por quê?

362 TEATRO COMPLETO: RENATA PALLOTTINI

ROBERTO – Por quê?

NEY (*caindo em si*) – Não sei. Esse é que é o problema. Não sei.

TERESA– Problema muito pequeno, o seu. Você não sabe. Então, dane-se! Mas eu sei! Eu sei muito bem o que queria, e sei quem me impediu de conseguir o que queria. (*a Ney*) Você diz as palavras, mas não sabe o que diz. Eu sim. A minha vida eram as palavras. Desde o começo, eu tinha por elas um amor desmedido. Eu convivia com as palavras, tinha carinho por elas. Sabia que seriam elas a me salvar, ou ninguém, ou nada. Um dia havia de chegar em que as palavras seriam a justificação da minha vida. Quando achei que esse dia tinha chegado, comecei a escrever. Eu tentava com toda a honestidade, com toda a humildade! O que eu sentia era só meu, e era profundamente sincera. Tentei durante muito tempo, poli as palavras, cuidei das palavras. Quando tudo estava terminado, fui ler o que tinha escrito: e não era! Não era! Eu não tinha conseguido! Aquilo que estava ali não era nada! Outros antes de mim conseguiram, outros depois de mim conseguirão, mas eu! Eu, que tinha posto a minha vida nas palavras, que dependia delas para a minha salvação, eu não consegui!

CLÁUDIA – Em que é que você acusa o Réu?

TERESA – Eu o acuso de ter conseguido. Ele é o Vencedor, aquele que pode exprimir o seu sofrimento e as suas alegrias.

ROBERTO – Mas ele não fala!

TERESA – Ele se cala porque quer. Mas eu, desde que não consigo existir nas minhas palavras, eu me sinto cega e morta.

MIRIAN – Por que ela disfarça tanto? No fundo, no fundo, o problema é outro!

CLÁUDIA – Ela não está sendo julgada.

MIRIAN – O problema dela é tão simples! Primeiro ela deu em cima do Laércio e não foi feliz. Depois, ela deu em cima do Álvaro e não foi feliz!

ROBERTO – O Álvaro, sempre o Álvaro! Vocês não sabem falar de outra pessoa?

TERESA (*a Mirian*) – Eu sempre desconfiei que você era mais estúpida do que é lícito esperar.

MIRIAN – Eu, estúpida? Eu? Laércio, você não diz nada?

LAÉRCIO – Mirian, por que você não cala a boca? Coma!

NEY – Aquilo do Laércio foi galinhagem pura. Mas do Álvaro, você gostava, afinal?

Cláudia vira a ampulheta, e bebe vinho, pela primeira vez em grande quantidade; a essa altura, a mesa está se tornando um campo de batalha destroçado, cheio de restos, de ossos, copos vazios, toalha suja, guardanapos amarrotados, Mirian continua a comer aos pouquinhos, como quem não quer. Ney continua bebendo sem parar, já agora na garrafa. Laércio segue elegantemente embriagado, Roberto come com ferocidade.

SERENATA CANTADA AOS COMPANHEIROS 363

MIRIAN – O Álvaro!

TERESA – Vocês nunca entenderam aquilo, não foi? Ele estava tão acima de vocês, tão acima de todos nós!

NEY – Lá vem ela!

ROBERTO – Lá vem o Cristo!

TERESA – Não era um santo, longe disso. Mas tinha força, entusiasmo, ele acreditava, ele sabia lutar. No tempo em que vocês disputavam um lugarzinho na Academia de Letras, umas notinhas a mais no exame parcial, ele estava pensando em termos mais largos, ele olhava o mundo de fora e tentava atuar sobre ele!

CLÁUDIA – Você quer dizer que ele era ambicioso.

TERESA – E por que não? Isso é mau?

ROBERTO – Não, isso é ótimo. Mas onde é que ele foi parar?

TERESA – E o que foi que nós fizemos por ele?

ROBERTO – E por que é que nós tínhamos que fazer alguma coisa por ele? Ele só nos criou problemas! Problemas dentro da Escola e fora dela! Ele! (*aponta o homem*) Ele! Só nos deu trabalho, medo e confusão!

NEY (*rígido*) – Ora essa, você não queria acusar!

A essa altura, o Homem, algemado, virou Álvaro; é Álvaro, agora, quem está em julgamento e Roberto, que não queria acusar, transformou-se no mais feroz acusador. A luz pulsa na balança da Justiça, a faixa vermelha de vingança sobre o peito da beca está mais visível do que nunca. Mirian vai até a beca, e ajeita a faixa, lembrando ao público da sua existência. Roberto levanta-se do seu lugar com um osso na mão, brandindo-o furiosamente. Acusa com a fúria de um cão raivoso.

ROBERTO – Ele nos iludiu desde o primeiro minuto, fazendo-nos acreditar que era o nosso líder e que defenderia os nossos interesses, na Escola e fora dela. Assim, conseguiu se eleger nosso representante. Nós confiamos nele e o apoiamos. Ele subiu e escalou os postos mais elevados, com a nossa ajuda. Depois, quando estava no alto, desmascarou-se!

MIRIAN – Ora essa, ele sempre me tratou muito bem! Me lembro de um dia...

ROBERTO – Foi só então que nós reconhecemos o jogo dele. Fingindo depender só de nós, ele estava apoiado por muitos outros poderes, por muitas organizações.

TERESA – Isso é mentira!

ROBERTO – Mentira? Então como é que se explica aquela ascensão violenta? Ele era um homem pobre!

TERESA – Continua sendo um homem pobre.

ROBERTO – Agora, porque as coisas foram postas nos seus devidos lugares! Mas foi poderoso, rico, teve fortuna. Tudo a custa da nossa credulidade.

CLÁUDIA – O caro colega não acha que o trabalho dele, fosse qual fosse deveria ser remunerado?

ROBERTO – Ele se locupletou!

364 TEATRO COMPLETO: RENATA PALLOTTINI

TERESA – Não há provas disso!

NEY – Desculpe, mas nunca há provas disso.

ROBERTO – Ele é um dos responsáveis pela nossa inquietação, pela nossa insegurança!

NEY – Não existe insegurança.

ROBERTO – Mas ele tentou criá-la, iludindo a todos com suas promessas de futuro feliz, de prosperidade, de igualdade! Eu o acuso de ter mentido a todos e de ter conseguido vantagens para si mesmo e para os seus amigos!

NEY – Entre os quais você não estava.

ROBERTO –... Eu o acuso de ter galgado os postos mais altos, usando-nos como degraus! Eu o acuso...

NEY –... de ter subido mais do que você mesmo.

ROBERTO – Tomo aos colegas e a Deus por testemunha! Eu sou um homem honesto, e nunca ninguém matou ou espalhou o terror inspirado por mim! (*senta-se na sua cadeira, exausto, enxugando o suor. Bebe avidamente, limpa a boca com a manga e passa os dedos por entre os cabelos, num gesto dramático*)

CLÁUDIA – Creio que é a minha vez de defender...

TERESA – Eu gostaria...

NEY – Sua vez já passou.

MIRIAN – Eu ainda não... .

LAÉRCIO – Mirian, cala a boca!

TERESA – Gostaria, primeiro, de reunir todos os fatos... (*olhando-os*) Começamos por dizer, no início deste jantar... (*confusa*) a propósito... por que foi que os outros não vieram, mesmo?

A luz sofre novo enfraquecimento e nova "pane". O Homem se mexe, um pouco inquieto, na sua cadeira.

MIRIAN – O que é que há com essa luz? O que é que há?

TERESA – Eu pedi desculpas a ela, por tudo... Tenho certeza que ela me perdoou...

ROBERTO – Eu estou certo de que... de que estava certo... eu tinha as melhores intenções... as melhores... Consegui vencer, tenho um escritório de quatro salas, acarpetado...

LAÉRCIO – Mirian, não foi premeditado, eu não pensava que pudesse acontecer, quando vi, tinha acontecido, eu fui indo pra frente, quase empurrado... tentei retroceder, eu achava que podia reagir, juro...

NEY (*embriagadíssimo, mas ainda de pé*) – "Se por vinte anos, nesta furna escura...". Ah, a vingança da morta. Eu procurei por ela, queria ouvir as razões dela, queria ver se ela era um ser humano como eu... Nós nos conhecíamos muito pouco... Procurei mas não encontrei naquele dia... depois não tive mais coragem... O emprego da Seguradora... Será que ela também... a minha mulher... a minha mulher é uma santa... chatíssima, coitada...

SERENATA CANTADA AOS COMPANHEIROS   365

CLÁUDIA (*lendo o convite*) – Celso, em 1960... Dante, em 1961...
ROBERTO – Esse era do noturno...
CLÁUDIA – Jonas, em 1970... Kurt, em 1969...
MIRIAN – Esse eu fiquei sabendo muito depois.
CLÁUDIA – Marina em 1972...

> *Novamente há "pane" de luz, Cláudia espera um*
> *pouco, olhando para o alto, como se faz quando há*
> *bombardeios, nas guerras. Depois ela recomeça.*

CLÁUDIA – O Roque, em 1967... bebia como um louco...
TERESA – Chega, Cláudia..
CLÁUDIA – Só mais dois: Renato Costa em 1968 e Salvador em 1959. Está
   por ordem alfabética, desculpem a cronologia defeituosa... .
VOZ (*off*) – LIBERTAS INTRÉPIDA, BONUM SUPREMUM...
LIBERTAS INTRÉPIDA, BONUM SUPREMUM...

Laércio levanta-se e vira a ampulheta; cai poeira sobre a mesa, sobre o
Homem, sobre a beca. A luz, sobre o distintivo da balança da Justiça,
é apagada. O ruído do relógio, que se ouvia quase imperceptível,
aumenta, por alguns momentos, voltando depois a cair.

NEY (*bebendo, soturno*) – Os outros não vieram porque eu me enganei...
   Mas acho que alguém ainda vai chegar...
TERESA – Os que tinham de vir já vieram. Os outros estão perdidos.
CLÁUDIA – No início deste jantar... por que ninguém limpa a mesa? Os
   pratos estão engordurados... a comida esfriou... a sobremesa... não
   está na hora da sobremesa?
MIRIAN (*inconsciente*) – O pudim já veio. Você não comeu? Estava muito
   bom. Agora só falta o café, mas acontece que o garçom...
ROBERTO – Gostei muito da carne assada. Muito.
NEY – Façam o favor de não jogar fora os ossos. Vou fazer um embrulhinho
   e levar pra casa. Pro meu cachorro.
MIRIAN – Você tem cachorro?
NEY – Gato, cachorro e papagaio.
TERESA – Tínhamos dito no início que era a primeira vez, depois de vinte
   anos... que tentávamos nos reunir... não foi isso?
CLÁUDIA – Foi exatamente isso.
TERESA – E que tínhamos tentado uma vez, no décimo aniversário...
CLÁUDIA – Mas que tinha sido impossível, por causa do que aconteceu com
   o Álvaro... E agora, depois de lamentar a sua ausência naquela oca-
   sião, cabe-me defendê-lo...
MIRIAN – Mas por quê? Por que, mesmo?
CLÁUDIA – Cabe-me defendê-lo das acusações que lhe foram feitas pelo
   meu douto colega da promotoria. A defesa é muito fácil e impossível.
   Mais uma vez, a defesa está contida na própria acusação. Mais uma

vez, ela está presa às palavras, que são traiçoeiras. As palavras poderão, talvez, condená-lo, sejam quais forem. As palavras podem ser meios de delação, podem ser indicações de alguma coisa que não convém tornar público. Elas podem ser a carta anônima, a carga que não se vê, porém se sente, ou o poema escrito e falhado. (*Cláudia caminha para o Homem*) Não gostaria de dizer mais palavras. Tenho medo de dizer mais palavras. Desconfio que elas não me poderão servir nesta hora. Desconfio que é preciso esperar um pouco mais. Por que insistir nesse caminho errado? Suponho que existam outros, e que o tempo das palavras pode voltar. Por agora, escolho minhas armas onde elas podem ser apanhadas.

Pegando um guardanapo de cima da mesa, Cláudia limpa a cara do Homem, revelando um rosto jovem de rapaz; tira-lhe a maquiagem excessiva. Ele próprio tira suas roupas, tornando-se Álvaro; Álvaro limpa o rosto de Cláudia, a qual, depois, despe-se de rua roupa, tirando de si todos os vestígios falsos de maturidade. Depois, Álvaro arranca de cima da mesa a toalha coberta de restos e mais a ampulheta, faz de tudo um pacote, que arranca da mesa.
Ao mesmo tempo, os demais personagens, limpam a face e fazem movimentos semelhantes aos dos dois primeiros. O ruído do relógio, depois de ter aumentado pela última vez, cessou. Em seu lugar, começa a subir o som de um hino, que poderá ser algum tradicional hino brasileiro, ou o hino da Faculdade de Direito de São Paulo, no trecho em que são cantados os seguintes versos:
"Sois da Pátria a esperança fagueira,
branca nuvem de um róseo porvir,
do futuro levais a bandeira,
hasteada na frente a sorrir..."

Quando a música estiver audível, uma luz branca total incide sobre a mesa; Cláudia e Álvaro voltam-se para a platéia; os demais personagens também se viram repentinamente. Todos tiraram as suas roupas, e estão usando indumentária igual, talvez malha comum. Desvendam-se corpos e caras muito jovens. A música persiste, e a expressão de todos é de profunda alegria e esperança.

Na Cena do Melodrama

MELODRAMA

Melodrama foi encenada pela primeira vez em 1982, no Festival Internacional de Mulheres, Teatro Ruth Escobar, pela atriz Isadora de Faria, com direção de Anamaria Dias.

Personagens

Lucila Machado – atriz de quarenta anos, bonita, começando a beber demais.
Robson – "barman" de um bar da noite.

Cenário – Interior de um bar da noite: mesinha, balcão, pouca luz.
O lugar de ação de Robson é muito encoberto, ele quase não aparece. A porta de entrada, por onde se coam os ruídos da rua, fica ao fundo, e por ali irrompem fragmento da ação exterior. Vê-se ao alto uma imagem de Nossa Senhora Aparecida. No balcão, garrafas com velas escorridas, decorativas, como candelabros. Numa das paredes, um espelho.
Som – No interior, música de fundo, nostalgia. Fora, ruídos da noite da vitória de um grande time popular de futebol. Urros. Quando a ação começa, acordes de um hino de clube, Corinthians, Flamengo, qualquer coisa em que o povo põe sua fé.
Tempo – Madrugada. O bar está solitário, quase fechando, meio ilhado pelos carros que desfilam, pela bebedeira, pela multidão que não vai dormir. Tipo Rua Augusta com engarrafamento. Robson ainda não fechou porque não pode tirar seu fusca da garagem e não quer enfrentar o povão nas ruas.

*Ruídos de povo, gritos, cantos. Lucila está começando a querer
entrar no bar, enquanto Robson permanece impassível,
sem ajudar nem impedir. Ela grita e se defende.*

LUCILA (*quase entrando*) – Larga daí! Não vai entrar, não! Era só o que
faltava! Você está num pau só! Sai!

*Uma bandeira é introduzida enquanto ela entra; a bandeira
é sacudida, ficando seu portador fora, mais gritos.*

VOZES (*off*) – Corintia! Corintia! Corintia!

Bandeira é sacudida, hino sobe, Lucila se irrita.

LUCILA (*já dentro*) – Sai daí, pô!

*Lucila consegue entrar, está despenteada, suada; tem confetis no
cabelo, fitas alvi-negras no pescoço, etc. A bandeira desaparece
e os gritos vão diminuindo e acabam por se afastar; o hino decresce,
Lucila suspira, e desaba, de cansaço, na primeira cadeira que vê.*

LUCILA (*exausta*) – Porra, que noite! Justo hoje é que eu havia de vir pra
esta rua? Justo hoje? (*pausa*) Também, acho que está a mesma coisa
em qualquer rua. Hoje, sossego, só no cemitério. Tem nego aí carregando bandeira, tem nego subindo em automóvel, tem automóvel se
batendo, gente chorando, gente morrendo de enfarte! E tudo isso por
que? Porque o Corinthians ganhou?! Já imaginou? (*pausa*) Hei,
Robson... falei com você, me desculpa... você também é corintiano?

374 TEATRO COMPLETO: RENATA PALLOTTINI

Hoje todo mundo é corintiano... até o governador... você também está com tudo, Robson?

ROBSON – Não chateia.

LUCILA (*sorrindo*) – Ah! Boa noite. Boa noite, Robson. (*bufa de cansaço e sede*) Puxa, que sede... (*tira das roupas as fitas, os pedaços de papel picado, arruma-se*) Será que você podia me dar um campari?

Não há resposta. Lucila espera um pouco, pacientemente.

LUCILA – Um campari, Robson, por favor. (*nada*) Como é, vai me servir esse campari?

ROBSON – Não chateia.

LUCILA – Como, não chateia? É assim que você serve a sua freguesia? (*silêncio*) É assim? Ainda mais eu, uma boa freguesa, uma boa cliente? Hem? Estou pedindo apenas um atendimento normal, que se deve dar a qualquer pessoa normal que venha aqui, um atendimento decente. (*vai até o balcão e apanha uma garrafa de campari*) Bom, e agora, pra abrir esta bosta? (*leva a garrafa até a mesa tenta, consegue*) Está bem, o campari eu já tenho, só me falta o copo... não, o copo está aqui, me falta... o gelo. Por favor, quer me dar gelo?

ROBSON – Não chateia.

LUCILA – Está bom, "não chateia", é assim, não é? Está bom, um pouco de gelo, por que é que eu não tenho direito a um pouco de gelo? Vamos ver, por quê? Você pode me dar uma boa razão? (*silêncio*) Não, ele não pode me dar uma razão, não existe uma única boa razão para se negar duas pedras de gelo a uma mulher honesta e trabalhadora como eu... Você sabe quantos anos de profissão eu já tenho? Não? Vinte. Vinte anos de trabalho honesto e decente. Sabe lá o que é isso? Sabe? (*silêncio*) Vamos, fala! Que é que há? É porque eu devo a esta espelunca? É isso? Mas, meu Deus, é a você que eu devo dinheiro, sua besta? Eu devo dinheiro ao seu patrão. E vem você e toma as dores do seu patrão? Além do mais, puxa-saco do patrão?

A música de fundo diminui; Robson ligou o rádio; ruído violento, de multidão. Locutor esportivo fala sobre a vitória, reprisando "gols". Ruídos continuam; Robson diminui o volume do rádio.

LUCILA (*sarcástica*) – Já acabou de me "gelar" com esse rádio? Bota música aí!

Tempo; baixa o som do rádio e sobe a música.

LUCILA – "Povão"... festa do povão... amanhã está todo o mundo no batente, às sete da manhã... quem dormiu e quem não dormiu... corintiano é bom pra levar pau na cabeça, beber pinga e cair na rua, é pra isso... E ainda botam guarda em cima! Não pode entrar em campo! Não pode sair do campo! Não pode pular a grade! E se pular, pau neles!

MELODRAMA

(*ot*) Mas, sabe, Robson? Eu até acho que deixam o pessoal pular o alambrado...deixam, sabe? É energia que gasta! Correr aquele campo todo, cansa, viu? Você assistiu ao jogo? Pois eu assisti! Na televisão colorida e tudo! É fogo! Aquele povão todo entrou em campo, e se juntou, de bandeira na mão! Se juntou e correu! Foi um espetáculo, aquela massa toda... quando eu vi todos juntos, correndo pra frente, em direção à meta... e sabe o que eles queriam, Robson? Arrancar as traves! Levar as traves pra casa! Só isso, mais nada! E aí veio a guarda e baixou o cacete! Tinha mais povo que guarda, mas mesmo assim... o povão apanhou, e apanhou contente! Porque, é como se diz: a ordem em primeiro lugar! Não é mesmo, Robson? Não é assim que se diz, a ordem em primeiro lugar?

ROBSON – Não chateia!

LUCILA (*bebendo*) – Olha, Robson... . eu estou esperando um telefonema... Aqui... tomei a liberdade... (*ri*) Tomei a liberdade de dar o telefone do bar... quer dizer... se for pra mim... Raio de noite que eu fui escolher... também... quem manda não ter celular? Quem manda?

> *Batem violentamente na porta, com um mastro da bandeira de algum torcedor; Lucila se assusta.*

LUCILA – Que que é isso? Revolução? Fala Robson, você acha que é revolução? Com toda essa gente na rua, tudo é possível... que dia é hoje, hem? Já são quatro horas da matina? Deve ser. Então, hoje é o dia em que o Corinthians foi campeão. Dia em que o povo pensou que foi campeão. Porque tudo isso foi arranjado, Robson, garanto, todos estão dizendo que foi arranjado... oito milhões, diz que o homem gastou oito milhões pra o time ser campeão... isso porque a turma não agüentava mais, eram quantos anos? Mais de vinte, parece... uma eternidade, a gente não agüentava mais... não é? Não é Robson? Olha,... pra mim... quando passa de dez minutos já é uma eternidade... inda mais quando se está esperando um telefonema... (*chega-se a Robson e lhe mostra uma medalha com retrato, pendurada no pescoço*) Está vendo isto, Robson? Chama-se "miniatura". Eu também não sabia. Tem uns caras que são capazes de pintar retrato? desse tamanho... hem? Não é bonito? (*tempo*) Morena... cabelo preto, preso para o alto... parece uma pintura mesmo, um retrato antigo... não é? E o nariz... e os olhos... Bonita, não é?

ROBSON – Não chateia.

LUCILA – Você quer saber mais coisas sobre ela? Garanto que você quer. Qualquer pessoa havia de querer saber mais coisas sobre a mulher que faz outra mulher ficar aqui, num bar da Boca, às tantas da manhã, esperando um telefonema. Você quer saber? (*prepara-se*) Ela é a mulher que aquece o meu coração, o meu coração e o meu corpo... o meu corpo e o meu crânio e faz a minha cabeça ferver, borbulhar, transbordar... É por ela que eu deixo de pensar que sou apenas eu,

376 TEATRO COMPLETO: RENATA PALLOTTINI

uma atriz que não deu certo! E por que não deu certo hem? Talento?
Eu tenho. Experiência? Eu tenho. O que me falta? O que me faltou?
Do que foi que eu tive medo? Desde quando nasci, do que foi que eu
tive medo? Do que é que eu tenho medo?

*Soa uma campainha, estridente e repetida, que assusta Lucila,
fisicamente. É um despertador de repetição, mas Lucila só se dará
conta quando Robson fizer com que ele apareça e lhe der corda.*

Lucila – Que é isso... telefone? Telefone, Robson! Atende, pô! Robson!
(*percebeu*) O que raios é isso aí? O que? Um despertador? (*relaxa,
depois se irrita*) E pra que você regula o despertador pras quatro da
manhã? Robson, pelo amor de Deus, me explica só: por quê?

*Robson muda a estação do rádio, que ainda estivera ligado; entra uma
moda de viola cantada, que enche todo o ambiente; Robson sai para os
fundos, carregando uma enorme lata de lixo, Lucila só olha; ele volta,
toma um café de garrafa térmica, depois enche um copo de água
borbulhante depois pinga um remédio dentro, e bebe.*

Lucila – Porra, não, é demais pra mim, moda de viola, lixo e remédio, é
demais. Remédio... remédio a estas horas? Pra quê? Pra dormir, pra
acordar? Diempax, Anafranil, Librium? Morfina, heroína, mescalina,
aspirina? Bobinho, Robson... remédios... o único remédio contra a
loucura é o amor... (*grita de repente*) Desliga esse rádio... Desliga
esse rádio!!!

Robson desliga, prudente.

Lucila – Sabe porque eu não sou muito má, muito sacana? Porque eu sou
louca. Me diz, Robson, se uma mulher que bate bem se põe a amar
outra mulher igual a ela? As coisas diferentes é que se ajustam, não é
mesmo? Sempre ouvi dizer assim... no entanto... no entanto... (*à simples
enunciação do que vai dizer, começa a se sentir sensual e sensível*)
No entanto, às vezes, os iguais se ajustam melhor... eu vejo o meu
corpo em outro, o meu prazer repetido em outro... Eu sei o que quero,
e sei também o que posso dar... eu sei o que espero, e também o que
esperam de mim... é tudo muito simples... e muito misterioso. (*muda
de tom e se torna repentinamente grosseira*) Você alguma vez já
brochou na hora agá? (*silêncio*) Hem? (*silêncio*) Hem, Robson?
Robson – Não chateia.
Lucila (*ri, delicada*) – Ah... Há, há... aconteceu, não é? E pode acontecer
de novo, mil vezes, mil vezes... e vai chegar o dia, Robson, em que
ó... babau! Fim, meu anjo, não dá mais... ao passo que a mulher...
Mulher não acaba, Robson, não tem fim... a mulher nasce de si mesma, e renasce mil vezes, uma na outra, mil vezes, amante, amiga,
mãe, filha... mil vezes, sem que ninguém saiba, nem veja, nascendo,

MELODRAMA

crescendo, gozando, e vocês nem sabem, Robson, vocês nem sabem! (*ri*) Vocês são os últimos a saber! (*pausa*) Ah, mas vocês se vingam... cada um de vocês sozinhos, e todos vocês, em conjunto... vocês se vingam!!! O juiz, o delegado, o padre... o marido, o namorado, o noivo, até o amigo. Sabe? Até o amigo, até a bicha amiga, se vinga... é proibido gozar e ser feliz sem vocês, não é? (*pausa*) Me dá mais um campari, Robson... Eu desisti do uísque no dia que eu vi que só o cheiro estava me pondo de pileque... campari, você nem sente a culpa de estar bebendo... e depois é tão bonito, tão bonito (*olha um restinho da bebida contra a luz*) e depois, Robson... é uma bebida feminina, menstruada...

Robson, irritado, faz um barulho forte de quem quer vomitar.

LUCILA – Que é isso? Nojo, Robson? Você está com nojo, é? De mim? De mim e de todas as mulheres? Claro. Você tem nojo de mim e de todas as mulheres, não é? Sujas, desagradáveis, nojentas, as mulheres, não é, Robson? A não ser... a não ser quando elas estão contigo numa caminha, e topam tudo que você quiser, não é? Hem, não é, Robson? Aí sim, aí elas são boas, gostosas, fazem de tudo... o que sai de você, e também tem seu cheiro não é nojento, é? Não é? (*silêncio*) Não é Robson?

Robson, profundamente chateado, pega o aparelho telefônico, que tilinta. Lucila vê o que ele pretende fazer, e se apavora.

LUCILA – Não, Robson... não... não... não desliga ele... não, não faz isso, pelo amor de Deus! Pelo amor de Deus, pelo amor de Deus!

Robson desliga o telefone e o coloca no balcão, com os fios pendentes, claramente desligado. Lucila está em pânico.

LUCILA – Não faz isso, Robson... liga ele de novo, eu te peço... a gente sempre se deu bem... lembra quando eu te arranjei o emprego no hotel? Você tava precisando, não tava? Tua mulher ia dar a luz... O teu filho ia nascer e você precisava de dinheiro... eu que quebrei o teu galho... liga ele, Robson... ela pode estar telefonando! Por favor, Robson... teu patrão pode querer falar com você, tua mulher pode querer... Robson, liga... por favor (*chora*) O que você quer, Robson? Qualquer coisa... gaita eu não tenho, mas... eu arranjo, depois, te dou um cheque pra segunda-feira, te dou... (*com uma idéia repentina, séria e verdadeira; jogando tudo*) Eu dou pra você, Robson... liga o telefone. Eu dou pra você... juro. Você... quer? Eu dou. (*pausa*) Quer?

Robson pega o aparelho que tilinta, recolhe os fios para ligá-lo quando Lucila se encaminha para ele, rosna com desprezo.

378   TEATRO COMPLETO: RENATA PALLOTTINI

ROBSON – Não chateia.

Pausa.

LUCILA (*humilde*) – Desculpa; obrigada. (*pausa*) Ah, meu nego, você não sabe o que é isso, sabe? Não sabe o que é... Não ter amor e não ter dinheiro. Estou devendo a esta espelunca até o campari que eu bebo... (*bebe*) E você sabe por que eu bebo? Sabe?

Robson lava os copos, barulho de água escorrendo.

LUCILA – Não sabe, pois eu te digo. Eu bebo porque...
ROBSON – Não chateia!!!!
LUCILA – Está certo. Não chateio mais. Bebo. Somente. Vou beber, somente, e tudo bem. Vou beber, quieta e em paz. E você, dane-se. (*bebe longamente*) Bebidinha boa. Leve, refrescante, e nem faz mal. (*olhando para Robson*) Você acha que faz mal? Bobagem. Coisinha macia e inócua. Se fosse conhaque, fosse uísque vagabundo. Mas não é. É uma bebida vermelhinha, meio doce, meio amarga, mistura com uma soda, com um gelinho, com uma coisinha qualquer... e pronto. Fica aqui dentro, fresquinha como suco de uva transparente, como suco de uva de vidro (*sorri*) Ah, você já imaginou como seria suco de uva de vidro? Hem? Deve ser... (*um pouco sombria*) Meu Deus, deve ser um negócio bom pra gente se suicidar, hem? Você acha que ela chamou, enquanto... quanto tempo será que ele ficou desligado? Robson, será que ela chamou, enquanto isso? Será que ela vai me telefonar algum dia? Por quê? Será que ela me ama? E por quê, por quê? É tudo coisa muito obscura, Robson...você sabe que às vezes eu penso que isto tudo é mesmo uma coisa... (*com dificuldade*)... contra a natureza? (*amargamente*) É... contra a natureza... bem como eles dizem... o amor maldito... estéril, morto, que acaba em si mesmo... pronto, é isso! Falei! Vomito o meu preconceito, também vomito! Eu também tenho uma confusão na cabeça! Tudo o que me puderem dizer de condenação, eu mesma digo! Eu mesma! O amor maldito, condenado, morto em si mesmo! O que é que me espera? Fala, o que é que me espera no fim da vida? (*pausa; ela espera, depois se recompõe e ri*) Sabe o que me espera? A mesma coisa que espera oitenta por cento da humanidade: o asilo dos velhinhos! Onde estarão os velhinhos de um lado e as velhinhas de outro, bem separadinhas, bem escondidinhas, numa grande transação! (*imita velhinhas curvadas*) Isoladinhas, bem fechadinhas, bem no escondido... transando, transando, transando, até morrer, de cansaço, desmaio e felicidade!! Pronto! Morte macaca no asilo! Salvas do câncer... da arteriosclerose, do derrame e da piedade! (*ri do seu próprio humor macabro; de repente toca o telefone; fica tensa*) Está tocando o telefone...

Robson não reage.

MELODRAMA 379

Lucila – Robson, está tocando o telefone... (*nada*) Porra, o telefone, Robson!

Robson vai atender, finalmente.

Lucila – É comigo, agora? Robson, é comigo?

Robson mantém fora do gancho o telefone,
e o som invade a cena, agigantado:

Vozes (*off, ao telefone*) – É com o pé, é com a mão, o Corintia é campeão! É com o pé, é com a mão, o Corintia é campeão!

Robson sorri e desliga o telefone, depois de uma repetição
de várias vezes do refrão; Lucila bebe, desanimada.

Lucila – Com o pé, com a mão... só não são campeões é com a cabeça, não é? Cabeça, mesmo, ninguém tem! Vão levar o dinheirinho, bem direitinho, nos guichês, como é mandado! Aumentou o preço da entrada? Não faz mal! Não tem condução na saída, não faz mal! O importante é ver o Corinthians, é chorar, gritar, brigar pelo Corinthians, suas bestas! (*bebe*) E ainda não é pra mim o telefone... ainda tem mais essa... Não é comigo, ponto. Melhor falar em vida, que é mais divertido. (*começa a cantar e dançar um bolero*):

"A vida, essa mentira de quem ama...
não posso compreender porque partiste...
Te quero mais
te adoro mais
e estou, cada vez mais, sozinha e triste...
A vida avança e a sorte foi contigo
agora a noite é meu maior amigo...
E choro mais
eu que te adoro mais
mais uma vez num bar bebendo a sós comigo..."
(*continua a cantarolar o bolero, com o copo na mão*)
Você pensa que eu não sou uma atriz de recursos? Pensa? Pra teu governo, amor, eu posso cantar, dançar... fiz dicção, expressão corporal, tudo isso, viu? Tudo isso... eu sou capaz de tudo isso, eu só não sou capaz de agüentar comigo mesma... Eu peso demais pra mim mesma, você entendeu? Não é por ser menos, é por ser mais, viu, é por ser *mais*, que eu me danei. (*pausa*) Me danei não, estou aqui, em cima dos meus próprios pés (*dança*), dançando, cantando, sou uma atriz cheia de recursos e vou, entendeu? Vou conseguir sair desta com dignidade. Vou sair bem dessa, vou pagar ao teu patrão, e quando voltar aqui... se é que esta joça vai continuar existindo... porque tem uma coisa... só existe um lugar mais rotativo do que hotel de alta

rotatividade, é bar da noite... Hoje é "Stardust", amanhã é "Capelinha do Samba", "Babalu", "Garúa", "Mon Amour", qualquer negócio... conforme o ritmo que estiver de serviço... né, Robson, meu bem? Você também é de alta rotatividade, você também muda conforme o ritmo, não é?

Robson se zanga e começa a bater garrafas.

Lucila – Ué, ficou zangadinho? Por que, não está na cara que você dança conforme a música? Não? Quem foi que entregou aqueles meninos que estavam cheirando? Hem, boneco? Quem foi? Quem é que entra na delegacia a qualquer hora, pra trocar figurinhas com os funcionários? Hem? Eu?

O barulho aumenta.

Lucila – E se não fosse assim, de que outro jeito você poderia ter sobrevivido, Robson, meu bem? Garçom de "boite" entendida, "maitre" de cantina mixuruca... tinha que se virar de alguma forma, não é?

Pausa, Robson não responde.

Lucila – De que signo você é? Não vai me dizer? Me dá ao menos uma pista.

Robson faz um circulo com os dedos.

Lucila – Como você é amável, Robson. Seus gestos são tão finos. Isso que você fez aí, por exemplo. Vejamos... (*finge pensar*)... Um anus! Anus, é Janus. Janus é Januário, ou Janeiro... Logo, você é Aquário, ou Capricórnio... mas, pelo seu jeito eu adivinho que você é (*faz gesto de cornos na testa*) Capricórnio!

Robson atira um copo na parede, que se quebra.
Lucila se acovarda.

Lucila – Robson... Está bom... Calma... eu estava brincando, seu bobo... que diabo, não se pode nem brincar com você? Vai, vamos ficar numa boa, bem legal, tá? Você aumenta esse som, aí... e a gente dança... Quer? Vem, vamos dançar...

O som aumenta e Lucila dança sozinha, fazendo gestos
para convidar Robson, que não lhe dá atenção.
Lucila insiste um pouco, convida de novo.

Lucila – Vem... por que você não vem dançar? Vem, Robson... Não? Puxa, você é um cara desanimado... ou sou eu que não te agrado? Eu não sou atraente? Não sou "sexy"? Está bem, Robson, meu irmão, o que é que eu posso fazer? Não está em mim, é a minha figura, minha voz,

MELODRAMA   381

a minha aura... Eu sou, pra todos os efeitos, uma mulher de peso, uma
mulher séria... claro que eu joguei futebol na infância, mas e daí?
Não, eu só queria liberdade, a liberdade física, liberdade de ser. Pular,
alçar-se, voar, por que isso deve ser um jogo masculino? (*para o
público*) Olhaí, minha amiga, como se diz na TV, você nunca teve
vontade de pilotar um avião? Eu tive. Pensa que pude? "Jamais",
como diria Simone de Beauvoir. Simone de Beauvoir do Bixiga, é
assim que me chama a Clarisse. Clarisse. É *ela*. Diz, mas me beija.
Diz, mas quando segura a minha mão, treme... toda, como galho alto
de roseira... e se abre como uma rosa... Clarisse... dois filhos, dois
garotos, homens... capazes de, amanhã, lhe pedir contas de tudo...
(*cobre o rosto com as mãos; com desespero contido*) Telefona, telefona, telefona... E se fosse para a escola, você telefonaria? E se fosse a
reunião de pais e mestres, você iria? Iria? E por que a metodologia do
ensino ou os cambau é mais importante que o seu orgasmo? Robson,
você sabe alguma coisa a respeito do orgasmo de uma mulher?

Robson – Não chateia!

Lucila – Tontinho. No entanto, é muito importante, o orgasmo da sua
mulher. Seria ele, esse orgasmo, que impediria você de ter cornos,
sabia, Robson? Você tem cornos postos por todos os homens e todas
as mulheres de cinema, das revistas e da televisão... se a sua mulher
não goza com você, ela te põe chifres com o Alain Delon, Richard
Burton e a Yoná Magalhães, sabia?

Robson dirige contra Lucila um jato de sifão; Lucila o
recebe em pleno peito, se insurge, ri e insulta.

Lucila – Puto! Você não gosta de ouvir verdades, como todo mundo... Me
dá um guardanapo aí...

Robson lhe joga um gardanapo e ela se enxuga.

Lucila – No entanto, nós somos tão próximos, estamos tão juntos... Você
não gosta de mulher? Pois é! Eu também!! (*ri, enxugando-se*).
Se eu não fosse uma mulher séria, Robson, meu filho... eu estaria
bem de vida, sem dificuldades de nenhuma espécie, principalmente
sem dificuldades de dinheiro, como você pode imaginar... Quantas
oportunidade eu já tive, quantas oportunidades de te entregar, hem,
Robson?

Robson pára qualquer movimento e fica muito quieto.

Lucila – De entregar você e outros como você, hem? Drogas, bebidas,
chantagem, etc... etc... etc... hem? Principalmente os etecéteras. Pensa que a noite é cega, Robson? A noite tem seus gatos, irmão... e a
noite é de quem mia mais alto, viu? Pagavam, irmão, pagavam... Por

382 TEATRO COMPLETO: RENATA PALLOTTINI

esta cara séria, principalmente, se paga muito bem... uma cara como esta tem livre trânsito... eu tenho crédito facial... já me disseram: "pelo andar da carruagem se conhece quem vai dentro...". Por isso, me teriam pago bastante para entregar gente como você... E eu não teria tido dificuldades de dinheiro, como você pode imaginar... nem dificuldades artísticas, como você pode imaginar... Há mil jeitos de facilitar a própria vida... A gente só precisa de um pouco mais de maleabilidade... um pouco mais de malemolência, como se dizia quando você começou a ser garçom, há uns cinqüenta anos, mais ou menos...

ROBSON (*mais aliviado*) – Não chateia...

LUCILA – Chateio, sim. Você também está me chateando... qual é a idéia que você faz de mim? Qual é a idéia que todo mundo faz de mim? (*bebe*) Uma atriz em decadência, que está bebendo muito e que não fez carreira porque... (*hesita*) Porque (*bebe mais*) Porque não tinha talento? (*pausa*) Mas não foi. Não foi. Teve um momento, Robson. O momento psicológico. Eu estava na companhia certa. No meio das pessoas certas. Um grupo bom. Tinham dinheiro, tinham produtor, tinham diretor. Tinham bom gosto e sabiam das coisas. Estava tudo certo. Eu estava bem, estava acertando, tinha bons papéis e estava dando conta do recado. Tudo legal. Mas sabe o que eu fiz? Sabe? (*bebe*) (*mais alto*) Me apaixonei pela estrela! É isso! Me apaixonei pela estrela da companhia! (*indignada consigo mesma*) Viu? Me apaixonei pela estrela da companhia, que além do mais era amante do diretor, e que, além do mais, tinha tido um caso com o ator principal, que além do mais era bicha. Bicha! Bicha! (*é como se estivesse insultando Robson, que se movimenta ofendido; penitenciando-se*) Não, Robson... não... que é isso... não estou falando de você... Não estou te ofendendo... Robson, que é isso, bem... calma... não é com você... não é... (*ri, aliviada, bebendo mais e achando uma graça retrospectiva em tudo aquilo*) Ah... só eu, mesmo... tive que sair da companhia, entrei numa sonoterapia, depois, de copoterapia, e aqui estou... Uma atriz em decadência, que podia ter feito certas concessões... e que...

*Toca o telefone; Robson atende silenciosamente, depois
faz um gesto para Lucila, indicando que o telefone é para ela.
Lucila se assusta e se desorienta.*

LUCILA – O que... pra mim? É pra, mim?

*Desorientada, ela caminha para atrás do balcão
e atende o telefone invisível.*

LUCILA – Alô. Oi. Oi, nego, é você? Tudo bom. Não, tudo bom mesmo. Sei. Amanhã? No estúdio? Mas... pra fazer o quê? Não, não é isso. Claro que eu preciso, mas é que... amanhã, assim... a que horas? Bem, eu vou ver... depende... depende... não, puxa, não é que eu não queira,

MELODRAMA 383

é claro que eu quero, mas precisava ver se... se é um papel pra mim,
se eu... sei lá, eu nunca trabalhei com ele. Sei lá se eu vou me dar bem
com ele, entendeu? É claro que a gente tem que tentar, mas eu sei lá...
eu vou, é claro... eu vou experimentar, pelo menos... Obrigada... obrigada mesmo, viu? Obrigada...

*Desliga o telefone e volta à posição anterior, um pouco
atordoada. Bebe. A garrafa de campari já está pela metade,
procura mais gelo. Não o encontra e se irrita com Robson.*

LUCILA – Me dá mais gelo (*silêncio*) Me dá mais gelo! (*silêncio*) Porra,
estou dizendo pra me dar mais gelo!

Silêncio total da parte de Robson; Lucila se acalma depressa.

LUCILA – Não sei como o cara me descobriu aqui... (*tempo*) Também, eu
estou sempre aqui... (*tempo*) Era um convite pra fazer um teleteatro.
Você acha que eu devia?

O gesto de Robson diz que sim.

LUCILA – Já sei o que você acha. Que eu devia fazer qualquer coisa, pra
poder pagar teu patrão, é isso que você acha. A minha dignidade, a
minha carreira, pra você não tem a mínima importância. Também,
por que é que haviam de ter? O que é que você tem que ver comigo?
Nada de nada. Pra você, tanto faz que eu faça o papel principal, ou o
da Ama, que amarra um lenço na cabeça e diz "sim, sim, minha filha", e que tanto podia ser eu como o motorista do caminhão de exter-
na da TV não é? E pra você pouco importa se for uma comédia dessas
de todo mundo mijar de rir e se eu me sinto mal, se eu me sinto
violentada fazendo comédia, não é? Tem coisas que me violentam,
tá? Mas pra você tanto faz, não é? Me dá mais gelo!

ROBSON – Não chateia.

Lucila desiste de pedir a ele e vai pegar mais gelo.

LUCILA – E você acha que quando eu digo que sou uma mulher séria... eu
estou mentindo? Você pensa que eu sou... como todo mundo?

Silêncio de Robson; Lucila põe gelo no copo e bebe.

LUCILA – Muito bem. Suponhamos que eu sou uma mulher como as outras.
Eu não sou especialmente séria nem especialmente nada. Eu sou como
todo o mundo. Está legal. Mas, então, por quê? Por que é que as
coisas não dão certo pra mim? Qualquer bostinha que eu vi catando
azeitona em mesa de bar vai pra TV, acerta, e depois se dá ao luxo de
não me conhecer mais. Eu já ensinei o ABC dessa profissão a menina
que hoje é capa de revista! (*pausa*) É ou não é? E eu não fui homem
de aproveitar o meu prêmio e ir a Europa! Não fui homem!

384 TEATRO COMPLETO: RENATA PALLOTTINI

Robson ri; ela percebe por que.

Lucila – Robson! Seu sacana! Eu te quebro a cara!

Lucila avança para Robson, tropeça, vacila, e acaba caindo esparramada no chão, acompanhada pelo riso de Robson; fica desapontada, examina o relógio, pra ver se não quebrou.

Lucila – Meu relógio... Pô, numa dessas eu quebro o relógio (*vai se levantar*) Já viu meu relógio, Robson? Cartier... presente... diz que Cartier só se ganha de amante, não é? (*tempo*) Pois é... Clarisse... pois é... telefona, telefona, meu amor!
Eu sou capaz. Eu sei que sou capaz. Eu sou uma atriz. Eu sou uma atriz, Robson. Eu sei que sou! Então, o que que é? Por que me dá esse medo, essa... coisa que me arrasta, que me agarra pelos pés, que me puxa pra trás? Eu quero ir, quero fazer... Você pensa que eu tenho medo do Flávio? Eu não! Eu não tenho medo nenhum, tá? Eu quero que ele se dane, tá? Eu não tenho medo nenhum! Nem dele, nem de diretor nenhum!

Bebe, e sua mão trêmula faz tilintar as pedras de gelo no copo; repete a frase, falando agora muito baixo.

Lucila – Eu não tenho medo nenhum. (*bebe longamente*) De nada, de nada e de ninguém. Eu sou uma atriz profissional! Tenho direito a escolher os papéis que me servem, os personagens que mais se adaptem... Eu tenho... uma ideologia, tá? Eu tenho uma ideologia...

Ouve-se fora, ao longe, barulho de sirene, intermitente, de carro policial ou ambulância.

Lucila – Esses apitos, essas sirenes de assistência é que me matam. Sei lá quem está dentro? Doente, ou o quê? Acidentado, ou o quê?
Hoje, com certeza, é corintiano, que vai lá dentro... doente... ou morto... ou preso... mas de qualquer jeito, vão contentes... estão por cima... quem morreu, morreu por cima... hoje, ninguém tira sarro de ninguém...

Os sons de fora aumentam, como se um novo grupo passasse; abrem a porta de fora e uma voz grita, para dentro.

Voz (*off*) – Dá uma cerveja aí, seu! O coringão ganhou!
Outras Vozes (*off*) – Uma cerveja aí! Vai! Dá uma cerveja!

Lucila se assusta inicialmente, depois se encaminha para Robson.

Lucila – Vai, dá uma cerveja pra eles! Que custa?
Robson – Não chateia.
Lucila – Ah, você também acha que eles deviam é ser presos, não é? Deixa. Amanhã eles estão todos presos de novo. Deixa, já está amanhecendo o dia.

MELODRAMA   385

Voz (*off*) – Dá uma cerveja, seu!

Robson ignora o pedido, o grupo se afasta e o som cai;
Lucila bebe mais um pouco, passeia pelo bar.

LUCILA – Eu nunca fui presa. Nunca. Mesmo porque eu tenho medo físico, compreendeu, medo da violência, de castigos. Medo. O meu corpo tem medo de castigos, de maus tratos. Por isso eu nunca fui presa... Quando eu digo que tenho ideologia... (*pausa*) Você dá risada, não é, Robson, você dá risada. Eu sei o que você pensa. Você pensa que eu repito as coisas que os outros dizem, não é? Você pensa que quando eu falo em ideologia eu não sei o que dizer, não é? Mas olha, vou te contar uma coisa não é bem assim, não... o que me falta são as palavras... as palavras de dizer porque eu tenho medo físico e lá fora a gente está ouvindo a sirene das ambulâncias... O que acontece é que nem sempre eu me exprimo direito... fico confusa e entro em pânico... então, digo imediatamente qualquer coisa... e bebo... nos dias piores, eu bebo... Eu tenho coragem, Robson! Eu tenho coragem de beber campari, de fazer melodrama e de chorar até me acabar! Quantas pessoas no mundo podem dizer a mesma coisa? Hem? Vamos, me diz quantas? (*silêncio de Robson*) Seu bobo! Quando eu digo ideologia, não quero dizer necessariamente política, eu quero dizer pensamento. Eu quero apenas dizer que, se eu sou uma atriz de melodrama, se a minha vida é um melodrama, e daí? Por que não hei de ter coragem, e assumir!!! Como dizem todos... e assumir o meu melodrama até o fim? Hem? Melodrama, tá legal, e por que não? Por que as pessoas devem ficar bebendo nos "Stardusts" da vida, e depois sair fazendo de conta que são cínicas e que, no fundo, não acreditam em nada daquilo? Por que a verdade só pode estar na Boca do Lixo?

ROBSON – Não chateia.

LUCILA – Você, por exemplo. Vai me dizer que aquela Nossa Senhora que está ali e pela qual eu tenho um respeito verdadeiro e uma veneração verdadeira... aquela Nossa Senhora, pra mim, tem um significado... e pra vocês? O que quer dizer, botar uma Nossa Senhora na parede de um inferninho?

Robson eleva o som reinante no bar até um volume altíssimo
durante alguns segundos, Lucila fica atordoada, leva as mãos
aos ouvidos, aperta as mãos desesperada, e grita:

LUCILA – Abaixa isso pelo amor de Deus!

Bebe; a garrafa de campari está chegando ao fim.

LUCILA – Bom, também, não é sempre deste jeito, não é, Robson? Porra, a vida não tem que ser sempre deste jeito. Não é sempre (*olha o relógio*) cinco e quarenta e cinco da madrugada, esta merda de bar não tem que estar sempre assim vazio, não é sempre... (*ri*) Não é sempre que o Corinthians ganhou... nem é sempre que eu estou esperando um telefonema que não vem e quando vem não é da pessoa que eu estou esperando e sim de outra pessoa, que vai me transmitir um convite pra trabalhar que me dá medo, medo, medo, Medo! Entendeu, Robson? Me dá mais campari, Robson, me dá mais campari, eu estou com medo... Essa gente toda na rua, todo o mundo tem uma razão pra estar alegre, pra estar na rua, e eu estou com medo... Me dá mais campari.

ROBSON – Não chateia.

LUCILA – Qualquer dia destes o Flávio vai me convidar pra fazer a *Fedra* e pronto. *Fedra*, com salário de primeira atriz decente, tá? E aí sim, aí eu vou poder mostrar o que sei e o que sou, e que ninguém perdeu por esperar, principalmente, meu caro, essa besta do teu patrão, a quem eu estou devendo umas garrafinhas de campari muito vagabundas e umas pedrinhas de gelo que eu mesma... Eu mesma! A melhor Fedra que já pisou os palcos brasileiros! Tive que ir buscar mil vezes nesse balcão imundo!

Vai até o balcão, serve-se de mais gelo, coloca-o no copo,
vira o gelo com o dedo, como todo o mundo, bebe um pouco mais,
está cada vez mais embriagada, mas não chegará, nunca,
ao ponto da bebedeira total, e ridícula.

LUCILA – A melhor Fedra que já pisou os palcos nacionais... Ou melhor, que pisaria... ou que pisará os palcos nacionais, quando conseguir vencer a resistência do diretor, do produtor, do cenógrafo, do figurinista, e depois... do próprio figurino que me veste, da própria cabeleira que me cobre, da minha própria pele, do meu próprio cérebro, dos olhos que se fecham, das mãos que tremem, da minha cabeça que vibra, vibra, vibra... (*como quem lembra*) Fado! É isso, a música de Portugal, fado! Você sabe que sou uma boa cantora de Fado? (*dizendo um trecho de poema*)
"Sou Constança a cantadeira,
pra que conste,
e sou fiel fiandeira
de amores, meros encontros
sob as pontes..."

ROBSON – Não chateia.

LUCILA – Burro. Nem disso você entende. De fado, de música, poesia. Nem disso, do que é que você entende?

Robson mistura bebidas numa coqueteleira.
Ouve-se o barulho do gelo sacudido.

LUCILA – Me diz, você ainda não respondeu. Você entende de casamento? Você é casado, eu sei. Você... acha possível uma mulher deixar o

MELODRAMA 387

marido, dois filhos, por... um novo amor? Um amor que não oferece
garantias que não dá segurança... o meu amor? Porque... olha... o
meu amor não tem meio termo...

Caminha e passa a falar com Clarisse, ausente.

Lucila – Meu amor... eu sei o que se passa com você, é o mesmo que eu
sinto aqui, aqui, aqui... (*toca a boca, os olhos, o coração*) Eu te conheço, hoje, tão bem como a mim mesma... por isso, possuir alguém
se chama conhecer... e eu te conheço, amor, melhor do que a mim
mesma... ninguém te conhece assim... por que é que havíamos de nos
separar? Quem pode nos separar, diz, quem? (*pausa*) Todos... todos
podem nos separar... todos e qualquer pessoa... seu marido, meu patrão, o juiz, a sociedade...Todos. Você pode perder seus filhos, eu
posso perder o apartamento, o respeito, a família... ser puta é extremamente respeitável, perto do que eu sou, hem? (*cai em si, diminui*)
É... eu sei que exagero. Mas não se pode chegar de verdade ao meio, a
não ser indo até o extremo, e depois voltando... um dia eu seria muito
equilibrada, muito tranqüila... agora não posso... sou assim, extrema-
da, melancólica... talvez venha a ser um defunto melodramático...
Robson, você me acha atraente? Diz que os homens gostam das mulheres como eu... quando os homens são amados por uma mulher
como eu, eles se sentem vencedores... eles vencem duas mulheres...
Olha pra mim, olha... mas ninguém me toque. Eu estou intangível.
IN-TAN-GÍ-VEL... Estou apaixonada...

Robson continua nas suas misturas e na coqueteleira.

Lucila – Mistura, mistura esses venenos... Mistura pinga com leite
condensado, depois bota um nome sofisticado qualquer e empurra
pros otários que vêm aqui... Porque, eu vou te contar... vir a um bar
destes, metido a avançado, metido a gente jovem, que se chama "Bar
Batana"... Convenhamos, Robson, "Barbatana"... Você acha engraçado? Me diz se você acha engraçado. (*pausa*) Ri, está legal, pode rir.
Mas engraçado não é. Essa bosta de nome de bar que combina com
mais alguma coisa que vem depois é tão velha e tão pobre que não dá
mais... e depois, com figura de baleia na porta, e dentro... quem?
Dentro, Nossa Senhora, Robson, Nossa Senhora... Pode haver maior
falta de respeito? (*silêncio*) E essa porcaria de telefone, há quanto
tempo não toca?

*Senta na mesa, bebe mais um pouco, cantarola um samba
qualquer, batendo na mesa, desajeitada, de repente, no meio do
samba, ouve-se uma boa batida, acompanhando bem o ritmo.
É Robson, invisível, que gosta de samba e sabe acompanhar.
Tocado pelo ritmo resolve aderir. Os dois, momentaneamente*

388 TEATRO COMPLETO: RENATA PALLOTTINI

apaziguados, se juntam num samba que pode ser até a "Conversa de Botequim" de Noel Rosa. Deve ficar bastante claro que a disposição de ambos é boa, e que há aproximação e "relax" entre os dois. Lucila está entusiasmada.

LUCILA – É isso aí, você viu? A gente até que canta legal, junto, quando quer! Até que é gostoso, a gente cantar junto e dar uma pausa na vida, nessa areia na boca, toda a noite junto e toda a noite se detestando... a gente pode ficar irmão, se aproximar, se juntar, essa coisa toda! A gente pode ou não pode, Robson?

ROBSON – Não chateia.

*Lucila tem um movimento de profundo desânimo;
é seu primeiro momento de verdadeira fraqueza.
E encaminha-se para perto da imagem de nossa senhora.*

LUCILA – Minha Nossa Senhora. Puxa, o que é que falta? Eu não estou pedindo muito, estou? Um pouco de atenção e um pouco de gelo. Uma pessoa com quem conversar, enquanto espero um telefonema... Que há de vir, tem de vir! Espero aqui simplesmente porque eu não tenho telefone e não quero chegar ao cúmulo de ligar eu mesma, de procurar eu mesma, de sair por aí e me humilhar eu mesma... Pronto. Estou aqui esperando, Minha Nossa Senhora. Não chega? Estou esperando. Pronto. Sou freguesa deste bar, cliente, como se costuma dizer. Venho aqui uma porção de vezes, bebo um pouco, e de uns tempos pra cá, por azares da vida, não tenho pago minhas contas em dia. Pronto, é isso. Agora, daí a ser maltratada, ofendida...

Bebe, devagar, até a ultima gota do copo. Olha a garrafa e percebe que chegou ao fim. Olha-a demoradamente, inclina a garrafa, tenta fazer pingar no chão algumas gotas. A garrafa está decididamente vazia. Coloca-a de lado. Respira fundo e encaminha-se para o balcão, disposta a conseguir outra garrafa.

LUCILA – Pronto. Vamos começar tudo de novo. O campari acabou, o telefonema até agora não veio, e eu ainda não vou embora. (*olha o relógio*) Está certo, é tarde, e daí? Muitos bares fecham mais tarde do que isso e eu vou pagar, qualquer hora dessas... Me dá mais uma garrafa de campari e um pouco de gelo. campari sem gelo não funciona. Me dá mais uma só. Dinheiro não tem, tá? Me dá mais uma garrafa. (*pausa*) Robson, me dá mais uma garrafa?

Pausa. Robson, invisível, faz o sinal internacional de dinheiro.

LUCILA (*repetindo o sinal com os dedos*) – Dinheiro, sei, mas eu não tenho, tá legal, Robson? Eu não tenho agora, pago qualquer hora dessas, combinado? Agora, você me dá a garrafa? Dá? Robson, por favor, só mais uma! Mais uma, tá? Robson?

MELODRAMA

Robson, do outro lado do balcão, exige, com gestos, o relógio dela em pagamento. Com o braço esquerdo esticado, como estava para pedir a garrafa, ela olha para ele, para o relógio no pulso, para ele de novo.

Lucila – O relógio? O relógio, Robson? (*olha de novo para o relógio e para ele, estupefata*) Mas será que você pode ser tão safado?... É um "Cartier" de ouro... foi presente dela... é de estimação... O meu relógio vale mais do que dez dúzias de garrafas de campari, você sabe muito bem... Seu sujo. Safado... o meu relógio... você sabe lá de onde ele veio, o que ele significa? Hem, sabe? (*pausa*) E depois, quem é que me garante que você vai dar o relógio pro teu patrão? Ninguém me garante nada. Você vai é vender o meu relógio, ou dar pra alguma das tuas minas, não é, Robson? Você vai enrustir o meu relógio...

Pausa longa. Robson não reage e Lucila não agüenta.

Lucila – Me dá mais uma garrafa, Robson, por favor... me dá... Me dá? Hem?

Faz uma última tentativa de conseguir a bebida, depois cede, engasgada de ódio impotente.

Lucila – Está bom. Está bom, seu Robson. (*dá ao nome um tom altamente pejorativo*) Meu relógio. Está bom. Toma.

Desafivela o relógio do pulso, entrega-o a Robson, que o apanha sem ser visto. Depois, Robson empurra para ela mais uma garrafa de campari e um copo cheio de gelo. Ela pega as duas coisas, se encaminha para a sua mesa, e se senta, profundamente envergonhada. Serve-se de um trago e bebe. Faz uma pausa e pergunta, humildemente, sem olhar para ele.

Lucila – Será que você podia me dizer ao menos que horas são?
Robson – Não chateia.
Lucila – Está bom. Não chateio. Mas tenho que dar ao menos um balanço na minha situação. Eu estou aqui. Tenho quarenta anos e me chamo Lucila Machado. Sou uma atriz profissional. (*pausa*) Não dá risada, Robson... sou uma atriz profissional em decadência. E daí? O Corintians ganhou... (*está meio atordoada*) O Corinthians ganhou... nada é impossível...

Ouve-se, fora, ainda o ruído de rua; Lucila presta atenção; depois, arranca a toalha da mesa, inventa uma bandeira e se transforma numa torcedora muito bêbada, para divertir Robson; sacode a toalha, como se estivesse num estádio.

390 TEATRO COMPLETO: RENATA PALLOTTINI

LUCILA (*com voz de bêbada*) – Coringão, tu é o maior! Força aí, negrada! Vai, meu irmão! Mete a pua nesses viados! Mostra pra eles, Corintia! Alegria do povão! Vai, ô meu! Enfia a bola aí nesse quadrado! Dá o tiro! Dá o tiro! Mata todo mundo! Mata eles! Mata!! (*triunfante*) A gente ganhou! A gente ganhou! A gente ganhou!!!

Dá um longo grito, continuando exultante; depois, em mutação profissional, e eficiente, depõe a toalha e diz, em triunfo.

LUCILA – Viu? Eu sou uma atriz profissional. Esse é o meu personagem Elisa. Que tal? Elisa, a torcedora símbolo, doméstica nas horas vagas e torcedora do Corinthians, hoje e sempre. Viu? Não dá risada, Robson, não dá risada... eu sou uma atriz profissional, no momento desempregada... Como tantas outras, aliás. Bom. Recebi uma oferta de trabalho, agora há pouco. Está bem, não é uma maravilha, mas podia me garantir uma grana, pra fazer o papel de Ama em "Romeu e Julieta", na televisão. Está certo que tanto podia ser eu como você travestido... Você até que gostava, Robson, fala a verdade... Já pensou você de saiona... peruca, e de touca... hem? Já pensou?

Faz, mímica e Robson ri com gosto; riem os dois quando toca o telefone. Robson repete todo o ritual de atender, só que agora o telefonema é para ele mesmo, portanto o seu desinteresse por Lucila é ainda maior do que fora antes.

LUCILA – É comigo? Robson, é comigo? Responde, desgraçado... (*interrompendo*) Ah, é com você mesmo? Com você mesmo, não é? Por que, hem? Por que o telefonema pra você acontece e pra mim não? Você não precisa tanto quanto eu, você não tem a metade da necessidade que eu tenho... Quem está telefonando pra você, Robson, meu filho, é alguém que está querendo dar parte num negócio safado, ou alguma mulher das bem coitadinhas, que precisa de uma nota... enquanto que pra mim... pra mim... Robson, pra mim vai ser a decisão, a vida... ela vem ou não vem... a vida me escolhe ou não me escolhe... Robson... (*espantada*) Robson?

Robson desligou; Lucila olha para o balcão e o vê profundamente desgostoso; Robson chegará as lágrimas, sempre invisível.
Um amigo velho de bar, garçom antigo, acabou de morrer e Robson ficou ciente pelo telefonema. Lucila, apenas ao olhar para ele, e sabendo dos antecedentes, se dá conta.

LUCILA – Robson, o que foi? (*pausa*) Foi... foi o Rebelo? (*pausa*) O Rebelo? (*pausa*) O Rebelo morreu? (*pausa; Lucila entra no clima de desgosto de Robson e tenta consolá-lo*) Puta, que merda, Robson... puxa vida, que vida... Que... quando? Quando foi? Agora? (*pensa; Robson chora, ouve-se*) Pô, o Rebelo... quanta manjuba eu comi e de graça

MELODRAMA 391

em mesa dele... quanta batatinha de palito, quanta cerveja, grátis...
Que paciência ele tinha pra ouvir a gente, que ombro amigo... e depois, que diabo, nem estava velho, nem nada... (*olha para Robson que está inconsolável*) Mas, Robson, que é isso... a gente precisa pensar, levar em consideração... a doença... Ele estava doente há um tempão, não estava? Melhor morrer logo, Robson... Puxa, Robson, não chora assim, que diabo, quem te vê, um homenzarrão desses chorando... vão pensar que vocês tinham um caso. (*ri, depois desiste*) Não chora mais, Robson, eu não gosto de ver homem chorando... Toma.

Dá a Robson um lenço branco, que ele apanha por detrás do balcão, sem ser visto; Robson se assoa.

LUCILA – Paciência, cara, o que é que se há de fazer? Eu também vou sentir falta dele. Que é que se vai fazer? Antes morrer logo, do que ficar sofrendo mais, cheio de tubos pelo corpo, todo furado, sei lá. Melhor morrer logo, Robson. Eu, pelo menos, quero que comigo seja assim. Melhor morrer logo, ser cremada, depois jogam as cinzas em cima do mar e não se fala mais nisso... Não quero choro nem vela. E se o meu "ex" aparecer por lá, Robson, você diz a ele pra partir muito rapidamente, porque senão eu me levanto do caixão e lhe digo algumas verdades... Olha só eu, Robson: velório!

Procura animar Robson; junta rapidamente duas mesas, pega duas garrafas com velas em cima do balcão, acende-as, organiza a cena fúnebre. Canta a marcha fúnebre de Chopin, enquanto arruma tudo e depois se deita de comprido na mesa.

LUCILA (*deitada*) – Olha eu aí, dura e preta, mortinha... morta de quê? De fome, de enfarte... de amor... Mas morta! Muita vela, muita coroa... de flores e as outras, as coleguinhas... Muitas lágrimas, muitos óculos escuros... Olha aí, está chegando o pessoal da classe teatral... mais cedo chegam as que estão desempregadas... (*levanta-se a meio*) Também aqui eles vão tentar encontrar os diretores, os produtores... safados! Arrumando trabalho às minhas custas... (*senta-se na mesa*) Eu não agüento, ficar aqui morta, e ver esse pessoal me usando... (*ri*) Mais tarde, depois do espetáculo e do jantar, vem aqueles que estão trabalhando... (*desce da mesa e faz a mímica correspondente, as velas continuam acesas e ela deixa uma peça de roupa no seu lugar de morta*) Esses têm emprego, estão seguros... (*ela caminha pisando firme, cabeça alta, rodeia a mesa, examina o seu próprio cadáver, faz uma cara compungida de atriz que olha atriz*) Vem o presidente do Sindicato, a Secretária, e pensam, pensam... o que lhes dá na telha, eu não posso fazer nada... De manhã, antes do almoço, vem o pessoalzinho da Escola, antes de enfrentar o trabalho da Repartição... Espera aí Robson, vou caprichar...

392   TEATRO COMPLETO: RENATA PALLOTTINI

Sai por um momento e volta vestida, com calça lee, camiseta e cabelos soltos; lá de dentro continua falando.

Lucila (*off*) – A turma da Escola já sai de manhã pronta pra tudo! Pra Repartição, pro jantar, pras aulas, pro "Piolim". (*reentra, trazendo inclusive um florete*) Já saem prontos até pra aula de esgrima! (*ri, faz uns movimentos de esgrima*) É a luta pela vida! E eu, morta... (*desfaz-se de toda parafernália*) Mais tarde vem o crítico oficial e os outros, o Secretário e os outros, as autoridades... e os outros... vem os estudantes que me amaram sem eu saber... as estudantes que eu amei sem elas saberem... (*volta a subir na mesa*) Chegam os diretores todos, que não me quiseram, viva, mas que agora vêm fumar cachimbo em cima de mim, os putos fedidos! Vêm fumar seus cachimbos e me perfumar com seus talentos imortais, enquanto eu estou definitivamente morta... ela... ela não vem porque o marido não deixou. E, de repente... de repente... Chega o meu "ex"... (*continua deitada*) Vem chegando... vem chegando... vem chegando... eu, quieta, vem chegando, se aproximando do caixão, se aproxima cada vez mais... me olha, e tira um lenço do bolso, pra chorar... aí, eu não agüento, Robson, eu juro que não agüento! Eu me levanto... (*levanta-se*) e vôo na cara do desgraçado! (*faz a mímica equivalente*) Safado! Vivedor! Me explorou, viveu à custa do meu trabalho, com pretexto de ser empresário! Empresário! Agora, isso se chama empresário? Não servia nem pra cama, e eu, que forcei a minha vocação, que estava fazendo uma tentativa bem intencionada, nos meus dezoito aninhos cheios de sentimento de culpa... Virgem, Robson, virgem! Me fala, Robson, isso agora se chama ser empresário?

Robson – Não chateia.

Lucila, desapontada, acaba por descer da mesa, desarruma toda a encenação, apaga as velas, coloca de novo as garrafas no lugar, pega seu copo de campari, resignadamente, e declara desanimada.

Lucila – Você não tem o mínimo senso de humor, Robson. É inútil. O mínimo. E você é também o maior ingrato do mundo. Pois então você não viu, animal, que eu estava querendo te consolar porque você ficou triste com a morte do Rebelo? Você pensa que eu me importei com a morte do Rebelo? Não me importei não. Pra te dizer a verdade, eu nem me lembro direito da cara do Rebelo. Pra te dizer a verdade, eu nem conheci o Rebelo!! (*pausa*) Mas quando eu te vi assim, abatido, chorando... e eu detesto ver homem chorando... eu quis te animar, quis ser tua amiga, resolvi fazer essa palhaçada toda... pra te alegrar, pra te deixar um pouquinho menos infeliz... e você me respondeu dessa sua forma, delicada e gentil... Não é? Delicado e gentil como um elefante. (*bebe longamente*). Você podia me dizer que ho-

MELODRAMA 393

ras são? (*silêncio. Ela se dirige à imagem*) Minha Nossa Senhora, a senhora podia me dizer que horas são?

Ouve-se bater, ao longe, o sino de uma igreja, marcando nitidamente as horas; Lucila pára, deslumbrada, impressionadíssima. Ouvem-se as pancadas claramente. São seis horas, por exemplo. Há uma longa pausa. Lucila volta a falar serenamente.

LUCILA – Obrigada, minha Nossa Senhora. Muito obrigada. Agora eu acredito que vou receber um telefonema, e que tudo vai ficar bem. Porque no fundo, o que eu quero é pouco e simples. Se a mulher que eu espero me telefonar, isto significa que ela me ama e me escolheu. E se ela me amar, minha Nossa Senhora, isso significa que eu não sou sozinha, que a minha luta não é a luta de uma pessoa sozinha, que a minha morte não será a morte de uma pessoa sozinha. Significa que eu não sou um soldado, andando sem mais ninguém pelo vale da sombra da morte.

E que o meu amor não é o encontro de duas pessoas quaisquer, que mal se conhecem e mal se reconhecem, e que se vêem no escuro de qualquer lugar escuro, e que depois vão para um quarto escuro, onde farão coisas escusas e obscuras... Se ela me telefonar, isso vai significar que tudo é claro em nós, e que o nosso encontro é claro e nítido e limpo, e que o nosso amor pode ser visto e contado a luz do sol, a luz da lua e que novos caminhos e novos tempos virão para o nosso amor e de todas as pessoas que são como nós. E isso, minha Nossa Senhora, não quer dizer necessariamente tristeza e amargura.

Ouve-se fora o barulho de uma porta de aço de padaria sendo levantada.

LUCILA – Está ouvindo, Robson? E levanta-se um padeiro a uma hora dessas, pra fazer pão pra dois caras sem-vergonhas como nós, dois atravessadores da noite... Já pensou, um café com leite a esta altura da vida, e um pão quentinho com manteiga? Hem? Por que você não vai buscar café com leite e pão com manteiga pra nós dois, Robson? Era uma boa. Por que você não vai? Eu cuido da casa e juro que não bebo todo o campari. Vai? (*pausa. O esperado "não chateia" não vem*). Poxa. Desta vez você me enganou... Juro que esperava uma das suas respostas ternas e delicadas... Robson... Robson!! Você está dormindo, sua besta! Acorda!

Robson estava de fato cochilando e acorda com o grito de Lucila, emitindo uma espécie de ronco assustado.

LUCILA – Bom, uma coisa é verdade. Se você estava dormindo aí... coisa que não é nem mesmo original... e está se agüentando, e ainda não me pôs pra fora desta joça, a pontapés, é porque você não é tão safado

394 TEATRO COMPLETO: RENATA PALLOTTINI

como eu imaginava. É porque você ainda tem alguma consideração por mim... no fundo, no fundo, é que você gosta um pouco de mim, é ou não é, Robson? Afinal, não é um dia, são meses, talvez anos, que a gente se conhece, se vê todo dia, conversa... quem sabe se você gosta um pouquinho de mim?

> *Robson emite um ruído indefinível, entre*
> *bocejo e arroto, e continua calado.*

LUCILA (*bebendo*) – Suponho que isso que você emitiu aí seja a sua forma de dizer "bom dia", não é, Robson? Pois então, "bom dia", Robson, meu bem! Cantemos juntos: "Bom dia, bom dia, que dia tão feliz, ah, ah!" Ou então, como quando eu era criança e ia à Escola Dominical: "bons dias visitas, bons dias visitas, bons dias visitas, bons dias a todos"...

ROBSON – Não chateia.

LUCILA – Eu ia sim, à Escola Dominical. Depois eu me cansei daquela brancura, daquela secura toda. Eu tinha necessidade de sofrer dentro de uma igreja, com todos os dourados, e cheiro ruim de incenso e tudo mais. Os santos! Eu precisava dos santos. Era impossível acreditar em Deus sem os santos. Daí, eu mudei. Ah, mas você pensa que adiantou? Não adiantou nadinha. Me virei pra umbanda, pra igreja Messiânica, pra Mesa Branca, Perfeita Liberdade, Bispo de Maura e de novo a Igreja Católica. E nada. Aqui estou eu, com os meus santos, as minhas medalhinhas, as minhas guias e a minha angústia toda. Esperando um telefonema. No fundo, Robson, será que eu estou mesmo esperando um telefonema? Ou estou aqui só pra fruir da tua companhia, da companhia de um homem? Hem, Robson? Será que eu te amo?

> *Ela diz isso com muita serenidade e segue-se um*
> *silêncio total; ela percebe que Robson sumiu de cena.*
> *Acompanha a sua saída com os olhos.*

LUCILA (*estupefata*) – Não é possível!

> *Robson continua ausente; o olhar de Lucila o diz claramente;*
> *ela espera mais um pouco, depois se aproxima do balcão e olha*
> *mais de perto. Robson vem voltando, indiferente.*

LUCILA – Robson... eu estava dizendo que te amava... e você... foi... mijar? (*pausa; risadinha de Robson*) Ao menos lava as mãos, seu puto! (*som de torneira correndo*) Está bom, está certo, todo mundo precisa fazer isso, eu mesma, quem sabe... mas tinha que ser agora, Robson, tinha que ser naquela hora? Robson, onde está a tua... a tua... humanidade? Agora mesmo você chorou por causa do Rebelo, o corpo do Rebelo ainda está quente e você, aí... (*pausa, bebe*) mijando!

MELODRAMA 395

Mas também, o que é que eu quero? Será que eu penso que a vida vai parar porque o Rebelo morreu? Não, é claro. Nem eu parei porque o Rebelo morreu, nem você vai parar porque ninguém morreu... será que eu penso que você vai deixar de mijar porque eu disse que te amo? Nem pensar, não é, Robson? Não vai deixar de mijar nem de fazer as outras coisas fazíveis... (*pausa*) E no entanto, outra noite eu tive um sonho lindo. Eu sonhei que estava em Paris, mas que Paris tinha um lago e um castelo dentro. E que nascia uma lua enorme, muito maior que todas as luas do mundo, com figuras dentro da lua. E que um lindo rapaz me amava, e que eu dizia: "mas meu filho, eu tenho idade para ser sua mãezinha... Em todo o caso, se você quiser, poderemos ser amigos..." e que ele me ajudava a andar pela rua, gentilmente, a descer as escadas, gentilmente, como um anjo que fosse estudante... e que depois a gente entrava num bar, daqueles que eu acho que existe em Paris, e que se chama bistrô, não é? E então ele me pagava... que é você acha que ele me pagava, Robson? (*pausa; silêncio de Robson*) Ele me pagava um campari!!!

> *Bebe, rindo, quase feliz; o telefone toca e ela tem um estremecimento; Robson atende. Pausa mais longa em que Lucila olha para Robson, incrédula.*

Lucila (*assustada*) – Comigo?... É... comigo mesmo? (*deixa o copo*) É... voz de mulher?... É... ela?

> *Há um entendimento entre Robson e Lucila sobre quem pode ser. Lucila caminha lentamente até o telefone.*

Lucila (*ao telefone*) – Alô... oi... é você? Oi... tudo bem você não dormiu? Não? É... eu esperei... sim... eu estava esperando... Muito tempo? Não, não faz muito tempo... um pouco... mais ou menos... as crianças? Estão dormindo? (*vê-se que elas retardam o assunto principal*) Eu compreendo... eu compreendo... Olha, se você disser que não dá, eu compreendo... (*pausa*) O que? Você... resolveu? Você... vem? Comigo? Você vem comigo? (*pausa*) Não... não chora... a gente vê isso... a gente fala com um advogado... Tem um que entende essas coisas... eu só não quero te ver chorar... não fica triste, pelo amor de Deus... Eu faço... Eu faço tudo direito, você vai ver... Claro que eu deixo, claro... nem uma gota mais, eu juro... Bebida não tem importância, quando a gente tá legal... Eu sou capaz... claro que eu sou capaz! Eu sou capaz de tudo, eu sou capaz de qualquer coisa, meu bem... Você vem? (*pausa*) Agora? Mas é tarde! É tarde, meu bem! Está bem. Eu fiquei preocupada... Tem muita gente na rua... essa zorra... Você quer? Agora? Eu te espero... Eu só não quero que você fique triste, que você se arrependa. Depois a gente manda buscar... Até logo, amor... até mais tarde... Vem logo...

396 TEATRO COMPLETO: RENATA PALLOTTINI

*Lucila desliga o telefone e vem para frente da cena, totalmente
siderada; caminha levemente, sem acreditar no que ouviu e na
possibilidade de ter sido escolhida por uma mulher casada, que
quer abandonar o marido e os filhos, formalmente, por ela.*

LUCILA – Você viu?... Você viu, Robson? Ela resolveu... ela vem comigo...
você viu? Ela vai deixar a casa e as empregadas, o cachorro, as salas,
os móveis, as jóias... tudo... por mim... você viu? Eu existo... ela acredita em mim, e eu posso fazer qualquer coisa, se ela acredita em mim.
Eu posso. A gente pode fazer qualquer coisa, se acreditarem na gente.
Ela disse que vem, agora mesmo... você entendeu, Robson?

ROBSON – Não chateia.

LUCILA – Minha Nossa Senhora... Minha Nossa Senhorinha... deu certo,
viu? Deu certo! Agora eu vou deixar de beber, eu vou ficar ótima,
minha carreira, eu vou retomar tudo, vou estudar dicção, vou fazer
técnica, exercícios, vou emagrecer... Eu vou fazer o que quiser, até
Fedra, se quiser! E sabe por que, Minha Nossa Senhorinha? Porque
uma pessoa me ama! Uma mulher, um homem, um ser humano, alguém me ama! Ela me ama... com as mãos, com o cérebro, com o
corpo, ela me ama! Ela quer ficar comigo e acreditar em mim. Ela
quer viver comigo, como dois seres iguais que se ajudam, nenhum
mais do que o outro. Acordar juntas, dormir juntas! Eu digo e ela
responde, amigas e não adversários, ninguém tendo que provar nada!
Sexo quando a gente quiser, palavra quando a gente quiser... (*rindo*)
até bolo... até bolo, samambaia, crochê, quando a gente quiser! E não
é qualquer pessoa, é uma mulher cheia de beleza, de dignidade, de
honestidade... Não é uma mulher qualquer, não é um amor qualquer!
(*mutação*) Robson, me dá uma vela.

ROBSON – Não chateia.

LUCILA – Robson, pelo amor de Deus, me dá aquela vela! (*aponta as velas
de decoração das garrafas, depois se arrepende*) Não, essas não, eu
quero uma vela nova, uma vela que nunca tenha sido usada e que
eu vá fazer arder, chorar, brilhar só para mim! Robson, me arranja
uma vela!

ROBSON – Não chateia.

LUCILA – Robson, não me irrita, eu estou numa boa, eu sou feliz e vou
mudar de vida. (*ela se afasta em direção à sua mesa, onde ainda está
a garrafa de Campari*). Eu quero acender uma vela a Nossa Senhora.
Se vocês têm aqui uma imagem, eu não vejo nada de mais em acender
uma vela a Nossa Senhora aqui, dentro do "Bar Batana" em plena
Boca do Lixo. Eu estou feliz aqui, eu estou agradecida aqui, eu vou
recomeçar a vida hoje, aqui, porque eu sou feliz, porque eu tenho um
amor, eu tenho uma... (*pausa*) uma mulher linda, e valente, que acredita em mim, como eu acredito em Deus. (*pausa*) Robson, me fala,
você acredita em Deus?

ROBSON – Não chateia.

LUCILA – Você não acredita em Deus?

ROBSON – Não chateia.

LUCILA – O amor de vocês, Robson, é uma coisa besta e vulgar, que se resolve com preservativos, pílulas, abortos. Ou com casamento, dinheiro, barriga e divórcio. Mas o meu amor, Robson, o meu amor, é o último reduto do melodrama, da facada, do suicídio, da morte e da paixão! O meu amor é bebedeira, ciúme, promessa, rapto, violência. É amor de toda a vida, ou de um dia só, mas nunca numa convenção, é amor, amor, amor! No meu amor você não acredita, Robson?

ROBSON – Não chateia.

Lucila empunha a garrafa meio cheia de Campari.

LUCILA – Seu filho da puta!

Lucila atira a garrafa de Campari sobre Robson, como sempre invisível; a garrafa atinge o alvo e Robson cai; ouve-se um barulho de vidros quebrados, garrafas caídas, gemido de Robson, uma confusão. Ao mesmo tempo, a luz que iluminava a imagem de nossa senhora se apaga. Lucila fica espantada, aterrorizada e, depois de alguns segundos corre ao encontro de Robson, rodeando o balcão para vê-lo estendido no chão, ainda invisível.

LUCILA (*ajoelhada*) – Robson... Robson... o que foi que aconteceu... (*desespera-se*) Robson... Meu Deus do céu...

Levanta-se e reaparece, atordoada; olha para a sua mão direita, que está suja de sangue; ela olha para a mão, para Robson, para imagem, um momento de terror completo.

LUCILA – Robson... o que foi que eu fiz... (*ajoelha-se de novo*) Eu não queria... Meu Deus, eu acertei a cabeça... Robson, me responde, não fica assim, Robson...

Ela volta a aparecer, a mão cada vez mais suja; limpa a mão no vestido; de repente; como numa iluminação, olha a mão, olha o vestido depois corre ansiosamente para trás do balcão outra vez.

LUCILA – Robson... deixa eu ver... a testa... a testa, aqui... deixa eu te ajudar... espera, espera... cortou aqui... meu Deus... o que foi que eu fiz... deixa ver... mas não é...

Reaparece, por um momento parada; fora, o barulho da multidão retorna, e os mesmo gritos de sempre; Lucila começa a soluçar e rir ao mesmo tempo, histérica.

LUCILA – Não é... não é sangue... é Campari... Campari, Robson, é... o puto do Campari... Robson, não é... não foi... me diz alguma coisa... me diz alguma coisa, Robson, Robson, não é sangue, fala comigo?

Robson responde, baixo, de trás do balcão, ainda atordoado, cruzando as suas palavras com as súplicas e pranto de Lucila, e com o barulho que vem de fora.

ROBSON (*baixo, atordoado*) – Não... chateia...

Lucila ri e corre para abraçar Robson, que procura se desvencilhar com brutalidade; fora, a multidão grita frases festivas de "corintia, corintia"; a luz na imagem se concentra novamente. Robson se encaminha para o balcão, colocando um guardanapo sobre o corte na cabeça, limpando Campari e sangue. Serve um conhaque e o bebe; dá um conhaque também para Lucila, que o engole de um trago; ela continua balbuciando frases ainda relativas ao susto que levou. Fora, ouve-se o barulho de uma ambulância que corta a madrugada; depois de um pouco de tempo, o telefone volta a tocar, Robson dá ombros. É a própria Lucila quem vai atender.

LUCILA (*ao telefone*) – Alo? É... sou eu... não pode? Você não pode sair? Ah, sei... é, tem um mundo de gente nas ruas... esse maldito futebol... aqui também... fecharam a garagem? Eu vou aí... eu vou aí, meu bem... claro, eu te pego aí... espera um pouco... não, não bebi muito... Uns Camparis... Espera, eu vou... (*larga o telefone, pega a bolsa, apressadamente*) Depois eu te pago isso, Robson, se o relógio não der pra pagar... juro que eu te pago... (*encaminha-se para a porta e tenta abri-la; a porta está fechada por fora*) Merda de porta... que é que aconteceu? Robson, que é que houve? Esta porta está trancada? (*sacode a porta com força; a porta foi fechada por fora, pela multidão que passava*) Abre! Abre aí! Abre, que eu preciso sair! (*bate na porta com furia e desespero*). Robson, não consigo abrir! Está trancada!

Robson vem ver, ele tenta também, depois deixa.

LUCILA – Não tem outra porta? Não tem saída dos fundos?

Robson se afasta e desaparece detrás do balcão, para examinar a porta dos fundos, Lucila, desesperada, monologa.

LUCILA – Fecharam... fecharam a porta? Por quê? Por que me fecharam aqui? O que é que eles têm contra mim? Eu nunca atrapalhei a vida deles... por que é que eles têm que ferrar a minha vida? O povão... que não tenho nada contra eles... eu sou eles! Por que me fizeram isso? Futebol... está bom, é importante pra eles... mas e eu? Eu estou pra encontrar a minha vida, o meu amor... eu vou deixar de beber, vou ser feliz, vou trabalhar e voltar a ser uma grande atriz... Eu sou uma

MELODRAMA 399

grande atriz! Por quê? Por que fecharam a porta? Que festa é essa? Por que contra mim?

Robson Volta.

Lucila – E a outra? A dos fundo? Dá pra sair?

Robson encolhe os ombros.

Lucila – Faz alguma coisa, Robson! Faz alguma coisa!
Robson – Não chateia...
Lucila – Chama os bombeiros!
Robson – Não chateia!
Lucila – Chama! Eles vêm e abrem! Você tem medo do quê? De que encontrem o teu fumo aí, as tuas bolinhas e tudo o mais? Chama os bombeiros, Robson! (*chorando*) Pelo amor de Deus, chama os bombeiros! (*experimenta a porta*) Abram! Abram esta porta, pelo amor de Deus! Eu não fiz nada pra ninguém! Eu entendo! Eu entendo!... É a festa... é o povão... é a única alegria... eu entendo... mas me deixem sair... eu nunca me interessei, é verdade... eles sofriam, e o que é que eu sabia? Nem me importei com eles... Vim pra cá, beber, encher a cara... Abram a porta! Eu também tenho direito! (*esmurra a porta inutilmente, chorando*) É injusto! Eu também sei festejar, eu também quero festejar! A festa tem de ser de todos, amor também é festa! Eu quero sair, eu quero! Abram a porta! A festa é minha, também minha! Me deixem sair! Eu não sabia de nada, mas agora eu sei! Eu sou vocês, me deixem sair! Abram a porta! Não quero mais ficar presa! Abram!
Eu sou uma artista!!!
Eu falei por vocês!
Eu falei por vocês! Por vocês!! Por vocês!

A porta se abre, Lucila pára um segundo, depois mergulha num fundo feito de vozerio, luzes e bandeiras, a caminho da sua verdade.

SIPARIO: UM CICLO ITALIANO

O País do Sol

Parte da Tese de doutoramento, em 1982, *O País do Sol* estreou em 1996, com elenco da Escola de Comunicações e Artes, no Teatro Laboratório da ECA/USP. Direção de J. E. Vendramini.

Personagens

1º Apresentador (também Ator 1, Polichinelo, Coveiro 1)
2º Apresentador (também Ator 2, Pantaleão, Coveiro 2)
Administrador Brasileiro (também Funcionário e Homem)
Administrador Italiano (também Prefeito e Gondoleiro)

Os Imigrantes
Vicente (também Rei Humberto)
Laura, sua mulher (também Rainha Margarida)
Celeste e
Alice, suas filhas (também Ema)
Domingos
Santa, sua mulher
Luciano (também Fazendeiro)
Adélia, sua mulher
Mário (também Diretor, Doutor e Capataz)
sua Mãe (também Namorada e Elisa)
Estanislau (também Conrado, Advogado e Carroceiro)
Paulo Ferrante (também Neve Ferrante)
Osório (também Preto)
Companheiro Socialista (também Anarquista)
Policiais, Vendedores, Jornaleiros, Funcionários, Homens e Mulheres

Notas

1 – As músicas da peça, quando existentes, são indicadas. Quando apenas indicadas as letras, deverão ser criadas.

2 – Os atores *jamais* deverão procurar uma entonação supostamente *italiana.*

3 – A distribuição dos personagens é exemplificativa; o que se pretende dizer é que, de vinte a vinte e cinco atores poderão fazer toda a peça.

Primeiro Ato

No vestíbulo do teatro, ou em espaço introdutório qualquer, estão armadas barracas de comestíveis. Música italiana gravada, que se ouve por alto-falantes, de mistura com música brasileira do princípio do século. As barracas devem vender mesmo, ou dar, sanduiches, pedaços de queijo, linguiça, vinho, "pizza", etc.; é a Festa de São Genaro. Todos os atores devem estar neste espaço, participando da festa, vendendo, relacionando-se com o público. Festa popular, contagiante. Quando todos os espectadores estiverem nesse espaço, a música cai de volume e se destaca um apresentador.

1º Apresentador – Atenção, atenção, senhoras e senhores! Queremos explicar a todos que esta é a festa de São Genaro, também conhecido no Brasil como São Januário. São Genaro tem muitos adeptos na Bahia, sabe Deus por que, embora tenha nascido em Nápoles, lá pelo ano de duzentos e cinqüenta da nossa era. Ele foi Bispo de Benevento e fez muitos milagres. O maior deles é fazer ferver o seu próprio sangue, que fica dentro de um tubo, na Catedral de Nápoles. Todos os anos, no dia dezenove de setembro, o sangue de São Genaro fica liquido outra vez e ferve! Por isso é que nós resolvemos fazer, aqui, todos os anos, nessa data, a sua festa! Viva São Genaro! Viva o Brasil!

Todos os atores passam aos vivas quando um segundo apresentador se destaca.

408 TEATRO COMPLETO: RENATA PALLOTTINI

2º APRESENTADOR – O que o meu colega não disse, é que em 1799, estando um general francês dentro da catedral, na hora do milagre, o sangue não ferveu. Então, o general mandou recado ao sacerdote: "se o sangue não ferver dentro de cinco minutos, bombardeio Nápoles!" (*pausa*) O sangue ferveu. (*pausa*) Agora, esta é a festa da Senhora de Casaluce, a "Madona Nera"... Quando os nossos avós vieram de suas terras, trouxeram os colchões de lã, os documentos velhos, e as imagens antigas...

1º APRESENTADOR – Atenção, atenção! Esta é a festa da Senhora Aqueropita, de São Vito Mártir, da Madona da Ripalta, do Espéria, do Oberdan, do Doppo Lavoro e do Palestra Itália!

2º APRESENTADOR – Viva o Brasil! Viva o sangue de São Genaro!

TODOS – Viva o Brasil! Viva o sangue de São Genaro!

Este é o sinal para que o público seja encaminhado ao ambiente seguinte, com panos vermelhos e tapetes idem, tubos cheios de um líquido vermelho que ferve; o público é introduzido numa passagem de onde pendem estandartes com as cores italianas e brasileiras. O público se detém diante de um estrado, onde os dois atores iniciais são, agora, dois administradores, um brasileiro e outro italiano. Bandeirolas no estrado.

ADMINISTRADOR BRASILEIRO – Era fatal. Depois da repressão ao transporte e venda de escravos, em 1850, e principalmente depois de 1888, a carência de braços iria levar nossas lavouras à ruína, Quem não entendeu isso a tempo, condenou suas fazendas à morte. Alguns administradores entenderam logo; o senador Vergueiro foi um deles, o Visconde de Parnaíba foi outro. Era preciso trazer imigrantes, gente que soubesse trabalhar, como meeiro, como contratado, ou comprando terras, se pudesse. Algumas vezes, nós pagamos a viagem, financiamos a compra e encaminhamos os lotes de trabalhadores. Outras vezes, eles vieram por sua conta, foram para onde puderam. (*mudando o tom*) E às vezes essa italianada filha da mãe comprou nossas fazendas, casou com as nossas filhas, e ainda nos chamou de fim de raça! A nós, que viemos nas caravelas!

ADMINISTRADOR ITALIANO – Os navios eram italianos, franceses, ingleses. O grosso da imigração começou por volta de 1875. A Itália estava recém-saída da unificação, e ainda não podia atender às necessidades do seu povo... Mas nós vigiávamos, fazíamos questão de saber como eram tratados os nossos! Em 1887, o senhor D'Atri veio ver como estavam os emigrantes italianos no Brasil, e achou que estavam bem. Enquanto os proprietários, na Itália, recusavam um aumento de vinte centésimos por dia aos seus empregados, porque isso somava *uma lira* por dia – um absurdo! – aqui no Brasil já havia emigrantes proprietários!

O PAÍS DO SOL

ADMINISTRADOR BRASILEIRO – Vocês estavam tendo dificuldades pra conter as greves!

ADMINISTRADOR ITALIANO – Estávamos numa fase de depressão financeira!

ADMINISTRADOR BRASILEIRO – E nós? A negrada toda tinha ido embora!

ADMINISTRADOR ITALIANO – Não quero polemizar. Tínhamos que manter a ordem interna!

ADMINISTRADOR BRASILEIRO – Vocês bem que gostaram quando nós pagamos as viagens!

ADMINISTRADOR ITALIANO – A nossa lei de 1888 proibiu o aliciamento de emigrantes!

ADMINISTRADOR BRASILEIRO – Aqui entre nós, isso não adiantou nada... até 1950 entraram no Brasil dois milhões de italianos!

ADMINISTRADOR ITALIANO – O Brasil está arrependido?

ADMINISTRADOR BRASILEIRO – Não digo isso...

ADMINISTRADOR ITALIANO – Então, viva São Genaro, e que siga a festa!

"Black-out" nos dois, enquanto segue a música durante algum tempo; o público se encaminha para a sala de espetáculos, propriamente dita, se acomoda. Baixa a música e se ouve uma voz "off".

VOZ (*off*) –... no entanto, houvera o atentado contra o rei, em 1878... e as inundações no Vêneto, em 1882... e a epidemia de cólera, em 1884... e a derrota contra a Abissínia, em 1896... e novo atentado contra o rei, em 1897...

Acendem-se as luzes de cena sobre uma mesa, onde estão um jarro de água e um pão; quatro homens, ao redor da mesa, conversam. Luciano, Vicente, Domingos e Mário.

LUCIANO (*estendendo o copo*) – Vinho?

VICENTE – Não tem. Só água.

LUCIANO – Água? Estamos assim?

VICENTE – É. Estamos assim.

DOMINGOS (*enérgico*) – Companheiros! Chamei todos vocês aqui, hoje, pra ver quem aceita a proposta das autoridades de emigração.

MÁRIO – Como seria essa proposta?

VICENTE – É. Como seria?

DOMINGOS – Eles dão passagem e alimentação no navio. Para os homens e as famílias. Tudo. Tudo de graça.

MÁRIO (*desconfiado*) – Tudo de graça?

DOMINGOS – Não se paga nada! A América é milionária!

MÁRIO (*bebe água e cospe no chão*) – E quando chegarmos lá?

DOMINGOS – Quando chegarmos lá, temos trabalho, casa e comida...

VICENTE – Que trabalho?

410 TEATRO COMPLETO: RENATA PALLOTTINI

Domingos – Na terra. No campo. Eles plantam café como nós plantamos uva. Bebem muito café. Precisam da planta, precisam vender. Podemos ir para o interior. Também se pode escolher outra coisa, depende da combinação. A gente chega lá...

Mário – ...trabalha como uns burros...

Domingos – E aqui? Não se trabalha? Se trabalha, mas se morre de fome. No norte não se morre de fome, mas aqui sim.

Vicente – Como não? Teve inundação, agora mesmo...

Domingos – Se morre de fome.

Luciano (*entusiasmando-se*) – E na América se fica rico!

Mário – Alguém já ficou?

Domingos – Muitos! Faz vinte anos que os primeiros foram. Até eu já recebi carta! Eles ganham dinheiro!

Mário – Sair da terra da gente pra que?

Domingos – Pra enriquecer, Santo Deus! Se dizem que a gente enriquece, eu não me importo de trabalhar como burro! É pouco? Sair desta miséria? Deixar este trabalho, que só dá dinheiro para o patrão... e prô rei do Piemonte?

Luciano – Rei da Itália!

Todos (*misturando as vozes, bebendo e comendo pão*) – Está bem! Está bem!

Mário – Acho melhor morrer aqui. E a família? Todos têm mulher... filhos...

Domingos – Eu tenho mulher... e mãe. Por isso mesmo. Quero prosperar.

Vicente – Eu tenho dois filhos pequenos. A Celeste só tem quinze anos.

Luciano – Já é mocinha... Os compadres têm crianças de colo...

Mário – E como se faz? Levar crianças e mulheres no navio? Viajar dois, três meses, sabe Deus quanto?

Domingos – E que adianta, ficarem todos aqui? A tua filha, Vicente, já tem enxoval?

Vicente faz que não.

Domingos – E sem enxoval, como vai se casar?

Mário – O compadre Vicente quer ir porque está embrulhado...

Pausa.

Domingos (*suspeitoso*) – Com quê?

Mário – O compadre Vicente é guarda-caça.

Domingos – Já se sabe. E dai?

Mário – Tem a obrigação de perseguir quem vai caçar no parque do palácio...

Domingos – E dai?

Todos olham para Vicente.

Vicente – Faz três semanas eu estava de serviço. Espada do lado, escopeta. De repente, vi dois homens dentro do parque...

Domingos – Caçando?

O PAÍS DO SOL

VICENTE – Como é que eu ia saber? Estavam armados e com a bolsa do lado. Mandei eles pararem... não me atenderam. Eu sei que existem ladrões... e esse é o meu serviço.

Pausa.

DOMINGOS – E que mais? Se a coisa for grave os homens da emigração não te aceitam...

VICENTE – Não me disseram os nomes, nem nada. Dei um tiro prá cima. Eu não sou homem de brincadeiras! Tenho quinze anos de serviço! Quinze anos, desde que deixei o exército!

DOMINGOS (*bebendo água e cuspindo*) – Encurta isso!

MÁRIO – Bom... encurtando... o compadre Vicente atirou para o lado dos dois homens... a bala furou o chapéu de um... e eram apenas gente do Rei! Franceses, que estavam passeando!

DOMINGOS – Franceses!?

VICENTE – Não entenderam o que eu dizia! Não entenderam a nossa língua!

DOMINGOS – Franceses!

MÁRIO – Mas o pior não foi isso! Ele... (*aponta Vicente*) tinha bebido!

VICENTE – Vinho! Vinho, na hora da comida! Não se pode?

LUCIANO – Se pode, quando se tem.

VICENTE – Bebi um pouco na cantina.

LUCIANO – Falou mal do governo? Com o Vitor?

DOMINGOS – Com o Vítor?

VICENTE – Falei. Pra quem quisesse ouvir.

Pausa; todos pensam.

MÁRIO – Você bebeu muito. Falou mal do governo. E atirou nos franceses.

DOMINGOS (*a Mário*) – Ele está ameaçado? Fala a verdade!

VICENTE (*cabisbaixo*) – Perder o posto já é certo. Mas os tais franceses querem me matar. Se conseguirem.

LUCIANO – E o príncipe, não faz nada? Afinal, você é empregado dele!

VICENTE – O príncipe? Mas pra ele eu nem existo!

Pausa; todos pensam.

DOMINGOS – Por isso ou por aquilo... é preciso partir!

MÁRIO (*a Luciano*) – Você. Você quer emigrar?

LUCIANO – Quero.

MÁRIO – Por quê?

LUCIANO – Miséria.

MÁRIO – E você, compadre Domingos. Você, que está tão animado. Por quê?

DOMINGOS – Quero ficar rico, e voltar com muito dinheiro no bolso. Quero ir pra poder voltar. Comprar terras aqui, e não se fala mais nisso. Quero ter vinho! (*bebe água*).

VICENTE – Eu preciso ir...

412 TEATRO COMPLETO: RENATA PALLOTTINI

LUCIANO – Era bom, se a gente fosse... mais dinheiro, menos trabalho... mais esperança!

DOMINGOS (*entusiasmado*) – Então, escutem: o vapor "Cristóforo Colombo" sai do porto de Nápoles no mês de fevereiro... podemos passar mais um natal em casa...

VICENTE – Comer castanhas e figos secos...

Mário se levanta e se afasta dos demais.

LUCIANO – A América! A fortuna!

DOMINGOS – É. A fortuna. Não se esqueçam. Precisamos levar coisas. Os colchões. As roupas de lã.

MÁRIO (*afastado*) – E nessa América, não tem nada?

DOMINGOS (*rindo*) – Tem! Índios! Africanos! Calor!

VICENTE (*ingênuo*) – E ouro na rua...

DOMINGOS – Não se esqueçam: Cristóforo Colombo!!

Mutação; luz.
Ao redor de uma mesa grande de cozinha, estão reunidas Laura mulher de Vicente, Santa, mulher de Domingos, Adélia, mulher de Luciano e a Mãe de Mário. Fazem tricô, ou serzem meias, ou remendam. Estão falando animadamente. A casa é a de Mário e sua mãe.

SANTA – O sangue de São Genaro ferveu de novo, em Napoli!

MÃE – Com a graça de Deus. Quer dizer saúde, pão. Com a graça de Deus!

LAURA – Bom, muito mais do que isso a gente não tem, mesmo...

MÃE – Com a saúde, o pão e a água, já se tem bastante.

ADÉLIA – Deus seja louvado.

SANTA – É, mas eu queria ir até Napoli conhecer a Igreja. Nunca saimos daqui!

MÃE – Sair pra quê?

SANTA – A senhora conhece Napoli, não conhece?

MÃE – Eu me casei lá!

SANTA – Então! Nós não conhecemos!

MÃE – O mundo todo é igual.

LAURA – Os homens! Estou ouvindo a fala!

Entram os quatro homens da cena anterior. As mulheres se levantam e procuram atendê-los, porque vêem que eles estão muito sérios.

LAURA – Vicente: vocês... brigaram?

MÁRIO – Deus nos livre disso. Ao contrário, Vieram todos a minha casa, estou contente. Mãe, ainda tem vinho?

A mãe não fala nada e sai para buscar o vinho.
Os maridos se aproximam das duas mulheres, anormalmente carinhosos, embora preocupados em manter sua autoridade.
Domingos, como sempre, lidera.

O PAÍS DO SOL 413

DOMINGOS – Bem: nós resolvemos. Vamos pra América!!

Mulheres se alvoroçam e perguntam aos gritos.

MULHERES – O quê? A América? Mas por quê? Quando?

ADÉLIA – Eu não quero ir, Luciano! Você sabe que eu não quero ir!

LUCIANO – É melhor, Adélia. Aqui não se tem trabalho, nem futuro, nem nada.

VICENTE – Nós decidimos. É o melhor pra todos.

ADÉLIA – Eu tenho a minha mãe, os meus irmãos! (*chora; é consolada pelas outras*)

MÁRIO – Mãe...

MÃE (*servindo o vinho*) – Fazemos como você quiser, meu filho.

MÁRIO – A gente não vai.

MÃE (*felicíssima, mas sem demonstrar*) – Como você quiser.

LAURA – Vicente... e as crianças?

VICENTE – São grandes... os outros têm filhos de colo...

LAURA – Mas vai muita gente?

DOMINGOS – Um navio inteiro!

SANTA (*sonhadora*) – A América... os índios... eles andam sem roupa nenhuma? Os índios?

ADÉLIA – Eu não queria ir, você sabia, Luciano...

DOMINGOS – Coragem! É a vida nova, o novo mundo! (*levanta o copo*) Viva a América!

LUCIANO e VICENTE – Viva a América!

Brindam todos, menos Mário, que se limita a beber e levantar seu copo. "Black out"; acende-se uma luz sobre Adélia, que está em sua casa, mexendo em coisas velhas e que ela supõe inúteis.

ADÉLIA (*sozinha*) – Os livros... que adiantou aprender a ler? Melhor ter ficado em casa, em vez de ir pro colégio das freiras... que adianta, se na hora de resolver a vida é o homem que manda? A gente leva os livros prá América? Que adianta, se lá é outra língua? Meu Deus, em que língua se reza, pra que santos a gente vai rezar?

Entra Luciano, homem prático.

LUCIANO – Não esquece de separar a máquina de fazer macarrão.

ADÉLIA – Lá não tem? A máquina é pesada, Luciano!

LUCIANO – Vamos levar a nossa máquina! E separa o livro dos sonhos.

ADÉLIA – Também?

LUCIANO – Como é que a gente faz pra decifrar os sonhos, se não tem o livro? Pega aí, faz um pacote, já vi que você vai levar as tuas vidas de santos...

ADÉLIA (*chorosa*) – Luciano, eu estou com medo...

414 TEATRO COMPLETO: RENATA PALLOTTINI

Luciano (*depois de uma hesitação, abraça a mulher*) – Eu também, Adélia...
eu também... mas agora não dá mais prá desistir... já falei com os
homens... agora é tarde...

*"Black-out"; no escuro, ouvem-se explosões terríveis, como de
bombas. Depois, silêncio, depois duas vozes tranqüilas, que surgem
no meio da fumaça que se eleva de alguns clarões distantes.*

Voz 1ª – Que foi isso?
Voz 2ª – Mais um atentado contra o Rei Humberto.
Voz 1ª – E você fala com essa calma?
Voz 2ª – Que você quer que eu faça? Não sou o rei, não sou a rainha, não
sou o Papa... sou um pobre de Deus, que não tem nem um passarinho
pra comer com a polenta... como a polenta e olho os passarinhos que
voam... que me importam os atentados?

*"Black-out"; volta a acender-se a luz sobre o 1.º grupo de emigrantes
que vai partir; Vicente, Laura, Celeste e Alice; Luciano e Adélia; Santa
e Domingos; Estanislau, outro habitante da cidadezinha e mais quantos
atores estiverem disponíveis; na falta de atores, sombras, bonecos,
vultos. É "um navio inteiro" de emigrantes. O administrador italiano,
agora é o prefeito do lugar e dirige aos emigrantes uma despedida;
Mário e sua Mãe também estão presentes.*

Prefeito – Concidadãos! Neste momento doloroso em que se prepara a
vossa partida, os nossos corações sangram, ao pensar que vos estamos
perdendo, que estamos dizendo adeus à vossa força, ao vosso pa-
triotismo, aos vossos braços!
Mário (*gritando*) – Queremos trabalho!
Prefeito – Muito bem dito! Trabalho é o que queremos todos! Trabalho,
progresso, fartura! que a Nova Itália unificada seja o começo de uma
nova era, de paz, alimento e bem-estar para todos!
Mário (*Gritando*) – Só emigra quem tem fome!
Prefeito – Mas esse dia chegará! O dia da riqueza, a idade de ouro, para o
povo ordeiro que vive na obediência do seu Rei! (*ruídos de tosses,
pigarros e outros menos delicados*) Mas podeis estar conscientes de
que a Pátria, a Mãe-Pátria, jamais vos esquecerá! Para onde fordes,
sereis sempre italianos! Quem quiser regressar, terá passagem para si
e para a sua família! Quem quiser enviar auxílio para os seus, pode
ter certeza que seu dinheiro será bem encaminhado! (*os emigrantes
homens se cutucam e riem um pouco*) Isto não é uma despedida, mas
um... até sempre! Até sempre, até sempre!

*Bandeirinhas tricolores, música patriótica, enquanto os homens
muito indiferentes acendem seus cachimbos e fumam, olhando
desconfiados para o prefeito e as mulheres se abraçam.
Mário e Domingos se separam dos demais.*

O PAÍS DO SOL
415

DOMINGOS – Você vai até Napoli, compadre?
MÁRIO – Não. Eu fico.
DOMINGOS – Mas são poucas horas de viagem! É bonito, alegre, compadre!
MÁRIO – Alegre pra quem vai, talvez. Pra mim, não. Estou com o meu
coração triste. E não quero chorar. Minha velha também não aguenta-
ria a viagem. Eu fico por aqui. Quem sabe ainda a gente se encontra?

Laura abraça a mãe de Mário, acompanhada pelas outras.

MULHERES – Adeus, adeus!
MÃE – Saúde, pra todos! Felicidade!
LAURA – Que Deus nos ajude, senhora! Reze por nós!
SANTA (*entusiasmada*) – Até que enfim! Até que enfim eu vou conhecer
Napoli!!!

*Prossegue a música; ouvem-se sinos de igreja de aldeia
e a voz cada vez mais distante do prefeito.*

VOZ DO PREFEITO – Até sempre! Até sempre! Até sempre!!!

*A voz se repete em ressonância e depois desaparece; volta a luz sobre
um telão pintado, com a velha cena do Vesúvio soprando fumacinha,
golfo de Nápoles, árvore em primeiro plano, como nos postais, música
de tarantela, pandeiros, fantasias etc. todos fazem o possível para
dançar a tarantela. Barulho e animação.
O Vesúvio do telão solta fumacinha de verdade, por um buraco no alto.
Cessa a dança. Entra uma música triste, "mandulinata 'e l'emigrante".
Surge, num canto do espaço, um navio recortado, que atravessará o
palco sobre trilhos, à moda do teatro antigo. O navio apita roucamente.
Traz na prôa pintado o nome "Cristóforo Colombo" e uma data: 1898,
ano em que é realizada esta emigração.
Voltam à cena os atores que dançavam; destacam-se dois.*

ATOR 1 – O Luciano também vai?
ATOR 2 – O Luciano, o Domingos, o Vicente, o Estanislau, as mulheres, os
filhos...
ATOR 1 – Mas afinal, o que tem essa América?
ATOR 2 – Dizem que tem dinheiro e trabalho. Dizem que se ganha muito
dinheiro, fácil e depressa. Tem os que estão indo pra América do
Norte. Mas este vapor vai pro Sul...

Acenam para o navio.

ATOR 1 – Hei, Domingos! Manda notícias...

O navio apita.

ATOR 1 – E você, por que não vai?

ATOR 2 – Eu vou vivendo, aqui... tenho trabalho...

ATOR 1 – Belo trabalho...

ATOR 2 – No verão colho cerejas, no inverno vendo castanhas... Não morro de fome e não quero ir pra outra terra... sabe lá o que pode acontecer com a gente na América? A viagem dura dois meses. Você já mudou uma planta de cá... para lá? Algumas plantas vivem bem... outras morrem.

O navio apita.

ATOR 2 (*acenando*) – Adeus! Adeus!

ATOR 1 (*procurando ver*) – Coitados... estão chorando.

Todos acenam.

ATOR 2 – É natural. Até eu estou quase chorando!

Os atores enxugam os olhos e continuam acenando; música melancólica.

ATOR 1 – Merda! Por que a gente não pode viver bem na sua própria terra?

ATOR 2 – É como dizem. A Itália é pequenina, e tem gente em grande quantidade.

ATOR 1 – E o rei?

ATOR 2 – O rei... é o rei. A rainha é a rainha... estão no seu palácio, comendo presunto de Parma e enchendo a barriga...

Acenam: o navio apita.

ATOR 1 – Lá vai indo, lá vai indo!!

O navio se afasta lentamente, andando sobre trilhos e atravessando o espaço cênico; bandeirinhas, luzes, fumaça, adeuses gritados. Música triste: "Santa Lucia Luntana"; choradeira.

TODOS – Adeus! Adeus!

Respostas ao longe.

VOZES (*distantes*) – Adeus... adeus...

O navio desaparece; todos se dispersam tristemente.

ATOR 1 – Bom... já foi... Estanislau, Luciano, Vicente, Laura... Algum dia há de vir uma notícia...

ATOR 2 – Quem partiu, partiu, quem ficou, ficou... (*pausa*) Você tem dinheiro aí para um copinho?

ATOR 1 – Dinheiro, dinheiro... por acaso eu sou o rei da Itália?

O PAÍS DO SOL 417

Saem os dois, rindo e se dando safanões.
Passa a cena para o palácio de verão do rei e da rainha da Itália.
Não há a menor preocupação de realismo na cena,
os reis parecem reis de baralho.

Rei Humberto – Margarida... Margarida!

Rainha Margarida – Que foi, Humberto?

Rei – Margarida, o que vai acontecer conosco? O que vai acontecer com a nossa terra?

Rainha – Ora essa, Humberto... o que vai acontecer? Nada!

Rei – Tenho a forte impressão de que vou ser assassinado por um anarquista...

Rainha – Humberto, por favor...

Rei – De que adiantou renunciar ao sotaque piemontês? De que adiantou visitar essas províncias atrasadas? Quero voltar a Roma... Ou melhor, quero voltar a Turim...

Rainha – Humberto, os reis têm obrigações... E devem fazer muitos sacrifícios...

Rei – O país está se esvaziando... você acha que essa política emigratória está certa?

Rainha – Humberto, desde quando as mulheres entendem de política?

Rei – A rainha Elisabeth da Inglaterra entendia... Até a rainha Vitória entendia...

Rainha – Teu pai Vitório também entendia... Não me aborreça, Humberto...

Rei – Como é que eu vou me proteger contra essa canalha? O que é que eles querem de mim?

Rainha – Quem?

Rei – Os anarquistas.

Rainha – Ah, pensei que fosse o povo.

Rei – Não, são os anarquistas.

Rainha – Você não tem o exército? Não tem o Papa?

Rei – O Papa, Margarida?

Rainha – O Papa tem boas razões pra não gostar dos anarquistas.

Rei – Você acha melhor ir a Roma?

Rainha – Acho.

Rei – Lá é muito quente... Ah, que saudades das minhas montanhas!

Rainha – Um rei é um rei.

Rei – E um anarquista é um anarquista... Margarida... Neste ano de mil oitocentos e noventa e oito... eu te juro... vou pôr na cadeia todos esses malditos... esses matadores de reis... esses profanadores de igrejas... esses assassinos de padres... esses...

Enquanto o rei vocifera, apaga-se a luz no seu cenário e
se acende sobre dois moços: Paulo Ferrante, vestido com uma
capa e um chapéu preto e o companheiro socialista.
Paulo é um anarquista que está fugindo da polícia.

418 TEATRO COMPLETO: RENATA PALLOTTINI

SOCIALISTA (*olhando ao redor*) – Você vai mesmo, Paulo?
PAULO – Tenho que ir. Ninguém mais pode me ajudar, aqui. Roma está marcada demais. Atentados ao Rei, aos padres... Você não vê a polícia na rua?

Ouvem-se apitos distantes e cascos de cavalos.

SOCIALISTA – Quem sabe você podia sair do país mas ficar por perto... França, Áustria... até a Espanha!
PAULO – França? O companheiro Casério matou o presidente, acabou na guilhotina... por aqui é tudo a mesma coisa... Espanha! É tudo Bourbon! Não... a América! Vou começar de novo!
SOCIALISTA – E será que lá não vão te perseguir?
PAULO – Lá não tem reis.
SOCIALISTA – A mão dos reis é comprida...
PAULO – Eu sei. Mas vou assim mesmo.
SOCIALISTA – E a medicina? E a faculdade?
PAULO – Isto agora é mais urgente. E melhor. Vou prá America do Sul. Buenos Aires, quem sabe. Quem sabe São Paulo do Brasil. E não preciso deixar a causa. Não preciso parar de trabalhar, compreendeu? Aqui ou ali, a causa será sempre a mesma. Abaixo a autoridade, morte aos reis!
SOCIALISTA – Cala a boca!

*Os dois se encolhem e caminham para um canto
onde haverá uma portinhola, a sugestão de um trem.*

SOCIALISTA – Manda notícias. Um postal, uma carta. No fundo, a gente estava na mesma causa.
PAULO – Vocês socialistas são calmos demais...
SOCIALISTA – Que é que eu digo pra aquela moça que...
PAULO – Diz prá ela que a causa em primeiro lugar... e que a polícia andava atrás de mim... (*sobe no trem*)
SOCIALISTA – Então... adeus!
PAULO – Adeus! Morram os tiranos!

*O trem se afasta, com muita fumaça, apitando; surge das
sombras a Namorada do companheiro Socialista.*

NAMORADA – Como é... ele já foi?
SOCIALISTA (*ainda acenando, comovido e um pouco invejoso*) – Já...
NAMORADA – Deixou aquela minha amiga de Trastêvere a ver navios ...
SOCIALISTA – E dai? A causa em primeiro lugar!
NAMORADA – Ah, é bom saber disso! Você também?
SOCIALISTA (*abraça a namorada, carinhoso*) – Com você é diferente, benzinho...

O PAÍS DO SOL

NAMORADA (*deixando-se agarrar*) – E ele vai sozinho?
SOCIALISTA – Em Gênova vai encontrar mais dois... (*desconfiado*) Bom, mas você não precisa dos detalhes, não é?
NAMORADA – E que me importa? (*fica amuada*)
SOCIALISTA (*ataca novamente*) – Beleza... minha beleza...
NAMORADA – Quero saber se você casa comigo.
SOCIALISTA – Casar, casar... vocês só pensam em casar... eu não posso casar, minha bela!
NAMORADA – Sem casamento não há amor, tesouro! Veja o Paulo... onde está? Que fim levou? Quem vai ser o pai daquela criança? Sem casamento não há amor!
SOCIALISTA – Por quê? Casamento e amor são duas coisas diferentes!
NAMORADA – Não para as mulheres. Vocês hoje estão aqui... amanhã noutro país. E os nossos filhos, que não vão ter pai?
SOCIALISTA – Eu sou um revolucionário! (*tenta agarrá-la*)
NAMORADA – Até Garibaldi se casou!
SOCIALISTA – Me dá um beijinho...
NAMORADA – Sem noivado, não.
SOCIALISTA – Ah, Paulo, Paulo! (*caçoando*) De um lado o corpo, do outro a idéia! É uma tortura! Vamos, dá um beijinho... Ah, a causa, a causa! Viva a liberdade!!! Me dá um beijinho.
NAMORADA – Você é louco. Que é que você está dizendo aí?
SOCIALISTA – Estou dizendo que você é linda! Vem, beleza, vem. Me dá um beijinho só, pra que tanta pureza? Para a pureza já temos o Papa!
NAMORADA – Sacrilégio...

Beijam-se e saem os dois juntos, muito agarrados.
Escuro; desce um telão com navio pintado; estamos em pleno mar.
O navio flutua contra um céu azul escuro com uma grande
lua cheia. De dentro do navio surgem duas figuras,
Vicente e Laura. Fazem uma cena de musical típico.

VICENTE – Laura... olha que céu, que mar...
LAURA – Que lindo, Vicente... mas que saudade eu tenho da aldeia... e da minha mãe...
VICENTE – Nós vamos para o novo mundo, Laura... acabaram-se os dias de frio e fome, com um pedaço de pão e cebola... na América não existe a fome, não faz frio e não existem reis... parece...
LAURA – Será que não existem?
VICENTE – Acho que não, o trabalho é fácil e rende bastante dinheiro... existe lugar e serviço para todos!
LAURA – Mas o mar é muito escuro, Vicente..., muito escuro... às vezes eu tenho medo...
VICENTE – As meninas estão dormindo?
LAURA – Estão... A Alice dormiu abraçada com a irmã... tenho que ir para lá...

420   TEATRO COMPLETO: RENATA PALLOTTINI

VICENTE – Espera, Laura... espera... (*emposta a voz e começa a cantar, com a música da canção napolitana "Santa Lucia"*).
"Sobre o Atlântico
brilhando a lua
tudo é romântico
e a nau flutua;
vamos pra América
sonho e magia
quanta alegria,
quanta alegria..."
LAURA (*responde no mesmo estilo*) –
"Nos meus pináculos
montes bravios
a vida plácida
eu conduzia.
Oh! sorte pérfida
a do emigrante
vida inconstante
vida inconstante..."

Vicente passa o braço ao redor de Laura e juntam as cabeças.

VICENTE – Laura... nossa vida será melhor, você vai ver.
LAURA – Sou tua mulher, Vicente. O dever da mulher é seguir e calar.
VICENTE – Venceremos na América!
LAURA – Deus te ouça...

Música segue em surdina e luz decresce, para subir novamente, em dois atores vestidos de políciais antigos; estamos em Gênova, momentos antes da partida de um vapor.

POLÍCIAL 1 – Gênova já não é mais a mesma coisa.
POLÍCIAL 2 – Há muita confusão na cidade. São os malditos terroristas, assassinos. Parece que alguns deles vão embarcar esta noite, no vapor "Morning Star"
(Fala com má pronúncia)
POLÍCIAL 1 – Inglês?
POLÍCIAL 2 – Americano.

Chega um terceiro policial.

POLÍCIAL 3 – Rápido, senhores, Para o cais.
POLÍCIAL 1 – O que é que há?
POLÍCIAL 3 – Vamos prender Paulo Ferrante e companheiros.
POLÍCIAL 1 – Paulo Ferrante? Quem é?
POLÍCIAL 3 – Um dos tais sem pátria e sem patrão, matadores de reis.

O PAÍS DO SOL   421

Polícial 1 – Vamos!
Polícial 2 – Vamos!

Saem os três rapidamente; música de perseguição; luz num cais
muito escuro, onde aparece uma tábua de embarque e o recorte,
sempre em papelão, de um navio iluminado, que traz na proa o nome
"Morning Star". Dois rapazes chegam embuçados, de capas pretas,
chapéus pretos, etc. Olham ao redor misteriosamente;
são companheiro anarquista e Paulo.

Paulo – E ela era virgem?
Companheiro – Era! Virgem, e o pai capitão do Exército!
Paulo – Então, vamos, companheiro! Vamos pra América! Viva o amor!

Ouvem-se os apitos e vozes dos polícias.

Polícial 3 (*off*) – Alto lá, Ferrante!
Polícial 1 (*off*) – Parem todos!
Paulo – A polícia!
Companheiro – O meu sogro!
Polícial 3 – Parem, senão se arrependerão!
Paulo – O comandante disse que nos protege.
Companheiro – Então vamos!
Paulo – Vamos!

Sobem apressadamente a tábua do navio.

Paulo – Comandante! Comandante! Pode subir a âncora!
Polícial 3 – Parem esse navio! Tenho ordem de prender Paulo Ferrante e
comparsas!

Todos subiram; o navio apita. Os guardas entram em cena;
Paulo e companheiro aparecem na amurada; voz
do comandante americano, de dentro.

Comandante (*off*) – "All aboard!"
Paulo – Conseguimos! Adeus, Itália! Adeus, Humberto de Savoia!
Polícial 3 – Malditos!

Os policiais ficam sacudindo os punhos, o navio apita;
Paulo e o companheiro na amurada, riem, enquanto o navio
se afasta lentamente, com apitos sucessivos.
O navio "Morning Star" desaparece, e surge o "Cristóforo
Colombo; os viajantes estão debruçados na amurada
de papelão, enjoados.

Celeste – Pai... estou enjoada...
Laura – Vicente...

422 TEATRO COMPLETO: RENATA PALLOTTINI

VICENTE – Eu sei, eu sei... eu também estou me sentindo mal...
DOMINGOS – Que é que se vai fazer? É o mar...
SANTA – Falei com um belo marinheiro... ele me disse que isso passa...
ADÉLIA – Luciano me sinto mal...
DOMINGOS – Isso passa, tenham paciência... (*olhando ao longe*) Que é aquilo, um navio?
CELESTE – Onde? Onde está?

Passa um marinheiro; Santa o interpela.

SANTA – Senhor marinheiro... aquilo é um navio?
MARINHEIRO – É... um navio americano... O "Morning Star" ... saiu de Gênova há três dias...
DOMINGOS – Americano... deve estar cheio de gente rica...
LAURA – Jóias, peliças...
VICENTE – Dólares...

Os emigrantes ficam olhando, entre enjoados e extasiados; ouve-se um apito distante.

LUCIANO (*emocionado*) – Americano...

Passa-se ao "Morning Star"; na sua amurada, muito mais deserta, está Paulo Ferrante, monologando.

PAULO – Estamos em pleno mar... quanto tempo? Um mês, dois meses? Sei lá. Tanto tempo, nenhuma moça e eu com o meu Bakunin... (*mostra um livro*) Os outros ficam conversando doutrina, mas eu gosto de fazer coisas... se ao menos algum marinheiro ficasse doente, era a hora de exercitar a medicina, que vai ficar enferrujada... Pobre medicina! Pobre pintura! Pintar o quê, neste vapor disciplinado? Se ao menos fosse de fato um navio de emigrantes!... E onde é que isto vai parar? Nem se sabe ao certo. Brasil? Argentina? América do Norte? esta gente fala a língua do diabo!... deixa eu ver as minhas lições. (*puxa um caderno e lê*). "Faca". Em espanhol, "cuchillo". É. E dizem que são línguas semelhantes... em inglês... como? "Naife"? Naife... é... viva a anarquia... (*uma corda que estava pendente perto do seu pescoço, com o balanço do mar, roça-o*.) Arre! Arreda! Corda no pescoço! Isso deve dar azar! (*pausa*) Passanante, condenado a prisão perpétua... Casério, morto na guilhotina... (*tem um arrepio*)... Azar... Ter nascido em Roma, como um Cesar, viver em Roma, como um Papa será que isso dá sorte? Eu nasci em Roma, como uma colina... Do lado de lá do rio. Isso dará sorte? Não sou rico, nem santo, nem demônio, embora digam. Acredito na ordem que brota de nós mesmos, da nossa natureza humana, e que não vem de nenhuma polícia. Acredito no homem livre em livre terra. Acredito em ser moço! (*bate no peito*) Dezoito anos! Dezoito anos, e um sangue quente, e uma

O PAÍS DO SOL

cabeça fresca, onde não cabem os piolhos da intolerância nem os cabelos enroscados da prepotência. Pois sim! Porque quiseram matar o rei Humberto eu tenho que pagar na prisão? Eu não quis matar ninguém... ainda. No entanto, tenho que fugir da polícia de Roma, da polícia de Gênova, e de todas as polícias, porque as balas têm asas e um destino muito incerto... (*relê sua lição*) Faca... "naife"... "cuchillo"... Mas como se diz "bala"? E corda? E guilhotina? (*olha o mar e se surpreende*). Olha lá! Olha lá! Um navio! Um navio com bandeira italiana! (*entusiasmado*) Hei, vocês aí! Hei, hei! Italianos! Cretinos! Compatriotas!

Chega o companheiro anarquista.

COMPANHEIRO – Que foi?

PAULO – Olha lá, um navio com bandeira italiana!

COMPANHEIRO – Já vimos, é o "Cristóforo Colombo", leva emigrantes...

PAULO – Deve ter uma moça lá, olhando pra nós... Hei, boneca... hei, tesouro!

COMPANHEIRO – Não podem te ouvir, louco!

PAULO (*acenando*) – Italianos! Compatriotas!

COMPANHEIRO – Compatriotas... (*irônico*) Pátria, pátria... O que é a pátria?

PAULO – É aquilo! São os emigrantes! É minha gente! É todo o mundo! É a gente! Viva a anarquia! Hei, vocês... Italianos...

Continua acenar para o "Cristóforo Colombo" que passa; os navios se cumprimentam apitando ambos; gritos distantes. Cai a luz e desce um novo telão; este representa a Baía de Guanabara, com Pão de Açúcar, Corcovado, Urca, etc., bem como um cartão postal dos antigos; é a chegada do "Cristóforo Colombo", é uma cena correspondente a saída do golfo de Nápoles; o navio vai chegando, passando em frente ao telão; pára como que para esperar o prático. Ouvem-se de dentro as vozes dos emigrantes, alternadamente.

VOZES – Que calor!
Que calor!
Meu Deus, que calor!
Olha que baía linda!
Que lindo panorama!
Que mar!
É mais bonito que Napoli!
Não, isso não é.
Mentira!
O golfo é mais bonito!
A criança está chorando!
Este é o país do sol!
Que calor!

424 TEATRO COMPLETO: RENATA PALLOTTINI

Que céu!
Que mar!
É o Brasil!
o Brasil!
O Brasil!!!
Todas as vozes juntas – que calor!!!

*O navio se movimenta e acaba por encostar no porto; tem gente ali,
brancos e pretos. Os emigrantes começam a descer, carregando malas
sacos e crianças. Alguns vendedores ambulantes apregoam suas
mercadorias. Ouve-se música, novamente maxixe, "corta-jaca", samba.*

VENDEDOR – Água fria! Limonada!
LUCIANO – É isto, o Brasil?
VICENTE – Que calor!
VENDEDOR – Cocada! Cocada, ô "Italiano"!
LAURA (*apontando um preto*) – O que é isso?
PRETO – Nunca viu? Preto liberto, dona.
VENDEDOR – Um escurinho, comadre.
OUTRO PRETO – Um crioulo, dona Maria.
ADÉLIA – Quanto preto! São como a gente?
PRETO – Não. Nós somos melhores!
VENDEDOR (*para Celeste*) – Pão de ló... (*continua vendendo, ante o olhar
duro de Vicente*). Pão de ló! Pão de ló!
VICENTE (*chateado*) – Agora, o que se faz?
DOMINGOS (*fazendo força para parecer entusiasmado*) – Este é o país do
ouro!
LUCIANO – Não parece... parece o país do carvão...
VENDEDOR – Eh, eh... vocês cairam no conto, "intalianada"!
PRETO – Amanhã, com uma cachaça, eles já tão melhor!

Surge um funcionário.

FUNCIONÁRIO – Quem é o chefe desta turma?
DOMINGOS – Sou eu!
FUNCIONÁRIO – Ainda bem que a gente se entende. Pega o teu gado, e va-
mos pra ilha.
DOMINGOS – Ilha? Que ilha
FUNCIONÁRIO – Vamos lá, vamos lá!

*Vão saindo todos juntos, meio empurrados e passam a outro
ambiente, o pavilhão de emigrantes da Ilha das Flores;
os italianos se sentam no chão; chega a comida para eles.*

FUNCIONÁRIO – Olhaí, "intalianada"! Comida, comida!

*Faz sinal com a mão e a boca e entrega as gamelas;
os imigrantes se entreolham e depois pegam as gamelas.*

O PAÍS DO SOL

CELESTE – Não tem garfo, mãe?
LAURA – Não, filha. Come...

Começam a comer com as mãos.

LUCIANO – Que é isso? Queijo ralado?
VICENTE – Isto preto, é feijão... favas... isto branco, arroz. Mas, por que tanto queijo ralado?
LAURA – Que fartura!
SANTA – Que fartura!

Comem avidamente; no mesmo instante um deles está cuspindo farinha de mandioca.

CELESTE – Não é queijo!
TODOS – Não é queijo

Cospem farinha; uma nuvem de farinha envolve a todos e a toda a cena.

DOMINGOS (*sumido no meio da farinha*) – Eu só queria saber pra onde vão nos mandar, afinal de contas...

Cena coberta de farinha, e de fumaça; voz do funcionário.

FUNCIONÁRIO – Vamos lá! Quem vai pra São Paulo, que pegue o trem!

Apitos, chuque-chuque de locomotiva, vozes dos imigrantes.

DOMINGOS – Atenção aí, Santa!
LAURA – Olha as crianças!
LUCIANO – O calor não passa!
ALICE – Mãe, estou com sede!
DOMINGOS – Lá vai!

O chuque-chuque aumenta e se mistura com música de trem; luzes passam, no escuro, como as de trem que vai andando; apitos, ruídos... resfolegar de trem, e depois parada. Luminoso num canto acende: "estação do norte"; ouvem-se vozes que apregoam jornais.

JORNALEIROS – "La bataglia"!
       "L'alba rossa"!
       "La patria"!
       "L'Emigrante italiano"!
       (*E com mais força*).
       "A Fanfulla Italiana!"
       "A Fanfulla Italiana!"

LAURA (*a Vicente*) – Onde estamos, Vicente? Será que aqui é Milano?
JORNALEIRO – Não, dona... É só São Paulo!!

426 TEATRO COMPLETO: RENATA PALLOTTINI

Jornaleiros – "A Fanfulla...
a Fanfulla..."

Luz sobre um administrador brasileiro que lê um documento.

Administrador Brasileiro (*lendo*) – "Indicação à Câmara de São Paulo, em nove de setembro de mil oitocentos e noventa e um (*pigarreia*) – Considerando as enormes despesas que faz o Estado para dotar a lavoura de braços, e as dificuldades com que lutam os lavradores para ter colonos, e isto em conseqüência da grande quantidade de especuladores que se aboletaram ao redor do Edifício da Hospedaria da Imigração... (*faz um gesto para a fachada da hospedaria, que aparece iluminada*) e que, em proveito próprio, procuram aliciar os imigrantes e dar-lhes outro destino, mediante lucro... E, finalmente, considerando que muitos desses agentes são verdadeiros cáftens, pois negociam com a honra dos imigrantes e com a força do seu trabalho...
Determino que fiquem desde já cassadas todas as licenças para escritórios de locação de serviços. Que a Comissão de Justiça formule postura nesse sentido..."

Apaga-se a luz sobre o administrador e surgem Vicente,
Laura e Celeste, andando desajeitadamente por uma rua próxima
a hospedaria dos imigrantes, no Brás; olham para os lados
com olhos assombrados. Chega-se um homem a eles.

Homem – Hei, senhor! Hei! Você aí? Italiano!
Vicente (*carrancudo*) – Que é?
Homem – Vai pra roça? Sorocaba? Piracicaba? Hem?
Vicente – Que é que ele quer?
Laura – Não sei.
Homem – Pra onde vai?
Vicente – Pro Bexiga.
Homem (*rindo*) – Bexiga? Que felicidade! Tem contrato de trabalho?
Vicente – Tenho amigos.
Homem – E quem é essa bonita menina? (*faz uma gracinha no queixo de Celeste*)
Vicente – Deixa! É minha filha!
Homem – Calma, calma... é bonitinha, só isso! Tem trabalho, senhor orgulhoso?
Laura – O Homem não quer nada de mal, Vicente... Não, senhor... só temos uma casa de amigos no Bexiga... Precisamos voltar pra Hospedaria, porque a outra filha, a Alice, está lá...
Homem – Posso lhes arranjar serviço. A mulher, pra servir em casa de família... a menina maior pode ajudar... O senhor... o senhor sabe atirar?
Vicente – Fui guarda-caça na minha terra...

O PAÍS DO SOL

Homem – Pode ajudar a polícia... caçar desordeiro, vagabundo... tem muito estrangeiro que chegou é pra fazer anarquia... não quer?

Vicente (*depois de um tempo*) – Não senhor. Guarda de caça, sim, guarda de gente, não.

Homem – Pior pra você. A gente podia te usar. Falando italiano... a maioria dos malditos ou é espanhola, ou italiana... e a mulher, não aceita?

Laura – Vicente...

Vicente – Não senhor.

Homem – A menina... (*pega no rosto de Celeste*)

Vicente (*enfurecido*) – Tira a mão! (*ameaça o homem, que se afasta*).

Celeste – Pai!

Laura – Vicente... podia ser bom... sem trabalho, o que vai ser da gente?

Vicente – Silêncio! As mulheres escutam, não falam. O compadre Domingos conhece gente no Bexiga. Arranjou pra mim um trabalho de guiar cavalos!

Laura – E eu?

Vicente – Mulher minha não trabalha fora de casa. Serviço vai ter muito, da porta pra dentro. O dinheirinho e as roupas ainda vão durar. Nós somos uma família! Marido, mulher e dois filhos. O marido trabalha e traz o dinheiro. A mulher cuida da casa, da roupa e da comida. Os filhos, ajudam!

Laura – A Alice precisa de escola, Vicente!

Vicente – Isso vamos ver. Por enquanto a luta é pra comer. Se eu tivesse filho homem, era diferente... o estudo é bom. É bom ter filho doutor. Mas assim... a luta é pra comer. Casar bem as filhas e honra na cara. Trabalhar e comer mais um dia, mais este dia!

"Black out"; música italiana suave; a cena passa à Itália, Mário, sozinho, lê cartas dos emigrados, voz da mãe:

Voz (*off*) – Que foi, Mário? O que chegou da América? É dinheiro?

Mário (*para fora*) – Não é nada, mãe... são cartas...

Voz (*off, desanimada*) – Ahhh...

Mário (*Lendo*) – "Compadre Mário... arranjei um emprego de cocheiro. Ouro no chão não existe, mas fartura maior do que a nossa, sim. Estamos morando no Bexiga, com gente aí da nossa terra. Laura e as crianças vão indo. (*pausa*) Você fez bem em não vir. Eu me sinto como um resto de navio. Do teu amigo, Vicente." (*pára, depois lê outra carta*):

"Mário: estou vendendo bananas na rua, e o compadre Luciano vende jornais; o Estanislau preferiu ir colher café, porque disseram que rende mais dinheiro. Dizem que um homem de Mantua morreu, no interior, com bicheira na cabeça. Mas também existem os que têm fábricas de macarrão, de chapéu, andam de carro e trabalham no que é seu. E assim seja! Domingos".

Mário fica parado, pensando, enquanto a mãe, fora, pergunta.

428 TEATRO COMPLETO: RENATA PALLOTTINI

Voz (*off*) – Mário... posso levar a sopa?

Mário não responde. Silêncio. A mãe entra trazendo a sopa.
"Black out". Em seguida, estoura uma festa incrivelmente
barulhenta, com fogos, luzes, clarões e canções.
Todos os atores, em cena, ou transbordando da cena para
a platéia, festejam "a passagem do século" um grupo
de atores canta, em ritmo de marcha.

Coro – O século
estamos vendo renovar-se
o século
enquanto toda gente valse
o século
irá retransformar o universo.
A máquina
movendo o mundo em rapidez
a lâmpada
iluminando o céu de vez
a sífilis
matando muitos de uma vez
o século!!
A mística
da nova ordem que aí vem
política
do bolchevismo e o mais que tem
repúblicas
que não vão mais poupar ninguém
no século que vai nascer!!!

Enquanto a canção é repetida, acendem-se todas as luzes do teatro;
um luminoso anuncia "Viva o século XX!!" e a festa se espraia, com
flores, fitas, balões e o mais que houver; a um canto, por acaso,
encontram-se Celeste e Paulo Ferrante; imediatamente,
todo o ruído ao seu redor diminui; são golpeados
por um legítimo amor a primeira vista.

Paulo – Como você se chama?
Celeste – Celeste. E você?
Paulo – Paulo. De onde você é?
Celeste – Sou italiana.
Paulo (*rindo*) – Eu sei. Mas de onde?
Celeste – Do sul. E você?
Paulo – De Roma. Vim há dois anos.
Celeste – Eu também.
Paulo – Eu já te conheço. Tenho certeza. Já te vi num navio.

O PAÍS DO SOL   429

CELESTE – A gente desembarcou no Rio de Janeiro.
PAULO – Eu não, eu fui até a Argentina... Mas te vi num navio, ao longe...
Tinha mar no meio, eu te fiz um sinal, e você respondeu. Eu falei
"Compatriotas"! E você respondeu!
CELESTE (*ingênua*) – Não me lembro...
PAULO – Mas foi assim que a gente se conheceu... você num navio e eu em
outro; tinha qualquer coisa que ver com uma corda...

Celeste olha ao redor.

CELESTE – Meu pai vem aí. Tchau!
PAULO – Espera! Espera! Onde você mora?
CELESTE – No Bexiga! (*foge*).
PAULO – Mas onde? Onde? O Bexiga é grande! (*sozinho*) Ora, no Bexiga...
vou ter que gastar sola de sapato procurando... Hei, Celeste... Celeste!!!

*A música sobe e a festa se intensifica; um apregoador chama
o povo para uma representação de teatro de bonecos.*

APREGOADOR – Venham ver! Venham ver! O teatro de marionetes vai apresentar... a côrte da casa de Savoia!

Laura, Vicente, Celeste e Alice se destacam da multidão.

CELESTE – Papai, papai! Vamos ver?
ALICE – Vamos, pai!
VICENTE – Vamos... se não custar nada...

*Aparece um palquinho de teatro de bonecos, muito iluminado, em
primeiro plano; entram o rei Humberto e a rainha Margarida,
em tudo semelhantes aos reis que apareceram numa das cenas
iniciais da peça; os reis dialogam num tom de voz próprio
de bonecos, gênero marionetes.*

HUMBERTO – Margarida... Margarida... minha queridíssima consorte...
MARGARIDA – Humberto... meu querido rei...
HUMBERTO – Estás feliz, Margarida?
MARGARIDA – Sim, Humberto. Gosto muito desta cidade de Monza...
HUMBERTO – Queres aceitar o convite para o espetáculo de ginástica?
MARGARIDA – Ginástica? Onde será? Não sei se trouxe trajes apropriados...

*Naturalmente, os bonecos mexem-se muito
e se sacodem enquanto falam.*

HUMBERTO – Parece que será uma coisa muito simples... esta tarde.
MARGARIDA – Espera um pouco. Vou por o chapéu.

A marionete Margarida sai e volta com um enorme chapéu.

430 TEATRO COMPLETO: RENATA PALLOTTINI

MARGARIDA – Vamos, Humberto?
HUMBERTO – Vamos, Margarida...

> *Saem os dois; entram dois bonecos vestidos de preto e embuçados; São eles Caetano e Pietro, dois anarquistas.*

PIETRO – À saída, Caetano?
CAETANO – Sim, Pietro...

> *Mostram enormes revólveres; dentro, ouvem-se palmas, música festiva e ruídos vários.*

PIETRO – Morte aos reis!
CAETANO – Morte!

> *Os dois bonecos se escondem nos cantos; voltam a aparecer os reis mais um oficial todo engalanado.*

OFICIAL – Por aqui... por aqui, majestades...

> *Os dois embuçados aparecem e gritam.*

CAETANO – Morte aos reis!
PIETRO – Viva a anarquia!

> *Caetano dá um tiro que provoca tremenda fumaceira; o rei se balança todo e grita.*

HUMBERTO – Aiiiiiiiiii! Morri! Morri! Adeus, Itália! Adeus, Margarida!
MARGARIDA – Humberto! Humberto! Socoooooorrro!!!

> *Humberto morre; música. Escuro no teatrinho; fecham-se as cortinas; o público da festa se entreolha, desapontado e comenta.*

LAURA – Mas como? Eles representam a morte do rei?
VICENTE – Bem feito!
LAURA – Cala a boca, louco!

> *Continua o zum zum; os bonecos reaparecem e agradecem; o povo ainda não entendeu; um bêbado fala no meio da multidão.*

BÊBADO – Está tudo errado. O século vai começar só no dia 1.º de janeiro de 1901.

> *Estão por perto Domingos, Santa, Luciano e Adélia; comentam.*

ADÉLIA – É verdade! O século só devia começar no ano que vem!
LAURA – Mas, e o rei? E o rei Humberto?
DOMINGOS – Não. Está certo. Eu li no jornal. Existiu o ano zero. O século vinte começa em 1.900. E isso aí não é a morte. É só a cena do aten-

O PAÍS DO SOL 431

tado. O criminoso se chamava Pietro, e foi condenado. Mas o rei não morreu... isso é só teatro... mentira!

Os marionetes reagem; acende-se a luz do teatrinho.

CAETANO – Mentira? Teatro não é mentira!
PIETRO – Nós não mentimos! Só inventamos... um pouquinho.
CAETANO – Nós adiantamos a história... contamos os fatos antes deles acontecerem... só isso...
PIETRO – Por exemplo... por exemplo... estávamos mostrando o rei... a rainha... estávamos mostrando a miséria...
CAETANO – Não, isso a gente não mostrou... Hei, Pietro, isso a gente não mostrou!
PIETRO (*ao outro*) – Cala a boca! E quem nos diz que, amanhã ou depois... por causa da miséria e da indiferença... não vai acontecer alguma coisa... assim... de parecido... hem?

Paulo surge entre os populares.

PAULO – É... quem nos diz que não? (*olha ao redor e vê Celeste*) Epa! Olha ela aí! (*procura se aproximar*)
LAURA (*a Vicente*) – Vamos embora... amanhã se trabalha...
VICENTE – É. Vamos embora.
LAURA – Sabe que a Celeste já está trabalhando, compadre?
DOMINGOS – É? Fazendo o que?
LAURA – Entrega roupa engomada em casa de família... eu engomo em casa... e ela ajuda...
DOMINGOS – Gente boa?
LAURA – Até conde, compadre! Conde, barão! Só gente fina. (*com orgulho*) Brasileiros!
DOMINGOS – E pagam bem?
LAURA – Não... isso não... mas sempre ajuda...
CELESTE – Eles não gostam da gente, tio!
DOMINGOS – Nós não somos daqui, filha... como iam gostar? Eles só usam a gente. Como usam os pratos.
LAURA – E os pretos!
ALICE – Outro dia vi um preto com uma argola no nariz!
LAURA – Mentira!
DOMINGOS – Verdade, comadre. Eu também já vi. São fortes, mas são feios...
LAURA – Diz que tem conterrâneo nosso... que gosta das mulatas...
DOMINGOS – Ora, e por que não?

Os dois homens riem; Domingos muda de assunto.

DOMINGOS – Mandei dinheiro pra minha mãe.
VICENTE – Como estará a nossa terra?

432   TEATRO COMPLETO: RENATA PALLOTTINI

Ouve-se música longínqua.

DOMINGOS – No mesmo... no mesmo... sem lugar prá nós... sem terra, sem dinheiro, sem trabalho pra nós... e o governo recebe o meu dinheirinho suado, que é pra alimentar a minha velha, e ainda tira uma parte... (*fecha o punho*) Ah, o governo! O governo!! (*desanimado*). Viva o teatro. No teatro se mata os reis e não acontece nada...

Saem juntos, afastando-se enquanto a festa se apaga. "Black out"; apenas persiste o luminoso "viva o século XX". Luz na casa de Vicente e Laura, no dia seguinte; Celeste está acabando de se levantar; Laura apressa-a.

LAURA – Celeste... Celeste! (*silêncio*) Celeste... Anda, filha!

VICENTE – É o novo século... não faz barulho, mulher...

LAURA – Século, século... a gente tem de trabalhar todos os dias; os fregueses precisam de roupa limpa. Hoje vai ter muita festa.

CELESTE (*aparecendo*) – Mas é feriado, mãe!

LAURA – Por isso mesmo! Prometi que mandava as camisas limpas. (*tira do canto uma cesta rasa, redonda, cheia de roupa e coberta*). Toma o café depressa e vai.

CELESTE – Fazer o quê? (*todos tomam café com pão*).

LAURA – Levar a roupa! Ainda está dormindo?

CELESTE – Ah, mãe, manda a Alice!

LAURA – A Alice vai me ajudar na cozinha. Vai depressa, Celeste! Toma, leva assim... (*põe a cesta na cabeça de Celeste*) Vai com cuidado, senão suja...

CELESTE – Onde é?

LAURA – Na casa do Barão, na Duque de Caxias. Vai!

CELESTE – Na casa do Barão? Mãe, precisa atravessar a praça! Todo o mundo vai caçoar de mim!

LAURA – Você é uma menina honesta e bonita como uma rosa! Inveja, isso sim! Inveja, é o que eles têm! Vai! Levanta a cabeça, que assim a cesta não cai! Levanta e fica com ela levantada! Pra toda a vida! Vai!

Celeste olha para o pai, depois para a mãe; em seguida se resolve, e sai, com o cesto redondo na cabeça; caminha um pouco, queixo no alto, falando sozinha.

CELESTE – Cabeça levantada! Por que não veio a Alice, que é mais criança? Cuidado, senão a roupa cai... Branca... branca e vermelha como uma rosa... Bonita como uma rosa... Levanta a cabeça! Moça honesta! Levanta a cabeça e fica com ela levantada!

Vozes femininas ao longe.

VOZES (*off*) – Italianinha! Italianinha! Olha ela!

O PAÍS DO SOL

CELESTE (*firme*) – É inveja! Elas têm inveja!
VOZES (*off*) – Carcamana! Carcamana! Volta pra tua terra, carcamana!
VOZES (*off*) – Vai se lavar! Vai tomar banho! Vai!

Ao fundo ouvem-se vozes mais grossas, viris, que repetem em coro.

VOZES MASCULINAS (*off*) – Pooooooooorco... poooooooooorco... poooooooorco...
CELESTE – Vá a merda! Vai! (*baixo*) Não posso deixar sujar a roupa! Está
engomada... as camisas do Barão estão engomadas... (*alto*) Vá a merda!
VOZES MASCULINAS (*off*) – Poooooorco...
VOZES FEMININAS (*off*) – Carcamana! Vai tomar banho! Porca! Volta pra tua
terra! Volta! Volta!

A luz se extingue sobre o caminhar apressado e acuado
de Celeste e se acende sobre outros dois emigrantes:
Luciano e Adélia, sua mulher.

ADÉLIA – Eu quero voltar... a gente estava melhor lá na nossa terra... Va-
mos voltar, Luciano!...
LUCIANO – Espera mais um pouco. Só mais um pouco de paciência, mu-
lher! As coisas vão melhorar!
ADÉLIA – Você já vendeu jornal, batata assada, galinha... Isso é vida? Essa
gente não gosta de nós, Luciano! É só negro, negro, negro!
LUCIANO – Tem gente boa! Não é assim, também, Adélia!
ADÉLIA – Como, não é assim? É assim mesmo! Olha esta casa...

Ouvem-se vozes longínquas.

ADÉLIA – ... é uma gritaria, um escândalo!

As vozes aumentam; ouve-se uma mulher gritar.

VOZ DE MULHER (*off*) – Socorro! Me acuda!!! (*gritando mais*) Me ajuda,
meu Deus!
ADÉLIA – Isso é vida? A gente pode viver, desse jeito?
LUCIANO – É a mulher do Osório... Está pra dar a luz. Ela faz sempre
assim...
ADÉLIA – Vai dar a luz? Morde a ponta do lençol, enche a boca de pano! É
assim que faz uma mulher honesta! Mas essa negrada, não! Faz escândalo! Escândalo!!

Ouve-se a voz mais nítida.

VOZ DE MULHER (*off*) – Ai, ai, ai! Me ajuda! Osório, desgraçado! Olha o
que você me fez!!

A cena é mais para o engraçado; está implícito que a mulher
de Osório tem o hábito de se lamentar escandalosamente.

434 TEATRO COMPLETO: RENATA PALLOTTINI

Voz da Mulher (*off*) – Acuda!!! Acuda!!

Entra Osório, um negro forte e envergonhado.

Luciano – Que foi, vizinho?

Osório – Dona Adélia... será que a senhora podia ir lá dar uma mãozinha? A minha mulher tá que está se acabando de gritar... eu não entendo disso...

*Adélia, de má vontade, é no entanto tocada pelo
espírito de solidariedade dos pobres.*

Adélia – Eu também não entendo muito... enfim, vamos lá... se a gente não fosse bom vizinho...

Osório – Muito obrigado, dona Adélia. Eu sempre digo: o que vale à gente é essa "intalianada"... (*bate na boca, ao ver o fora que deu*)

*Adélia olha feio e depois sai; os gritos vão diminuindo,
enquanto Adélia resmunga coisas para a mulher.*

Luciano – É... mulher é assim mesmo...

Osório – Nem diga... só serve pra dar trabalho... e vexame...

Luciano – Que tal um copo, compadre? É vinho bom...

Osório – Nem que fosse ruim... (*se apercebe*) O senhor disse... compadre?

Luciano (*servindo-o*) – E por que não?

*Sentam-se juntos, irmanados, bebendo; a luz decresce
e se concentra neles; música ao fundo.*

Osório – O senhor sabe? Eu, não... mas a minha mãe, ainda foi escrava...

Luciano – Como era isso?

Osório – Dependia... dependia do patrão... teve gente que sofreu e morreu... teve gente que se salvou... mas tudo doía do mesmo jeito, posso dizer pra senhor... tudo. A gente não era dono. De nada. Se essa cria que está me nascendo agora... nascesse naquele tempo... eu lhe juro: não deixava ela nascer não.

Luciano – Eu olho pra você, compadre... e a diferença não parece grande. Se eu fôsse dono... de alguma coisa... eu estava na minha terra. Não estou. Meus filhos vão nascer aqui... mas não vão viver bem, vão ter sempre medo... medo da fome, da miséria, medo do que eles não entendem... a gente não entende muito bem nada, porque a gente... não é daqui!

Osório – A gente também não é daqui... mas foi o único jeito que se encontrou de viver... fazer o que, agora? A cama é boa... e os filhos nascem... (*ri*)

Voz de Adélia (*off*) – Nasceu! Nasceu agora!

Osório – Nasceu!

O PAÍS DO SOL   435

Voz de Adélia (*off*) – Menina! Nasceu uma menina!
Osório – Paciência!

Adélia entra trazendo uma menina, um pacotinho, no colo.

Adélia – Nasceu agora. Menina. Preta. (*adianta-se ignorando os dois*) A mãe está boa, aquela escandalosa. O pai está bêbado. Depois do vinho, vem a pinga. O meu Luciano também não está inteiro. Hoje ninguém trabalha. Mais um brasileiro. Mais uma infeliz, pra trabalhar e parir. Mais uma mulher. Nasceu hoje. (*levanta o bebê, com raiva e carinho*). E ainda por cima, diz que vai se chamar Adélia!

Acendem-se luzes formando a silhueta da igreja de nossa senhora Aqueropita, no Bexiga, onde vai ser batizada a pretinha Adélia; Adélia, a madrinha, envolve a criança num manto brilhante; o pai e o padrinho, Luciano, erguem-se da mesa e se enfeitam como para uma festa; surgem os demais que fazem o cortejo de convidados do batizado, e cantam, com música de "pé de anjo".

Coro – Ó pobre anjo,
pobre anjo,
da gente de côr
gente de côr
vamos batizar-te na igreja de Nosso Senhor
Nosso Senhor!

Repetem, andando discretamente em ritmo de marcha rancho, quando um "spot" se acende sobre o Administrador Italiano que lê.

Administrado Italiano – Cidadãos italianos! Compatriotas! o Consulado em São Paulo informa a todos que o nosso amado Rei Humberto I, cognominado o Bom, neste dia de 29 de julho de 1900, tombou sob as balas traiçoeiras do anarquista Bresci, em Monza, tendo aí falecido!

Comoção geral; vozes de "O rei? o rei?" grupos se formam.
Paulo Ferrante aparece.

Domingos – Então, o tal teatro... não era mentira?!
Paulo – Outra vez... Bresci... Me lembro dele...
Vicente – Morreu o Rei. Outro virá... (*com amargura*)
Adélia (*triste*) – Morto? O Rei Humberto?

Entrega a criança que ia ser batizada a Osório; as luzes da igreja continuam acesas. Adélia toma a frente de um cortejo fúnebre ao rei.
Surge uma corôa dourada sobre almofada preta.
Todos acompanham. Adélia puxa a ladainha.

ADÉLIA – No ano de mil e novecentos
foi morto Humberto de Piemonte
chamado "O Bom", por sua gente.
CORO – No ano de mil e novecentos.
ADÉLIA – Mil oitocentos e noventa e quatro.
Sante Casério mata um presidente
e a guilhotina lhe corta a cabeça.
CORO – E a guilhotina lhe corta a cabeça.
ADÉLIA – Em mil oitocentos e noventa e oito.
Matam Elisabeth da Áustria.
Imperatriz de nervos doentes.
CORO – O regicida morre no cárcere.
ADÉLIA – Mil novecentos e dezessete!
na Rússia, agora, quem é que resta?
Que Imperador sobrou na festa?
CORO – Que Imperador, quem é que resta
depois que o povo faz sua festa?
ADÉLIA – Mil novecentos e vinte e sete.
Morrem eletrocutados
Sacco e Vanzetti.

*Imediatamente se apagam todas as luzes, ficando um foco
sobre a coroa. Depois, todas as luzes são acesas de repente
e por alguns segundos, é o choque da cadeira elétrica.
Depois, silêncio e escuro total.*

*A luz se acende, natural, em 1902, na casa de Vicente e Laura.
Paulo Ferrante está pedindo a mão de Celeste, nervoso;
Laura entra trazendo licor.*

LAURA – O senhor toma um licor?
PAULO – Eu não bebo... bebo pouco... (*nervoso, pega o cálice*)
VICENTE – Em suma: a minha filha já sabe?
PAULO – Sim senhor.
VICENTE – E o senhor trabalha? Pode sustentar família?
PAULO – Não tenho emprego... mas eu trabalho... pinto cartazes, letreiros...
às vezes paredes. O que aparecer.
VICENTE – E se vive com isso?
PAULO – Com modéstia. Mas dá.
LAURA – Mas dizem que o senhor gosta da política...
VICENTE – Isso não tem mal nenhum!
PAULO – Senhora... eu gosto de política. Sou um liberal... um democrata.
VICENTE – Um socialista! Nada de mal, Laura.
LAURA – Vocês homens é que sabem. Mas uma coisa é certa: filha minha só
casa na igreja!

O PAÍS DO SOL   437

Paulo (*constrangido*) – Igreja?

> *Momento de constrangimento de todos.*

Paulo (*desanimado*) – Igreja...

> *Celeste aparece de dentro, muito bonita; tem agora 19 anos
> e ama Paulo; ela traz doces e café.*

Vicente – Como é que ficamos, seu Paulo? Celeste, serve as coisas...

> *Paulo olha Celeste longamente.*

Paulo – Seu Vicente... trabalhar eu trabalho... no civil eu me caso. Ainda que eu não acredite em nada disso... Nem no vosso trabalho nem no vosso civil... agora, igreja, não. Se eu me casasse na igreja, estaria mentindo, para o senhor e para a igreja.

Celeste (*ingênua*) – Mas você não pinta o teto das igrejas?

Paulo (*carinhoso*) – Eu pinto as igrejas. Pinto porque é bonito. E na boniteza não entra política. Depois, eu também preciso comer. Mas casar na igreja, não. Era uma hipocrisia.

Laura – Sem casamento religioso eu não consinto!

> *Vicente, que é favorável a Paulo, procura ganhar tempo.*

Vicente – Vamos pensar um pouco mais, moço... tanto, seus documentos ainda não vieram da Itália... esperamos mais um pouco... (*tempo*) Celeste: este moço não tem uma grande profissão, não gosta de igreja... e vive metido em política. Se vocês casarem...

Laura – Sem igreja, não!

Vicente – ... se vocês casarem, a tua vida vai ser dura. Você gosta dele, assim mesmo?

Celeste (*quase chorando*) – Gosto!

Vicente – Muito bem. Esperamos mais um mês, até chegarem os papéis. Até lá se vê.

Laura – E o religioso? Eu quero...

Vicente (*duramente*) – Eu sou o chefe da família! Entendido? Eu sou cabeça do casal! A mulher se cala!

> *Todos baixam a cabeça, Paulo inclusive, mas ele e Celeste se olham de cabeça baixa e sorriem. Depois, Paulo depõe o café na mesa e sai de cena. Luz baixa nesta cena, enquanto Laura põe na cabeça um lenço e se encaminha para o canto oposto, onde está armado um altar. Alí, no centro de um semi-círculo de pequenas lâmpadas acesas, está uma imagem da virgem, que poderia ser da mesma igreja da Aqueropita. Ouve-se um cantochão ao fundo. Laura se ajoelha.*

LAURA – Senhora bendita... faz uma graça a esta pobrezinha... que a minha filha se case na igreja... como manda Deus... que o meu marido trabalhe sempre, sem doença e sem pragas... que a gente coma todo dia, que eu... que eu possa voltar um dia... pra ver a tia, os primos... ver o campo com as flores... estar em casa... porque é amarga esta América...

O cantochão se mistura com uma velha canção napolitana de imigrantes; Laura se levanta e encontra a mulher de Domingos, Santa.

SANTA – Bom dia, dona Laura...

LAURA – Bom dia, Santa...

SANTA – Como vai o compadre?

LAURA – Sempre bravo como um bicho. E seu Domingos?

SANTA – Eu sei lá? Não converso com ele...

LAURA – Não conversa?

SANTA – Marido não é feito pra se conversar... é um homem pra se ter dentro de casa, na cama, trabalhar e calar a boca. A senhora viu como é bonito o padre que mandaram da Itália?

Laura se escandaliza e faz o sinal da cruz.

LAURA – Vou indo, dona Santa...

SANTA – Ih, que beata... Sua filha vai casar, ou não?

LAURA – Estamos esperando os papéis do noivo... demoram...

SANTA – Demoram, demoram... e tomara que venham limpos...

LAURA – Vamos ver. Quem sabe?

Apaga-se o foco sobre a igreja e se acende sobre Paulo; ele está parado diante de uma espécie de mesa altíssima; ergue o punho.

PAULO – Como é? Vêm ou não vêm esses papéis?

Aparecem por detrás da mesa 4 funcionários romanos vestidos de preto.

FUNCIONÁRIO 1 – Paulo Ferrante... nascido aqui em Roma, em 1880. Filho de Silvio Ferrante e Maria Rossi... solteiro... (*carimba um papel e passa ao outro*)

FUNCIONÁRIO 2 – Paulo Ferrante... clandestino em Gênova, em 1898, no navio americano "Morning Star"... solteiro... (*carimba e passa*)

FUNCIONÁRIO 3 – Paulo Ferrante... desembarcado em Buenos Aires em 1898... solteiro... (*carimba e passa*)

FUNCIONÁRIO 4 – Paulo Ferrante... partida de Buenos Aires em 1899, para Santos, no Brasil... solteiro... (*vai carimbar, quando hesita*) Mas ele é anarquista! Anarquista!!

Os quatro levam as mãos a cabeça, mimando pânico; aos poucos se acalmam.

O PAÍS DO SOL

FUNCIONÁRIO 1 – Anarquista, sim. Mas não é melhor um anarquista no Brasil do que na Itália?

FUNCIONÁRIO 2 – Mas lá ele pode matar um outro rei...

FUNCIONÁRIO 3 – Na América não existem mais reis...

FUNCIONÁRIO 4 – Não? (*curioso*) Por quê, hem?

FUNCIONÁRIO 3 – Não sei! E não quero saber.

FUNCIONÁRIO 1 – De qualquer maneira, esse é um problema do Brasil, e não nosso. Paulo Ferrante, seja lá o que for... é solteiro?

OS DEMAIS – Solteiro!

FUNCIONÁRIO 1 – Então que se dane, ele e os brasileiros!

O quarto burocrata carimba ruidosamente os papéis de Paulo; depois fazendo um rolo, atira-o com desprezo em direção a ele. Paulo o apanha, felicíssimo.

PAULO – Sou solteiro! Sou solteiro!

Corre a levar os papéis a Vicente que os lê.

VICENTE – Paulo Ferrante, filho de Silvio Ferrante e Maria Rossi... Vinte e dois anos de idade... solteiro! (*sorri; pega o braço de Paulo e o junta a Celeste, que emerge da escuridão, sorridente*)

Os dois, de braço dado, encaminham-se em direção a uma mesa, onde está um juiz vestido de preto e formal. Deve estar claro que não se trata de casamento religioso. Laura também aparece.

JUIZ – Paulo Ferrante aceita Celeste Vilardi por sua legítima esposa?

PAULO – Sim.

JUIZ – Celeste Vilardi. Aceita Paulo Ferrante por seu legítimo esposo?

CELESTE – Sim!

Os dois sobem a um praticável mais alto, onde se dão um beijo apaixonado; o apresentador que iniciou a peça, anuncia.

APRESENTADOR – Atenção, senhoras e senhores! Vai ferver agora o sangue de São Genaro! Estamos no dia 19 de setembro de 1902, quando se casaram Paulo e Celeste! E mesmo sem igreja, houve festa!

Recomeça a música, acende-se a luz geral e termina o primeiro ato.

Segundo Ato

*Um carrinho de mão, enfeitado como uma carroça siciliana,
começa a percorrer os espaços onde o público se encontra,
anunciando que recomeça o espetáculo; de dentro do carrinho
brota música alegre, enquanto o apresentador que iniciou
o Primeiro ato aparece para anunciar:*

Apresentador – Atenção! Atenção! Quinze de agosto de mil novecentos e três! Hoje à noite, um pedaço da bela Nápoles desfilará, num carro adornado, que atravessará as vias principais, cheio de cantores que entoarão a novíssima cançoneta de Siciliani "Taranté"! O carro sai às sete e meia do Largo do Arouche e faz o seguinte itinerário: República, Sete de Abril, Barão de Itapetininga, Viaduto, Direita, Largo da Misericórdia – primeira parada! – Largo da Sé – segunda parada! – Largo do Tesouro, Quinze de Novembro, Rosário, São Bento – terceira parada! – José Bonifácio, Largo do Ouvidor – última parada e retorno! Venham, venham e não percam!

*O carrinho com o locutor desaparece no fundo de cena e a luz se
concentra na casa de Paulo e Celeste. Celeste está grávida.*

Celeste – Eu queria ir, Paulo! Vão cantar uma música nova! É de graça! Por que não posso ir?

Paulo – É perigoso! A polícia está atrás de mim... Num ajuntamento desses, não custa nada, uma provocação, uma briga... É perigoso.

O PAÍS DO SOL 441

CELESTE – Mas você não fez nada, fez?
PAULO – Eu e os companheiros fundamos um jornal. E assinamos os artigos.
CELESTE – Mas vai ser sempre assim, Paulo? Eu não tenho nada com isso!
Que foi que eu fiz?
PAULO (*surpreendido*) – Você? Você é minha mulher...
CELESTE – Mas eu não fiz nada!
PAULO – Nem quer fazer?
CELESTE – O quê?
PAULO – Você lê o que eu escrevo, me ouve quando eu falo... a melhor
companheira do homem é a mulher... você não quer fazer nada, Celeste? (*Celeste se cala*)
PAULO (*abatido*) – Você gostaria de ir ver os cantores... sozinha?
CELESTE – Não posso... nesse estado... (*mostra a barriga*)

> Paulo a abraça, tentando animá-la, mas eles estão
> se sentindo separados e sozinhos.

PAULO – Eu vou com você... vamos ver os cantores... quem sabe não acontece nada... quem sabe não vai ser sempre assim... quem sabe um dia
eu vou poder escrever, assinar, falar, viver...
CELESTE (*alegre*) – Então, a gente vai?
PAULO – A gente vai... a gente vai...

> Abraça-a, consolando-a, enquanto a voz do
> apresentador "off" repete.

VOZ – Atenção, atenção... quinze de agosto de 1903... Nápoles em São Paulo...

*A voz vai sumindo ao longe; seu rumor é substituído por um barulho de
chuva continuada e forte; luz verde, fraca. Ambiente de umidade. Tiras
de papel verde balançam no ar e rumores de trovoada ao fundo.
Semi-obscuridade. Ator, vestido de gondoleiro bem óbvio, vem para
a frente, enquanto se ouve a música "vieni sul mar".*

GONDOLEIRO – No verão de 1905, como aliás sempre acontecia em todos os
verões em São Paulo do Brasil, choveu muito. Na Barra Funda, às
margens do rio Tietê, chuva forte de verão era sinal de perigo...

> Ouvem-se mais trovões e som de água que corre; a iluminação
> se torna azulada; surgem muitos homens e mulheres,
> correndo e atravessando o espaço em todas as direções.
> São os moradores da Barra Funda inundada.

HOMEM 1 – A enchente! A enchente!
HOMEM 2 – As barcas!
MULHER 1 – As crianças? Quem vai salvar as crianças? Está tudo brincando na água!

442 TEATRO COMPLETO: RENATA PALLOTTINI

Homem 3 (*serenamente, parado*) – Isto parece o Rio Pó. Mas o Rio Pó é mais bonito.

Mulher 2 – A inundação! As casas!

Homem 1 – Os móveis! A cama está boiando!

Mulher 3 – A cadeira saiu pela janela!

Homem 1 – É isto, a América?

Homem 3 (*serenamente*) – Por quê? Que tem de mal a América? Isto também acontece no Rio Pó. E em Veneza.

Homem 2 – É. E o que se vai fazer?

Homem 3 – Primeiro, salvar as mulheres e as crianças. Depois, beber um pouco de vinho...

Homem 1 – Às barcas!

Todos – Às barcas!

Gondoleiro – Todos perceberam que era preciso ter serenidade... e que, afinal, correr o risco de perder a propriedade, é sinal de que se tem alguma coisa... As barcas apareceram de todos os lados... também apareceram pão, queijo e vinho...

O ambiente, que era de tormenta e medo, se transforma;
todos os atores vêm para o palco, carregando seus barquinhos.
Iluminação festiva de lanternas.

Gondoleiro – Tudo era pretexto prá saudade... e para se cantar... aquele era um povo que se salvava cantando...

Todos se organizam e fazem uma espécie de serenata
veneziana, agarrados aos seus barquinhos.

Coro (*com música de "Vieni sul mar"*) –
Ah, vamos boiar,
pra sempre flutuar,
não há desgraça que possa afundar
quem veio do mar...
Há vento no mar,
vamos navegar,
não há tristeza que possa matar
quem veio do mar...

À margem de tudo, Paulo conversa com o gondoleiro.

Paulo – Está vendo? Eles estão na merda, e cantam. Quem é o responsável pelas enchentes? Deus? O governo? A situação? Eles não sabem... mas cantam!

Gondoleiro – E o que você queria que eles fizessem?

Paulo – Que se revoltassem! Que fizessem reivindicações, greves, revoluções! Que parassem com tudo!

Gondoleiro – Eles pararam com tudo!

O PAÍS DO SOL 443

PAULO – Mas estão cantando!

GONDOLEIRO – Cantam, mas trabalham! Estão remando! Se salvam! Sobrevivem!

PAULO – Assim? Remando barquinhos? Pedindo pelo amor de Deus que a salvação venha de algum lugar? Esse povo já foi o rei do mundo!

GONDOLEIRO (*anacrônico*) – Cuidado, rapaz! Não seja fascista!

PAULO – Fascista? O que é isso?

GONDOLEIRO – Ah, é verdade. Mussolini ainda está com vinte e poucos anos...

PAULO (*afastando-se*) – Mussolini? Quem é esse?

GONDOLEIRO (*aos que remam nos seus barquinhos*) – Vamos! Remando! Vamos nos salvar das enchentes! Vamos plantar de novo as vinhas no Vesúvio! A peste de Napoli não nos matou, não acabou conosco! O terremoto e a erupção não acabaram conosco! Que venha o Etna, que venham as guerras e mais a Democracia Cristã! Nós sobreviveremos!

CORO – Há vento no mar...
Ah, vamos cantar...
Bocas e bocas no escuro do lar,
para alimentar...

GONDOLEIRO – Mussolini ainda está nas fraldas! (*com outro tom, narrativo*). Nasceu no dia 29 de julho de 1883. (*música de "Giovinezza"*). Seu pai era socialista apaixonado. Ele próprio tinha um temperamento anárquico e fogoso. Foi professor de escola rural, viajou para a Suiça, fugindo ao serviço militar obrigatório, mas acabou por se tornar "bersagliero", em 1905. Em 1909, assumiu o cargo de diretor do semanário socialista *O Futuro do Trabalhador*. Foi preso várias vezes, nessa época, por atividades subversivas, e fundou o semanário *Luta de classes.*

Luz sobre Paulo e companheiros, que lêem um jornal.

PAULO (*entusiasmado*) – Olha, olha, chegou! Chegou agora!

COMPANHEIRO 1 (*lendo*) – *A Luta de Classes.*

PAULO – É socialista, mas tem um fundo anarquista.

COMPANHEIRO 2 – Quem é esse Mussolini?

PAULO – Parece ser dos bons. Dos lutadores

COMPANHEIRO 1 – Você acredita demais, Paulo. Nem parece o homem que já levou pontapés na barriga de tudo quanto é polícia!

PAULO – Se eu não acreditar nos homens, em quem vou a creditar? Em Deus?

Riem todos.

PAULO – Escuta: e a greve? A Confederação apoiou?

COMPANHEIRO 1 – Apoiou. Podemos ir lá. O pessoal está esperando.

PAULO – Então vamos?

444 TEATRO COMPLETO: RENATA PALLOTTINI

*Levantam-se todos para sair; a luz passa à casa de Vicente
e Laura, os quais, juntamente com a filha Alice, se vestem para
assistir à inauguração do Teatro Colombo. É o ano de 1908.
Celeste, que veio de sua casa, espera.*

ALICE – Pai, como é esse Teatro Colombo?

VICENTE – É um teatro. Terá música, tem ópera. Em italiano! Também pode ser só peça falada. Mas sempre é bonito.

LAURA – Depressa, Alice, é longe!

ALICE – A gente vai de bonde?

LAURA – Vai.

VICENTE (*a Celeste*) – Por que o Paulo não quis ir?

CELESTE – Ele disse que vai encontrar a gente lá, se puder sair da redação do jornal.

ALICE – Como se chama a peça?

VICENTE – "Maria Antonieta", de Giacometti.

LAURA – Italiano...

ALICE – É a história da rainha?

VICENTE – É.

ALICE – Gosto muito de histórias de rainhas...

VICENTE – Mas essa morre no fim.

CELESTE – Se é história de rainha, o Paulo não vai! Acho que ele me enganou... E eu, que tive de deixar o menino com a vizinha!

Os da casa terminaram de se arrumar, e Laura empurra as meninas.

LAURA – Vamos, vamos!

Saem para a rua; vão pegar o bonde.

LAURA – Você sabe o que acontece na peça?

VICENTE – Todo o mundo sabe. Eles morrem na guilhotina.

ALICE – Pai, o que é guilhotina?

CELESTE – Olha o bonde!

VICENTE – É ele! É o "Largo da Concórdia"!... Corre!

*"Black-out"; ouve-se o "dem-dem" característico de bonde e o ruído
pesado dos trilhos; depois, silêncio, e em seguida uma música suave
renascentista. Acende-se a luz e é um teatro; o palquinho está
localizado à esquerda, e há público, sentado, à direita.
Surgem, fora do palquinho propriamente dito, duas máscaras da
"Commedia dell'arte": Polichinelo e Pantaleão, o primeiro jovem
e o segundo velho. Conversam, antes de sua cena.*

POLICHINELO – Temos um teatro, Pantaleão?

PANTALEÃO – Temos. E bom. Foi construído em cima de um Mercado. Mas serve.

O PAÍS DO SOL

POLICHINELO – Que país é este?
PANTALEÃO – Brasil. Nem melhor nem pior que o nosso, só que mais novo.
POLICHINELO – Mais novo?
PANTALEÃO – No nosso, nós chegamos há milhares de anos. Aqui, estamos chegando agora. Mas todo o mundo é igual...
POLICHINELO – Fazemos uma cena?
PANTALEÃO – Enquanto não nos empurram o Giacometti...

Sobem para o palquinho e começam a sua cena; Pantaleão põe-se de costas, admirando umas flores que estão ali plantadas. Polichinelo entra, e o examina; vendo que do seu bolso sai a ponta de um saco de dinheiro, chega-se por trás, cuidadosamente, e tenta puxar o saco de dinheiro. Pantaleão, de repente, volta-se e pega-o em flagrante. Polichinelo apela para o escândalo.

PANTALEÃO – O que é isso? O que você está fazendo, vagabundo?
POLICHINELO – Como? Eu? O quê? (*solta o saco de dinheiro*)
PANTALEÃO – Vagabundo! Socorro! Polícia! Ladrão!

Polichinelo atira-se ao chão, gritando.

POLICHINELO – Ai, ai, ai, ai, ai! Ai, minha barriga! Ai, ai, ai, que dor de barriga!
PANTALEÃO – O que foi? Que gritaria é essa?
POLICHINELO – Minha barriga! Ai, ai, ai!
PANTALEÃO – Dói muito?
POLICHINELO – Muito, muito, meu bom senhor! Muito, muito!
PANTALEÃO – Deve ser alguma coisa que você comeu. O que você comeu hoje no jantar?
POLICHINELO – Nada, senhor!
PANTALEÃO – E no almoço?
POLICHINELO – Nada, senhor!
PANTALEÃO – Nada? Não é possível! E ontem, no jantar?
POLICHINELO – Nada, senhor! ai, ai, ai!
PANTALEÃO – Mas então, é isso mesmo! Que caprichos são esses? É preciso comer! Não comendo, tem dor, é claro! Coma, rapaz, coma!
POLICHINELO – Como?
PANTALEÃO – Vá até a sua casa, sente-se à mesa, e coma uma boa refeição. Onde é a sua casa?
POLICHINELO – Nápoles, senhor, o país do sol. Mas lá não temos muita comida, senhor!
PANTALEÃO – O que houve com a comida de vocês?
POLICHINELO – Foi comida pelos ratos, pelos ricos, pelos reis, pelos padres, pelas freiras, pelos cachorros, pelas galinhas, pelos ratos... (*recomeça*)
PANTALEÃO – Chega, chega! (*tapa os ouvidos*)
POLICHINELO – Pelos cachorros, pelas galinhas, pelos ratos...

446 TEATRO COMPLETO: RENATA PALLOTTINI

*Pantaleão dá-lhe uma pancada violenta na cabeça,
com um bastão mole, enquanto grita.*

PANTALEÃO – Chega! chega!

*Polichinelo desaba no palquinho, enquanto o
público grita, impaciente.*

PÚBLICO – Chega! Chega! A peça! A peça!

Entra um diretor do teatro Colombo, que anuncia, cheio de mesuras.

DIRETOR – Senhoras e senhores... atendendo a pedidos, vamos apresentar
hoje, em vez de *Maria Antonieta* uma outra peça do famosíssimo
autor italiano Giacometti ..., a insuperável... *Morte Civil*!

*Aplausos, uivos e gritos de entusiasmo; luz na cena do palquinho do
teatro Colombo; é representada a cena final de "Morte Civil". Entra em
cena um homem, maduro e muito abatido. Deve ter uma aparência
impressionante, pois representa o Cavalo de Batalha de muitos grandes
atores da época. Seu personagem é Conrado, o homem que sofreu a
punição chamada Morte civil, ou seja, a perda de todos os direitos.*

CONRADO – Sublime e nobre coração de mulher! Não me posso opor à sua
felicidade, nem à felicidade de minha filha, Ema... Sei o que me resta
fazer... Tornemos a ler esta carta, que encerra a minha sentença de
morte... (*lê uma carta amarrotada*): "Conrado... sacrifiquei-te a minha inocência, a minha honra... em troca, assassinaste o meu irmão...
Por que queres agora perturbar a paz da minha alma, privar-me de um
apoio e um asilo que não podes oferecer-me? Foge, depressa, deste
lugar!" (*falando*) E assim é... não posso destruir a felicidade de minha antiga esposa... que hei de fazer? (*olha ao seu redor e vê um
móvel, com frascos – pois o dono da casa é médico*) Ah! O acaso me
oferece o quanto preciso! (*pega um frasco pequeno, desarrolha-o e
bebe o seu conteúdo; tem um movimento de dor, horror, medo, etc.!*)

*Entra Ema, menina de doze anos, filha de Conrado,
que não o conhece como pai.*

EMA (*vendo Conrado, que não a vê*) – Oh! Sempre esse homem! (*Faz
menção de partir*)

CONRADO – Não fuja, minha filha... preciso falar com você... Pela última
vez...

LAURA (*no espaço dos espectadores*) – Ele vai morrer, Vicente?

EMA (*no palquinho*) – O senhor vai partir?

CONRADO – Sim. Amanhã não me verão mais, Está contente?

EMA – Sim, um pouco... porque...

O PAÍS DO SOL

CONRADO – Porque tem medo de mim, não é? Pensa que eu sou louco... No entanto... não vê em mim, hoje, alguma coisa de diferente? Não estou mais tranqüilo? Não falo com mais suavidade? Posso até ficar de joelhos... (*ajoelha-se diante da filha*)

Alguns espectadores choram baixinho.

EMA – Não, isso não... (*ajuda-o a levantar-se e, ao fazê-lo, nota marcas de correntes em seus pulsos*) Oh! Que vejo? Os seus pulsos! Estão machucados, feridos! Por acaso será... um condenado? Oh! (*cobre os olhos com as mãos*)
LAURA – Mal sabe ela...
VICENTE – Schiu!
POLICHINELO (*encostado a um canto do palco*) – Isto é muito chato...
PANTALEÃO – Mas pega o público que é uma beleza...

Conrado tem movimentos de dor e sofrimento; Ema se assusta.

EMA – Papai! Papai!

Entram dois novos personagens: o doutor e Elisa, mãe de Ema, antiga mulher de Conrado e atual noiva do doutor.

DOUTOR – O que é?
ELISA – Conrado! Oh!
EMA – Elisa! É verdade o que este homem me disse? Que minha mãe não morreu ao dar-me a luz? Que você é a minha verdadeira mãe?
ELISA – Oh!
DOUTOR (*a Conrado, baixo*) – Para que lhe contou?
CONRADO – Eliminei, por minhas mãos, o obstáculo que se opunha à sua felicidade com Elisa!
ELISA – Conrado! É preciso que vivas!
CONRADO (*delirando*) – Lauretta! Minha filha! Que as portas do céu se abram... para teu pai... (*vacila*)
EMA – Pobre louco... ainda chama pela filha...
DOUTOR – Ema... dá-lhe uma ilusão... finge que és a sua filha!
EMA – Pai! Meu pai! Olha para a tua Lauretta, que tanto te quer!
CONRADO – Minha filha... minha filha morreu!
EMA – Não! Sou eu! Meu pai!

Conrado cai de joelhos, faz um último esforço,
pega a mão de Ema e beija-a, embevecido.

CONRADO – Ah... (*morre*)
DOUTOR (*em tom solene*) – Fanáticos legisladores! Contemplai a vossa obra! Aprendei neste cadáver os resultados cruéis da MORTE CIVIL!

448 TEATRO COMPLETO: RENATA PALLOTTINI

Grande final; todos choram, em cena e fora dela; Pantaleão e
Polichinelo escapam, dando pinotes. As mulheres da platéia do Colombo
soluçam alto; acende-se a luz geral. Todos aplaudem e choram.
Laura, Santa e Adélia aparecem, chorando desesperadamente,
amparadas pelos maridos, um pouco chateados.

As Mulheres em Geral – Que tristeza, que tristeza!
Ai, meu Deus!
Que morte triste!
Que coração ele tinha!
Viu como ele se sacrificou?

Os homens fumam e comentam.

Vicente – Que grande ator! Que cena!
Domingos – Vocês querem parar de chorar? Parece que o mundo acabou!
Santa – Que belo homem! Ai, que pena!
Luciano – Chega! Deus meu, como são as mulheres!
Vicente – Vamos, que já é tarde!
Celeste – Mas foi triste mesmo, pai!
Vicente – Ninguém fala é na injustiça! Isso ninguém notou!
Domingos – Também, com tantas lágrimas!
Celeste – E o Paulo, que não veio!
Os Homens – Vamos! Vamos! É tarde!

Aproxima-se um companheiro de Paulo, discreto.

Companheiro – Dona Celeste...

Todos se assustam e Celeste mais que todos.

Companheiro – O Paulo foi detido. Tenha calma...

Celeste olha para ele e sai depressa, em busca do marido.
Uma mesa entre bandeiras coloridas, auri-verdes e tricolores italianas;
trata-se da autoridade brasileira, mas o advogado vai apelar para a
questão de nacionalidade para salvar Paulo. Advogado dá um murro na
mesa pra começar mostrando força; Celeste, a um canto, só espera.

Advogado – Eu quero o meu cliente aqui, agora!!!
Autoridade – Ora, doutor... não exagere.
Advogado – O senhor sabe muito bem que Paulo Ferrante é italiano. Eu
vou ao cônsul! Se precisar, ao Embaixador!!
Autoridade – Doutor, eles mandaram os anarquistas prá cá por que nin-
guém mais agüentava. Seu cliente fugiu da Itália. Tenha calma.
Advogado – Eu vou me queixar...
Autoridade – O senhor vai se queixar ao bispo? Ao cardeal? (*ri*) Doutor,
tenha noção da realidade... quem quer defender estes homens?

O PAÍS DO SOL

ADVOGADO – Eu quero!

AUTORIDADE – Pode-se saber por quê? Por seus honorários, não há de ser!

ADVOGADO – Se o senhor quer saber, porque o meu pensamento é igual ao dele. Entendeu?

Pausa; a Autoridade estuda o caso.

AUTORIDADE – Se é assim, o senhor merece o cliente que tem. Vou mandar soltar o homem.

Celeste se levanta.

AUTORIDADE – Sob sua responsabilidade! (*pra dentro*) Soltem o preso! Trate de providenciar um trabalho para ele! Pintar tabuleta não é coisa que se apresente, principalmente não segura ninguém dentro do expediente. Dê-lhe trabalho documentado, e eu solto o bicho!

*Entra Paulo, meio jogado lá de dentro, pés e mãos meio amarrados.
Celeste o abraça, ajuda a desamarrá-lo, enquanto a autoridade
junta papéis e se retira; advogado vem juntar-se a eles.*

ADVOGADO – Você vai trabalhar. Estrada de ferro. Você não é compadre do Luciano Ciro?

PAULO – Sou, doutor... mas se é pra ficar metido dentro de um escritório o dia inteiro... eu torno a me amarrar... (*ameaça recomeçar os nós das cordas*)

ADVOGADO – Mal agradecido e sem vergonha! Por que eu ainda ouço o que vocês dizem? Por que acredito em vocês?

PAULO – Porque nós temos razão, doutor!

CELESTE – Paulo, escuta o que diz o doutor... eu tirei ele da cama, pra vir te salvar...

PAULO – Obrigado, irmão bacharel...

ADVOGADO – Teu trabalho vai ser leve, divertido... viajando. O importante é ter documentos de trabalhador... Você promete que vai se comportar?

PAULO – Por minha mulher e meu filho! Se não me apertarem os calos. Quando começo?

*"Black-out"; ouve-se um apito de trem e o barulho característico;
quando volta a luz, vêem-se Celeste e Adélia, postadas como se
estivessem numa estação onde o trem passa, mas não pára.*

CELESTE – Corre, está na hora do trem passar, dona Adélia!

ADÉLIA – Depressa, que hoje ele não pára!

CELESTE – Mas nem diminui? Vai passar correndo?

ADÉLIA – Só um pouco!

CELESTE – Verdade que o Paulo está trabalhando no mesmo trem que seu Luciano?

ADÉLIA – Está! O Luciano sempre que passa aqui me joga alguma coisa, que no interior é mais barato...

Aumenta o barulho cada vez mais, até que invade todo o espaço cênico, furiosamente; venta. O trem passa; de dentro, Luciano e Paulo atiram um presunto e um queijo de papelão, que vão cair nos braços das duas mulheres, as quais cambaleiam com o impacto.

VOZ DE LUCIANO (*passando*) – Segura, Adélia!

ADÉLIA (*aflita*) – Cuidado, Luciano!

VOZ DE PAULO (*passando*) – Tchau!!!

ADÉLIA – Tchau, Luciano! Tchau, marido! Tchau!

CELESTE – Paulo! Vai com Deus!

Celeste cambaleia com o impacto do presunto, enquanto Adélia faz saudosos acenos a Luciano; o trem passa, se afasta e desaparece. Enquanto elas fazem acenos, vozes distantes vão sendo ouvidas e se aproximando.

VOZES (*off*) – Guerra!
Guerra!!!
GUERRA!!!!!!
GUERRA!!!!!!!!!!!!

VOZ (*off*) (*ampliada*) – Vinte e oito de julho de mil novecentos e catorze. A Áustria declarou guerra à Sérvia!

Luz sobre uma mesa de cantina, onde conversam Domingos, Luciano e Osório, seu compadre preto, pai de Adelinha. Bebem vinho e estão todos meio "altos".

OSÓRIO – Desgraçado de frio... se não fosse o vinho!

LUCIANO – Compadre: a Áustria, eu sei. Mas onde fica a Sérvia?

DOMINGOS – É perto da Hungria, eu acho. Como vai dona Adélia?

OSÓRIO – Minha comadre vai bem! Mulher de respeito está ali!

Domingos se ressente um pouco, mas deixa passar.

LUCIANO – Minha mulher está boa. A menininha do Osório é que está uma beleza!

DOMINGOS – Sua mulher, "lhe" deixou... falando com respeito... hem, Osório?

OSÓRIO – Não precisa falar com respeito. Ela foi pro Rio de Janeiro, morar com os parentes. Eu tinha dito pra ela que feijão preto todo dia, enjôa. Vai ela e me diz que lingüiça todo dia também enjôa. Bati nela com o relho, e ela foi-se embora. Pena é que deixou a menina...

DOMINGOS – Sendo assim, não é o pior.

O PAÍS DO SOL

Osório – É verdade. Mulher que não está com a gente, não está enganando a gente.

Os dois italianos se entreolham, porque Osório falou de corda em casa de enforcado; Luciano disfarça.

Luciano – A Itália entrou na guerra, compadre?
Domingos (*carrancudo*) – Ainda não. Mas entra, na certa...
Osório – Seu trabalho é bom agora, compadre?
Luciano – É movimentado. Ganho muitas coisas boas. Dinheiro, pouco. Mas a Adélia está contente.
Osório – E a do senhor, Seu Domingos?

Domingos, distraído e carrancudo, não ouve.

Luciano – Vai mais um copo, compadre?
Osório – Sua mulher gosta do seu trabalho, seu Domingos?
Domingos (*atordoado*) – O quê? O que você falou, negro? O que você falou?

Levantam-se.

Osório – Nada... não quis ofender...
Luciano – Compadre... ninguém falou nada...
Domingos – O que você disse da minha mulher, negro? O que você disse, hem? O que você quis dizer? (*está furioso; avança sobre Osório*)

Luciano tenta intervir.

Domingos – Eu te mato, negro!
Osório – Não mata não! Só se eu fosse muito trouxa! (*dá uma cabeçada em Domingos derruba-o e foge, dando risada*) "Italiano"! Corno! Chifrudo! Vai olhar pra tua mulher, carcamano chifrudo! Vai, vai! (*faz chifres com os dedos na cabeça, enquanto saracoteia e foge*).

Luciano segura Domingos, furioso.
"Black out" – marcha militar; música patriótica italiana,
da primeira guerra mundial.
Um foco único sobre um chapéu de "Bersagliero",
capacete com uma pluma de galo.
Alarga-se o foco sobre Domingos, com roupas militares e Santa,
sua mulher, que chora. Domingos afia uma faca, quieto.

Santa (*chorando*) – É mentira! É tudo mentira! É tudo uma infâmia! Intriga dessa gente baixa, invejosa! Brasileiros! Macacos!!!
Domingos (*grave*) – É a nossa gente que fala. Conterrâneos. Italianos como nós.
Santa – Mentira!

DOMINGOS – Gente da aldeia. Da nossa terra. Dizem todos a mesma coisa.

SANTA – O quê? O quê?

DOMINGOS – Que você me engana, mulher. Que você me engana. Que você é... (*engole em seco, desesperado*) uma puta, Santa!

Santa grita e chora mais.

SANTA – Domingos! É mentira!

DOMINGOS – O padre foi mandado de volta, Santa... pelo bispo...

SANTA – E daí?

DOMINGOS – Os meus amigos vieram me falar, mulher... Todos, um por um... Falavam de você e do padre. E não era só ele!

SANTA – Você me viu? Me viu?

DOMINGOS (*pula sobre ela, com a faca na mão e sangue nos olhos*) – Não... não vi, maldita! Porque se visse, te matava! Te arrancava os olhos! A língua! O coração, maldita! Te arrancava o coração! Eu me perdia, mulher perdida, eu ia morrer na cadeia, mas eu te matava!

SANTA – Eu não fiz nada!

DOMINGOS – Todos estes anos... todos estes anos e este trabalho... longe da terra, trabalhando como um cavalo... longe da terra da gente... eu queria tanto melhorar, trabalhar pra você... eu queria comprar uma casa, uma terra, plantar uma vinha... Você, maldita! Você sabe o que é, dormir, acordar, comer, beber, sofrer... tudo, longe da terra da gente?

SANTA – Eu sei, eu também sei! Então eu não sei?

DOMINGOS – Você não sabe porque você não tem coração... puta, você não tem coração... mas eu... eu tenho! Eu cuspi sangue, de tristeza, eu chorei sangue! Eu... sentia... sentia aqui dentro do peito uma dor... me faltava um pedaço, entendeu? Um pedaço! Fui eu quem disse a todos: "venham, vamos, vamos para a América! Vamos ser felizes, vamos enriquecer! Vamos, tantos já fizeram isso, e foram felizes!" Eu disse isso pro Vicente, pro Mário, pro Estanislau, Luciano, pra... pra todos! E hoje eles me olham, com os olhos tristes, como se olha pra um homem que é um corno! E parece que estão dizendo: "era isso? Era isso, a América?"

SANTA – A América não tem culpa! Que culpa tem! Que tem que ver, a América?

DOMINGOS – Quem sabe? Quem sabe se a gente tivesse ficado por lá... quem sabe, na nossa terra...

Ouve-se a marcha militar do princípio da cena; em surdina. Domingos baixa a face, põe a faca de lado e fica pensativo.

DOMINGOS – Por isso, mulher... pra não me perder... pra não ter de te matar... eu vou-me embora.

SANTA – Você vai me deixar, Domingos?

O PAÍS DO SOL 453

Domingos – Vou pra guerra. Eu sou italiano. Volto e me ofereço. Sou moço ainda. Tenho força.

Santa – Pra guerra?

Domingos – Melhor ir pra guerra. Se vive. Se acontecer, também se morre. Corno eu não quero ser. (*tempo*) De te matar não tenho coragem. (*docemente*) Quando eu vim para o Brasil, vinha pensando muitas coisas de vida. Deixei a vontade de sangue na nossa terra... (*reagindo*) Quem sabe, encontro lá de novo a vontade de sangue...

Luzes vermelhas; luz sobre um tubo onde o sangue de São Genaro ferve de novo, as bandeiras vermelhas e verde são iluminadas. Domingos pega o chapéu de "Bersagliero".

Domingos – Adeus, mulher. (*sai*)

Santa, sob uma luz total vermelha se encaminha para o altar de São Genaro.

Santa – Santo... Santo... Santo... protege o meu marido e faz ele voltar com vida e saúde... (*chora baixinho*)

Mutação; Domingos e outros homens estão na estação da Luz; eles vão tomar o trem que os levará a Santos, caminho da Europa. Na estação, Luciano e Adélia, Vicente, Laura, Celeste, Alice, que olha muito interessada para Domingos, Paulo está separado dos demais e suas palavras são sempre um contraponto.

O Grupo – Adeus! Adeus, Domingos!

Paulo – A guerra é feita pelos ricos, contra os pobres...

O Grupo – Vai com Deus!

Paulo – Consciência! Consciência!

O Grupo – Deus te acompanhe!

A Madona te acompanhe!

Paulo – Eles não vão estar com você, na hora da luta!

O Grupo – Coragem! Fé! Viva a Itália!

Paulo – Viva a Humanidade!

O Grupo – Adeus! Adeus!

Paulo – Adeus, pobre companheiro. Adeus...

Num canto do palco, de lenço amarrado na cabeça, surge Santa.

Santa – Santo, Santo, Santo São Genaro... protege, guarda e guia o meu marido... (*chora com sinceridade*)

O trem apita e Domingos se despede do grupo, sem olhar para ela.

Paulo – Sempre foram e sempre serão as mulheres as que pagam...

454 TEATRO COMPLETO: RENATA PALLOTTINI

O trem apita e parte; desfaz-se a cena da partida; escuro;
ouvem-se vozes ao fundo, que gritam.

Vozes (*off*) – Guerra! Guerra! Viva os Aliados! Nossos navios! Afundaram nossos navios! Guerra!!!

Luz sobre um comício pacifista, em 1917, organizado
pelos anarquistas, com Paulo a frente; ele está num
palanque com seus companheiros.

Companheiros – Eles estão muito agitados!

Paulo – Companheiros! Trabalhadores! Proletários! Não se iludam com a propaganda belicista dos fazedores de guerra! Quem dá carne para os canhões somos nós! É o povo! Eles falam e entusiasmam o povo, mas por que é que nós devemos ir pra uma guerra de capitalistas, de proprietários?

Uma Voz – Traidor!!

Paulo – Traidores são eles, companheiros, que querem assassinar os jovens, os trabalhadores, o proletariado! Fazer guerra aos alemães, por quê? Os pobres são todos pobres, hoje, mil novecentos e dezessete, aqui ou na Alemanha! E os ricos, os proprietários, a polícia é igual em toda parte!

Outras Vozes – Traidor! Traidor! Pátria é pátria!

Paulo – A pátria é o mundo todo!

Algumas Vozes – Desordeiro! Estrangeiro! Pau nele!

Outras Vozes – Deixa falar! Silêncio!

Paulo tenta continuar falando.

Paulo – Companheiros... a propaganda é sempre a mesma... Falam em pátria, mas estão pensando no interesse deles!

Vozes – Pega! Pega! Traidor estrangeiro! Italiano! Pau nele! Mata!

Paulo – Esta é uma guerra de burgueses! O que é que o povo tem com isso?

Vozes (*contraditórias*) – É isso mesmo!
Tem razão!
Mata!

Companheiro – Eu disse que eles estavam agitados...

Paulo (*risonho*) – Vamos embora rápido...

Voz (*mais alta*) – MATA!!!

Vozes ampliadas repetem as ameaças; Paulo e os companheiros,
esquivando-se das ameaças, fogem da multidão;
Paulo se agarra a uma corda que cai do alto e age como
se estivesse fugindo sobre os tetos.

O PAÍS DO SOL

PAULO (*ofegante, no alto*) – Fugir por cima dos tetos era uma coisa que eu já estava muito acostumado a fazer e nesse ano de 1917, com a nação em pé de guerra, ou a gente estava com a maioria, ou fugia mesmo! (*pausa*) Só que... uma coisa era fugir por cima dos tetos aos 18 anos, livre, desligado de tudo, um verdadeiro rebelde... outra coisa era estar fugindo aos trinta e sete anos... casado... eu, Paulo Ferrante, sem pátria e sem patrão, casado e pai de filhos. (*ri, desconcertado, e desce para encontrar Celeste, que o procurava*). Que é?

CELESTE (*dura*) – O menino está com febre...

PAULO – Já vi. É da garganta. Nada de grave.

CELESTE – Paulo. A gente precisa de dinheiro. Criança precisa de roupa, de escola... Minha mãe está cansada de ajudar. E meu pai também não tem muito, você sabe.

PAULO – Paciência, não é, Celeste?

CELESTE – Paciência? Paciência eu tenho muita! Não tenho é dinheiro! O teu emprego na estrada se foi. Como é que se faz agora?

PAULO – Eu estou arranjando um bom trabalho!

CELESTE – Que trabalho?!

PAULO – Vou pintar uma igreja... imagina só, eu! Uma igreja!

CELESTE – Sei. Pintar uma igreja e ganhar uma miséria... E a gente continua sem médico, sem roupa, sem melhorar de vida nunca!

PAULO (*se cala um momento*) – Você sabe que tem guerra por aí, Celeste? Pois tem. Gente se matando, a troco de nada... uma coisa inútil... também eles não têm médico, roupa, não vão melhorar de vida... pode ser que nem tenham vida... Por que é que eu meti você nisso, Celeste? Por que é que eu fiz nascer uma criança inocente?

CELESTE (*tem uma mutação, ao sentir o marido desesperado*) – Bom... também não é pra ficar assim, como se eu não sentisse nada, nem tivesse coração... é que a gente, quando tem filho, não é mais a gente, Paulo... é um punhado de gente!

PAULO – Eu também sou um punhado, Celeste... só que um punhado maior. (*tempo*) Eu vou pra casa de um companheiro, agora...

CELESTE – Mas o menino está com febre... e se ele piorar?

PAULO – Toma isto. (*dá-lhe um papel*) É o endereço da casa onde eu estou. Qualquer coisa, manda me chamar.

Separam-se; Paulo caminha pela rua e passa por um botequim, onde os dois italianos estão jogando "morra"; é um jogo de dedos, onde se conta o total que é mostrado. Jogo muito rápido. "Tudo" são dez dedos, e "Morra" é nada. Sucedem-se os gritos, apontando os números, ou a palavra "Morra". Paulo pára, ao ouví-la.

PARCEIRO 1 – Morra!

PAULO – Hei, isso é comigo?

PARCEIRO 1 – Três!

PARCEIRO 2 – Cinco!

456 TEATRO COMPLETO: RENATA PALLOTTINI

PARCEIRO 1 – Oito!
PARCEIRO 2 – Morra!   JUNTOS
PAULO – Outra vez?

Os dois jogadores riem e se empurram.

PARCEIRO 1 – Boa noite, compadre! Bebe? (*os dois bebem*)
PAULO – Obrigado, agora não.
PARCEIRO 2 – Sempre falando alto nas esquinas? Como vai a política?

Paulo sorri; passa uma prostituta bonita, fora; todos olham.

PARCEIRO 1 – Hei, Bela! Pára um pouquinho! Que tal um copo?

Ela passa sem ser vista pelo público.

PARCEIRO 1 – Bonita, hem?
PAULO – É. Uma infeliz.
PARCEIRO 2 – Que é, você não gosta delas?
PARCEIRO 1 – Ele é casado!
PARCEIRO 2 – Eu também!
PAULO – Se ela me quisesse por amor, aí sim. Por dinheiro, não. Também...
não tenho dinheiro... Tchau. (*sai*)
PARCEIRO 1 – Outra, compadre?
PARCEIRO 2 – Vamos lá! Vale a garrafa!

Recomeçam o jogo enquanto Paulo se afasta.
"Black out" – Paulo chega à casa do seu encontro com os
companheiros. Bate, com sinais combinados, duas vezes.
Um homem vem atender.

COMPANHEIRO – Ah, é você? Entra. (*Paulo e o companheiro desaparecem*).

Música de festa, ao vivo; tocam-se bandolins e violinos. É festa em
casa de Vicente e Laura, os pais de Celeste; agora, 1917, Vicente
tem 54 anos e Laura 51. Estão festejando o aniversário de Alice,
que faz 21 anos. Estão presentes todos os velhos imigrantes, menos
Domingos, que foi para a guerra. Santa, mulher de Domingos,
está um pouco afastada.

VICENTE – Festa! Hoje é festa em minha casa. Minha segunda filha, Alice,
hoje faz vinte e um anos. Já é uma mulher feita. Música, Música!

A música será feita na forma do possível;
um rapaz tira Alice para dançar.

ESTANISLAU – E a tua filha Celeste?
VICENTE – A Celeste? Está em casa, com o filho...
ESTANISLAU – Depois que casou com aquele carbonário...

O PAÍS DO SOL 457

VICENTE – Não é isso! O Paulo é bom! E a mulher tem que seguir o marido!

Laura olha-o, com sentimento, e ele baixa a cabeça.

LAURA – Ela não pode vir porque o menino está doente. (*se afasta*)
ESTANISLAU – Desculpa, Vicente. Não quis importunar.
VICENTE – Somos amigos, Estanislau... amigos... (*pausa*) O que me dói não é isso... é o compadre Domingos... Olha a cara dela... (*aponta Santa, meio afastada*) O marido na guerra, correndo perigo de vida... e ela aqui... a culpada! (*morde o dedo, de raiva*)

Laura se aproxima de Santa, com uma bandeja na mão.

LAURA – Bebe refresco, dona Santa?

Adélia vem ao encontro delas.

SANTA – Sim senhora...
ADÉLIA – Alguma notícia do seu Domingos, comadre?
SANTA – Nada... Até agora nada, dona Adélia...

Laura e Adélia se afastam.

ADÉLIA – Dizem que não sai da igreja, depois que o compadre Domingos foi se embora...
LAURA – Já veio o padre novo?
ADÉLIA (*descobrindo*) – Já!!

*As duas fazem um sinal de concordância e afastam,
com risinhos; sobe a música novamente, muito viva
e alegre; os convidados dançam e bebem.
Desce a luz nesse ambiente e sobe numa porta; casa de Celeste
e Paulo; chega um homem que bate. Celeste vem abrir.*

CELESTE – Boa noite...
HOMEM – Dona Celeste Ferrante?
CELESTE – Isso mesmo.
HOMEM – Seu Paulo está?
CELESTE – Não senhor. Saiu...
HOMEM – Que pena! (*chateado*) Vinha tratar um serviço com ele...
CELESTE (*animada*) – Serviço?
HOMEM – É... uma igreja pra ele pintar...
CELESTE (*mais à vontade*) – Ah... o senhor é que é o da igreja?
HOMEM – Pois é. A igreja do Ipiranga. (*tempo*) Pecado... Vamos ter que procurar a Fausto... coisa grande todo o mundo quer...
CELESTE – Não pode voltar amanhã, pra combinar?
HOMEM – Não dá. É prá começar amanhã mesmo... Bom... com licença, dona, eu vou indo.

458 TEATRO COMPLETO: RENATA PALLOTTINI

CELESTE – Espera! Espera um pouco... eu... eu tenho aqui o endereço dele...
(*procura no bolso, com um pouco de medo e tira um papelzinho*) É
nesse endereço... na casa de uns amigos...

HOMEM (*discretamente*) – Ah, bom...

Cai a luz nesse ambiente e sobe numa sala onde estão
Paulo e mais três companheiros; os mesmos que vieram com
ele no navio, que estavam no comício etc.

COMPANHEIRO 1 – É preciso reformular. Reformular tudo!

PAULO – Reformular o quê?

COMPANHEIRO 1 – Esse negócio de ser contra a entrada do Brasil na guerra!
Isso é um absurdo!

PAULO – Absurdo é querer a guerra.

COMPANHEIRO 2 – Eu sei. O que o companheiro está querendo dizer é que
não convém, neste momento, fazer propaganda pacifista. As pessoas
estão contaminadas pela febre patriótica. Mais tarde, pode ser. Mas
neste momento, nossa campanha pode vir a ser mal compreendida.

COMPANHEIRO 3 – Os jornais estão cheios de propaganda militarista!

PAULO – Pra isso nós temos o nosso jornal! *A Plebe* vai mostrar o que
pensa o povo da guerra!

COMPANHEIRO 1 – Não se iluda, companheiro. Depois da greve de julho,
quem se puser a falar muito, vai acabar preso... ou deportado!

COMPANHEIRO 2 – Esse perigo nós sempre corremos!

PAULO – Existem outros estrangeiros! Nós não somos os únicos!

COMPANHEIRO 1 – Não importa. Nós seremos sempre os primeiros. Na hora
de deportação, somos os primeiros. Você pode voltar à Itália? Você,
você? (*encara um a um*) Eu não posso. Se me puserem num navio, já
sabe. Faço como fizeram antes de mim; espero sair da barra e pulo no
mar!

Os quatro se riem; sôa uma batida forte na porta e irrompem dentro
três homens armados, um dos quais, o que interpelou Celeste.
Lutam, os policiais derrubam logo dois companheiros de Paulo,
que é agarrado por detrás, enquanto distribui pontapés, até que
leva um soco no estômago que o faz desmaiar.
Paulo – cai.
A luz diminui e todos os demais personagens saem de cena.
Tons de vermelho e uma luz monótona, uma música lenta; Paulo
apanhou muito e foi muito maltratado. Sua consciência é uma coisa
enevoada e confusa. Uma voz feminina soa ao longe.

VOZ (*off*) (*cantando*) – Raiava o dia
da execução
dormia Casério
na sua prisão

dentro do sono
era um menino
e não cumprira
o seu destino
não levantara
mão assassina
não pagaria
na guilhotina
mas vinha perto
a madrugada
e a guilhotina
já estava armada...

*Um boneco de pano trazido para a cena, desconjuntado
e inerte; os atores deitam o boneco num cepo;
ouvem-se tambores. Fazem a cena da guilhotina.*

ATORES – tan tan tan tan tan... zás!

*O boneco se sacode todo e sua cabeça pula longe;
Paulo assiste a tudo antes de gritar.*

PAULO – Não! Não quero!

*Os dois atores levam embora o boneco sem
cabeça, enquanto o locutor explica.*

LOCUTOR – No ano de mil oitocentos e noventa e quatro, o italiano Sante
Casério matou, com golpes de punhal, o presidente francês Sadi
Carnot. No mesmo ano morreu na guilhotina. Ao ser arrastado para a
morte, gritou: "Não quero!". Depois, mais calmo, disse: "Coragem,
companheiros. Viva a anarquia!"

*A luz sobre a cena vai decrescendo, enquanto
se ouve a voz feminina, fora:*

VOZ (*off*) – ...mas vinha perto
a madrugada
e a guilhotina
já estava armada...

*A voz vai se desmanchando, do meio para o fim.
A cena passa a ser a de um campo de batalha da grande guerra
(1914-1918). A música e os ruídos sugerem os tiros, a iluminação
sugere as explosões. Arame farpado, capacetes, a guerra do passado.
Dois soldados se arrastam pelo chão e pulam para dentro de uma
trincheira. Quando dentro, apenas com as
cabeças para fora, reconhecem-se:*

460 TEATRO COMPLETO: RENATA PALLOTTINI

Domingos – Mário!
Mário – Domingos!

Grandes abraços, batidas nas costas, alegria napolitana.

Domingos – Você, aqui!...
Mário – E você? Não estava na América?
Domingos – Não vamos nem falar nisso... a guerra... esta guerra... é mais limpa e mais decente do que a minha mulher!... (*tempo*) Bom, mas nem falar nisso. (*soa um tiro*) Abaixa a cabeça! (*se abaixam*) Os chifres, foi o que ela me pôs, compadre! Os chifres! (*faz o sinal, soa um tiro e ele se abaixa*).
Mário – Cuidado! Isso dá azar
Domingos – Foi o que se deu.
Mário – Nem brincando. Não fala nisso nem brincando, compadre. E os outros? O Vicente, o Luiz, o Estanislau... E o Luciano, como vão?
Domingos – Bons, todos bons! Atento, aí! (*soam tiros*) Tudo melhor que eu... aqui, cornudo e ameaçado! (*soam tiros; abaixam-se*) Mas eu te juro, compadre. Mulher, nunca mais! Tenho cinquenta anos! Não quero mais! Acabou!
Mário – Que é isso, compadre... (*apontando o próprio sexo*) Você vai desprezar este bem de Deus!... Bate na boca que Deus castiga... a natureza te deu as tuas coisas, foi pra você gozar... mulher, mulher... Estas aqui do norte, são tão bonitinhas, tão redondinhas... Ah... (*beija os dedos juntos*) São como pêssegos, boas de comer! (*riem*).

Ouve-se uma voz fora.

Voz (*off*) – Companhia! Avançar!
Mário – Pronto. Acabou-se o sossego. Vamos, compadre?
Domingos – Vamos!

Preparam-se; antes de sair correndo da trincheira, Mário ainda grita.

Mário – Avante Savóia! Abaixo a guerra e vivam as mulheres!

*Levantam-se e saem; ouve-se uma sucessão
de tiros e Mário, gritando, cai.*

Mário – Corre, companheiro!

Mário cai e Domingos fica a seu lado.

Domingos – Mário...
Mário (*morrendo*) – E São Genaro não me fez a graça...

*Cenário vermelho de novo; luzes no sangue de São Genaro,
que ferve; Domingos levanta o punho, enfurecido.*

O PAÍS DO SOL

DOMINGOS – Santo amaldiçoado! É isso? Então é assim?

Os tiros redobram enquanto Domingos se estira completamente no chão, chorando, e o cenário está completamente vermelho, com ênfase no sangue dos tubos e nas bandeiras. Luz desce e torna a subir em Santa, ajoelhada diante da imagem.

SANTA – Meu São Genaro... protege o meu marido... protege o meu Domingos... faz acabar essa guerra... e essa doença... faz acabar essa gripe... ninguém agüenta mais... Meu São Genaro... pela tua cabeça que está longe do corpo, pelo teu sangue... acaba cem essa peste... *(pausa)* Ai, Domingos, Domingos... como você me faz falta, meu marido...

Um véu branco começa a descer do alto, colorido de uma leve luz esverdeada: é a gripe espanhola que começa a tomar conta de tudo. A cada morte, a cada avanço da gripe, o véu avança um pouco mais. Um dia, deixará a cena, e muitas mortes ficarão para trás... No outro canto da cena iluminam-se Paulo e Celeste, ele vestido de preto e com capa, como costumava usar quando fugia, na sua terra.

CELESTE – Mas Paulo, você me faz falta! Você é meu marido!

PAULO – Eu sei, Celeste, mas eu tenho que ir. A polícia já tem a nossa pista. Fugi da cadeia, pra quê? Me pegam logo, aqui.

CELESTE – Também aqui?

PAULO – Também. Vou pro interior.

CELESTE – Pra onde?

Paulo hesita um instante, depois balança a cabeça.

PAULO – Não. Se você não souber, não vai poder contar.

Celeste baixa a cabeça, magoada; Paulo a beija.

PAULO – Assim que eu puder, te mando notícias, dinheiro. Teu pai, como vai?

CELESTE – Minha mãe disse que ele está doente, com febre... acho que é gripe...

O véu esverdeado se movimenta.

PAULO *(disfarçando o alarme)* – Gripe?... Não há de ser nada... dá bastante limão pra ele, bastante vinho, descanso... boa alimentação... cuida dele, Celeste... não existem muitos homens assim... cuida do meu filho... eu mando notícias... adeus... adeus...

CELESTE *(quase chorando)* – Volta logo! Volta logo!

Paulo se afasta, acenando, e sobe num trem tão irreal como todos os outros; senta-se; o trem apita. Paulo se debruça na janela, monologando.

PAULO – Fugir, fugir... é... não é mais tão fácil, quando se tem... quanto? (*conta nos dedos*) trinta e oito anos... hum... me lembro das minhas lições no "Morning Star"... "faca"... "cuchillo"... "naife"... mas nunca aprendi a dizer, por exemplo, "paulada", nos três idiomas... (*ri, enquanto desce do trem com sua capa preta e some na escuridão*).

Tempo. Depois, luz subindo em resistência.
Quarto de dormir de Vicente e Laura. Na cama do casal, Vicente, atacado pela gripe espanhola, oscila entre o delírio e a lucidez.
Laura, Celeste e Alice rodeiam o leito.

VICENTE – Não precisa chorar, não precisa; sou Vicente Villardi, italiano, meridional. Nasci em mil oitocentos e sessenta e três. Emigrei em mil oitocentos e noventa e oito, tinha trinta e cinco anos, casado, duas filhas...

Laura, Celeste e Alice choram.

VICENTE – Coragem, mulher, coragem! Logo, logo a gente se encontra... Vim prá cá, trabalhei, trabalhei, criei as filhas, vivi... Tenho um genro, bom homem, sabe Deus onde ele está?

Celeste reage chorando.

CELESTE – Papai... o Paulo está bom... tem que estar bom, se existe Deus...
VICENTE – É, Deus, Deus... mas será que ele se lembra de um livre pensador?
LAURA – Descansa, Vicente... você está com febre...
VICENTE – A guerra, a guerra... quem ganhou com esta guerra? E quem vai ganhar com a próxima? E com as próximas? Nunca vamos ser nós, Laura, nunca vai ser a pobre gente! (*pausa; Vicente se agita; o mosquiteiro verde que cai sobre a sua cama que se fecha um pouco mais*)
VICENTE – Muita gente me disse: "Italiano, porco, por que não ficou na tua terra?". Mas também muita gente me disse: "Compadre, toma uma pinga, come do meu feijão, o mundo inteiro é igual...". E é verdade... Trabalhei, bebi vinho, comi, vi o teatro, a ópera, as festas... E agora, a "espanhola"... que quer dizer isso, Laura? Quantos anos eu tenho?
LAURA (*chorando*) – Cinquenta e cinco...
VICENTE – Moço, ainda... Laura, nós temos capela no cemitério?
LAURA – Temos, Vicente... não lembra que você comprou o terreno?
VICENTE – Não comprei; terreno no cemitério não se compra, eles só deixam a gente usar... mas olha, Laura...
LAURA – Vicente...
VICENTE (*enfraquecendo*) – Eu gostava... antes de morrer... de ver de novo o mar... não este... de Santos... mas o nosso... o... Adriático... lembra?... o vapor que vinha... apitava... era tão... bonito...
LAURA – Eu me lembro... era bonito, sim...

O PAÍS DO SOL

463

VICENTE – Bem que eu perguntei, pra aqueles franceses: "quem vem lá?"
Se eles me tivessem entendido... eu não precisava atirar... e podia ter
morrido na minha terra... mas não faz mal... toda terra... é... uma...
terra... (*morre*)

Laura, Alice e Celeste ficam imóveis por um momento; depois
Laura fecha completamente o véu verde sobre o leito.
A cena focaliza dois coveiros no cemitério do Brás; lanternas estão
penduradas por alí, pois eles trabalham até de noite; param,
com as enxadas na mão, depois de cavarem um pouco.

COVEIRO 1 – Quantos, hoje?

COVEIRO 2 – Cento e cinqüenta. Este é o cento e cinqüenta. Maldita gripe!

COVEIRO 1 – Pois é. Maldita gripe. Até luz botaram neste cemitério, pra se
trabalhar mais.

COVEIRO 2 – Se não botam, os defuntos ficavam no fresco!

COVEIRO 1 – Você está bem? Não sente nada?

COVEIRO 2 – Me trato com pinga e limão. A italianada é que está sofrendo.

COVEIRO 1 – Coisa deles. A espanholada manda a gripe, a italianada é que
tem que sofrer. Só da casa do Francisco foram dois, esta semana.

COVEIRO 2 – Deixa morrer. Italiano tem demais. Estão tirando o nosso
lugar.

COVEIRO 1 – O nosso? Por quê, você quer morrer? Eles estão é morrendo!

COVEIRO 2 – Muita massa e pouco feijão. Italiano é mole!

Ouve-se barulho de um cortejo ao longe.

COVEIRO 1 – Lá vem mais um! Força, aí!

Recomeçam a trabalhar; por detrás do véu da gripe, surge o cortejo de
Vicente, todos os amigos, enlutados: Laura, Celeste, Alice, dona Santa,
Adélia, Luciano, Osório etc.; choro. O caixão alcança o centro do palco
e é colocado no chão; os acompanhantes fazem pequenas rodas,
comentando e lamentando-se e o caixão é deixado só por um momento.
Os coveiros se aproximam, preparam-se, com suas pás, fazem
hora, mas não começam. Cena um pouco alongada. De repente,
de dentro do caixão se ouve a voz de Vicente:

VOZ DE VICENTE – Como, é brasileiro! Se trabalha ou não se trabalha?

Os coveiros se assustam um pouco, depois respondem:

OS COVEIROS (*alegremente*) – Pode vir, carcamano! Pode vir!

Vicente se levanta, carrega seu caixão na cabeça e sai, cantando
alegremente, com música de "Facceta Nera."

464 TEATRO COMPLETO: RENATA PALLOTTINI

VICENTE (*cantando*) – Covinha preta
bela e fresquinha
espera um pouco que
esta vez agora é minha...
lá ra lá lá...
lá ra lá lá...

*Desaparece por detrás do véu da gripe, cantando e
carregando o caixão.*
*Outra cena; no interior de São Paulo. Um fazendeiro está deitado
numa rede, meio recostado. Paulo Ferrante, chamado pelo
fazendeiro, está lhe dando esclarecimentos. A um canto,
encostado, um capataz ouve a conversa, picando fumo.*

FAZENDEIRO – O senhor me entendeu mal, moço. Não tenho nada contra o
senhor. Agora, o senhor também não deve querer ter nada contra mim,
compreendeu? Tenho minha fazenda pra tocar, o café me dá trabalho.
Esta crise está danada. Pra que o senhor vem me aborrecer, com escola, farmácia, melhorar casa de colono, essas coisas? Eu nunca preci-
sei disso!

PAULO – Não precisou mas agora vai precisar! Ou o senhor acha que pobre
não precisa de casa, nem de médico, nem de escola?

FAZENDEIRO – Meus colonos nunca se queixaram de nada.

PAULO – Porque nem sabem se queixar! Porque, se queixarem, o senhor
nem entende essa italianada, é ou não é?

O fazendeiro e o capataz riem.

FAZENDEIRO – Sabe que o senhor até que é simpático? Devia ensinar na
escola de Piracicaba, ou então lá em Itu, com os padres!

O capataz ri mais; Paulo sorri.

PAULO – Ensinar em escola de padre ia ser difícil. Agora, um pouco de
latim eu até que sei...

FAZENDEIRO – Roque, vê aí um café pro moço...

O capataz sai sem dizer nada.

FAZENDEIRO – Desista dessas idéias, seu. Pra que complicar a sua vida?

PAULO – E o senhor: que custava melhorar um pouco a vida do pessoal da
sua fazenda? Se o senhor, que é o maior, começasse, os outros fazendeiros iam seguir o seu exemplo!

FAZENDEIRO – Me diga uma coisa: o senhor é de São Paulo, é?

PAULO (*desconfiado*) – É, eu vim de lá.

FAZENDEIRO – A coisa, lá, está brava, não? Greve, essas coisas... Diz que os
operários estão complicando...

O PAÍS DO SOL   465

PAULO – Pode ser...

FAZENDEIRO – E se a gente aqui não concordasse com o senhor... como é que ia ser?

Entra o capataz com o café; Paulo pega a xícara e toma o café em silêncio. O capataz tira de novo o facão e continua picando seu fumo. Paulo acaba o café e devolve a xícara; cena propositadamente longa.

PAULO – Pra que falar nisso? Melhor o senhor pensar nas minhas propostas.

FAZENDEIRO – O senhor já andou falando com os seus patrícios, não foi?

PAULO – Falei, pra que negar? Falei. São meus amigos, me acolheram bem.

FAZENDEIRO – Nestes três meses as coisas mudaram um bocado por estas bandas...

PAULO – Bom... e como é que a gente fica?

FAZENDEIRO (*levantando-se da sua rede*) – Eu vou pensar nas suas propostas, viu? Vou pensar. Pode ir em paz... alguma resposta eu lhe dou...

PAULO – Pois então, até breve. Eu espero resposta sua.

Paulo sai; fazendeiro olha bem pra ele e ordena ao capataz.

FAZENDEIRO – Roque; diz pro meu filho que telegrafe pra São Paulo. Pro Consulado Italiano. Quero saber informações desse tal de Paulo Ferrante. Se for como eu penso... e marque uma reunião no Clube, pra daqui a cinco dias... Ah... e me faz aí um cigarro de palha, que ninguém é de ferro...

Volta a se deitar na rede e balançar-se, delicadamente.
Num botequim, Paulo toma uma cerveja e discursa
pra um auditório silencioso.

PAULO – Quem é que vocês pensam que vai ganhar com essa guerra que acabou? Nós? Vocês? Na Rússia fizeram a Revolução! Mas quem manda? É o povo? Não! São uns poucos que mandam, como sempre! E é tão fácil, que ninguém entende: ninguém manda, ninguém obedece, não tem polícia, porque não tem ladrão, e não tem ladrão porque não tem propriedade! No mundo novo que vai vir, todos são iguais, tudo é dividido, ninguém rouba de ninguém, ninguém mata ninguém! Todos tendo um pouco, ninguém fica sem nada! E o bem mais importante é a liberdade!

Alguém se chega a Paulo, discretamente.

HOMEM – Seu Paulo... mandaram dizer pra o senhor tomar cuidado...

PAULO – Muito obrigado pelo aviso, irmão. Vou voltar pra São Paulo, pra ver ao menos meu filho. (*sai*)

Desce agora um telão, que perdurará até o final do espetáculo,
representando um presépio napolitano, cheio de figuras;
ouve-se uma música napolitana, especial.
Aparecem agora, em casa de Laura, viúva, os preparativos para
o natal de 1919. Além da dona da casa e mais Alice e Celeste,
estão em cena dona Adélia e Adelinha, a menina preta.

ADÉLIA – Dona Laura, tem que ralar mais queijo?

LAURA – Não. Acho que o que tem, dá. Celeste, o queijo que tem vai dar?
Olha que são doze pessoas!

CELESTE – Doze, mãe?

LAURA – É... (*vão contando*) Eu, você e a Alice... dona Adélia e seu
Luciano... A menina, que come por dois...

ADELINHA – Credo!

LAURA – O Osório... a dona Santa...

ADÉLIA – Ela também vem?

LAURA – Coitada... está sozinha...

ADÉLIA – E do marido?

LAURA – Nem notícia... (*continua contando*) O Nenê não se conta, sabe
Deus a que hora vai chegar (*suspira fundo*) Ai, meu Deus, o Paulo,
por onde será que anda?

Luz em outro canto da cena; Paulo aparece juntando
suas roupas num saco de viagem.

PAULO – Até eu me lembro que é Natal. Bendita civilização cristã! (*desa-*
pontado) Vontade de gritar: eu quero castanha!!! Celeste, não esquece de pôr erva-doce na água!

Luz no espaço da festa; Celeste reage.

CELESTE (*suspirando*) – Tem horas que parece que ele está aqui, do meu
lado...

Luz novamente em Paulo, que termina a sua arrumação,
fecha a sacola e olha ao redor.

PAULO – Em todo o caso, esta gente por aqui foi boa... a gente pobre se
ajuda... a não ser quando entra o maldito dinheiro...

Volta a luz à cena do natal.

ADÉLIA – E quem mais? A senhora só contou nove...

LAURA – Compadre Estanislau... dona Francisca... e mais quem vier. O
meu Vicente sempre dizia: nesta casa não há de faltar um pedaço de
pão e um copo de vinho pra quem chegar de repente!

CELESTE – A fruta seca está boa, este ano!

ADÉLIA – Fruta boa era antes da guerra!

O PAÍS DO SOL

LAURA – Antes da gripe, da carestia... São Paulo não é mais São Paulo...
ADÉLIA – Eu trouxe a ricota prá torta. O Luciano disse que é a melhor da cidade. Ele mesmo foi buscar, longe... E trouxe também um presunto. Seu Osório vai trazer um garrafão de vinho...
CELESTE – A massa foi toda feita em casa!
LAURA – O trigo não é igual! Trigo era o de lá. Não é igual!
ADÉLIA – Nada é igual, comadre... mas a gente tem de continuar vivendo...

Adelinha, que foi até a porta, volta, excitada.

ADELINHA – A dona Santa vem correndo aí, feito cavalo espantado!

Santa irrompe, ofegante.

SANTA – Vai voltar! vai voltar! O meu Domingos vai voltar!
TODAS – O quê? Como?
SANTA (*sacudindo um papel*) – Um telegrama! Chegou um telegrama da Itália! Diz que o meu Domingos já saiu de lá, já está chegando...

*Senta-se numa cadeira, chora, abana-se, enquanto
o telegrama corre de mão em mão. Alice, discretamente
interessada, procura ler a notícia.*

LAURA – É mesmo, dona Santa! É um milagre!
SANTA – Eu sabia! Eu sabia que São Genaro ia me fazer, a graça! (*chora escandalosamente; Adélia, Laura e Celeste observam, com simpatia vaga*)
ADÉLIA – Tem as que têm sorte... (*bate na boca e levanta as mãos para o céu*)

*Ilumina-se todo o cenário e o espaço total do teatro;
ouve-se música marcial da grande guerra. Surge Domingos,
carregado ao ombro do povo de São Paulo, que recepcionou
os "Bersaglieri" italianos. Gritos e festa.*

VOZES – Viva! Viva o herói! Viva! Viva o "Bersagliero"! Viva Domingos! Viva a Itália! Viva o Brasil!

*Domingos, em triunfo, passeia pela platéia, distribuindo fitinhas
tricolores; está fardado, com chapéu com plumas de galo, e agradece
modestamente. As mulheres todas gritam, entusiasmadas.*

MULHERES – Que beleza! Que belo homem! Olha o uniforme! O capacete! Olha as plumas! Parece um rei! Compadre Domingos é um herói!
SANTA (*meio chorando, meio triunfante*) – Eu sabia! Eu sabia que a Madona ia me fazer esta graça! Eu sabia!

*Domingos goza bastante do seu triunfo e, quando o cortejo
chega ao palco, desce dos ombros dos amigos, ignorando
completamente a mulher. Alice olha-o, em muda adoração.*

468 TEATRO COMPLETO: RENATA PALLOTTINI

DOMINGOS – Senhoras... senhores... comadre Laura... e meu compadre?

LAURA – Morreu, Domingos.

DOMINGOS (*depois de um tempo*) – É o destino. Também o meu amigo Mário, quase um irmão... morreu do meu lado... tudo morre, até o amor... (*aproxima-se de Alice, que olha, extasiada*) Esta bonita moça é a Alice, comadre?

Laura olha assustada para a evidente adoração de Alice pelo herói.

LAURA – Compadre, ela não tem pai...

ALICE – Cala a boca, mãe!

SANTA (*atirando-se sobre ele*) – Marido! Meu marido!

Domingos a detém com um braço, sempre olhando Alice.

DOMINGOS – Silêncio! Não tenho mulher! Não tenho casa. Vou dormir no hotel. Nem uma palavra! (*olímpico*) Celeste, cuida da tua irmã. Eu vou ser recebido pelo cônsul.

LAURA – Compadre... temos uma ceia de Natal, na minha casa...

DOMINGOS – Vou ver se posso... (*sai, deixando as mulheres e todos os demais ainda gritando*).

TODOS – Viva! Viva – Viva o "Bersagliero"! Viva o herói!!!

Entusiasmo total.
Acende-se luz em outro espaço.
Ainda no interior, Paulo prossegue sua caminhada de volta; desce, agora, de uma carrocinha, na qual pegou "carona" de um vago correligionário; despede-se.

PAULO – Obrigado, irmão. Deus te pague... (*bate na boca e ri*) Até eu! É, são as festas...

CARROCEIRO – Compadre... se eu fosse o senhor, pegava outra estrada e fugia prá Mato Grosso ou prá mais longe ainda... Isto, por aqui, inda mais proximidade de estrada de ferro... É um perigo!

PAULO – Mas é que eu queria ver meu filho, compadre. Natal, essas coisas... a família está me esperando.

CARROCEIRO – Família? E o compadre não é contra tudo isso: família, Natal, mulher e filhos?

Paulo hesita, coça a cabeça, depois sorri.

PAULO – Pois é, Você vê? Também eu cai nessa... mulher, filho, festa de Natal... família, tradição, qualquer dia, até propriedade... (*riem os dois*)

CARROCEIRO – Então, como é que fica? Se quiser, levo o compadre pra outro lado, que eu sei... e amanhã, o compadre viaja, de noite, prá longe deste caldeirão... olha, que os fazendeiros tem muito pau mandado...

O PAÍS DO SOL

PAULO – Não faz mal, vou até São Paulo, aproveito e vejo os companheiros, depois me embrenho por esses matos, que nem o diabo me encontra... Adeus compadre!
CARROCEIRO – Vá com Deus! (*bate na boca e os dois riem; Paulo se afasta e começa a subir uma sucessão de praticáveis, como se fosse uma montanha; está na parte mais alta dos praticáveis, pára, olha em frente, dá um tempo; ouve-se uma voz*)
VOZ (*off*) – Paulo Ferrante!

*Paulo se vira, recebe um tiro e despenca dos praticáveis todos;
surge de um canto Roque, o capataz, com uma espingarda
na mão; aproxima-se de Paulo e mexe nele com o pé; Paulo,
já morrendo, levanta uma das mãos e murmura.*

PAULO – Viva a liberdade... viva a anarquia...

*Morre. Pausa; luz concentra-se sobre o seu corpo e depois
se apaga. Ilumina-se novamente o telão do presépio napolitano;
descem dois medalhões de pano pintado, onde aparecem
as pessoas mortas; Vicente e Mário.
Ao redor de uma mesa redonda, sentam-se os homens, enquanto as
mulheres vêm e vão, servindo castanhas, doces, frutas secas, vinho.
Não existe árvore de natal; não eram dados presentes. As crianças estão
dormindo por ali; come-se, mas não existe o ambiente de glutoneria
marcada, de paródia de uma festa de natal; não se está caçoando de
uma ceia de natal, mas sim representando-a. O tempo, a partir daqui,
irá se indefinindo aos poucos.*

LAURA – Castanhas, compadre?
DOMINGOS – Obrigado. Já tenho.
CELESTE – A torta ficou boa, mãe!
SANTA – Domingos... mais vinho?

Domingos deixa que Santa o sirva, mas não a olha.

LUCIANO – Como era a guerra, Domingos?
DOMINGOS – Não se fala em guerra na santa noite de natal.

*Alice continua a olhar encantada para Domingos
e Laura está assustada.*

LAURA – Alice... Alice... ALICE!!!
ALICE (*assustada*) – Que foi, mãe?
LAURA – Vai buscar os biscoitos!
CELESTE – Eu vou...
LAURA – Deixa que ela vai.

Alice sai.

470   TEATRO COMPLETO: RENATA PALLOTTINI

Luciano – Quem havia de dizer... brincando, brincando... vai pra mais de vinte anos...

Osório – O quê? Vinte anos de quê?

Luciano – Que nós chegamos aqui Lembra, Domingos?

Domingos – E eu posso esquecer? Fui eu o primeiro a querer vir...

Osório – Está arrependido, seu Domingos?

Domingos – Não. Se eu tivesse ficado lá, era outra vida. Pode ser até que fosse melhor. Mas eu vivi muito, nesta América... Agora mesmo... agora mesmo eu podia ter ficado por lá... quando fui levar a notícia da morte do Mário... que esteja na santa glória... a mãe dele me pediu pra ficar, e trabalhar na terra deles como se fosse minha... mas a minha mãe morreu... e onde é a minha vida? Aqui. Nesta América. Que me fez chorar, mas que eu descobri.

Adelinha – Quem descobriu a América foi Colombo, seu Domingos!

Domingos (*rindo*) – É a mesma coisa. Patrício nosso...

Todos riem; Alice volta com os biscoitos e serve primeiro a Domingos.

Osório – Pois eu... trinta anos atrás, meu pai ainda era escravo!

Adélia – Nenhuma notícia da patroa, seu Osório?

Osório – Pra mim, morreu...

Nesse momento desce o terceiro medalhão, com o retrato de Paulo; Celeste se inquieta, sem saber porque.

Celeste – Vou dar uma olhada no bolo.

Laura – Deixa! Olhei agora mesmo... Onde está o teu filho?

Celeste – Disse que voltava à meia noite...

Luciano – Anda se metendo em política?

Celeste – Ele só tem dezesseis anos, seu Luciano!

Adélia – O seu Estanislau não pôde vir, dona Laura?

Laura – Coitado! Depois da gripe, não é mais o mesmo... e o pior é que ninguém se lembra dele!

Adélia – A gente se lembra!

Laura – A gente! Mas quem devia se lembrar era o governo, o patrão... alguém que pudesse ajudar!

Sem que os outros se dêem conta, entra em cena Nenê, o filho de Paulo e Celeste, representado pelo mesmo ator que fez Paulo; dirige-se diretamente ao público.

Nenê – Meu nome é Paulo Líbero Ferrante, mas todo o mundo me chama de Nenê. Tenho só dezesseis anos. Como é que eu vou dizer pra minha mãe que meu pai morreu? (*olha constrangido para o grupo familiar*). Como é que eu vou dizer pra eles tudo que eu sei? De repente, eu fiquei sabendo. Eles vieram, descobriram a América, ganharam dinheiro, fizeram dinheiro, viveram, morreram... como é que eu vou

O PAÍS DO SOL

explicar? (*transforma-se cada vez mais no próprio Paulo*) Eles estão se esquecendo... Está na hora de falar nos bravos imigrantes, que fizeram a grandeza de nossa terra etc. etc. Está na hora de falar nos que deram certo. Precisa contar a história dos Matarazzo! E Crespi, Lunardelli, Morganti...

Cena da ceia.

DOMINGOS (*levanta-se*) – Quero beber à saúde do meu compadre Vicente, que era um homem bom, corajoso, trabalhador... e que morreu, e que ninguém sabe!

LUCIANO – Nós sabemos!

DOMINGOS – Nós! Nós, que estamos aqui! Mas lá na Itália, ninguém sabe! No Consulado, ninguém sabe! Nos livros, ninguém sabe!

NENÊ (*a parte*) – É, isso não sabem mesmo. Em mil novecentos e seis metade da população de São Paulo era composta de italianos... Em mil novecentos e trinta, o chamado "Estado Matarazzo" tinha uma renda bruta de trezentos e cinquenta mil contos, enquanto a de Minas era de cento e quarenta mil...

DOMINGOS – Quando nós viemos, éramos cem, cento e cinqüenta emigrantes que chegavam... quando morremos... é um a menos, e boa noite. Eu bebo. (*bebe o seu vinho e todos o acompanham*)

CELESTE – Eu queria lembrar o meu marido.

LUCIANO – De política não se fale!

DOMINGOS – Por quê? Agora mesmo, na Itália, só se fala de política!

NENÊ (*a parte*) – A Grande Guerra custou à humanidade mais de vinte milhões de vidas humanas!

LUCIANO – Surgiu na Itália um grande chefe: Mussolini! Ele fundou o fascismo e vai fazer da Itália um país grande, poderoso!

NENÊ – Morreram quatrocentos e cinquenta mil italianos, na Segunda Guerra... E quase quinhentos brasileiros... esse Mussolini é aquele mesmo... o que era socialista...

DOMINGOS – Uma Itália grande? Pode ser... mas de trincheira eu já estou cheio! O povo todo já está cheio! Ninguém quer mais fome, ninguém quer mais guerra!

LUCIANO – Mussolini vai fazer da Itália a dona do mundo!

DOMINGOS – Não diga asneiras, compadre! O senhor não sabe de nada!

LUCIANO – Eu? Eu leio os jornais!

DOMINGOS – O senhor não viu as coisas, lá, como eu vi!

LUCIANO (*levantando-se, esquentado*) – A dona do mundo! Daqui a vinte anos, a Itália vai ser a dona do mundo!

DOMINGOS – IMBECIL!!!

Os dois homens se levantam e se atracam,
separados por Osório e pelas mulheres.

SANTA – Calma, Domingos, calma!
ADÉLIA – Luciano, meu Deus, é noite de Natal!
LAURA – O bolo! O bolo ficou pronto! Mais castanhas, compadre?
CELESTE – Nozes, seu Luciano? Castanhas?
ALICE (*procura dominar Domingos*) – Seu Domingos... por favor...

*Domingos olha para ela e se acalma; pega na sua mão e se afastam
para um canto do cenário, enquanto uma vózinha, longe, canta.*

CANTO – "Carcamano pé de chumbo
intaliano de uma ova
quem te deu a confiança
de casar com moça nova..."

*Celeste, Adélia e Adelinha avançam para o público,
oferecendo frutas secas.*

MULHERES – Castanhas, senhor? Nozes? Senhora... avelãs? Amendoas?
Figos secos, senhor? É Natal, pra que brigar? Nasceu Jesus, senhor...
castanhas, figos secos? É natal...
LAURA – É natal, é natal... mas ele não pode casar...
SANTA – Marido... meu marido...
NENÊ – Todas as estatísticas são mentirosas... só quem não mente é o cora-
ção humano... (*dirige-se calmamente a sua mãe*) Mãe... eu fiquei sa-
bendo que... o papai... morreu.

*Celeste deixa cair as frutas que tinha na mão e se agarra
ao braço do filho. Domingos e Alice se adiantam, de braço dado.*

LAURA – É, mas eu quero casamento na igreja! Como vai ser?
DOMINGOS – Eu sou um herói, comadre! Estou acima dessas coisas...
SANTA – Meu marido!

*Desmaia nos braços de Osório, que parece bastante interessado nela.
Toda a companhia distribui frutas, flores, doces ao público. Acendem-se
as lâmpadas ao redor da imagem da Acheropita e também se iluminam
os tubos de sangue de São Genaro. Vermelho domina a cena.
A companhia se divide em dois grupos, que defendem suas preferências.*

1.º GRUPO – Deviam se casar na igreja de São Genaro!
2.º GRUPO – Não, na Acheropita!
1.º GRUPO – No Brás!
2.º GRUPO – Não, no Bexiga!

Domingos avança tranqüilamente, com Alice pelo braço.

DOMINGOS – Amor livre em livre terra! Eu sou um herói, o homem que
descobriu a América!

ADELINHA – Quem descobriu a América foi Colombo!
DOMINGOS – É a mesma coisa, conterrâneo!
1º GRUPO – Mussolini é um deus!
2º GRUPO – Um tirano!
1º GRUPO – A Itália vai ser a rainha do mundo!
2º GRUPO (*desordenadamente*) – Bobagem, A Itália está falida...
1º GRUPO (*desordenadamente*) – Falida? Falida?
ALGUÉM DO 1.º GRUPO – O Palestra! O Palestra! O Palestra Itália é campeão!
OS DOIS GRUPOS UNIDOS – "É com o pé
   é com a mão
   o Palestra é campeão!"

*Repetem indefinidamente, enquanto Domingos e Alice, em lugar
superior, beijam-se, o mesmo acontecendo com Dona Santa
e Osório, em canto mais reservado. Os dois últimos são flagrados
por um "spot", e Osório, meio sem jeito, proclama:*

OSÓRIO – Eu sou preto de nação
   vocês são brancos de amarelão...

E Santa canta, com música de "Funiculi, funiculá".

SANTA – Que remédio, não posso evitar
   vamos, vamos, vamos começar
   fornica aqui fornica lá
   fornica aqui fornica lá
   vamos procriar
   fornica aqui, fornica lá.

Companhia, cantando, e público se interpenetram.

Colônia Cecília

Colônia Cecília foi escrita a pedido de Ademar Guerra, que dirigiu a primeira montagem em 1984, no Teatro Guaíra de Curitiba.

Personagens

Giovanni Rossi
Rosa
Eleda
Piero
Guido
Eugênio
José
Aníbal
Gígi
O Estranho
Colonos e Colonas

A ação se passa na Colônia Cecília no Paraná, perto de Palmeira, entre
1890 e 1894.

Cena 1: Abertura

O Autor Visita o Lugar Onde Foi a Colônia Cecília

Ator 1 aparece, com as cortinas fechadas.

Ator 1 – Onde está a minha sombra esteve a deles.
Aqui sou eu, impondo o peso desta busca
ao lugar onde a vida floresceu,
onde tudo surgiu: a esperança improvável,
um pedaço de pão e uma bandeira.

Aqui, restos de pratos de comida.
Aqui o amor sobre os colchões possíveis.
As cinzas da fogueira, as conversas luminosas.
O que é a Liberdade?
O que é a Comuna?
Quem trabalha
quem colhe
a quem se faz perguntas?

Abrem-se as cortinas.

Não há música própria nesta ilha de sonhos?
Quem trouxe a concertina? E quem a viola?
Neste sólido mar de indagações
navegou, naufragou a barca dos possuídos.

Aqui salvou-se a Idéia e morreram os corpos
ou aqui se fizeram muitas crianças,
muitos planos de vida. Aqui se deu o exemplo:

"Viva a anarquia! Avante, companheiros!"
Sombras de sombras que diziam palavras
suando sobre a terra estranha
em língua estranha.

Quem sonhou com a pátria
e a idéia de pátria?
Quem desejou um chefe
um bom patrão e o soldo?

O novo sempre dói enquanto é novo.
Levantar a cabeça e atirar-se dos barcos
ao mar da liberdade é serviço de poucos.

Aqui mulheres aprenderam
lições jamais contadas
nos serões de família.

Aqui o macho abdicou da força
e achegou-se a sua fêmea para alçá-la.
Aqui todos seremos companheiros!

E hoje o campo é campo
do sempre
para o sempre.

Cena 2: O Fim

Abandono da Colônia Cecília (1ª versão)

Falas soltas distribuídas entre todos os atores.

– Se acabou. É impossível, é um sonho!
– Os homens não são irmãos. O homem é o lobo do homem.
– Nós fomos traídos. Adeus!
– Era possível! Tinha de ser! Tudo estava tão bem pensado!
– Nada pode ser planejado. O homem não sabe viver.
– Se ao menos não tivéssemos perdido o Imperador!
– Não se pode viver à espera de um Imperador.
– Um Imperador é um chefe. Abaixo os chefes!
– Por que tínhamos nós de ser cobrados?
– E roubados?

COLÔNIA CECÍLIA

– Por que o Homem não pode entender o amor livre?
– O amor que existe enquanto se quer?
– Estar juntos quando não se tem mais vontade... isso é a família?
– Por que o homem não suporta a Liberdade?
– Adeus, Cecília!
– Aqui ficaram meus mortos.
– Que será do campo-santo?
– Toda a terra é uma terra...
– Mas os mortos...
– Não precisam mais de homenagens. A matéria é a matéria.
– Serão adubo.
– Serão flores.
– Serão saudade.
– Serão exemplo.
– Minha terra! Por que deixar a Itália!
– O campanário de...
– Abaixo a saudade.
– Eu tenho saudade!
– Fomos derrotados...
– Fomos vencidos...
– A Idéia! Viva a anarquia!
– A anarquia é um sonho. O homem nasceu pra ser comandado.
– O homem precisa de chefes.
– Vive e deixa viver.
– Maldito Rossi!
– Vamos embora... as últimas carretas estão partindo...
– Adeus, Cecília!

CENA 3: CANÇÃO DO TRABALHO

*Mutação. Todas passam da postura desesperançada
para uma afirmação e depois uma canção festiva.*

CORO – Canção do Trabalho
Colônia Cecília!
Colônia Cecília!
Uma ilha, um pedaço de terra,
um campo coberto de flores,
viver sem senhor!

Lavora che ti fá bene
(*bis*)
lavorare che ben ti fá!

Uma colônia se formará
(*bis*)
una speranza di felicitá!

Saem da canção e ficam ao fundo. Destaca-se um ator.

CENA 4: QUERO

ATOR 2 – Quero ter o que quero
e querer o devido pra meu corpo e espírito.
Prazer, só de gozar e não de ter.
Este livro que amo, quero lê-lo contigo.
Este pão tem mais gosto
se é com alguém que o como.
Beber vinho é ridículo
sozinho.

Quero-te, meu irmão, pra o que der e vier.
Quero-te pra gozar e pra sofrer.
Como ousaria pôr a mão
no que é teu
se todo o nada é nosso?
E como podes desejar o meu
se o que foi feito (e tão pouco foi feito)
foi sofrido em comum
e é tão caro
e imperfeito?

Que ninguém nos dê ordens
porque os ordenamentos
foram por nós criados
no primeiro momento.

Que ninguém nos castigue.
Nascemos para ser para sempre felizes.
E a dor é contingência
do corpo e do espírito
fragrância passageira
da flor do equilíbrio.

Eu não quero governo, eu não quero polícia.
Quero o acerto livre e o erro livre.
E quero ter o amor, se o tiver, sem disciplina.
E se o amor acabar que acabe aos gritos.
Abaixo para sempre
a mentira!

COLÔNIA CECÍLIA

CENA 5: A INAUGURAÇÃO DO MOINHO

Mudança. Todos adotam uma atitude festiva.

ATOR 3 (*anunciando*) – A inauguração do moinho!!!

ROSSI – Quero dizer, neste dia afortunado que ficou pronto o nosso moinho... por Baco, o nosso moinho! Agora vamos ter fubá, agora vamos ter polenta!!!

Todos dão vivas, gritam, bebem.

ROSSI – Companheiros: fomos nós, foram dois companheiros que sabem mais e entendem disso, os que construíram com as suas mãos o nosso belo moinho. E viva!!

Todos dão novos gritos.

ROSSI – Que todos entendam o que isso quer dizer: fizemos a máquina que vai moer o nosso milho. Isso significa alimento, comida, sobrevivência!

JOSÉ – Podemos até vender fubá, e ter o nosso lucro!

ROSA – Isso é pra depois, José.

JOSÉ – Mas o que eu levar em Palmeira, eu vendo!

ROSSI – Muito bem, companheiro. Se sobrar produção, vendemos.

JOSÉ – Então, viva o nosso moinho!

Todos festejam, cantam, brincam. Passam à "Canção da Chegada".

CENA 6: CANÇÃO DA CHEGADA NA COLÔNIA CECÍLIA

CORO – Adeus à terra velha
adeus a tudo
viemos pra vencer
no Novo Mundo

Viemos combater
pela alegria
viemos ensinar
a anarquia

(*solo*)
Se vieste à América
pra fazer fortuna
eu vim para fazer
minha Comuna.

Se vieste à América
pela autoridade

eu vim para viver
em Liberdade

Eu vim para criar
o Amor Liberto
Eu vim para plantar
neste deserto

Adeus à terra velha
adeus à fome
plantando é que se vence
e que se come
plantando é que se faz
um novo homem
plantando é que se faz
um novo homem...

CENA 7: APELO...

ATOR 3 (*anunciando*) – Apelo aos trabalhadores vênetos!!!

De GIOVANNI ROSSI (*Cárdias*)
Colônia Cecília, Paraná, Brasil, junho de 1892

ATOR 4 – Trabalhadores! Nascida modestamente no Paraná, Brasil, a Colônia Socialista Cecília iniciou, com seu trabalho feliz de aperfeiçoamento contínuo e gradual, um novo gênero de propaganda, a propaganda experimental. As pessoas de boa vontade que se agregaram, com muito sacrifício e muito trabalho, a essa empresa delicada e vasta, importante pela ousadia como pela novidade dos seus conceitos, quiseram opor aos sarcasmos e aos insultos de adversários desleais uma resposta simples e categórica: a prova dos fatos.
É claro que, apesar de terem sido coroados de sucesso os esforços dos companheiros fundadores, e de serem os últimos resultados muito satisfatórios, não se pode esperar que, sozinhos, possamos resolver todo o chamado problema social. Mas nem por isso, trabalhadores, haveis de recusar o nosso apelo. Sofrer e calar é atitude dos fracos; reagir e combater é que é comportamento de homens; e os vossos companheiros que, impelidos pela necessidade a emigrar, forem ao nosso encontro no Paraná, saberão combater a calúnia e a mistificação dos poderosos e dos vis, fazendo prosperar a nossa Colônia Cecília.
Sabeis que os emigrantes são vossos irmãos, desgraçados como vós; e por isso, necessitam da vossa ajuda, que podeis dar, com benevolência e de coração, seja fornecendo aos que partem instrumentos agrícolas, como enxadas, pás, foices, machados, forcados, sementes

COLÔNIA CECÍLIA 485

de qualquer espécie, seja por meio da consecução de ferramentas de ferreiro ou mecânico, tais como martelos, limas, tenazes, etc. Igualmente serão bem recebidas doações de roupas para cobrir o corpo, lã, flanela, pano fino, ou de livros para passar o tempo cultivando o intelecto. Aceitamos ainda doações em dinheiro, dos que não tiverem a possibilidade de dar as coisas acima descritas.

Trabalhadores!

Apelamos ao vosso espírito de solidariedade, porque acreditamos que não haveis de ficar indiferentes à sorte da Colônia Cecília, e dos vossos companheiros, que por ela fizeram, estão fazendo e farão sacrifícios contínuos: fazemos um apelo ao vosso amor, porque se a união faz a força, o amor faz a união.

P.S. – As ofertas podem ser endereçadas a Sampierdarena, ao companheiro Amilcare Cappellaro, Via Vittorio Emanuele n° 34 e a Livorno, para Tani Orazio, Via Garibaldi n° 30.

CENA 8: COMO SE FOSSE UMA AULA

ATOR 3 (*anunciando*) – Como se fosse uma aula! Orquestra!

Entra o som.

ATOR 3 – Cançãozinha do suor e do seu cheiro.

*Todos se colocam em semicírculo, sentados, e vão
se destacando, conforme o necessário.*

ATOR 1 – O anarquismo é a teoria política fundada na convicção de que todas as formas de governo interferem na liberdade individual.

ATOR 6 – Quem quer que ponha as mãos sobre mim para me governar, é um usurpador e um tirano, e eu o declaro meu inimigo!

ATOR 1 – "Anarquia" é uma palavra grega que significa literalmente, "sem governo", ou seja, o Estado de um povo sem autoridade constituída.

ATRIZ 5 – Ainda hoje, pessoas ignorantes ou mal intencionadas, usam a palavra "anarquia" como sinônimo de desordem e confusão.

ATOR 2 (*chamando*) – Libéria!

ATRIZ 5 – Que é!

ATOR 2 – Onde estão as minhas meias! Esta gaveta está uma anarquia!

Todas passam a cantar em coro.

CORO – Viva o sol da América
e viva, vivô!
Viva o ar da América
e o cheiro do suor...

ATOR 3 – O anarquismo prega a igualdade e a liberdade...

ATOR 6 – O anarquismo compreende e tolera a posse individual, mas não a propriedade. Onde não há a propriedade, não há o furto.

ATOR 7 – Sofrer sem causa, não!

As flores, pelo fruto.

O trigo, pelo pão.

A canção é repetida, intercalando sempre as declarações.

ATRIZ 4 – A mulher não é propriedade de ninguém.

ATOR 1 – O adultério não existe, porque o amor é livre.

ATRIZ 1 – Inez está de parto.

Todos os homens da colônia estão por perto.

Quem é o pai? Ninguém sabe ao certo,

mas quem se sente meio, e quem um quarto...

ATOR 4 – Se o homem obedecer às leis da própria espécie, será capaz de viver em paz com seus semelhantes.

ATOR 5 – Eu tenho um pedaço de salame.

ATOR 6 – Dá pra dois?

ATOR 5 – Se você entrar com o pão...

Riem.

ATOR 1 – O homem nasceu pra viver em paz com a natureza.

ATRIZ 1 – Não tínhamos adubo para a horta. Então, distantes do olho dos outros, que são pessoas educadas, cada um de nós fez sua necessidade (*pausa de alívio*) Oh, que beleza, a natureza!

ATOR 5 – Cada indivíduo deve forjar sua própria liberdade e reparti-la com os outros.

ATRIZ 2 – Chegou o dia de matar a galinha.

Mas Rosa, a dona dela, encarinhada,

corria com a galinha no seu colo.

– Rosa, tesouro, a fome

aperta o estômago e não dá paz!

Rosa, chorando, na hora da canja

era quem comia mais...

ATOR 3 – Se todos os homens, menos um, estivessem contentes por serem escravos, esse um teria o direito de se revoltar e clamar pela liberdade.

Pausa.

ATOR 1 – Nenhuma ditadura pode ter outra finalidade, senão a de durar o máximo de tempo possível.

Pausa. Depois, todos cantam juntos a
"Cançãozinha do suor e seu cheiro"

COLÔNIA CECÍLIA 487

Viva o sol da América
eviva, vivô.
Viva o cheiro da América,
o cheiro de suor.
Viva o rio da América
eviva, vivô.
Viva a água da América
que lava este suor...

CENA 9: INTERMEZZO DIDÁTICO

ATRIZ 2 – Eles saíram de Gênova, possivelmente no navio "Cidade de Roma", no começo do ano de 1890. A terra tinha sido prometida a Giovanni Rossi, também chamado Cárdias, pelo Imperador Pedro II, num encontro em Milão.
Chegaram ao Brasil no outono de 1890. Alguns homens e uma única mulher. A experiência que Rossi tinha de comunidades vinha do fato de ter ajudado a fundar uma na Itália. Na região de Cremona, Cárdias e outros companheiros tinham fundado a Cittadella, que também durou pouco.
Cárdias tinha escrito em 1878 um opúsculo que se chamava *Uma Comuna Socialista – Esboço Semiverídico;* os protagonistas da experiência eram o próprio Rossi, um amigo, e uma moça que o autor chama de Cecília. E vem daí o nome da colônia paranaense. Um nome de amor.
Cárdias é a abertura superior do estômago; está situada perto do coração. Esse foi o pseudônimo escolhido por Giovanni Rossi: alguma coisa que, fazendo parte do estômago, sendo a sede da fome, não esquece o coração.

CENA 10: A CHEGADA DE ELEDA

Entra um ator correndo, os demais o seguem.

ATOR – Uma carreta! Uma carreta! Está chegando gente!
ROSSI – Que não sejam os fiscais...
VOZES – São dois moços! São mais colonos!

Aparece um casal jovem, de menos de trinta anos. São Aníbal e Eleda. Ambas são festejados pelos demais colonos, "ad libitum". Finalmente, deles se acerca Rossi.

ROSSI – ANÍBAL! ELEDA! (*abraçam-se*) – Finalmente!

488 TEATRO COMPLETO: RENATA PALLOTTINI

Aníbal – Finalmente nos decidimos.
Eleda – A Colônia Cecília passa a ser, também agora, a nossa casa!
Aníbal – Trazemos correspondência...
Eleda – Pão verdadeiro, de trigo...

*Os colonos se aproximam e recebem suas cartas e surge um
enorme pão redondo; faz-se uma roda em torno do pão.*

Rossi – Rosa, nosso vinho!

*Rosa, traz um garrafão, um pedaço de queijo, salame, pouca coisa.
Sentam-se no chão, ao redor de um pedaço de tronco.*

Rossi – Comam, bebam. É tudo de todos...
Gígi – Devem estar cansados...
Aníbal – Um pouco.
Rosa (*a Rossi*) – Onde vão ficar?
Rossi – Na casa do amor...
Aníbal – Faremos a nossa casa, com o tempo...
Piero – Estão juntos?
Aníbal (*convicto*) – Sim.

*Eleda não parece tão convencida, mas sorri, fazendo
que sim com a cabeça. Entra Guido.*

Guido – Eleda!
Eleda – Senhor Guido! Ah!

Abraçam-se alegremente, com exclamações.

Eleda – Nossa amiga Gianotta tem saudades do senhor...
Guido – Ah, Gianotta ... boa companheira, das mais lutadoras...
Eleda – E lhe manda um beijo...
Guido – E quando receberei esse beijo?

*Eleda se aproxima de Guido, sem malícia e lhe dá um beijo na face;
Guido é um homem privado de mulher há bastante tempo. A
proximidade de Eleda o perturba. Ele tem que disfarçar.*

Guido – Mas então! Festa!

Passam à "Canção de Debulhar o Milho".

Cena 11: Canção de Debulhar o Milho

Coro – Nasce o milho de grão em grão,
nasce o milho na minha mão...

COLÔNIA CECÍLIA

O milho é feito um filho
que come na minha mão...
O milho é feito um brilho
que nasce da minha mão.

Nasce o milho de grão em grão,
nasce o milho na minha mão...

CENA 12: A CARTA

Saem todas. Fica a Atriz 1.

ATRIZ 1 – Carta de um integrante da Colônia Cecília, Alfio de Boni, a seus parentes na Itália.

Colônia Cecília, Paraná, Brasil. Dezembro de 1890
Minha cara irmã Alda

Te faço saber, agora que tenho um portador que retorna à Itália, que estou bem de saúde e assim espero de todos vocês. Minha cara irmã e cunhado, tenho satisfação em contar que chegamos a esta Colônia chamada Cecília, no Paraná, Brasil, em abril deste mesmo ano de 1890. Mal sabíamos nós que, neste meio tempo, tinham aqui criado uma república, afastando o Imperador que dera as terras a Cárdias! Enfim, são coisas.

Chegamos sem nada além das nossas poucas roupas e muito pouco dinheiro de uma subscrição que lembrarás, feita ainda aí. O campo é limpo, sem plantações e cortado por um pequeno rio, onde nos banhamos e lavamos a roupa. Em abril – a nossa primavera – aqui é outono, e de noite é fresco, não demais, porém. Não tínhamos de que comer, e passamos muitos dias – até semanas – comendo unicamente do fruto dos pinheiros – o pinhão – parecido com os nossos "pignoli", que é muito bom e nutritivo, mas que constringe os intestinos. Plantamos, mas temos que esperar um pouco, antes de podermos colher os primeiros frutos, o milho, por exemplo. Por isso, minha cara irmã e cunhado, tenho que dizer-te que o teu irmão padeceu fome, mais do que já tinha sofrido por aí. Alguns de nós, os mais fortes, sempre dentro do nosso espírito de solidariedade, saíram para trabalhar a soldo de outros – infelizmente, tivemos que dizer a palavra "patrão" – e assim conseguimos algum dinheiro, e alimentos a troco de nosso trabalho.

Existem alguns que não querem trabalhar, porque dizem: trabalhei muito tempo mandado por outros, e agora só quero trabalhar quando tiver vontade – e assim interpretam muito mal as palavras dos livros que nos são caros, "não pode haver liberdade onde não houver solidariedade". Mas outros, porém, fazem trabalhos que nunca fizeram antes, e cavam a terra, quando antes eram professores ou nobres, e levantam a cerca em volta das terras, ainda que saibam fazer mal esse trabalho, mas aprenderão, e assim aprenderemos todos.

Comemos do pouco que se tem em conjunto, e temos algumas barracas – casas pequenas – para abrigar o corpo e dormir, e uma casa maior, mas muito malfeita, que se chama a Casa do Amor. Ali pensávamos que se dariam os nossos encontros amorosos, dentro do espírito puríssimo do anarquismo. Porque, como sabeis, cara irmã e cunhado, somos adeptos da liberdade em tudo, e o amor não poderia ser diferente...

Termino por aqui, porque o tempo não me permite mais escrever e o companheiro que regressa está de partida.

Saudações libertárias do vosso
Alfio de Boni.

Cena 13: Depoimento

Ator 3 (*anunciando*) – Depoimento de Piero Fortunaso! Sou Piero Fortunaso e venho do Vêneto. Tenho que lhes contar que aqui se está mal, muito mal, e que me arrependo de ter vindo, iludido pelas promessas e pelas belas palavras do Rossi. Aqui se morre de fome e se deve estar no campo, fora de casa, como as bestas. E quando se tem uma casa, é daquelas que, na Itália, não se vai dentro nem para cagar. Fomos trabalhar para patrão, e é, de manhã, feijão, meio-dia, feijão, de noite, feijão. Vinho não existe e te dão aguavita, mas fede e tem um gosto muito ruim. Aqui se pega os bichos de pé, que são como as formigas na Itália e não tem um colono que não pegue os bichos de pé e se não se cura, fazem muito mal, e já teve gente que morreu disso, e das bicheiras na cabeça. Eu, se posso, dentro de um ano, volto para a terra, mas antes escapo para Montevidéu ou Curitiba...

Cena 14: A Lição de Música

Entram todos, e se juntam ao redor de Rossi; comem pinhão cozido.

Rossi – A gente come muito pinhão. Quem sabe o que é o pinheiro?
Ator 5 – A rainha das árvores!
Ator 6 – Abaixo a monarquia!
Rossi – Até entre as árvores a gente procura símbolos de mando. Muito bem falado. E o que nos dá o pinheiro?

COLÔNIA CECÍLIA

Ator 7 – A pinha
Ator 6 – O pinhão!
Maria – Dor de barriga...
Um de Longe – Madeira!
Rossi – Madeira pra fazer as nossas casas e a Casa do Amor.
Ator 3 – Que nunca se usa!
Rossi (*interrompendo os risos*) – Um momento! Vamos deixar isso claro!
(*pausa*) A Casa do Amor não é um bordel (*silêncio e espanto*) A Casa
do Amor, segundo o modelo clássico, é o lugar onde se encontram os
amigos, os irmão... é a casa das reuniões, das discussões, das festas...
Ator 3 – Só?
Rossi – E também o lugar onde se faz o amor, mas de uma forma pura,
livre!

Todos riem e um chama a atenção do outro, cuja barriga ronca.

Rossi – Tua barriga tá roncando.
Maria – É o pinhão... Rossi – Atenção! Ronca... profundo ... será um fá...
um fá?

Aproxima a orelha da barriga de Maria, enquanto os demais riem.

Rossi (*muito sério*) – É a música da fome ... quem me acompanha?

*Um pega uma folha e começa a tocar, outro assobia, outro
pega um pente com papel de seda, outro faz ruídos com a boca,
outro bate com as mãos, com madeira, com pedra, com pinhas.
Cantam a "Canção da Barriga que Ronca".*

Atentem que uma barriga
que ronca a necessidade
é um sorriso da natureza
e promessa de liberdade.
A fome é rude e forte
vem da terra e grita pro ar
no seu grito de esperança
há um desejo de se alimentar.
E nós...
Cantamos nossas barrigas
mas também o sol que brilha
o futuro de felicidade
da Colônia Cecília.
Com força e alegria
com os pássaros e os pinheirais
fundaremos a nova família
na Colônia Cecília...

Cena 15: A Geada

Mutação; todos vão se reunindo e procurando se aquecer um no outro; fazem ruídos de quem tem frio, mas também dão risada, brincam, se cutucam. Estão inconscientes do perigo do que aconteceu de noite.

Ator 3 – Que frio!
Atriz 2 – Chega pra lá. Te conheço!
Ator 2 – Se não fosse tão de manhã, ia bem um vinho.
Ator 3 – E se tivesse!

Eles encostam e as mulheres os empurram.

Ator 2 – Que bonito... tudo branquinho, branquinho...
Ator 3 – E tem neve, no Brasil?
Ator 4 – Não! Aqui são os trópicos!
Atriz 2 – Mas parece...
Ator 3 – Que bonito!
Atriz 2 – Que bonito...

*Chega José, trazendo em cada uma das mãos
um pé de alface crestado pelo frio.*

José – Bom dia, inconscientes! Saúde, inconscientes! O mundo é de vocês, a alegria é de vocês!
Atriz 1 – O que é isso?
José – Isto? Eram dois pés de alface... agora não são nada... como todo o resto ... A geada, esta coisa branquinha e bonita, que queima... destruiu toda a horta, toda a plantação...
Atriz 1 – E o que nós vamos comer, então?
Ator 2 – O companheiro Rossi dá um jeito. Ele sempre dá um jeito!
José (*Com as verduras na mão, indo embora*) – Adeus, inconscientes... felizes, inconscientes...

Ele sai e os demais ficam, se agasalhando e rindo.

Cena 16: Negócios

Mutação. Rossi interpela José.

Rossi – Mas então... você quer ir-se embora?
José – Não. Ir me embora de uma vez, não. Quero deixar de morar aqui na Colônia, permanentemente. Quero ficar indo e vindo. Morar em Palmeira e trabalhar pela Colônia, fazer negócio, entende?
Rossi – Por quê? Não entendo.

COLÔNIA CECÍLIA

José – Fica mais fácil pra falar com os homens... eles estão lá, e não aqui...
Maria – Mas um homem forte... esperto que nem você... vai fazer falta.
José – É eu sei... não é que me falte o ideal... ou quem sabe até me falta, não sei... mas a cidade... mesmo aquela cidade, pequena como é... eu gosto de ver gente, conversar na pensão, ver chegarem as pessoas...
Rossi – E vai viver do quê, José?
José – De vender e comprar... eu vivo...
Rossi – É certo que o nosso milho você continua vendendo?
José – É claro! Eu venho aqui, pego a carga, levo lá, negocio. Pelo melhor preço, sempre.
Rossi – Mas você também cuidava da caixa, era a pessoa que mexia com o dinheiro.
José – Se vocês quiserem, continuo sendo... Venho pra cá, minha casinha está aí, de vez em quando durmo na Colônia ...eu sou um libertário!
Rossi – Está bom. A Colônia está aberta pra se entrar e sair. Mas que isso enfraquece a gente, enfraquece...

José se levanta e sai, meio desapontado, enquanto o colono Eugênio entra com a sua "reclamação".

Cena 17: A Reclamação

Eugênio – Me chamo Eugênio. O meu amigo Piovesan, que não é nem melhor nem pior que eu, está trabalhando de "administrador" de uma fazenda, em São Paulo. Ele ganha por mês oitenta florins... não sei quanto é isso em dinheiro de vocês... e mais (*abre um papel e lê*)... por mês!

vinte litros de feijão
quinze litros de arroz
dez quilos de açúcar
oito quilos de café
doze quilos de banha
quinze quilos de carne
um litro de azeite
dois litros de vinagre
quatro litros de aguardente (*pausa; protesto*)
E eu? E eu? Não tenho que comer? Não trabalho como todo mundo? Deus, por que eu não fui pra São Paulo, por que eu acreditei nesta... (*arranca o chapéu, atira-o no chão e pisa em cima*). Oitenta florins! Vinte quilos de feijão! E mais o milho que se planta e mais a verdura, e as galinhinhas, e mais... as pretas, tem lá umas pretas, me diz o Piovesan... (*olha para os lados e baixa a voz*)... umas mulheronas... com uns peitos assim... (*furioso*) E eu? E EU???

CENA 18: DIALOGUINHO

*Eugênio fica perdido e furioso. Entra um grupo
de mulheres que vêm lavar no rio, envolve Eugênio, que
termina por escapar: Duas dialogam e cantam.*

UMA – Minha mãe sempre dizia:
menina, se olha no espelho!
Antes que ficar sozinha,
marido velho!

OUTRA – E a minha, que repetia:
filha, reza de mãos postas!
Um marido, nem que seja
só pra te esquentar as costas!
Mas quem me esquenta as costas
me esquenta o resto.

UMA – E o meu marido velho
me põe cabresto...

OUTRA – E quem me esquenta o resto
pode ser outro...

UMA – Ninguém me põe cabresto,
eu sou um potro...
Eu sou cavalo novo,
cavalo quente...

OUTRA – E quem não me acompanha
que arrebente...

AS DUAS – Que arrebente o marido velho,
que arrebente o marido morno,
um marido que não é um tigre
não vale um corno!! (*saem cantando juntas*)

CENA 19: AS LAVADEIRAS

*As outras mulheres riem, cantam, ou cantarolam e o ambiente
é de harmonia. De repente, eclode uma briga.*

ATRIZ 3 – Desculpe, companheira, mas esse sabão é meu.

COLÔNIA CECÍLIA

ATRIZ 4 – Como, teu? Fui eu quem trouxe. Fiz semana passada, com a cinza do meu fogão.

ATRIZ 3 – Pode ser que você tenha feito algum. Mas este não foi. Este é meu. Quem fez foi meu homem.

ATRIZ 4 – Bela conversa. Bela anarquista! (*imitando*) Meu homem...

ATRIZ 3 – É. Se você pode achar que o sabão é teu, por que eu não posso achar que o homem é meu?

ATRIZ 4 – Foi você que reclamou do sabão!

As OUTRAS – Chega! Chega de briga! Que inferno!

ATRIZ 3 – Inferno, inferno... inferno por que eu digo o que penso, e vocês pensam e não dizem?

ATRIZ 4 – Escuta, cafona, não me chateia. Não me obriga a dizer o que eu penso de você!

ATRIZ 3 – E o que você pensa de mim?

ATRIZ 4 (*explodindo*) – Que você fala tanto... do teu homem... do *teu* homem... e... e... (*resolve*) E se dá com o alemão!

ATRIZ 3 (*se levantando*) – O quê? O quê você disse? Repete! Repete!

As outras mulheres as rodeiam, fingindo querer apartar, mas ansiosas pra que surja uma boa briga e quebre a monotonia.

As OUTRAS – Credo! Deus me livre! Que palavras! Que calúnia!

ATRIZ 4 – Falei que você se dá com o alemão de Santa Bárbara! E que muita gente já te viu de noite, saindo de casa pra se encontrar com ele! Só quem não sabe é o *teu* homem!

As duas se atracam e começam uma briga até que chega Homem e outros.

ATOR – O quê foi? O quê é isso! Vergonha!

Separam as duas mulheres e as seguram, mas elas ficam se insultando e se cuspindo à distância.

ATOR – Companheiras! Quê foi isso?

ATRIZ 3 – Foi ela! Foi ela!

ATRIZ 4 – Ela me disse que eu tinha roubado o sabão!

ATRIZ 3 – E ela? Ela me disse...

Quando vai contar o ocorrido, se dá conta de que o seu homem está ali, e não convém entrar em detalhes.

ATOR – O que foi que ela te disse?

ATRIZ 3 – Nada... deixa... deixa...

O grupo vai se dissolvendo; os homens, meio desconfiados, vão-se afastando... uma atira o sabão usado sobre a outra, que a olha, com ódio. Sílvia fica sozinha e canta.

496   TEATRO COMPLETO: RENATA PALLOTTINI

Sílvia – Oh Flor de giesta,
    a dona tem no corpo
    um poço escuro
    e ninguém sabe quem
    lá se refresca...
    lá se refresca...

Cena 20: O Confronto

De repente surge um homem estranho do mato.

Homem – Bom dia, da Colônia, é?
Sílvia (*erguendo-se e meio carrancuda*) – Por quê?
Homem – Bonitona.
Sílvia – Segue o teu caminho. Aqui não temos nada pra gente como você.
Homem – Ué, vocês não dizem que são todos irmãos? (*vai-se aproximando*)
    Bonitona... verdade que vocês fazem o amor livre?
Sílvia – Você não sabe nem o que é isso.
Homem – Sei, como não... quer dizer que vocês... dão pra quem quiser...
    (*aproxima-se mais e vai chegando a mão em Sílvia*)
Sílvia – Estúpido! Sai, nojento.
Homem – Por quê, bem? Se você dá pra qualquer um, por que não pode dar
    pra mim?

Sílvia dá-lhe um tapa, Homem recua mas agarra-a depois com mais força.

Homem (*queimado*) – Quietinha... boazinha, se não vai ser pior... dá pra
    mim, dá... é gostoso... eu sei fazer as coisas melhor que esses porcos
    aí da Colônia...

Isso é dito com o Homem já agarrando Sílvia, começando a
despi-la, arrancar-lhe a blusa. Sílvia se debate, ameaça gritar,
hesita pra não chamar a atenção, tenta livrar-se sozinha;
o Homem a deita no chão e se deita por cima, ela xinga, insulta,
ameaça o Homem depois grita de fato.

Sílvia – Me deixa... me deixa, nojento... animal... me larga... sai daí, filho
    de uma...

Sílvia recebe um soco do Homem, grita, cada vez mais, até que
Eugênio surge do mato, com sua enxada na mão. A situação de posse
de Sílvia já está completamente armada. Eugênio se aproxima.

Eugênio – Deixa dela! Deixa!

O Homem se vira, como pode, ofegante.

COLÔNIA CECÍLIA

HOMEM – Depois você pega ...

Eugênio afasta o Homem de cima de Sílvia com um pontapé; o Homem interrompido, furioso, descomposto, reage.

HOMEM – Porco! Italiano sujo! PORCO!

Eugênio levanta a enxada e a descarrega várias vezes sobre o Homem. Pausa. O Homem está morto e ensangüentado; Eugênio e Sílvia estão parados e aterrorizados.

SÍLVIA – Está morto!
EUGÊNIO – Está... Matei ele por tua causa, sua...
SÍLVIA – Eu não tive culpa!
EUGÊNIO – Matei ele! E agora?
SÍLVIA – Ele ia me matar!
EUGÊNIO – Merda! Matei um homem! O quê que vão dizer os outros? Hem? Vou ter que contar tudo? Na Casa do Amor? Hem? Vai ter que ter julgamento? Por tua causa? Eu não tenho nada com você, você não é minha mulher, minha irmã, nada!

Pausa em que os dois esquecem fraternidade, solidariedade etc.; odeiam-se profundamente. A primeira a se iluminar é Sílvia.

SÍLVIA – Ninguém viu... ninguém sabe... a gente enterra ele...
EUGÊNIO – Enterra?
SÍLVIA – É... aqui no mato... anda, puxa!

Sem raciocinar, ele obedece; os dois puxam o Homem para o limite do mato; depois, enxugam o suor da testa e começam a cavar, em ritmo cada vez mais acelerado, a cova do assassinado.

CENA 21: SAUDADE

Entram vários colonos, falando.

ANTÔNIO – Chegou carta da tua casa?
CARLO – Não. Faz tempo.
ANTÔNIO – Minha mãe escreveu.
GÍGI – Ah, a família... a nossa velha família.
CARLO – Você é de onde?
ANTÔNIO – Perto de Lucca.
CARLO – Ah.
GÍGI – Sabe que em menino eu fui coroinha?
CARLO – Não!
ANTÔNIO – Não acredito!

GÍGI – Fui. Coisa de criança. Minha família era católica. (*suspira*) A igreja, o cheiro de incenso... Até hoje isso me faz mal.
PIERO – Mas o claustro... lembra do claustro lá da terra?
GÍGI – Lembro. Bonito...
MARIA – Me faz falta o cheiro das glicínias na primavera.
ROSA – E a mim, as papoulas no meio do campo de trigo.
MARIA – O pão de trigo! O pão caseiro, quente.
ROSA – O vinho bom...
EUGÊNIO – Uma mulher...

> *Nesse ponto entram Guido e Eleda, trazendo braçadas*
> *de gravetos para o fogo da noite. Jogam tudo no chão.*

GUIDO – Atenção com os carrapatos.
ELEDA – Bichos de pé aqui não tem?
GUIDO – Não. Bichos de pé, só perto dos chiqueiros. E se tira com agulha e muito cuidado...
ELEDA – Vamos voltar? É pouca lenha ...
GUIDO – Senta um pouco...

> *Os dois se sentam; volta o diálogo dos demais.*

ANTÔNIO – A minha mãe...
EUGÊNIO – Não blasfema. Estava-se falando em mulher...

> *Silêncio dos três. Cena em Guido e Eleda.*

GUIDO (*depois de uma hesitação*) – Escuta, Eleda...

> *Ela não responde e, depois de um tempo, sem saber o que*
> *fazer, ele a agarra e beija. Os dois acabam rolando no chão,*
> *ela reage a princípio, depois entram numa cena de amor*
> *até onde for possível. Volta a cena aos três.*

CARLO – Gígi... por favor, Gígi... você sabe mais que nós todos, você entende de tudo ... fala com o Rossi ... eu não agüento mais, Gígi... sonho com a minha casa, sonho com o barulho das cabras, com a carroça de madrugada, que trazia o leite dos campos... estou doente, cansado, quero ir embora!
GÍGI – E a Idéia? E a nossa luta?
CARLO – Está bom, eu acredito no anarquismo, eu acredito na solidariedade, na fraternidade. Eu acredito em tudo isso, mas o coração é burguês, Gígi! O meu coração está na minha aldeia! Quero ouvir a minha língua, ver o campanário, ouvir o sino ... Fala com ele, Gígi! Ele que me libere!
GÍGI – Você mesmo pode falar, Carlo. Na próxima reunião da Casa do Amor.

COLÔNIA CECÍLIA 499

*Volta a cena a Guido e Eleda; feito o amor, a coisa não foi,
entretanto, um sucesso, Eleda ainda está presa a Aníbal.*

GUIDO – Por que você não pode gostar de mim?

ELEDA – Porque eu tenho pena... pena do Aníbal.

GUIDO – Pena. Mas onde está a tua liberdade? Você gosta de mim, eu sei, eu sinto!

ELEDA – Gosto. Mas não quero mais. Não me toca! Primeiro tenho que falar com o Aníbal.

ANTÔNIO – Anda, Carlo! Na próxima reunião você fala...

CARLO – Não sou capaz.

EUGÊNIO – Aposto um copo de vinho que ele não fala.

ANTÔNIO (*piscando para Gígi*) – Feito! Um copo de vinho que o Carlo fala na próxima reunião!

GUIDO – Só um beijo!

ELEDA – Preciso falar com o Aníbal.

CARLO – Eu não vou ter coragem...

EUGÊNIO – Já ganhei meu copo de vinho.

ANTÔNIO – Eu apostei em você! Não me faz perder meu vinho!

EUGÊNIO – Eu ganho.

ANTÔNIO – Ganho eu!

EUGÊNIO – Eu ganho!!

ANTÔNIO – Eu já ganhei!

CENA 22: "MORRA"

JOSÉ – Opa! A quanto é o jogo?

ANTÔNIO – É a dinheiro?

JOSÉ – Companheiros, a leite de pato eu não jogo.

ATOR 6 – É, mas se os outros sabem...

JOSÉ – Besteira! Eu ganho até dinheiro, jogando em Santa Bárbara...

ATOR 2 – Ganha?

JOSÉ – Ganho!

Começam a jogar.

JOSÉ – Morra!

ROSSI – Você é mesmo bom, hem, José?

Existe uma certa desconfiança na pergunta. Mas José sabe se impor.

JOSÉ – Está desconfiado? Se está, não precisa, não jogo mais.

TODOS – Que é isso, deixa disso, vamos, joga!

Seguem jogando.

500 TEATRO COMPLETO: RENATA PALLOTTINI

Rossi – Então você ganha dinheiro jogando.

Pino – Grande coisa! Na minha terra tinha um moço que não trabalhava nunca, só jogava. E vivia disso...

Rossi (*pausa intencional*) – E você, desde que saiu daqui... do quê vive, José?

José – Eu? (*sério*) Eu sou vendedor. Um vendedor tira a comissão daquilo que vende. A Colônia não está satisfeita com o meu trabalho?

Rossi – Muito satisfeita, José. A Colônia só não gosta é de jogo a dinheiro.

José vai protestar, Rossi interrompe com a mão.

Rossi (*continuando*) – Mas... acima de tudo a liberdade... vocês fazem o que querem...

José – Morra!

Começam. Rossi se afasta, enquanto se ouve a voz de uma mulher que grita "Atílio".

Ator 3 – Maldita a hora que meu pai me pôs o nome de Atílio!

José – Você faz de conta que não ouviu!

Ator 3 – Boa idéia!

Jogam "Morra" e cantam a canção. Dançam.
A cena é intercalada com a receita de polenta.

CENA 23: POLENTA COM PASSARINHO

Atriz 3 – Quem vai querer!
Polenta com Passarinho!
Meio quilo de fubá mimoso
Dois litros de água
Sal a gosto
Passarinho a gosto
Uma folha de couve
Alpiste a gosto
Ferva a água com o sal. Quando a água estiver fervendo, vá despejando o fubá aos poucos. Mexa sem parar com uma colher de pau. Quando começar a engrossar, coloque perto da janela a gaiola do passarinho, a quem você previamente trocou a água e o alpiste. Diminua o fogo, continuando a mexer até que apareça o fundo da panela. Despeje em vasilha molhada. Dê ao passarinho uma folha de couve. Desenforme a polenta quinze minutos depois. Coma pura, ouvindo o passarinho cantar.

Segue a música e a dança de "Morra".
Saem, para a cena "O Aumento".

CENA 24: O AUMENTO

Pausa. Silêncio. José e Rossi estão discutindo
o preço da comissão de José.

ROSSI – Escuta, companheiro. O que nós te damos já é muito, a Colônia não tem dinheiro, você sabe.

JOSÉ – Mas experimenta vender o milho sem o companheiro José – Você não consegue nem metade do preço que eu consigo.

ROSSI – Pode ser. Mas, companheiro. Você já viveu aqui! Você não pode tratar a gente como trata os estranhos. Você é um libertário! Conheci teu pai, era um lutador, apanhou da polícia, morreu debaixo de pancada sem trair ninguém! Na hora da morte, ele falou como todos: coragem, companheiros. Viva a anarquia!

JOSÉ (*revoltado*) – É isso: é isso que me dói! Meu pai, que deu a vida pelo ideal, morreu de tanta pancada. E daí? O que mudou? O que melhorou? Nada, nada! É tudo igual, tudo a mesma bandalheira. É por isso que eu... eu não quero morrer de pancada, morrer de fome!

ROSSI – É tua a escolha, companheiro.

Pára, pensa, José raciocina.

JOSÉ – Está certo, companheiro. Fica a mesma porcentagem.

ROSSI – Obrigado. Pela comunidade.

JOSÉ – Pela comunidade... e também por nós, cada um de nós!

Saem, entram Eleda e Aníbal.

CENA 25: A REVELAÇÃO

Eleda se aproxima de Aníbal, que está e ficará de costas.

ELEDA – Aníbal...

ANÍBAL – Eu já sei. Não precisa dizer nada.

ELEDA – Eu e o Guido...

ANÍBAL – Já sei!

ELEDA – Não nos aproximamos. Não nos tocamos ainda...

ANÍBAL – Ele é um bravo homem. Um companheiro. Eu já tive do teu amor.

ELEDA – Eu mesma não me acostumo...

ANÍBAL – Onde está ele?

Guido se aproxima.

ANÍBAL – Está sendo difícil para mim, Guido – É o preconceito, é o hábito, é um pouco de egoísmo, se vocês quiserem. Mas a liberdade deve

502 TEATRO COMPLETO: RENATA PALLOTTINI

estar em primeiro lugar e acima de tudo. A verdade é que eu te amo,
Eleda... E não tenho nenhuma razão pra não te amar... . Isso dói. Vou
sofrer, mas não faz mal. Você, Guido, companheiro... vive sozinho e
sem amor. Eleda vai encher a tua vida...

GUIDO – Não nos tocamos ainda...

ANÍBAL – Que me importa! (*com ódio*) Vão se tocar, hoje!

Os dois recuam.

ANÍBAL (*desesperado*) – Vão, vão! Vão-se embora! (*como que recitando
para si mesmo uma aula de anarquismo*) Amor livre! O ser humano é
livre pra se doar a quem quiser! A liberdade acima de tudo! O ser
humano não deve fazer aquilo que não quiser! A mulher não é propriedade do homem! Nada é próprio de ninguém! Vão, vão! O amor,
a vida, a mulher, tudo! Liberdade, liberdade acima de tudo! Abaixo a
família burguesa! Viva o amor! Viva o amor!

Engole em seco, soluçando. Entra na Casa do Amor.

CENA 26: CANÇÃO DO AMOR

O amor não é um animal
o cão de um dono.

Se no frio te aqueces
dentro do sono
ao pensamento de que o outro vive
procura o outro, procura o outro...

CENA 27: O PROCESSO DO AMOR

*Na Casa do Amor está arrumada uma mesa como para um
julgamento. A mesa está vazia. O ambiente vem sendo tomado
por todos os colonos. É uma reunião aberta a todos.*

ROSSI – Quero participar a todos os companheiros que esta noite se vai
discutir um caso de amor. O problema amoroso que existiu e existe
entre os companheiros Aníbal, Eleda e Guido.

ROSA – Quero saber, antes de mais nada, se os protagonistas estão de acordo!

ANÍBAL (*forte*) – De acordo! Nada contra!

GUIDO – De acordo. Tudo que for para o esclarecimento da comunidade.

ELEDA – Não tenho nada a esconder.

PIERO – Quero dizer que eu sou contra!

ROSSI – Por quê?

COLÔNIA CECÍLIA

Piero – Não gosto destes processos públicos. Acho que temos direito a nossos segredos. Sou contra... mas vou assistir.

Todas sorriem e há um alívio geral.

Rossi – O companheiro Gígi pode ser o secretário?
Gígi – Com prazer.

Sobe para a mesa e pega papel, lápis e começa a tomar notas.

Rossi – Quero deixar claro que isto que estamos fazendo é para entendermos o problema. Que não vai ser o último dessa espécie na comunidade... Vamos começar. Companheiro Aníbal!

Aníbal se aproxima e senta-se próximo.

Rossi – Você responde de livre vontade e com o desejo de colaborar com o esclarecimento do povo anarquista?
Aníbal – Sim.
Rossi – Você admite na mulher o direito de amar nobremente a mais de um homem ao mesmo tempo?
Aníbal (*depois de uma hesitação*) – Sim. Não todas as mulheres. Mas Eleda, sim. (*com raiva*) SIM!
Rossi – Reconhece que o amor livre é justo na nova sociedade?
Aníbal – Sim. Por causa da liberdade e da igualdade.
Rosa – Mas... o companheiro sofreu, quando...
Aníbal – SIM! (*pausa*) Mas eu não sou proprietário dela... SIM! Eu tinha medo...
Rosa – Que ele fosse grosseiro com ela?
Aníbal – Não! Que ele não fosse grosseiro, que ele fosse gentil, que ele fosse... (*pausa*) melhor que eu! (*pausa*).
Rosa – Você acredita que o amor livre vencerá, no futuro?
Aníbal – Sim. Pela rebelião das mulheres. Depois, todos verão que era o melhor caminho.

Dois homens se levantam discretamente e se afastam, indo para um canto escuro da cena; eles não estão concordando com a tese de Aníbal, a quem secretamente desprezam. Mas não têm coragem de se manifestar abertamente. Param, enrolam um cigarro.

Eugênio – Como está a palha do teu cigarro?
Antônio – Úmida.
Eugênio – Tem os que enrolam o cigarro com papel de jornal.
Antônio – Eu, na verdade, tenho saudade do meu charuto toscano.
Eugênio – Escuta: descobri um remédio novo pra tirar o bicho que entra pela pele.
Antônio – Qual. O berne?

504 TEATRO COMPLETO: RENATA PALLOTTINI

Eugênio – Esse. Se a gente chega na ferida um pedaço de toicinho de porco, o bicho sai sem fazer mal nenhum.
Antônio – Toicinho de porco... Veja só...
Eugênio – E a hortelã no leite expulsa os vermes. O polaco me ensinou...

Os dois disfarçam sua ojeriza pelo assunto tratado, mas não voltam à assembléia. Lá, agora, Eleda é interrogada.

Gígi – Companheira; você foi educada na moral antiga?
Eleda – Sim, até os vinte anos.
Gígi – E como foi o teu amor, agora, por Aníbal e Guido?
Eleda – Primeiro... Primeiro eu amei Aníbal, exclusivamente... mas depois... apareceu o companheiro Guido... e eu comecei a gostar dele também...
Gígi – Ao mesmo tempo?
Eleda – Sim.
Gígi – Amar a dois homens ao mesmo tempo te fez algum mal, no corpo ou no espirito?
Eleda (*firme, mas constrangida*) – Não.

Duas mulheres se levantam discretamente, quase se escondendo, e vão se sentar num canto. Uma delas traz uma criança no colo. Ficam quietas durante algum tempo. Depois falam.

Atriz 5 – Há quanto tempo não como um belo prato de macarrão...
Atriz 6 – E eu.
Atriz 5 – Mas vocês não costumam, se contentam com a polenta... Mas eu venho do sul... um belo prato... minha mãe fazia o sugo com gordura de porco, pimenta vermelha, muito tomate, lingüiça...
Atriz 6 – Dizia minha mãe que uma batata ajuda a tirar a acidez do tomate...
Atriz 5 – Depende do tomate... Aqueles que são bons... bem vermelhos... esses não têm muita acidez...

Volta ao julgamento.

Maria – Companheira. Você alguma vez se entregou sem amor?
Aníbal (*furioso*) – Protesto!
Gígi – Por quê?
Aníbal – Por uma questão de... pudor... de... respeito...
Rossi – Companheiro... ninguém aqui quer faltar com o respeito...
Eleda – Eu posso responder...
Aníbal – Isso é demais!
Gígi – O que acha o companheiro Guido?
Guido (*muito constrangido*) – Acho que as perguntas são razoáveis...
Aníbal – Ele acha que tudo está bem! Tudo! Pra ele tudo está bem! Ele ganhou! Vocês não estão vendo! Ele ganhou!

COLÔNIA CECÍLIA

*Aníbal está furioso, os companheiras o seguram, Guido se aproxima
para dialogar com ele, Eleda espera, depois responde.*

ELEDA – Eu nunca me entreguei sem gostar. Nunca. Tinha que amar, tinha
que ter simpatia. Não era uma coisa só do corpo, o corpo tem seus
direitos, mas eu preciso amar.

Volta às mulheres.

ATRIZ 5 – Vocês não costuma secar o tomate ao sol?
ATRIZ 6 – Não...
ATRIZ 5 – Então experimenta. Conserva e apura o gosto.
ATRIZ 6 – O difícil aqui é conseguir o tomate.
ATRIZ 5 – Não se sabe bem a época de plantar, tudo é diferente... (*confiden-
cialmente*) Escuta... você era capaz de dormir com dois homens ao
mesmo tempo?

A outra faz o sinal-da-cruz, as duas riem baixinho.
Segue o processo.

GÍGI – Se você viesse a ter um filho... não conhecer a paternidade... não
saber quem era o pai... isso te faria infeliz?
ELEDA (*depressa*) – Não!

Aníbal, que não tinha pensado nessa hipótese,
atira-se em direção a Eleda.

ANÍBAL – Você está esperando? Hem? Você está esperando? Fala! Fala,
mulher! CONFESSA! FALA!

Os companheiros e companheiras cercam Aníbal e Eleda,
depois Guido, tentando contornar o problema.
Desarmam esta cena e armam a seguinte.

CENA 28: CRUPE

Um grupo assustado de homens e mulheres rodeia Rossi
e outros homens, que estão mais serenos.

VOZES – As crianças estão com febre!
Estão morrendo!
A gente não sabe o que fazer!
Precisamos de um médico
ROSSI – Companheiros! Por favor tenham calma!
PIERO – É porque não é o teu filho!
ROSSI – É o meu filho, também. As minhas crianças também estão
ameaçadas; e os adultos também.

VOZ – Que maldita doença é essa?
ROSSI – Crupe. Ataca as crianças e os mais fracos.
VOZ – E mata!
ROSSI – Sim, pode matar.
VOZ – Você tinha dito que íamos ter médico!
ROSSI – O companheiro Bianchi, que é médico, precisou viajar. Está fora, logo volta. Companheiros, o importante é não perder a esperança, não perder a calma!

Piero se adianta, furioso.

PIERO – Calma, calma! As crianças estão morrendo sufocadas... os passarinhos comem a nossa semente, o caruncho atacou o milho... já tivemos enchente, já tivemos seca... E eu nunca fui lavrador, não sei mexer com terra!
EUGÊNIO – E que história é essa de documentos? Agora, os brasileiros querem também que a gente tenha documentos... Que documentos são esses?
ROSSI – As autoridades...
PIERO – Autoridades?
ROSSI – Companheiro: uso a linguagem deles! As autoridades deles querem que a gente tenha documentos das terras... isso, é claro, vem dos vizinhos, dos fazendeiros que querem as nossas terras!
MARIA – E dos moralistas que acham que nós somos pecadores.
PIERO – Vocês não fizeram nada quando os ratos atacaram o milho!
ROSSI – Aqui, não há, vocês! Aqui, somos todos nós! Nós não fizemos nada porque não tínhamos meios!
EUGÊNIO – E não sabíamos o quê fazer, porque não tínhamos experiência.
PIERO – Mas então... se não sabemos o que fazer... que comunidade é esta?

*Silêncio profundo entre os homens que
estavam tomando a liderança.*

ROSSI – É só a Colônia Cecília. Terra e liberdade.

CENA 29: O ACERTO DE CONTAS

*Sentados em bancas rústicas, ao redor de
um tronco, estão todos os colonos.*

ROSSI – Explico de novo. O Coletor de Impostos de Palmeira quer que se faça o pagamento. Eles acham que temos de pagar impostos como qualquer proprietário.
ANÍBAL – Mas nós não somos proprietários.
ROSSI – Para eles, sim, somos.

COLÔNIA CECÍLIA

MARIA – As terras nos foram doadas.

ROSSI – E... sem querer alarmar os companheiros... elas estão diminuindo... nossas cercas não são boas... e os vizinhos rompem as cercas, soltam o gado...

Há um murmúrio de revolta entre os demais.

ROSSI – Calma, companheiros. Não vamos esquecer que temos aí dentro da Casa do Povo... Uma colheita inteira de milho... que é a nossa fortuna.

ROSA – Companheiro Rossi... a propósito: esse milho já está vendido?

ROSSI – O José já encontrou comprador. Virão buscar o milho esta tarde.

PIERO – Acho também que não se deve pagar. Pagar, como? Se estamos lutando contra a exploração? Estão cobrando até impostos atrasados, impostos de um tempo em que não estávamos aqui... taxas absurdas... pagar como?

MARIA – Podemos voltar a falar com os coletores.

ROSA – Gígi está lá, agora, tentando...

ROSSI – Mas eu não creio que vá conseguir, companheiros.

PIERO – O nosso dinheiro daria pra pagar? E nos deixariam em paz?

ROSSI – Sim, daria. Agora, se nos deixariam em paz... isso, não sei.

ATOR 5 – Os compradores vêm mesmo buscar a colheita hoje?

ROSSI – Está prometido.

ATOR 6 – E pagam, quando?

ROSSI – Em seguida.

MARIA – Então, temos que preparar o milho para a carreta, não?

Há uma mudança de luzes e começa o transporte do milho para a carreta. Vê-se que os colonos estão cansados, fisicamente abatidos, e que jogam naquela última cartada toda a sua energia. A um determinado momento toda a atividade se detém, e um dos colonos faz mais um depoimento direto ao público.

CENA 30: DEPOIMENTO DE LORENZO MARTINO

MARTINO – Sou Lorenzo Martino, de Rovigo. Era tipógrafo na minha terra, mas aqui me vi obrigado a trabalhar na terra. As idéias sim, eu tenho, mas na realidade não encontrei na América o bem que pensava e poder mandar alguma coisa para minha mãe e irmãs, estive sempre em desvantagem. Os que entendem mais dizem do ideal e tudo, mas sei que a minha mãe espera tanto de mim e assim não pude contribuir. Os imigrados são muitos e o trabalho e a paga foram diminuindo e ainda mais se se diz que é anarquista, então fogem de você como o diabo da cruz. Conseguimos fazer o milho sair da terra e era bonito de ver o verde aparecendo no preto da terra, mas depois custa tanto a crescer e agora, fizemos a colheita e vamos vender. Mas dizem os companheiros que é preciso pagar os impostos e eu digo: impostos de quê? Se não temos nem água, nem casas, nem ruas, nem estradas, nem pontes e não dão nada para nenhum? Fizemos as nossas pobres casas e a água vem do rio que nem sabemos se tem bichos ou não; e quando cada um fica doente se cura por si mesmo com a ajuda de alguns companheiros que conhecem e são mestres, mas o governo nada. Sonho sempre com a minha mãe e meu pai e irmãos, também com as moças de Rovigo que eram tão belas. (*tira o chapéu*) Deus as conserve. Mas aqui as mulheres são poucas e se queres uma mulher precisa ser tua só, ou então se discute na Casa do Amor e eu não quero ver os meus assuntos discutidos. Acho que não sou um bom anarquista, mas trabalhar, trabalhei como todos.

CENA 31: O ROUBO

Entram Rossi, e os demais.

PIERO – Já não era hora de o José voltar com o dinheiro?
ROSSI – Até já passou da hora.
ROSA – O que ele pode estar fazendo em Palmeira?
PIERO – E se ele roubar o nosso dinheiro?

*Todas se levantam em pânico; todas suspeitavam,
mas ninguém queria falar.*

ROSA – Não fala isso. Não fala nem brincando.
PIERO – Quanto temos ainda em caixa.?
ROSA – Você está brincando... nada!
PIERO – Nada?
ROSA – Tudo que nós tínhamos era o milho... O milho foi vendido. Agora, temos o dinheiro da venda do milho... que está com o José. Isso é o que nós temos.
PIERO – E na despensa?
ROSA – Um pouco de pão, um pouco de lingüiça, um pouco de porco... mandioca. Arroz, pouco. Farinha... pouco. Pouco de tudo!
UMA MULHER – As cabras não estão dando leite.
OUTRA MULHER – O açúcar acabou.
OUTRA MULHER – O meu filho! Vocês disseram que a gente podia ficar na Colônia!
OUTRA MULHER – Mas sem dinheiro?
ROSSI – CALMA!! (*pausa*) Calma. O José é um bravo companheiro. Um anarquista não sabe roubar. Calma. Deve ter acontecido alguma coisa. Vamos esperar...

COLÔNIA CECÍLIA

Os demais ficam quietos, mas não calmos. Há uma grande tensão no ar. Guido e Aníbal estão juntos e preocupados. Eleda se aproxima deles.

ELEDA – Aníbal... Guido...

Os dois se levantam e se aproximam dela.

ANÍBAL – Que foi?

ELEDA – Não quero que os outros ouçam... mas veio aqui a Maria, a polaca... estava de passagem no carretão... escapou do marido pra me contar... que a nossa colheita já tinha sido paga adiantada...

GUIDO – Paga? Já? Pro José?

ELEDA – É. Assim disse ela.

ANÍBAL – Ela é de confiança?

ELEDA – Ela me ajudou na hora do parto...

GUIDO (*depois de pensar um pouco*) – Não conta nada pra ninguém. Eu ainda espero... o Eugênio está pra lá... quem sabe...

ANÍBAL – O Eugênio faz milagres... quem sabe...

Piero se aproxima.

PIERO – Que foi?

GUIDO – Nada. Suspeitas. Mas, não pode ser...

PIERO – Tudo é possível, Guido... tudo é possível...

GUIDO – Eleda, fala com as mulheres e traz mais água... vamos ter que esperar...

As mulheres se aproximam com água quente e tem lugar uma espécie de cerimônia na qual elas enchem as cuias e depois se sentam também, pra beber mate. Nesse momento entra Eugênio, cansado, empoeirado, furioso. Olha para os outros, depois solta a bomba.

EUGÊNIO – O companheiro... o José (*duro*)... Aquele maldito... Ele fugiu com o dinheiro da colheita.

VOZES – Roubou!
    – Um anarquista!
    – Um anarquista também rouba!
    – O dinheiro!
    – Tudo!
    – Tudo!
    – Tudo!

Essas falas soltas degeneram em lamentação alongada que, depois, desemboca nos gritar que preparam a cena seguinte.

Cena 32: A Destruição do Moinho

Entra Rossi com o texto na mão, lendo.

Rossi – A destruição do moinho!
Dia da invasão da colônia feita por soldados do governo. Há uma grande correria, uma queda desordenada de coisas e um escurecimento do céu.

A leitura é intercalada com as seguintes falas.

– Os soldados.
– A polícia. Foge, a polícia.
– Socorro.
– Tira a mão do que é nosso.
– Os animais! Estão matando os animais.
– Estão roubando os cavalos.
– Todos os animais.
– As casas.

Entra um colono gritando.

– O MOINHO!

Há depois uma pausa grande, longa. Totalmente silenciosa. Depois, a constatação, feita por Aníbal.

Aníbal – O moinho. Acabaram com o moinho.
Rossi – O moinho está no chão.
Rosa (*lamentando*) – O moinho!
Eleda – Acabaram com a nossa comida.
Maria – É a fome, de novo...
Gígi – Levaram os animais...
Rossi – E destruíram o moinho.
Eleda – O homem é bom, nós dizemos. Como pode ser que um companheiro tenha nos traído dessa forma, levando o nosso dinheiro como qualquer burguês?
Rosa – Eu acho que a hora chegou. Devemos partir.
Gígi – Se acabou a Colônia Cecília?
Guido – Não pode ser! NÃO PODE SER!
Carlo – Temos que ir embora. Temos que deixar a Colônia.
Maria – Ir para onde?
Gígi – Nós, agora, sabemos trabalhar e estamos preparados pra sobreviver. Ao nosso redor as pessoas nos querem para o trabalho.
Piero – Trabalhar para um patrão? É isso que o companheiro nos propõe?
Rosa – Cada um é livre de partir ou ficar. Quem ficar, pode fazer uso de tudo o que nós construímos. Não há votação. Não há maioria. Ficará quem quiser e puder.

COLÔNIA CECÍLIA

ELEDA – Eu vou.
ROSSI – Não é o fim. Não pode ser o fim!

*Depois de um tempo, todos eles começam a se mexer. Carregam
coisas de suas casas. Surgem panelas, colchões, instrumentos
agrícolas, arreios, roupas, animais domésticos, sacos, embrulhos,
pacotes. Faz-se uma procissão. Aníbal, o que demorou mais a se
decidir, sobe no mastro e desprende a bandeira vermelha e negra,
enrola-a e a traz para baixo. Vão sair. Começam a cantar.*

CENA 33: CANÇÃO DA DÚVIDA DE GIOVANNI ROSSI
(OU CANÇÃO DA UTOPIA)

Será que eu sou apenas
um pobre idealista
perdido nesta terra de ninguém
perdido nestes campos
sem marcas e sem rumos
lutando pra identificar o Bem.

Será que isto é o sonho de um só dia
Uma visão perdida da alegria?
Mas de que vale a vida
senão pra ser sonhada
senão pra ser levada
à Utopia.
E de que vale a vida
senão pra ser voada
no límpido caminho
da Utopia!

Destaca-se Rossi.

CENA 34: O FIM

ROSSI – Entre os trastes e panelas
os melhores são os de ferro.
Entre os animais que servem
a melhor raça é a dos rebeldes.
Entre as árvores, as que se erguem,
entre os panos os que permanecem.
Entre as pedras aquelas que aquecem,
entre as plantas aquelas que crescem.

Aqui ficou nossa vida inovada
aqui ficou nossa ponte de vidro
aqui ficou nossa fruta formada
e a safra do milho.

E agora somos nós
agora a nossa voz
agora a nossa humílima partida.
Se deus houver, adeus
se não houver um deus
então tudo é finito e infinito.
Saibam que eu sou minha medida
saibam que eu dei a minha vida
para quem vem no novo dia.
Para quem passa a nova ponte
para quem busca a nova fonte
da Utopia
da Anarquia...

Eugênio avança ao encontro de Rossi.

EUGÊNIO (*animador*) – Com um pouco de ideal e de polenta o espírito e a carne se sustenta!

Entra a música. Todas cantam a letra, subindo aos poucas, até desembocar em " LAVORA, CHE TI FA BENE..."

Repetido várias vezes.
No final, o grito em coro.

CORO – COLÔNIA CECÍLIA!
COLÔNIA CECÍLIA!

Os Fusillis da Senhora Carrara

Inédita, 2004 (Esta peça é dedicada a Nair Bello e à memória de Mirian Muniz).

Personagens

Mirian Bello: Atriz, mais ou menos 50 anos de idade, que fará, na peça
    principal, o papel de Maria Carrara, dona da Cantina Carrara
Dudu Laporta: Ator de 40 anos que fará o papel de
Fúlvio: Filho maior de Maria Carrara, gordo, bonachão, de 39 anos
Carlos Campinas: Ator de 27 anos, que fará o papel de
Fausto: Filho mais novo, 30 anos, magro, esperto, metido a elegante
Minie: Jovem atriz oriental, que fará o papel de Lílli Pó, moça tipo orien-
    tal, 20 anos, muito bonita
Gabino de Freitas: O diretor do espetáculo
"Seu" Barbosa: Homão simpático, cinqüenta e cinco anos contador da firma

Cenário

    Dividido em duas partes. A maior parte é uma sala de refeições de
cantina modesta, com duas mesas grandes de oito lugares cada, cobertas
com toalhas xadrês ou papel branco, novo, de embrulho, trocado a cada
refeição. Nesse mesmo espaço caixa registradora e mesinha do caixa. Um
cabide, com um guarda-chuva grande, preto. Pendurado em qualquer lugar, um violão e visível na parede o retrato do fundador da casa e marido
de Maria, senhor Arturo Carrara.

516 TEATRO COMPLETO: RENATA PALLOTTINI

Num segundo espaço, cozinha da cantina, com fogão a gás comum, grande, de seis bocas, geladeira e freeser grandes, bancada de trabalho, com facas, facões, colheres, tigelas, cestas, tomates, verduras, ervas, cebolas, queijos, etc. Tudo isso praticável.

Nesse mesmo espaço, avançado, no proscênio, mesinha de maquiagem do camarim de Mirian Bello, a atriz principal. O espelho, apenas imaginado, vasado, faz com que a atriz defronte o público. Luzes nesse espelho, uma mesinha com utensílios de maquiagem, tudo fácil de ser escamoteado. A mesinha e o falso espelho são retirados quando se inicia a ação da peça principal.

Em lugar bem visível e presidindo tudo a placa:
"Cantina Carrara"
Comida Italiana
Especialidade: *Fusilli al Sugo*

*A ação se inicia na noite do ensaio-geral da comedia "Os Fusillis
da Senhora Carrara", espetáculo dirigido por Gabino de
Freitas e estrelado por Mirian Bello, Dudu Laporta e Carlos Campinas.
Mirian, a Estrela, está se maquiando para entrar em cena,
provando a roupa, nervosa, pouco à vontade. Ela acabou
de brigar com o marido. Dudu, seu amigo, procura ajudá-la.*

MIRIAN – Esta sombra não me fica bem. Nada me fica bem, hoje...

DUDU – Você acha que foi definitivo?

MIRIAN – Que é que você acha? Pela pinta, ela podia ser minha filha, folgado. Pego ele com batom na cueca, o desgraçado diz que tinha sido eu, faz mais ou menos três anos que a gente (*Faz o gesto*)... nada! Ela telefona pra minha casa a qualquer hora, com aquela vozinha de ingênua de novela mexicana! Maior cara de pau! Tive que engrossar, esquecer minha educação, as lições de casa, a minha mãe napolitana, os preconceitos! Tudo! Foi tudo pro brejo! Aquela vaca!

DUDU – Vai ver vocês voltam... (*ajuda, enquanto a consola*) E esta cor?

MIRIAN – Tá melhor... também, é só ensaio geral, né? Amanhã se vê.

DUDU – Meu amor, o que não se vê hoje, não se vê amanhã.

MIRIAN – Você entendeu o que tem de ver Brecht com fusilli?

DUDU – Entendi, sim, coração, e você também entendeu.

MIRIAN – Tou de mau gênio. Mas burra não sou.

DUDU – Nem ignorante. Esta peça também é sobre a impossibilidade de se ser neutro. Quem diz que não está nem de um lado nem do outro, está do lado mais forte. Na vida não existe coluna do meio.

MIRIAN – Vamos... Estou bem? (*pausa*) Você acha que ele volta?

DUDU – Quem, o Barbosa?

MIRIAN – Não, a tua mãe. Claro que é o Barbosa!

DUDU – Você foi... demais?

MIRIAN – Dei na cara dele. Uma chapoletada! Deve estar com o olho roxo. Você acha?

DUDU – Não sei, Mirian... Olho roxo...

MIRIAN – Ele mereceu!

DUDU (*melancólico*) – Eles sempre merecem... (*num rompante*) Vamos!

> *Com luzes acesas a mesinha e o espelho são retirados.*
> *Mirian vai para trás do fogão. Gabino se movimenta.*

GABINO – Tudo em cima? Mirian?

MIRIAN – Tá.

GABINO – Então vamos nessa!

> *Quando a ação começa, já passa da meia-noite na cantina Carrara.*
> *Os últimos fregueses já se foram, as mesas estão limpas, com*
> *exceção de uma ponta de uma delas, que está posta, com pratos fundos,*
> *talheres, queijo parmesão em pedaços grandes, pão italiano, copos e*
> *frasco de vinho tinto. Alí está sentado Fúlvio, enquanto Fausto,*
> *insatisfeito, encerra o caixa. Maria Carrara está na cozinha,*
> *acabando de temperar uma travessa de fusilli. Grita.*

MARIA – Já vai, filho!

FÚLVIO (*sorrindo, feliz, e amarrando o guardanapo no pescoço*) – Rendeu, hoje?

FAUSTO – Que... aquelas merrecas de sempre. Com essa mania da mãe, de só fazer duas sessões, que que você acha? Com sorte, são trinta e dois fregueses, vinte paus cada um, que que você acha?

FÚLVIO (*otimista*) – Bom, mas é seguro. O fusili da mãe é tão bom que eles voltam sempre...

FAUSTO – Sim... mas tem a concorrência, né, belo? Os outros fazem nhoque, polpetone, rigatone, beringela, pizza... e nós, sempre nos velhos fusillis!

FÚLVIO – Velhos não, tradicionais.

> *Maria Carrara entra, vindo da cozinha e trazendo uma*
> *travessa cheia de fusilli al sugo e cantando.*

MARIA – Eh, nenê, feliz aniversário! Parabéns pra você... nesta data queri-da... "cento di questi giorni"! Felicidades pro meu menino!

> *Dá um beijo ruidoso e carinhoso na cara*
> *de Fúlvio, que se encabula.*

FAUSTO – Mãe , ele tá fazendo trinta e nove...

OS FUSILLIS DA SENHORA CARRARA

Maria – Que me importa? Pra mim vocês são sempre os meus meninos...

Fausto – Eu, não.

Maria – Que foi, tá com ciúme? Vem comer, vem...

Fausto – Obrigado, não quero, já comi.

Maria – Bobo você. Esse, eu tirei do fogo, agorinha. No capricho. "Mangia, figlio".

Fúlvio come, feliz da vida.

Maria – Também vou fazer uma boquinha. Mas só com pão e queijo. E um copo de vinho!

Fúlvio (*comendo, feliz*) – Mãe, o que é que você põe na massa que fica tão bom?

Maria – Não é a massa, é o molho. Bom, a pasta também tem que ser no capricho. Farinha de primeira. Pasta fina.

Fausto – Não é "pasta"que se diz, mãe. É "macarrão". Senão, ninguém entende.

Maria – Mas isso não é macarrão, é fusilli! É diferente!

Fausto – Pode ser diferente lá. Aqui, a gente tem que dizer: macarrão, massa para macarrão. Aí o pessoal entende.

Maria – O pessoal não precisa entender, precisa comer.

Fúlvio se esguela de rir, sem parar de comer.

Maria – Eh, eh, menino! Para, senão você engasga!

Fausto – E vamos ter que festejar o aniversário no Pronto Socorro!

Fúlvio pára de rir, chocado e Maria se levanta.

Maria – O que que você tem, Fausto? Por que está agourando a gente desse jeito? O que foi que eu te fiz? O que foi que o Fúlvio te fez?

Fausto – Ninguém me fez nada. Ainda. O negócio é que eu penso no futuro e aqui ninguém pensa. Tá todo mundo comendo, contente e feliz.

Maria – E é ruim, ficar feliz? (*aproxima-se do filho, carinhosa*) Lembra do que o pai dizia, Fausto: vamo trabalhar, vamo ganhar dinheiro e viver bem, vamo no teatro, na ópera, vamo até ter um carro, uma bela Fiat. Mas tudo isso sem deixar de ser feliz e contente, porque isso é o mais importante da vida. Senão a vida vem, te dá um trança-pé e te joga no buraco escuro... e aí... "buona notte"!

Fausto – É, mas o que foi que aconteceu com ele, hem, me diz? Veio a morte e deu o trança-pé e agora ele está no buraco escuro, sem fiat, sem alegria, sem nada.

Fúlvio – Mas enquanto viveu foi feliz! Montou esta casa, ajudava a mãe, tocava o violão dele... criou a gente...

Fausto – Feliz, feliz... não esqueça que o que ele mais queria era um neto. E você, nem chum!

520 TEATRO COMPLETO: RENATA PALLOTTINI

Fúlvio se levanta e bebe mais vinho, carrancudo.

FÚLVIO (*chateado*) – Fizesse você o neto, ué...

Pausa. Maria procura animar os filhos.

MARIA – Quer mais um pouco, Xixo? Fausto, quer vinho?

Fúlvio se adianta, com o copo na mão.

FÚLVIO – Eu vou dizer umas breves palavras, numa singela homenagem
a... minha mãe!
FAUSTO (*impaciente*) – Eeeeeeeeeeh!
FÚLVIO (*com solenidade, mas simples*) –
A minha mãe é meu guia na vida
a minha mãe é tudo que eu preciso!
A minha mãe é uma santa, a providência,
Santa Maria Cozinhadora
essa é a minha mãe!
Ela faz tudo melhor que as outras.
Quando ela parte o pão, parece Deus
parece que desceu Deus
pra nos dar de comer!
O vinho que ela serve tem mais gosto
e o queijo! Quando ela parte um pedaço de queijo
parece que as ovelhas e as cabras
chegaram perto de nós
pra dar pra gente o melhor do seu leite
e a gente bebe, a gente come e a gente
é feliz, porque tem Maria Carrara
nossa mãe!

E eu, Fúlvio Carrara, seu filho mais velho,
quero dizer que hei de honrar a minha mãe
com todas as forças do meu peito,
porque eu sou pobre, eu não sei de nada, mas eu bebo
à saúde da melhor mãe deste pobre
filho da mãe!!
(*bebe*)

Fausto, irritado e com cara de pouco caso,
adianta-se e faz, estrondosamente, uma "pernachia"
(ruído despectivo, que se faz com a boca).

MARIA (*friamente*) – Esta "pernachia" foi pra mim?
FAUSTO (*desconcertado*) – Não, mãe, foi pra ele!

Fúlvio, que ainda estava inebriado com as próprias palavras e mal
tinha percebido o insulto, vira-se para o irmão.

OS FUSILLIS DA SENHORA CARRARA 521

FÚLVIO – E por quê, meu irmão? Por quê? O que foi que eu te fiz?
FAUSTO – Porque você é grosso, ignorante, babaca! Feio, gordo, comilão! Porque só entende de tomate, de rúcula, de parmesão!
FÚLVIO – Alguém tem de entender disso numa cantina!
FAUSTO – Porque você arrota, solta gases e tem prisão de ventre! E, apesar disso, é o queridinho da mamãe!
FÚLVIO (*espantadíssimo*) – Você tem ciúmes de mim! Inveja!
FAUSTO – E porque nem você nem ninguém, ainda, se deu conta do mais importante: de que esta empresa, assim como vai, não vai!

Maria e Fúlvio recebem a notícia com espanto.

MARIA – O que que você está dizendo? Como, não vai?
FAUSTO – Não vai, dona Maria, não vai! (*pega um monte de notas, tiras de calculadora, notas fiscais, papéis em geral*) Está aqui, tudo preto no branco! Seiscentos e quarenta paus por noite, no máximo, se não falhar e às vezes falha! Seis noites por semana, folga na segunda! Três mil, oitocentos e quarenta por semana! De despesa mercado, Ceasa, açougue, padaria, mercearia. Ajudante, faxineira; gasolina, manutenção do carro, luz, gás, água, telefone. Graças a Deus não temos tido nenhum contratempo...
MARIA – Graças a Deus ...
FAUSTO – Nenhuma doença...
MARIA – Bate na boca!
FAUSTO – Tudo normal, tudo quieto...
MARIA – A casa é nossa!
FAUSTO – E tem mais o imposto! Sabe quanto sobra? Mil e quinhentos por semana! Seis mil reais por mês! Seis paus prá três pessoas! Dois paus pra cada um, por mês! Sabe há quanto tempo eu não pego uma boa mulher?! Sabe?
MARIA – Fausto!
FÚLVIO – Eu te dou uma chapada nessa cara ...
MARIA – Foi assim que eu te ensinei?
FÚLVIO – Falta de respeito! Falando de ... mulher na frente da mãe!
FAUSTO – E do que você quer que eu fale? De vídeo-game? Dessas bostinhas que você fica jogando no seu quarto? Você não fala de mulher porque você... você...
FÚLVIO (*furioso*) – O que tem eu? O que tem eu?
MARIA – Chega! Pelo amor de Deus, chega! (*chorando*) Um dia de festa! Um domingo! O dia do aniversário do teu irmão... depois de tanto trabalho! Tinha até bolo, até bolo eu fiz! Foi uma noite tão boa... Veio tanta gente, tanta gente importante! O doutor... (*diz o nome de alguém conhecido*), aquele, que trabalha na novela (*diz um nome de ator conhecido*)... aquela moça tão bonita... (*vai dizendo nomes de pessoas conhecidas e que possam estar na platéia, pra desanuviar o*

522 TEATRO COMPLETO: RENATA PALLOTTINI

ambiente) Todo mundo elogiou a minha comida, o molho, as bracholas, a pastiera, tudo... Estava tão bom... a gente riu tanto... disseram que eu estava bonita, que nem mostrava a idade... cinqüenta e cinco, nem parecia... e agora... agora você me vem com essa notícia, Fausto?

Fausto – Seis mil por mês. É o que sobra.

Pausa. Silêncio.

Fúlvio – E daí? Dois mil pra mim tá muito bom. Eu faço as compras, ajudo a servir e tiro as mesas. Tá bom!

Fausto – Ah, é? Pois pra mim não tá! Eu tenho ambição, eu quero crescer, melhorar na vida, aumentar isso aqui, contratar mais gente... Aqui a gente só serve dois, três pratos... antipasto, fusilli, brachola, polpeta, pastiera, tiramussu...

Maria – Mas são caprichados! Todo mundo diz que a minha cozinha não tem igual... O fusili... o meu fusili é especial!

Fausto – Eu quero me casar, ter uma mulher, uma família, como todo mundo!

Maria – Tudo tem seu tempo...

Fausto – Os outros progridem, aumentam, botam música na cantina...

Fúlvio – Comer quieto é melhor...

Maria – Você já tem alguma em vista?

Fausto – Cantina?

Maria – Mulher!

Fausto – Mulher sempre tem no pedaço, né, mãe? Sempre tem umas, dando umas voltas pelo pedaço...

Maria – O que nós temos é seguro, meu filho! A casa, a comida, a freguesia... Eu faço esses pratos há mais de trinta anos! Todo mundo gosta, não tem erro! É especial!

Fausto – Mas é pouco!

Fúlvio – Você não entende? É especial porque é pouco!

Há uma pausa grande; todos pensam no que foi dito.

Maria – O Fúlvio tem razão, Fausto... Não é a mesma coisa, fazer o molho pra quinze pessoas de cada vez, e fazer pra... um batalhão! Cozinhar a massa... não é igual... a água tem de ferver... o caldeirão tem de ser grande... já é difícil, assim, mas a gente faz de conta que é uma família grande ...Agora, quarenta, cinqüenta pessoas... não sai igual!

Fúlvio – Presta atenção, mano: você viu como é, no exército. Eles botam o feijão pra cozinhar e até pedra tem! Nada tem gosto de nada!

Fausto – Vocês estão por fora: agora tudo é diferente. Tem a cozinha industrial. Tem comida congelada, comida desidratada, tem molho de tomate pronto, de lata, de pacote, importado da Itália! Os pratos já vêm preparados, é só comprar, abrir e esquentar... tudo do melhor, chama-se comida caseira, todo mundo gosta...

OS FUSILLIS DA SENHORA CARRARA 523

MARIA – Se gostam, porque é que eles vêm aqui?

FAUSTO (*continuando*) – Os fogões são enormes, as panelas são enormes, tudo é diferente. Não é mais gás, é elétrico. A gente contratava ajudante de cozinha, a mãe só dava o *know how*...

MARIA – Eu dava o quê?

FÚLVIO – Nada, mãe, quer dizer que você só ensinava...

MARIA (*firme*) – Eu não vou ensinar pra nenhum estranho uma coisa que eu aprendi da minha mãe, que aprendeu da mãe dela!

FÚLVIO – A mãe tá com a razão.

FAUSTO – Vocês são antigos! Assim a gente nunca vai tirar o pé da lama.

FÚLVIO – A gente não está com o pé na lama. Nós não devemos nada pra ninguém!

FAUSTO – Mas também não temos porcaria nenhuma!

FÚLVIO – Temos esta casa! E a cantina! E a mãe!

Pausa

FAUSTO (*solene*) – Que Deus conserve... não é assim que se diz? Que Deus conserve a nossa mamãe. Porque... se ela faltar... não é assim que se diz? Se ela faltar... adeus fusillis da senhora Maria Carrara! Nós dois não sabemos nada, não servimos pra nada... e não vamos ter nem os dois paus por mês!

Pausa. Fausto, Fúlvio e Maria se entreolham.
Mudança. Mirian sai do personagem.

MIRIAN – Pera aí. Pera aí!

GABINO (*paciente*) – Que foi, Mirian?

CARLOS (*pra Dudu*) – O que é que tem a estrela?

DUDU – Paciência, Carlos. Ela está com problemas.

CARLOS – E eu com isso?

MIRIAN – Pelo que eu sei da peça, a questão principal não é essa!

GABINO – Qual é o problema, Mirian? Há muitas questões, nessa peça!

MIRIAN – Eles estão discutindo a minha morte, e não é esse o assunto. Eu não quero ficar discutindo a minha morte!

GABINO – Não é a sua morte que estão discutindo, é a da Maria Carrara, primeiro. Segundo, a discussão sobre a morte da Maria Carrara nunca te incomodou!

MIRIAN – Hoje está.

GABINO – Por que, Mirian?

MIRIAN – E eu sei?

CARLOS – Mirian, é claro que a peça vai tomar outro caminho. A discussão vai ser: moderniza ou não moderniza? Mas a morte é sempre uma possibilidade!

MIRIAN (*cruel*) – A tua também?

CARLOS – Claro. A minha também.

524   TEATRO COMPLETO: RENATA PALLOTTINI

MIRIAN – Porque você tem vinte e poucos anos.

CARLOS – Vinte e sete.

MIRIAN – Pois é. Eu tenho um pouco mais.

CARLOS – E daí?

MIRIAN – Me fala uma coisa, Carlos, você sempre foi assim, indiferente?

CARLOS – Eu não sou indiferente...

MIRIAN (*tensa*) – Você sempre olhou pros outros como se ninguém fosse ninguém?

CARLOS – Eu não sou desse jeito ...

MIRIAN – Alguma vez outra pessoa te interessou, de verdade? Você já foi abandonado? Já foi corneado?

GABINO – Mirian, você está extrapolando!

MIRIAN – Extrapolando o *cazzo*. Estou falando com ele. (*quase chorando*) Estou falando de gente! Esta peça não é sobre gente? Ou é sobre macarrão? Se for sobre macarrão, não interessa! Só interessa se for sobre gente, a fossa da gente, a miséria da gente! (*está chorando contido*) Você sabe o que é o corpo de uma mulher? Você sabe como ele se desmancha, como ele se destrói, como ele vira carne de segunda? (*chorando de verdade e se aguentando*) Você já beijou alguém que estivesse chorando? É salgado. Já?

CARLOS (*confuso*) – Não...

MIRIAN (*chorando de manso*) – Então me beija...

CARLOS (*tentando brincar*) – Teu marido não gosta...

MIRIAN (*desesperada*) – Me beija, porra!

    Carlos beija-a, com delicadeza, mas sem vontade.

CARLOS – É. É salgado.

                Pausa.

GABINO (*delicadamente*) – Vamos continuar?...

DUDU – Onde a gente estava?

       Voltam à peça principal.

FAUSTO (*repetindo*) – ... se ela faltar... adeus fusillis da senhora Maria Carrara... Nós dois não sabemos nada, não servimos pra nada... e não vamos ter nem os dois paus por mês!

MARIA (*abatida e falando baixo, fazendo o gesto*) – Bate na boca... Não presta, falar essas coisas...

FAUSTO – Estou querendo prevenir, mãe, podem surgir problemas!

FÚLVIO – Que problemas, mano, que problemas?

FAUSTO (*exasperado*) – Sei lá! Uma despesa extra... um contratempo... Um fiscal... sei lá! E aí, como ficamos?

FÚLVIO – Me deixa pensar. Eu quero pensar...

OS FUSILLIS DA SENHORA CARRARA

MARIA – Isso, deixa ele pensar... tanto, quem resolve são vocês, que são os filhos, os homens da casa...

FAUSTO – Pensa, Xixo, pensa... Amanhã é folga... tira o dia, vai passear, esfriar a cabeça... (*abraça o irmão*) Estrear a roupa nova que a mãe te deu... pega um cineminha...

FÚLVIO – Vou comer um feijão virado... na segunda gosto de comer virado, pra variar... virado à paulista...

MARIA – Traidor...

FAUSTO (*malicioso*) – Comer virado também é bom...

FÚLVIO – Sacana...

FAUSTO – Esfria a cabeça e pensa no que eu te disse...

FÚLVIO – Mas tem a mãe...

FAUSTO – Claro que tem...

FÚLVIO – É ela que decide!

FAUSTO (*conciliador*) – Claro, claro...

MARIA – Eu só não quero desarmonia... briga na família... a melhor coisa que tem é harmonia entre os irmãos!

FÚLVIO (*meio bêbado*) – Vou dormir... Bença, mãe... (*sai já tirando a roupa de trabalho pelo caminho*)

MARIA (*gritando*) – Deus te abençoe! (*também ela vai tirando o avental, limpando as mãos, retirando os pratos*)

FAUSTO (*ajudando*) – Mãe... e por falar nisso... assim, por prudência, só uma questão de cautela... um dia você me ensina como se faz o molho?

Maria pára em seco, surpreendida, desconfiada.
É o fim de uma cena da peça principal. Gabino aproveita a pausa.

GABINO – Tudo bem, é isso mesmo; Mirian, você precisa se soltar mais na hora da briga, sofrer mais, você tá demais preocupada, são seus filhos.

MIRIAN – Tá bem.

GABINO – Preciso ver as luzes. Tá me faltando alguma coisa.

CARLOS (*a Mirian, brincando*) – Um dia você me ensina como se faz o molho?

MIRIAN – Te ensino vários molhos.

CARLOS – Você sabe tudo, no duro, não sabe?

MIRIAN – De que?

CARLOS – De molho!

MIRIAN – Ah, de molho. Sei... sei bastante... as velhas da minha casa passavam metade da vida falando de molho... o tomate... tinha que ser bem vermelho, dos pequenos... o talo... você sabe, não, aquele talinho que quando o tomate está maduro, fica sequinho... O tomate tinha que ser especial, tinha uns que serviam e outros que não serviam...

CARLOS – Hoje, o importante é que sejam grandes... Japonês tem que dar de comer pra um monte de gente... tem que fazer tudo grande... gosto não tem importância...

MIRIAN – Tanto, depois eles põem shoyu em tudo e "buona notte". Fica tudo igual.

CARLOS – Mentira, a comida deles é muito boa.

MIRIAN – Tô falando por despeito. Carlos... no duro... me diz uma coisa como é, ter vinte e sete anos? Eu não me lembro mais...

Entra Dudu, trazendo um celular.

DUDU – Mirian...

MIRIAN – Quê?

DUDU – O Barbosa...

MIRIAN (*absorta*) – Quem?

DUDU – Teu marido. O Barbosa. Que que eu digo?

MIRIAN – Manda ele à merda.

DUDU – Mirian ...

MIRIAN – Manda ele à merda! (*a Carlos*) Fala, me diz: Como é, ter vinte e sete anos?

CARLOS – Que besteira, Mirian! A gente tem mais força, mais resistência, eu acho...

MIRIAN – A gente não fica doente... não fica com medo... As fossas não pegam a gente...

Dudu sai com o celular, falando baixinho.

MIRIAN – Tudo parece mais rico, mais aberto, porque tem mais tempo pela frente, você entende? É que nem se fosse o mar: você olha e vê mais mar, mais mar, mais mar!

CARLOS – Sim, mas tem o horizonte... de qualquer jeito, tem o horizonte...

MIRIAN – Mas está mais longe! A gente vai se recuperar, o amor vai voltar, vamos fazer uma viagem, vamos dar aquela trepada que vai consertar tudo! É mais, é muito, é sem fim!

GABINO (*pacientemente*) – Como é, vamos? (*ele mesmo responde*) Vamos. Dia seguinte! Café da manhã!

Dudu ainda fala discretamente ao celular, depois o coloca no bolso da jaqueta larga e volta.

GABINO – Estão os três na mesa do café.

Sentam-se, os três.

MARIA – Quem quer mais leite?

FAUSTO – Mais café, mãe.

FÚLVIO – Sabe, eu estive pensando: e se em vez de duas mesas a gente pusesse três? Já aumentava! E também podia dar uma revisão nos preços, faz tempo que a gente não faz isso! Todo mundo faz!

MARIA – Não é justo.

FÚLVIO – Como, não é justo? Tudo aumenta! Todo dia!

OS FUSILLIS DA SENHORA CARRARA 527

MARIA – Periga da gente perder a freguezia.
FÚLVIO – Clientela, mãe.

Fausto se levanta e se espreguiça.

FAUSTO – Ah, eu desisto. (*boceja*) Mãe, se alguém telefonar, você toma nota, tá?
MARIA – Eu também vou sair um pouco, arrumar esse cabelo, senão, não tem fusili que segure. Os fregueses merecem ver uma cara um pouquinho melhor. Já que não tem mais teu pai pra tocar violão... Afinal de contas, eu também apareço, não?
FÚLVIO – A Clara Lúcia vem hoje?
MARIA – Não, é segunda feira, dei folga.
FÚLVIO – Como é, Fausto, o que você achou das minhas idéias?
FAUSTO – Você não entendeu nada, Xixo, nada. Eu estou falando de reformas de base, de mudar a mentalidade, de subir na vida, cair na real!
FÚLVIO – Eh, subir, cair! É pra cair ou pra subir?
FAUSTO – Você não entendeu nada, Fúlvio. Vou indo. (*sai*)
MARIA – Eu acho que tudo isso é porque ele está de namorada nova. Tem uma da voz fininha que vive telefonando.
FÚLVIO – Mãe...
MARIA – Que...
FÚLVIO – Você também acha que eu devia arrumar uma?
MARIA – Namorada? (*Fúlvio assente; ela contemporiza, tenta pôr panos quentes, não insiste. Não faz o gênero mãe cobradora*) – Besteira, meu filho, não esquenta... Isso acontece, não tem que procurar... Você é um bonito moço...
FÚLVIO – Moço...
MARIA – E não é? Trinta e poucos anos, na flor da idade!... Um bonito moço, forte, sacudido... estabelecido, com uma casa firme, com boa freguezia...
FÚLVIO – Clientela...

Batem palmas na porta.

FÚLVIO – Vou ver... Precisamos consertar essa campainha!
MARIA – Sei, e aí os moleques ficam enchendo...

Fúlvio sai. Gabino intervem.

GABINO – Vamos ter que inventar alguma coisa pra você fazer aí, enquanto o Fúlvio vai ver a porta. O texto tem essa falha.
MIRIAN/MARIA – Ué, você não vive dizendo que não tem que ser realista? Então, não é realista, inventa, usa esses recursos, essas coisas brechtianas.
GABINO – Não enche o saco, Mirian, não finge que é ignorante, você não é ignorante, só é teimosa. Vamos ter que arrumar alguma coisa pra você fazer. E logo. Hoje mesmo.

MIRIAN/MARIA – Cantar eu não sei.
GABINO – Eu me viro. Vem, Fúlvio!

*Entra Fúlvio, com um papel dobrado e fechado
na mão, típica notificação.*

FÚLVIO (*examinando o papel*) – Quê que é isto?
MARIA – Eu é que vou saber? Lê!
FÚLVIO (*abrindo e começando a ler*) – "Secretaria da Saúde – Vigilância sanitária"...
MARIA – Ai, meu Deus! Lá vem coisa!
FÚLVIO – Acho que é daqueles caras que vieram outro dia!
MARIA – Que dia?
FÚLVIO – A senhora não estava aqui...
MARIA – (*em pânico*) Que dia???
FÚLVIO – Foi o Fausto que atendeu...
MARIA – E daí?
FÚLVIO – Eles fuçaram tudo, a cozinha, o banheiro, a geladeira...
MARIA – E DAÍ!!!
FÚLVIO – Daí, nada. Eles olharam tudo, depois foram embora, o Fausto disse que estava tudo bem...
MARIA – Tudo bem?
FÚLVIO – Ele disse que não ia ter grilo, que estava tudo sob controle... deu uma gorgeta...
MARIA – Gorgeta prá vigilância sanitária?
FÚLVIO – Ele falou que estava tudo bem!
MARIA – Me dá esse papel! (*lê*)
FÚLVIO – O que diz?

Maria se senta.

FÚLVIO – Mãe?!
MARIA – Que está interditada a cantina... até que se resolva os problemas...
FÚLVIO – Que problemas?
MARIA – Banheiro feminino, que não tem...
FÚLVIO – Mas elas usam o nosso!
MARIA – Precisa fogão industrial... a geladeira e o congelador são... impróprios... tem lixo perto da cozinha... carne perto do banheiro... falta o exaustor... Falta a placa indicadora de não sei o quê... extintor de incêndio... filtro... copos descartáveis...
FÚLVIO – É a casa da gente! Duvido que eles tenham uma casa mais limpa que a nossa...
MARIA – Por que vocês não me falaram...
FÚLVIO – A gente não queria te encher a cabeça, mãe...

Toca o telefone, perto da caixa. Abatida, Maria atende.

OS FUSILLIS DA SENHORA CARRARA 529

MARIA – Pronto... pronto! Filho? Sei. Deus te abençoe. Hum, hum... Sei...
(*pausa*) Sei. (*pausa*) Sei. (*pausa mais longa*) Como? Namorada...
Noiva? Mas como, noiva?... Hem?... Sei... Família oriental... sei...
mas vem a família inteira?... Ah, bom... Sei... Tá bom, meu filho.
Fazer o quê, não é? Ta bom... Deus te abençôe... tchau... (*desliga*)
FÚLVIO (*estranhando*) – Era o Fausto?
MARIA – O Fausto.
FÚLVIO – E a senhora não falou nada pra êle?
MARIA – Não.
FÚLVIO – E por que, mãe?
MARIA – Porque foi ele que me falou... Vai trazer a noiva pra gente conhe-
cer... Esta noite. Ela é oriental.

Pausa. Toca o celular no bolso de Dudu.

MIRIAN (*saindo do papel, a Dudu*) – Tá tocando o teu celular.
DUDU – É o teu.
MIRIAN – Dudu, eu estou te dizendo que o teu celular está tocando!
DUDU – E eu estou tentando te dizer que o celular que está tocando, embo-
ra esteja em meu poder, é o teu!

*Celular continua tocando. Depois de um momento,
cai a ficha de Mirian.*

MIRIAN – Me dá essa merda. (*Pega o celular*) Alô! Pronto! (*pausa*) Barbosa... ah, é você... Barbosa, eu estou trabalhando... (*pausa*) Barbosa,
eu sou uma atriz... Sei... sei... (*pausa mais longa*) O quê?... O quê?...
Sei... você está querendo me dizer... não, você está dizendo, mesmo...
que você quer se separar... de mim... Sei... você quer se divorciar...
sei... que entre nós está tudo acabado... Por que você não canta logo o
Abajur Lilás, Barbosa? A Última Carta? O "Adeus, adeus, adeus,
cinco letras que choram"? cafageste milonguero? (*pausa*) Eu sei que
existe outra, Barbosa, o batom na cueca... o quê? (*pausa*) O QUÊ? É
moça de família? Moça séria? Não me faça rir que me estraga toda a
maquiagem... Daonde? Sei... Chinesa? Da China? Legítima da China? Não será "made in Taiwan", Barbosa? O quê... e está grávida? De
você, Barbosa? Não, eu não aguento! É muito! Num dá... Não.
NÃO!!!! Chega!! Vou desligar!!!! (*desesperada*) apaguem esta
merda!!! Desliga a Embratel! Quero a Telesp! Abaixo a Telefônica!
Abaixo os gringos! Abaixo tudo! Deus, me ajuda!!! Mata! Quebra!
Quebra!!! (*atira longe o celular*).

*Longo silêncio. Os três colegas a olham, entre penalizados e
espantados. Ela esconde o rosto nas mãos, chora, murmura.*

MIRIAN – E agora, meu Deus, e agora?

Os três a rodeiam, tentando acalmá-la.

530 TEATRO COMPLETO: RENATA PALLOTTINI

Dudu – Calma, Mirian. Tudo na vida tem jeito.

Gabino – Isso vai passar, você vai ver!

Mirian – A moça está grávida! E é chinesa!

Dudu – Não se desespera!

Carlos – Ele vai repensar!

Mirian – E agora?

Dudu – Isso não é definitivo, não pode ser, é uma ilusão, bobagem!

Mirian – O que é que eu faço?

Gabino – Nada, fica na tua, quem está errado é ele!

Mirian – Vocês não entendem! Vocês não estão entendendo! Não estão vendo a minha situação? Agora ele vai trazer a chinesa aqui pra casa pra conhecer a nossa família! E eu ainda vou ter que fazer um jantar pra ela!

> *Reação de espanto e confusão dos três.*
> *Gabino é o primeiro a se recuperar.*

Gabino – Não, Mirian!

Carlos – Não!

Dudu – Quem vai trazer a chinesa dele é o Fausto, teu filho! (*aponta Carlos*) O Fausto! Ele!

Carlos – Acorda, Mirian!

> *Mirian volta a si, envergonhada.*

Mirian – É o Fausto? Na... peça?

Gabino – O Fausto, teu filho, na peça...

Mirian –... É mesmo... Acho que eu estou ficando xarope... Vamos... vamos nessa?

> *Meio encabulada, enxuga os olhos, volta ao papel.*

Gabino – Você está na cozinha e Fausto está entrando com a namorada. Entra, Carlos! Minie, você está pronta? (*vem um sonzinho de fora, afirmativo*) Podem entrar os dois! Na segunda rodada vamos ter que amarrar tudo isso! (*baixo*) Ainda bem que a porra do celular se fudeu. Vamos lá!!!

Voltam à cena; Fúlvio vem vindo da direção da porta, acompanhado por Fausto e Lilli Po, que trazem um buquê de crisântemos.

Fúlvio (*tentando ser gentil*) – Podem entrar, fiquem à vontade, a mãe já vem.

Fausto (*gentilíssimo, artificial, cheio de dedos*) – Entra, Lilli! (*ele acentua o primeiro i*) Entra, meu amor... senta aqui... (*dá a ela uma cadeira mais confortável*) Aqui, na verdade, é a nossa sala de jantar, você sabe como é, vocês também são do ramo, não? (*a Fúlvio*) O pai dela tem um restaurante em Miami... Tudo bem, amor?

OS FUSILLIS DA SENHORA CARRARA

Lilli, delicada, porém muda, assente com um sorriso.

FÚLVIO – Verdade? Em Miami, é? O que que se come, em Miami?
FAUSTO (*enfezadíssimo*) – De tudo, né, Fúlvio, em Miami se come de tudo, como aqui, aliás... não repara, Lilli, ele está querendo ser gentil. Ah, mãezinha, lá vem a minha mãe, mãezinha!

Entra Maria, abatida, chateadíssima, mas tentando aguentar a mão; ela vai fazer o possível para não falar sobre o incidente da vigilância sanitária, mas, a certa altura, vai se perder.

MARIA – Boa noite, boa noite, como estamos!!!
FAUSTO (*atrapalhado*) – Mãezinha!
MARIA – Sou eu mesma, Fausto e... a moça?
FAUSTO – Ah, a moça... é a minha noiva, mãezinha...
MARIA (*sem nenhum entusiasmo*) – Noiva... e como ela se chama?
FAUSTO – Lilli Po.
MARIA – Como?
FAUSTO – Lilli... Po!
MARIA – Lilli (*pausa*) Pô?
FAUSTO – É!!
MARIA – Muito prazer... Maria Carrara...

Lilli, educadamente, cumprimenta Maria, até com uma leve curvatura, mas sem dizer uma palavra, só com um doce sorriso, depois entrega os crisântemos.

MARIA – Pra mim? Que lindo, que delicado! Muito obrigada viu, (*procura lembrar o nome, não consegue*) Pô... digo... enfim... vou arrumar num vaso...

Sai pra buscar uma jarra, logo volta, arruma as flores e as põe sobre a mesa, que já está pronta para o jantar.

MARIA – Fausto, eu quis variar um pouco o jantar de hoje... tanta coisa está mudada, não? Você, a noiva, a vigilância sanit... (*interrompe, olha para Fúlvio, desconversa*) sabe como é... enfim... fiz um carpaccio...

Lilli olha para Fausto, com os olhos muito arregalados, o quanto pode. Fausto se toca.

FAUSTO – Olha, Mãe... uma pena... mas a Lilli não come carne...
MARIA – Ah... é?... Que pena... não come carne... mas não faz mal... de segundo prato tem um belo suflê... de verdura... sabe o que é verdura? (*Para a moça, que concorda com a cabeça*)
FAUSTO – Claro que ela sabe o que é verdura, né, mãe, ela é chinesa, não é marciana!
MARIA – É que ela não fala, Fausto!

532   TEATRO COMPLETO: RENATA PALLOTTINI

Fausto – Ela é tímida!
Fúlvio (*baixinho*) – Pensei que fosse chinesa...
Fausto – Pombas!

> *Maria e Fúlvio se olham, rapidamente.*

Maria – Fúlvio, você pensa nas bebidas, tá?
Fúlvio – Sim, mãe. A moça bebe o que, Fausto?

> *Fausto olha para Lilli, que baixa os olhos, timidamente.*

Fausto – Acho que por enquanto nada, mano... eu é que tomaria um belo
copo de vinho tinto! Acho que estou meio nervoso!

> *Fúlvio traz o vinho, abre-o, serve o irmão, serve água no
> copo de Lilli; Maria vem da cozinha, trazendo uma travessa
> de carpaccio e uma grande salada verde.*

Maria – Muito bem, muito bem, "andiamo a mangiare" ... Como será que
se diz isso em chinês... estou tentando... (*procura manter-se calma*)
Mas é que a Vigilância...
Fúlvio (*interrompendo rápido*) – Deixa que eu sirvo, mamma! (*pega a
travessa, todos se acomodam. Servindo*) E aí mano, conta como você
conheceu a moça...
Fausto – A Lilli?
Fúlvio – Claro, pô!
Fausto – Foi num show! A gente curte as mesmas coisas! Sting, Caetano
e a música de Bali!
Maria – De onde?
Fausto – Bali, mãezinha! Onde a gente vai passar a lua de mel, né, Lilli?
(*Lilli segue, impassível*) Né, Lilli? (*nada de reação, Fausto perde um
pouco a paciência*) Lilli, pô!

> *Lilli continua comendo a sua salada e tomando água, placidamente.*

Maria – Faz muito tempo que vocês se conhecem?
Fausto – Faz dois shows do Caetano!! (*ri*)
Fúlvio – Então faz dois anos!
Fausto – Mais ou menos!
Maria (*irritando-se um pouco*) – Dois anos? E só agora você fala dela,
meu filho?
Fausto – Bom, a gente queria se conhecer melhor... queria ver se dava
certo... Eu fui jantar no restaurante deles... é chinês, claro...
Fúlvio (*para a mãe, puxando os olhos*) – Aquelas coisas picadinhas, mis-
turadas... aquelas que você detesta... Lembra?
Maria – Cala a boca, filho...
Fausto – A família é do nosso ramo... (*tolamente*) Eles têm um restaurante
em Miami...

OS FUSILLIS DA SENHORA CARRARA

Fúlvio – Isso você já disse...

Maria (*seca*) – Miami é aquele lugar que todo mundo vai?

Fúlvio – Todo mundo que tem grana pro avião... e que eles deixam entrar ... Ah, ah, ah!

Fausto – Tinha que ver se a gente combinava, se dava certo, né, mãe? A Lilli tem uma moto, a gente vai de moto pra todo lado!

Maria (*irritando-se cada vez mais*) – Claro que tinha de dar certo... uma moça assim jovem, bonita... Miami, moto... vinte anos, ela deve ter, não tem mais do que isso, não é? Vinte anos!

Fausto – É, ela tem vinte anos, mãe...

Maria – Bonita, com essa carinha de criança, mais o corpo, novinha, tudo em cima, corpo de garrafa de coca-cola...

Fausto (*estranhando*) – Mãe...

Maria – E você não dizia nada... você pensou que eu não ia perceber? A gente sabe... a gente conhece... vocês pensam que a gente é trouxa... mas a gente não é trouxa, não, a gente é puta velha...

Mirian está saindo de novo do papel, os dois filhos ficam paralizados, Minie-Lilli abre cada vez mais os olhos.

Mirian/Maria – Precisou eu perceber, descobrir sozinha, precisou sentir o perfume da puta na tua roupa, precisou você olhar pra mim como se eu fosse um traste, uma pedra no teu caminho, com vontade de me tirar dalí, me fazer sumir, me matar... (*grita*) Precisou eu descobrir o batom na tua cueca, seu fiiiiilho da puuuuuuta!

Avança sobre Minie Lilli, que se defende, enquanto Dudu e Carlos se interpõem.

Os Dois – Mirian!

Gabino – Pára com isso!

Mirian (*gritando*) – Sua vaca chinesa! Sua vaca chinesa!!!

Tenta agredir a atriz, gritando sempre, até que pára, exausta.

Mirian (*cansada, repetindo*) – Eu te mato, Barbosa... eu te mato...

Gabino – Mirian!! (*desanimado*) Eu acho que este espetáculo não vai dar certo... e a estréia é amanhã...

Mirian – Eu mato os dois! Eu mato os dois! Tira essa vaca chinesa da minha frente!

Fausto/Carlos (*sem sair do papel*) – Lilli, melhor você ir... você tá motorizada...

Lilli se afasta suavemente de cena, enquanto os três homens permanecem nos seus papéis.

Fausto – Que foi isso, mãe?

534 TEATRO COMPLETO: RENATA PALLOTTINI

FÚLVIO – Eu sei! Foi a Vigilância Sanitária! A mãe está assim porque a cantina foi interditada!

FAUSTO (*com cara de culpado*) – Como, interditada?

Maria Carrara está sentada à mesa, abatida; pega um copo, serve-se de vinho, toma um gole.

MARIA – Veio uma notificação; eles acharam uma porção de falhas. O papel diz. Temos que corrigir tudo: fogão, exaustor, geladeira, banheiro, tudo. Enquanto não se mudar tudo, não podemos reabrir.

FAUSTO – Mas quando veio isso?

FÚLVIO – Hoje, esta tarde, um pouco antes de vocês chegarem.

MARIA – Eles já tinham estado aqui... e vocês receberam os homens, abriram a porta, mostraram tudo, você ainda deu gorgeta e tudo isso sem me avisar... se ao menos tivesse funcionado... mas nada. Olha no que deu.

FAUSTO (*mais culpado ainda*) – Eu pensei que ia resolver, que ia ficar por isso mesmo!

MARIA – Olha no que deu.

FÚLVIO – E agora?

Pausa longa.

FAUSTO – Há males que vêm para bem... (*sua linda frase não resulta e ele continua, cada vez se embrulhando mais*) Vamos reagir! Vamos reagir, gente! Chegou a hora de fazer as mudanças! Eles não querem que a gente se modernize? Vamos nos modernizar de vez! Trocar o fogão, botar todos os equipamentos, novas geladeiras, sanitários novos, tudo!

FÚLVIO – Com que grana?

FAUSTO – Pede-se um dinheiro no Banco, nós temos crédito!

MARIA – Mudar tudo... não sei se eu sei...

FAUSTO – Vamos contratar gente pra te ajudar, mãe! Vamos organizar tudo, fazer linha de produção, você só supervisiona... fazer comida em grande quantidade, aumentar a capacidade da casa, fazer delivery...

MARIA (*triste*) – Fazer o quê?

FAUSTO – Entrega, mãe, entrega a domicílio, o freguês pede pelo telefone e a gente manda, em quentinhas... Contratar uns motoboys... A Lilli entende disso, os chineses fazem isso faz tempo e ganham a maior grana!

MARIA (*triste*) – Eles são chineses... é diferente...

FAUSTO – Já pensou, fusilli delivery? Internacional paca! A gente ganha o que quiser e depois... e depois...

FÚLVIO – Tem mais?

FAUSTO – Depois, o próximo passo: comida congelada! Fusilli, brachola, pimentão, polpetone, rigatone, tudo da melhor feitura, congelado, vendendo em supermercado, nas melhores casas do ramo, quantidades industriais, tudo, tudo!

OS FUSILLIS DA SENHORA CARRARA 535

Maria está cansada, atordoada.

MARIA – Fazer tudo isso vai ser duro... Eu não fiquei velha pra acabar assim... Eu pensava que tudo já tinha sido organizado, que estava bom, que era o melhor... eu pensava que os velhos sabiam de tudo, mas era mentira, a gente não sabe de nada... nem eles nem eu... Estou cansada... vou dormir... tchau... (*sai*)

FAUSTO – O que foi que deu na mãe?

FÚLVIO – Cansaço, né, Fausto? Desde que o velho morreu que ela está tocando isto aqui, praticamente sozinha!

FAUSTO – Sozinha não, que eu estou aqui!

FÚLVIO – A responsabilidade é dela, a freguezia vem aqui por causa dela!

FAUSTO – O que eu quero é exatamente aumentar o faturamento e reduzir o trabalho dela!

FÚLVIO – Eu compreendo, mas não sei não...

FAUSTO – Começando pelo delivery... que é que você acha da minha idéia?

FÚLVIO – Isso que você tá dizendo, mano, já tem muito por aí. Você mesmo disse que os chineses fazem.

FAUSTO – Fazem! "China in box"!

FÚLVIO – Você acha que dava certo "Fusilli in box"?

FAUSTO – Qualquer coisa in box dá certo! E depois, claro, o nome não seria esse!

FÚLVIO – E qual seria?

FAUSTO (*bombástico*) – "Os Fusillis da Senhora Carrara"! Já pensou?

FÚLVIO – Precisa só ver se a senhora Carrara está de acordo...

Sem que eles percebam, Maria vem de dentro, de camisola
e penhoar, com um copo na mão para buscar água.
Ao ouvir seu nome pára e presta atenção.

FAUSTO – Depende de nós, mano... o primeiro passo eu já dei...

FÚLVIO – E qual foi?

FAUSTO – Adivinha!

FÚLVIO (*hesitando*) – Não tenho idéia...

FAUSTO – Pensa!

FÚLVIO – Eu não acredito!

FAUSTO – Pode crer!

FÚLVIO – Não me diga que você... (*ele desconfia e Fausto confirma, feliz*) Foi você que dedou a casa pra Vigilância?

FAUSTO – Claro, mano... claro... tudo pelo progresso! (*pausa*) Fui eu quem denunciou a casa pra Vigilância Sanitária! (*ar de triunfo*)

FÚLVIO (*sem poder acreditar*) – Você! Você? Você teve coragem de dar esse desgosto pra mãe? Você é... você é um filho da puta, Fausto! Um filho da puta!

FAUSTO (*rindo*) – Não diga isso da minha mãe, seu veado!

536 TEATRO COMPLETO: RENATA PALLOTTINI

*Fúlvio avança sobre o irmão e tenta agarrá-lo; Fausto se esquiva
e aplica uma rasteira em Fúlvio, que cai sentado.*

FAUSTO – Não se meta comigo, bundão! Você não pode comigo, nem nunca pôde! Belo da mamma, você sempre foi esse bundão que tá aí, sem força nem energia, um bosta, sempre! Por que não casa, por que não faz coisa de homem?

Fúlvio tenta se levantar, mas volta a cair.

FAUSTO – Sabe por quê? Porque é o protegido da mãezinha, o bunda-mole!
FÚLVIO (*ainda no chão e assumindo a queda*) – Eu, bunda-mole?
FAUSTO – Vai negar?
FÚLVIO – Nós dois somos os protegidos da mãezinha, Fausto, você é que não sabe! Que é que você fez na vida até agora? Comeu as cozinheiras e usou a calculadora aí no caixa! E me chama de veado? Só porque arrumou uma chinesa e se deita com ela? Isso é fácil, bêbado qualquer um faz!
FAUSTO – Então faz!
FÚLVIO – Ainda não tou bem bêbado ...
FAUSTO – Eu quero ir pra frente, progredir, ganhar dinheiro! Eu tenho mulher, quero casar, ficar rico, ter filhos, muitos filhos... e, aliás, pra seu governo, já está encomendado o primeiro, ouviu?
FÚLVIO (*ainda sentado*) – Você vai ter um filho? A... a moça tá grávida?
FAUSTO – Tá. E a chinesada não sabe! E quando souber vai ter! E eu vou ter que casar, senão perco a moça, a moto, Miami, o box e tudo o mais! Entendeu agora? Eu tenho que acelerar, pisar fundo, senão a concorrência passa por cima! Passa por cima e o meu filho nasce! Tenho nove meses pra me atualizar e nem um minuto mais!

*Maria sai do ambiente da cozinha, onde estava, e vem para onde
estão os filhos. Traz um copo de água para Fúlvio. Ajuda-o
a levantar-se, delicadamente, diante do espanto dos dois filhos.*

MARIA – Toma esta água, meu filho. Levanta. (*depois, senta-se e, com um gesto, convida Fausto a fazer o mesmo*).
Vem, vamos conversar, Fausto. (*Fausto, atônito, se senta*) Isso. Então, quer dizer que foi você que nos denunciou pra Vigilância Sanitária. Tá bom. Já entendi. Isso se vê depois. E quer dizer, também, que a moça muda está grávida... (*mudança; meio gaiata*) Verdade que elas são atravessadas, meu filho?
FAUSTO – Mãe, pelo amor de Deus!
MARIA – Tá bom, então não são. Mas grávida ela ficou, como todo o mundo. E agora você precisa resolver a questão, rapidinho. Se casa com a filha do frango chinês... não, xadrês... A filha do frango xadrês... (*ri*)
FAUSTO – Mãe!

MARIA – Sei, meu filho... estou só tentando fazer as coisas mais fáceis, mais... divertidas... Você precisa se casar, ter um bom negócio pra apresentar... No bom sentido, claro...

FAUSTO – Pois é, mãe...

MARIA – Quer dizer: por bem ou por mal, nós temos que concordar com você, mudar a casa, mudar a nossa vida, modernizar a cantina, usar molho de lata, comprar a massa pronta, entregar em casa, fazer uma porrada de pratos, atender uma porrada de gente... é isso? Eu só comando, dou aquilo que você disse que é pra eu dar...

FAUSTO – Know-how, mãe...

MARIA – Isso... Funcionamos como todo mundo: abre a casa, quem chegar chegou, não tem mais uma quantidade certa, seja lá o que Deus quiser, se São Genaro ajudar a comida sai boa, o gosto vai ser igual ao de duzentas cantinas que tem por aí e adeus os fusillis da senhora Carrara, vai ser tudo a mesma... (ia dizer "merda", mas se arrepende) coisa...

FAUSTO – Mãe, no fundo tudo é a mesma coisa mesmo, ninguém repara muito, a gente dá um trato no visual da casa...

MARIA – Sei, muita lingüiça pendurada, muito retrato de jogador de futebol, muito "fiasco" vazio... contrata dois caipiras pra fingir que cantam música napolitana, uma sanfona, um violão... você pensa que eu não sei das coisas, mas eu sei...

FAUSTO – Mãe, você é a maior!

MARIA – É o que você pensa, né, meu filho? Pra quando é o meu neto?

FAUSTO (sério) – Tem sete meses ainda, mãe...

MARIA – Tem tempo ainda... o "Seu" Barbosa também está com o mesmo problema...

FAUSTO – Quem, mãe?

MARIA – "Seu" Barbosa... o nosso contador!

Os irmãos se entreolham.

FAUSTO – Contador...

MARIA – O que cuida da papelada aqui da casa, Fausto!

FAUSTO – Sei...

MARIA – A mulher dele, coitada! Me contou que ele se enrrabichou com uma mocinha... dona de uma lojinha da Liberdade... "Seu" Barbosa foi fazer a contabilidade da lojinha... e, conta vai, conta vem... fatura vai, fatura vem... ele faturou a moça!

Fausto e Fúlvio estão de boca aberta.

MARIA – E agora, não sei, porque o caso dele não é só casar, afinal de contas ele já é casado, a mulher dele, coitada, está que chora só de abrir a boca pra contar o caso, vocês são homens, não entendem, mas a gente que é mulher sabe, todo o mundo já passou por uma coisa parecida, a outra é mocinha... eu não gosto de falar, mas o falecido,

538   TEATRO COMPLETO: RENATA PALLOTTINI

que Deus tenha... (*aponta o retrato do senhor Carrara na parede, enquanto Fausto grita*)

FAUSTO – Mãe, não!

MARIA – Ele também gostava das mocinhas... se eram mulatas, então, era um Deus nos acuda... Uma vez...

FAUSTO – MÃE!!!

GABINO – Mirian!

MARIA (*serena*) – Eu estou ficando velha... eu já não sou a mesma...

Pausa; ninguém sabe muito bem como estão as coisas.

MARIA – Que horas são, Fausto?

FAUSTO – Já é de madrugada, mãe ...

MARIA – Então, pega papel e caneta...

Fausto, sem entender, faz o que a mãe indicou.
Fúlvio, automaticamente, o ajuda.

MARIA (*ditando*) – Receita do molho de fusilli...

FAUSTO – Você vai me dar a receita do molho, mãe?

MARIA – Já estou dando... anota... (*receita*) Um bom peso de carne... pode ser coxão duro... lagarto... alcatra... peito...

FAUSTO – Pode ser qualquer um, mãe?

MARIA (*emocionada*) – Era pra ser o pedaço de carne que a gente tivesse em casa... foi o jeito que as velhas arrumaram, pra dar de comer a toda a família, só com um pedaço de carne... a que tivesse, a que fosse possível... Prepara a carne... se for de rechear, recheia com pedaços de toicinho... pedaços pequenos de pimenta vermelha... Às vezes até pedaços de queijo duro que tenha sobrado e que ninguém sabe o que fazer com ele... nada se perde, nada!...

FAUSTO (*meio assustado e anotando*) – Sei...

MARIA – Faz furos na carne, com uma faca de ponta... Põe sal... não muito, porque os velhos não podem comer comida muito salgada... (*está se emocionando cada vez mais*) ... ervas... cebolinha... salsa... cominho... orégano... mangericão... tudo fica perfumado... perfumado...

Mirian/Maria não agüenta e começa a chorar.
Os três homens esperam um pouco.

MIRIAN – Era assim... minha avó fazia assim mesmo... eu sentia o perfume e ia me chegando... Minha avó... a nonna... tinha uns braços quentes... era gorda, suave e macia... E me abraçava... me abraçava... A minha mãe não gostava muito de mim, essa é que é a verdade, quem gostava de mim era a minha nonna, ela me dizia, "bella, bella da nonna" e me abraçava e depois me dava um pedaço de pão molhado no molho e me mandava brincar e eu ia, feliz, eu ia, tão feliz como não fui nunca mais, nunca mais, nunca mais...

OS FUSILLIS DA SENHORA CARRARA 539

Dudu – Mirian...

Mirian – E agora, o que é que a gente tem? Me diz? O quê? Um marido que te engana, um filho que te atraiçoa, que te entrega prôs milicos...

Carlos – Não são milicos, é só a Vigilância Sanitária, Mirian!

Mirian – É a mesma coisa, você não vê que é a mesma coisa, são os que mandam, as autoridades, o poder, tudo a mesma merda, tudo pra estrepar com a gente, o quanto podem, mas eles, eles, sempre se dão, sempre, eles sempre saem ganhando, você não vê?

Gabino – Você tá misturando estação outra vez, Mirian!

Mirian (séria) – Não sou eu, é a vida, Gabino! É a vida que tá misturando estação... (retoma o seu papel)

Maria – Depois que a carne estiver preparada... você pode até por na tigela um pouco de vinho tinto, mas não muito... não muito... E deixa descansar... tudo tem que descansar, você sabe...

Fúlvio – Mãe, você acha isso que você tá fazendo uma boa idéia?

Maria – Ele tem direito, Fúlvio. Eu só estou dando a receita. Mas não estou pondo a alma. A alma, ele vai ter que descobrir, que inventar... A alma é de cada um... a minha nonna tinha a dela... cada prato que ela fazia tinha o gosto do amor que ela nos tinha... cada prato que você faz carrega o teu amor, entendeu? Por isso é que eu não acredito na comida enlatada, empacotada, congelada, feita em quantidade, feita em série... ou então, quem sabe? Quem sabe se o mundo que vai vir não é mesmo assim? Vai ser uma pena. Mas eu não vou estar aqui pra ver...

Fausto (ansioso, manejando a caneta) – E depois, mãe?

Maria – Depois que a carne estiver bem preparada, bem temperada, recheiada e tudo, você separa; aí é a hora de preparar o tomate. Você sabe, não? Tem que ser tomate bem maduro, de preferência pequeno, esse tomate de japonês, grande, é muito duro, quase não tem massa... Você limpa bem os tomates, tira a pele e as sementes, corta em pedaços...

Fausto – Pode passar no liquidificador?

Maria – Pode... tanto, você vai comprar o molho pronto, não é?

Fausto – Ah, mãe!

Maria – E não é?

Fausto – Continua!

Maria – Separa os tomates... tem que ser muito, uma boa quantidade, viu, e bem maduro! Você limpa uns alhos, pica em pedacinhos, pode amassar, se quiser, pega umas folhas de louro... não me põe cebola! Que eu não gosto. Põe numa panela bem grande um tanto de azeite bom...

Fausto (choroso) – Azeite bom, mãe?

Maria – Bom, vai, mistura... Põe um pouco desse óleo de milho... põe a panela no fogo, deixa o azeite esquentar bem, depois põe a carne prá fritar... Tem que dar perfume, se não der perfume, não presta! Tem que ter um cheiro que todo o mundo que passe por perto diga: "que maravilha, que cheirinho bom, ai, que fome, me deixa molhar o pão!" – e aí, se for amigo, você pega uma lasca de pão italiano e deixa

540 TEATRO COMPLETO: RENATA PALLOTTINI

molhar no azeite da fritura... Minha avó fazia assim, quando eu tinha muita fome e começava a rodear a panela do molho ela pegava uma lasca bem grande de pão italiano... de preferência uma lasca que tenha casca... e molhava e me dava e me dizia: "vai, bella da nonna, vai brincar..." e eu ia, e nada do mundo podia me acontecer, nenhuma desgraça, nenhuma doença, nenhuma infelicidade, desgosto, dissabor, decepção, porque o pior é a decepção, você entende, Dudu, o pior de tudo é a decepção... você dormiu com um homem, agarrado com ele, esse homem esteve dentro de você, no mais íntimo de você, vocês gemeram juntos, gozaram juntos e agora esse mesmo homem te mentiu, ficou um tempão enganando, usando mentiras, falsidades, truques, você sabe? Você entende?

DUDU – Claro, Mirian, claro.

Mirian volta ao papel.

MARIA – Depois que a carne estiver bem frita, que pegou o gosto de todas aquelas maravilhas, você pode pôr o tomate: picado, sem casca e sem sementes. Tomate de qualidade, especial, como tudo, tudo tem que ser especial...

FAUSTO – E depois?

MARIA – Depois é ir vigiando, como se vigia uma criança; ter cuidado pra não queimar, ter cuidado pra não pegar... Vai pondo água aos poucos, de preferência morna e vai vigiando, vigiando... leva horas de cuidado e de carinho... Até que a carne esteja cozida, o molho esteja grosso, encorpado, até que você sinta que pegou ponto, que está no ponto...

Fausto, feliz, anota tudo que a mãe lhe disse, com cuidado.
Fúlvio olha aquilo tudo com tristeza.

FAUSTO – Tá tudo anotado, mãe! Agora, sim!

Olha suas anotações, com ar de triunfo. Fúlvio só olha.

FÚLVIO – Isso quer dizer, mãe, que você tá de acordo com ele, que nós vamos mudar todo o esquema, fazer tudo em série, linha de produção, montes de gente na cozinha... É isso?

MARIA (*sonhadora*) – Montes de gente na cozinha não... minha mãe dizia que onde cantam muitos galos, nunca amanhece...

FÚLVIO – Mas é isso que vai acontecer, mãe!

MARIA (*olhando para os dois*) – Meu filho... meus filhos... vai acontecer o que vocês quiserem... vocês é que são os homens, vocês que mandam! Eu não resolvo nada, pra mim é igual!

FÚLVIO – Mas, mãe... sem você ajudar, fica difícil...

MARIA – Que mais eu posso fazer? Já dei minha opinião, já expliquei meu pensamento... mas não posso tomar o partido de nenhum dos dois,

OS FUSILLIS DA SENHORA CARRARA

vocês dois são meus filhos! Se ficar de um lado, estrago o outro! Você não vê?

FÚLVIO – Quem não vê é você, mãe! Já estamos com a casa fechada! Já estamos interditados! Temos que fazer uma porção de reformas! O Fausto vem com idéias novas, idéias que não são as minhas, mas tá bem! Ele quer casar, quer ter um filho, arrumar a vida dele! E eu, como fico? Sem mulher, sem filho, sem casa, sem acreditar nesse novo sistema... e a senhora acaba de ensinar a receita secreta, aquela que a senhora não ensinava pra ninguém, acaba de ensinar pra ele! E eu? Com tudo isso, eu estou morto, mãe! A senhora me matou, eu estou morto!

MARIA – Não fala isso nem brincando, filho!

FÚLVIO – A senhora pensa que não tomou partido, a senhora pensa que quem vai decidir somos nós, os homens, os... seus meninos... mas eu já perdi!

Fausto guarda a sua receita, ciosamente.

FAUSTO – Agora tudo vai dar certo! Vamos sair dessa!

Maria se afasta um pouco dos outros; pega um guarda-chuva que estava no cabide, olha-o, sorri com tristeza.

MARIA – Sabe que, antigamente... diziam... quando as mulheres iam fazer o fusilli, elas usavam uma vareta de guarda-chuva velha, bem limpinha... tinha que ser das redondas, não dessas varetas de agora, que tem buracos, são ásperas, nem redondas mais não são não... tinha que ser uma vareta de guarda-chuva, ou um ferrinho bem redondo, bem fino, bem limpo... isso se faz com as mãos, compreende? Se abria a massa, um pouco mais grossa... se cortava em tiras, se enfarinhava o ferrinho... e depois ia enrolando, enrolando... como um fuso, compreende? Por isso se chama "fusilli", porque é redondo como um fuso, com um buraquinho dentro... é macarrão que não se guarda, tem que ser feito na hora ...é meio seco, meio fresco... não se repete... é... como dizem? artesanal... (*pausa*) Não, meu filho... isso não dá prá fazer de montão, industrial... o molho é sempre ao sugo... também não dá pra enganar com esses molhinhos de lata... que dá pra enganar, dá, mas, vale a pena? Vale a pena enganar, Fausto?

FAUSTO – Eu não tenho escolha, mãe.

MARIA – Você prefere assim?

FAUSTO – Se não for aqui, eu faço em outro lugar...

MARIA – Sem... a gente?

FAUSTO – Sem você nunca vai ser igual, mãe... mas... fazer o quê? Eu tenho que viver, a Lilli tem que viver... o menino... o menino vem aí... Vai ser o melhor possível dentro das condições... o mundo está caminhando, o mundo está mudando, periga de o mundo acabar... as pes-

542 TEATRO COMPLETO: RENATA PALLOTTINI

soas estão se matando, e prá que vão se matar sem comer um fusilli antes? Não vai ser o melhor do mundo, mas vai ser o possível...

MARIA – Então vai, meu filho. Pega teu rumo. Vai fazer a tua vida. Que Deus te abençõe. E te dê muitos filhos, todos mulheres, pra ajudar na cozinha e na vida. Pra velar os mortos, pra desassustar os doentes, pra ajudar nos partos.

FAUSTO – Não dá pra ter um macho, de vez em quanto, mãe?

MARIA – Vá lá, um, pra torcer pro Palmeiras...

FAUSTO (*vai se dirigindo para dentro de casa*) – Vou pegar minhas coisas, mãe. A Lilli vem me buscar.

MARIA – Quer que a gente avise ela?

FAUSTO (*mostrando*) – Não precisa, eu também tenho celular...

MARIA – Até você, bruto? Schifoso!

Fausto sai para o interior.

FÚLVIO (*meio assustado*) – E agora, mãe?

MARIA – Agora nós, os de antigamente, os trouxas. Vamos pedir dinheiro no Banco, afinal o crédito é desta casa, não? Vamos fazer algumas reformas, molhar a mão dos fiscais, tudo vai dar certo. E vamos continuar aqui, fazendo uma comidinha honesta e ganhando o nosso dinheirinho certo. Me chama aí o "Seu" Barbosa. Precisamos legalizar toda essa confusão.

Fúlvio vai para o telefone.

MARIA (*falando ao retrato do marido*) – Arturo, "Porca Miséria", "Meno Male"! (*obviamente, ela está se referindo aos sucessos teatrais do gênero*) Podia ter sido pior. Vamos começar tudo de novo. Com um pouquinho mais de recursos. Prometo que vou contratar mais duas mulatinhas, em tua homenagem; estou oferecendo oportunidades de emprego, não é assim que se diz? Tudo pelo social.

FÚLVIO – Ele já vem, mãe. Tá aqui do lado.

Maria continua a olhar a foto do marido.

FÚLVIO – Mãe... mas você não explicou direito como se faz a massa do fusilli... só falou assim, por cima...

MARIA – E você não sentiu que faltava nada na receita do molho?

FÚLVIO – Faltava erva? Basílico?

MARIA – Não... basílico é o nome italiano do mangericão. Isso ficou claro.

FÚLVIO – Então, o quê?

MARIA – Não se lembra daquela coisa de índio, que um brasileiro um dia ensinou pra gente? Aquele grãfino?

FÚLVIO – Aquela coisa de passar no corpo prá ficar vermelho? Urucum?

MARIA – Aquilo! Só que aquilo não deixa só o corpo vermelho, ele dá um toque!

OS FUSILLIS DA SENHORA CARRARA   543

FÚLVIO – Mas é coisa de índio, mãe! A gente pode, misturar coisa nossa
com coisa de índio?

MARIA – E não é isso que nós estamos fazendo a vida toda, Fúlvio? Misturando as nossas coisas, as nossas lições, o que a gente lembra, o que
a gente inventa, os italianos, os turcos, os negros, os índios, os pola-
cos? É tudo misturado, meu filho! Nada é como era! Se eu fosse
visitar a Itália agora (e quem me dera!), na certa que eu não ia encontrar nenhum fusilli igualzinho ao meu!

FÚLVIO – Isso já me disseram os que foram lá!

MARIA – Pois é! O meu fusilli tem a minha mão. E esta continua aqui. Até
quando Deus e San Genaro quiserem...

Fausto volta, trazendo uma maleta pequena.

FAUSTO – Depois eu volto pra pegar mais coisas. Mas a senhora deixa o
meu quarto arrumado. Nunca se sabe!

MARIA – É... nunca se sabe ...

*Iniciam-se as despedidas. fundo musical obrigatório: a cena final de
despedida entre Turiddu e Mamma Lucia da "Cavalleria Rusticana".
Tom melodramático, de ópera. Depois, volta ao normal, no diálogo.*

FAUSTO – Tchau, mãe... a bença...

MARIA – Deus te abençôe, meu filho! Sorte!

*Todos se abraçam e se beijam, os homens se dão grandes tapas nas
costas, de uma forma bem macha. Maria chora, discretamente.*

FAUSTO (*disfarçando e enxugando os olhos*) – Me aguardem, que qualquer
hora estou aí! E quando eu for inaugurar, mando convite!

MARIA – Assim seja! Sorte!

*Fausto sai, os dois ficam deprimidos, desanimados; quase
imediatamente entra "Seu" Barbosa, de óculos escuros.*

BARBOSA – Com licença ... A porta estava aberta ...

MARIA (*sem olhá-lo, enxugando os olhos*) – Entra, seu Barbosa, a casa é
sua...

BARBOSA – Cruzei com o Faustinho aí fora. Ele vai viajar?

MARIA – É, um pouco...

BARBOSA (*com um ar ambíguo*) – Tinha uma moça, do olhinho puxado, de
moto... bonitinha, né? Namorada?

MARIA – É... um pouco...

FÚLVIO – É chinesa ...

BARBOSA (*ainda ambíguo*) – Chinesa...

*Só agora Maria olha para a figura de Barbosa.
Ele tira os óculos escuros. Tem um olho roxo.*

544 TEATRO COMPLETO: RENATA PALLOTTINI

Maria – Que foi isso no olho, Seu Barbosa... Bateu em alguma coisa? Seu Barbosa... Seu Barbosa... (*caindo em si*) Barbosa!

Mirian sai do papel.

Mirian – É você, seu filho da puta! Puto! Velho milonguero! Galinha!!!!
Barbosa – Calma, Mirian!
Dudu – Calma!

Fausto/Carlos põe a cara pra fora dos bastidores e ri, sem vergonha.

Fausto/Carlos (*de fora*) – É hoje!
Gabino – Calma, Mirian!
Mirian – Calma, o *cazzo*! Ele arrumou mulher, chinesa, e ainda fez um filho!
Barbosa – O filho não era meu!
Mirian – Ah, não era, é? Bem feito, corno!
Barbosa – Não era meu! Me fez de trouxa, a biscatinha!
Mirian (*gritando*) – E EU COM ISSO!!!!! Me deixa em paz que eu estou trabalhando!
Gabino (*baixo*) – Pelo menos estava...
Mirian (*enlouquecida, a Gabino*) – Não me enche o saco, você também!
Barbosa – Amor, ouve...
Mirian – Vá à merda com o seu amor!!!!
Barbosa – Querida, me escuta: Dudu, me ajuda!
Dudu – Mirian, dá uma chance...
Barbosa – Eu me enganei... a gente, quando chega na menopausa de homem, faz um monte de besteira... O distinto (*aponta*) não funciona mais...
Mirian – E eu não sei?...
Barbosa – A gente quer que ele funcione... toma pílula, faz implante, vê filme de sacanagem... arruma menininha... mas menininha é bom pra rapaz... num vê essa? Está com o Fausto...
Mirian – Mas a tua... é a Minie? a... Lilli?... A porra essa, pô?
Barbosa – Eu também não sei... como vou saber? Elas são todas iguais! Só sei que está grávida e que o filho não é meu e que eu estava fazendo papel de besta...
Mirian – Não, quem estava fazendo papel de besta era eu...
Barbosa – Me dá outra chance...

Gabino, Dudu e Carlos, de fora, gritam em coro.

Coro – Outra chance! outra chance! Outra chance!
Mirian (*fazendo força pra parecer séria*) – Nem morta.
Barbosa – Por favor, bem...
Mirian – Nem vem...
Gabino – Seja humana, Mirian... tenha pena... olha o olho dele...

OS FUSILLIS DA SENHORA CARRARA

MIRIAN – Ele mereceu...
BARBOSA – Você tá certa, Mirian... pode bater no outro...
MIRIAN – Puto...
BARBOSA – Fui castigado...
GABINO – Reconsidera, Mirian...

Ela pára e pensa.

MIRIAN – Com uma condição...
GABINO – Pode dizer...
MIRIAN – Só se você me deixar mudar o final da peça...
GABINO – Qual delas?
MIRIAN – A verdadeira... não, a falsa! Ah, sei lá!
GABINO – Vai! Você tem testículos pra isso...

> *Todos os demais personagens saem; Maria fica sozinha,*
> *no cenário da cantina. Pega o guarda-chuva, que enrola e guarda*
> *com carinho. Pega a guitarra e tira um pouco o pó,*
> *experimenta umas notas. Encara o senhor Carrara.*

MARIA – Pois é, Arturo. Vou continuar aqui, na casa que você fundou e onde nós fizemos os nossos filhos. Acho que sou uma perdedora, "ma chi se ne frega"? Acho que o Fúlvio não é muito chegado em mulher, mas fazer o quê? Ninguém me disse que eu ia ter que criar dois galos de briga. Um vai ficar comigo, e vou ajudar ele a ser feliz como puder. Também não quero mais macho. Dá muita mão de obra. Eu trabalho e como, vivo feliz com pouco e agora, sabe, estão saindo uns disquinhos que a gente põe um aparelhinho nos ouvidos e ouve todas aquelas belezas de antes, mas também algumas novidades boas!! Ah... e no ano que vem vou passear na Itália! Aí, num te garanto nada, porque aqueles homens de lá têm uma lábia, é o que dizem... Ah... Arturo... de lá de cima, me dá uma mãozinha, tá?

> *Começam a esmorecer as luzes; permanecem acesos apenas três*
> *refletores: um sobre Maria, um sobre o retrato do senhor Carrara e o*
> *outro sobre o guarda chuva. Maria começa a tirar a roupa de trabalho,*
> *o avental. Vai se transformar em Mirian. Mirian vai saindo de cena,*
> *devagar, de cabeça baixa. Barbosa entra em cena.*

BARBOSA – Você deve estar cansada, bem... vamos jantar?
MIRIAN – No Jardim de Napoli? Você me leva?
BARBOSA – Onde você quiser... e depois, com uma bela garrafa de Chianti...
    (*faz um gesto malicioso*) Quem sabe?
MIRIAN (*desanimada*) – Ih, meu velho... pra isso... "vulesse a Madonna"!!!!!!

REPERTÓRIO: TRADUÇÕES E ADAPTAÇÕES

A Verdade Suspeitosa

Tradução do original espanhol de Juan Ruiz de Alarcon – dramaturgo do Século de Ouro –, 1966, inédito.

Personagens

Dom Garcia	–	jovem cavalheiro
Dom João	–	jovem cavalheiro
Dom Felix	–	jovem cavalheiro
Dom Beltrão	–	velho grave
Dom Sancho	–	velho grave
Dom João	–	velho grave
Tristão	–	gracioso
Um Letrado		
Caminho	–	escudeiro
Um Pagem		
Jacinta	–	dama
Lucrécia	–	dama
Isabel	–	criada
Um Criado		

A ação se passa em Madri.

PRIMEIRO ATO

Sala em casa de Dom Beltrão.

CENA 1

Entram por uma porta Dom Garcia, vestido de estudante
e um Letrado, velho, com roupa de viagem;
por outra Dom Beltrão e Tristão.

DOM BELTRÃO – Meu filho, bem haja o céu!
DOM GARCIA – Dá-me a tua mão, senhor.
DOM BELTRÃO – Como passas?
DOM GARCIA – O calor
com que o verão se acendeu
me incomodou de tal arte
que o não pudera sofrer
senhor, se não fosse o ter
a esperança de encontrar-te.
DOM BELTRÃO – Pois entra e vem descansar.
Estás um homem deveras.
Tristão!
TRISTÃO – Senhor!

554 TEATRO COMPLETO: RENATA PALLOTTINI

DOM BELTRÃO –   O que esperas?
Tens novo amo a quem cuidar!
Serve desde hoje a Garcia,
pois tu és dextro na corte
e ele novo.
TRISTÃO –   No que importe
eu lhe servirei de guia.
DOM BELTRÃO – Não é servo que te dou,
mas conselheiro e amigo.
DOM GARCIA – Terá esse posto comigo. (*sai*).
TRISTÃO – Vosso humilde escravo sou. (*sai*).

CENA 2

Dom Beltrão, o Letrado.

DOM BELTRÃO – Um abraço, Licenciado.
LICENCIADO – Só a vossos pés será.
DOM BELTRÃO – Levante-se. Como está?
LICENCIADO – Bem, satisfeito e honrado
de meu senhor Dom Garcia,
a quem tanto amor criei
que não sei se poderei
viver sem sua companhia.
DOM BELTRÃO – Deus o guarde; que, de fato,
sempre o senhor licenciado
claros indícios tem dado
de agradecido e cordato.
Tão precisa obrigação
folgo de que haja cumprido
Garcia, e tenha acudido
ao que é tanta razão.
Pois desde já lhe asseguro
ser tal minha gratidão
que, se de Corregedor
deu-lhe a minha intercessão
o posto, faria igual
meu amor que sempre cresce:
dar-lhe-ia, se pudesse,
lugar no Conselho Real.
LICENCIADO – Confio em vosso valor.
DOM BELTRÃO – Bem o pode acreditar;
no entanto, devo aclarar

A VERDADE SUSPEITOSA

que, se com o meu favor,
a esse escalão primeiro
subiu já o Licenciado,
subirá desajudado,
por virtude, o derradeiro.

LICENCIADO – Em qualquer tempo e lugar
hei de ser vosso criado.

DOM BELTRÃO – Já que, senhor Licenciado,
o leme deve deixar
da embarcação, que é Garcia
e eu devo velar por ele,
em meu favor e no dele,
uma coisa pediria.

LICENCIADO – Alegre, senhor, espero
o que me quereis mandar.

DOM BELTRÃO – Mas a palavra há de dar-me
de que o cumprirá, primeiro.

LICENCIADO – Por Deus vos juro cumprir,
senhor, a vossa vontade.

DOM BELTRÃO – Pois que me diga a verdade,
é só o que tenho a pedir.
Já sabe que meu intento
no caminho que seguia
de letrado, Dom Garcia,
foi seu acrescentamento;
pois, para um filho segundo
como é ele, é coisa certa
ser essa uma porta aberta
para as honras deste mundo.
Mas, como Deus foi servido
levar meu filho maior,
Dom Gabriel, a seu amor,
e privar-me do morgado,
determinei que, deixada
essa profissão, viesse
a Madri, onde estivesse
como é coisa acostumada
entre ilustres cavalheiros
de Espanha; porque está bem
que as mais nobres casas dêem
a seu rei os seus herdeiros.
Pois, como é já Dom Garcia
homem que não há de ter
mestre, e há de viver
com a minha companhia,

e meu paternal amor
com justa razão deseja
que o melhor talvez não seja,
mas que não seja o pior;
quero, senhor licenciado,
que me diga claramente
e sem lisonja, o que sente,
(pois o tem acompanhado),
do seu modo e condição,
do seu trato e exercício
e a que gênero de vício
mostra mais inclinação.
Se tem hábito danoso
que se precise emendar,
não pense que o aclarar
vai me deixar pesaroso.
Terá vício, é de se ver,
que me pese claro está,
no entanto, sabê-lo já
é-me útil, senão prazer.
Pois em nada poderia
fazer-me maior favor
ou mostrar mais e melhor
o bem que quer a Garcia,
do que em dar-me um desengano
quando seja de proveito,
pois melhor antes do feito
que depois de feito o dano.

LICENCIADO – Tão estreita prevenção
senhor, não fôra mister,
para levar-me a fazer
minha própria obrigação.
Pois é caso averiguado
que, quando entrega ao senhor
um cavalo, o picador
que o considera domado,
se o não informa dos modos
e das manhas do animal,
faz com que suceda o mal
ao cavalo, ao dono e a todos.
Serei sincero a preceito
que, ademais do juramento,
dar-vos uma purga intento
de mau gosto e bom efeito.

A VERDADE SUSPEITOSA

De meu senhor Dom Garcia
todos os atos mantém
certo acento, em que convém
com alta genealogia.
É magnânimo e valente,
é sagaz e é engenhoso,
liberal e piedoso;
se repentino, impaciente.
Não vos direi das paixões
mais próprias da mocidade,
porque nessas com a idade
variam as condições.
Mas parece-me demais
a falta em que tem caído,
pois o tenho repreendido
e não se emenda jamais.

DOM BELTRÃO – Coisa que, em nossa cidade,
pode envergonhar a um pai?

LICENCIADO – Pode ser.

DOM BELTRÃO –   Qual é? Contai!

LICENCIADO – Não dizer sempre a verdade.

DOM BELTRÃO – Deus! Que coisa malfazeja
em homem de obrigação!

LICENCIADO – Penso eu que, condição
ou mau hábito isto seja,
com tamanha autoridade
como a que tendes, senhor,
e o fato de ser maior
sua cordura com a idade,
esse vício perderá.

DOM BELTRÃO – Se o ramo novo não perde
a má postura, e é verde,
que há de poder, sendo já
um tronco robusto e posto?

LICENCIADO – Em Salamanca, senhor,
são moços, gastam humor,
segue cada qual seu gosto;
fazem donaire do vício,
alardeiam travessuras,
engrandecem as loucuras;
faz a idade o seu ofício.
Porém na corte, melhor
correção esperaremos
onde tão válidas vemos
escolas de honra e valor.

DOM BELTRÃO – Quase me leva a sorrir
ver a ignorância em que está
da corte; pois logo cá
não o porão a mentir?
Na corte, em que tenha sido
um perfeito Dom Garcia,
há quem lhe dê, cada dia,
mil mentiras de partido.
E se mente o titular
de um posto muito elevado
em coisa que, ao enganado,
bens e honra vai levar,
maior a inconveniência,
porque a mentira provém
de exemplo do reino ... Bem,
não vou à maledicência.
Como o touro que sentiu
picá-lo um punho certeiro
se atira contra o primeiro
sem olhar quem o feriu,
assim eu, com esta dor
que agora experimentei,
ao primeiro me atirei
vingando-me em meu furor.
Creia-me que, se Garcia
os meus bens, do amor em fogo
dissipasse, ou se no jogo
consumisse noite e dia,
se fosse de ânimo inquieto
e a pendências inclinado,
se estivesse mal casado,
se morto sob o meu teto,
não me faria tão mal
como sabê-lo capaz
de mentir. Que mau rapaz!
Que oposto ao meu natural!
Pois bem. O que hei de fazer
é casá-lo brevemente
antes que o inconveniente
venha a ser mais conhecido.
Fico muito satisfeito
de seu bom zelo e cuidado
e me confesso obrigado
pelo bem que nos tem feito.
Fica conosco?

A VERDADE SUSPEITOSA

LICENCIADO –   Não posso.
DOM BELTRÃO – Mas não pensa descansar
algum tempo e aproveitar
cá na corte?
LICENCIADO –   O trato vosso
fora grato aos dias meus.
Mas meu ofício me espera.
DOM BELTRÃO – Compreendo; voar quisera
porque vai mandar. Adeus.
    (*sai*)
LICENCIADO – Deus vos guarde. Um grande e estranho
sofrimento o velho leva.
Enfim, sábio é quem carrega
sem rancor um desengano.
    (*sai*)

As Joalherias

CENA 3

Dom Garcia, em traje cuidado. Tristão.

DOM GARCIA – Fica-me bem este traje?
TRISTÃO – Divinamente, senhor.
Bendito seja o inventor
dessa holandesa folhagem!
Com tal gola de colméia
já não há pessoa feia!
Sei de uma dama que havia
por certo amigo desvelo,
enquanto de gola o via;
mas quando chegou a vê-lo
sem ela, foi-se-lhe o zelo
mais a afeição que sentia.
Porque certas cicatrizes
na garganta amarelada
mostravam-na recortada
de doenças infelizes.
O nariz ficou crescido,
mostrou um palmo de orelha
e nas queixadas, de velha
posta a secar, parecido.
Enfim, o galã ficou
de um horrendo tão profundo,

que não o conheceria
nem a mãe que o pôs no mundo.

DOM GARCIA – Por essa e outras razões
folgaria que existisse
ordem qualquer, que impedisse
esses ocos canjirões.
Que ademais desses enganos,
com sua holanda o estrangeiro
tira da Espanha o dinheiro
para nossos próprios danos.
Um colarinho bem justo
mais apropriado seria
ao rosto, e assim se estaria
mais a gosto e a menos custo.
Em vez de, com tal cuidado
servir um galã à gola,
que, para não descompô-la,
se obriga a andar empalado.

TRISTÃO – Sei de quem teve ocasião
de gozar a amada bela,
e não se atirou a ela
por respeito ao canjirão.
E isto me tem confuso:
todos preferem, quanto a elas,
que as golas fossem singelas;
mas ninguém começa o uso.

DOM GARCIA – Deixemos de governar
o mundo. Diz: e as mulheres?

TRISTÃO – Pois deixas o mundo e queres
poder a carne mandar?
É mais fácil?

DOM GARCIA – Mais gostoso.

TRISTÃO – Serás terno?

DOM GARCIA – Jovem sou.

TRISTÃO – Pois um lugar te calhou
onde amor não vive ocioso.
Resplandescem damas belas
no ambiente cortesão,
o mesmo que na amplidão
brilham luzentes estrelas.
Seja no vício ou virtude
ou no estado, há diferença,
como é vária a influência,
resplendor e magnitude.
As senhoras, não intento

A VERDADE SUSPEITOSA

nesta ordem colocar,
pois são anjos, que a voltear
não se atreve o pensamento.
Dir-te-ei apenas daquelas
que são, como almas levianas,
sendo divinas, humanas,
corruptíveis, sendo estrelas.
Belas casadas verás
tratáveis, porém discretas;
são as que eu chamo planetas,
porque resplandescem mais.
Estas, com a consonância
de maridos prazenteiros,
concedem aos estrangeiros
dadivosas concordâncias.
Outras há, cujos maridos
viajam em comissão,
ou que nas Índias estão,
ou pela Itália entretidos.
Nem todas dizem verdade
com isto; que as avisadas
sabem fingir-se casadas
para estar em liberdade.
Verás de cautas passantes
as mais jovens filhas belas;
estas são fixas estrelas
e suas mães são errantes.
Há uma grande quantidade
de senhoras de tosão
que, cortesãs como são
têm magnanimidade.
Seguem-se após estas damas
outras, que sê-lo desejam,
mas, inda que não o sejam,
não são como as de má fama.
Estas são, entre as estrelas,
as de menor claridade;
mas, se houver necessidade,
te iluminarás com elas.
A mulher que anda a buscar
é cometa e não estrela,
pois nem sua luz é aquela,
nem sabido o seu lugar.
Logo cedo se oferece
ameaçando o nosso ouro

e, em cumprindo-se o agouro,
depressa desaparece.
Há meninas que procuram
gozar das ocasiões;
estas são exalações
que enquanto se queimam, duram.
Mas é bom que saibas bem,
se nestas estrelas tocas,
que estáveis são muito poucas,
ainda que ouro lhes dêem.
Lembra-te e evita desdouro:
de Virgo um signo se fez,
e os de chifres são três:
Áries, Capricórnio e Touro.
Assim, não te fies nelas,
pra não teres desconsolo,
porque o dinheiro é o polo
de todas estas estrelas.

DOM GARCIA – És astrólogo?

TRISTÃO –   Estudei
no tempo em que pretendia
em palácio, astrologia.

DOM GARCIA – Então, pretendeste.

TRISTÃO –   Ousei
ter ambições, por meu mal.

DOM GARCIA – Como vieste a servir?

TRISTÃO – Senhor, por não possuir
nem fortuna e nem caudal;
porém, quem te serve, em vão
por melhor sorte porfia.

DOM GARCIA – Deixa lisonjas, e espia
o marfim daquela mão,
o perfeito resplendor
dessas pupilas divinas
que lançam, num golpe, finas
flechas de morte e amor.

TRISTÃO – Falas daquela senhora
que vai num coche?

DOM GARCIA –   Pois qual
merece elogio igual?

TRISTÃO – Que bem ficaria agora
isso de coche do sol,
com todos os aderentes
de raios de fogo ardentes
e deslumbrante arrebol!

A VERDADE SUSPEITOSA

Dom Garcia – Primeira dama que vim
a ver na corte, e me agrada.
Tristão – Primeira na terra?
Dom Garcia – Nada,
no céu primeira, isto sim,
que é divina esta mulher!
Tristão – Pois tantas encontrarás
belas, que não poderás
ser firme num parecer.
Nunca pude ter aqui
constante amor, nem desejo,
pois sempre, pela que vejo,
me esqueço da que já vi.
Dom Garcia – Onde há de haver resplendores
como estes olhos luzentes?
Tristão – Estás olhando com lentes
que tornam as coisas maiores.
Dom Garcia – Tu a conheces?
Tristão – Eu não.
Não desprezes o que adoras,
que estas tão altas senhoras
não tocam nunca a um Tristão.
Dom Garcia – Seja quem for, quero eu
sempre amá-la e bem servi-la.
Tu podes, Tristão, segui-la.
Tristão – Espera, que ela desceu
na loja.
Dom Garcia – Posso primeiro
chegar-me a ela?
Tristão – Está visto!
Porém, perdoa se insisto
em que o polo é o dinheiro.
Dom Garcia – Eu trago ouro.
Tristão – Avante, Espanha!
Que a Cesar levas contigo.
Mas ouve lá o que te digo,
viste beleza tamanha?
Repara, senhor, se aquela
que atrás dela sai agora
não será sol de sua aurora,
aurora de sua estrela.
Dom Garcia – É bela, também!
Tristão – Repara!
Nem a criada é pior!

DOM GARCIA – O carro é arco de amor,
e flechas o que dispara.
Eu me aproximo.
TRISTÃO – O ditado!
DOM GARCIA – Que ditado?
TRISTÃO – "Cortejando,
mas o dinheiro mostrando."
DOM GARCIA – Consista nisso o meu fado.
TRISTÃO – Pois, enquanto falas, quero
que me dê a relação
o cocheiro, de quem são.
DOM GARCIA – E ele o fará?
TRISTÃO – Se é cocheiro!

CENA 4

Jacinta, Lucrécia e Isabel, com mantos; Jacinta cai,
chega Dom Garcia, que lhe dá a mão.

JACINTA – Valha-me Deus!
DOM GARCIA – Esta mão
permiti que vos levante,
se mereço ser o Atlante
de um céu que mal roça o chão.
JACINTA – Certo, Atlante deveis ser,
porque o chegais a tocar.
DOM GARCIA – Uma coisa é alcançar
e outra coisa merecer.
De que me vale a beldade
alcançar, por quem me abraso,
se o favor devo ao acaso
e não à vossa vontade?
Com minha mão sustentei
o céu; mas de que serviu,
se o fiz porque ele caiu,
não porque me levantei?
JACINTA – Para que fim se procura
merecer?
DOM GARCIA – Para alcançar.
JACINTA – Chegar ao fim, sem passar
os meios, não é ventura?
DOM GARCIA – Sim.

A VERDADE SUSPEITOSA

JACINTA –   Por que estais queixoso,
então, do que há sucedido,
se o não tê-lo merecido
vos torna mais venturoso?

DOM GARCIA – Porque, tal como as ações
sejam de agravo ou favor
recebem todo o valor
apenas das intenções,
pela mão que vos tocou
não sou eu favorecido,
se havê-lo vós consentido
nessa intenção não entrou.
E assim me deixais supor
que, quando ganho tal palma,
venha a mão, mas sem a alma,
e sem vontade o favor.

JACINTA –   Se a vossa mão ignorava
o que agora me informais,
injustamente pensais
que a minha vos agravava.

CENA 5

Tristão e os mesmos.

TRISTÃO (*aparte*) –   O cocheiro fez seu ofício.
Novas tenho de quem são.

DOM GARCIA –   Pois vós, da minha afeição,
nunca tivestes indício?

JACINTA –   Como, se nunca vos vi?

DOM GARCIA –   Meu Deus! Parece-vos pouco
um ano que vivi louco
desde que vos conheci?

TRISTÃO (*aparte*) –   Chegou ontem, e diz isto
à dama!

JACINTA –   Não o sabia!
Todo um ano? Juraria
que nunca vos tinha visto!

DOM GARCIA –   Quando o solo americano
deixei, arribando aqui,
a primeira luz que vi
foi desse céu soberano.

E ainda que nesse instante
a alma vos tenha dado,
não pude ainda, ofuscado,
declarar-me vosso amante.

JACINTA –   Sois peruano?

DOM GARCIA –   E tais são
meus cabedais, pois vos vi,
que ao minado Potosí
diminuo a presunção.

TRISTÃO (*aparte*) – Peruano!

JACINTA –   E sois tão poupado
qual deles a fama ensina?

DOM GARCIA – Ao que nasce mais sovina
o amor torna derramado!

JACINTA – Então, se dizeis verdade,
devo esperar belas prendas?

DOM GARCIA – Se é que hão de dar as rendas
crédito à minha vontade,
serão pequenos ensejos
por mostrar quanto vos quero
dar-vos mundos de dinheiro,
como vós me dais desejos.
Mas já que aos merecimentos
dessa divina beldade
e nem à minha vontade
hão de igualar os proventos,
pelo menos permiti
que ponha ao vosso dispor
esta loja e o meu amor.

JACINTA (*aparte*) – É o mais nobre em Madri!
(*à parte a, Lucrécia*)
Lucrécia, que te parece
o peruano liberal?

LUCRÉCIA – Vejo que não te vai mal
Jacinta, e que o merece.

DOM GARCIA – Joias que gosto vos dão
tomai desse aparador.

TRISTÃO (*aparte, a seu amo*) – Muito te arrojas, senhor!

DOM GARCIA – Estou perdido, Tristão!

ISABEL (*aparte, às damas*) – Chega Dom João.

JACINTA –   Agradeço,
senhor, o que ofereceis.

DOM GARCIA – Vede que me agravareis
se fugis ao que ofereço.

A VERDADE SUSPEITOSA

JACINTA – Erram vossos pensamentos
cavalheiro, em pretender
possa eu de vós receber
mais que os oferecimentos.
DOM GARCIA – Mas então, que alcancei eu
pelo coração que hei dado?
JACINTA – O haver-vos eu escutado.
DOM GARCIA – Muito o prezo.
JACINTA – Adeus.
DOM GARCIA – Adeus.
E para amar-vos, terei
licença?
JACINTA – Para querer
não creio possa valer
nem permissão e nem lei.

Vão-se as mulheres.

CENA 6

Dom Garcia. Tristão.

DOM GARCIA (*a Tristão*) – Segue-as!
TRISTÃO – Se te fatigas
senhor, por saber a casa
da que por amor te abrasa
eu já o sei.
DOM GARCIA – Pois não as sigas,
que pode bem ser danosa
a diligência importuna.
TRISTÃO – "Dona Lucrécia de Luna
é delas a mais formosa,
senhora minha; a outra dama
que segue a minha senhora,
posso dizer onde mora,
mas não sei como se chama."
Isto me disse o cocheiro.
DOM GARCIA – Se é Lucrécia a mais bela,
não há que saber, pois ela
é a que falou e a que eu quero.
Pois tal como o autor do dia
às estrelas deixa atrás,
da mesma sorte às demais
a que me cegou vencia.

TRISTÃO –	Pois a mim, a que calou parecia mais bonita.
DOM GARCIA –	Que gosto!
TRISTÃO –	É coisa esquisita, nem meu gosto se invocou. Mas sou tão afeiçoado a qualquer mulher que cala, que basta para julgá-la mais formosa, haver calado. No entanto, senhor, se cremos que possas estar errado, o cocheiro é confiado e a casa e o nome teremos.
DOM GARCIA –	E Lucrécia, onde é que tem sua casa?
TRISTÃO –	Na Vitória, se não me falha a memória.
DOM GARCIA –	Sempre esse nome convém à esfera venturosa que a esta lua dá graça.

CENA 7

Dom João e Dom Felix. Os mesmos.

DOM JOÃO (*aparte, a Dom Felix*) –	Música e ceia? Ah, desgraça!
DOM GARCIA –	Não é este Dom João de Sosa?
TRISTÃO –	É ele.
DOM JOÃO –	Quem pode ser o amante tão opulento que assim me traz ciumento?
DOM FELIX –	Que chegareis a saber, e dentro em pouco, confio.
DOM JOÃO –	Ah! Um outro amante deu a quem se chama amor meu música e ceia no rio!
DOM GARCIA –	Dom João de Sosa!
DOM JOÃO –	Quem sois?
DOM GARCIA –	Esquecestes Dom Garcia?
DOM JOÃO –	Vós em Madri não podia supor. E o traje...
DOM GARCIA –	Depois que em Salamanca me vistes muito outro devo estar.

A VERDADE SUSPEITOSA

Dom João – Bem melhor de secular.
Do estudante o traje é triste.
Vindes à corte de vez?

Dom Garcia – Venho.

Dom João – Benvindo sejais!

Dom Garcia – Vós, Dom Felix, como estais?

Dom Felix – Feliz pelo encontro a três!
Vós chegais em boa hora.

Dom Garcia – Para servir-vos. E então,
de que faláveis agora?

Dom João – De certa musica e ceia
que no rio um jovem deu
esta noite a uma senhora,
coisa que hoje se alardeia.

Dom Garcia – Música e ceia, Dom João?
Esta noite?

Dom João – Sim.

Dom Garcia – Vistosa
era a festa?

Dom João – Assim é fama.

Dom Garcia – E era formosa essa dama?

Dom João – Dizem que era formosa.

Dom Garcia – Bem!

Dom João – Que é que estais tramando?

Dom Garcia – Folgo que gabeis a esta
dama, à música e à festa,
porque estais elogiando
minha festa e minha dama.

Dom João – Pois também tivestes boda
à noite, no rio?

Dom Garcia – Toda
a noite assim consumi.

Tristão (*aparte*) – Que festa ou que dama é esta,
se ontem chegou a Madri?

Dom João – Pois já, recém vindo aqui
tendes a quem fazer festa?
Logo o amor convosco deu.

Dom Garcia – Já há algum tempo que cheguei,
pois todo um mês descansei.

Tristão (*aparte*) – Ontem chegou, praza aos céus!
Qual será sua intenção?

Dom João – Juro-vos que não sabia;
senão, já aqui estaria
cumprindo uma obrigação.

DOM GARCIA – Aqui vim secretamente.
DOM JOÃO – Esta a causa deve ser,
então, de eu não o saber.
Mas a festa, realmente
foi famosa?
DOM GARCIA – Desta altura
nunca tinha visto o rio.
DOM JOÃO (*aparte*) – De ciumento desvario!
(*alto*)
Do Sotillo a espessura
decerto abrigo vos deu!
DOM GARCIA – Tantas senhas ides dando
Dom João, que vou suspeitando
que o sabeis melhor que eu.
DOM JOÃO – Não sou de todo ignorante,
mas não sei toda a verdade.
Disseram me uma metade,
confusamente, o bastante
a tornar-me desejoso
de escutar a coisa inteira;
curiosidade ligeira
de um cortesão ocioso...
(*aparte*)
Ou de amante ciumento.
DOM FELIX (*aparte, a Dom João*) – Notai quanto sem pensar
vêm os céus vos mostrar
vosso rival num momento.
DOM GARCIA – Escutai a descrição
da festa, visto que vejo
tendes vós grande desejo.
DOM JOÃO – Tereis a nossa atenção.
DOM GARCIA – Por entre as opacas sombras
e opacidades espessas
que o souto formava de olmos
e a noite dava de trevas,
se escondia uma quadrada,
limpa e olorosa mesa,
de italiana tendo a forma
e de espanhola a opulência.
De figuras enfeitadas
toalhas de linho feitas
só não mostravam as almas
de aves, bichos e feras.
Quatro aparadores, postos
em quadra correspondência,

A VERDADE SUSPEITOSA

a prata branca e dourada
o vidro e o barro ostentam.
Ficou com ramos um olmo
em todo o Sotillo apenas,
pois delas se edificaram
em várias partes, seis tendas.
Quatro coros diferentes
ocupavam quatro delas,
a outra entradas e doces,
para as viandas, a sexta.
Chegou em seu coche a dama,
causando inveja às estrelas;
dando aos ares suavidade,
e alegria à ribeira.
Apenas o pé que adoro
fez de esmeraldas a relva,
fez de cristal a corrente
e as areias tornou pérolas,
quando em bando disparados
bombas, rodas e foguetes
toda a região do fogo
fizeram baixar à terra.
Ainda as sulfúreas luzes
brilhavam, quando começam
as de vinte e quatro tochas
a ensombrecer as estrelas.
Começou primeiro o coro
de charamelas e veio
o das violas de arco
soando na segunda tenda;
saíram com suavidade
sons de flautas da terceira
e na quarta, quatro vozes
com guitarras e harpas reinam.
No entretanto, eram servidos
trinta e dois pratos de ceia,
sem as entradas e os doces
que quase outros tantos eram.
As frutas, mais as bebidas
em pratos e taças feitas
do cristal que dá o inverno
e o artifício conserva,
de tanta neve se cobrem,
que o Manzanares suspeita,
quando pelo souto passa
que caminha pela serra.

O olfato não fica ocioso
quando o gosto se recreia,
pois que de olores suaves
dos frutos e das essências
e destilados suores
de aromas, flores e ervas,
ontem no souto, em Madri,
Sabá foi vista perfeita.
Num homem todo diamantes
surgiam douradas flechas,
que mostrassem ao meu bem
seu rigor, minha firmeza,
ao salgueiro, ao junco e ao vime
tiravam preeminência,
porque são de ouro os ramos
se de pérolas os dentes.
De repente, num conjunto,
os quatro coros começam
desde conformes distâncias
a suspender as esferas,
tanto que o invejoso Apolo
apressou sua carreira,
para que o dia em começo
pusesse fim a essa festa.

DOM JOÃO – Por Deus, que vós a pintastes
com suas cores tão perfeitas
que não trocaria o ouvi-lo
por haver estado nela.

TRISTÃO (*aparte*) – Este homem é um demônio!
Que possa assim de repente
pintar tão bem um festim
que à própria verdade vence!

DOM JOÃO (*aparte, a Dom Felix*) – Que raiva!

DOM FELIX – No entanto, a mim
ninguém descreveu tais cenas.

DOM JOÃO – Que importa, se na substância
o tempo e o lugar são certos?

DOM GARCIA – Que dizeis?

DOM JOÃO – Que foi banquete
mais célebre que se o desse
o próprio Alexandre Magno.

DOM GARCIA – Oh! São ninharias, feitas
e ordenadas de repente.
Por certo que, se tivesse
para prevenir-me, um dia,

A VERDADE SUSPEITOSA

às romanas e ainda às gregas
festas, que o mundo admirou,
sobrepujaria esta.

Dom Felix (*aparte, a Dom João*) – Jacinta é a que vem ao lado,
na carruagem de Lucrécia.

Dom João (*aparte, a Dom Felix*) – Os olhos de Dom Garcia
vão-se, por Deus, atrás dela!

Dom Felix – Inquieto está e sorridente.

Dom João – Certas são minhas suspeitas!

Dom João e Dom Garcia – Adeus!

Dom Felix – Vós ambos, a um tempo,
ides a uma coisa mesma.

Saem Dom João e Dom Felix.

CENA 8

Dom Garcia e Tristão.

Tristão – Nunca vi eu despedida
tão conforme e tão perfeita.

Dom Garcia – Aquele céu, que é o móvel
de minhas ações, me leva
atrás de si arrebatado.

Tristão – Dissimula e tem paciência;
que mostrar-se muito amante
antes faz mal que aproveita,
e sempre soube que são
mais férteis as incertezas.
As mulheres e os diabos
caminham por sua senda,
porque as almas já vencidas
não os atraem, nem os tentam;
que o tê-las já por seguras
faz com que se esqueçam delas,
e somente das que podem
escapar é que se lembram.

Dom Garcia – É verdade; mas não posso
deter-me.

Tristão – Enquanto não vejas
claramente o seu estado
não te entregues tão deveras,
que acontece a quem se arroja
crendo só nas aparências

dar num pântano, coberto
de verde e enganosa relva.

DOM GARCIA – Pois informa-me de tudo.

TRISTÃO – Isso deixa ao meu talento.
E agora, antes que eu rebente,
conta-me tudo; que pensas
conseguir com tanta história?
Pergunto para que, ao menos,
ajudar-te possa, em caso
de dizerem que tu inventas.
Fingiste ser peruano
com as damas...

DOM GARCIA – Coisa é certa
meu Tristão, que os forasteiros
são mais felizes com elas;
e inda mais se são da Índias,
informação de riqueza.

TRISTÃO – Esse fim já está entendido,
mas penso que o método erras
pois no fim conhecerão
quem és.

DOM GARCIA – E quando souberem
terei chegado à sua casa,
ganho vitória em seu peito
por esse meio... e depois,
eu me entenderei com elas.

TRISTÃO – Digo que me convenceste,
mas algo ainda não entendo:
isso de estares na corte
há um mês... que mais pretendes,
se ontem chegaste a Madri?

DOM GARCIA – Tu sabes bem que é grandeza
isso de estar em segredo,
ou retirado na aldeia,
ou em casa descansando.

TRISTÃO – Convenhamos que assim seja.
Conta-me agora o da festa.

DOM GARCIA – Eu fingi, porque me pesa
pense alguém haver um caso
que mover possa meu peito
seja a espanto, seja a inveja.
Essas paixões são afrontas,
pois espantar-se é ignorância
como invejar é baixeza.

A VERDADE SUSPEITOSA

Tu não sabes qual o gosto
quando chega um mensageiro
de novas, muito orgulhoso
a contar façanha ou festa,
que tenho em tapar-lhe a boca
com outra, para que meta
suas notícias no corpo
e que rebente com elas.

TRISTÃO – Caprichosa prevenção
e perigosa veneta!
A anedota da corte
serás, quando te conheçam.

DOM GARCIA – Quem vive sem ser sentido,
quem só o número aumenta
e faz o que todos fazem,
em que difere da besta?
Ser famoso é rara coisa,
seja o método qual seja.
Quero meu nome falado,
ou bem murmurado apenas,
que houve quem, por ganhar nome,
queimasse o templo de Efesia!
Afinal, este é meu gosto,
e esta é a razão de mais peso.

TRISTÃO – Opiniões juvenis
segue-te a ambiciosa idéia
e vais ter necessidade
de aqui fechar a moleira.

Saem ambos.

Sala em casa de Dom Sancho.

CENA 9

Jacinta e Isabel, com mantos. Dom Beltrão, Dom Sancho.

JACINTA – Mercês tão grandes!
DOM BELTRÃO – Devidas
são a uma velha amizade,
já que a vossa e a minha herdade
são, vós o sabeis, unidas;

portanto, não estranheis
a visita.

JACINTA –   Se me espanto
é só porque há já tanto
que mercê não nos fazeis.
Perdoai, porque, ignorando
o bem que aqui em casa havia
tardei na joalheria
certas jóias consertando.

DOM BELTRÃO – Feliz prognóstico dais
ao pensamento que tenho,
pois quando a casar-vos venho
comprando jóias estais.
Com Dom Sancho, vosso tio,
tenho pensado, senhora,
tornar parentes agora
dois amigos; e confio,
visto que, como discreto,
diz Dom Sancho ter disposto
remeter-se a vosso gosto,
isto há de tornar-se certo.
Se minha fortuna é boa
e a qualidade patente,
só falta que vos contente
de Dom Garcia a pessoa,
e, inda que ontem chegasse
de Salamanca o mancebo,
e de inveja o louro Febo
pelo caminho o queimasse,
me atreverei a trazê-lo
ante o vosso claro olhar,
confiando que há de agradar
desde os pés até o cabelo,
se licença lhe outorgais
para beijar-vos a mão.

JACINTA – Exaltar o que me dão
quando esta mão vós me dais,
se é notório, é vão intento.
Estimo de tal maneira
as prendas vossas, que dera
logo meu consentimento,
não temesse parecer
(por ser tão grande o que ganho),
arrojo de mau tamanho
em uma honrada mulher.

A VERDADE SUSPEITOSA

O breve determinar-se
em coisa de tanto aviso,
ou é ter pouco juízo
ou mania de casar-se.
E, quanto a que eu o veja,
penso, se isto vos agrada,
para não arriscar nada,
que a passar na rua seja.
Pois, se pode acontecer
e acontece em muito caso
depois de tratá-lo, acaso
se viesse a desfazer,
de que teriam servido
e que bens me terão dado
visitas de namorado
com licenças de marido?

DOM BELTRÃO – Por tal brio e singeleza,
se chegar a vosso esposo,
ele será tão ditoso
quanto por vossa beleza.

DOM SANCHO – Da prudência pode ser
um espelho esta que ouvis.

DOM BELTRÃO – Com muita razão prefere
Dom Sancho, vosso sentir.
Esta tarde, com Garcia,
a cavalo passarei
por esta rua.

JACINTA –   Estarei
por detrás da gelosia.

DOM BELTRÃO – Olhai-o bem, com prudência,
que esta noite hei de volver,
bela Jacinta, a saber
se tenho a vossa anuência.

JACINTA – Tão depressa?

DOM BELTRÃO –   Este cuidado
não admireis; é forçoso,
pois se cheguei desejoso,
volto agora enamorado.
Adeus.

JACINTA –   Adeus.

DOM BELTRÃO –   Aonde ides?

DOM SANCHO – Levar-vos.

DOM BELTRÃO –   Não sairei.

DOM SANCHO – Ao corredor chegarei
convosco, se permitirdes.

Saem Dom Sancho e Dom Beltrão.

CENA 10

Jacinta e Isabel.

ISABEL – Muita pressa tem o velho!
JACINTA – Eu lhe daria maior
pois vem muito a meu honor
se diferente conselho
não me repetisse o amor.
Porque, se os impedimentos
do hábito de Dom João,
dono dos meus pensamentos
forçosa causa me dão
de admitir outros intentos,
do seu amor não duvido,
por ele espero e anseio,
e por me ser tão querido
tremo, Isabel, quando creio
que outro há de ser meu marido.
ISABEL – Pensei que já te esquecias
de Dom João, ao ver que ias
ceder a tal pretensão.
JACINTA – Achaste-me em confusão,
Isabel, e bem o vias.
Como há tanto tempo está
à espera da Ordem Dom João,
e não se casa senão
quando ela vier, tenho já
esse intento por perdido.
E assim, para não morrer
quero buscar meu prazer
pois é em vão que me atormento,
já que num vazio intento
não se deve perecer.
Espero um dia encontrar
algum homem que mereça
a mão que lhe chegue a dar.
ISABEL – Espero que o tempo ofereça
alma em que possas confiar,
e se não estou enganada
penso que estás inclinada
ao galã peruano.

A VERDADE SUSPEITOSA

JACINTA –   Amiga,
queres que a verdade diga?
Pois bem: não estás errada.
E tanto que te prometo
que se ele for discreto,
gentil homem e bem posto,
caso-me e esqueço o desgosto
deste meu amor secreto.

ISABEL –   Pois esta tarde o verás
com seu pai jogando a sorte.

JACINTA –   Verei só o rosto e o porte,
a alma é o que importa mais.
Nisto a palavra é o forte.

ISABEL –   Fala-lhe!

JACINTA –   Vai-se ofender
Dom João, se chega a sabê-lo;
e não quero, até saber
se de outro dono hei de ser,
determinar-me a perdê-lo.

ISABEL –   Pois resolve-te e medita
que os anos passas em vão
e mal obra quem hesita,
pois Dom João agora imita
o cachorro do hortelão.
Sem que o saiba o hesitante
poderás falar, se queres,
ao filho de Dom Beltrão;
para isso temos bastante
rol de astúcias as mulheres!

JACINTA –   Penso que uma poderia
no nosso caso servir.
Lucrécia terá valia;
ela pode mandar vir
de sua parte a Dom Garcia;
estarei secretamente
com Lucrécia em sua janela
e alcanço o que tenho em mente.

ISABEL –   Tão engenhosa quão bela!
Pensaste divinamente.

JACINTA –   Pois vai, e este meu intento
conta a Lucrécia formosa.

ISABEL –   Asas tomarei ao vento.

JACINTA –   A dilação de um momento
lhe dirás que é perigosa.

Cena 11

Dom João, que encontra Isabel ao sair. Jacinta.

DOM JOÃO – Posso ver tua senhora?

ISABEL – Só um momento há de ser,
porque deve aparecer
meu senhor Dom Sancho agora.

DOM JOÃO – Jacinta, se hei de perder-te,
e de perder-me, e se hei...

JACINTA – Estás louco?

DOM JOÃO – Poderei
ser mais cordato sem ver-te?

JACINTA – Pois tem mais moderação
que está em casa meu tio.

DOM JOÃO – Quando vais ceiar no rio
não lhe dás muita atenção!

JACINTA – Que dizes? Estás sonhando!

DOM JOÃO – Quando para tresnoitar
com outro tu tens vagar
a mim me estás desprezando!

JACINTA – Tresnoitar com outro! Atende,
que inda que fosse verdade
era muita liberdade
falar-me como pretendes!
E mais, sendo desvario
dessa louca fantasia.

DOM JOÃO – Já sei que foi Dom Garcia
quem deu a festa no rio;
sei dos fogos que, ao chegares
Jacinta, a salva te deram,
sei das tochas que fizeram
à noite, como luares,
já dos quatro aparadores
com terrinas variadas,
das quatro tendas, povoadas
de instrumentos e cantores.
Tudo sei; e sei que o dia
viu-te, inimiga, no rio.
Repete que é desvario
desta louca fantasia!
Repete que é liberdade
tratar-te eu desta sorte,

A VERDADE SUSPEITOSA

quando me levara à morte
agravo e leviandade...

JACINTA – Deus meu!

DOM JOÃO –   Chega de invenções.
Cala, não me digas nada,
que em ofensa averiguada
não servem satisfações.
Falsa, conheço o meu dano,
não negues que te hei perdido,
pela mudança ofendido
mais que pelo desengano.
Pois se negas o que ouvi
o que vi confessarás,
que o que hoje negando estás
em teus próprios olhos vi.
E o pai dele? O que queria
agora aqui? Que falavas?
De noite com o filho estavas
e com o pai estás de dia?
Já tudo sei; a esperança
me abandona o coração;
sei que a tua dilação
vem dessa tua mudança.
Mas, cruel! Este azedume
há de marcar teu olvido
e há de queimar-te o brasido
do vulcão do meu ciúme!
Quem me tornou malfadado
sofra o que eu sofro insensato!

JACINTA – Sê cordato!

DOM JOÃO –   Ser cordato,
amante e desesperado?

JACINTA – Ouve, escuta: se algum bem
vale a verdade, verás
quão mal informado estás.

DOM JOÃO – Vou-me. Teu tio aí vem.

JACINTA – Não vem; escuta: confio
satisfazer-te.

DOM JOÃO –   Isso é vão
se aqui não me dás a mão.

JACINTA – A mão? Aí vem meu tio!

Segundo Ato

Sala em casa de Dom Beltrão.

Cena 1

*Dom Garcia, em roupas de casa, lendo um papel;
Tristão e Caminho.*

Dom Garcia (*lendo*) – "A força de uma ocasião faz que eu exceda
a ordem do meu estado. Sabe-lo-á Vossa
Mercê esta noite, por um balcão que lhe será
mostrado pelo portador e também do mais,
que não é para ser escrito; guarde-o Nosso
Senhor, etc".
Quem me escreve de tal jeito?

Caminho – Dona Lucrécia de Luna.

Dom Garcia – A brisa que a vela enfuna
do barco que há no meu peito!
Não é a dama formosa
que hoje, antes do meio dia,
estava na joalheria?

Caminho – Sim senhor!

A VERDADE SUSPEITOSA

DOM GARCIA – Carta ditosa!
Dizei-me, por minha vida,
que mais sabeis desta dama.

CAMINHO – Admira que sua fama
não vos seja conhecida.
Porque a vistes, será vão
encarecer que é formosa;
é discreta e virtuosa,
o pai é viuvo e ancião;
dois mil ducados de renda
são os que deverá herdar.

DOM GARCIA – Ouves, Tristão?

TRISTÃO – Sem piscar
e é bom que ouça e que entenda.

CAMINHO – Quanto a ser nobre, é cabal:
Luna é seu pai e a mãe foi
Mendoza, que são os dois
tão finos como coral.
Dona Lucrécia, em efeito,
merece um rei por marido.

DOM GARCIA – Amor, que esforços envido
para tão alto sujeito!
Onde vive?

CAMINHO – Na Vitória.

DOM GARCIA – Certo é meu bem. Prometei
que o meu guia vós sereis
para o céu de tanta glória.

CAMINHO – A vós ambos quero guiar.

DOM GARCIA – E eu vos agradecerei.

CAMINHO – Esta noite voltarei
Às dez, para vos levar.

DOM GARCIA – Esta resposta levai
A Lucrécia.

CAMINHO – Deus vos guarde.
(*sai*)

CENA 2

Dom Garcia. Tristão.

DOM GARCIA – Céus, que delícia me dais!
Amor que em meu peito arde!

Vês, Tristão, como chamou
à mais bela e mais prendada
Lucrécia, que é minha armada?
Por certo, a que me falou
agora o recado envia.

TRISTÃO – Bem fundada presunção.

DOM GARCIA – A outra, que ocasião
para escrever-me teria?

TRISTÃO – Suceda o que suceder,
as dúvidas deixarás
esta noite e poderás
na fala o amor conhecer.

DOM GARCIA – E certo irei a bom porto
porque me deixou no ouvido
impresso o doce sonido
da voz com que tem morto.

CENA 3

Um pagem, com um papel. Os mesmos

PAGEM – Isto, senhor Dom Garcia,
É para vós.

DOM GARCIA – Obrigado.

PAGEM – Sou sempre um vosso criado.

DOM GARCIA – À vontade, e sem cuidado.
(*lê, aparte*)
"Averiguar certa coisa
importante e urgente quero.
Só e às sete vos espero
em São Brás
Dom João de Sosa".
(*aparte*)
Um desafio comigo!
Que causa poderá ter
se ontem aqui vim ter
e Dom João é meu amigo?
(*alto*)
Dizei ao senhor Dom João
que assim será.

Sai o Pagem

A VERDADE SUSPEITOSA

TRISTÃO – Meu senhor,
estás mudado de cor.
Que houve?
DOM GARCIA – Nada, Tristão.
TRISTÃO – Não posso sabê-lo?
DOM GARCIA – Não.
Tristão (*aparte*) – Decerto é coisa pesada.
DOM GARCIA – Pega-me a capa e a espada.
(*Tristão sai*)
E eu não sei qual a razão!

CENA 4

Dom Beltrão. Dom Garcia. Depois, Tristão.

DOM BELTRÃO – Garcia...
DOM GARCIA – Senhor...
DOM BELTRÃO – Devemos
ambos a cavalo andar
juntos hoje e assim tratar
certo negócio que temos.
DOM GARCIA – Algo mais, senhor?
DOM BELTRÃO – Aonde
ides, sendo o sol em fogo?
DOM GARCIA – Penso ir aqui a um jogo
de nosso vizinho o conde.
DOM BELTRÃO – É mau que vos arrojeis
sendo inda ontem chegado
tornando-vos comentado,
a mil que não conheceis,
se estas duas condições
não guardardes com cuidado;
e são: que jogueis contado,
usando poucas razões.
Este é meu parecer.
No mais, fazei vosso gosto.
DOM GARCIA – Eu não te darei desgosto.
DOM BELTRÃO – Fazei que a vosso prazer
se prepare um animal
a vosso uso, dentre os meus.
DOM GARCIA – Vou dar as ordens.
DOM BELTRÃO – Adeus.

Cena 5

Dom Beltrão. Tristão.

Dom Beltrão (*aparte*) – Meu Deus, como me faz mal
o que me disse o Letrado!
Tens estado com Garcia,
Tristão?

Tristão –   Senhor, todo o dia.

Dom Beltrão – De que é meu filho olvidado,
(se é que o ânimo leal
que sempre em teu peito achei
desta vez encontrarei)
dize o que lhe vês de mal.

Tristão – Que posso ter visto eu
num período tão breve?

Dom Beltrão – A língua é que não se atreve,
que o tempo que decorreu
foi bastante ao teu sentido.
Di-lo, Tristão, sem poesia,
sem lisonja.

Tristão –   Dom Garcia,
meu senhor, se estou rendido
a dizer toda a verdade,
pois te vejo preocupado...

Dom Beltrão – Assim é que tens ligado
sempre a mim tua vontade.

Tristão – ... tem um talento excelente
e pensamentos sutis;
mas caprichos juvenis
com arrogância imprudente.
De Salamanca lhe adoça
a boca o leite, e nos lábios
tem os alegres ressábios
daquela caterva moça:
é o falar arrojado,
mentir sem recato e estudo,
é o jactar-se de tudo,
fazer-se em tudo extremado.
Hoje, durante uma hora,
disse cinco ou seis mentiras.

Dom Beltrão – Valha-me Deus!

Tristão –   Pois te admiras?
O melhor digo-te agora:

A VERDADE SUSPEITOSA

	são de tal porte, que apenas
	ditas, ele é descoberto.
DOM BELTRÃO –	Meu Deus!
TRISTÃO –	Podes estar certo:
	não te daria tais penas
	não sendo por ti forçado.
DOM BELTRÃO –	Conheço-te e ao teu amor.
TRISTÃO –	Tua prudência, senhor,
	penso eu ser escusado
	invocar, pois creio nela.
	Se isto sabe Dom Garcia,
	meu senhor...
DOM BELTRÃO –	Calma, e confia.
	Não temas, terei cautela.
	Manda logo preparar
	os cavalos.

Tristão sai

CENA 6

Dom Beltrão, sozinho.

DOM BELTRÃO –   Deus bendito!
Se assim no céu está escrito,
isto devo suportar.
Que a meu filho, único afago
que por mim na terra existe,
na minha velhice triste
deva eu tão grande pago!
Seja assim: sempre tiveram
muitos desgostos os pais;
sempre viram coisas tais
os que a velhice viveram.
Paciência! Hoje hei de marcar,
se puder, seu casamento.
Assim bem depressa intento
este dano remediar,
antes que a leviandade
que a corte já lhe conheça,
os casamentos impeça
com noivas de qualidade.
Espero eu que o cuidado
inerente ao matrimônio

desse hábito do demônio
o faça ficar curado;
pois é, vão pensar que são
o brigar e aconselhar
bastantes para matar
uma forte inclinação.

Cena 7

Tristão. Dom Beltrão.

Tristão – Já os cavalos estão
(vendo que sair procuras)
esfregando as ferraduras
no lagedo do saguão;
porque, com as esperanças
de grande festa, o tordilho,
por fazer honra a teu filho,
ensaia algumas mudanças.
E o baio, cheio do intento
de ser êmulo do dono,
procura com grande entono
a postura e o movimento.

Dom Beltrão – Avisa, pois, a Garcia.

Tristão – Tão belo está a esperar
que na corte hão de pensar
que agora é que sai o dia.

Saem

Sala em casa de Dom Sancho.

Cena 8

Isabel. Jacinta.

Isabel – Pondo, no mesmo momento,
Lucrécia, em execução
o teu claro pensamento,
esta noite em seu balcão
para tratar certo intento,
escreveu que aguardaria.

A VERDADE SUSPEITOSA

Assim pois te será dado
conversar com Dom Garcia.
Caminho levou o recado,
pessoa de quem se fia.

JACINTA – Muito Lucrécia se obriga!

ISABEL – Mostra em qualquer ocasião
ser tua fiel amiga.

JACINTA – É tarde?

ISABEL –   Cinco horas são.

JACINTA – Mesmo em sono, me fatiga
a lembrança de Dom João;
sonhei-o muito enciumado,
descrente em meu coração.

Olham para dentro.

ISABEL – Ai, senhora! Dom Beltrão,
e o peruano a seu lado!

JACINTA – Que dizes!

ISABEL –   Digo que aquele
que vimos na joalheria
vem a cavalo com ele.
Olha.

JACINTA –   Nunca o pensaria,
mas é a verdade. É ele.
Então! O tal peruano,
milionário forasteiro
é filho de Dom Beltrão?

ISABEL – Sempre os que cortejam dão
grande valor ao dinheiro.
Por certo, para te amar,
pensou que lhe era preciso
ter ouro que te agradar
e bem mais impressionar
sendo Midas que Narciso.

JACINTA – Quando disse que me vira
há um ano, disse mentira;
porque Dom Beltrão contou
que seu filho ontem chegou.
De Salamanca saíra.

DOM BELTRÃO – Que vos parece?

DOM GARCIA –   Animal
melhor não vi em toda a vida.

DOM BELTRÃO – Linda besta!

DOM GARCIA –	Corrigida, de espírito racional. Que aparência e bizarria!
DOM BELTRÃO –	Vosso irmão Dom Gabriel, que Deus o tenha no céu, esse animal preferia.
DOM GARCIA –	É-nos propícia, senhor, de Atocha a tranqüilidade: declara a tua vontade.
DOM BELTRÃO –	Tristeza, direis melhor. Sois cavalheiro, Garcia?
DOM GARCIA –	Sou vosso filho e herdeiro.
DOM BELTRÃO –	Basta que sejais meu filho para serdes cavalheiro?
DOM GARCIA –	Penso eu, senhor, que sim.
DOM BELTRÃO –	Que enganado pensamento! Só quem agiu sempre como cavalheiro, chega a sê-lo. Quem deu o princípio às casas nobres? Os ilustres feitos de seus primeiros autores. Sem olhar seus nascimentos, façanhas de homens humildes honraram os seus herdeiros. Logo, em agir mal ou bem está o certo ou o erro. Não é assim?
DOM GARCIA –	Que as façanhas dêem nobreza, não nego; mas não negueis que, sem elas, também a dá o nascimento.
DOM BELTRÃO –	Pois se honor pode ganhar quem nunca o teve, não é certo que pelo contrário, pode quem já o tinha, perdê-lo?
DOM GARCIA –	É verdade.
DOM BELTRÃO –	Assim, se vós cumpris afrontosos feitos, inda que sejais meu filho deixais de ser cavalheiro; desde que os vossos costumes vos infamam junto às gentes, declinam paternas armas, altos avós já não servem. Não vos espanta que a fama diga aos meus ouvidos mesmos

A VERDADE SUSPEITOSA

que em Salamanca admiravam
vossas mentiras e enredos?
Que cavalheiro e que nada!
Se ofende ao nobre e ao plebeu
só que algum diga que mente,
dizei: que será o fazê-lo,
quando é certo que sem honra
vive, segundo o sistema
aquele que, acusado
de mentir, não se defende?
Tão longa tendes a espada,
tão duro tendes o peito,
que pensais poder vingar-vos
dizendo-o toda a gente?
É crível que tenha um homem
tão humildes pensamentos,
que viva sujeito ao vício
mais sem gosto e sem proveito?
O deleite natural
conserva os lascivos presos;
acorrenta os cubiçosos
o poder que dá o dinheiro;
o bom sabor dos manjares
ao glutão; o passatempo
e a esperança do lucro
aos que no jogo se prendem;
sua vingança ao homicida;
ao ladrão o seu remédio;
a fama e a presunção
ao que é pela espada inquieto;
todos os vícios, enfim,
ou dão gosto ou dão proveito;
mas do mentir, que se tira
mais que infâmia e menosprezo?

DOM GARCIA – Quem quer que diga que eu minto
mentiu-vos.

DOM BELTRÃO –   Neste momento
mentis, que até desmentir
só podeis com fingimento.

DOM GARCIA – Se não quereis crer em mim...

DOM BELTRÃO – Não serei néscio, se creio
que só vós dizeis verdades
e mente o lugar inteiro?
O que importa é desmentir
esta fama com os feitos.

Pensai que este é outro mundo;
falai pouco e verdadeiro.
Olhai, que tendes à vista
um rei tão santo e perfeito,
que vossos erros não podem
achar desculpa em seus erros;
que tratais aqui com grandes,
titulares, cavalheiros
que em vendo vossa fraqueza
vos perderão o respeito;
que tendes barba na cara,
que levais de uma arma o peso,
que nascestes nobre, e mais,
que sou vosso pai, primeiro.
E não vos digo mais nada,
pois esta conversa espero
que baste, para quem tem
nobreza e entendimento.
E agora, pra que entendais
que em vosso bem me desvelo,
sabei que para vós tenho
tratado um bom casamento.

DOM GARCIA (*aparte*) –		Lucrécia minha!
DOM BELTRÃO –		Jamais
pôs o céu tantos esmeros,
tantas, tão divinas graças
em humano sentimento
como em Jacinta, que é filha
de Dom Fernando Pacheco.
Minha velhice pretende
ter de vós formosos netos.

DOM GARCIA (*aparte*) –		Ah, Lucrécia! Se é possível,
só tu terás meu desejo!
DOM BELTRÃO –		Que houve? Não respondeis?
DOM GARCIA (*aparte*) –		Minha serás, eu prometo!
DOM BELTRÃO –		O que vos tolhe? Falai,
não me tenhais mais suspenso.
DOM GARCIA –		É que me entristeço, em sendo
fatal desobedecer-vos.
DOM BELTRÃO –		Por que?
DOM GARCIA –		Porque sou casado.
DOM BELTRÃO –		Casado? Triste surpresa!
Como, sem que eu o soubesse?
DOM GARCIA –		Por força e posto em segredo.
DOM BELTRÃO –		Oh que pai mais infeliz!

A VERDADE SUSPEITOSA

DOM GARCIA – Não lamenteis, que sabendo
a causa, senhor, tereis
por venturoso o efeito.

DOM BELTRÃO – Acabai, pois minha vida
pende agora de sabê-lo.

DOM GARCIA (*aparte*) – (Eis quando vou precisar
de sutilezas de gênio!)
Em Salamanca, senhor,
há um cavalheiro nobre;
tem por sobrenome Herrera,
Dom Pedro é o primeiro nome.
A este homem deu o Céu
por filha outro céu; dois sóis
são suas faces rosadas
como claros horizontes.
Abrevio e vou ao ponto
com dizer que, quantos dotes
pode dar a natureza
em tenra idade, a compõem.
Mas a fortuna inimiga
nem sempre justa e conforme,
a seus méritos oposta,
por maldade fê-la pobre
pois, além de sua casa
ser menos rica que nobre,
para herdar tinham nascido
antes dela dois varões.
Foi esta que eu, indo ao rio,
vi uma tarde no coche
que diria o de Faetonte
se fosse Eridano o Tormes.
Não sei quem os atributos
do fogo em Cupido põe,
pois eu, de um súbito gelo
senti-me tomado o corpo.
Que têm a ver, do fogo
as inquietudes e ardores
com quedar absorta uma alma,
com quedar um corpo imóvel?
Vê-la foi talvez forçoso,
vendo-a, cegar de amores,
pois abrasado segui-la
fá-lo-ia um peito de bronze.
Rondei-lhe a casa de dia,
rondei-lhe a casa de noite,

mandei votos e bilhetes
contando-lhe os meus amores,
até que enfim, condoída
a bem amada responde,
porque também tem o amor
no Olimpo os seus defensores.
Fui crescendo nas finezas,
e ela aumentando favores
até que me pôs no céu
de sua alcova, uma noite.
E quando solicitavam
fim da minha pena enorme,
conquistando honestidades
minhas loucas pretensões,
sinto que seu pai chegava
ao quarto dela; chamou-o
(pois jamais fazia isso)
minha sorte aquela noite.
Ela, turbada mas forte,
mulher enfim, a empurrões
meu quase defunto corpo
detrás do seu leito esconde.
Chegou Dom Pedro e a filha,
fingindo gosto, abraçou-o,
escondendo o rosto, enquanto
recobrava as suas cores.
Acomodaram-se os dois
e ele, com boas razões,
lhe propôs um casamento
com o último dos Montoyes.
Ela, honesta porém cauta,
de tal sorte lhe responde
que nem a seu pai resista
nem a mim, que escuto, assombre.
Despediram-se com isto
e quando já quase postos
tinha os pés no umbral da porta
o velho, eis minha má sorte!
Mal haja, amem, o primeiro
homem que inventou o relógio!
Pois um que tinha comigo
começou a dar as doze.
Ouviu-o Dom Pedro, olhou
sua filha e disse: "de onde
te chegou esse relógio?"

A VERDADE SUSPEITOSA

Ela respondeu: "enviou-o
para que se consertasse
meu primo Diego Ponce,
por não haver em sua terra
relojoeiro nem relógios."
"Dá-mo", disse logo o pai,
"para que o encargo tome."
É então que dona Sancha
– que esse é o nome da dama –
a tirá-lo do meu peito
cauta e prevenida corre,
antes que chegar a vê-lo
o pai cuidadoso possa.
Tirei-o do peito e ao dá-lo
à bela, quis a má sorte
que tocasse nos cordões
de uma arma que sempre porto.
Solto o gatilho, deu fogo;
desmaiada veio ao solo
dona Sancha; alvorotado
o velho lançava vozes.
Eu, vendo o meu céu no chão
e eclipsados os dois sóis
julguei que já estava morta
a vida dos meus amores,
pensando que cometeram
sacrilégio tão enorme
do chumbo de minha arma
os breves volantes orbes;
com isto, desesperado,
puxei raivoso do estoque,
foram poucos para mim,
nessa condição, mil homens,
para impedir-me a saída
como dois bravos leões,
com suas armas, seus irmãos
e seus criados se opõem.
Porém, ainda que fácil
minha espada e fúria rompam,
não há homem que contenha
as fatais disposições;
pois, ao sair pela porta
encostado, segurou-me
um cravo que tinha a aldava
pelos tirantes do estoque.

Aí, para desprender-me
forçado fui ao retorno
e entrementes, meus contrários
muros de espadas me opõem.
Nisto, recobrou os sentidos
Sancha; e para pôr cobro
ao triste fim prometido
pelos sucessos atrozes,
correu a porta animosa
do aposento, e ali deixou-me
dentro, com ela fechado,
e fora meus agressores.
Empilhamos contra a porta
baús, armários e cofres
que enfim, são de ardentes iras
bom remédio as dilações.
Quisemos fazer-nos fortes;
mas meus contrários, ferozes,
as paredes já derrubam,
quase pela porta irrompem.
Eu, prevendo que a demora
nunca fará que revogue
a sentença de inimigos
tão agravados e nobres,
vendo a meu lado a formosa
de minhas dores consorte,
e que tirava a sua face
o temor seus arrebois,
vendo que, sem culpa sua,
ao meu amor corresponde,
pois com engenho desfaz
tudo que os fados dispõem,
para premiar-lhe o empenho,
para acalcar-lhe os temores,
para salvar-me da morte
e matar minhas paixões,
tive de entregar-me a eles
e pedir-lhes que conformem
com a união de nossos sangues
tão sangrentas dissenssões.
Eles, que vêem o perigo
e minha raça comprovam,
aceitam, depois de ficar
um pouco entre si discordes.

A VERDADE SUSPEITOSA

Partiu a contá-lo ao bispo
seu pai e voltou com a ordem
de que o casamento possa
fazer qualquer sacerdote.
Fez-se assim, e em doce paz
a mortal guerra trocou-se,
dando-te a nora melhor
que nasce de sul a norte.
Mas, em que não o soubesses
ficamos todos conformes,
por não ser de tua escolha
e ser minha esposa pobre;
porém, já que foi forçoso
saberes, agora, escolhe:
ou me tens perdido e morto,
ou vivo e com mulher nobre.

DOM BELTRÃO – As circunstâncias do caso
são tais, que logo se nota
ter sido o destino cego
quem te escolheu a consorte;
não te culpo, a não ser quando
calaste a teu pai.

DOM GARCIA – Temores
de dar-te pesar, senhor,
me obrigaram.

DOM BELTRÃO – Se é tão nobre,
que importa que pobre seja?
Quão pior foi que o ignore
para que, tendo empenhado
minha palavra, ora torne
com isso a dona Jacinta.
Olha em que transe me pões!
Toma o cavalo e, bem cedo,
por vida minha, recolhe-te,
para que logo tratemos
do assunto em paz, esta noite.

DOM GARCIA – Obedeço-te, tão logo
toquem para as orações.

Sai Dom Beltrão.

CENA 10

Dom Garcia, só.

DOM GARCIA – Felizmente, já está feito;
persuadido o velho parte.
Mentir não se diga que é arte
sem nenhum gosto e proveito.
Pois é tão notório gosto
ver-me assim acreditado,
e proveito, ter deixado
de casar-me a meu desgosto!
Que graça! Brigar comigo
por mentiroso e farsante
e acreditar num instante
em quantas mentiras digo!
Que fácil de persuadir
quem ama costuma ser!
E como costuma crer
o que não sabe mentir!
Mas... já me espera Dom João.
(*a alguém, que está dentro*)
Olá! Levai o cavalo!
Tão terríveis coisas falo
e tantas correndo vão,
que penso que desvario.
Ontem cheguei; num momento,
tenho amor e casamento,
e causa de desafio.

CENA 11

Dom João. Dom Garcia.

DOM JOÃO – Qual sois, assim o haveis feito,
Dom Garcia.

DOM GARCIA –   E há quem possa,
conhecendo a minha força
pensar menos do meu peito?
Mas vamos, Dom João, ao caso
pelo qual me haveis chamado.
Dizei-me o motivo achado

A VERDADE SUSPEITOSA

(que por sabê-lo me abraso)
por vós para um desafio.

DOM JOÃO – Esta dama a quem fizestes,
conforme vós me dissestes,
ainda ontem festa no rio,
é a causa do meu tormento,
com a qual, dois anos há,
embora distante, está
tratado meu casamento.
Vós há um mês aqui estais;
e disso, como também
de estardes oculto, sem
que o soubessem os demais,
depreendo que, tendo sido
tão público o meu cuidado
não o tenhais ignorado;
assim, me haveis ofendido.
Com o que disse, já digo
tudo o que tenho a dizer;
e é que não haveis de ter
o bem que há tanto que sigo.
Se acaso vos parecer
minha razão mal fundada,
remetamo-nos à espada,
sirva à dama quem vencer.

DOM GARCIA – Pesa-me que sem estar
do caso bem informado,
vos hajais determinado
a trazer-me a este lugar.
A dama, Dom João de Sosa,
com quem se passou tudo isto,
nem vós nunca a haveis visto,
nem pode ser vossa esposa.
É casada esta mulher,
e há tão pouco que veio
a Madri, que certo creio
que só eu a pude ver.
E se vossa houvesse sido,
de não vê-la mais vos dou
palavra, pelo que sou
e pena de fementido.

DOM JOÃO – Com isto já se perdeu
a suspeita do meu peito;
confesso-me satisfeito.

TEATRO COMPLETO: RENATA PALLOTTINI

Dom Garcia – Só falta que o fique eu;
pois me haveis desafiado
e isso não para aí.
Fácil foi chamar-me aqui,
mas, havendo-me chamado
me obrigasteis e é forçoso,
visto que me hei de portar,
como quem sou, não voltar
senão morte ou vitorioso.

Dom João – Seja pois; se a vossa história
minhas dúvidas afasta,
para o desafio basta
dos ciúmes a memória.

Puxam das espadas e se batem.

CENA 12

Dom Felix. Os mesmos.

Dom Felix – Detenham-se, cavalheiros,
que aqui estou.

Dom Garcia – Que venha
agora quem me detenha!

Dom Felix – Guardai as armas primeiro,
que foi falsa a ocasião
desta pendência.

Dom João – Já havia
dito o mesmo Dom Garcia;
porém, pela obrigação
em que põe o desafio
desnudou o aço inteiro.

Dom Felix – Agiu como cavalheiro
de muito valor e brio.
E, se esclarecido haveis
já tudo, peço-vos eu,
se tudo já se esqueceu
que perdão e a mão vos deis.

Dão-se as mãos.

Dom Garcia – É justo e vós o mandais.
Mas cuidai daqui em diante,
em caso tão importante

A VERDADE SUSPEITOSA

Dom João, em como tratais.
Tudo vós deveis tentar
primeiro que o desafio;
começar é desvario
por onde se há de acabar.
(*sai*)

CENA 13

Dom João. Dom Felix.

DOM FELIX – Rara sorte, como veis,
ter eu a tempo chegado.
DOM JOÃO – Estava eu mesmo enganado?
DOM FELIX – Sim.
DOM JOÃO –   E como o sabeis?
DOM FELIX – Soube-o pelo escudeiro
de Lucrécia.
DOM JOÃO – Que houve enfim?
DOM FELIX – Tudo aconteceu assim:
foram o coche e o cocheiro
de Jacinta, a seu mandado,
ao rio, onde se fazia
festa a quem nele ia.
Mas o coche era emprestado.
E isto foi porque, na hora
em que foi Jacinta bela
ver a Lucrécia, com ela
já estavam as perigosas,
as duas primas da quinta.
DOM JOÃO – As que no Carmen viviam?
DOM FELIX – Em seguida já pediam
o coche a dona Jacinta.
Nele, e pela noite escura
foram as duas de viagem,
enganando a vosso pagem
que deixastes na procura.
Como as damas vislumbrou
entrar, quando anoitecia,
e de nada mais sabia,
nem de visitas, pensou
ser Jacinta quem entrava
com Lucrécia.

DOM JOÃO –	Justamente.
DOM FELIX –	Segue o coche, diligente,
	e quando no Souto estava
	entre a música e o jantar
	a Madri voltou a buscar-vos
	e foi o não encontrar-vos
	razão de tanto penar;
	porque, se estivesseis lá
	se desfaria o engano.
DOM JOÃO –	Nisso consistiu meu dano;
	mas tanto gosto me dá
	o saber que me enganei,
	que dou por bem empregado
	o desgosto que hei passado.
DOM FELIX –	Outra coisa averiguei,
	que é bem graciosa.
DOM JOÃO –	Dizei.
DOM FELIX –	É que o dito Dom Garcia
	chegou há apenas um dia
	de Salamanca a Madri;
	em chegando se deitou
	e dormiu a noite toda
	e foi mentirosa a boda
	e o festim que nos contou.
DOM JOÃO –	Que dizeis!
DOM FELIX –	Toda a verdade.
DOM JOÃO –	Embusteiro é Dom Garcia?
DOM FELIX –	Isso até um cego veria;
	que era tanta variedade
	de tendas, aparadores,
	vasilhas de prata e ouro,
	tanto prato, tanto coro,
	de instrumentos e cantores
	senão mentira patente?
DOM JOÃO –	O que me traz duvidoso
	é que seja mentiroso
	um homem que é tão valente;
	de sua espada o furor
	a Alcides causara ciúme!
DOM FELIX –	Terá o mentir por costume
	e por herança o valor.
DOM JOÃO –	Vamos; que a Jacinta quero
	pedir, Dom Felix, perdão
	e dizer-lhe na ocasião
	como mentiu o embusteiro.

A VERDADE SUSPEITOSA

603

DOM FELIX – Esse mancebo jamais
terá crédito, Dom João.
DOM JOÃO – Suas verdades serão
fábulas vãs, nada mais.
(*saem*)

Na rua.

CENA 14

Tristão, Dom Garcia e Caminho. É noite.

DOM GARCIA – Meu pai me deu seu perdão
porque forçado o enganei.
TRISTÃO – Tua história admirei.
Mas, e agora? Que invenção
pensas agora fazer
por que não saiba forjado
o casamento invocado?
DOM GARCIA – As cartas hei de deter
que a Salamanca fizer
e, as respostas escrevendo
eu mesmo, irei entretendo
a ficção quanto puder.

CENA 15

*Jacinta, Lucrécia e Isabel, à janela. Dom Garcia,
Tristão e Caminho, na rua.*

JACINTA – Com esta notícia veio
muito infeliz Dom Beltrão,
quando já meu coração
no casamento conveio.
LUCRÉCIA – O filho de Dom Beltrão
é o peruano fingido?
JACINTA – Sim, amiga.
LUCRÉCIA – E do mentido
banquete, quem diz?
JACINTA – Dom João.
LUCRÉCIA – Mas quando esteve contigo?

JACINTA – À noitinha me encontrou
e em contar tudo gastou
o que pôde estar comigo.

LUCRÉCIA – Grandes tais enredos são!
Bom castigo ele merece!

JACINTA – Esses três homens, parece
que se acercam do balcão.

LUCRÉCIA – Um deles é Dom Garcia,
por certo.

JACINTA – Isabel, cautela.
Enquanto falamos, vela
e aos nossos velhos espia.

LUCRÉCIA – Meu pai está descrevendo
devagar um caso enorme
a teu tio.

ISABEL – Eu dou o informe,
se alguém acaso vier vindo.
(*sai*)

CAMINHO (*A Dom Garcia*) – O balcão vos mostro, de onde
vos há de chegar a glória.
(*sai*)

CENA 16

Dom Garcia e Tristão, na rua; Jacinta e Lucrécia, na janela.

LUCRÉCIA – Tu és a dona da história,
tu em meu nome respondes.

DOM GARCIA – É Lucrécia?

JACINTA – É Dom Garcia?

DOM GARCIA – Sou quem hoje a pedra achou
mais preciosa que lavrou
o céu em joalheria;
sou quem, em chegando a vê-la,
tanto estimou seu valor
que, abrasado de amor,
deu vida e alma por ela.
Sou o que se preza, enfim,
de ser vosso e hoje vou
de novo nascer, pois sou
o que fizerdes de mim.

JACINTA (*a Lucrécia, aparte*) – Amiga, este cavalheiro
para todas tem amor.

A VERDADE SUSPEITOSA

LUCRÉCIA – O homem é um fingidor.

JACINTA – É um grandíssimo embusteiro.

DOM GARCIA – Senhora, sou vosso servo.
O que me quereis mandar?

JACINTA – Já não pode ter lugar
o que queria dizer-vos.

TRISTÃO (*no ouvido de seu amo*) – É ela?

DOM GARCIA – Sim.

JACINTA – Pois tratar-vos
um casamento intentei,
importante. Mas já sei
que é impossível casar-vos.

DOM GARCIA – Por que?

JACINTA – Porque sois casado.

DOM GARCIA – Eu?

JACINTA – Diz quem vos conheceu.

DOM GARCIA – Solteiro sou, sabe-o Deus!

JACINTA (*aparte, a Lucrécia*) – Viste maior embusteiro?

LUCRÉCIA – Não sabe senão mentir.

JACINTA – Pois me quereis persuadir?

DOM GARCIA – Sabe Deus que sou solteiro!

JACINTA (*aparte, a Lucrécia*) – E jura!

LUCRÉCIA – Sempre tem sido
costume do mentiroso,
de crédito duvidoso
jurar para ser ouvido.

DOM GARCIA – Se era a vossa branca mão
o que o céu me quis doar,
para meus bens coroar,
não perca a felicidade
podendo essa falsidade
provar-se tão facilmente.

JACINTA (*aparte*) – Com que confiança mente!
Não parece que é verdade?

DOM GARCIA – A mão vos darei, senhora,
e com isso me crereis.

JACINTA – Vós sois tal, que a entregareis
a trezentas numa hora.

DOM GARCIA – Mal acreditado estou
convosco.

JACINTA – É justo castigo;
porque não pode comigo
ter crédito, quem jurou
ser peruano, forasteiro,
sendo na corte criado

e tendo ontem chegado
afirmou que há um ano inteiro
que está na corte; e mais, tendo
esta tarde confessado
que em Salamanca é casado,
ora se vai desdizendo;
e que, passando em sua cama
toda a noite, foi contar
que a viu no rio passar,
dando uma festa à sua dama.

TRISTÃO (*aparte*) – Pronto!

DOM GARCIA –   Amor meu, minha glória,
escutai-me e vos direi
toda a verdade; já sei
onde se perde esta história.
Tudo o demais não relato,
pois são coisas de momento;
falo só do casamento,
que é o importante do fato.
Dizei: se tivesseis sido
causa de haver afirmado
Lucrécia, que sou casado,
fora culpa haver mentido?

JACINTA – Eu a causa?

DOM GARCIA –   Sim, senhora.

JACINTA – Como?

DOM GARCIA –   É o que vou dizer.

JACINTA (*aparte, a Lucrécia*) – Ouve, que ele vai fazer
lindos enredos agora.

DOM GARCIA – Meu pai chegou a tratar
comigo de outra mulher.
Meu coração, que vos quer,
mentindo quis se escusar
que, enquanto fazer espero
convosco só minhas bodas,
sou casado para todas,
só para vós sou solteiro.
E, como vosso recado
chegou, forçando-me o intento,
ao tratar-se o casamento
disse eu que era casado.
Este é o caso; a falsidade
que tanto vos admira
perdoai; disse a mentira
por grande amor à verdade.

A VERDADE SUSPEITOSA

LUCRÉCIA (*aparte*) – Mas, se fosse?
JACINTA – Que talento!
Tão boa e tão de repente!
(*Alto*)
Mas como, tão brevemente
causei tanto sofrimento?
Quase visto não me haveis
já vos mostrais tão perdido!
Pois não me haveis conhecido
e por mulher me quereis?
DOM GARCIA – Hoje vi vossa beldade
por vez primeira, senhora;
vede, o amor me obriga agora
a vos dizer a verdade.
Porém, se a causa é divina
milagre o efeito é,
pois Cupido, não com pés
mas com as asas caminha.
Dizer que vos é mister
de tempo para matar
fora, Lucrécia, negar
vosso divino poder.
Dizeis que sem conhecer-vos
estou perdido. Prouvera
a Deus que não conhecera!
Porque para mais querer-vos
bem vos conheço eu; a vossa
fortuna e a grandeza sua;
que sem eclipse sois lua,
sem má sorte sois Mendoza;
que vossa mãe no céu vai,
que sois só no vosso lar;
mil dobrões ultrapassar
a renda de vosso pai.
Não estou mal informado;
oxalá, meu bem, assim
estivesseis vós de mim!
LUCRECIA (*aparte*) – Quase me põe em cuidado.
JACINTA – Pois Jacinta, tão formosa,
joia de tanto valor,
não poderíeis, senhor,
desejá-la para esposa?
DOM GARCIA – É discreta e rica e bela;
mas a mim não me convém.

JACINTA –	Pois dizeis que falha tem?
DOM GARCIA –	A maior, que é eu não querê-la.
JACINTA –	Pois eu com ela queria
	vos casar; esta é a razão
	porque assomo ao meu balcão.
DOM GARCIA –	Será perdida a porfia,
	que, por haver intentado
	meu pai, Dom Beltrão, igual,
	foi que lhe disse afinal
	ser eu alhures casado.
	E se vós, mulher divina,
	seguis me falando nisto,
	perdoai-me vós se insisto:
	serei casado na China!
	Isto é verdade, eu vos juro.
	Meu amor é de tal arte
	que estou mal em toda parte
	se a Lucrécia não procuro!
LUCRÉCIA –	Oxalá!
JACINTA –	Vós me tratais
	com falsidade notória!
	Dizei: não tendes memória,
	ou vergonha não provais?
	Como, se hoje dissestes
	vós a Jacinta que a amais,
	agora mesmo o negais?
DOM GARCIA –	Eu a Jacinta! Soubestes
	algo disso? Só falei
	convosco, dos que cheguei!
JACINTA –	Até onde pode alcançar
	esse mentir descarado!
	Se ao que eu mesma assisti
	vos atreveis a mentir,
	que verdades podem vir
	de vós? Eu vos deixo aqui,
	e podeis de mim pensar,
	se um dia vos der ouvido,
	que por divertir-me há sido;
	como quem, para enganar
	o monótono fastídio
	dos negócios mais pesados,
	gasta os momentos sobrados
	com as fábulas de Ovídio.
	(*sai*)
DOM GARCIA –	Ouvi, Lucrécia formosa!

LUCRÉCIA (*aparte*) – Confusa estou.
(*sai*)

DOM GARCIA – Estou louco!
Verdades valem tão pouco!

TRISTÃO – Numa boca mentirosa...

DOM GARCIA – Que não queira acreditar
no que digo!

TRISTÃO – Que admiras,
se em quatro ou cinco mentiras
acabou de te apanhar?
Desde aqui, se o consideras,
conhecerás claramente,
que aquele que em burlas mente,
perde o crédito deveras.

TERCEIRO ATO

Sala em casa de Dom Sancho.

CENA 1

Caminho, com uma carta. Lucrécia.

CAMINHO – Isto me deu, quando vim
Tristão, em quem Dom Garcia
com justa causa confia,
como confias em mim,
pois, embora tão sem sorte
que serve, é de boa gente,
e soube tornar patente
o quanto a resposta importe;
e jura que Dom Garcia
está louco.

LUCRÉCIA – Coisa estranha!
Será crível que me engana
quem de tal sorte porfia?
O mais firme apaixonado
cansa, se não é querido

A VERDADE SUSPEITOSA

e este pode ser fingido,
tão constante e desdenhado!

CAMINHO – Eu, ao menos, se os amores
se conhecem pelas provas,
direi que grandes e novas
são, pelo visto, suas dores.
Quem por tua rua passeia
tão constante, noite e dia,
quem a espessa gelosia
espreitando, tanto anseia,
quem vê que do teu balcão
quando ele vem te retiras,
e nem te vê, nem te viras,
e está firme na afeição,
quem chora, quem desespera,
quem me dá, porque sou teu
dinheiro, que é, penso eu,
a prova mais verdadeira,
não se poderá insistir
em que mente por prazer.

LUCRÉCIA – Ah, Caminho, é bem de ver
que nunca o viste mentir!
Prouvera a Deus fosse real
seu amor! Pois na verdade
não me vai contra a vontade
e nem eu lhe quero mal;
que seus encarecimentos
(ainda que não tenha crido)
pelo menos tem podido
despertar meus pensamentos;
pois, dado que é leviandade
dar crédito a um mentiroso,
mas mentir não é forçoso
e ele é capaz de verdades,
obriga-me a esperança
e o mesmo amor meu, a crer
que comigo pode haver
em seus costumes, mudança.
E assim, por guardar honor,
se me engana lisongeiro,
ou, se o amor é verdadeiro,
por digno do meu amor,
quero estar bem preparada
para os bens e para os danos,
nem pronta a sofrer enganos,
nem às verdades fechada!

CAMINHO – Do mesmo pensar eu sou.
LUCRÉCIA – Vai e dize que, cruel,
rasguei sem ler o papel;
que esta resposta lhe dou.
Mas depois tu, do teu lado,
não o deixes desesperado;
pois que se ver-me deseja
vá esta tarde à igreja
da Madalena.
CAMINHO –   Já vou.
LUCRÉCIA – Minha esperança em ti está.
CAMINHO – Por mim não se perderá,
pois vês que caminho sou.

Sala em casa de Dom Beltrão.

CENA 2

Dom Beltrão. Dom Garcia. Tristão.

DOM BELTRÃO (*puxa de uma carta, aberta e a dá a Dom Garcia*) –
Garcia, já haveis escrito?
DOM GARCIA – Esta noite escreverei.
DOM BELTRÃO – Pois a minha conheci
para que, pelo que hei dito
conforme a meu parecer,
vosso sogro se previna.
Esta carta determina
que vós haveis de trazer
vossa esposa. É o melhor,
porque podendo trazê-la
vós mesmo, mandar por ela
é prova de pouco amor.
DOM GARCIA – Assim é. Mas a jornada
seria agora empecilho.
DOM BELTRÃO – Por que?
DOM GARCIA –   Porque espera um filho
e, até que nasça, é arriscada
uma viagem tão dura,
tanto caminho enfrentar.
DOM BELTRÃO – Estando assim, viajar,
Jesus! Seria loucura!
Mas dize: como, até aqui
nada disseste, Garcia?

A VERDADE SUSPEITOSA

DOM GARCIA –   Porque nem eu o sabia;
na carta que recebi
só ontem Sancha me diz
que é certo o evento, já.

DOM BELTRÃO –   Se um neto varão me dá
serei um velho feliz.
Dá-me; quero dizer bem
(*toma a carta que lhe havia dado*)
na carta a minha alegria.
Mas esqueço: qual seria
de teu sogro o nome?

DOM GARCIA –   Quem?

DOM BELTRÃO –   De teu sogro.

DOM GARCIA (*aparte*) –   Estou perdido.
(*alto*)
Dom Diego.

DOM BELTRÃO –   O nome é este?
Mas outras vezes disseste
Dom Pedro!

DOM GARCIA –   Não o duvido.
Mas é que os dois nomes são;
um depois e o outro antes.

DOM BELTRÃO –   Diego e Pedro!

DOM GARCIA –   Não te espantes;
se, por uma condição,
Dom Diego se há de chamar
de sua casa o sucessor,
chamava-se meu senhor
Dom Pedro, antes de herdar;
chamou-se, por seu sossego,
Dom Diego assim que herdou,
por isso é que se tornou
já Dom Pedro e já Dom Diego.

DOM BELTRÃO –   Não é rara condição
em muitas casas de Espanha.
Vou escrever.
(*sai*)

CENA 3

Dom Garcia. Tristão.

TRISTÃO –   Foi estranha
desta vez tua confusão.

DOM GARCIA –	Entendeste bem a história?
TRISTÃO –	E houve bem o que entender,
	porque quem mente há mister
	de grande engenho e memória.
DOM GARCIA –	Perdido me vi.
TRISTÃO –	Confesso
	ver-te perdido, senhor.
DOM GARCIA –	Entrementes, de um amor
	verei bom ou mau sucesso.
	E Lucrécia?
TRISTÃO –	Seu desígnio
	de ser cruel emudece-a.
	Mas hás de vencer Lucrécia
	sem a força de Tarquínio.
DOM GARCIA –	Recebeu a carta?
TRISTÃO –	Sim,
	mas ao criado mandou
	nos dissesse que a rasgou.
	Ele confiou-se a mim.
	E como leu, não vai mal
	o trato do teu desejo.
	O epigrama revejo
	que a Nevia escreveu Marcial:
	"escrevi, não respondeu
	Nevia; logo, dura está.
	Mas ela se abrandará,
	que o que foi escrito, leu."
DOM GARCIA –	É um epigrama escorreito.
TRISTÃO –	Caminho está de tua parte,
	e promete revelar-te
	os segredos de seu peito.
	E que há de cumpri-lo espero,
	se é que estás disposto a dar;
	para fazer confessar,
	nada há como o dinheiro.
	E seria bom, senhor,
	conquistasses tua ingrata
	com dádivas, porque mata
	com flechas de ouro o amor.
DOM GARCIA –	Nunca te vi tão grosseiro
	como nestes pareceres.
	Dizes estão que as mulheres
	só se rendem por dinheiro?
TRISTÃO –	Virgílio conta que Dido,
	do troiano enamorada,

A VERDADE SUSPEITOSA

foi por dádivas comprada,
tanta quanto por Cupido.
E era rainha! Não te espantes
destes meus conselhos rudos,
que escudos vencem escudos,
diamantes lavram diamantes.

DOM GARCIA – Não viste que se zangou
com minha oferta outro dia?

TRISTÃO – Tua oferta a ofenderia
senhor; tuas jóias não.
O uso é que nos governa;
a ninguém, neste lugar,
por exagerado em dar
lhe quebraram braço ou perna.

DOM GARCIA – Garante-me que ela o espera
e eu não serei mesquinho.

TRISTÃO – Caminho fará caminho,
pois é o pólo desta esfera.
E prá que saibas que está
bem cuidado o teu amor:
ela ordenou-lhe, senhor,
que te dissesse que irá
esta tarde à Madalena,
a ver as festas da Oitava.
Que te avisasse esperava.

DOM GARCIA – Alívio da minha pena!
E tão devagar me dás
novas que me deixam louco?

TRISTÃO – Dou-as assim pouco a pouco
prá que dure o gosto mais.

Saem.

Claustro de Convento da Madalena; porta que dá para a igreja.

CENA 4

Jacinta e Lucrécia, com mantos.

JACINTA – E prossegue Dom Garcia?

LUCRÉCIA – De tal modo que, ao saber
de seu falso proceder,
e ao ver que tanto porfia,
quase me tem duvidosa.

JACINTA – Não estarás enganada;
a verdade é facultada
até a boca mentirosa.
Creia que ele te deseja
e mais porque tua beldade
assegura essa verdade
em qualquer um que te veja.

LUCRÉCIA – Tu sempre me favoreces,
mas só poderia crer
não fosse te conhecer,
que ao próprio sol escureces.

JACINTA – Tu bem sabes quanto és mais
e nesta competição
não teremos solução,
a somar votos iguais.
Não é só a formosura
que causa amoroso ardor,
porque também tem o amor
seu pedaço de ventura.
Eu folgarei que por ti,
amiga, me haja trocado
e que tenhas alcançado
o que eu não mereci,
porque nem terás a culpa,
nem ele me é obrigado.
Mas toma muito cuidado,
pois não haverá desculpa
se te arrojares a amar,
ficando ao fim enganada
por quem, estás avisada,
apenas sabe enganar.

LUCRÉCIA – Minha Jacinta, obrigada,
porém corrige o teu zelo;
digo-me inclinada a crê-lo,
não a querê-lo inclinada.

JACINTA – Afeiçoada no crer
quererás, por afeiçoada;
é muita curta a jornada
que vai do crer ao querer.

LUCRÉCIA – E que dirás se souberes
que uma carta recebi?

JACINTA – De que crês me convenci
e até direi que já o queres.

LUCRÉCIA – Errarias; considera
que muita vez a vontade

A VERDADE SUSPEITOSA

JACINTA — faz, só por curiosidade
o que o amor não fizera;
não o ouviste prazeirosa
na joalheria?

JACINTA — Sim.
LUCRÉCIA — E foste, em ouvi-lo assim
enamorada ou curiosa?
JACINTA — Curiosa.
LUCRÉCIA — Também eu
curiosa terei sido,
como tu em tê-lo ouvido,
lendo a carta que me deu.
JACINTA — Verás que não é assim
se notas que há no ouvir
cortesia, e admitir
uma carta, é dar um "sim".
LUCRÉCIA — Seria, se ele soubesse
que a carta li e guardei;
no entanto, crê que a rasguei
e em tal crença permanece.
JACINTA — Então, prossegue animosa;
curiosidade é forçosa.
LUCRÉCIA — Nunca tive, em toda a vida,
tanto gosto em ser curiosa.
E para que a falsidade
vejas, ouve e admira,
que mais parece verdade
se é que é mentira, a mentira.
(*puxa de um papel e o abre*)

CENA 5

Caminho. Dom Garcia e Tristão. As mesmas.

CAMINHO (*aparte a Dom Garcia*) — Vêdes a que tem na mão
um papel?
DOM GARCIA — Sim.
CAMINHO — Pois aquela
é Lucrécia.
DOM GARCIA (*aparte*) — Oh, causa bela
de sofrimento e paixão!
Ao ciúme estou fadado.
(*alto*)
De amigo vos darei prova!

Tristão (*aparte, a Caminho*) – Já tendes a roupa nova!
Caminho – Sou feliz se vos agrado.
Dom Garcia – Chegar, Tristão, eu pretendo
onde, sem me fazer ver,
me fosse possível ler
esse papel que está lendo.
Tristão – É fácil; se tu te encostas
ao muro e vais com cuidado,
saindo daquele lado
vais encontrá-la de costas.
Dom Garcia – Dizes bem; vem por aqui.

Saem Dom Garcia, Tristão e Caminho.

Jacinta – Lê baixo, senão darás
mau exemplo.
Lucrécia – E me ouvirás? Melhor que leias prá ti.
(*dá o papel a Jacinta*)
Jacinta – É o melhor parecer.

Cena 6

*Dom Garcia e Tristão, por outra porta, entram e ficam
às costas de Jacinta e Lucrécia.*

Tristão – Afinal, aqui chegamos.
Dom Garcia – Mas muito longe ainda estamos.
Procura, se podes, ler.
Jacinta (*lendo*) – "Já que mau crédito cobras
destas palavras sentidas,
dize-me se serão cridas,
pois nunca mentem, as obras.
Porque, se consiste o crer-me,
senhora, em ser teu marido,
e há de dar o ser crido
matéria a favorecer-me,
por este Lucrécia, fia, que
já minha mão te dou,
e firmo, e digo que sou
teu esposo, Dom Garcia."
Dom Garcia (*aparte, a Tristão*) – Por Deus, que é minha missiva!
Tristão – Pois já não a tinha lido?
Dom Garcia – Talvez o ver repetido
meu amor, o amor reviva!

A VERDADE SUSPEITOSA

TRISTÃO – De qualquer modo, está bem.
DOM GARCIA – Sou feliz, de qualquer modo.
JACINTA – Ele é breve, e pelo todo,
ou bem sente, ou mente bem.
DOM GARCIA (*a Jacinta*) – Volvei os olhos, senhora,
que a seus raios não resisto.
JACINTA (*a Lucrécia*) – Cobre-te, pois não te há visto;
e desengana-te agora.
(*cobrem-se Jacinta e Lucrécia*)
LUCRÉCIA (*a Jacinta*) – Dissimula ainda mais.
DOM GARCIA – Correi os delgados véus
a esse assombro dos céus,
a esse céu dos mortais.
Enfim eu vos chego a ver,
homicida em minha vida!
Por serdes minha homicida
na igreja tinha de ser.
Mas, se chegais a temer,
matai-me sem mais temor,
visto que, das leis do amor
é tão grande o desconforto,
que deixam preso ao que é morto,
e livram o matador.
Vejo que da minha pena
estareis, amor, condoída,
se o estar arrependida
vos trouxe hoje à Madalena.
Vêde como o amor ordena
recompensa ao mal que enfrento,
porque se tive o tormento
de vosso desdém, senhora,
de glória me cubro agora
por vosso arrependimento.
Não falais, sonho querido?
Não vos tocam os meus ais?
Ou arrependida estais
de haver-vos arrependido?
Ponde, senhora, sentido
que outra vez me matareis.
Se porque na igreja estamos
provais em mim os punhais,
não valerão seus reclamos
se o delito praticais.
JACINTA – Vós me conheceis?

DOM GARCIA –   E bem
e tanto, que desde o dia
em que, na joalheria
vos vi, já não sou ninguém.
Só por ver-vos sou alguém,
vivo mais em vós que em mim;
e tanto me sinto assim
e em vós transformado estou,
que nem conheço quem sou,
quem fui, nem de onde vim.

JACINTA –   É fácil de ver que estais
de quem fostes olvidado,
pois sem ver que sois casado
novo amor solicitais.

DOM GARCIA –   Eu casado? E porfiais?

JACINTA –   E não sois?

DOM GARCIA –   É minha sina!
Menti, miragem divina,
para ser vosso!

JACINTA –   Ou não ser,
porque se vos parecer
sereis casado na China.

DOM GARCIA –   Juro, porque é verdadeiro,
que neste amoroso estado,
para todas sou casado,
e só para vós solteiro.

JACINTA (aparte, a Lucrécia) –   Vês teu desengano?

LUCRÉCIA –   Sim.
Mal a centelha do amor
senti, nasceu ao seu calor
vulcão de ciúmes em mim.

DOM GARCIA –   Aquela noite, senhora,
em que ao balcão vos falei
tudo já não vos contei?

JACINTA –   No balcão?

LUCRÉCIA (aparte) –   Ah, traidora!

JACINTA –   Vede que vos enganais!
Não foi a mim!

DOM GARCIA –   Como não!

LUCRÉCIA (aparte) –   Vós lhe falais no balcão
e a mim conselhos me dais?

DOM GARCIA –   E a carta que recebestes,
podeis negar?

JACINTA –   Carta, eu?

LUCRÉCIA –   Que amiga fiel Deus me deu!

A VERDADE SUSPEITOSA

DOM GARCIA – E eu sei bem que vós a lestes.
JACINTA – Por donaire há de passar,
quando não fere, o mentir.
Mas não se pode insistir,
se o limite ultrapassar.
DOM GARCIA – Não vos falei no balcão,
Lucrécia, três noites há?
JACINTA (*aparte*) – Eu, Lucrécia! Entendo já.
Touro novo, outra invenção.
Aqui ele prova querê-la;
finge, para não perdê-la,
que por ela me tomou.
LUCRÉCIA (*aparte*) – Tudo entenda. Ah, traidora!
Sem dúvida lhe avisou
que fui eu quem se embuçou,
e ele o confirma agora,
fingindo, muito ao contrário,
que a mim quer e fala a ela.
TRISTÃO (*a Dom Garcia*) – Deve-lhe ser necessário
por quem está junto dela
negar que é Lucrécia.
DOM GARCIA –   Entendo.
Pois se por mim o negasse
certo encobriria a face.
Porém, não se conhecendo,
falar-se-ão?
TRISTÃO –   É freqüente
dentro das igrejas ver-se
que fala sem conhecer-se,
por estar vizinha, a gente.
DOM GARCIA – Dizes bem.
TRISTÃO –   Fingindo agora
que se enganaram teus olhos
acertarás.
DOM GARCIA –   Os antolhos
de um ardente amor, senhora,
me têm tão deslumbrado
que por outra vos tomei.
Perdoai, que em erro tombei
pela cortina enganado;
porque, como à fantasia
fácil engana o desejo,
em qualquer dama que vejo
veja a minha idolatria.

JACINTA (*aparte*) – Entendi-lhe a intenção.
LUCRÉCIA (*aparte*) – Com ele está combinada.
JACINTA – Afinal, a vossa amada
é Lucrécia.
DOM GARCIA – O coração
desde o dia em que eu a vi
tornou-se um escravo dela.
JACINTA (*aparte*) – É boa!
LUCRÉCIA (*aparte*) – E que esteja ela
rindo-se de mim aqui!
Não me dou por entendida
para evitar um excesso.
JACINTA – Pois se vos visse confesso
desse amor, agradecida
seria...
DOM GARCIA – Tratais com ela?
JACINTA – Trato sim, e é minha amiga;
tanto, que há até quem diga
e afirme que em mim e em ela
vive só um coração.
DOM GARCIA (*aparte*) – Se és tu, bem claro está.
Quão claro a entender me dá
seu recato e intenção!
(*alto*)
Já que a minha dita ordena
tão boa ocasião, senhora,
pois sois anjo, sede agora
mensageira desta pena.
Dizei-lhe que não fingi
e perdoai-me o alto custo
desse ofício.
TRISTÃO – Ofício justo
para as moças de Madri.
DOM GARCIA – Convencei-a que a tão grande
amor ingrata não seja.
JACINTA – Fazei vós que amor vos veja,
eu farei com que se abrande.
DOM GARCIA – Não crerá que sou sincero
ciente da própria beldade?
JACINTA – A dizer-vos a verdade,
não vos tem por verdadeiro.
DOM GARCIA – Sou todo sinceridade;
fazei vós que ela o veja.
JACINTA – Embora verdade seja
parecerá falsidade,

A VERDADE SUSPEITOSA

porque a boca mentirosa
tão vilmente se coloca,
que somente nessa boca
é **a verdade suspeitosa**.

DOM GARCIA – Senhora...

JACINTA –   Basta. Atentai,
sois notado.

DOM GARCIA –   Eu obedeço.

JACINTA (*a Lucrécia*) – Estais contente?

LUCRÉCIA –   Eu agradeço,
Jacinta, a tua bondade.

Saem as duas.

CENA 7

Dom Garcia. Tristão.

DOM GARCIA – Não foi aguda Lucrécia?
Com que astúcia me fez ver
que lhe importava não ser
Lucrécia!

TRISTÃO –   Nunca foi néscia.

DOM GARCIA – Sem dúvida não queria
que a reconhecesse aquela
que então falava com ela.

TRISTÃO – Claro está que não podia
obrigá-la outra razão
a negar coisa tão clara.
Porque a ti não te negara
quem te falou no balcão,
pois ela mesma tocou
nos pontos de que tratastes
quando no balcão falastes.

DOM GARCIA – E nisso bem demonstrou
que comigo se combina.

TRISTÃO – E inda chegou a dizer:
"porque, se vos parecer,
sereis casado na China."
Esta solução é boa
e explica mais o negar
que era Lucrécia, e o tratar
sempre em terceira pessoa
de seus próprios sentimentos,

dizendo-te que sabia
que Lucrécia pagaria
teus amorosos intentos
quando fizesses, senhor,
que ela te chegasse a crer.

DOM GARCIA – Tristão! Que posso fazer
para provar meu amor?

TRISTÃO – Tu queres casar-te?

DOM GARCIA – Sim!

TRISTÃO – Pois pede-a!

DOM GARCIA – E se resiste?

TRISTÃO – Parece que não ouviste
o que disse agora aqui:
"fazei vós que amor vos veja
e eu farei com que se abrande."
Que indício queres tão grande
de que ser tua deseja?
Quem tuas cartas aceita,
quem te fala no balcão,
mostras já deu de afeição
e da forma como é feita.
O pensar que tu és casado
é o inconveniente;
dar-lhe-ás remédio somente
casando-te. E está acabado;
pois se chegas a casar-te
sendo grande cavalheiro,
dás a prova de solteiro;
e se quiser obrigar-te
a que dês informação,
pelos temores que há
de mentiras, não está
Salamanca no Japão!

DOM GARCIA – Está, para quem deseja,
pois são séculos aqui
os instantes.

TRISTÃO – E em Madri
fiador não há quem seja?

DOM GARCIA – Pode ser.

TRISTÃO – É a solução.

DOM GARCIA – Vou começar a buscar.

TRISTÃO – Um deles posso te dar.

DOM GARCIA – E quem será?

TRISTÃO – Dom João.

A VERDADE SUSPEITOSA

DOM GARCIA – Dom João de Sosa?
TRISTÃO – Sim.
DOM GARCIA – Ele o sabe.
TRISTÃO – Desde o dia
do encontro na joalheria,
não o vi nem ele a mim.
Mesmo tendo desejado
saber que pesar te deu
a carta que te escreveu
não o tenho perguntado,
vendo o semblante severo
e pálido que então tinhas.
Mas agora, dessas linhas
o segredo saber quero
e penso poder, senhor,
pois secretário fui feito
desse arquivo do teu peito.
Passou aquele furor?
DOM GARCIA – Tudo te quero contar
pois sei por experiência
do teu amor e prudência,
e em ti posso confiar.
Às sete horas da tarde
me escreveu que me esperava
em São Brás Dom João de Sosa
para um caso de importância.
Calei, por ser desafio,
porque quer o que não cala
que o estorvem ou que o ajudem,
covardes ações sendo ambas.
Cheguei ao sítio aprazado
onde Dom João me esperava,
com sua espada e seus ciúmes
que são armas aguçadas.
Seu sentimento me expôs;
satisfiz sua demanda e,
para bem terminar,
puxamos os dois da espada.
Escolhi meu alvo logo
e tirando uma vantagem
da posição do perfil
dei-lhe uma forte estocada.
Salvador de sua vida
o escapulário que usava

recebeu o golpe em ponta
e fez em duas a espada.
Ele livrou-se do golpe
mas, aumentando-lhe a raiva
veio, atirando-me a ponta;
mas eu, pelo mais delgado
da lâmina vou, formando
um ângulo; ele saca
(ao ver que a respiração
tão curta linha lhe tapa
por faltarem os dois terços
à minha infiel espada)
a sua, correndo as lâminas;
e como perto me acha
(já que eu busquei estar perto
por carência de minha arma)
à cabeça, furioso,
lançou-me um golpe de lâmina.
Recebi-o, no princípio
da formação, e ainda baixo
cortando-lhe o movimento,
sobre a sua a minha espada.
Foi como Tróia! Puxei
um revés com tal pujança
que a falta da minha arma
fez ali bem pouca falta.
Abrindo-lhe na cabeça
um palmo de espadeirada,
veio sem sentido ao chão
e suspeito que sem alma.
Deixei-o ali, e em segredo
voltei. Assim foi o caso,
e de não vê-lo estes dias,
Tristão, esta será a causa.

TRISTÃO – Que batalha tão estranha!
E morreu?

DOM GARCIA –   Parece claro,
porque os miolos mesmos
esparramou pelo campo.

TRISTÃO – Pobre Dom João!

Cena 8

Dom João e Dom Beltrão. Os mesmos.

TRISTÃO – Não é ele
que aí vem?

DOM GARCIA – Que coisa estranha!

TRISTÃO – Também a mim tu me enganas!
Ao teu fiel secretário!
(*aparte*)
Por Deus, que eu acreditei,
mesmo sabendo-lhe as manhas!
A quem não enganarão
mentiras tão bem achadas?

DOM GARCIA – Sem dúvida que o curaram
com rezas.

TRISTÃO – Espadeirada
que abriu até os miolos
em tão pouco tempo sara?

DOM GARCIA – Não crês? Pois sei de uma reza
que um homem, em Salamanca,
a quem cortaram bem raso
toda a perna e mais a anca,
voltando-lhe a ser pregada,
em menos de uma semana
curou, ficando tão bom
como antes.

TRISTÃO – É demasiado!

DOM GARCIA – Isto não me foi contado;
eu mesmo vi.

TRISTÃO – Isso basta.

DOM GARCIA – Da verdade, praza aos céus,
não se tira uma palavra.

TRISTÃO (*aparte*) – Ninguém conhece a si mesmo!
Senhor, meus serviços paga
ensinando-me essa reza.

DOM GARCIA – É toda escrita em hebráico
e se não sabes a língua,
não podes pronunciá-la.

TRISTÃO – E tu, sabes?

DOM GARCIA – Muito bem.
Melhor do que a castelhana.
Falo dez línguas.

TRISTÃO (*aparte*) –   E todas
para mentir não te bastam.
Corpo de verdades cheio
com razão o teu proclamas,
pois nenhuma dele sai,
nem há mentira que aguarde.
DOM BELTRÃO (*a Dom João*) – Que dizeis?
DOM JOÃO –   Digo a verdade;
nem cavalheiro nem dama
têm, se é que bem me lembro,
tais nomes em Salamanca.
DOM BELTRÃO (*aparte*) – Foi sem dúvida invenção
de Garcia. É coisa clara.
Dissimular me convém.
Gozai por tempo bem largo
de uma formosa comenda
com a cruz de Calatrava.
DOM JOÃO – Crede que sempre hei de ser
mais vosso quanto mais valha.
E perdoai-me, que agora
por render as homenagens
a estes senhores, não vou
acompanhar-vos à casa.

CENA 9

Dom Beltrão. Dom Garcia. Tristão.

DOM BELTRÃO (*aparte*) – Valha-me Deus! É possível
que a mim não me perdoassem
os costumes deste moço?
Que ante as minhas próprias cãs
me mentisse, ao mesmo tempo
em que eu o censurava?
E que eu acreditasse
em coisa tão importante
tão depressa, tendo ouvido
de seus enganos a fama?
Mas quem diria que a mim
fosse mentir, quando eu estava
a censurá-lo por isso?
E que juiz receara
que o roube o mesmo ladrão
de cujo castigo trata?

A VERDADE SUSPEITOSA

TRISTÃO – Então. Vais te aproximar?

DOM GARCIA – Sim, Tristão.

TRISTÃO – Pois Deus te valha.

DOM GARCIA – Pai...

DOM BELTRÃO – Não me chames teu pai,
vil. Inimigo me chama,
porque não tem o meu sangue
quem não me acompanha em nada.
Sai de diante dos meus olhos;
por Deus, se eu não pensasse...

TRISTÃO – O mar está tempestuoso.
Melhor ocasião aguarda.

DOM BELTRÃO – Meu Deus, que castigo é este?
É possível que a quem ama
tanto a verdade, um tal filho,
de hábitos tão contrários
lhe desseis? E é possível
que quem tanto a honra guarda
como eu, gerasse um filho
com inclinações tão baixas?
E a Gabriel, que tanto honrava
o meu sangue e as minhas cãs
levasseis vós tão em flor?
São coisas que, não fosse a alma
a de um cristão...

DOM GARCIA (*aparte*) – É terrível!

TRISTÃO (*aparte, a seu amo*) – Sai daqui! Que mais aguardas?

DOM BELTRÃO – Deixa-nos a sós, Tristão.
Volta depois, não te vás;
bem pode ser que a vergonha
de que saibas de sua infâmia
possa nele o que não pôde
o respeito às minhas cãs.
E se nem esta vergonha
o obriga a emendar suas faltas,
servir-lhe-á, pelo menos,
de castigo o publicá-las.
Diz, leviano: aonde vais?
Louco, diz: que gosto achas
em mentir tão sem recato?
E mesmo que, com os demais
sigas teu gosto, comigo
não podias refrear-te?
Com que intento o matrimônio
fingiste, de Salamanca,

para tirar-me também
crédito às minhas palavras?
Com que cara falarei
aos que sabem que tu estavas
com dona Sancha de Herrera
casado? Diz, com que cara,
quando agora sei que foi
fingida esta dona Sancha
e por cúmplices do embuste
tomem minhas nobres cãs?
Que remédio terei eu
para tirar-me esta mancha
quando o que pode ser feito,
se de mim quero tirá-la
é pô-la em meu próprio filho,
dizer que tu foste a causa,
e assim fazendo ser eu
pregoeiro de tua infâmia?
Se algum cuidado amoroso
te obrigou a me enganar,
que inimigo te oprimia?
Que punhal te ameaçava?
Se não teu pai, pai enfim
e só este nome basta
para saber de que modo
tocariam tuas ânsias
a um velho que foi mancebo
e sabe bem a pujança
com que em peitos juvenis
lavram amorosas chamas!

DOM GARCIA – Pois se sabes, isto apenas
para escusar-me bastara;
para meu erro perdoares
ora, pai, isto me valha.
Parecer-me que seria
pouco respeito às tuas cãs
não seguir tua vontade,
me obrigou a te enganar.
Erro foi, não foi delito;
não culpa, mas ignorância;
a causa, amor; tu, meu pai,
já que dizes que isso basta
e que o dano conheceste,
conhece a formosa causa
para que quem fez o dano
o dano te satisfaça.

A VERDADE SUSPEITOSA

Dona Lucrécia, a que é filha
de Dom João de Luna, é alma
desta vida. A moça é nobre
e herdeira de sua casa.
Para tornar-me ditoso
com sua bela mão, só falta
que com isso tu concordes
e que declares que a fama
de ser eu casado, teve
esse princípio e que é falsa.

DOM BELTRÃO – Não, não, Jesus! Cala. Em outra
queres meter-me? Isto basta.
Se me dizes que isto é luz
hei de pensar que me enganas.

DOM GARCIA – Não, senhor. O que nas obras
tem prova, é verdade clara;
e Tristão, em quem confias
testemunhou minhas ânsias.
Fala, Tristão.

TRISTÃO – Sim senhor.
O que ele diz é verdade.

DOM BELTRÃO – Não coras com isso? Diz,
não te envergonha este fato
de que seja o teu criado
fiador do que tu falas?
Muito bem. Hei de eu falar
a Dom João; e o céu faça
que te dê Dona Lucrécia,
pois tu não mereces nada.
Mas primeiro hei de informar-me
da verdade em Salamanca.
Porque temo que, em dizer-me
que me enganavas, me enganas.
A verdade eu conhecia
antes de aqui vir falar-te,
mas se tornou suspeitosa
desde que tu confessaste.
(*sai*)

DOM GARCIA – Não foi tão mau.

TRISTÃO – Foi bem bom!
Pensei que hoje provavas
aquela reza em hebráico
que as pernas cortadas sara!
(*sai*)

Sala com vista a um jardim, em casa de Dom João de Luna.

Cena 10

Dom João de Luna. Dom Sancho.

Dom João – Parece-me que a noite refrescou.

Dom Sancho – Senhor Dom João, ir-nos agora ao rio
é demais para o velho que já sou.

Dom João – Melhor será, fugindo nós ao frio,
fiquemos no jardim e aqui gozemos
da ceia num lugar menos sombrio.

Dom Sancho – Discreto parecer. Noite teremos
que dar ao Manzanares, adequada;
ofendem a saúde este extremos.

Dom João (*para dentro*) – Guiai vossa formosa convidada
hoje, Lucrécia, aqui pelo jardim.

Dom Sancho – Queira Deus que a vejais mui bem casada,
porque é um anjo.

Dom João – Se bem não caiba a mim
tudo dizer, além de tão formosa
mais que a vida, a virtude tem por fim.

Cena 11

Um criado. Os mesmos.

Criado (*a Dom Sancho*) – Perguntando por vós, Dom João de Sosa
à porta veio e pede-vos licença.

Dom Sancho – A tal hora!

Dom João – Será coisa forçosa.

Dom Sancho – Entre o senhor Dom João.

Sai o Criado a avisar

Cena 12

Dom João, com um papel na mão. Dom João de Luna. Dom Sancho.

Dom João de Sosa (*a Dom Sancho*) – A esta presença
sem a carta que vêdes, não chegara.
Mas tendo-a, faltava-me a paciência,
pois não quis meu amor que dilatara

A VERDADE SUSPEITOSA

633

nem um momento a nova; tenho a glória
de por ela alcançar prenda tão cara.
Desligam-me dos votos; se memória
tendes vás da palavra que haveis dado,
com ela coroareis minha vitória.

Dom Sancho – Minha, fé, Dom João, haveis premiado
trazendo-me esta nova benfazeja,
sem demora e em momento tão asado.
Vou já dá-la a Jacinta que a deseja
e perdoai; por não estar vestida
não a mando aqui vir.
(*sai*)

Dom João de Luna –   Sempre assim seja
com quem espera; não será perdida
a esperança de quem o amor almeja,
ainda que se espere toda a vida.

Cena 13

Dom Garcia. Dom Beltrão. Tristão. Dom João de Luna. Dom João.

Dom Beltrão – Não é esta ocasião acomodada
para falar-lhe; não está sozinho
e coisa grave a sós será tratada.

Dom Garcia – Dom João de Sosa, o que lhe está vizinho,
poderá, sobre mim, testemunhar.

Dom Beltrão – Que será necessário eu adivinho.
A Dom João de Luna vou contar
nossa intenção. Retem o outro contigo.

Dom João de Luna – Amigo Dom Beltrão!

Dom Beltrão –   Dom João amigo!

Dom João de Luna – A tais horas saístes?

Dom Beltrão –   Podeis ver
por tal fato que estou enamorado.

Dom João de Luna – Feliz da que vos pode merecer!

Dom Beltrão – Perdão me haveis de dar, que o ter achado
a porta aberta e o serdes vós tão caro
a este amigo, me fez haver entrado.

Dom João de Luna – Cerimônias deixai, quando preparo
o coração a ouvir vosso pedido.

Dom Beltrão – Quero dizer-vos, pois, tudo bem claro.

Dom Garcia (*a Dom João de Sosa*) – Pode, senhor Dom João, ser oprimido
de algum peito de inveja envenenado

fato tão claro, porém não vencido.
Podeis, juro-vos, crer que me há alegrado
vossa vitória.

DOM JOÃO – Juro que acredito.

DOM GARCIA – Do título gozai e sede honrado
como vós mereceis e eu desejo.

DOM JOÃO DE LUNA – Neste passo é Lucrécia tão ditosa,
que penso que é sonhado o bem que vejo.
Com perdão do senhor Dom João de Sosa,
ouvi uma palavra, Dom Garcia.
Que a Lucrécia quereis por vossa esposa
disse-me Dom Beltrão.

DOM GARCIA – E não mentia,
que minha alma, honra e vida ela detém.

DOM JOÃO DE LUNA – Dou-vos a mão por ela; ela o faria
(*dão-se as mãos*)
se aqui estivesse, porque vos quer bem.
Sabe ela o que valeis e o coração
vos deu.

DOM GARCIA – Meu coração é seu também.
Eu beijo os vossos pés, senhor Dom João.

CENA 14

Dom Sancho. Jacinta. Lucrécia. Os mesmos.

LUCRÉCIA – Depois de tantos contrastes
tua esperança enfim logras.

JACINTA – Se alcançares a tua
serei de todo ditosa.

DOM JOÃO DE LUNA – Ela aí vem com Jacinta,
desconhecendo tal glória,
mais pelo calor toucada
que enfeitada para bodas.
Alvíçaras vou pedir-lhe
de uma nova tão ditosa.

DOM BELTRÃO – Está aqui Dom Sancho. Nota
em que situação me encontro!

DOM GARCIA – Erros que causa o amor,
o homem sábio perdoa.

LUCRÉCIA – Não é casado em Salamanca?

A VERDADE SUSPEITOSA

DOM JOÃO DE LUNA – Foi invenção enganosa
para evitar que seu pai
fosse casá-lo com outra.

LUCRÉCIA – Sendo assim, minha vontade
junto à sua, e sou ditosa.

DOM SANCHO – Chegai-vos, nobres mancebos,
a vossas alegres noivas,
que ditosas se confessam
e vos olham amorosas.

DOM GARCIA – Agora, de meus intentos
darão testemunho as obras.

Dom Garcia, e Dom João encaminham-se para Jacinta

DOM JOÃO – Para onde vais, Dom Garcia?
Essa é Lucrécia formosa!

DOM GARCIA – Como, Lucrécia?

DOM BELTRÃO – Que houve?

DOM GARCIA (*a Jacinta*) – É a vós que eu amo, senhora!

DOM BELTRÃO – Outra questão?

DOM GARCIA – Se o seu nome
erro, não erro a pessoa.
Sois vós aquela que eu peço,
é a vós que minha alma adora.

LUCRÉCIA – E este papel enganoso
(*puxa de um papel*)
que fizestes por mão própria
o que dizeis não desdiz?

DOM BELTRÃO – Em que situação me pões!

DOM JOÃO – Jacinta, com vossa mão
dareis fim a estas coisas.

DOM SANCHO – Dá tua mão a Dom João.

JACINTA (*a Dom João*) – Sou vossa.

DOM GARCIA (*aparte*) – Adeus minha glória!

DOM BELTRÃO – Por Deus, que se não recebes
a Lucrécia por esposa
acabo com tua vida!

DOM JOÃO DE LUNA – A mão vos dei, inda agora
por Lucrécia e por vós mesmo.
Se vossa inconstância louca
vos mudou tão de repente,
lavarei minha desonra
com sangue de vossas veias.

TRISTÃO – És quem tem a culpa toda;
pois se a princípio dissesses

a verdade, a esta hora
estarias com Jacinta.
Não há remédio; perdoa,
mas dá tua mão a Lucrécia
que também é bela e boa.

DOM GARCIA – Dou-lhe a mão porque é forçoso.
TRISTÃO – E assim verás quão danosa
é a mentira; e verá
a audiência que, na boca
de quem costuma mentir,
é **a verdade suspeitosa**.

João Guimarães, Veredas

Trechos de obras de João Guimarães Rosa: *Grande Sertão: Veredas, Campos Gerais, A Estória de Lélio e Lina, Sarapalha, e As Primeiras Estórias:* "Fatalidade e Famigerado". Estréia em 1972, no Teatro Anchieta, São Paulo, direção de Teresa Aguiar para a Companhia Nydia Licia.

Personagens

Riobaldo
Sertanejo
Coro
Tio Terês
Miguilim
Mãe
Doutor
Dito
Vó Izidra
Damázio
Dois Homens
Diadorim
Delegado
Zé Centeralfe
Dona Rosalina
Lélio
Manuela
Canuto
Jiní
Alípio
Mariinha
A Negra
Primo Ribeiro

Primo Argemiro
Riobaldo – menino
Diadorim – menino
Mulato
Doca Ramiro
Zé Rebelo
Só Candelário
Hermógenes
Ricardão
Titão Passos
Gavião-Cujo
Marcelino Pampa
Lacrau
Diadorim
Narrador
Sertanejos
Jagunços

PRIMEIRA PARTE
Abertura

Uma canção forte cantada fora de cena. Black-out. Ouve-se um tiro.
Depois luz sobre Riobaldo que pode estar deitado numa rede.

RIOBALDO (*sorrindo*) – Nonada. Tiros que o senhor ouviu foram de briga de homem não. Deus esteja. Alvejei mira em árvore, no quintal, no baixo do córrego. Por meu acerto. Todo dia faço isso, gosto; desde mal em minha mocidade...

Acende-se um refletor sobre o Sertanejo.

SERTANEJO – O senhor tolere. Isto é o sertão. Uns querem que não seja; que situado sertão é por os campos-gerais, a fora a dentro eles dizem, fim de rumo, terras altas. Esses Gerais são sem tamanho. Enfim, cada um o que quer aprova, o senhor sabe; pão ou pães, é questão de opiniães.

RIOBALDO – Toleima. O sertão está em toda parte – é onde os pastos carecem de fechos; onde um pode torar dez, quinze léguas, sem topar com casa de morador; é onde criminoso vive seu cristo-jesus, arredado do arrocho de autoridade.

SERTANEJO – Sertão, o senhor sabe, sertão é onde manda quem é forte, com as astúcias. Deus mesmo, quando vier, que venha armado!

CORO – O terreiro lá de casa
    não se varre com vassoura,

642   TEATRO COMPLETO: RENATA PALLOTTINI

varre com ponta de sabre
bala de metralhadora...

RIOBALDO – Vai vir um tempo em que não se usa mais matar gente. Vai vir
um tempo de campo com flôres, de céu azul vivoso; com um vento de
não deixar se formar orvalho. Punhado quente de vento, passando
entre duas palmas de palmeira... A gente, essas tristezas... Um certo
Miguilim morava com sua mãe, seu pai e seus irmãos, longe, longe
daqui, muito depois da Vereda-do-Frango-d'Água, e de outras veredas sem nome ou pouco conhecidas, em ponto remoto, no Mutum.
No meio dos Campos Gerais. Miguilim tinha oito anos...

*Por uma picada no meio do mato vai caminhando Miguilim
com um tabuleiro à cabeça. De repente, surge
do mato um moço, que é o Tio Terês.*

TIO TERÊS – Miguilim... Miguilim! Onde é que você vai?

MIGUILIM – Tio Terês!

TIO TERÊS – Miguilim... meu amigo!

MIGUILIM – Tio Terês, eu não vou morrer mais!

TIO TERÊS – De certo que você não vai morrer, Miguilim! Te tive sempre
meu amigo! Conta a notícia de todos de casa: a Mãe, como é que vai
passando?

MIGUILIM (*desenxabido*) – A Mãe vai bem... Pai é que...

TIO TERÊS – Eu sei... seu Pai não me quer lá... coisas dele... casa dele...
Escuta, Miguilim... adonde é que você está indo?

MIGUILIM – Fui levar a comida a Pai. Venho voltando.

TIO TERÊS – Você alembra que um dia a gente jurou ser amigos, de lei, leal,
amigos de verdade? Eu tenho uma confiança em você...

MIGUILIM – Sim senhor...

TIO TERÊS (*puxando um papel do bolso*) – Você vai, Miguilim, você entrega isto aqui à Mãe, bem escondido, você agarante? Diz que ela pode
dar a resposta a você, que mais amanhã estou aqui, espero...

MIGUILIM – Mas, Tio Terês... Pai...

TIO TERÊS – Não conta nada a Pai. É negócio teu e meu, de amizade.
Agora, vai!

*Miguilim mete o recado no bolso e desanda a correr. Filmes de
mato que corre, de gente ou boi que corre. Medo de Miguilim;
ele chega em casa, correndo, e se atira no colo da mãe.*

MIGUILIM – Mãe... Mãe! Mãe!

MÃE – Miguilim, menino! Credo, que sucedeu? Que está com a cara assim?

MIGUILIM (*disfarçando*) – Mesmo nada não, Mãe... Gostei de ir na roça,
demais. Pai comeu a comida...

MÃE –Você não está escondendo alguma arte que fez?

JOÃO GUIMARÃES, VEREDAS 643

Miguilim – Estou não, mãe. Mãe... você gosta de mim?

Mãe – Pergunta mais sem perguntar. Claro que gosto, Miguilim. De você, do Dito, da Drelina...

Miguilim – E do Pai...

Mãe – Isto é coisa de gente grande, menino... (*se afastando um pouco*) Seu pai trabalha demais, que nem negro escravo...

Miguilim (*correndo atrás dela, prendendo-a*) – Mãe, espera... fala... Mãe... que é que é o mar, mãe?

Mãe – O mar? Ah, eu nem nunca vi... O mar é uma espécie duma lagoa, enorme, muito longe daqui... O mar, eu nunca vi... (*suspira e se enche de melancolia*)

Miguilim – Então, mãe, mar é o que a gente tem saudade?

Mãe (*pensando em tio Terês*) – Pode ser, Miguilim. (*se afasta*)

Miguilim (*sozinho*) – Mãe, minha mãe... Nhanina, minha mãe... (*sente um arrepio*) Acho que eu vou morrer... Bem feito, pelo pecado... (*pega o bilhete do bolso*) Isto não pode ser direito... Nem para o Dito eu posso contar...

Voz de fora chama.

Voz – Miguiliiiim! Mãe tá chamando pra dormir!

Miguilim se deita ali mesmo, meio enrolado, segurando o bilhete com força e medo. Vai ter uma espécie de delírio. Figuras. sertão.

Miguilim (*treme*) – Ai... acho que eu estou de saúde muito mal... acho que eu vou morrer... Dito... Dito... Só pode ser castigo... estou com um calorão por dentro... Mãe... Se Pai souber ele dana de me bater... ai, Tio Terês... Pai chamou o senhor de Caim que matou Abel... Rosa... Rosa, que coisa é a gente ficar hético?... Será que eu vou ficar hético? Mãe... Tio Terês... que é que eu faço?... Que que eu digo amanhã? (*Boceja*) Ahhhhh! estou com frio... deve de ser a tísica... eu vou morrer... na certa eu vou morrer, e há de ser por castigo... Mãe... mãe... (*dorme*)

Pausa de escuro. Voz de fora que chama.

Voz – Miguiliiiiii! Tem de ir levar almoço pra Pai!

Luz. Miguilim aparece de novo; com o tabuleiro na cabeça. Esta abatido e nervoso.

Miguilim – Tou chegando lá... Que é que eu vou dizer? (*ensaia*) Tio Terês, eu entreguei o bilhete a mãe, mas mãe duvidou de me dar resposta... Não, não serve... Isso é mentira, levantar falso a Mãe, não posso. Ou então: Tio Terês, Vó Izidra vinha vindo, raivava, eu rasguei o bilhete com medo dela, rasguei miudinho, tive de jogar os pedacinhos no

644 TEATRO COMPLETO: RENATA PALLOTTINI

rego, foi de manhãzinha cedo, a Rosa estava dando comida às galinhas... essa também não serve... (*baixa o tabuleiro no chão*) Credo, vou verter... (*sai pra o mato, fica um pouquinho, volta abotoando a calça, pega o tabuleiro e retoma o caminho*) Posso dizer... Tio Terês, a gente foi a cavalo, costear o gado nesses pastos, passarinhos do campo muito cantavam, o Dito aboiava feito vaqueiro grande de toda a idade, um boi rajado de pretos e verdes investiu para bater, debaixo do jacarandá violeta, aí, o bilhetezinho de se ter e não perder, eu perdí... Meu Deus, mas aí êle pega e escreve outro, e não adianta, tudo pior de novo... Eu digo então: Tio Terês eu principiei querer entregar a Mãe, não entreguei, inteirei coragem só pela metade... Não sei, não sei... está chegando a hora e eu não sei... Ai, meu Deus... Pai nosso que estais no Céu... (*reza alto, os olhos fechados, meio que chorando*)

Tio Terês sai do mato.

TIO TERÊS – Mas Miguilim, que foi?

MIGUILIM (*chorando alto, sacudindo o tabuleirinho na cabeça*) – Tio Terês!

TIO TERÊS – Que isso, credo, Miguilim, quieta!

MIGUILIM – Tio Terês!

TIO TERÊS – Que é que você tem, que foi?

MIGUILIM – Tio Terês, eu não entreguei o bilhete, não falei nada com Mãe, não falei nada com ninguém!

TIO TERÊS – Mas por que, Miguilin? Você não tem confiança em mim?

MIGUILIM (*chorando*) – Não. Não. Não! O bilhete está aqui, na algibeira de cá, o senhor pode tirar ele outra vez ...

TIO TERÊS (*pega o bilhete; relê, pensa*) – Você é que está certo, Miguilim. Mas não queira mal ao seu tio Terês, nem fica pensando... A gente é amigo, como foi falado...

A fala de tio Terês vai desaparecendo. Miguilim continua andando com o tabuleiro, agora esta mais consolado, começa a rir.

MIGUILIM –Vou levar o almoço a Pai... Vou levar o almoço a Pai... Vou levar o almoço... (*grita de susto*) Uau! (*atira o tabuleiro*)

Algum bicho o assustou. Pode ser visto em imagem. Reforçado com uma fala de Miguilim, por exemplo; "Os macacos!" algo que sugira os bichos que o levaram a atirar o almoço.

CANÇÃO – Eu nasci no Capim Branco,
na vertente do Formoso,
casar sério lá é triste,
namorar só é que é gostoso...

Noite de tempestade, com barulho fora de trovão e muita
chuva – ouve-se a voz de Vó Izidra, que pede:

Vó Izidra – Pra rezar, todos!

Um rumor de ladainha feita em coro. No centro, num mesmo foco
de luz, Miguilim e Dito, ajoelhados, rezando, acompanham
a ladainha de fora, entremeando a reza com seu dialogo.

Coro – "Pai nosso que estás no céu..."
Dito – Miguilim, você tem medo de morrer?
Miguilim – Demais... Dito, eu tenho um medo, mas só se fosse sozinho.
  Queria que a gente todos morresse juntos...
Dito – Eu tenho. Não queria ir para o céu menino pequeno.
Miguilim – "... santificado" Pensa nisso não, Dito.
Coro – "Santificado seja..."
Dito – Miguilim... eu cortei meu pé ontem no caco da tigela e está
  apostemando...
Miguilim – "Seja..." Dito, você combina comigo para o gato se chamar Rei
  Belo?
Dito – Mas não pode. Nome dele é Sossenho.
Miguilim – Também é. Uai... quem é que falou?
Dito – Acho que foi Mãitina, ou o vaqueiro Jé. Não me importo.

Trovão maior. Coro. Os meninos também rezam.

Miguilim – "Venha a nós..." O gaturaminho das frutas, ele merece castigo,
  Dito?
Dito – "... o vosso reino..." Mas não fala essas coisas, Miguilim, nestas
  horas...
Miguilim – Dito, você imagina como é que é o circo?
Dito – É uma moça galopando em pé em riba do cavalo, o homem reves-
  tido, com farinha branca na cara... Tio Terês disse. É uma casa grande
  de pano.
Miguilim – Chuva está chovendo tanto...

Voz de Vó Izidra, fora.

Vó Izidra – Vigia esses meninos cochichando! Cruz! Ai, em vez de rezar!

Os dois continuam a rezar em coro, com mais fervor.

Dito – "Assim na terra como no céu..." Miguilim, estiou...

Os dois se levantam e vão se deitar, no mesmo catre, no chão lado a
lado, as cabeças juntas, mas os pés apontando para os dois lados.

Miguilim – Dito, eu fiz promessa para Pai e Tio Terês voltarem quando
  passar a chuva e não brigarem nunca mais...
Dito – Pai volta, Miguilim. Tio Terês volta não.

646 TEATRO COMPLETO: RENATA PALLOTTINI

MIGUILIM – Como é que você sabe, Dito?

DITO – Sei não. Eu sei.

MIGUILIM – Eu não gosto de Vó Izidra. Você acha que a gente devia de fazer promessa aos santos, para ficar gostando dos parentes?

DITO – Quando a gente crescer, a gente gosta de todos.

MIGUILIM – Mas, Dito, quando eu crescer vai ter algum menino – pequeno, assim como eu, que não vai gostar de mim, e eu não vou poder saber?

DITO – Eu gosto de Mãitina. Ela vai para o inferno?

MIGUILIM – Vai, Dito. Ela é feiticeira pagá...

DITO – Meu pé está doendo...

MIGUILIM – Dito, se de repente um dia todos ficassem com raiva de nós – Pai, Mãe, Vó Izidra – eles podiam mandar a gente embora, no escuro, debaixo da chuva, a gente pequenos, sem saber onde ir?

DITO – Dorme, Miguilim. Se você ficar imaginando assim, você sonha de pesadelo...

MIGUILIM – Dito, vamos ficar nós dois, sempre um junto com o outro, mesmo quando a gente crescer, toda a vida?

DITO – Pois vamos...

MIGUILIM – Dito, amanhã eu te ensino a armar urupuca, eu já sei...

DITO (*levantando um pouco a cabeça*) – Você sabe o que o Pai disse? Amanhã ele vai deixar a gente nós dois montar a cavalo, sozinhos, vamos ajudar a trazer os bezerros...

MIGUILIM – Dito, você já teve alguma vez vontade de conversar com o anjo da guarda?

DITO – Não pode, Miguilim. Se puder, vai pra o inferno...

MIGUILIM – Dito, eu às vezes tenho uma saudade de uma coisa que eu não sei o que é, nem de donde, me afrontando...

DITO – Deve de não, Miguilim, descarece. Fica olhando para a tristeza, não, você parece mãe...

MIGUILIM – Dito, você ainda é companheiro meu? Você quer me ver eu crescer, Dito, eu viver toda a vida, ficar grande?

DITO – Demais. (*segurando o pé machucado*) Eu é que não sei, às vezes...

MIGUILIM – Dito, como é que a gente sabe certo como não deve de fazer alguma coisa, mesmo os outros não estando vendo?

DITO – A gente sabe, pronto.

MIGUILIM – Quando você está com medo, você reza?

DITO (*apertando o pé com a mão*) – Rezo baixo, e aperto a mão fechada, aperto o pé no chão, até doer... (*gemendo*) Ai... Rezo assim: acho que é por causa que Deus é corajoso...

MIGUILIM – Dito... Dito... (*levanta e anda sozinho*) Meu Deus do céu, Dito! Chama Mãe! Chama Mãe! A água está vermelha de sangue!

Pausa. Miguilim volta a falar com Dito; agora doente, deitado.

DITO – Miguilin, você não contou a história da cachorrinha Cuca Pingo de Ouro...

MIGUILIM – Mas eu não posso Dito, mesmo não posso! Eu gosto demais dela, estes dias todos...

JOÃO GUIMARÃES, VEREDAS 647

Dito – Faz mal não, Miguilim, mesmo ceguinha mesmo ela há de me reconhecer...

Miguilim – No céu, Dito? No céu? Dito! Dito!

Dito (*levantando a cabeça, muito vivo*) – Miguilim, Miguilim, vou ensinar o que agorinha eu sei, demais: é que a gente pode ficar sempre alegre, mesmo com toda coisa ruim que acontece, acontecendo. A gente deve de poder ficar então mais alegre, mais alegre, por dentro!

Escuro. Voz de Vó Izidra.

Vó Izidra – O Ditinho morreu! O Ditinho morreu!

Narrador (*num repente violento*) – Viver é muito perigoso! O senhor tolere, isto é o sertão. De quando um menino vira homem, de quando um homem encontra seu sentir...

Um homem vem vindo a cavalo, de roupa clara, chapéu, óculos. Miguilim está brincando no chão; o homem é o doutor.

Doutor – Deus te abençoe, pequenino. Como é o teu nome?

Miguilim – Miguilim. Eu sou irmão do Dito.

Doutor – E seu irmão Dito é o dono daqui?

Miguilim – Não, meu senhor. O Ditinho está em glória.

Doutor – Ah, não sabia não. Deus o tenha em sua guarda. Mas o que é que há, Miguilim?

Miguilim (*apertando os olhos, pra ver melhor*) – Meu senhor?

Doutor – Por que é que você aperta os olhos assim? Você não é limpo de vista? Vamos até tua casa. Quem é que está lá?

Miguilim – E mãe, mais os meninos...

*O Doutor segue andando no seu cavalo, com Miguilim
ao lado. Encontram a Mãe.*

Doutor (*desmontando*) – Desculpe a senhora a intromissão.

Mãe – Esteja em sua casa.

Doutor – Vim, e não vinha vindo. Vim porque este nosso rapazinho tem a vista curta. Sabia?

Mãe – Senhor não senhor. Miguilim?

Doutor – Ele mesmo. Quer ver? Espera aí, Miguilim... (*tira os seus próprios óculos e os põe no rosto de Miguilim*) Olha agora!

Miguilim (*de repente tem uma revelação; abre os olhos e estende os braços; acabou de descobrir o mundo; caminha ao redor, encantado; cresceu*) – Mãe! Olha aí só! Olha, mãe! O Mutum é bonito! Que alegre que é tudo, que alegre! Olha só! Meu Deus, quanta coisa! É tudo uma claridade! Mãe, você parece o Dito! E o Pingo de Ouro, mãe, você se lembra? Quanta coisa que tem no mundo, até o mar, que deve ter, pra lá! Até o mar!... O mundo é bonito! Mãe o mundo é bonito! O mundo é bonito! Mãe... o mundo...

648 — TEATRO COMPLETO: RENATA PALLOTTINI

A voz de Miguilim vai sumindo na distância e no escuro.
Narrador continua suas palavras anteriores.

NARRADOR – João Guimarães, grande sertão, veredas.
Não se há de buscar na história o que não há.
Não há o acontecer, a história simplesmente, há o grande sertão.
João Guimarães, o homem letrado, o audaz.
O primeiro que foi, foi personagem seu.
O primeiro que foi, criança, é Miguilim, menino de inventiva e de muito sonhar.
João Guimarães, depois, foi mais: cavaleiro, vaqueiro e capataz.
Foi o amor do amador e o diabo também.
O diabo de cem nomes e até de mais de cem.
O diabo enganador e senhoril, o frio.
Diabo que não existe e que é puro existir.
João Guimarães, grande invenção, segredos.
Nada é claro demais no que foi e falou.
Senhor de Riobaldo a quem ele inventou, foi jagunço também e mandante senhor.
Irmão de Diadorim, o moço, também foi: o moço de olhos verdes que era dois.
Com narrações contou o que não fez.
Era muitas pessoas de uma vez.
João Guimarães, grande sertão, veredas.
Filho de Cordisburgo nas Minas Gerais.
Cavalheiro que ainda passeia nos campos,
campos da estrela d'alva e dos buritisais.

Riobaldo sai de onde estivera e se adianta; põe óculos e se
transforma em Doutor. Arruma-se uma janela, onde vai ficar
Riobaldo-Doutor. A distância, chegam três homens a cavalo. Só quem
fala é Damázio. Os três se aproximam. Saracoteiam em seus cavalos,
fazem ruido. Até que Riobaldo-Doutor apareça na janela.
Tem um ar digno, entre curioso e preocupado. Damázio cumprimenta
em silêncio, mão na aba. Riobaldo responde.

RIOBALDO – Servido esteja de desmontar, e entrar.
DAMÁZIO – Lhe agradeço conforme os costumes. Mas não.
RIOBALDO – Se é de doença...
DAMÁZIO – Nem receita, nem consulta...
RIOBALDO – Se aceita entrar, para um café...
DAMÁZIO – Nem mesmo... Olhe...
RIOBALDO – Seu criado...
DAMÁZIO – Eu vim preguntar a vosmecê uma opinião sua explicada.
RIOBALDO – Com tanta arma?
DAMÁZIO – Vosmecê não me conhece! Damázio, dos Siqueiras... Estou vindo da Serra...

JOÃO GUIMARÃES, VEREDAS

*Voz no fundo canta a cantiga terrificante que induz
o susto de Riobaldo-Doutor.*

Voz – A roupa lá de casa
não se lava com sabão:
lava com ponta de sabre
e com bala de canhão...
Lava com ponta de sabre
e com bala de canhão...

DAMÁZIO – Saiba vosmecê que na Serra, por ultimamente, se compareceu um moço do Governo, rapaz meio estrondoso... Saiba que estou com ele à revelia... Cá eu não quero questão com o governo, não estou em saúde nem idade... O rapaz, muitos acham que ele é de seu tanto esmiolado...

RIOBALDO – Compreendido...

DAMÁZIO (*rindo com todos os dentes*) – Sou homem de muita lei... Mas, neste momento, não me abrange socorro... Sou muito amante da Ordem... (*mostra as armas*) Não vê? E vosmecê, um homem de lealdade tão ilustre...

RIOBALDO – Compreendido, Seu Damázio...

DAMÁZIO (*cabriolando no cavalo, cada vez mais ameaçador*) – Vou lhe dizer, portanto: (*chega-se mais, está junto à janela, cara com cara de Riobaldo-Doutor*) Vosmecê agora me faça a boa obra de querer me ensinar o que é mesmo que é! Fasmigerado... faz-me-gerado... falmisgeraldo... familhasgerado? (*segura a beira da janela com força*)

RIOBALDO (*envolvido pelo tom*) – Famigerado?

DAMÁZIO – Saiba vosmecê que sai ind'hoje da Serra, que vim, sem parar, essas seis léguas, expresso direto pra mor de lhe preguntar a pregunta, pelo claro...

RIOBALDO – Famigerado...

DAMÁZIO – Lá, e por estes meios de caminho, tem nenhum ninguém ciente, nem tem o legítimo – o livro que aprende as palavras... É gente pra informação torta, por se fingirem de menos ignorâncias... Só se o padre, no São Ão, fosse capaz, mas com padres não me dou... eles logo me engambelam. Agora, se me faz mercê, vosmecê me fale, no pau da peroba, no aperfeiçoado; o que é que é o que já lhe preguntei?

RIOBALDO – Famigerado?

DAMÁZIO (*enfurecido*) – Sim senhor! Famigerado! Famigerado! FAMIGERADO!!!

RIOBALDO – Famigerado é... é... Célebre... notório... notável...

DAMÁZIO – É desaforado? É caçoável? É de arrenegar? Farsância? Nome de ofensa?

RIOBALDO – Ofensa nenhuma, nenhum doesto. São expressões neutras, de outros usos...

650 TEATRO COMPLETO: RENATA PALLOTTINI

DAMÁZIO – Que é em fala de pobre, linguagem de em dia de semana?

RIOBALDO – É... importante, que merece louvor, respeito...

DAMÁZIO (*pondo a mão na beira da janela; prestando atenção*) – Vosmecê agarante, pra a paz das mães, mão na Escritura?

RIOBALDO (*sincero*) – Olhe, como o senhor me vê, com vantagens, o que queria nesta hora era ser famigerado ...bem famigerado... o mais que pudesse!

DAMÁZIO (*finalmente serenado*) – Ah, bem... Vocês podem ir, compadres. Vocês escutaram bem a boa descrição... (*afastando-se da janela*) Bem... (*guardando as armas*) Não há como as grandezas machas de uma pessoa instruída... A gente tem cada cisma de dúvida boba. Só pra azedar a mandioca... Vosmecê não veja mal...

RIOBALDO – Esteja servido e vá com Deus, Seu Damázio...

DAMÁZIO – Damázio? Damázio, não, Doutor... Famigerado... Famigerado... (*com orgulho*) Famigerado...

Sai com seus dois companheiros, repete-se a quadra inicial.

VOZ – A roupa lá de casa
não se lava com sabão:
lava com ponta de sabre
e com bala de canhão.
Lava com ponta de sabre
e com bala de canhão.

DIADORIM – Assim é, e o senhor sabe: sertão é onde manda quem é forte, com as astúcias... Deus mesmo, quando vier, que venha armado! E bala é um pedacinhozinho de metal... Ruindade precisa? Ah precisa. Couro ruim é que chama ferrão de ponta. O senhor sabe o perigo que é viver... Pensa que um homem vai ficar bonzinho por pura soletração de si, ou por rogo dos infelizes, ou por sempre ouvir sermão de padre? Te acho! Justiça é que precisa...

Desce uma tabuleta com escrito "Delegacia".
Carabinas. Duas cadeiras.
Está em cena o Delegado. Entra Zé Centeralfe, caipira, tímido, encolhido. Senta na ponta da cadeira.

DELEGADO – Seu nome dizendo?

ZÉ CENTERALFE – Me chamo Zé das Dores, mas, com perdão, por apelido Zé Centeralfe.

DELEGADO – Forte apelido...

ZÉ CENTERALFE – Sou um homem de muita lei... Tenho um primo oficial de Justiça... Mas não me abrange socorro... Sou muito amante da ordem. Sou um homem de muita lei.

DELEGADO – Não estamos debaixo da lei, mas da graça...

Zé Centeralfe (*apanhando o chapéu que caiu no chão*) – Sim senhor...

Delegado – Vosmecê tem queixa?...

Zé Centeralfe – Sim senhor, coisa de gravidade...

Delgado – Então conte.

Zé Centeralfe – Sou morador do arraial do Pai-do-Padre, casado, em face do civil e da igreja, sem filhos.

Delegado – Casado?

Zé Centeralfe – Pois é aqui que está o nó. Vivia tão bem com a mulher, tirava divertimento do comum, no trabalho não compunha desgosto. Vai e me aparece lá um desordeiro que se engraça com a mulher, olha pra ela de olho quente...

Delegado – Qual é o nome?

Zé Centeralfe – É um Herculinão, de sobrenome Socó...

Delegado – Conheço... é de má fama...

Zé Centeralfe – Só pra atalhar descórdias, prudenciei, levei com paciência. Me humilhei. Mas o outro não tem emenda, se desbraga, não cede no atrevimento.

Delegado – Insiste?

Zé Centeralfe – Ele não tem estatutos. Quem vai arrazoar com homem de má cabeça? Para isso não tenho cara...

Delegado – Polícia?

Zé Centeralfe – No arraial do Pai-do-Padre se está em falta de autoridade... A mulher não podia mais botar a cara fora da porta, o homem surgia para desusar os olhos nela, para desaforar... A situação empiorava... Decidi mudar de lá...

Delegado – Se humilhou...

Zé Centeralfe – Sendo para a pobreza da gente um cortado e penoso. Afora as saudades de se sair do Pai-do-Padre; a gente era de muita estimação lá. Mas não tinha jeito... Larguei para o arraial do Amparo. Arranjei uma casinha, uma roça, uma horta. Pois não é que o homem me apareceu, sempre no mal-fazer?

Delegado – Cujalma!

Zé Centeralfe – Se arranchou por lá, de embirração!

Delegado (*erguendo-se, dá um jeito na carabina, depois pergunta*) – Vosmecê aceita um café?

Zé Centeralfe – Obrigado. Pois veja. Viajamos para cá, e ele, no rastro, lastimando a gente.

Delegado – Uma cachacinha?

Zé Centeralfe – Obrigado. Não me perdeu de vistas. Adonde vou, o homem me atravessa... Tenho de tomar sentido, para não entestar com ele... é homem de trapaças, eu sei... homem de muitas armas... Mas eu quero é a lei...

Delegado endireita os olhos para o lado da carabina, e depois olha para Zé. Este não compreende a princípio.

652   TEATRO COMPLETO: RENATA PALLOTTINI

Zé Centeralfe – E eu, o que faço?

Delegado olha de novo a carabina, mexe nela, sopra a poeira, volta a se sentar. Zé Centeralfe acompanha com os olhos, custa a entender. De repente...

Zé Centeralfe – Ah... (*levanta-se, chega perto da carabina, olha mais, pega, faz sinal, pedindo licença para usar. Vai sair*)

Delegado – Café ou uma cachacinha?

Zé Centeralfe – Seja que aceito... Depois... (*sai*)

Delegado examina sua arma – se o tambor está cheio. Sai atrás dele. Do outro lado do palco aparece Herculanão. Todos puxam armas. Dois tiros – o homem cai. Delegado se aproxima, olha.

Delegado – Resistência à prisão, constatada. (*guarda o revólver*)

Entram dois homens e arrastam o cadáver para fora de cena.

Zé Centeralfe – Pronto, doutor. Pode me dar agora aquela cachacinha... (*sobe a tabuleta*)

> Voz –   Em três tabuas eu não piso
> cadas três mais arriscada:
> burro troncho, boi caolho,
> amor com mulher casada...

Narrador – Viver é muito perigoso, gente! Querer o bem com demais força, de incerto jeito, pode já estar sendo se querendo o mal, por principiar. Eu quase que nada sei, mas desconfio de muita coisa. O diabo: o diabo vige dentro do homem, os crespos do homem – ou é o homem arruinado, ou o homem dos avessos. Solto, por si, cidadão, é que não tem diabo nenhum! E Deus! uma vez um doutor rapaz, discorreu me dizendo que a vida da gente encarna e reencarna, por progresso próprio, mas que Deus não há. Como não ter Deus? Com Deus existindo, tudo dá esperança! sempre um milagre é possível, o mundo se resolve. Mas, se não tem Deus, então a gente não tem licença de coisa nenhuma!

Riobaldo – O amor... essas formosuras... Nem não fugisse dele o homem, ele acontecia... É o homem e a mulher o avançar parados, dentro da luz, como se fosse o dia de todos os pássaros... Pensamento, pensamor, alvor. (*dizendo, como quem fala a outra pessoa*) Você, Maria, quererá, a gente, nós dois, nunca precisar de se separar? Você, comigo, vem e vai?

Voz (*dentro, feminina e suave*) – Vou, demais...

No escuro do cenário, o verde do mato onde Lélio vê Dona Rosalina pela primeira vez. Canto

JOÃO GUIMARÃES, VEREDAS

Voz (*cantando*) – Vi o coração do campo
vi o rastro do luar!
vejo Dona Rosalina
mas nem posso comparar...
vejo Dona Rosalina,
mas nem posso comparar...

Lélio vê, de costas, uma mulher que, de lenço na cabeça, apanha lenha. Confunde-se, pensando que é uma mocinha. Depois se surpreenderá, vai ajudar.

DONA ROSALINA (*catando lenha e falando só*) – ... goiabeira, lenha boa; queima mesmo verde, mal cortada da árvore... (*quando Lélio quer ajudar, ela se espanta*) Uai, você é arte mágico? Boas tardes!...

LÉLIO (*carregando a lenha*) – Deus em paz... A senhora deixe, eu carrego...

DONA ROSALINA – Eu estou é passeando... é que as meninas trazem pra casa lenha de qualquer má qualidade... por isso, não posso ver atôa um galho de pau d'arco, ou de muricí... Deixe, deixe, carregar peso leve é que cansa homem...

LÉLIO – Não custa...

DONA ROSALINA – Não faz mal, você vem, que eu sirvo uma xícra de café...

Como se caminhassem os dois juntos, chegam na casa de Dona Rosalina

DONA ROSALINA – Onde é que o senhor existe?

LÉLIO – Moro aqui mesmo no Pinhém. A senhora?

DONA ROSALINA (*mostrando a casinha a que chegaram*) – Aqui. Vê? Tem lagoinhas, aí atrás... São três alqueires, fora da fazenda... de meu filho Alípio, que vive pra fora. Sente, meu mocinho... Sente e descanse... (*arrancando-lhe os carrapichos da roupa*) Carrapicho... sabe como é o nome destes? Amor de tropeiro...

LÉLIO – A senhora é uma santa...

DONA ROSALINA – Que remédio? Meu mocinho, nunca fui soberba. E acho que nem não fui tola. E se não ganhei fama de santa também pior não tive em derredor do meu nome... Até padre monsenhor se hospedava em minha casa. Todos me declaravam respeito. Não fui maninha: tive um filho, o Alípio... (*ouvem relinchos, fora. Dona Rosalina se levanta; olha pra fora e volta*) Eu gosto de ver cavalos... é coisa de mocidade... Um dia você ainda vai ver, meu Mocinho! coração não envelhece, só vai ficando estorvado... Como o ipé, volta a flor antes da folha...

LÉLIO – Bem que o Aristó tinha dito...

DONA ROSALINA – O Aristó é buriti de homem, pedra feita para mil anos...

LÉLIO – E o Lidebrando?

654 TEATRO COMPLETO: RENATA PALLOTTINI

DONA ROSALINA – Deus deu a ele uma boa natureza...

LÉLIO – E... eu?

DONA ROSALINA (*servindo*) – Beba lá o seu café... (*pausa*) De você eu gosto demais para saber, meu mocinho... Você é o sol, mas só ao sol mesmo é que nuvem pode prejudicar... (*Lélio ri*) Gostei mesmo. Você é diferente... Tenho até pena de que essas moças te desperdicem... Você devia ter me conhecido é há uns quarenta anos, dançar-quadrilha comigo... Rosalina... Você acha bonito o meu nome? Já fui mesmo rosa. Não pude ser mais tempo... Ninguém pode... Estou na desflor... mas estas mãos já foram muito beijadas. De seda... Depois, fui vendo que o tempo mudava, não estive querendo ser como a coruja... de tardinha não se voa...

LÉLIO – Dona Rosalina...

DONA ROSALINA – Agora é que você vem vindo e eu já vou me embora... Ou fui eu que nasci demais cedo, ou você nasceu tarde demais. Deus pune só por meio de pesadelo... Quem sabe foi mesmo por um castigo?

Lélio levanta e sai da casa de Dona Rosalina.
Sai falando só, lembrando Manuela.

LÉLIO – Nesse tempo foi que conheci Manuela. Manuela era sacudida, imediata de bonita, clara, forte de corpo. Canuto e Delmiro, outros dois vaqueiros de seu Senclér também gostavam dela... Eu olhava as pernas dela, ela nem fazia questão de esconder... Mas lembrar, mesmo, lembrava era de Sinhá-Linda, a mocinha que eu tinha conhecido em Paracatu... Minha-menina, mocinhazinha, Sinhá-Linda...

Lélio está outra vez em conversa com Dona Rosalina.

DONA ROSALINA – Meu mocinho, eu fiquei reparando a feição de você avistar essas moças, tão aprazíveis, e acho que você é capaz de já ter algum amor seu, bem no guardado; porque com nenhuma delas seu coração mesmo não se importou...

LÉLIO – Eu, dona Rosalina?

DONA ROSALINA – Boi com cincerro no pescoço, não adianta pelejar pra se esconder...

LÉLIO (*ri*) – Pois... é como diz, Dona Rosalina... foi uma sinhá-linda que eu conheci... em antes de vir para cá... Ave, aquela mocinha... Se ela olhasse e mandasse, eu tinha asas, gostava de ir longe, até à distância do mundo, por ela estrapolir, fazer o que fosse, guerrear... foi ela.

DONA ROSALINA – Você, meu filho, tem coração lavradio e pastoso...

LÉLIO (*se afasta, sozinho*) – Inda tinha a Mariinha, a Chica, as outras meninas... Mas bem que tinha Manuela... Foi com ela primeiro que eu falei... Na festa aquela...

Som de festa. Música. Lélio e Manuela estão dançando.

JOÃO GUIMARÃES, VEREDAS

LÉLIO – Ué, e o Canuto?
MANUELA – Ah, pra ver... com o Canuto valsei aquela outra dança, e você nem ao menos reparou...
LÉLIO (*enciumado*) – Ah, foi?
MANUELA – Foi... Está com sentimento?
LÉLIO – Estou sentido pelo Canuto, meu amigo que é...
MANUELA – Lélio...
LÉLIO – Te vejo depois, mais logo... Posso?
MANUELA – Está aí Dona Rosalina... Quero que dance com ela...

Lélio sorri e dança com Dona Rosalina.

DONA ROSALINA – Meu Mocinho... antes eu não encontrei você, não podia, meu filho, Porque a gente não estava pronta de preparada.
LÉLIO – E eu, mãe?
DONA ROSALINA – Uma estrelinha brilha um átimo, na barra da madrugada, antes do sol sair...

Separam-se. Lélio fica sozinho. Procura e segreda.

LÉLIO – MANUELA... Manuela...

Surge Canuto no escuro.

CANUTO – Lélio! Lélio!
LÉLIO – Canuto...
CANUTO – Malungo, você é como um irmão meu... pois escuta: acabei todo estatuto de compromisso com a Manuela, por bem. Se você tem o interesse disso, você pode... pode ficar noivo!
LÉLIO – Você acabou com ela?
CANUTO – Acabei. Mas te digo outra coisa... sou com você como um ir-mão... eu... eu já estive com ela... em corpo... já conheço ela como mulher... é isso... te digo como irmão... Lélio! Lélio!

Lélio reaparece em casa de Dona Rosalina.
Está como quem veio de bebida e mulher.
Uma voz distante canta.

VOZ (*off*) – A água do rio é outra
que passava e já passou.
A vida da gente é a mesma
que doía e já voltou...

DONA ROSALINA – Ara, fala, meu mocinho. Mas fala sem punir. O que existe na gente, existe nos outros...
LÉLIO (*apertando o lado*) – ... uma dor...
DONA ROSALINA – É fígado, meu mocinho... Te dou remédio... (*levanta, prepara um chá pra ele*)

Lélio – Eu estive... lá...

Dona Rosalina – Com as mulheres? Ora, meu mocinho, você é homem... carece...

Lélio – Foi por causa de Manuela...

Dona Rosalina – Carece... elas são pessoas... Mas deve de não ficar atormentando cabeça, depois, porque foi. Debaixo do mato, o rio perdeu seu barulho... e o ruim é bom, por se pensar no bom... (*serve o chá*) Toma.

Lélio – Eu não devia ter esquecido Sinhá-Linda...

Dona Rosalina – Essa mocinha é fantasma...

Lélio – Sinhá-Linda... (*fica sozinho*) Ela tinha os cabelos quase acobreados, cortados curto, os pés um pouquinho grandes... Nunca nem me viu... Pra que ficar pensando nela? A vida...

Voz que canta.

Voz (*off*) – Eu não tenho pai nem mãe,
nem parente nem irmão:
sou filho de uma saudade
cruzada com uma paixão...

Lélio – Por essa ocasião tinha eu um companheiro, por nome Tomé. Vaqueiro como eu, ele vivia com uma moça, Jiní, mulher dele. Pois foi um dia, e ela me disse...

Aparece Jiní.

Jiní – O Tomé vai viajar amanhã. Já está com os cavalos em paz, e até pediu a seu Senclér um antecipo de dinheiro...

Lélio – E eu? Eu tenho minha tenção baseada... Não fico por aqui, não, Tomé sendo meu amigo...

Jiní – Queria lhe pedir a opinião sobre um assunto...

Lélio – Mas vir aqui, semelhado, em sua casa de vocês dois, isto eu não posso... como é que posso?

Jiní – Alí na laje grande... Mor de conversa...

Lélio (*sozinho*) – Fui. Em antes não tivesse ido. Tomé não viajara não, voltou, me viu na casa dele. Maldou. Aí sim é que foi-se embora, deixou Jiní sozinha. Eu estava gostando dela dos olhos verdes, da sua cor de violeta... Mas tinha perdido o amigo... Deixei... Fugi...

Com Dona Rosalina.

Dona Rosalina – Meu mocinho, você está com olheiras e olhos vermelhos...

Lélio – Bonitas, as mangabas, Dona Rosalina... verde, cor de... cor de...

Dona Rosalina – Fala, meu mocinho! verde cor de quê?

Lélio – Cor dos olhos de Jiní...

JOÃO GUIMARÃES, VEREDAS 657

Dona Rosalina – ...como ramo que tropeiro bota em cima de atoleiro, para indicar, aos que vêem, que o lugar ali afunda... Ah, gostei de muitos homens... Nunca eu queria que nunhum deles sofresse... ah, como eu sabia...

Entra Alípio, o filho de Dona Rosalina.

Alípio – Mãe...

Dona Rosalina – Este aqui é Lélio, vaqueiro de Seo Senclér

Alípio – Tem vindo muito aqui, moço?

Lélio – Venho pedir a benção...

Alípio – Dizem que vem olhar as meninas...

Lélio – São crianças...

Alípio – Minha mãe não tem nada de testamental, moço...

Dona Rosalina – Ora, Alípio...

Alípio – Não carece de pedir a benção

Dona Rosalina – Alípio!

Lélio – Deixe, Dona Rosalina...

Dona Rosalina – Direito ele não tem, de me proibir de ter ver, meu mocinho...

Alípio – Andam falando...

Dona Rosalina – Que é que falam?

Alípio – Que ele também é seu filho... E isso me faz passar vergonha... (*sai, enraivecido*)

Dona Rosalina – Deixe, meu filho...

Lélio – Mesmo pra quem tem calo do sertão...

Dona Rosalina – Deixe...

Lélio – Ele não podia dizer isso...

Dona Rosalina – Deixe, meu mocinho... Vou arranjar pano bom, pra te fazer umas camisas... Meu filho... (*beija a testa de Lélio*)

Lélio fica sozinho, confuso, continua suas lembranças.

Lélio – Era minha sina. Menina que eu olhasse, misturava Sinhá-Linda, e tudo ficava igual, aquela claridade. Foi assim que vi Mariinha e me encarei com ela, e ela assim ne falou...

Falando com Mariinha.

Mariinha – Você não gosta de ninguém? Tem o coração forro?

Lélio (*rindo*) – Pode ser.

Mariinha – Deve de ser bom a gente não gostar, ser dono de si. Pior de tudo é amor sem esperança...

Lélio – Você é bonita.

Mariinha (*dando-lhe uma flor*) – Te dou, por querer. Você é meu amigo

Escuro; no escuro, Lélio grita.

658 TEATRO COMPLETO: RENATA PALLOTTINI

Lélio – Dona Rosalina! Dona Rosalina! Eu gosto de Mariinha: Eu gosto de Mariinha! Ela amanheceu em mim!

Dona Rosalina – Ela não, meu Mocinho! Ela não, meu filho!

Novamente junto com Mariinha, Lélio.

Lélio – Mariinha, te amo, por querer!

Mariinha – Mas Lélio, você...

Lélio – Mariinha...

Mariinha – Não pode ser...

Lélio – Mas por que...

Mariinha – Bem que eu sinto, mesmo e muito, Lélio... Você desentendeu o de mim...

Lélio – Mas eu...

Mariinha – Queria era sua amizade...

Lélio – Sonhei com você esta noite...

Mariinha – Lélio, você não me deu tempo, eu não expliquei... eu gosto é de outro. Não pergunte... mas eu gosto, amo... Eu acho que vou em sorte a pior, por esse amor...

Lélio volta a se encontrar com Dona Rosalina. Ele está abatido.

Dona Rosalina – Escuta... é de Seo Senclér que ela gosta, meu mocinho. Você não adivinhou?

Lélio – De Seo Senclér? Mas do patrão?

Dona Rosalina – É.

Lélio – Mas ela desguardou o juízo, essa menina?

Dona Rosalina – Juízo e amor juntos, não é coisa demais, meu mocinho?

Lélio – Mas isso!

Dona Rosalina – Mas você mesmo não entende que – amar por amar – talvez seja melhor amar mais alto?

Lélio – Esse Seo Senclér merecia um homem armado diante dele!

Dona Rosalina – O Seo Senclér, nem sabe... nem sabe que ela gosta dele...

Lélio (*desesperado*) – Mas então, pois... mas então, não há um jeito, possível... de se desmanchar o atual e recomeçar, de um outro princípio, a história das pessoas? (*sozinho*) Não, não há. Não há mesmo isso. A história das pessoas uma vez começada, ela anda por si. Assim foi comigo. Sinhá-Linda, Manuela, depois Jiní, por fim Mariinha... Saber que Mariinha gostava de outro, era saber que eu tinha andado errado, naquilo, contra o destino, e pela raiz tudo se desfazia. Ao menos tudo se afastava, pois um amor tem muitos modos de parecer que morreu... Daí, decidi ir-me embora do Pinhem. Tinha vivido, extrato, demais em tempo tão curto. Ali eu não cabia mais...

Uma voz canta.

JOÃO GUIMARÃES, VEREDAS 659

Voz (*off*) – Quero poeira do Curvelo
com lama de Pirapora...
Aqui é que mais não fico,
amanhã eu vou m'embora!

Novamente, Lélio e Dona Rosalina.

Dona Rosalina – Vai, meu mocinho. Chegou o de ir. Não por fuga, nem por canseira daqui, nem por medo. Mas, o que eu sei, e seu coração sabe, é que a razão da vida é grande demais, e algum outro lugar deve de estar esperando você...

Lélio – Se não fosse ter de deixar a senhora, eu ia...

Dona Rosalina – Mas eu também sinto, meu mocinho... Pudesse eu ir junto... Para o Peixe-Manso, conheço o dono de lá homem bom...

Lélio (*num repente*) – E se a senhora vier? Só que a viagem é dura, é ruim...

Dona Rosalina – Porisso, nem... Mas, Meu Mocinho, uma velha não se carrega. Estou em fecho de meus dias... Que é que você vai fazer com uma velhinha às costas?

Lélio – Mãe, vamos juntos. Se não, eu sei, eu tenho a sorte tristonha...

Dona Rosalina – Mas, você não se arrepende não, meu mocinho? Por se dar o caso de você querer casar com uma moça que não goste de mim...

Lélio – Não, vamos.

Dona Rosalina (*resolvida*) – Pois vamos, meu mocinho! (*ri*) Deixa dizerem... aí, rir! Vão falar que você roubou uma velhinha velha!

Pequena pausa, escura, voz cantando.

Voz (*off*) – Vi o coração do campo
vi o rastro do luar.
Vejo Dona Rosalina
mas nem posso comparar...
Mas nem posso comparar...

Volta a luz, Dona Rosalina está bem-vestida, vestido verde-escuro, chapéu da mesma cor, com pluma, chicotinho de cabo de prata.

Dona Rosalina – Tudo aprontei, meu mocinho, de meus arrumes... Depois, mando buscar o resto... Será que chove?

Montam, em dois cavalos de mentira.

Dona Rosalina – Parece até que inda estou fugindo com namorado, meu mocinho... (*brincando*) Olé, olá! Lá vém o pai, com os jagunços do pai...

Lélio – Tenho pena de deixar minha árvore...

660 TEATRO COMPLETO: RENATA PALLOTTINI

Dona Rosalina – Deixa. Todos respeitam, e a árvore cresce, marcada a
sinal, é a sua árvore que ficou, meu mocinho... (*pausa*) Buriti e boi,
isto sempre vamos ter, no caminho, e lá, no Peixe-Manso, meu mocinho...

Lélio – É nada?

Dona Rosalina – É tudo! E vamos por aí, com chuva e sol, meu mocinho,
como se deve...

Lélio – Chapada e chapada, depois a gente ganha o chapadão, e vê largo...
Mãe Lina...

Dona Rosalina (*sorrindo*) – Lina?

Dão-se as mãos, dos seus cavalos, e vão-se embora.

Narrador – Diz que direi ao senhor, o que nem tanto é sabido: Sempre
que se começa a ter amor a alguém, no ramerrão, o amor pega e cresce, é porque, de certo jeito, a gente quer que isso seja e vai, na idéia,
querendo e ajudando. Mas quando é destino dado, maior que o miúdo, a gente ama inteiriço fatal, carecendo de querer. Amor desse cresce primeiro, brota é depois. É de morte. E dá viver. E foi assim que
foi, ali no vau da Sarapalha, numa fazenda denegrida e desmantelada.
Tinha lá uma cerca de pedra seca, do tempo dos escravos; um rego
murcho, um moinho parado; um cedro alto na frente da casa. Lá dentro uma negra já velha, que capinava e cozinhava o feijão... e fora,
dois homens, sentados, juntinhos, num casco de cocho emborcado,
cabisbaixas, quentando-se ao sol...

Ruído de mato próximo, elevando-se nas pausas do diálogo.
Cena como descrita pelo Narrador.

A Negra (*entra trazendo um feixe de lenha e um cobertor; coloca o cobertor no chão, ao lado de primo Ribeiro, e a lenha atrás do cocho;
acende o fogo, cantarolando*):

Canta, canta, canarinho, ai, ai, ai...
Não cantes fora de hora, ai, ai, ai...
A barra do dia aí vem, ai, ai, ai...
Coitado de quem namora! ... (*A negra sai*)

Primo Ribeiro (*com um calafrio*) – Ei, primo, aí vem ela...

Primo Argemiro – Danada!

Ribeiro – Olh'ele aí... o friozinho nas costas...

Volta a negra com duas canecas de pinga que dá aos homens; e sai.

Ribeiro (*bebendo um gole*) – A febre está custando, primo Argemiro...

Argemiro (*bebe também*) – É do remédio... Um dia ele ainda há de dar
conta da danada!... (*apalpa o baço*)

JOÃO GUIMARÃES, VEREDAS 661

Ribeiro – Olha aqui como é que está... É o seu primo?
Ribeiro (*apalpando também o próprio baço*) – Hoje está mais alto.
Argemiro – Inda dói muito?
Ribeiro – Melhorou.
Argemiro – É da passarinha. Aqui, no vão esquerdo, nunca pára de aumentar.

Primo Ribeiro puxa o cobertor e começa a desfiar-lhe a barra, nervoso.

Argemiro – Será que chove, primo?
Ribeiro – Capaz.
Argemiro – Ind'hoje? Será?
Ribeiro – Manhã.
Argemiro – Chuva brava, de panca?
Ribeiro – Às vez...
Argemiro – Da banda de riba?
Ribeiro – De trás. (*continua alheado, desfiando o cobertor*)
Argemiro (*puxando conversa*) – Olha, primo, se a gente um dia puder sarar, eu ainda hei de plantar uma roça, no lançante que trepa para o espigão. Deve ser bom a gente poder capinar lá em riba, de manhã cedinho... tem noruega, lá atrás, cheia de samambaia e parasita roxa. Eu havia de fazer uma roça de três quadras, mas com uns cinco camaradas no eito, todo-o-mundo cantando e puxando e cacumbu!...
Ribeiro – Pra que, primo Argemiro?... A gente nem tem pra quem deixar. (*pausa bem longa; bebe um trago*) Primo Argemiro! (*virando-se, com muito esforço, para encarar o primo*)
Argemiro (*escanchando-se no cocho*) – Que é, primo Ribeiro?
Ribeiro – Queria lhe pedir uma coisa... Você faz?
Argemiro – Vai dizendo, primo.
Ribeiro – Pois então, olha: quando for a minha hora, você não deixa me levarem pra o arraial... quero ir mas é pra o cemitério do povoado... Está desdeixado, mas ainda é chão de Deus... Você chama o padre, bem-em-antes... E aquelas coisinhas que estão numa capanga bordada, enroladas em papel de venda, e tudo passado com cadarço, no fundo da canastra... se rato não roeu... você enterra junto comigo... Agora eu não quero mexer lá... Depois tem tempo, você promete?
Argemiro – Deus me livre e guarde, primo Ribeiro... O senhor ainda vai durar mais do que eu.
Ribeiro – Eu só quero saber é se você promete...
Argemiro – Pois então, se tiver de ser desse jeito de que Deus não há de querer, eu prometo.
Ribeiro – Deus lhe ajude, primo Argemiro. (*desvira o corpo e abaixa ainda mais a cara*)
Argemiro – Primo Ribeiro, o senhor gosta daqui?...
Ribeiro – Que pergunta! Tanto faz... É bom, pra se acabar mais ligeiro... O doutor deu prazo de um ano... Você lembra?

662   TEATRO COMPLETO: RENATA PALLOTTINI

ARGEMIRO – Lembro! Doutor apessoado, engraçado... (*rindo*) Vivia atrás dos mosquitos, conhecia as raças lá deles, de olhos fechados, só pela toada da cantiga... Disse que não era das fruta nem da água, que era o mosquito que punha um bichinho amaldiçoado no sangue da gente... Ninguém não acreditou... Nem no arraial. Eu estive lá com ele...

RIBEIRO (*interrompendo*) – Primo Argemiro, o que adianta...

ARGEMIRO – ...então ele ficou bravo, pois não foi? Comeu goiaba, comeu melancia de beira do rio, bebeu água do Pará, e não teve nada...

RIBEIRO – Primo Argemiro...

ARGEMIRO – ... depois dormiu sem cortinado, com janela aberta... Apanhou a intermitente; mas o povo ficou acreditando.

RIBEIRO – Escuta! Primo Argemiro... Você está falando de carreira, só para não me deixar falar!

ARGEMIRO – Mas, então, não fala em morte, Primo Ribeiro!... Eu, por nada que não queria ver o senhor se ir primeiro do que eu...

RIBEIRO – Pra ver!... Esta carcaça bem que está aguentando... Mas agora já estou vendo o meu descanso, que está chega-não-chega, na horinha de chegar...

ARGEMIRO – Não fala isso, primo!... Olha aqui: não foi pena ele ter ido s'embora? Eu tinha fé em que acabava com a doença...

RIBEIRO –Melhor ter ido mesmo... Tudo tem de chegar e de ir s'embora outra vez... Agora é a minha cova que está me chamando... Aí é que eu quero ver! Nenhumas ruindades deste mundo não têm poder de segurar a gente pra sempre, primo Argemiro...

ARGEMIRO – Escuta, primo Ribeiro! se alembra de quando o doutor deu a despedida pra o povo do povoado? Foi de manhã cedinho, assim como agora... O pessoal estava todo sentado nas portas das casas, batendo o queixo. Ele ajuntou a gente... Estava muito triste... Falou: – "Não adianta tomar remédio, porque o mosquito torna a picar... Todos têm de se mudar daqui... Mas andem depressa, pelo amor de Deus!"... Foi no tempo da eleição de seu major Vilhena... Tiroteio com três mortes...

RIBEIRO – Foi seis meses em-antes-de ela ir embora... (*Primo Argemiro se pertuba, olhando espantado para o outro, que continua fitando longe*) É isso, primo Argemiro... Não adianta mais sojigar a idéia... Esta noite sonhei com ela, bonita como no dia do casamento... E de madrugadinha, ainda bem as garrixas ainda não tinham pegado a cochichar na beiradas das telhas, tive a notícia de que eu ia morrer... Agora mesmo, garrei a imaginar: não é que a gente pelejou pra esquecer e não teve nenhum jeito... Então resolvi achar melhor deixar a cabeça solta... E a cabeça solta pensa nela, primo Argemiro...

ARGEMIRO – Tanto tempo, primo Ribeiro!...

RIBEIRO – Muito tempo...

ARGEMIRO – O senhor sofreu muito! E ainda a maldita da sezão...

RIBEIRO – A maleita não é nada. Até ajuda a gente a não pensar...

JOÃO GUIMARÃES, VEREDAS   663

ARGEMIRO (*acertando a correia da cintura e coçando a roupa, sem jeito*) – Por que é que foi, que só hoje é que o senhor sonhou com ela, primo Ribeiro?

RIBEIRO – Não sei não... Só sei é que se ela, por um falar, desse de chegar aqui de repente, até a febre sumia...

ARGEMIRO – É... Se ela chegasse, até a febre sumia...

RIBEIRO – Também, não sei: eu hoje cansei de sofrer calado... Vem um dia em que a gente fica frouxo e arreia... Também, eu só estou falando é com você, que é pra mim que nem um irmão. Se duvidar, nem um filho não era capaz de ser tão companheiro, tão meu amigo, nesses anos todos... E não quis me deixar sozinho, mesmo tendo, como tem, aquelas suas terras tão boas, lá no Rio do Peixe. Não precisava ter ficado... O sofrimento era só meu.

ARGEMIRO – Eu também senti muito, primo Ribeiro.

RIBEIRO – Eu sei, primo. Você tem bom coração...

Pausa bem longa; a negra entra para atiçar fogo e levar as canecas.

RIBEIRO – Eu acho até que é bom falar. Quem sabe... Assim, ao menos, não fica roendo, doendo dentro da gente...

ARGEMIRO – É mesmo, pra desacochar. Eu nem sei como o senhor não morreu, quando...

RIBEIRO – Chorei no escondido. Agora não me importa de contar.

ARGEMIRO – Ela foi uma ingrata, não foi, primo Ribeiro?... A gente toma amor até a criação, até aos cachorros. E ela...

RIBEIRO – Só três anos de casados!... Lembra, primo Argemiro? Você veio morar comigo dois meses depois, pra plantar à meia o arroz... Eu não tenho raiva dela... Não tenha não. Ainda ficava mais triste se soubesse que ela andava penando por aí à-toa. Agora, o tal, esse... Mesmo doente e assim acabado, eu ainda havia de... (*percebe que esta pondo sangue pelo nariz, acode com o lenço e levanta a cabeça*)

ARGEMIRO – Sossega, primo Ribeiro. Levanta os braços: o senhor está botando sangue pelo nariz...

RIBEIRO (*levantando os braços*) – É de ficar com a cabeça abaixada. Já, já passa.

ARGEMIRO – É não, é da doença...

RIBEIRO – Já, já passa.

ARGEMIRO – Ai, primo Ribeiro, por que foi que o senhor não me deixou ir atrás deles, quando eles fugiram? Eu matava o homem e trazia minha prima de volta pra trás...

RIBEIRO – Pra que, primo Argemiro? Que é que adiantava?... Eu não podia ficar com ela mais... Na hora, quando a Maria Preta me deu recado dela se despedindo, mandando dizer que ia acompanhar o outro porque gostava era dele e não gostava mais de mim, eu fiquei meio doido... Mas não quis ir atrás, não... Tive vergonha dos outros...

Todo-o-mundo já sabia... E, ela, eu tinha obrigação de matar também e sabia que a coragem pra isso havia de faltar... Também, nesse tempo, a gente já estava amaleitados, pois não estava? Foi bom a sezão ter vindo, primo Argemiro, pra isto aqui virar um ermo e a gente poder ficar mais sozinhos... Ai, primo, mas eu não sei o que é que eu tenho hoje, que não acerto um jeito de poder tirar a idéia dela... Ó mundo!... (*começa a tremer e se envolve no cobertor*) Olha o frio aí, primo Argemiro... Me ajuda... (*enrola-se mais no cobertor, batendo os dentes*)

ARGEMIRO – Quer o remédio, primo?

RIBEIRO – Não vou tomar mais... Não adianta. Está custando muito a chegar a morte... E eu quero é morrer.

ARGEMIRO – Isso até é ofender a Deus... Ceição! Ó Ceição!

A negra não escuta; primo Ribeiro se agarra com as mãos nos joelhos; só para de bater os dentes quando sente náuseas:

RIBEIRO – Ai, primo Argemiro, eu, numa hora dessas... só queria era me deitar por riba de um fogueirão!... Que frio... Que frio!... E o diabo do sol que não quenta coisa nenhuma... (*pausa*) Primo, vou me deitar aqui...

Cai no chão, onde fica encolhido, tremendo.
Durante o ataque de primo Ribeiro, ouve-se a negra cantarolando a quadra inicial; primo Argemiro está mergulhado em pensamentos.
Anda. Fala alto, gesticula. Imagens, sons.
O cachorro, Ceição. Os pássaros.

ARGEMIRO (*completando o pensamento em voz alta*) – Pra que é que há de haver mulher no mundo, meu Deus?...

RIBEIRO (*voltando a si*) – Hein?!

Primo Argemiro estremece, tinha pensado alto. Primo Ribeiro já refeito, atirou o cobertor para longe, voltou a sentar no cocho e está olhando primo Argemiro. Vai começar a variar.

RIBEIRO (*passando a mão pelo rosto*) – Ó calorão, primo!... E que dor de cabeça excomungada!

ARGEMIRO – É um instantinho e passa... é só ter paciência...

RIBEIRO (*já variando*) – É... passa... passa... passa... Passam umas mulheres vestidas de cor de água, sem olhos na cara, para não terem de olhar a gente... Só ela é que não passa, primo Argemiro!... E eu já estou cansado de procurar, no meio das outras... Não vem!... Foi, rio abaixo, com o outro... Foram pros infernos!...

ARGEMIRO – Não foi, primo Ribeiro. Não foram pelo rio... Foi trem de ferro que levou...

RIBEIRO – Não foi no rio, eu sei... No rio ninguém não anda... Só a maleita é quem sobe e desce, olhando seus mosquitinhos e pondo neles a bênção... Mas, na história... Como é mesmo a história, primo? Como é?...

ARGEMIRO – O senhor bem que sabe, primo... Tem paciência que não é bom variar...

RIBEIRO – Mas, a história, primo!... Como é?... Conta outra vez...

ARGEMIRO – O senhor já sabe as palavras todas de cabeça... "Foi o moço bonito que apareceu, vestido com roupa de dia-de-domingo e com a viola enfeitada de fitas... E achegou a moça pra ir se fugir com ele..."

RIBEIRO – Espera, primo, elas estão passando... Vão umas atrás das outras... Cada qual mais bonita... Mas eu não quero nenhuma!... Quero só ela... Luisa...

ARGEMIRO – Prima Luisa...

RIBEIRO – Espera um pouco, deixa ver se eu vejo... Me ajuda, primo! Me ajuda a ver...

ARGEMIRO – Não é nada, primo Ribeiro... Deixa disso!

RIBEIRO – Não é mesmo não...

ARGEMIRO – Pois então?!

RIBEIRO (*desanimado*) – Conta o resto da história!

ARGEMIRO – ..."Então, a moça, que não sabia que o moço-bonito era o capeta, ajuntou suas roupinhas melhores numa trouxa e foi com ele na canoa, descendo o rio..."

RIBEIRO – A moça que eu estou vendo agora é uma só, primo... Olha!... É bonita, muito bonita. É a sezão. Mas não quero... Bem que o doutor, quando pegou a febre e estava variando, disse... você lembra?... disse que a maleita era uma mulher de muita lindeza, que morava de-noite nesses brejos, e na hora da gente tremer era quem vinha... e ninguém não via que era ela quem estava mesmo beijando a gente... Mas, acaba de contar a história, primo...

ARGEMIRO – É tão triste...

RIBEIRO – Não faz mal, conta!

ARGEMIRO – ..."Então, quando os dois estavam fugindo na canoa, o moço-bonito, que era o capeta, pegou na viola, tirou uma toada, e começou a cantar (*cantarola*):

> Eu vou rodando
> rio-abaixo, Sinhá,
> eu vou rodando
> rio-abaixo, Sinhá...

RIBEIRO – E aí?...

ARGEMIRO – O senhor está cansado de saber... "Aí a canoinha sumiu na volta do rio... E ninguém não pode saber pra onde foi que eles foram, nem se a moça, quando viu que o moço-bonito era o diabo, se ela pegou a chorar... ou se morreu de medo... ou se fez o sinal da cruz... ou se abraçou com ele assim mesmo, porque já tinha criado amor... E, cá de riba, o povo escutou a voz dele, lá longe, muito longe..."

RIBEIRO – Canta como foi, primo...

ARGEMIRO – É a mesma cantiga...

RIBEIRO – Mas, canta!

ARGEMIRO (*a voz soando de longe*) –
    Eu vou rodando
    rio-abaixo, Sinhá...
    eu vou rodando,
    rio-abaixo, Sinhá...

Pequena pausa. Primo Ribeiro esta melhorando.
Passa a mão pelos olhos.

RIBEIRO – Ai, primo Argemiro, está passando... Já estou meio melhor... Será que eu variei?... Falei muita bobagem?...

ARGEMIRO – Falou não, primo... Daqui a pouco é a minha vez... Não dilata pra chegar...

Pausa, primo Ribeiro sente calor, agora.
Passa o lenço pela testa, se abana.

RIBEIRO – Primo Argemiro?!

ARGEMIRO – Que é, primo Ribeiro?

RIBEIRO – Estou com uma sede... Estou me queimando por dentro. Me faz a caridade de dar um eco na preta...

ARGEMIRO (*gritando, para dentro*) – Ceição!... Ceição!... (*pausa, ninguém responde*) A negra não escuta... Eu vou buscar a água, primo Ribeiro.

RIBEIRO – Deus lhe pague, primo.

Primo Argemiro se afasta, curvado e volta depois, de dentro
da tapera, com a caneca d'agua, enquanto isso, primo Ribeiro
esteve mexendo os dedos e resmungando coisas.

RIBEIRO – Ai, primo Argemiro, nem sei o que seria de mim, se não fosse seu adjutório! Nem um irmão, nem um filho não podia ser tão bom... não podia ser tão carinhoso pra mim!...

ARGEMIRO – Bobagem, primo. (*oferecendo a caneca e uma caixinha, a de remédio*) Aproveita e tome o remédio também, tudo junto de uma vez.

RIBEIRO – Não quero, já falei! Quero mais é ajudar este corpo a se acabar...

Bebe aos poucos aos goles. Pausa. Primo Argemiro está inquieto.
Levanta-se e se afasta um pouco do cocho.

ARGEMIRO – Primo Ribeiro... (*abaixando a voz*) eu nunca tive coragem pra lhe contar uma coisa... O senhor me perdoa?!...

RIBEIRO – Chega aqui mais pra perto e fala mais alto, primo, que essa zoeira nos ouvidos quase não deixa a gente escutar...

ARGEMIRO (*chegando-se e falando um pouco mais alto*) – Não foi culpa minha... Foi castigo de Deus, por causa de meus pecados... O senhor me perdoa, não perdoa?!...

RIBEIRO – Que foi isso, primo? Fala de uma vez!

ARGEMIRO – Eu... eu também gostei dela, primo... Mas respeitei sempre... respeitei o senhor... sua casa... nós somos parentes... Espera primo! Não foi minha culpa, foi má sorte minha...

No decorrer desta fala, primo Ribeiro arregala os olhos e calca a mão na madeira do cocho, fazendo força pra se levantar.

ARGEMIRO – Não teve nada, primo!... Juro!... Por esta luz!... Nem ela nunca ficou sabendo... Por alma de minha mãe!

RIBEIRO (*com as pernas bambas, enquanto primo Argemiro se aproximou para ajudá-lo*) – Me larga! Me larga e fala como home!

ARGEMIRO – Já falei, primo. Me perdoa...

RIBEIRO – Você veio morar aqui com a gente, foi por causa dela, foi?

ARGEMIRO – Foi, primo, Mas nunca...

RIBEIRO (*interrompendo*) – E foi por isso que você não quis ir s'embora... depois?... Esperando para ver se algum dia ela voltava, foi?!...

ARGEMIRO – Não, primo... isso não! Não foi nada por causa... Eu também sofri muito... Não queria mais nada no mundo... E foi por causa do senhor, também... Quando ela deixou de estar aqui, eu fiquei querendo um bem enorme ao senhor... e esta casa de fazenda... aos trens todos daqui... Até a maleita!...

RIBEIRO – Fui picado de cobra... Fui picado de cobra... Ó mundo!

ARGEMIRO – Mas, sossega, primo Ribeiro... Já lhe jurei que não faltei nunca ao respeito a ela... Nem eu não era capaz de cair num pecado desses...

RIBEIRO – Fui picado de cobra...

ARGEMIRO – O senhor está variando... Escuta! Me escuta pelo amor de Deus...

RIBEIRO – Não estou variando, não, mas-em-antes estivesse!... Some daqui, homem! Vai pra suas terras... Vai pra bem longe de mim! Mas vai logo de uma vez!

ARGEMIRO – Quero morrer nesta hora se algum dia pensei em fazer sua desonra, primo!

RIBEIRO – Anda, por caridade!... Vai embora!...

ARGEMIRO – Pensa até mais logo, primo... Pensa até hoje de tarde...

RIBEIRO – Este caco de fazenda ainda bem que é meu... É meu... Anda! Anda! Não quero ver você mais...

ARGEMIRO – Me dá um prazo, primo. Até o senhor melhorar...

RIBEIRO – Vai!

ARGEMIRO – Estou pagando o que não fiz...

RIBEIRO – Vai!

ARGEMIRO – O senhor ainda pode precisar de mim, primo, que sou o único amigo que o senhor tem...

668 TEATRO COMPLETO: RENATA PALLOTTINI

RIBEIRO (*desesperado*) – Então, vai, primo! Você não tem pena de mim, que não tenho arma nenhuma aqui comigo, e que nem que tivesse, não rejo mais nem força pra lhe matar?! (*cai sentado no cocho outra vez, ofegando*)

ARGEMIRO – Pois então, adeus, primo! Me perdoa e não guarda ódio de mim, que eu lhe quero muito bem...

RIBEIRO – Ajunta suas coisas e vai...

ARGEMIRO – Não tenho nada... Não careço de mais nada... O que é meu vai aqui comigo... Adeus!

> *Primo Argemiro se afasta, lentamente, para um dos lados,*
> *caminha sem olhar pra trás. O barulho do mato se acentua.*
> *A negra cantarola, lá de dentro. Primo Ribeiro levanta a cabeça,*
> *espia e torna a baixa-la, um cachorro uiva, no fundo.*

ARGEMIRO (*com um calafrio*) – Adeus, Jiló!... (*pára, torna a tremer.*) I-v-v-v!... O primeiro calafrio... A maleita já chegou. (*começa a caminhar, muito devagar*) Meu Deus, como isto é bonito! (*olha para o alto, depois para o chão, e cai, meio ajoelhado*) Que lugar bonito pra gente deitar no chão e se acabar!... (*deita-se ao comprido, no chão limpo, e começa a tremer.*)

Segunda Parte

Beira de rio, Riobaldo tem catorze anos, está na beira do rio.
De sacola na mão, pedindo esmola.

RIOBALDO – ... esmolinha... pramor de Deus, esmolinha... pra promessa
que se fez, esmolinha... caridade... pramor de Deus, caridade...

Quando dá com olho em Diadorim, encostado numa
árvore, fumando, estaca e se encabula.

DIADORIM – Bom dia.
RIOBALDO – Bom... dia.
DIADORIM – Que é que você faz?
RIOBALDO – Tiro esmola por promessa. E você?
DIADORIM – Estou aqui. Esperando tio meu.
RIOBALDO – Que é que ele faz?
DIADORIM – Comprando arroz. A gente mora num lugar por nome "os porcos".
RIOBALDO – Lá é bom?
DIADORIM – Demais. Meu tio planta de tudo. Mas este ano o arroz não
plantou, porque enviuvou de morte de minha tia... (*jogando fora o
cigarrinho*) Vem passear de canoa?
RIOBALDO (*enrolando a sacolinha*) – E seu tio?
DIADORIM – Não faz mal. Vamos?

Os dois descem um barranco de rio e entram numa canoa.

670 TEATRO COMPLETO: RENATA PALLOTTINI

DIADORIM – Você tem medo? O de Janeiro é bom, é de águas claras. Só depois, quando chegar o São Francisco é que chega escurecer.
RIOBALDO – A gente rema?
DIADORIM – É. Oi ele, o Chico! Rema, rema!
RIOBALDO – Daqui vamos voltar? (*pedindo*)
DIADORIM – Para quê?
RIOBALDO (*assustando*) – É muito largo. Oi!
DIADORIM – Tem nada, não!
RIOBALDO – Mas então vamos ficar sentados!
DIADORIM – Agora vamos é atravessar!

*Lançam-se à travessia do São Francisco. Riobaldo
está apavorado e Diadorim tranqüilo.*

RIOBALDO (*fechando os olhos*) – Não faz mal... diz que a canoa boia...
DIADORIM – Esta é das que afundam inteiras... é canoa de peroba... Canoa de peroba e de pau d'óleo não sobrenadam...
RIOBALDO – Tenho medo...
DIADORIM – Carece de ter coragem...
RIOBALDO – Eu não sei nadar...
DIADORIM (*calmo*) – Eu também não sei... (*sem malícia*) Que é que a gente sente, quando se tem medo?
RIOBALDO – Você nunca teve medo?
DIADORIM – Costumo não... Meu pai disse que não se deve ter... Meu pai é homem mais valente deste mundo... (*põe a mão sobre a mão de Riobaldo*) Você também é animoso... Olha, vamos encostar...

*Encostam a canoa no barranco, e descem dela. Amarram
a canoa e saem para a margem. Caminham um pouco,
depois sentam. Ouvem-se pássaros, cantando.*

DIADORIM – Arara, será?
RIOBALDO – Araçari...
DIADORIM – Amigo, quer de comer? Está com fome?

*Tira do bolso um embrulhinho, dá rapadura e queijo a Riobaldo.
Pega para si um cigarrinho.*

RIOBALDO – Sim... (*aceita, fica mastigando, enquanto Diadorim fuma*) Olha, queria... queria ir ali...
DIADORIM (*rindo*) – Ah, vai ali atrás, longe de mim...

Riobaldo se levanta, quando surge de repente um mulato.

MULATO – Vocês dois aí, hem? Que é que estão fazendo?
RIOBALDO (*ofendido*) – Tamos só olhando o rio! Não estamos fazendo nada não!

MULATO – É, hem?
DIADORIM (*risonho*) – Chega aqui, meu nego...

> *Riobaldo olha espantado, enquanto o mulato se aproxima*
> *de Diadorim. Quando os dois estão próximos, de repente*
> *Diadorim enfia uma faquinha na coxa do mulato.*

MULATO – Uai! (*sai, de corrida, segurando a perna*)
DIADORIM (*Limpando a faca no mato*) – Quicé que corta...
RIOBALDO – Vam'bora! Daqui a pouco ele volta aqui, com foice, garrucha, mais gente... vamos!
DIADORIM (*calmo*) – Carece de ter coragem. Carece de ter muita coragem...

> *Os dois voltam para a canoa e embarcam, para o regresso.*

RIOBALDO – Você é valente sempre?
DIADORIM – Sou diferente de todo o mundo. Meu pai disse que eu careço de ser diferente, muito diferente...
RIOBALDO – Quem é seu pai?
DIADORIM – Joca Ramiro...
NARRADOR – Viver é muito perigoso gente! Querer o bem com demais força de incerto jeito, pode já estar sendo se querer o mal por principiar. Eu quase que nada sei mas desconfio de muita coisa.
OUTRO – Deus é paciência. O contrário é o diabo.
NARRADOR – O diabo! o diabo vige dentro do homem, os crespos do homem ou é o homem arruinado, ou o homem dos avessos. Solto por si, cidadão, é que não tem diabo nenhum!
UM – Olha! o que devia de haver, era de reunirem-se os sábios, políticos, constituições gradas, proclamar por uma vez, artes assembléias, que não tem diabo nenhum, não existe, não pode. Valor de lei! Só assim davam tranquilidade boa à gente. Por que o Governo não cuida?
OUTRO – Sou só um sertanejo, nessas altas idéias navego mal...
UM – Todo-o-mundo é louco. O senhor, eu, nós, as pessoas todas. Por isso é que se carece principalmente de religião: para se desendoidecer, desdoidar. Reza é que sara da loucura. Muita religião, seu moço...
OUTRO – Eu cá não perco ocasião de religião. Aproveito todas. Bebo água de todo rio... Uma só para mim é pouco, talvez não me chegue. (*os dois saem rindo*)
NARRADOR – Uma vez um doutor, doutor rapaz, discorreu me dizendo que a vida da gente encarna e reencarna, por progresso próprio, mas que Deus não há. Como não ter Deus? Com Deus existindo, tudo dá esperança: sempre um milagre é possível, o mundo se resolve. Mas, se não tem Deus, então a gente não tem licença de coisa nenhuma!

> *Luz. Gritos. Tiros. Vozes*

672   TEATRO COMPLETO: RENATA PALLOTTINI

Vozes (*off*) – A fogo!
             A crevo!
             Tralha, lá vai obra! Cão, carujo!
             Roncolho!
             Toma!
             Canalha!

RIOBALDO – Aoê! Joca Ramiro quer este homem vivo! Joca Ramiro quer este homem vivo! É ordem de Joca Ramiro!

Vozes, gritam fora.

Vozes (*off*) – Vivo!
             Joca Ramiro quer ele vivo!
             É ordem!
             À unha, chefe?
             Ordem de Joca Ramiro!

Aparecem iluminados na cena Zé Bebelo, envolvido por uma corda, e outros homens, entre os quais Riobaldo e Diadorim.

DIADORIM – Vencemos, Riobaldo! Acabou-se a guerra!
RIOBALDO – E agora?
DIADORIM – Zé Bebelo está vivo!

Entra Joca Ramiro.

JOCA RAMIRO – Acabou-se a guerra.
ZÉ BEBELO (*violento*) – Assaca! Ou me matam logo, aqui, ou então eu exijo julgamento correto legal!
JOCA RAMIRO – Julgamento?

Vozes entre os outros homens.

ZÉ BEBELO – Julgamento!

Traz-se um estandarte escrito: "Julgamento é sempre defeituoso, porque o que a gente julga é o passado".
Julgamento: uma clareira, com um tamborete no meio.
Fora um grande ruído de tiros. Escuro.

Vozes (*off*) – Homem engraçado! Homem doido!
JOCA RAMIRO – Me apraz.
Vozes (*off*) – Sabe o que ele falou? Como foi? – Está certo – Está direito. Joca Ramiro sabe o que faz.
JOCA – Vamos pra isso agora mesmo.
ZÉ BEBELO – Dê respeito, chefe. O senhor está diante de mim, mas eu sou seu igual. Dê respeito!

JOÃO GUIMARÃES, VEREDAS

Riobaldo amarra as mãos de Zé Bebelo.

JOCA – O senhor se acalme... O senhor está preso...

ZÉ BEBELO – Estou, pois sei que estou. Mas o que o senhor vê não é o que o senhor vê, compadre. É o que o senhor vai ver...

JOCA –Vejo um homem valente, preso...

ZÉ BEBELO – Isso. Certo. Se estou preso... é outra coisa...

JOCA – O que, mano velho?

ZÉ BEBELO – É o mundo à revelia! (*risadas; se senta no tamborete, os homens permanecem ao seu redor, em pé*) Se abanquem! Se abanquem, senhores! Não se vexem!...

Os homens ficam silenciosos, cada vez mais sizudos. Finalmente, Joca Ramiro, risonho, se abaixa e senta em frente de Zé Bebelo, no chão; pausa. Zé Bebelo, então, levanta-se, da um pontapé no tamborete e, com dificuldade, devido as mãos amarradas, senta-se no chão. Pouco a pouco os homens vão se agachando, mudando a expressão para melhor, sentando e dando risada.

JOCA – O senhor pediu julgamento?...

ZÉ BEBELO – Toda hora eu estou em julgamento.

JOCA – Lhe aviso! o senhor pode ser fuzilado, duma vez, perdeu a guerra, está prisioneiro nosso...

ZÉ BEBELO – Com efeito! Se era para isso, então, para que tanto requifife?

JOCA – Adianta querer saber muita coisa? O senhor sabia, lá para cima, me disseram. Mas de repente chegou neste sertão, viu tudo diverso diferente, o que nunca tinha visto. Sabença aprendida não adiantou para nada... Serviu algum?

ZÉ BEBELO – Sempre serve, chefe. Perdi, conheço que perdi. Vocês ganharam. Sabem lá? Que foi que tiveram de ganho?

– De lá não sai barca!

– Cara doido!

Os homens fazem sinal de que Zé Bebelo está gira. Riem. Comentam.

JOCA – O senhor veio querendo desnortear, desencaminhar os sertanejos de seu costume velho de lei...

ZÉ BEBELO – Velho é que o já está de si desencaminhado. O velho valeu enquanto foi novo...

JOCA – O senhor não é do sertão. Não é da terra... vem de...

ZÉ BEBELO – Sou do fogo? Sou do ar? Da terra é só a minhoca, que galinha come e cata: esgaravata!

Os homens se inquietam. Joca Ramiro percebe.

JOCA (*a Sô Candelário*) – Meu compadre que é que se acha?

CANDELÁRIO – Ao que a ver! Ao que estou, compadre chefe meu...

674 TEATRO COMPLETO: RENATA PALLOTTINI

*Joca Ramiro assente, como se Candelário tivesse dito coisa
importante, Zé Bebelo faz caçoada. Pausa de silêncio.*

JOCA – A gente pode principiar a acusação. Quem principia?

Vozerio geral. Diadorim e Riobaldo se aproximam.

HERMOGENES (*rancoroso*) – Acusação, que a gente acha, é que se devia de
amarrar este cujo, feito porco. O sangrante... Ou então botar atravessado no chão, a gente todos passava a cavalo por riba dele, a ver se
vida sobrava, pra não sobrar!

ZÉ BEBELO (*batendo a cabeça pra frente; feito pica-pau, caçoando*) – Quá,
quá, quá, quá, quá!

HERMOGENES – Cachorro que é, bom para a faca. O tanto que ninguém não
provocou, não era inimigo nosso, não se buliu com ele. Assaz que
veio, por si, para matar, para arrasar, com sobejidão de cacundeiros.
Dele é este Norte? Veio a pago do governo. Mais cachorro que os
soldados mesmos... Merece ter vida não. Acuso é isto, acusação de
morte! O diacho, cão!

ZÉ BEBELO – Posso dar uma resposta, chefe?

Joca Ramiro assente.

ZÉ BEBELO – Mas para falar, careço que não me deixem com as mãos amarradas!

*Joca Ramiro faz gesto com a cabeça.
Riobaldo desata as mãos de Zé Bebelo.*

ZÉ BEBELO – Praqui mais praqui, por este, mais este cotovelo!

*Faz o gesto duplo de banana, ruidoso. Hermogenes pula
e arranca da faca. Confusão. Os outros homens seguram
Hermogenes, enquanto Zé Bebelo se põe na defensiva.*

JOCA – Tento e paz, compadre mano-velho. Não vê que ele ainda está é
azuretado...

ZÉ BEBELO – Ei! Com seu respeito, discordo, Chefe, maximé! Retenho que
estou frio em juizo legal, raciocínios. Reajo é com protesto. Rompo
embargos! Porque acusação tem de ser em sensatas palavras – não é
com afrontas de ofensas de insulto! (*para Hermogenes*) Homem! não
abusa homem! Não alarga a foz!

HERMOGENES (*raivoso*) – Tibes trapo, o desgraçado desse canalha, que me
agravou! Me agravou, mesmo estando assim vencido nosso o preso...
Meu direito é acabar com ele, Chefe!

Vozerio favorável a Hermogenes.

JOÃO GUIMARÃES, VEREDAS 675

Joca – Mas ele não falou o nome-da-mãe, amigo...

Os homens concordam.

Candelário – Nem o nome de ladrão...
– É...
– É verdade...
– Falou certo, mano velho...

Pausa.

Joca – E você, compadre? Qual é a acusação que se tem?

Candelário – Com efeito! Só quero é uma pergunta: se ele convém em nós dois resolvermos isto à faca! Pergunto para briga de duelo! É o que eu acho! Carece mais de discussão não! Zé Bebelo e eu... nós dois na faca!

Joca – Resultado e condena, a gente deixa para o fim, compadre. Demore, que logo vai ver. Agora é a acusação das culpas. Que crimes o compadre indica neste homem?

Candelário – Crime? Crime não vejo. É o que acho, por mim é o que declaro: com a opinião dos outros não me assopro. Que crime? Veio guerrear, como nós também. Perdeu, pronto! A gente não é jagunços? A pois: os jagunços aos peitos, papos. Isso é crime? Perdeu, está aí, umbuzeiro que boi comeu por metade... Mas brigou valente, mereceu... Crime, que sei, é fazer traição, ser ladrão de cavalos ou de gado... não cumprir a palavra...

Zé Bebelo – Sempre eu cumpro a palavra dada!

Candelário – Pois sendo assim, o que acho é que se deve de tornar a soltar este homem, com o compromisso de ir ajuntar outra vez seu pessoal dele e voltar aqui no Norte, para a guerra poder continuar mais, perfeita, diversificada...

Os homens rosnam de raiva, esporeados pela proposta.

Diadorim (*baixo a Riobaldo*) – Doideira dele. Riobaldo, Sô Candelário está doido varrido...

Joca – Apraz ao senhor, compadre Ricardão?

Ricardão – Compadre Joca Ramiro, o senhor é o chefe. O que a gente viu o senhor vê, o que a gente sabe o senhor sabe. Nem carecia que cada um desse opinião, mas o senhor quer prezar a palavra de todos, e a gente recebe essa boa prova. Agora, eu sirvo a razão de meu compadre Hermógenes; que este homem Zé Bebelo veio caçar a gente, no norte sertão, como mandadeiro de políticos e do Govêrno, se diz até que a soldo... A que perdeu, perdeu, mas deu muita lida, prejuízos. Sérios perigos em que estivemos, o senhor sabe bem, compadre Chefe. Dou a conta dos companheiros nossos que ele matou. Isso se pode

676   TEATRO COMPLETO: RENATA PALLOTTINI

repor? E os que ficaram inutilizados feridos, tantos e tantos... Sangue
e os sofrimentos desses clamam!

Vozerio dos homens, violência. Riobaldo está inquieto.

RICARDÃO – A ver, fosse ele que vencesse e nós não, onde era que uma hora
destas a gente estava? Tristes mortos, ou presos. Encareço, chefe. A
gente não tem cadeia, tem outro despacho não, que dar a este: só um:
é a misericordia duma boa bala, de mete-bucha, e a arte está acabada
e acertada. Lei de jagunço é o momento, o menos luxos. A condena
seja: sem tardanças! A condena que vale, legal, é um tiro de arma.
Aqui, chefe – eu voto!

Vozerio de confirmação. Os homens estão ficando de acordo.
Joca Ramiro tenta dominar a excitação.

JOCA – O senhor, Titão Passos?

TITÃO PASSOS – Ao que aprecio também, chefe, a distinção minha desta
ocasião, de dar meu voto. Não estou contra a razão de companheiro
nenhum, nem por contestar. Mas eu cá sei de toda consciência que
tenho, a responsabilidade. Sei que estou como debaixo de juramento:
sei porque de jurado já servi, uma vez, no júri de Januária... Sem
querer ofender ninguém... vou afiançando. O que eu acho é que é o
seguinte: que este homem não tem crime constável!

Vozes. Riobaldo começa a se empolgar.

TITÃO PASSOS – Pode ter crime para o governo, para delegado e juiz
de-direito, para tenente de soldados. Mas o gente é sertanejo ou não é
sertanejo? Ele quis vir guerrear, veio – achou guerreiros! Nos não
somos gente de guerra? Agora ele escapou e perdeu, está aqui, debaixo de julgamento. A bem se, na hora, a quente, a gente tivesse falado
fogo nele, e matado, aí estava certo, estava feito. Mas o refrego de
tudo já se passou. Então, isto aqui é matadouro ou talho? Ah, eu não.
Matar, não. Suas licenças...

Riobaldo recobra alma. Sorri para Titão Passos. Desafogo geral.

DIADORIM (*a Riobaldo*) – Ele é meu amigo... Ele é bisneto de Pedro Cardoso, transneto de Maria da Cruz!

Pausa. Joca Ramiro olha em volta, com calma.

JOCA – Que tenha algum dos meus filhos com necessidade de palavra para
defesa ou acusação, que pode depor!

Riobaldo se inquieta. Quer falar.

JOCA (*depois de esperar um pouco*) – Que por aí, no meio de meus cabras valentes, se terá algum que queira falar por acusação ou para defesa de Zé Bebelo, dar alguma palavra em favor dele? Que pode abrir a boca sem vexame nenhum...

Riobaldo se mexe, olha para Diadorim, está querendo falar.

JOCA – Que se tiver algum...

Quando Riobaldo se prepara para falar, Sô Candelário se adianta.

CANDELÁRIO – Com vossas licenças, chefe, cedo minha rasa opinião. Que é, se vossas ordens forem de se soltar esse Zé Bebelo, isso produz bem... Oséquio feito, que se faz vem a servir à gente, mais tarde, em alguma necessidade, que o caso for... Não ajunto por mim, observo é pelos chefes mesmo, com esta vênia. A gente é braço d'armas, para o risco de todo o dia, para tudo o miudo do que vem no ar. Mas, se alguma outra ocasião depois, que Deus nem consinta, algum chefe nosso cair preso em mão de tenente de meganhas – então também hão de ser tratados com maior compostura, sem sofrer vergonhas e mal-dades... A guerra fica sendo de bem-criação, bom estatuto...

Joca Ramiro animou o que falava.

RICARDÃO – O que se podia é indagar de fazer ele dizer onde que estão a fortuna dele, em cobre... que ele possederá o bom dinheiro, amoitado por aí...

Os homens riem em volta. Riobaldo, de repente, encorajado, vai falar. Avança um passo, levanta a mão; estala o dedo.

DIADORIM – Espera, Riobaldo...

RIOBALDO – Dê licença, grande chefe nosso, Joca Ramiro, que licença eu peço! O que tenho é uma verdade forte para dizer, que calado não posso ficar...

Vozerio. Movimento de Hermogenes e Ricardão.

RIOBALDO – Eu conheço este homem bem, Zé Bebelo. Estive do lado dele, nunca menti que não estive, todos aqui sabem. Fui professor dele para o ensino de todas as matérias. Estava com ele quando reuniu homens para sair Estado acima em comando de grande guerra. O fim de tudo seria relimpar o mundo de jagunçada braba. O pessoal todo não regateava a ele a maior dedicação e respeito, por via de sua macheza. Zé Bebelo era o do duro. Atirava com qualquer quilate de arma, sempre certeira a pontaria, duelava de faca, laçava e campeava feito um todo vaqueiro, e medo, ou cada parente de medo, ele cuspia em riba e desconhecia. Veio combater jagunço porque dizia: "Temos

678 TEATRO COMPLETO: RENATA PALLOTTINI

de render este serviço à pátria – tudo é nacional". E é chefe de primeira, sem ter ruindades em cabimento, nem matar os inimigos que prende, nem consentir de com eles se judiar. Saí de lá, meio fugido. Saí porque quis, e vim guerrear aqui, com as ordens destes famosos chefes, vós... Da banda de cá foi que briguei, e dei mão leal, com meu cano e meu gatilho... Mas agora eu afirmo! Zé Bebelo é homem valente de bem, e inteiro, que honra o raio da palavra que dá! Isso afirmo! Vi. Testemunhei. Portanto, que digo, ele merece um absolvido escorreito, mesmo não merece de morrer matado à-toa!

Reação dos homens, por metade favorável.

RIOBALDO – A guerra foi grande, durou tempo que durou, encheu este sertão... Nela todo o mundo vai falar. Vão fazer cantigas, relatando as tantas façanhas. Pois então, gente, hão de se dizer que aqui, na Sempre Verde, vieram se reunir os chefes todos de bandos, com seus cabras valentes, montoeira completa, e com o sobregoverno de Joca Ramiro, só para, no fim, se acabar com um homenzinho sózinho, se condenar de matar Zé Bebelo, o quanto fosse um boi de corte? Um fato assim é honra? Ou é vergonha?

TITÃO PASSOS – Para mim é vergonha!

CANDELÁRIO – Vergonha! Raios diabos que vergonha é! Estrumes! A vergonha danada, raios danados que seja!

RIOBALDO – A ver. Mas se a gente der condena de absolvido, soltar esse homem Zé Bebelo, punido só pela derrota que levou – então eu acho que é fama grande. Fama de gloria! que primeiro vencemos, depois soltamos...

CANDELÁRIO – Seja fama de glória! Todo o mundo vai falar nisso, por muitos anos, louvando a honra da gente, por muitas partes e lugares. Hão de botar verso em feira, assunto de sair até divulgado em jornal de cidade...

RIOBALDO – E que perigo tem? Se ele der a palavra de nunca mais tornar a vir guerrear com a gente...

ZÉ BEBELO – Tenho uns parentes meus em Goiás... (*todos riem*)

TITÃO PASSOS – Então, ele indo para bem longe, está punido, desterrado. É o que eu voto por justo. Crime maior ele teve? Pelos companheiros nossos, que morreram ou estão ofendidos passando mal, tenho muito dó...

CANDELÁRIO – Mas morrer em combate é coisa trivial nossa... Para que é que a gente é jagunço? Quem vai em caça, perde o que não acha...

TITÃO PASSOS – E mortes tantas, isso não é culpa de chefe nenhum...

Silêncio, Joca Ramiro olha Zé Rebelo e pensa.
Diadorim abraça Riobaldo.

JOÃO GUIMARÃES, VEREDAS 679

DIADORIM – Riobaldo, tu disse bem! Tu é homem de todas valentias...

Joca Ramiro se levanta. Vai dar sentença.

JOCA RAMIRO – Homens! Compadres meus! Meus meninos! O julgamento é meu, sentença que dou vale em todo este norte. Meu povo me honra. Sou amigo dos meus amigos políticos, mas não sou criado deles, nem cacundeiro. A sentença vale, a decisão. O senhor reconhece?

ZÉ REBELO – Reconheço. Reconheço. Reconheço! Reconheço...

JOCA RAMIRO – Bem. Se eu consentir o senhor ir-se embora, para Goiás, o senhor põe a palavra e vai?

ZÉ REBELO (*depois de uma pausa*) – A palavra e vou, Chefe. Só solicito que o senhor determine minha ida em modo correto, como compertence.

JOCA RAMIRO – A falando?

ZÉ REBELO – Que, se ainda tiver homens meus, vivos, presos também por aí, que tenham ordem de soltura, ou licença de vir comigo, igualmente...

JOCA RAMIRO – Topo. Topo.

ZÉ REBELO – E que, tendo nenhum, eu viaje daqui sem vigia nenhuma, nem guarda, mas o senhor me fornecendo animal de sela arreado, e as minhas armas, ou boas outras, com alguma munição, mais o de comer para os três dias, legal...

JOCA REBELO – Topo!

ZÉ REBELO – Então, honrado vou. Mas agora, com sua licença, a pergunta faço: pelo quanto tempo eu tenho de estipular, sem voltar neste Estado, nem na Bahia? Por uns dois, três anos?

JOCA RAMIRO – Até enquanto eu vivo for, ou não der contra-ordem...

ZÉ REBELO – Então adeus, Seo Joca Ramiro...

JOCA RAMIRO – Então adeus, Seo Zé Bebelo...

Saem. Vozerio geral. Luz diminuindo. Carregam para fora o estandarte do julgamento. Ouve-se a voz que canta.

VOZ – Vida é sorte perigosa
passada na obrigação:
toda noite é rio abaixo,
todo dia é escuridão...

Diadorim permanece.

DIADORIM – Assim foi o julgamento de Zé Bebelo, que é como sempre foi o julgamento de um sertanejo, que é como sempre foi um homem: de coragem, valente e lutador.

Hermogenes puxa Ricardão de lado aos cochichos; ouve-se apenas:

680 TEATRO COMPLETO: RENATA PALLOTTINI

Hermogenes – Mamãezada. (*saem os dois*)

Riobaldo (*que escutou*) – Este Hemógenes está em verde, nas portas da inveja.

Outro – Ora, Hermógenes tem seus defeitos, mas puxa por Joca Ramiro, é fiel. Vosmecê não entende de amizade no sistema de jagunços.

Riobaldo – Amizade? Amigo para mim é a pessoa com quem a gente gosta de conversar, do igual o igual, desarmado. O Hermógenes é homem que tira o seu prazer do medo dos outros, do sofrimento dos outros... Esse Hermógenes... (*cospe para o lado*) Belzebu. Ele está caranguejando lá nos soturnos, eu sei.

Outro – A ser que você viu o Hermógenes e o Ricardão, gente estarrecida de iras frias... Agora eles me dão receio, meu medo... Deus não queira.

Titão Passos (*entrando*) – Riobaldo, você mais Diadorim, João Vaqueiro e Jesualdo seguem comigo. Tenho um roteiro: o mais encostado possível no São Francisco, até para lá de Jequitaí.

Riobaldo – A gente não vai junto com Joca Ramiro, em caso de lhe a ele podermos valer?

Titão Passos – Nossa tarefa é de muito encoberto engenho e valor. É para receber remessas e vigiar algum rompimento de soldados que para o Norte entrassem. Alaripe segue com o pessoal pra outra banda do rio.

Escurece. Fica só Riobaldo iluminado, falando com a platéia.

Riobaldo – Arreamos, montamos, saimos. Naquela mesma hora Joca Ramiro dava partida também, ladeado por Sô Candelário e Ricardão. Saiam os chefes todos aos gritos de vozear. Dobramos nove léguas, com mais dez até a Lagoa do Amargos e sete para chegar numa cachoeira, e mais dez e muitas idas e marchas: sertão sempre. Sertão é isto; o senhor empurra para trás, mas de repente ele volta a rodear o senhor dos lados. Sertão é quando menos se espera; digo. Ao quando um belo dia, a gente parava em macias terras, agradáveis. O que é de paz cresce por si.

Voz de Fora – Sai pra fora, cão! Vem ver! Bigode de homem não se corta. (*risada*)

    – Pega ele!

    – Ei, retentéia! Coragem faz coragem! (*risadas, gritos*)

Riobaldo – Eu sei que em cada virada de campo, e debaixo da sombra de cada árvore, está dia e noite um diabo, que não dá movimento, tomando conta.

Ouve-se um galope se aproximando, vem entrando todos olhando para um determinado lugar de onde chega esbaforido Gavião-Cujo.

Gavião-Cujo – Mataram Joca Ramiro!...

Titão Passos – Repete Gavião.

JOÃO GUIMARÃES, VEREDAS 681

Gavião-Cujo – Ai, chefe, ai, chefe! que mataram Joca Ramiro...
Titão Passos – Quem?
Adonde?
Conta!

Gavião-Cujo – Matou foi o Hermógenes...

Todos – Arraso, cão! Caracães! O cabrobó de cão!
Demônio! Traição!

Titão Passos – Que me paga...
Gavião-Cujo – O Hermógenes... Os homens do Ricardão... Muitos...
Riobaldo – Mas adonde? Onde?
Gavião-Cujo – Riachão de Lapa. Aquilo foi a traição toda. Morreram os
muitos que estavam persistindo lealmente mas o pessoal do
Hermógenes e do Ricardão era demais numeroso...
Titão Passos (*agarrando-o pelos braços*) – Hem diá! Mas quem é que está
pronto em armas para rachar Ricardão e Hermógenes e ajudar a gente
da vingança agora, nas desafrontas?
Gavião-Cujo – Os todos os outros chefes. Sei que o sertão pega em armas,
mas Deus é grande!
Titão Passos – Teremos de ir... Teremos de ir...
Gavião-Cujo – Atiraram em Joca Ramiro pelas costas, carga de balas de
três revólveres. Só resta a guerra.

Confusão geral, gritos, tiros.

Riobaldo – Saimos em guerra. Tudo o melhor fizemos, e tudo no fim
desandava. Deus não devia de ajudar a quem vai por santas vingan-
ças?! Devia. Mas então? Ah, então mas tem o outro – O Figura, o
Morcegão, o Debo, o Carócho, o do pé-de-pato, o Mal-encarado.
Aquele, O que não-existe! Quando protege, vem protege com sua
pessoa. Montado, mole, nas costas do Hermógenes, indicando todo
mundo. Contra o demo se podia?

Um entra correndo.

Um – É um homem... com mais cinco homens... avançaram do mato, deram fogo contra um montão, mais de trinta e a cavalo. É o homem e
os cinco deles, estão a pé...
Riobaldo – Qual é o nome dele? fala! Que jeito, que semelhança de figura
é que ele tem?
Um – Ele? O jeito que ele tem? É mais baixo de que alto, não é velho, não
é moço... Homem branco. Diz que voltou de Goiás...

682 TEATRO COMPLETO: RENATA PALLOTTINI

Outro – É ele! Mas é ele! Só pode ser...
– E é. Então está do nosso lado.
– Temos de mandar por ele.
– Onde é que estará? Alguém tem de ir...
– Está a favor da gente... E ele sabe guerrear...

Zé Bebelo entra

Zé Rabelo – Paz e saúde, chefe, como passou?
Pampa – Como passou mano?
Zé Bebelo (*vendo Riobaldo*) – Professor, ara viva! Sempre a gente tem de
me avistar. (*ri, abraça; de repente desri; dá um passo atrás*) Vim de
vez.
Pampa – Em bom veio, chefe.
Zé Bebelo – Vim cobrar pela vida de meu amigo, Joca Ramiro, que a vida
em outro tempo me salvou de morte... E liquidar com esses dois ban-
didos, que desonram o nome de Pátria a este sertão nacional. Filhos
da égua...
Pampa – Pois então estamos irmãos. Porque é que não combinamos nosso
destino? Juntos estamos, juntos vamos.
Zé Bebelo – Amizade e combinação, aceito, mano velho. Já ajuntar não.
Só obro o que muito mando; nasci assim... Só sei ser chefe.

Pampa olha para todos murmúrio leves.

Pampa – E chefe será. Baixamos nossas armas, esperam as vossas ordens.
Zé Bebelo – De todo poder? Todo o mundo lealdade? (*todos confirmam*)
Ao redor de mim, meus filhos. Tomo posse.

Música, mais black-out.

Riobaldo – Hoje, em dia verso isso: emendo e comparo. Todo amor não é
uma espécie de comparação? A gente pergunta o amor? Passaro que
põe ovos de ferro... coisa do demo e de Deus. Estendo: Diadorim, me
lembrei dele como menino, com a roupinha nova e o chapéu novo de
couro, guiando meu ânimo para se aventurar a travessia do São Francisco, na canoa afundadeira. Esse menino e eu é que éramos destina-
dos para dar cabo do filho do Demo, do Pactário!
Diadorim (*dando uma volta e um grito de guerra*) – Hê, Hê, Lá vai obra!
Riobaldo – O pactário era Hermógenes, o filho do Cujo, do Cão, do
Sem-Sorriso... Sorte como a dele... Só o Demo... (*começa a narrativa*) O que algum tivesse feito, porque é que eu não ia poder? Do
Tristonho vir negociar nas travas de encruzilhadas... Nonada! Nisso
eu não acreditava, mesmo quando estremecia... (*caminha*) Sombra de
sombra foi entardecendo. Fuscava. Ao que eu estivesse destemido,
soberbo? Fazia muito tempo que eu não descabia de tão arrojo. Re-
trocedi de todos.

DIADORIM (*de fora*) – Riobaldo...

RIOBALDO – ... de Diadorim refugi. Ah, deixa a aguinha das grotas gruguejar sozinha. E no singular do meu coração, dou dito o que eu gostava tanto de Diadorim, tinha um escrúpulo – queria que ele permanecesse longe de toda confusão e perigos. Há de essa lembrança branda, de minha ação, minha Nossa Senhora ainda da marque em meu favor. Deus me tenha! (*caminha, cena*) Ah, que agora eu ia. Um tinha de estar por mim: o Pai do Mal, o Tendeiro, o Manferro. Declaro: hora chega. Eu ia! Porque eu estava sabendo – se não é que fosse naquela noite, nunca mais eu ia receber coragem de decisão. Então eu subi de lá, noitinha-hora em que capipara acorda, sai do seu escondido e vem pastar. Deus é muito contrariado. Deus deixou que eu fosse, em pé, por meu querer, como fui. Eu caminhei para as Veredas-Mortas. Tinha um lance de capoeira. Um caminho cavado. Depois era o cerrado mato; fui surgindo. Lugar meu tinha de ser a concruz dos caminhos. Chão de encruzilhadas é posse dêle. A noite viesse rodeando... aí, friazinha... Cheguei na encruzilhada, a escuridão deu... Talentos de lua escondida... Medo (*estremece*) Bananeira treme de todo lado. Mas eu tirei de dentro de meu temor as espantosas palavras. O que estava tendo era o medo que ele estava tendo em mim... Quem é que era o demo, sempre-sério, o Pai-da-mentira? Viesse, viesse, vinha pra me obedecer... Trato? Mas trato de iguais com iguais. Para se entestar comigo. Eu mais forte do que ele, do que o pavor d'Ele... Esperar, esperar era o poder meu... Ele tinha de vir, se existisse. Naquela hora, existia. Tinha de vir, demorão ou jájão. Mas em que formas? Aí, falei mais alto: "Deus ou o demo?" E repeti: "Deus ou o demo, para o jagunço Riobaldo!" Esperei. Então, ele não queria existir? Viesse! Chegasse para o desenlace desse passe! Eu estava bêbado de meu, eu cedia às arras tudo meu, tudo o mais – alma e palma e desalma. Remordi o ar:

"Lúcifer! Lúcifer!"

Não. Nada.

"Lúcifer! Satanaz!"

Só outro silêncio.

O senhor sabe o que o silêncio é? É a gente mesmo, demais.

"Ei, Lúcifer; Satanaz dos meus infernos!"

E foi aí. Foi. Ele não existe e não apareceu, nem respondeu, – que é um falso imaginado.

Mas eu supri que ele tinha me ouvido. Me ouviu – como que adquirisse minhas palavras todas: fechou o arrócho do assunto. Ao que eu recebi de volta um adejo, um gozo de agarro, daí umas tranquilidades – de pancada.

Aragem do sagrado, absolutas estrelas!

Pausa.

Ainda tardei, esbarrado lá, no burro do lugar. Falei: "E a noite não descamba!"

Desci, de retorno, para a beira dos buritis, aonde o pano d'água. Curvei, bebi, bebi. A água nem não estava de frio geral. Meu corpo era que sentia um frio, de si... Frior de dentro e de fora... Falei: "Posso me esconder de mim?" Senhor, senhor! O senhor não puxa o céu antes da hora! Agora lhe pergunto: "O senhor acha que a minha alma eu vendi, pactário? Contei tudo: o diabo não há. É o que eu digo, se for... existe é homem humano... travessia...

NARRADOR – A lembrança da vida da gente se guarda em trechos diversos, cada um com seu signo e sentimento, uns comos outros nem não misturam. Contar seguido, alinhavado, só mesmo sendo as coisas de rasa importância... assim eu acho, assim é que eu conto... O senhor é bondoso de me ouvir... tem horas antigas que ficaram muito mais perto da gente do que outras, de recente data.

Diz que toda saudade é uma espécie de velhice... Mas eu lhe digo! amor vem de amor... e mais... liberdade ainda é só alegria de um pobre caminhozinho, no dentro do ferro de grandes prisões... ninguém não ensina o beco para a liberdade se fazer... E mais: a gente tem de sair do sertão...

CONJUNTO – ...A gente tem de sair do sertão!

NARRADOR – ...Mas só se sai do sertão é tomando conta dele a dentro!

CONJUNTO – ...Mas só se sai do sertão é tomando conta dele!

NARRADOR – Ninguém não ensina o beco pra liberdade se fazer!

CONJUNTO – ...Liberdade se fazer!

NARRADOR – Amor vem de amor!

CONJUNTO – Amor vem de amor!

NARRADOR – Os senhores tolerem.

CONJUNTO – Isto é o sertão!

O ESCORPIÃO DE NUMÂNCIA

*Hallo solo en Numancia todo cuanto
puede con justo título cantarse.*

CERVANTES – *El cerco de Numancia*

Esta peça, escrita em 1968, é dedicada à resistência cubana. Sobre o texto de Cervantes. Primeira montagem em 1970, no Teatro Anchieta, São Paulo, direção de José Rubens Siqueira, para a Companhia de Teatro Rotunda.

Personagens

Soldado Romano
Marquino, mensageiro numantino
Cipião Emiliano, general romano
Teógenes, chefe numantino
Lira, mulher de Teógenes
Bariato
Júlio Caio Mario
Licínia
Caio Mario, médico romano

Cenário

Dividido ao meio; à esquerda, parte do acampamento romano, aparecendo o que seria a tenda de Cipião. A direita, e ocupando maior parte do palco, um lugar na cidade de Numância, próximo à muralha. Nesta parte do cenário, ao fundo, a torre.

Primeiro Ato

No acampamento romano, onde está Cipião.

SOLDADO – General!

CIPIÃO – Fala.

SOLDADO – Acaba de chegar um mensageiro da cidade de Numância, para falar com Cipião Emiliano, chefe dos romanos.

CIPIÃO – Que entre.

SOLDADO (*ao mensageiro, Marquino*) – Entra. Cipião está aqui.

MARQUINO (*entrando e se curvando*) – General.

CIPIÃO – Podes falar.

MARQUINO – Salve, general romano. Sou um mensageiro do Teógenes.

CIPIÃO – Eu te ouço.

MARQUINO – Meu povo, cansado da guerra e do cerco, te propõe a paz.

CIPIÃO – Agora?

MARQUINO – Nunca é tarde, general.

CIPIÃO – Que proposta é essa?

MARQUINO – Teógenes, meu capitão, pede que levantes o cerco. Se os romanos partirem em paz, Numância se compromete a prestar obediência.

CIPIÃO – Já esperamos muito.

MARQUINO – Nós também. Estamos cançados.

CIPIÃO – Este é o nosso momento.

MARQUINO – O que te proponho é uma paz honrosa.

690 TEATRO COMPLETO: RENATA PALLOTTINI

Cipião – Eu, voltar a Roma sem o triunfo? Teu capitão ignora que Cipião Emiliano nunca foi batido?

Marquino – Esta seria uma vitória, general.

Cipião – Volta, e diz ao teu capitão Teógenes, que já vencemos, que Numância será destruída e seus sobreviventes aprisionados, para servirem no meu Triunfo!

Marquino – Atenta, Cipião. Os Numantinos nunca viveram no cativeiro.

Cipião – Pois terão que escolher entre a prisão e a morte.

Marquino – Pensa, Cipião. Estamos pedindo a paz!

Cipião – É tarde!

Marquino – Pensa!

Cipião – Podes ir.

Marquino – Mais uma palavra!

Cipião – Vai!

Marquino – General!

Cipião – Soldado, podes levá-lo!

Marquino sai, empurrado pelo soldado, enquanto escurece a cena do acampamento romano. Faz-se luz na cena maior. Teógenes está ali, sentado. Sobre a sua figura incide um foco de luz. Entra Marquino, quase que em continuação à cena anterior. Ele entra, perfila-se e fala.

Marquino – Capitão!

Teógenes – Sim.

Marquino – As mulheres estão começando a lutar com os abutres, por causa dos cadáveres.

Teógenes – Elas querem sepultá-los?

Marquino – Querem comê-los.

Teógenes – Qual foi a resposta de Cipião?

Marquino – Cipião se nega a aceitar a proposta. Diz que agora é tarde.

Teógenes – Ele sabe que já ganhou.

Marquino – O capitão vai fazer alguma proclamação?

Teógenes – Não. Quando as mulheres começam a lutar com os abutres, já está passado o tempo das proclamações.

Ouve-se dentro um grande alarido, com vozes lamentosas.

Teógenes – Que é isso?

Marquino – É a fome, capitão.

Teógenes – Fome, fome... Esta gente não sabe pensar em outra coisa?

Marquino – Quando se come é fácil pensar em outra coisa.

Teógenes – Que é que você quer dizer?

Marquino – Que quando se come é fácil pensar em outra coisa.

Os dois se entreolham, e Teógenes estende a mão para um saco de provisões, que estava ao seu lado, no chão.

O ESCORPIÃO DE NUMÂNCIA   691

TEÓGENES – Então, você sabe.

MARQUINO – Toda a cidade sabe, capitão.

TEÓGENES – Que maravilhas vocês pensam que há aqui dentro? É apenas pão.

MARQUINO – Bastaria.

TEÓGENES – Não sei nem mesmo quem me manda isto.

MARQUINO – Não importa.

TEÓGENES – Você acha que são... eles?

MARQUINO – Só eles têm pão.

TEÓGENES – E para que me mandam isso?

MARQUINO – Eles querem a vitória. São dezesseis anos, capitão. Dezesseis anos de cerco a Numância. Trinta mil romanos contra quatro mil numantinos. Não podem ser derrotados. Precisam do triunfo. E no campo romano se fala em traição. Esperam que Numância abra suas portas. Não querem matar-nos a todos. Precisam de sobreviventes. Precisam de um traidor.

TEÓGENES – Soldado!

MARQUINO – Estamos morrendo, capitão... E eu... eu o conheço há muito tempo.

TEÓGENES (*abrindo o farnel*) – Toma.

MARQUINO – Não quero.

TEÓGENES (*insistindo, com um pedaço de pão*) – Toma, come!

MARQUINO (*cobrindo os olhos, torturado*) – Não quero, não quero!

TEÓGENES – Então como eu, visto que o pão está aqui.

MARQUINO – Teógenes, fraco Teógenes!

TEÓGENES (*comendo*) – Estamos no ano seiscentos e vinte da fundação de Roma, que será chamado, mais tarde, centro e trinta e três antes de Cristo. Nossa cidade se chama Numância, na terra ibérica. Temos quatro mil cidadãos, agora, e Cipião tem trinta mil soldados. O cerco dura dezesseis anos, estamos todos morrendo de fome. Eu, Teógenes, capitão dos numantinos estou comendo! (*arranca pedaços de pão, raivoso, com os dentes*).

MARQUINO – E quando espera... pagar, capitão?

TEÓGENES – Não pretendo pagar... pelo menos não da maneira que você insinua.

MARQUINO – E pensa que vai continuar a receber pão por muito tempo?

TEÓGENES – Você é um soldado, Marquino. Cumpre ordens. Mas eu sou o chefe. Preciso pensar. E como posso pensar com o estômago vazio?

MARQUINO – Eu posso pensar melhor, desde que tenho o estômago vazio.

TEÓGENES – Você é um idiota, Marquino. Um herói! Não abrirei as portas de Numância, não transmitirei mensagens, mas enquanto isso, como!

MARQUINO – Não acredito. Não acredito que se possa fazer assim. Entre quem compra e quem é comprado se faz uma ligação, por dentro. Quando se come, já se está traindo. Por que se dá esperanças. A gente aumenta as energias do inimigo, não as nossas...

692   TEATRO COMPLETO: RENATA PALLOTTINI

TEÓGENES – E por que não? Por que não entregar a cidade de Numância? Os romanos são mais poderosos... mais ricos, mais civilizados!

MARQUINO – Ir de rastros até Roma, amarrado ao carro de Cipião? Viver a vida que eles escolhem, da maneira com eles determinam? De fato, foi isso o que sempre quis, não foi, Capitão?

Entram de repente Lira e Bariato, rindo.

LIRA (*rindo*) – Teógenes, esta criança quer lutar na guerra!

TEÓGENES (*aborrecido*) – Muito bem, Lira, é uma nobre aspiração.

LIRA – Ora, Teógenes, você não tem a menor convicção do que diz. Bariato tem só dezesseis anos!

TEÓGENES – Ou é uma criança, e deve morrer de fome, como as outras crianças, ou é um homem e então deve lutar como um soldado.

LIRA – Não diga incoerências! Bom dia, Marquino. Não é verdade que o capitão está dizendo incoerências?

MARQUINO – Bom dia.

LIRA (*a Bariato*) – Conheço Marquino há muito tempo. Ele era marceneiro. Quando eu era pequena, gostava de vê-lo trabalhar.

BARIATO (*envergonhado*) – O capitão está certo, Lira. É preciso que eu faça alguma coisa por Numância.

LIRA – Há muitos homens enormes e barbados, que estão fazendo coisas por Numância. Você é ainda uma criança.

FARIATO – Lira, por favor.

MARQUINO – Capitão, posso ir?

TEÓGENES – Pode. E não diga nada.

MARQUINO – Sim, capitão. (*sai*)

LIRA (*a Bariato*) – Agazalhe-se, meu bem. Está esfriando. (*a Teógenes*) Nós também já vamos.

TEÓGENES – Fique você, Lira. Preciso falar com você.

LIRA (*abotoando a gola de Bariato*) – Ele precisa chegar cedo. E eu tenho um compromisso.

TEÓGENES – Os seus compromissos não são importantes, e ele pode ir sózinho para casa.

BARIATO – Eu posso ir sózinho para casa...

LIRA (*ainda segurando a gola do rapaz, com carinho*) – Ora, Teógenes, você compreende, eu preciso...

TEÓGENES (*enfurecido*) – Parem com isso! E você, Lira, faça o favor de ficar aqui!

LIRA – Não grite comigo, idiota! Eu não sou nenhum dos seus soldados!

TEÓGENES – Eu não grito com os meus soldados. Eles não me enganaram...

LIRA – E você... não enganou os seus soldados?

TEÓGENES (*ignorando a insinuação*) – Vamos falar agora, Lira. Prometo que não será uma conversa muito longa. Você vai ver. É que a gente não sabe do futuro e talvez não se tenha mais a oportunidade de falar a sério sobre a vida.

O ESCORPIÃO DE NUMÂNCIA 693

Lira – Como não? Falaremos quando terminar o cerco. Dentro de um mês, ou de um ano, ou de dez anos... que importância tem? O cerco ainda vai durar muito tempo... talvez não termine nunca! E até lá... estamos todos cercados, cada um dentro de si mesmo, sozinho... (*a Bariato*) Vamos, meu bem?

Teógenes – Lira, não me faça desistir. Eu não posso pensar em resolver a situação desta terra... se não sou capaz de resolver nem a minha! Os meus soldados não me obedeceriam nunca, se surpreendessem um só dos meus diálogos com você. Um chefe precisa ser um homem!

Lira (*rindo*) – E como se faz, para ser um homem, você sabe?

Bariato (*irritado*) – Capitão, posso então pedir armas?

Lira – Você; não vai lutar em guerra nenhuma!

Bariato – Nós estamos numa guerra!

Lira – Nós sempre estamos numa guerra! Nem por isso a guerra precisa de você!

Teógenes – Deixe-o, Lira. Ele também quer tentar; quer ser homem.

Lira – Eu sei que ele é um homem!

Bariato – Lira!

Teógenes – Você não sabe nada. Em outros tempos, você dizia que eu era um homem, também. E isso era mentira. Agora é que estamos escolhendo. Esta é a hora. E você não tem o que fazer aqui.

Lira – Cuidado, Teógenes. A cidade está à espera! Qualquer coisa pode fazer explodir a cidade. Um boato, uma mentira... ou uma verdade simples!

Teógenes – Pode ir.

Lira – Há muitas coisas perigosas em Numância!

Teógenes – Mais perigoso é este medo da morte.

Lira – Bariato, venha!

Bariato – Eu vou ficar, Lira.

Lira – Vocês hão de voltar. Hão de querer romper este cerco!

Teógenes – Pode ser. Mas vá embora!

Lira (*saindo*) – Heróis! Heróis de Numância! Traidores! Traidores! (*sai, acompanhada pelo olhar dos dois homens*)

Teógenes – Fale, Bariato.

Bariato – Eu não sei. Não tenho muito o que dizer. Estou envergonhado.

Teógenes – Por minha causa? Não fique.

Bariato – A sua mulher...

Teógenes – Bom... E então? Terei sido um bom marido para ela? Não sei. Terei sido tudo o que ela esperava?

Bariato – Não foi?

Teógenes – Não sei.

Bariato – Pensei que só eu tivesse dúvidas.

Teógenes – Ninguém tem mais dúvidas do que eu, em Numância.

Bariato – Eu nasci dentro do cerco. O senhor sabia disso? Desde que eu nasci, Numância está cercada!

694 TEATRO COMPLETO: RENATA PALLOTTINI

Teógenes – É verdade.

Bariato – No entanto, esperam de mim que eu seja um rapaz ordeiro, normal, cheio de método. Que tenha esperanças! Que esperanças eu posso ter?

Teógenes – Não muitas, por certo.

Teógenes – O Senhor tinha esperanças, com a minha idade?

Bariato – Sua idade? Sim, tinha... Isso faz muito tempo. Sabe o que é que eu desejava ser? Parece engraçado, pensando agora. Desejava ir para Roma, e ser um oficial romano. Desejava servir a Roma, porque acreditava no seu poderio, na civilização, na beleza de Roma. (*para si mesmo*) Em suma, eu já naquele tempo queria ser um traidor!

Bariato – Ainda não havia a guerra.

Teógenes – De fato. Mas esse era meu pensamento.

Bariato – Eu nunca fiz nada que prestasse, até agora. Eu me sinto sempre como se estivesse acabando de me levantar da cama, ou me preparando para dormir. Os dias escorregam por cima de mim. Diga: por que os velhos são tão velhos?

Teógenes – Nem todos são velhos.

Bariato – Os que não são muito velhos querem se fazer de moços, e os moços...

Teógenes – E os moços?

Bariato – São burros, vazios!

Teógenes – Você não é nada disso.

Bariato – Sou pior. Sou um covarde.

Teógenes – Só?

Bariato – Sou um canalha.

Teógenes – Ouça uma coisa, menino. Não por minha causa. Compreendeu? Você não é um canalha por ter dormido com minha mulher. Que isto fique claro. Aliás, ela já não é minha mulher. E eu... não posso dizer que preste muito.

Bariato – Capitão estamos nos confessando?

Teógenes – Talvez.

Bariato – Mas então, não será esta a nossa oportunidade?

Teógenes – De que?

Bariato – De fazer alguma coisa! De melhorar! De salvar a cidade!

Teógenes – Você, pensa que, se salvarmos a cidade, estaremos nos salvando juntos?

Bariato – Não sei! Eu queria fazer alguma coisa que prestasse!

Teógenes (*sorrindo*) – Você é mesmo um menino. Afinal, Lira tinha razão.

Bariato (*ofendido*) – Talvez ela tivesse mesmo razão! Talvez o senhor seja mesmo um traidor!

Teógenes – É possível, menino. Mas não se aborreça. Vamos; conversar mais. Você me faz bem. Você diz coisas... novas. Verdes, compreende? Verdadeiras, segundo você.

O ESCORPIÃO DE NUMÂNCIA   695

BARIATO – Tenho vontade de tomar uma bebedeira, depois dormir com uma mulher, depois chorar até arrebentar.

TEÓGENES – Esse não é o pensamento de um soldado.

BARIATO – Garanto que é o pensamento de Numância!

TEÓGENES – Eu falo de um soldado romano.

BARIATO – Nós não somos romanos!

TEÓGENES – Roma é um bom exemplo!

BARIATO – De que? Do inimigo?

TEÓGENES – De adversário.

BARIATO – E de que vale ter adversários exemplares?

TEÓGENES – De nada. Valeria se hoje eu, em vez de Teógenes, capitão numantino, esposo de Lira, uma mulher fácil, fosse Cipião, general romano.

BARIATO – Então é isso!

TEOGÉNES – O que?

BARIATO – Por que se casou com ela? O senhor não gostava dela!

TEÓGENES (*irritado*) – Quem lhe disse?

BARIATO – Está se vendo! O senhor se prendeu a ela! E sempre se sente preso! Queria ter ido a Roma! Queria ter sido livre!

TEÓGENES – Você não sabe o que diz...

BARIATO – E ela sentiu isso... Deve ter sentido sempre!

TEÓGENES – Fique quieto.

BARIATO (*olhando para os fundos, onde dele estar a cidade*) – Quando o sol aparece, longe, lá embaixo, para além do rio, ilumina toda a colina. Ilumina a muralha, os telhados, as casas de pedra, as ruas de pedra... as fundações das nossas casas são de pedra, não são?

TEÓGENES – Quase tudo aqui é de pedra.

BARIATO – Vão queimar com dificuldade.

TEÓGENES – Quem falou em queimar?

BARIATO – As mulheres fazem fogueiras para se aquecer. Faz frio. Outro dia, na minha rua, encontraram um escorpião.

TEÓGENES – Um escorpião?

BARIATO – Rodearam o bicho de fogo, para ver. Sabe o que fez?

TEÓGENES (*inquieto*) – Não!

BARIATO – Virou o aguilhão para si próprio e picou-se!

TEÓGENES – Ele se matou?

BARIATO – Sim. Sempre fazem assim, esses bichos.

TEÓGENES (*impressionado*) – Por quê?

BARIATO – Não sei.

TEÓGENES – Não sabe? Como, não sabe?

BARIATO (*firme*) – Não sei!

Luz no acampamento dos romanos. Em cena, Júlio Caio Mario,
um rapaz da idade de Bariato, e Cipião.

696 TEATRO COMPLETO: RENATA PALLOTTINI

Cipião – Não queres?

Júlio – Não quero.

Cipião – E por quê?

Júlio – Não quero ser um espião! Não estou no acampamento para isso! Meu pai é o médico!

Cipião – Fedelho atrevido!

Júlio – Não vim para fazer guerra!

Cipião – És ou não um romano?

Júlio – Um romano, mas não um espião romano!

Cipião – Vou te ensinar. Soldado! (*entra o soldado*) Traz aqui o pai deste menino!

Soldado – Sim, General. (*sai*)

Júlio – Para que, meu pai?

Cipião – Para te ensinar a ser bom cidadão.

Júlio – Não quero! Não passo espionar! Posso lutar, se quiserem!

Cipião – Ninguém precisa de ti para a luta, estúpido!

Júlio – Não quero me esgueirar e ficar atraiçoando!

Cipião – Sossega, menino. Aí vem teu pai.

Entra Caio Mario, o pai de Júlio.

Caio Mario – Chamaste por mim, Cipião?

Cipião – Caio Mario, teu filho não quer ajudar-nos.

Caio Mario – Que queres dele?

Cipião – Que suba a Numância e nos traga informações.

Caio Mario – Porque exatamente Júlio? Tens muitos soldados.

Cipião – Teu filho é pequeno e ágil. É menos visível. Se for visto ninguém lhe dará importância.

Caio Mario – Não é serviço para ele!

Cipião (*fingindo indiferença*) – Caio Mario, estás muito velho. Vou te mandar de volta para Roma...

Caio Mario – Sabes que não posso voltar, Cipião. Sabes que estou sendo perseguido.

Cipião – Então...

Caio Mario – Júlio, meu filho...

Júlio – Está bem, pai. Eu vou.

Desaparece a luz no acampamento. Cena em Numância.

Teógenes (*irritado*) – Se não sabe, porque contou toda essa história de fogueiras e escorpiões?

Bariato – Não pensei que fosse tão grave.

Teógenes – Pois é grave! Não quero que, se façam fogueiras! Não quero! Pode ser... perigoso! Pode dar uma impressão falsa! (*movendo-se*) Vou ver em que deu isso! Esses idiotas! Essas mulheres idiotas!

O ESCORPIÃO DE NUMÂNCIA 697

*Sai. Bariato, sózinho, caminha até perto da torre. Olha-a. De repente,
de trás de uma elevação, sai Júlio. Bariato espanta-se.*

BARIATO – Quem é você?

JÚLIO – Silêncio! Estou aqui escondido.

BARIATO – Você é romano!

JÚLIO – Sou.

BARIATO – Como passou pelo rio?

JÚLIO – Nadando!

BARIATO – E pelas sentinelas?

JÚLIO – Correndo! E agora, silêncio!

BARIATO – Bolas! Bem guardada está Numância!

JÚLIO (*dando-lhe uma fruta*) – Toma. Come, anda!

BARIATO (*relutando*) – Está bem. (*come*) É bom!

JÚLIO – Então, isto é que é Numância!

BARIATO – O que é que você esperava, palácios?

JÚLIO – Só isto?

BARIATO – Tem a cidade, lá para dentro.

JÚLIO – Vocês devem ser valentes!

BARIATO – Mais ou menos.

JÚLIO – Meu pai diz que os numantinos são muito valentes.

BARIATO – Quem é teu pai?

JÚLIO – O médico do acampamento romano. Matou um homem em Roma,
e não pode voltar, por enquanto.

BARIATO – E Cipião, quando voltar, não terá matado muitos?

JÚLIO – Que complicação!

BARIATO – Estamos todos morrendo de fome.

JÚLIO (*tapando os ouvidos*) – Não me conte nada!

BARIATO – Por quê?

JÚLIO – Porque sou um espião.

BARIATO (*rindo*) – Você é um tonto!

JÚLIO – Sou um tonto, mas queria ser médico, como meu pai.

BARIATO – Eu vou ser soldado.

JÚLIO – Quando?

BARIATO – Logo! Talvez hoje mesmo.

JÚLIO – Para quê?

BARIATO – Para matar romanos.

JÚLIO – Todos?

BARIATO – Não, todos não. Alguns.

JÚLIO – Ah, bom. (*riem*) Eu estou aqui para saber as coisas. Mas vou inventar histórias, quando voltar. Sou bom para inventar histórias.

BARIATO – Então, devia ser um contador de histórias.

JÚLIO – Talvez seja. Talvez venha a ser. Por que não?

BARIATO – Conte a minha história, mais tarde.

JÚLIO – Como, se não sei a sua história?

698 TEATRO COMPLETO: RENATA PALLOTTINI

BARIATO – É porque eu ainda não tenho uma história. Mas vou ter!
JÚLIO – Eu a contarei, quando você tiver.
BARIATO (*estendendo-lhe a mão*) – Muito obrigado, romano.
JÚLIO – Meu nome é Júlio Caio Mario.
BARIATO – O meu é Bariato.
JÚLIO – Estranho nome.
BARIATO – É o único que eu tenho.

Pausa.

JÚLIO – Converse comigo. Não posso ir embora ainda.
BARIATO – Por quê?
JÚLIO – Estou espionando, compreende? Isso leva tempo. Não posso voltar
depressa, senão desconfiam.
BARIATO – Precisamos tomar cuidado. Este é o lugar predileto de Teógenes.
JÚLIO – Quem?
BARIATO – O Capitão.
JÚLIO – Quem é ele?
BARIATO – Não lhe posso dizer.
JÚLIO – Porque sou um espião?
BARIATO – Não. É porque não sei.
JÚLIO – Nesse caso, preciso voltar outras vezes.
BARIATO – Para quê?
JÚLIO – Até que você saiba.
BARIATO – Amanhã já serei um soldado. Nesse caso, devo matá-lo, se você
aparecer por aqui.
JÚLIO – Por quê? Eu não sou um soldado.
BARIATO – Mas é um espião.
JÚLIO – Eu não espio. Já lhe disse.
BARIATO – Como posso acreditar?
JÚLIO – Deve acreditar.
BARIATO – Por quê?
JÚLIO (*simplesmente*) – Porque sim.

Pausa. Eles se olham.

JÚLIO – Adeus.
BARIATO – Adeus. (*acena com o resto da fruta*) Obrigado.
JÚLIO – Trarei outra amanhã. Adeus. (*sai*)
BARIATO (*sozinho*) – Júlio... Caio... Mario. (*olha o resto da fruta que ainda
tem nas mãos e de repente a atira longe*). Um espião! E eu aceitei
isto! Posso vir a ser um traidor como... como Teógenes... um insensí-
vel como Lira... e então terei uma história... a história de um traidor...
Um traidor... (*respira fundo*) Esta fruta dá mais fome. E mais frio.
Preciso de fogo e de vinho. Em casa de Lira ainda existe vinho. A
cama de Lira é quente... e o próprio capitão me perdoa...

O ESCORPIÃO DE NUMÂNCIA   699

Entra Licínia, firmemente.

LICÍNIA – Rapaz, onde está Teógenes?

BARIATO – Na cidade, onde se fazem fogueiras.

LICÍNIA – Por que está lá?

BARIATO – Foi ver como está o povo. Você é Licínia?

LICÍNIA – Sim.

BARIATO – A prostituta.

LICÍNIA – Sim.

BARIATO – Que veio fazer aqui?

LICÍNIA – Vim falar com Teógenes.

BARIATO – Falar o quê?

LICÍNIA – Você é ajudante dele?

BARIATO – Ainda não sei.

LICÍNIA – Então, prefiro falar ao capitão.

BARIATO – Fale comigo. Venha comigo! (*tenta atrai-la*)

LICÍNIA (*com dignidade*) – O que me traz aqui é uma coisa muito séria, rapaz.

BARIATO – Estamos todos muito sérios. Muito sérios um dia antes de morrer.

LICÍNIA – Talvez haja salvação.

BARIATO – Cipião recusou a proposta de paz.

LICÍNIA – Talvez ainda haja resistência possível.

BARIATO – Lira e os potentados estão bebendo e procurando passar o melhor possível. Eu também poderia estar lá. Venha! (*procura se aproximar dela*)

LICÍNIA – Lira é uma mulher de sociedade. Compreende-se que faça isso.

BARIATO – Que consciência! Você amou Teógenes alguma vez na vida?

LICÍNIA (*ferida e surpreendida*) – Vou-me embora. Diga ao capitão, quando ele vier, que as mulheres estão planejando um levante.

BARIATO – Um levante? Elas mal podem se manter em pé!

LICÍNIA – Transmita o aviso. Ele que me espere, se quiser saber alguma coisa a mais.

BARIATO – Um levante! Para que fim? Diga mais alguma coisa!

LICÍNIA – Eu volto. (*sai*)

BARIATO – Tudo é muito claro. Cada vez mais claro. Se ficarmos e resistirmos, morreremos todos, não há salvação. Se fugirmos através do rio também é a mesma perda, eles barraram o caminho... só nos resta a rendição... é a única maneira de salvar a vida... (*ouvem-se ao longe sons de clarim*) a Vida! A vida! O meu corpo, os meus olhos, os meus braços... tudo vivo! A minha fome é viva, o meu sono é vivo! Dezesseis anos, quantos me restariam ainda para viver?

Encaminha-se para o saco de provisões que Teógenes abandonou no chão, e se prepara para roubar um pedaço de pão, quando Teógenes entra, e o surpreende.

700   TEATRO COMPLETO: RENATA PALLOTTINI

TEÓGENES – Você!

BARIATO – Capitão!

TEÓGENES – Eu também tenho direito!

BARIATO – Tire a mão daí!

TEÓGENES – Isto é meu! Você não pode mexer no que é meu!

BARIATO – Eu tenho fome!

TEÓGENES – Todos temos fome.

BARIATO – Eu preciso comer, se vou ser um soldado.

TEÓGENES – Não podemos pagar esse preço por um soldado.

BARIATO – Eu o compreendo, capitão! Acredite que eu compreendo!

TEÓGENES – Compreende o quê?

BARIATO – Que se fraqueje... que se tenha vontade de viver... eu tenho vontade de viver...

TEÓGENES – Todos têm... mas já existem crianças mortas, velhos e mulheres agonizando... os soldados resistem um pouco mais, mas não será por muito tempo.

BARIATO – Ninguém tentou fugir?

TEÓGENES – Não se consegue. Até o rio está barrado... pedaços de ferro, troncos... só eles mesmos conhecem os caminhos... e existe ainda a muralha deles... é inútil...

BARIATO – É inútil.

TEÓGENES – Melhor seria que nós entregássemos...

BARIATO – Entregar-nos...

TEÓGENES – Todos comeriam ...

BARIATO – Todos comeríamos...

TEÓGENES – Poderiamos voltar a viver... voltar a ver o mundo... a sentir o gosto da vida...

BARIATO (*ironizando*) – Teógenes poderia voltar a viver...

TEÓGENES – Estaríamos de novo em paz...

BARIATO – E Teógenes poderia, enfim, servir a Roma!

TEÓGENES – Seria a paz!

BARIATO – Seria a servidão.

TEÓGENES – Que é que você quer, afinal?

BARIATO – Não sei. Mas vejo bem o que é que você quer.

TEÓGENES – Vá para o inferno!

BARIATO – Teógenes quer ser feliz, na sua bela e gloriosa Roma!

TEÓGENES – Atrevido! Apresente-se à guarda, peça armas... e vá para a muralha!

BARIATO – Sim, capitão.

TEÓGENES – Você será um soldado.

BARIATO – Obrigado, capitão. (*sai*)

Teógenes acompanha sua saída, depois pega comida do saco de provisões, e come. Sobe a um ponto mais elevado. Ouve-se um alarido, dentro. Teógenes para, com um pedaço numa das mãos, enquanto fala.

O ESCORPIÃO DE NUMÂNCIA 701

Teógenes – As sentinelas montam guarda. Quem cerca está tão preso como quem está cercado. Cipião não se pode mover da sua posição, não pode deixar o seu campo para nada, como nós não podemos deixar a cidade. Somos todos igualmente prisioneiros. As sentinelas de Cipião montam guarda ao seu próprio exército, assim como ao nosso. A esta hora, na sua tenda, Cipião se alimenta, como eu... tem fome, como eu. Tão preso como eu... Enquanto não nos entregarmos, o nosso cerco aos romanos continua firme e apertado como até agora... Enquanto não nos entregarmos... (*come*) Sou tão poderoso como tu Cipião! Não podes ir para Roma como eu, porque eu, Teógenes, não o permito! Eu, que poderia ter sido um soldado romano! Eu, o marido enganado, eu o chefe falhado! Sou eu quem te mantém prisioneiro, Cipião Emiliano!

Luz no acampamento romano.

Cipião – Soldado! Tens tomado providências para que Teógenes receba as suas provisões?

Soldado – Pão e carne todos os dias, General.

Cipião – Tens mandado as mensagens?

Soldado – Para que ele abra as portas e instrua as sentinelas, quando se resolver, general.

Cipião – Não tem havido resposta?

Soldado – Não. Teógenes ainda está pensando.

Cipião – Ele demora muito. Isto pode lhe sair caro.

Soldado – Talvez devamos insistir.

Cipião – Por mais algum tempo. Não muito. Roma exige uma definição. Não posso arriscar. Está chegando o Inverno.

Soldado – Quanto tempo mais, General?

Cipião – Mandem-lhe mais um alforge. E a última mensagem. Amanhã a estas horas, decidiremos.

Soldado – Sim, General. (*para fora*) Sentinela! Que atirem a Teógenes mais um alforge!

A ordem é transmitida, de boca em boca, e as vozes vão se afastando.
Escuro no acampamento romano. Ilumina-se a cena em Numância.
Teógenes, na, mesma posição, é novamente iluminado.

Teógenes – Sou eu quem te mantém prisioneiro! (*um saco de provisões voa, vindo de longe, e cai aos seus pés*). Eu! (*notando o alforge*) E pelo visto, ainda valho muita carne, Cipião Emiliano!

SEGUNDO ATO

*No campo numantino. Na mesma elevação em que estava Teógenes,
está agora Lira; tendo nas mãos uma lanterna, faz sinais para o
acampamento romano, enquanto repete, alto, a mensagem que transmite.*

LIRA (*repetindo*) – Dois mil soldados vivos... Não há comida para ninguém... crianças mortas... velhos e mulheres morrendo... atenção...
quinhentos homens planejam entregar-se... atenção... quinhentos homens planejam entregar-se... Desejam passagem livre... desejam passagem livre... atenção... ao anoitecer... quinhentos homens...

*Entra Licínia. Lira interrompe a transmissão da mensagem,
e deixa cair a lanterna, assustada.*

LIRA – Ah, é você?

LICÍNIA – Onde está teu marido?

LIRA – Não sei.

LICÍNIA – Deveria estar aqui.

LIRA – Por quê?

LICÍNIA – Talvez pudesse te impedir de transmitir mensagens.

LIRA – Não sei o que é isso.

LICÍNIA – Mensagens! Notícias transmitidas à distância, por meio de espe-
lhos, fumaça, luz... Pobre idiota! Você não estaria tão à vontade, se
fosse realmente perigosa. Como é que Teógenes te deixa agir?

LIRA – Ele estava aqui... mas depois eu o vi passar...

O ESCORPIÃO DE NUMÂNCIA

LICÍNIA – Ah.

LIRA – Cuidado! Marquino vem vindo.

LICÍNIA – Bom. Marquino!

MARQUINO (*entrando*) – Quem me chama?

LICÍNIA – Onde está Teógenes?

MARQUINO – Descansando.

LICÍNIA – Pois chama-o. Ainda é cedo. Vamos descansar mais tarde. Todos estão descansando, não? Enquanto isso, a cidade fala em revolta!

MARQUINO – Vou chamar Teógenes. (*sai*)

LIRA – Que é que você pretende?

LICÍNIA – Não se inquiete.

LIRA – Tenho que me inquietar. Eu sempre tenho de esperar alguma coisa má, de você.

LICÍNIA – Poupe as palavras.

LIRA – Não me denuncie!

LICÍNIA – Não me aborreça!

LIRA – Você nunca me perdoou!

LICÍNIA – Engano seu. E agora, fique quieta. Você fala demais.

LIRA – Escute, Licínia, por que não? Você não quer viver? Pense um pouco: tudo pode acontecer, até o amor...

LICÍNIA (*perturbada*) – Fique quieta...

LIRA – Tudo isso, mas com a vida. Sem ela, tudo está acabado! Pense um pouco e deixe-nos viver!

LICÍNIA – Eu preciso viver como sei, enquanto puder. Não posso viver de um modo diferente, por que então não seria vida. Tenho feito muitas coisas, visto muitas coisas. Se não agir de acordo com a minha crença, não será vida.

LIRA – Absurdo! Vida é isto! Respirar comer, amar, isto é vida!

LICÍNIA – Para você; não para mim.

Entra Teógenes.

TEÓGENES – Quem me chama?

LICÍNIA – Teógenes, tenho um aviso a te dar.

LIRA – Não se atreva!

LICÍNIA– Por favor, peça a sua mulher que se retire.

LIRA – Licínia, deixe-nos viver!

LICÍNIA – Vá embora!

LIRA – Você vai se arrepender, Teógenes, não dê ouvidos a ela. Vocês vão se arrepender!

LICÍNIA – Leve a sua lanterna e vá embora.

TEÓGENES – Saia, Lira.

Lira apanha a lanterna que estava no chão, e sai.

TEÓGENES – Fale agora.

704 TEATRO COMPLETO: RENATA PALLOTTINI

Licínia – É simples. Quinhentos homens da tua tropa estão querendo se entregar esta noite. Ao passar, abrirão as portas e a muralha terá brechas. Negociam a sua livre passagem com Cipião.

Ouve-se, de dentro, novamente o alarido das mulheres.

Teógenes – Que querem essas mulheres? Por que gritam sempre?

Licínia – Elas sabem, Teógenes. Nenhuma delas ignora que seu marido, seu filho, seu irmão, preparam a traição. Elas gritam, porque não sabem o que é pior: se o abandono dos homens, se a morte de todos. Elas estão vendo as crianças que morrem. Mas Numância tem casas de pedra, ruas de pedra. Tudo isto é sólido no coração das mulheres.

Teógenes – A mim, mulher alguma conta nada.

Licínia – Tua mulher não é como as outras.

Teógenes – Os homens não conseguirão passar. Ninguém consegue.

Licínia – É claro que conseguirão, se tudo estiver combinado. (*mudando de tom, mais firme*) Teógenes, a comunicação com o acampamento inimigo é fácil. Todos sabem disso. Tua mulher se comunica com eles. Eles se comunicam conosco. Somos constantemente vigiados, de todas as maneiras. Se alguns quiserem se entregar, Cipião providenciará para que a rendição seja pacífica e proveitosa. E terá todos os prisioneiros que desejar!

Teógenes – Que me importa? Menos bocas!

Licínia – Prisioneiros, Teógenes. O triunfo. E eles não se entregarão de mãos vazias. Vão levar tudo o que puderem, ouro, prata, o que tiver valor.

Teógenes – Não posso impedí-los. Não posso prende-los, não tenho mais guardas!

Licínia – Mas pode conhecer a verdade!

Teógenes – E depois ?

Licínia – A verdade é importante!

Teógenes – Verdade, verdade... Para os homens que querem fugir, a verdade é um pouco de pão e a vida.

Licínia – Para as mulheres é a resistência!

Teógenes – Não! Para as mulheres são seus homens e nada mais!

Licínia – E para mim?

Teógenes – Não sei. Não me importa.

Licínia – Vamos, diga. Se só os seus homens importam às mulheres de Numância, por que me importo eu?

Teógenes – Muito bem. Seja. Por quê?

Licínia – Você não acreditaria. Você não acredita... nos termos mais simples; amor, fidelidade... você não acredita.

Teógenes – Amor... Isso é a sua profissão. Você é uma profissional. É preciso pensar no seu lucro. Que é que você perde com a fuga de quinhentos homens?

O ESCORPIÃO DE NUMÂNCIA

LICÍNIA (*tomando um tom neutro*) – Está bem. Vamos falar numa língua que você conhece. Suponhamos que a fuga prejudicaria os meus negócios.

TEÓGENES – Mentira. Nem isso é verdade. Não acredito que você esteja tendo grande lucro agora, com as coisas como vão...

LICÍNIA – Pois se engana. Há uma meia dúzia de grandes homens, sustentáculos da cidade, que não saem da minha casa, nos dias que correm... Bebem, ouvem música, riem, dormem... Ontem, fui obrigada a socorrer um deles, que tinha bebido demais, e estava desacordado. Voltou a si, depois de muito trabalho, choramingando, babando... Tive pena dele. Foi o bastante para que se pusesse a chorar no meu colo. Confessou que tinha medo de morrer, de ficar sozinho e morrer. Queria estar sempre no meio de muita gente, de muito barulho, de risadas, de pessoas jovens. Tinha a impressão de que assim a morte não o poderia arrancar de lá, compreende? Falava da vida como de uma coisa contagiosa, que pudesse ser absorvida pela sua pele, vinda dos outros, como um cheiro, ou um calor. Quando eu lhe disse que o melhor era que fosse embora para a sua casa, me suplicou que o deixasse ficar e que conservasse sempre gente ao seu redor. E lá está. Tem a esperança de que, enquanto faça coisas de vivo, continuará vivo. Como ele, há muitos em Numância! estão empilhando dinheiro, espancando os criados, dormindo com suas mulheres, urinando; fazendo coisas de vivo, para se esquivar da morte.

TEÓGENES – Acredito. Mas ainda assim é mentira. Vamos, descanse um pouco, deixe de ser a prostituta comum. Converse comigo. Eu não ofereço possibilidade de lucro.

LICÍNIA – Sei.

TEÓGENES – Os homens querem atraiçoar. Eu os entendo. As mulheres querem prendê-los junto de si. Eu as entendo. E você?

LICÍNIA – Não adianta. Tudo vem de muito longe. Você não seria capaz de entender.

TEÓGENES – De onde veio você?

LICÍNIA – Da minha casa, na montanha.

A luz se condensa sobre os dois, sentam-se no chão, como se estivessem fazendo um jogo de crianças. Um jogo de bolinhas de gude, por exemplo. Continuam o diálogo.

TEÓGENES – Longe daqui?

LICÍNIA – Longe, na aldeia.

TEÓGENES – Que aldeia?

LICÍNIA – Uma aldeia muito pequena e muito pobre. Lá só existem ovelhas e pastores, suas famílias e as casas de pedra. Faz muito frio, muito mais frio do que aqui, e seis meses por ano as mulheres vivem recolhidas às suas casas, perto do fogo. Mal começa o inverno, vem a neve e

706 TEATRO COMPLETO: RENATA PALLOTTINI

não pára mais, até que a primavera já tenha chegado. É ai que levam os rebanhos, quando a neve começa a cair.

TEÓGENES – Para onde?

LICÍNIA – Para o sul, à procura de mais calor e mais erva. Todos os homens da aldeia partem, levando os rebanhos. São muitos dias de viagem, através de caminhos de gado. Os homens acampam de noite, com suas capas de lã, sapatos grossos e cajado. Cozinham carne de carneiro, bebem vinho e contam histórias. Faz muito frio, mas eles têm capas de lã e as fogueiras. Depois de duas ou três semanas, o céu começa a ficar mais baixo, a terra mais quente e o chão mais verde: é o sul. Ali é o fim da viagem. Fazem acampamento e ficam lá, pastoreando o rebanho, até que chegue a primavera, para recomeçar a viagem, de volta.

Pausa.

TEÓGENES (*referindo-se ao jogo*) – Por aqui!

LICÍNIA – Eu sei.

TEÓGENES – Você joga bem. E depois?

LICÍNIA – Enquanto isso, as mulheres estão na aldeia, quietas, sozinhas. Elas fazem tudo, enquanto seus homens estão fora! Trabalham, cozinham, dormem, esperam. Qualquer questão, qualquer disputa tem que ser resolvida entre elas, porque na aldeia só estão os muito velhos e os meninos.

TEÓGENES – Elas decidem?

LICÍNIA – Decidem, trabalham, produzem. Esperam. Durante todas as noites de seis meses estão sozinhas, esperando. Enquanto os lobos uivam, enquanto a neve cai. É triste. Mas no fim, os homens sempre voltam, e elas nunca se sentem infelizes. As verdadeiras mulheres se sentem orgulhosas de poder ficar e cuidar de suas casas, dos velhos e dos meninos e da aldeia. Gostam de saber que os homens confiam bastante nelas. Uma verdadeira mulher, na aldeia, se sente muito feliz com isso!

TEÓGENES – E você ?

LICÍNIA (*surpreendida*) – Eu? (*pausa*) Eu sempre quis seguir com os pastores.

TEÓGENES – E não foi nunca? (*referindo-se ao jogo*) É você.

LICÍNIA – Nunca me deixaram.

TEÓGENES – Então as mulheres são capazes disso?

LICÍNIA – De ir com os pastores?

TEÓGENES – De ir, ou de ficar e cuidar de tudo.

LICÍNIA – São.

TEÓGENES – Você acha que as nossas mulheres seriam capazes de conter seus homens, de fazê-los ficar ao lado delas?

LICÍNIA – Acho que sim, se receberem meios, e ordens.

TEÓGENES (*levantando*) – Marquino!

O ESCORPIÃO DE NUMÂNCIA

LICÍNIA – Por que, Marquino?
TEÓGENES – Vamos pôr à prova a tua teoria.

Marquino entra.

MARQUINO – Sim, capitão.
TEÓGENES – Vá até a praça principal, e transmita a ordem: todas as mulheres de Numância estão autorizadas a denunciar, prender ou matar os homens que desejarem atravessar as muralhas para render-se.
MARQUINO – Capitão...
TEÓGENES – Sim?
MARQUINO (*duramente, com intenções*) – Todas?
TEÓGENES (*entendendo*) – Todas, Marquino. Pode ir.
MARQUINO – Sim, capitão.

Sai. Mais tarde, ouvir-se-á, no fundo da cena, o ruído de instrumentos de sopro ou tambores, anunciando a proclamação de Teógenes, acompanhada de ruídos de multidão.

TEÓGENES – E você, por que não se rebelou ? Podia ter partido com os pastores.
LICÍNIA – Era contra todas as regras, e as regras eram muito importantes, na minha aldeia. Lembro que uma vez fugi e acompanhei os pastores até um certo ponto. Mas antes do primeiro acampamento eles me fizeram voltar e caçoaram muito de mim. Depois disso, não tentei mais fugir. Quando foi se aproximando o inverno seguinte, o meu melhor amigo, um menino de treze anos, me anunciou que iria com o pai, naquela vez. Era um menino vivo, forte, corajoso. Acho que eu o amava, mas ainda não sabia disso. Ofereci-lhe tudo o que tinha para que me deixasse tomar o seu lugar, disfarçada, e tentar nutra vez. Ele não aceitou. Eu tinha ouvido conversas, entre as outras meninas, das coisas que se faziam entre homens e mulheres, e que eram proibidas. Não sabia bem do que se tratava, mas consegui fazê-lo compreender que lhe oferecia também isso, a troco da oportunidade. Ele me olhou muito tempo, depois disse que não aceitava e foi-se embora. Não falou mais comigo, depois desse dia. Durante a longa viagem, apanhou uma febre e morreu, longe de sua mãe e da casa. As mulheres choraram muito e depois eu não tentei mais, de nenhuma maneira, ir com os pastores. Acho que foi por causa desse menino, e da maneira como ele me olhou, que eu vim para esta cidade. Tenho procurado limpar o meu corpo, o meu rosto, daquele olhar. É uma forma estranha de limpeza, você pode dizer. Não sei. Preciso ajudar, preciso ajudar! Você compreende?
TEÓGENES – Acho que sim. Você nunca voltou para a sua aldeia?
LICÍNIA – Não. Tive muita vontade, mas não voltei nunca. Saí de lá, com dezoito anos, depois que minha mãe morreu e meu pai arranjou outra mulher. Muitas vezes pensei em voltar, mas não volto.

TEÓGENES – Por quê?

LICÍNIA – Porque na verdade o que eu tenho não é vontade de rever nada. É saudade.

TEÓGENES – Não seria vontade de recomeçar?

LICÍNIA – A gente não recomeça. Só começa um caminho novo.

TEÓGENES – Novo?

LICÍNIA – Completamente novo. Veja: Numância. Como vamos recomeçar? A vida antiga, a calma, construir as casas, pescar no rio, caçar na planície, fazer as roupas. Podemos recomeçar?

TEÓGENES – Quem sabe, depois da paz

LICÍNIA – Que paz? Depois de nós, outro povo, sim, outras cidades, outra gente. Nós, os numantinos, nunca. Temos que fazer alguma coisa de absolutamente novo. O contrário do que temos feito até aqui.

TEÓGENES – O contrário? Mas o que temos feito até aqui é viver!

LICÍNIA – E que será o contrário de viver!

TEÓGENES (assustado, apontando de repente para um canto) – Que é aquilo?

LICÍNIA – Onde, Teógenes?

TEÓGENES (escondendo a cabeça entre os braços) – Ali, ali no canto!

LICÍNIA (aproximando-se do lugar apontado) – Nada. Um escorpião.

TEÓGENES – Mata! Mata!

LICÍNIA – Por quê? Não está fazendo nada.

TEÓGENES – Por favor, Licínia, mata!

LICÍNIA – Não!

TEÓGENES (com voz fraca e assustada, infantil) – Mata... mata...

LICÍNIA – Já foi-se embora. Não faz mal a ninguém.

TEÓGENES – É um escorpião.

LICÍNIA – E então?

TEÓGENES – É um bicho que mata a si mesmo...

LICÍNIA – Pobre Teógenes... pobre capitão.

TEÓGENES (aproximando-se dela) – Licínia...

Escuro no campo numantino. No acampamento romano,
o Soldado e Cipião dialogam.

SOLDADO – Teógenes já teve a sua última ração?

CIPIÃO – Já foi mandada.

CIPIÃO – Com a mensagem?

SOLDADO – Com a mensagem, General.

CIPIÃO – Não houve resposta?

SOLDADO – Nada.

CIPIÃO – Que dizem os espiões?

SOLDADO – A mulher de Teógenes comunicou-se conosco. Mas disse o que já sabíamos. A revolta dos quinhentos.

CIPIÃO – A esta hora todos em Numância já o sabem. E Júlio?

SOLDADO – O espião está de volta.

O ESCORPIÃO DE NUMÂNCIA   709

Cipião – Ele me interessa. Prendo o pai, por ali. Um médico é necessário a quem procura sobreviventes. Vamos usando as informações que Júlio traz a contragosto, esperando a oportunidade em que Caio Mario seja o mais útil!

Escuro no campo romano. Acende-se a luz no acampamento numantino, onde estão Júlio e Bariato. Bariato traz agora uma arma qualquer.

Júlio – Você agora é soldado?

Bariato – Sou. (*mostra a arma*) Veja.

Júlio – Eu não uso armas. Nem meu pai.

Bariato – Eu poderia matá-lo, porque você é um espião.

Júlio – Cipião ri das minhas mensagens. Usam-me porque sei nadar bem e posso passar pelo rio e subir pela colina. Mas sabem que não sou um espião a sério. Nem quero ser. Quero ser um médico, quero salvar a vida dos homens, como faz meu pai no acampamento. (*mostra a torre*) O que é isso?

Bariato – Uma torre.

Júlio – Sei. Mas para que serve?

Bariato – É um mirante. Serve para vigiar ao longe. Quando era criança, costumava subir aí, quando não havia soldados, e esconder-me. Ou dormir. Ou mexer nos ninhos dos pássaros. É um lugar sossegado, em tempo normal.

Júlio – E agora?

Bariato – As vezes Teógenes o usa, para espiar o campo dos romanos; de qualquer modo, tudo se vê bem da muralha. O campo é grande, e está perto.

Júlio – Cipião espera que teu capitão se entregue.

Bariato – Eu sei. Todos sabem que isso é possível.

Júlio – Como está a cidade?

Bariato – Muitos estão morrendo. Morrem mais a cada momento. As crianças não resistem muito, nem os velhos. É claro que sempre existem os que têm provisões escondidas, os que fazem comércio.

Júlio (*tirando de dentro da sua túnica um pedaço de pão*) – Ah, toma!

Bariato (*tomando a sua arma nas mãos*) – Não.

Júlio – Por que não?

Bariato – Agora sou um soldado, Júlio Caio Mario.

Júlio – Come, Bariato. É só mais um pouco.

Bariato – É nisso que eu penso. Que adianta? Por mais um pouco?

Júlio – Não se sabe. Come.

Bariato – Vá embora! Você é um romano e um inimigo!

Júlio – Bariato, venha comigo!

Bariato – Com você! Porque haveria de ir?

Júlio – Venha, você pode se salvar! Meu pai precisa de auxílio, quando cuida dos homens! Precisa de água fresca, de óleo, de ervas! Podemos ajudá-lo nisso, depois, quando tudo acabar...

710 TEATRO COMPLETO: RENATA PALLOTTINI

Bariato – Quando Numância acabar...

Júlio – Quando Teógenes se render... Você pode ser um médico, como eu, como meu pai... Venha! de que serve ficar nesta cidade, condenada, no meio destas pedras perdidas?

Bariato – Como é a tua casa?

Júlio – Grande, cheia de salas, com um pátio e um jardim. Eu tenho um cachorro e uma fonte no pátio. Mas nenhum amigo.

Bariato – A minha casa também era grande, e tínhamos muita fartura, ainda mesmo no começo do cerco. No meu quarto, de manhã, o sol entra cedo e vai até ao meio do quarto e ilumina tudo. Mas eu também não tinha nenhum amigo.

Júlio (estendendo-lhe a mão) – Venha, comigo, Bariato.

Bariato – E o Triunfo? Devo fazer parte do cortejo?

Júlio – Meu pai é estimado por Cipião. Pode te dispensar.

Bariato – E meus companheiros? E Teógenes?

Júlio – Quem nos diz que ele não vai se entregar?

Bariato – E Licínia... e Marquino...

Júlio – Venha, Bariato...

Bariato está a pique de aceitar a fuga, quando Júlio olha ao redor, e se assusta. Salta e tenta ouvir.

Júlio – Quem vem aí? Vem vindo alguém!

Bariato – É Marquino, o mensageiro, Corre!

Júlio se esconde, enquanto Marquino entra, desconfiado.

Marquino – Quem estava aqui?

Bariato – Ninguém.

Marquino – Pobre terra de ninguém!

Bariato (ansioso) – Não há ninguém aqui!

Marquino – Não há ninguém por Numância!

Bariato (abaixando a cabeça) – Como estão as coisas, Marquino?

Marquino – Não sei. (endireitando-se) Vou agora ao acampamento de Cipião.

Bariato – Ao acampamento? Por que essa ordem?

Marquino – Não é ordem. Vou só e decidi só.

Bariato – Para quê?

Marquino – É a última tentativa. E só a mim cabe tentar.

Bariato – Mais uma proposta de paz?

Marquino – Vou pedir a Cipião que me aceite num combate singular com qualquer de seus homens. A vitória decidirá.

Bariato – Uma luta?

Marquino – Com qualquer arma, ou sem armas. Com qualquer homem, um romano ou um núbio, um cidadão ou um escravo. Que se faça uma luta e que a força decida.

O ESCORPIÃO DE NUMÂNCIA

BARIATO – É uma loucura, Marquino! É suicídio!
MARQUINO – É a última tentativa.
BARIATO – Teógenes precisa saber disso.
MARQUINO – Depois.
BARIATO – Depois?
MARQUINO – Espera que eu parta. Depois, pode, contar.
BARIATO – Marquino... e o caminho... e a maneira de chegar?
MARQUINO – Já estive lá. Conheço o caminho.
BARIATO – Agora há outras ordens, outras posições. O cerco apertou, os soldados avançaram.
MARQUINO – Quem te contou tudo isso?
BARIATO (*desconsertado*) – Eu sei.
MARQUINO – Como?
BARIATO – Marquino, tem cuidado!
MARQUINO – Terei.
BARIATO (*entregando-lhe alguma coisa*) – Toma. É pão.
MARQUINO – Pão?
BARIATO – Se você vai lutar...
MARQUINO (*comendo*) – Obrigado.
BARIATO – Quando você veio...
MARQUINO – Então?
BARIATO – ... nada. É preciso atravessar o rio. Da nossa muralha não conhecem a tua missão. Podem atirar.
MARQUINO – Sim, podem.
BARIATO – Espera. Júlio. Júlio!
MARQUINO – Ah.

Júlio sai do seu esconderijo devagar.

MARQUINO – Então, era este.
BARIATO – Não é um soldado, Marquino. Nem um espião. É o filho do médico romano. Pode te levar a salvo.
JÚLIO – Posso te levar.
BARIATO – Júlio, vamos fazer mais uma tentativa.
JÚLIO – Duvido que Cipião aceite qualquer proposta, agora, mas podemos tentar.
BARIATO – Leva-o, Júlio.
JÚLIO – Sim. Venha, senhor.
MARQUINO – Vamos. Adeus, Bariato.
JÚLIO – Você não vem?
BARIATO – Não... eu fico... alguém tem que dizer a Teógenes... alguém tem que explicar... e esperar... eu fico. Vai, Marquino! Boa sorte!

Saem. Escuro. Luz na cena romana. Cipião está em cena.
Entra o Soldado.

712 TEATRO COMPLETO: RENATA PALLOTTINI

SOLDADO – Júlio trouxe consigo o mensageiro de Numância.
CIPIÃO – Outra vez ele?
SOLDADO – Está amarrado.
CIPIÃO – Bem, o nosso espião consegue alguma coisa! Que entrem!

Entram Júlio e Marquino, com as mãos amarradas.

JÚLIO – General, não é justo que este homem esteja com as mãos amarradas. Ele não é um prisioneiro.
CIPIÃO – Silêncio! São ordens minhas. Que fale o numantino.
MARQUINO – General, vim por minha iniciativa. Teógenes não sabe da minha vinda.
CIPIÃO – Que queres?
MARQUINO – Toda a minha gente está morrendo.
CIPIÃO – Já sabemos.
MARQUINO – Há covardes que pensam em rendição.
CIPIÃO – É o que de melhor podem fazer.
MARQUINO – Mas eu não penso assim. Eu pensei morrer em Numância, na minha terra, livre.
CIPIÃO – Este é o pensamento de um romano, não de um bárbaro.
MARQUINO – Bárbaro? Seja, General. Mas estou te pedindo uma última oportunidade.
CIPIÃO – Fala.
MARQUINO – Estou disposto a enfrentar qualquer dos teus homens em combate singular. Quem vencer, decidirá a sorte da guerra.
CIPIÃO – Estás louco!
MARQUINO – Teus homens são fortes, adestrados, e comem bem. Eu não me alimento há muito tempo. Estou fraco. Mesmo assim...
CIPIÃO – Mesmo assim te atreves...
MARQUINO – Sou um homem à beira da morte, de uma cidade à beira da morte. Preciso me atrever, Cipião!
CIPIÃO – Lutarias comigo?
MARQUINO – Contigo também.
CIPIÃO – E acreditas que poderias vencer?
MARQUINO – Eu tentaria.
CIPIÃO – És o homem mais ousado que já vi.
MARQUINO – Eu vou morrer, Cipião!
CIPIÃO – Soldado! (*entra o Soldado*) Traz uma faca. Vês este homem? É um numantino desesperado. Ousou propor um combate singular para decidir a sorte da guerra... um combate comigo! A minha morte entrava nos seus planos...
JÚLIO – General!
CIPIÃO – Conspirou contra mim... veio desafiar-me... é um mau exemplo. Corta-lhe a língua, Soldado! Para que Numância conheça a minha força!
JÚLIO (*atirando-se contra Cipião, que o detém com um braço*) É uma injustiça! Uma traição!

O ESCORPIÃO DE NUMÂNCIA   713

Soldado (*agarrando Marquino, que não protesta*) – Vem!
Júlio (*desesperado*) – Meu pai! Meu pai!
Cipião – Acabem logo com isso!

Escuro no campo romano. Um longo lamento marca a passagem,
do campo romano para a cidade numantina. A princípio lamento
de um único homem, passa ao coro das mulheres. Luz no
acampamento numantino, onde Bariato acabou de contar a
Teógenes a partida de Marquino.

Teógenes – Foi uma loucura.
Bariato – Eu disse isso, Capitão.
Teógenes – Uma loucura própria dele. É um homem estranho.
Bariato – Nunca vi ninguém com tanta certeza.
Teógenes – Apesar de tudo, é muito feliz.
Bariato – Feliz?
Teógenes – Ele sabe o que quer. Quer a sua terra, poder viver nela, poder
ser livre dentro dela. Nunca desejou nada mais. Não sonhou com ou-
tra vida, não esperou viagens, fugas, mudanças, nada. O que ele é,
está dentro de sua cidade. Ele sempre defendeu isso; e não podia
imaginar a vida de outra forma.
Bariato – Não fale como se ele tivesse morrido!

Entram Júlio e Marquino. Júlio o ampara. Não há nada
de visível com relação à mutilação de Marquino. Júlio está
sereno, e explica tudo em poucas palavras.

Bariato – Aí está ele! Vivo!
Teógenes – Marquino, você desobedeceu as minhas ordens! Tomou inicia-
tivas que não cabem a um soldado. Por que fez isso?
Bariato – Mais importante é saber o resultado da proposta!
Júlio – Marquino não pode explicar-se, capitão. Os reis do mundo o muti-
laram.
Bariato – Cortaram-lhe a língua!
Teógenes – Cale a boca, menino. Essas coisas não acontecem!
Júlio – Bariato tem razão, Teógenes!
Teógenes – Não pode ser! É excessivamente... é ridículo!
Júlio – Por que não pode ser trágico?
Teógenes – Porque não pode ser! Vocês são os romanos! Os bárbaros so-
mos nós!

Alarido, dentro. O fogo da fogueiras aumentou. Entra Licínia.

Licínia – Teógenes: alguns homens foram mortos pelas mulheres. Os outros foram convencidos pelas suas lágrimas, pelas suas palavras, pelas nossas palavras. Todos ficarão.
Teógenes – Todos ficaremos.

714 TEATRO COMPLETO: RENATA PALLOTTINI

Licínia – E a cidade?

Teógenes – A cidade está perdida.

Licínia – Ainda existem muitos objetos de ouro, muitas jóias, muitas moedas.

Teógenes – Que sejam atiradas ao fogo.

Licínia – E os prisioneiros romanos?

Teógenes – Devem ser devorados.

Júlio – Devorados?

Teógenes – Devemos agir como bárbaros que somos. Que os soldados sejam alimentados em primeiro lugar. Mantenham vivas as fogueiras, atirem ali os objetos de luxo e tudo o que possa significar lucro e Justificar a pilhagem. Reforcem a guarda. Encaminhe de volta este menino. (*indica, Júlio*) Tratem deste soldado. (*indica Marquino*). O que é aquilo? (*aponta um canto*).

Licínia (*serenamente*) – Nada, Teógenes.

Teógenes – Vejo uma sombra!

Licínia – Não é nada.

Teógenes – A fumaça tem cheiro de carne humana!

Licínia – São as fogueiras. Tem calma.

Teógenes – Saiam! Saiam!

Bariato encaminha Júlio e Marquino para fora. Licínia permanece em cena. Teógenes fraqueja e se senta. Licínia aproxima-se dele.

Licínia – Teógenes...

Teógenes – Aquele menino... Você ainda pensa nele?

Licínia – Logo que cheguei a esta cidade e te vi, pensei nele. Pago aqui a minha dívida. Eu ainda penso nele e vivo para encontrá-lo. Ele está em você, algumas vezes.

Teógenes – Não quero parecer outro!

Licínia – Algumas vezes. Ele era um menino.

Teógenes – Como seria bom criar em mim esse menino, e multiplicar estas vezes! Por que não pode um homem fazer de si mesmo um olhar de fidelidade? Por que não posso ser sempre eu mesmo um olhar de fidelidade? Por que não posso ser sempre eu mesmo no que tenho de melhor, no que eu sei que é melhor?

Licínia – Este é um momento.

Teógenes – Não quero que você o veja em mim!

Licínia – Eu o vejo. E vejo todos os pastores, todas as estrelas, todos os caminhos.

Teógenes – Olha. Eu sou eu!

Licínia – Com os olhos que ninguém tem.

Teógenes – Você... você me olhava, quando eu passava a cavalo, nos outros tempos.

Licínia – Lira sabe.

Teógenes – Ela nunca me amou.

O ESCORPIÃO DE NUMÂNCIA

Licínia – Ao contrário, ela te amou muito.

Teógenes – Eu também a amei.

Licínia – É verdade. E eu estava aqui.

Teógenes – Eu não te via.

Licínia – Mas me olhava.

Teógenes – Não para te ver. Só agora estou te vendo. Só agora poderia te descrever... que estranho! Como se a fome tivesse aguçado a minha visão, o meu poder de observação... que estranho! Que fez a fome conosco!

Licínia – A fome pôs as pessoas a nu.

Teógenes (*distante*) – As mulheres jogam às fogueiras todas as roupas. Logo, teremos também frio.

Licínia – Depois, não teremos mais frio.

Teógenes – Em Roma, os palácios são enormes, palácios que nunca pudemos ver, em Numância. Aqui não há palácios, nem se fazem casas de mármore. Lá existem fontes, grandes jardins... É linda a cidade, dizem.

Licínia – Não sei. Mas não me importa.

Teógenes – Não me sinto um homem adulto, com uma vida passada. Sinto-me ainda como se fosse um adolescente, e esperasse ainda ir a Roma... sinto-me ainda como se estivesse crescendo...

Licínia (*doce*) – Você está crescendo, Teógenes...

Teógenes – É claro que eu amava Lira... mas de que mil jeitos se pode amar...

Licínia – É tudo uma coisa só.

Teógenes (*aproximando-se mais dela*) – De que mil jeitos... amei minha mãe... a um camarada... muitas mulheres... depois a Lira... depois...

Licínia – Eu tenho amado muito a pouca gente.

Teógenes – Que aconteceu com a tua casa?

Licínia – Está fechada e morta.

Licínia – Os homens que estavam lá?

Teógenes – Estão mortos.

Teógenes – Morreram de fome?

Licínia – Eu os matei.

Teógenes – Como? E por quê?

Licínia – Com as minhas mãos. Porque não eram homens, não eram nada. Ainda que por pouco tempo, só os que são dignos devem sobreviver em Numância. Teremos, por alguns minutos, uma cidade de homens dignos.

Teógenes – Com as tuas mãos!

Licínia – Por que não? São fortes, as minhas mãos. (*estende-as*)

Teógenes – Tenho fome, Licínia.

Licínia – Eu também.

Entra Lira, gemendo.

LIRA – Tenho fome, Teógenes!

TEÓGENES – Eu também.

LIRA – Jogaram tudo o que havia ao fogo. Restos de comida. Ela jogou alimento ao fogo!

LICÍNIA – E vinho.

LIRA – Ela jogou o vinho ao fogo!

LICÍNIA – E era muito bonito. Juro-te que era muito bonito.

LIRA – Louca!

LICÍNIA – Não. Eu sei o que sucede. Os homens continuam morrendo. Estamos cada vez mais perto do fim. Alguns quiseram escapar. Não consentimos. Quiseram render-se. Foram detidos. Propusemos paz, não nos atenderam. Os romanos esperam, nenhum socorro nos chega. Já não há mais alimentos, nem mesmo na minha casa, nem na tua, Lira. Já não há vinho em parte alguma. A cidade de Numância esta cercada e sozinha. Não temos ninguém ao nosso lado, ninguém que nos auxilie. Cipião tem trinta mil homens. Os soldados numantinos estão fraquejando, a muralha tem muitas brechas. Marquino foi mutilado, hoje é um homem silencioso, ele, que levava as mensagens. Já não podemos falar. Dizem que o escorpião, quando se vê cercado, mata-se. Estamos num ano qualquer antes de Cristo...

Entram Bariato e Marquino.

LICÍNIA – Há um menino que está sendo sacrificado... que ainda não sabe de si... e estamos morrendo... e eu nunca irei com os pastores...

Ouvem-se mais gritos, dentro.

LIRA – Enlouqueceu! Ela enlouqueceu, Teógenes!

LICÍNIA – Ela te amava, Teógenes. Mas faz muito tempo.

LIRA – Ordena que a executem! Será mais carne!

LICÍNIA – Ordena que me executem, Teógenes!

BARIATO – Capitão!

TEÓGENES – Sim.

BARIATO – Os romanos estão atravessando o rio.

Terceiro Ato

Mesma situação, mesmo cenário. Continuação da cena anterior.

Teógenes – Atravessando?

Lira – Atravessando o rio? Teógenes, mande a guarda avisar!

Teógenes – Atravessando por onde? Com quanta gente?

Bariato – Estão subindo pela parte mais estreita. Os guardas dizem que são mais ou menos cinco mil homens.

Licínia – Apesar de tudo, vêm vindo muito devagar.

Lira – Teógenes, o que é que você espera?

Teógenes – Que faz a guarda?

Bariato – Está esperando ordens. Por enquanto, não pode fazer nada, capitão.

Teógenes – Estão distantes, ainda.

Bariato (*amendrontado*) – Que vamos fazer?

Teógenes (*sacudindo a cabeça*) – que vamos fazer... que vamos fazer, Marquino?

*Marquino, mudo, olha duramente para Teógenes. Depois, começa
a procurar pedaços de madeira, panos velhos, restos, reais ou não, com
os quais vai construir uma fogueira. Essa atividade vai lhe ocupar
todo o tempo. Sempre que não estiver fazendo alguma coisa,
estará trabalhando na fogueira.*

Teógenes – Como está a cidade?

718   TEATRO COMPLETO: RENATA PALLOTTINI

BARIATO – Continua a morrer gente, cada vez mais depressa. As mulheres mataram alguns homens, os soldados da muralha morrem também. Alguns enlouqueceram e saíram para o campo, apesar da proibição. Foram mortos.

TEÓGENES – Quantos seremos agora?

BARIATO – Não sei, capitão, não posso calcular.

TEÓGENES – Marquino, eramos dois mil. E agora?

Marquino faz um gesto de corte transversal, com a mão direita no ar.

TEÓGENES – Metade. Muita gente ainda, apesar de tudo.

LIRA – Muita gente ainda para morrer!

TEÓGENES – Ainda somos capazes de matar alguns romanos, querida esposa.

LIRA – Como se isso adiantasse!

TEÓGENES – Nada adianta nada. Mas isso me agradaria, se os aborrecer.

LIRA – Nós os aborrecemos e eles nos liquidam.

TEÓGENES – É assim a guerra.

LIRA – Há vencedores, na guerra!

TEÓGENES – Não foi essa a nossa sorte.

LIRA – Se você tivesse sido um bom chefe, não estaríamos perdidos!

TEÓGENES – Eu! Você tem coragem!

LIRA – Por que não? Não é sua a responsabilidade? Nós cuidamos de você e o escolhemos para ser o nosso chefe! Você teve o melhor, sempre! Assim se faz como os chefes. Mas o que se espera, depois, é que eles nos conduzam à vitória!

TEÓGENES – Se não fosse você, eu estaria em Roma!

LIRA – Não me diga!

TEÓGENES – Meu destino era Roma! Todo o meu futuro estava preparado, quando você apareceu! Eu ia a Roma, onde faria carreira como soldado; se não fosse você, eu agora estaria cercando, e não sendo cercado!

LIRA – Mentira! Você era um inútil quando eu o conheci. Seus pais não sabiam o que fazer de você. Foi então que eu apareci, só eu consegui sacudir você daquela apatia. E você me amou, naquele tempo. Ouviu, Licínia? Ele me amou!

TEÓGENES – Talvez amasse, mas estaria em Roma, agora, se não fosse você!

LIRA – Por que não me disse, então? Por que deixou que tudo fosse feito, como se tivesse de acordo? Como se esse fosse o seu desejo?

TEÓGENES – Porque era também o meu desejo! Era um dos meus desejos!

LIRA (*desesperada*) – Você não vê que estragou tudo? A nossa vida poderia ter sido salva! Por que não falou naquele tempo, quando tudo ainda era possível?

TEÓGENES – Não sei! Acha que eu ainda posso me lembrar? Lembro mal dos fatos, dos acontecimentos... o tempo passou... como posso me lembrar das razões?

LIRA – Pois devia! Devia!

O ESCORPIÃO DE NUMÂNCIA

TEÓGENES – Pra quê? Pra que, agora?

LIRA – Seria bom saber, mesmo agora. Seria bom compreender tudo, mesmo agora, fugindo ou morrendo.

TEÓGENES – A gente nunca compreende tudo.

LICÍNIA – A gente nunca compreende tudo.

LIRA – Talvez eu pudesse aceitar... compreender... mas você me perdeu, me enganou... você nos perdeu...

TEÓGENES – Se eu fosse um bom chefe, não estaríamos perdidos, não é isso?

LIRA – Não é disso que eu falo...

TEÓGENES – E vocês me alimentaram para que eu os salvasse, não foi?

LIRA – Você não entende nada, imbecil!

TEÓGENES – Não estou disposto a ouvir os seus insultos!

BARIATO (*do alto da elevação*) – Capitão!

TEÓGENES – Que é, agora?

BARIATO – Os romanos estão avançando através do rio. Estão quase nesta margem.

LIRA (*entusiasmada*) – Vêm vindo!

TEÓGENES – Pois que venham! Guardas! Soldados! Concentrem os homens do lado do avanço! Esperem a distância do tiro! E resistam, resistam!

LIRA (*caçoando*) – Bravos, capitão!

TEÓGENES – E matem quantos puderem!

LIRA – Muito bem!

TEÓGENES – Ainda não estamos vencidos!

LIRA – É a vitória! A vitória!

TEÓGENES (*avançando para ela e esbofetando-a*) – Tome, e aprenda!

> *Lira cai e se afasta dele. Cospe no chão e recua de
> rastros, para um lado do palco.*

TEÓGENES (*sentando-se deprimido depois do acesso de fúria*) – Tudo isto não leva a nada.

LICÍNIA – Precisamos pensar, Teógenes.

TEÓGENES – Que faz Marquino?

LICÍNIA – Uma fogueira.

TEÓGENES – Uma fogueira? Para quê?

LICÍNIA – Não sei.

TEÓGENES – Ele sofreu muito. É preciso fazer alguma coisa por ele.

LICÍNIA – Ele não precisa mais de cuidado.

BARIATO – Capitão...

TEÓGENES – Sim, rapaz...

BARIATO – Estou ficando com medo...

TEÓGENES – Eu também tenho medo.

BARIATO – O senhor acha que eles vão demorar muito?

TEÓGENES – Um pouco de tempo, ainda.

720 TEATRO COMPLETO: RENATA PALLOTTINI

BARIATO – Mas chegarão qualquer dia... qualquer hora...

TEÓGENES – Parece que sim.

BARIATO – Não podemos resistir mais? Quero dizer... não podemos defender-nos?

TEÓGENES – Temos armas e munição... mas os soldados estão fracos. Há poucos soldados, segundo parece.

BARIATO – Então...

TEÓGENES – Provavelmente vamos morrer.

BARIATO (*revoltando-se*) – Estou com medo. Eu não quero morrer! Não posso! Não quero! Quero fazer muitas coisas, ainda. Não é justo! Não é justo, eu morrer! Não pode ser...

LICÍNIA (*aproximando-se dele*) – Tenha coragem...

BARIATO (*chorando*) – Eu não esperava, eu não pensei que fosse de verdade...

LICÍNIA – É de verdade...

TEÓGENES (*observando o avanço*) – Eles vêm vindo.

> *Ouvem-se, dentro, barulho e lamentações. Teógenes*
> *se volta para o lado onde estaria a cidade.*

TEÓGENES – As fogueiras estão vivas... Cada vez mais vivas... atiram roupas e objetos, dentro... e há gente que salta dentro delas!

BARIATO – Não pode ser!

> *Marquino interrompe o seu trabalho e ergue a cabeça.*
> *Depois sorri e continua.*

TEÓGENES (*abatido*) – Pelo menos, me pareceu.

BARIATO – Mas não é necessário que a gente morra. Mesmo que não possamos manter a defesa, não é preciso morrer! Nem todos os vencidos morrem!

LICÍNIA – Acho que o que mais me assusta é essa idéia de morrer sem fazer nada... essa sensação, como se a gente se deitasse e ficasse quieto, esperando a morte. Gostaria de poder ficar sempre de pé, e gritar para a morte: "Venha! Eu estou aqui! Eu estou de pé"!

LIRA (*do seu canto, aliciante*) – Não sei por que a gente deve morrer. É muito mais fácil e mais inteligente levantar uma bandeira branca e esperar os soldados. Depois que eles vierem, tudo se arranjará. Estou certa de que os romanos são gente boa e cordata. Não há nenhum motivo para que nos matem. Eu acho...

TEÓGENES – Felizmente, a sua opinião não tem nenhuma importância para nós. Você vai ficar aqui, e não vai levantar nenhuma bandeira branca.

LIRA – E por que não?

TEÓGENES – Eu não lutei dezesseis anos para acabar assim!

LIRA – Teógenes, você estava para nos entregar!

TEÓGENES – Eu mudei!

O ESCORPIÃO DE NUMÂNCIA   721

*Bariato se encaminha para o fundo e alto, como se
examinasse a cidade, e volta, espantado.*

LIRA – Pois então, a qualquer momento eles sobem e nos apanham!

BARIATO – Eles não sabem que quase todos já morreram. Senão, avançariam mais depressa.

TEÓGENES – Não sabem e não vão saber!

LICÍNIA – Ninguém pode lhes dizer nada. E muitos romanos ainda morrerão, e muita água do rio correrá vermelha, antes que Numância se renda!

BARIATO (*subitamente alegre*) – Eu estou pensando, Capitão. Eles não nos matarão de maneira nenhuma. Cipião precisa de nós, vivos!

Luz na cena do acampamento romano. Cipião e seu Soldado.

CIPIÃO – Cruzaram o rio?

SOLDADO – Sim, General.

CIPIÃO – Há resistência?

SOLDADO – A resistência aumentou, General.

CIPIÃO – Quantos soldados numantinos estão nas muralhas?

SOLDADO – Nossos homens calculam quinhentos soldados.

CIPIÃO – É muito pouco.

SOLDADO – Diminuem sempre.

CIPIÃO – Mas resistem!

SOLDADO – Estão reunindo as últimas forças. Há soldados que caem das muralhas. Perdem equilíbrio. Estão morrendo de fome.

CIPIÃO – As fogueiras?

SOLDADO – As mulheres jogam dentro objetos, roupas. Crianças mortas estão alimentando as fogueiras. Eles têm frio.

CIPIÃO – Muito bem. Não esqueçam que precisamos fazer prisioneiros! Quero que meu carro entre com um cortejo em Roma. Muitos soldados, alguns despojos, algumas mulheres... Talvez Teógenes em pessoa. Minha sorte futura depende deste Triunfo. Roma é uma amante leviana e variável. Que continuem!

Escuro na cena romana. Luz no acampamento numantino.

BARIATO – Eles não podem nos matar! Se morrermos todos, Cipião não terá no seu cortejo nenhum prisioneiro. Não se faz o Triunfo a quem não traz prisioneiros! É por isso que eles esperam! Não é maravilhoso? Eles não vão nos matar, nós não vamos morrer! Vocês não ficam contentes? Nós podemos ficar vivos!

LICÍNIA (*friamente*) – Nós vamos morrer, se eles não avançarem a tempo de nos encontrar vivos.

BARIATO – O quê?

LICÍNIA – Se eles tardarem muito, nós morreremos de fome.

BARIATO – Quer dizer... que agora precisamos desejar que Cipião avance? Que avance depressa, antes que a gente morra? Então, por que resistimos? Mas tudo isso é uma estupidez sem sentido! Então, por que não avançamos nós, e nos rendemos logo?

LIRA – É isso! Rendição, logo!

TEÓGENES – Vamos jogar fora dezesseis anos de luta, dezesseis anos de vida?

BARIATO – Eu tenho dezesseis anos! Não quero jogar fora os meus dezesseis anos de vida!

TEÓGENES – Não é só a nossa vida, a vida de cada um de nós! Muita gente morreu, nestes anos todos. Muita gente morreu lutando nas muralhas, morreu esperando a libertação, morreu de fome, de frio. Muita gente ainda está morrendo. Seriam mortes inúteis, se nós nos rendêssemos.

LICÍNIA – Por que não havemos de resistir? Vocês não compreendem? Não podemos vencer. É claro. Mas podemos resistir, ainda que seja para findar com a morte. A resistência é importante por isso. Não vamos vencer, mas a história da resistência de Numância será contada aos outros. E assim, quando alguém mais estiver ameaçado pela força, pela prepotência de Roma, e pensar em resistir, o povo dirá, pensando em Numância: "Roma não é invencível! Nós também podemos resistir. Numância, pequena como uma ilha, não resistiu?"

LIRA – Mas para nós, qual é a diferença?

TEÓGENES – Nós escolhemos o que fazer, agora. Nós estamos mandando! Cipião depende de nós. Essa é a diferença.

LICÍNIA – Por que não vamos para a torre, quando o fim chegar, e não atiramos fogo e ferro sobre esses soldados romanos, e não morremos na torre, de pé, no alto? Podemos matar ainda a muitos!

BARIATO – A torre!

TEÓGENES – Tenho fome. Nunca tive tanta fome na vida.

LIRA – Ela atirou alimento ao fogo. Se o tivesse guardado, poderíamos comer, agora. Poderíamos discutir, resolver, mas comeríamos, enquanto isso!

BARIATO – Ela atirou comida ao fogo?

LIRA – E vinho!

BARIATO – Comida. (*atirando-se contra Licínia*) Comida! E eu tenho fome! (*procura atingir Licínia, mas é impedido por Marquino*) Eu tenho fome!

TEÓGENES – Pare com isso! (*puxa de uma arma*) Pare!

Marquino consegue deter Bariato, cujas pernas afrouxam.
Licínia não se moveu, e está impassível.

TEÓGENES (*a Bariato*) – Imprestável! Você não ajuda em nada e se dispõe a me criar problemas?

BARIATO (*choramingando*) – Tenho fome...

O ESCORPIÃO DE NUMÂNCIA 723

Teógenes – Inútil!...

Bariato – Larguem de mim!

Teógenes – Você sente falta das saias de sua mãe, das saias de todas as mulheres!

Bariato – Não me aborreça!

Teógenes – Estamos todos morrendo, a cidade está se acabando! Você sabe disso?

Bariato – Sei, sei!

Teógenes – Então faça alguma coisa de útil! Vá, até a praça!! Veja o número de sobreviventes! E volte com a notícia. Depressa!

Bariato se liberta dos braços de Marquino e sai.

Licínia – Não seja muito severo com ele, Teógenes.

Teógenes – É um menino mimado.

Licínia – Ele vai morrer como todos.

Lira (*zombeteira*) – Será?

Licínia – Como todos...

Teógenes (*de repente, apontando*) – Que é aquilo?

Licínia – O que, Teógenes?

Teógenes – Aquele bicho, ali!

Licínia – Você sabe: um escorpião.

Teógenes – Mate-o, Marquino! Depressa!

Marquino se levanta, preguiçosamente, e se encaminha para o canto indicado. Enquanto o diálogo prossegue, ergue um bicho, cuidadosamente, no ar, e o coloca no meio da fogueira ainda não acesa. Depois faz mímica de acender a fogueira circular. O escorpião fica preso.

Teógenes – É um bicho feroz!

Licínia – Não tem nada de especialmente feroz, Teógenes.

Lira – Você tem medo de um animalzinho!

Teógenes – É um bicho covarde! Ele se mata, quando está, em perigo!

Licínia – Quando não vê salvação, ele acaba com a vida. É uma forma de luta. Ele protesta contra a crueldade, você não vê? Nunca se deveria cercar assim um bicho com o fogo para vê-lo sofrer, aprisionado. É próprio de sua natureza viver livre. Se não puder viver livre, ele se mata.

Teógenes (*para Marquino*) – Por que você faz fogo?

Licínia – Por que isso o impressiona tanto?

Teógenes – Esse homem está louco.

Licínia – Deixe-o. Aprende-se muito com os loucos.

Teógenes – Numância tem muitas pedras. Por isso aparecem os escorpiões.

Licínia – Nada acontece por acaso.

Teógenes – E agora?

Licínia – Você vai ficar vendo o sofrimento dele?

724   TEATRO COMPLETO: RENATA PALLOTTINI

Teógenes – Que posso fazer?

Licínia – Pelo menos, não olhe!

Teógenes – Não posso deixar de olhar!

Licínia – Então, pelo menos, olhe e aprenda!

> *Teógenes se aproxima mais da fogueira à qual o último*
> *diálogo se referia. De repente cobre os olhos.*
> *O escorpião acabou de picar-se. Teógenes grita.*

Teógenes (*gritando*) – Bariato! Soldados!

Bariato (*entrando*) – Capitão! Estão se matando! O povo está se matando! (*ofegante*) Todos dizem que não nos pegarão vivos... que os romanos não nos terão vivos... os homens matam as mulheres depois se suicidam... as mães estão matando os filhos... estão todos loucos... todos morrendo.

Lira (*no chão, acovardada*) – Socorro... socorro...

Bariato – Já, não há quase ninguém vivo... as fogueiras estão crescendo...

> *Marquino apanha o escorpião morto e vem mostra-lo a Bariato.*
> *Bariato olha sem entender, enquanto continua.*

Bariato – Estão todos se matando... e algumas casas já começaram a queimar... está acabando a cidade... Numância está se queimando...

Licínia – Não se entristeça. É uma outra forma de fim.

Bariato (*referindo-se ao escorpião*) – O que é isso, Capitão.

Licínia – É uma lição que Marquino está tentando nos dar. Ele já não fala, precisa usar objetos e sinais.

> *Teógenes sobe de novo à sua elevação.*

Teógenes – Os romanos já estão se aproximando. Alguns estão bem perto.

Lira – Estou ouvindo vozes estranhas. Vocês não ouvem?

Licínia – Estou ouvindo a fala dos pastores. Acho que agora são eles... são eles!

> *Marquino guarda o escorpião morto dentro de sua blusa*
> *e olha atento na direção de Lira.*

Lira – Juro que ouço a voz dos romanos... deve ser Cipião... e ele precisa de prisioneiros. Não é justo, Teógenes!

Teógenes – O quê?

Lira – Eu sou moça, também! Eu sou moça! (*levanta-se*) Eu também quero viver. Eu quero ter amor, ainda! (*caminhando para fora, primeiro devagar, depois correndo*) Não é necessário morrer! São loucos! Estão se matando... mas eu não quero! Eu não prometi nada! Eu vou... General! Senhor general! Eu não prometi! Eu não sou deles! Eu quero ir para Roma... eu queria... senhor General... Estou aqui!

O ESCORPIÃO DE NUMÂNCIA   725

Marquino tira a faca da cintura, atira-a na direção de Lira, que já
está fora de cena; esta cessa suas palavras e cai, com um gemido, fora.
Marquino sai, apanha-a morta e a traz para a cena, atravessando
o palco e depositando-a no lugar onde estava antes. Depois,
volta a tomar seu lugar perto da fogueira.

BARIATO – Lira...

TEÓGENES (*aproximando-se dela*) – Minha mulher... (*abaixa-se e passa a mão pelos seus cabelos*) Era minha mulher.

Luz no acampamento romano. Em cena, Cipião e o Soldado.

CIPIÃO – Estamos avançando?

SOLDADO – Estamos muito perto, general.

CIPIÃO – Há muitos sobreviventes?

SOLDADO – Praticamente nenhum, General. Junto à muralha, Teógenes e um pequeno grupo. Mas não se defendem mais.

CIPIÃO – Avancem mais depressa. Não posso perdê-los. É preciso salvar os que podem ser salvos. Mandem Caio Mario ficar na primeira fila! Que salve os feridos! Que nos traga algum sobrevivente!

Luz no acampamento numantino.

TEÓGENES – Como se faz, para morrer sem muito sofrimento?

LICÍNIA – Há muitas formas.

TEÓGENES – Gostaria de morrer lutando. Não sei matar a mim próprio.

LICÍNIA – É perigoso arriscar. Os romanos não nos matarão, se puderem evitar.

BARIATO – Eu não quero morrer! Capitão, eu não quero morrer!

LICÍNIA – Pense, rapaz... Em Roma, o povo insulta os vencidos.

BARIATO – Não me importa!

LICÍNIA – Por que destruir o esforço de tantos? Numância está se matando à vista do inimigo. Vamos ser nós, os traidores?

BARIATO – Isto é um pesadelo... eu não compreendo...

TEÓGENES (*tirando a faca*) – Não sei matar a mim próprio...

LICÍNIA (*apanhando a faca das mãos de Teógenes*) – É uma bela arma.

Ouve-se o rumor dos soldados que se aproxima.

TEÓGENES – Foi um presente dos meus soldados.

Marquino levanta os olhos e se volta para
o lado de onde virão os romanos.

LICÍNIA – Tem uma inscrição, aqui.

Teógenes se aproxima, e toma a ponta da faca. Estão unidos,
agora, pela arma. Licínia a segura pelo cabo. Procuram ler.

TEÓGENES – "SANGRA"
LICÍNIA – Você entende?
TEÓGENES – Sim. Não tinha entendido, quando a recebi. Agora sei.
LICÍNIA – E a mim, Teógenes?
TEÓGENES – A você também.
LICÍNIA – Somos umas pobres mulheres.
TEÓGENES – Por que dize-lo assim? Somos todos pobres seres humanos.
LICÍNIA – Desde que eu cheguei aqui...
TEÓGENES – A vida! Como poderia ter sido diferente! E como vale, a vida!
LICÍNIA – Este é um longo minuto, Teógenes.
TEÓGENES – Mas o que nós poderíamos ter tido...
LICÍNIA – Talvez não tivessemos.
TEÓGENES – Muitas vezes eu te olhava...
LICÍNIA (*emocionada*) – Mentira!
TEÓGENES – Eu era perfeito demais, covarde demais.
LICÍNIA – Desde que eu cheguei...
TEÓGENES – Não sei matar a mim mesmo...
LICÍNIA – Teógenes... ainda é tempo...
TEÓGENES (*acreditando na vida*) – De que?
LICÍNIA – Ainda temos para nós alguns minutos...
TEÓGENES (*subitamente vivo*) – Sim! Ainda é tempo!
LICÍNIA – Eu te amo...

Teógenes aproxima-se. A faca está entre ambos. Ouve-se, fora,
o ruído dos soldados que sobem. Estão quase à vista. No momento em
que Teógenes aproxima seu corpo, Licínia empurra a faca e ela se
crava no peito de Teógenes, que cai. Licínia ainda o ampara,
enquanto pode, depois cai com ele.

LICÍNIA (*beijando-o*) – Eu te amo... eu te amo...
BARIATO – Você o matou... você matou o capitão...
LICÍNIA (*erguendo os olhos para Bariato*) – Você me faria esse favor?
BARIATO – O quê?
LICÍNIA (*agarrando-se ainda ao morto*) – Eu também... eu também preciso
morrer... e não tenho coragem...
BARIATO – Eu... não! Eu não posso! Eu poderia à distância... se você fosse
um inimigo...

Marquino levanta-se, sai de onde estava se aproxima de Licínia.

LICÍNIA (*voltando-se para ele*) – Você! Você, não! Você eu não quero... É
preciso que haja algum amor... em você só existe crença... força...
Você eu não quero! (*escutando*) E eles estão chegando... não posso
esperar muito... Onde estão as outras mulheres?

Marquino faz um gesto, apontando o interior.

O ESCORPIÃO DE NUMÂNCIA

Licínia – Lá dentro é o meu lugar.

Despede-se ainda uma vez de Teógenes e o deposita no chão. Depois, levanta-se, tendo na mão a faca com que o matou. Caminha para sair, mas antes ainda olha para Bariato.

Bariato – Não vá! Somos só três, agora. Talvez Cipião nos perdoe!

Licínia – Pense, Bariato. É preciso que alguém possa contar-nos... contar-nos com justo título.

Bariato – Júlio! Júlio quer contar a minha história.

Licínia – Pois que seja uma história digna de contar-se.

Sai. Ouvem-se ainda mais fortes os ruídos. Os últimos gritos vêm de dentro. De fora, as primeiras vozes dos soldados romanos.

Soldados (*fora*) – Hei! Aí na cidade! Aí! Há sobreviventes?

Ao ouvir estes sons, Marquino entra para o seu círculo, na fogueira, faca na mão.

Bariato – Estão chegando... você ouve, Marquino? São eles! Capitão... Licínia... estão chegando!

Soldados (*fora*) – Vocês ai! Deponham as armas! Cipião promete a vida a quem depuzer as armas!

Bariato (*aproximando-se do corpo de Teógenes*) – Capitão... Capitão... (*gritando*) Capitão! Eles vem vindo!

Abaixa-se e tenta carregar o corpo de Teógenes.

Caio Mario (*ainda fora*) – Menino! Hei, menino! Jovem! Escute: Quem é que você está levando aí?

Marquino espera que Caio Mario surja em cena, depois dá um grito, para chamar sua atenção. Quando Caio Mario olha para ele, crava a faca no peito. O romano tenta impedi-lo, mas não consegue.

Caio Mario – Pare! Alto! Não! (*pausa*) Idiota! (*examina-o, inutilmente*) Morto. Idiota

Bariato – Quem é você?

Caio Mario – Sou Caio Mario, oficial e médico de Cipião Emiliano.

Bariato – Caio Mario...

Caio Mario – Vamos, quem é esse que você tenta carregar?

Bariato – É Teógenes, nosso capitão.

Caio Mario – Está morto...

Bariato – Está.

Caio Mario – E os outros todos?

Bariato – Também estão mortos.

Caio Mario – Sua família também?

728 TEATRO COMPLETO: RENATA PALLOTTINI

Bariato – Também. Por quê?

Caio Mario – Por nada. Venha até aqui... vamos conversar melhor... venha...

Bariato (*desconfiado*) – Não. O que é que vocês querem?

Caio Mario – Escute... não vou lhe fazer nenhum mal... se vier até aqui, eu explico melhor...

Bariato – Explique já...

Ouve-se o ruído de mais gente chegando.

Caio Mario – É fácil. Queremos levá-lo conosco para Roma. Você vai gostar de lá. É uma terra nova e forte. Você poderá aprender, divertir-se, desenvolver-se. Somos civilizados.

Bariato (*apontando o corpo de Marquino*) – Vocês cortaram a língua daquele homem. Era meu amigo.

Caio Mario (*visivelmente envergonhado*) – Foi um acidente. Ninguém tinha desejado isso. As ordens de Cipião nem sempre são cumpridas... Eu próprio cuidei desse homem... Nós não somos bárbaros...

Bariato – Os bárbaros somos nós...

Caio Mario – Vocês se revoltaram contra Roma!

Bariato – Esta era a nossa terra!

Caio Mario – Roma é a dona do mundo!

Bariato – Por quê?

Caio Mario – Porque... porque sim! Precisamos defender... a liberdade dos outros povos!

Bariato – Liberdade! (*ri*) Liberdade!

Caio Mario – A nossa maneira de governar é a mais sabia! Precisamos ensiná-la aos outros!

Bariato – Nós não pedimos nada! Estávamos bem, aqui!

Caio Mario – Vocês não conheciam as suas próprias necessidades!

Bariato – As necessidades eram nossas!

Caio Mario – É um dever do mais forte proteger o mais fraco!

Bariato (*apontando ao seu redor*) – Proteger!

Caio Mario – Vamos, rapaz, não seja teimoso. Queremos lhe dar uma oportunidade. Queremos levar você vivo! Você vai conhecer coisas boas e ter uma vida melhor. Vamos, resolva! (*avança em direção a ele*)

Bariato – Não se aproxime!

Corre em direção à torre, onde se refugia.

Bariato – Não chegue perto!

Caio Mario (*aflito*) – Calma, rapaz! Você pode viver... você pode ainda ser feliz em Roma! Quantos anos você tem?

Bariato – Dezesseis.

Caio Mario – É uma linda idade para começar a viver... vencedor, livre... em Roma!

Bariato – Livre! em Numância!

O ESCORPIÃO DE NUMÂNCIA

Entra Júlio, ofegante, depois de ter subido a colina.

JÚLIO – Bariato!
BARIATO – Júlio!
CAIO MARIO – Júlio! Que é que você faz aqui?

Bariato está no alto da torre, agora.
Aproxima-se da borda e tem a faca na mão.

JÚLIO – Cipião promete!
BARIATO – As promessas de Cipião já não servem, Júlio!
JÚLIO (*apontando o pai*) – Meu pai conseguiu...
BARIATO – Eu seria um escravo.
JÚLIO – Eles prometem respeitar...
BARIATO – Júlio... Que história seria a minha?
JÚLIO – Você...
BARIATO – Escolha!
CAIO MARIO – Você pode ser feliz, rapaz!
BARIATO – Júlio, escolha!
JÚLIO – Adeus...
BARIATO (*golpeia-se com a faca e salta*) Adeus!

Escuridão total. Ouve-se a voz irada de Caio Mario, depois repetida.

CAIO MARIO – Maldição! O General não vai me perdoar!
SOLDADO – Estão saqueando a cidade!
SOLDADO – Fogo em Numância!
VOZES AUMENTADAS – Fogo em Numância!

Repete-se esta frase de muitas maneiras. Depois de grande agitação, luz no acampamento romano. Está em cena o Soldado.

SOLDADO – No ano de cento e trinta e três antes de Cristo, a cidade de Numância foi, finalmente, conquistada pelos romanos, que a percorreram toda, sem encontrar nenhum ser vivo. Arrasada e queimada foi ela de tal maneira, que hoje se encontram, na colina em que ela estava sitiada, apenas os restos de pedra dos alicerces das construções.
VOZ – Mas os numantinos morreram todos?
SOLDADO – Todos.
VOZ – E Numância, também morreu?
SOLDADO – Se tivesse morrido, que estaríamos nós fazendo aqui?

DIVINAS PALAVRAS

Tradução do original de Ramon del Valle Inclán. Estréia em 1980, pela Escola de Arte Dramática, direção de Iacov Hiellel.

Personagens

Lucero, que outras vezes se chama Sétimo Miau e Compadre Miau
Pouca Pena, sua companheira
Joana Rainha, e seu filho idiota
Pedro Gailo, sacristão de São Clemente
Mari-Gaila, sua mulher
Simoninha, filha de ambos
Rosa Tatula, velha mendiga
Minguelim, o Padronês, moço consertador de bilhas
Um Vendedor de Cavalos
Mulheres, que enchem os cântaros na fonte
Marica do Reino, com outras mulheres
Um Juiz de Paz
Uma Moça
O Cego de Gondar
O Vendedor de Limonada
Um Peregrino
Dois Guardas
Um Casal de Camponês com a Filha Doente
A Estalajadeira
Serenin de Bretal
Uma Velha numa Janelinha
Uma Mulher Grávida
Outra Vizinha

Um Soldado com o Canudo da Licença
Ludovina, a taverneira
Bandos de Rapazes com Burlas e Canções
Beatas Velhas e Moças
Benita, a costureira
Quintin Pintado
Milon de la Arnoya
Coimbra, cachorro sábio
Colorin, pássaro adivinho
Um Sapo Anônimo, que canta na noite
Final de Gritos e Barulhos Juvenis

PRIMEIRA JORNADA

CENA 1

São Clemente, Viana do Prior. Igreja de aldeia, na encruzilhada
formada por dois caminhos, no meio de uma quinta, com sepulturas e
ciprestes. Pedro Gailo, o sacristão, apaga os círios sob o pórtico
românico. É um velho fúnebre, de cara e de mãos amarelas, barba mal
raspada, sotaina e sobrepeliz. Sacode os dedos, sopra as gemas
ressequidas, esfrega as mãos nas colunas do pórtico. Está sempre
conversando consigo mesmo, o gesto esquivo, as frases descosturadas.

PEDRO GAILO – Que é que veio fazer essa gente, no meio do caminho,
olhando o altar... Gente que anda por muitas terras é gente torta. Pior
casta. Por onde queira que vão mostram suas malasartes. Onde have-
riam de se meter! São o sabugo da unha! Gente que não trabalha e
corre as estradas! (*passa a mão pela testa e os poucos cabelos ficam*
arrepiados; seus olhos estrábicos olham para a estrada)

Onde se divertem dois ambulantes, homem e mulher com um filho
pequeno, flor de sua mancebía. Ela, triste e esbelta, tem a saia curta,
uma touca azul, pentes e caracóis. O homem usa gorro com pala, violão
metido numa capa e leva o cachorro sábio preso por um cordão
vermelho encardido. Então sentados na valeta, de frente para o pórtico

da igreja. O homem está falando, e a mulher o escuta, embalando o filho que chora. A mulher é conhecida por vários nomes, conforme a terra onde esteja; pode ser Julia, Rosina, Matilde, ou Pepa e Morena. O nome do ambulante é outro enigma, mas a mulher o chama de Lucero. Ela é chamada por ele de Pouca Pena.

LUCERO – Quanto ao menino, passando por alguma vila seria boa idéia largá-lo.

POUCA PENA – Pai de má casta!

LUCERO – E se não for eu o pai?

POUCA PENA – A dúvida está na sua cabeça.

LUCERO – Suponhamos que eu seja pai da criança. Por isso mesmo, acho que não lhe devo legar meu sangue ruim.

POUCA PENA – Que é que você está maquinando? Não peço consideração pra mim, peço apenas entranhas de pai!

LUCERO – Bem por isso!

POUCA PENA – Se meu filho desaparecer, ou se morrer por culpa tua, te enfio esta faca nas costas! Lucero, não me deixes ficar sem meu filho!

LUCERO – Faremos outro.

POUCA PENA – Tem caridade, Lucero!

LUCERO – Troca de música!

POUCA PENA – Condenado!

Lucero faz um gesto desdenhoso e, com as costas da mão, bate na boca da mulher, que, gemendo, passa a ponta do lenço nos lábios. Vendo sangue no pano a mulher começa a chorar; o homem tosse, velhaco, enquanto tira faísca do isqueiro. Pedro Gailo, o sacristão, levanta os braços entre as colunas do pórtico.

PEDRO GAILO – Podiam ir pra outro lugar, com esses maus exemplos, e não vir com eles pra diante de Deus!

LUCERO – Deus não olha para o que fazemos. Está com a cara virada.

PEDRO GAILO – Excomungado!

LUCERO – Com muita honra! Há vinte anos que não entro na igreja!

PEDRO GAILO – E se considera amigo do Diabo!

LUCERO – Somos compadres.

PEDRO GAILO – Hoje você ri mostrando os dentes; amanhã, pode vir a rangê-los.

LUCERO – Não tenho medo do amanhã.

POUCA PENA – Até os bichos do mato têm medo.

PEDRO GAILO – Para toda conduta há prêmio ou castigo, é o que ensina a doutrina da Nossa Santa Madre Igreja.

LUCERO – Troca de música, amigo. Essa polca é muito antiga.

PEDRO GAILO – Deus Nosso Senhor ainda não mandou que eu me cale.

LUCERO – Está bem!

DIVINAS PALAVRAS

*Uma velha com chale de pano pardo sai para o pórtico, seguida de
outra e mais outra. Saem desordenadamente, levam água benta no
côncavo das mãos e a vão aspergindo sobre as sepulturas. A última
puxa de um carrinho de quatro rodas, cama feia onde se balança,
adormecido, um anão hidrocéfalo. Joana Rainha, sombra descalça e
cor de terra que mendiga nas feiras e nas romarias, com seu
mostrengo, interroga o sacristão, de quem é irmã.*

JOANA RAINHA – Por que não deram a comunhão na missa?

PEDRO GAILO – Porque não havia hóstias.

JOANA RAINHA – Gostaria de ter recebido a Deus. A terra está me chamando.

PEDRO GAILO – É. Você está abatida.

JOANA RAINHA – Esta mãe está roendo em mim.

PEDRO GAILO – Mãe, chamas à terra! E mãe é, de todos os pecadores! E o
meu sobrinho, já se vai despertando! Parece iluminado por algum
conhecimento, minha irmã.

JOANA RAINHA – Mau e pouco!

*Pedro Gailo põe seu olho torto no anão que, com expressão idiota move
a cabeçorra. A mãe espanta as moscas que vêm pousar na boca mole
onde o buço negreja. Puxando pelo carrinho, cruza a quinta e sai para
as sombras da estrada. A cachorra do ambulante, de pé nas patas
traseiras, ensaia um passo de dança ante aquela, figura triste e cor
de terra. Lentamente o animal se curva e abaixa a cauda, uivando com
o uivo que os cães reservam para a proximidade dos mortos.
Lucero assobia, e a cachorra, outra vez em duas patas, caminha
para seu amo, que ri, piscando um olho.*

LUCERO – Este animal tem trato com compadre Satanás.

PEDRO GAILO – Até que encontre quem diga os exorcismos, e arrebente,
com um trovão.

LUCERO – Rebentaremos os dois.

PEDRO GAILO – Com a verdade queres levantar uma dúvida.

LUCERO – Pronto! Meu pecado é conhecido.

POUCA PENA – Quanta bobagem!

LUCERO – Vem cá, Coimbra! E muito cuidado quando respondes às perguntas. Mão direita quer dizer *sim*. Mão esquerda, *não*. O rabo, fica para
o Sei lá. E agora, responde, sem mentira: a mulher deste senhor o faz
de Dom Cornélio?

*Coimbra, sempre em duas patas, reflete, mexendo a cabeça
manchada de preto e marron, com guisos na ponta das orelhas.
Pouco a pouco, possuída pelo espírito profético, fica imóvel, olhando
seu dono, e, depois de um momento de vacilação, começa a mexer
furiosamente a pata dianteira esquerda.*

738   TEATRO COMPLETO: RENATA PALLOTTINI

Lucero – Companheiro, Coimbra diz que não. Agora, vai cogitar-nos outra coisa: Coimbra, poderias dizer se este amigo vai ser chamado para a Confraria dos Coroados? Mão direita para o Sim. Mão esquerda para o Não. O rabo fica para a senhorita dizer-nos o Sei lá.

Coimbra, mexendo o rabo e latindo, volta a ficar de pé nas duas patas, e, com leve e alternado tremor de patas dianteiras, fica olhando o ambulante. Os guisos das orelhas têm um leve e sutil tremor. O ambulante sorri sempre, piscando um olho, e, de repente, a cachorra decide e levanta a pata direita.

Lucero – Não estarás enganada, Coimbra? Cumprimenta, Coimbra, e pede perdão a este senhor que caluniaste.
Pedro Gailo – Ralé! Caçoadas de um réprobo não são afronta.
Lucero – Companheiro, é tudo brincadeira. Vamos, Pouca Pena!
Pedro Gailo – Hás de brincar muito no Inferno!

Pouca Pena, fecha o manto, escondendo a criança nas suas dobras, e o ambulante põe nas costas a gaiola do Pássaro Sábio. Caminham.

Pouca Pena – Lembra que és pai, Lucero!
Lucero – Boca fechada!
Pouca Pena – Hei de acabar com esta escravidão! Eu te deixo!
Lucero – Não pensa que vou te procurar.
Pouca Pena – Já foste uma vez, e mataste um homem.
Lucero – Não pretendia.
Pouca Pena – Se o golpe era para mim, por que erraste?
Lucero – Suspende a música. O passarinho tem alpiste?
Pouca Pena – Não quer comer.
Lucero – Coimbra, onde encontraremos outro? Vamos pedi-lo ao compadre Satanás?
Pouca Pena – Quanta loucura!

A criança, nos braços da mãe, chora. A gaiola nas costas do homem balança, com o pássaro que tira a sorte: dourada ao sol, é o Palácio da Ilusão.

CENA 2

Parada no caminho, sob as árvores. Joana Rainha, à sombra, pede esmola, com o lenço de flores aberto à beira da estrada e o anão, afundado no colchão do carrinho, vicioso sob a manta remendada, faz caretas

Joana Rainha – Caridade para um desgraçado sem a luz da razão! Caridade para um desvalido!

DIVINAS PALAVRAS

Durante esta, fala, geme, apertando o ventre. Rosa Tatula, que
no tempo das romarias e das semeaduras também pede esmola,
dá-lhe seus conselhos, de velha prudente e sábia.

Rosa Tatula – Devias estar no Hospital de Santiago! A dor te pegou em cheio!

Joana Rainha – Faz anos que não me deixa!

Rosa Tatula – Sorte que o teu filho te rende uma fornada de pão!

Joana Rainha – Antes pudesse sair da cama, mesmo se contra a mãe viesse armado de faca!

Rosa Tatula – Deus Nosso Senhor quis assim, e com isso se cumpre a sua santa vontade!

Joana Rainha – Alguma vez fui contra ela?

Suspirando e mancando, com um prato de folha nas mãos,
encaminha-se em direção aos ricos feirantes; Um Vendedor,
que conduz novilhos vindos do campo, levantando-se nos
estribos, grita, para que ela se afaste do caminho.

Vendedor – Eh! Não me espante o gado!

A mendiga, apertando os flancos, volta para a sombra dos
carvalhos. Tem os olhos vidrados e a boca cor de terra. Os novilhos
do campo, manchados de negro, desfilam numa nuvem de poeira, e o
Vendedor, de perfil romano, vermelho e gordo, trota na retaguarda.

Joana Rainha – Ai, que eu morro! Eu morro!

Rosa Tatula – Dói muito?

Joana Rainha – É como um gato, que me come no próprio lugar do pecado!

Rosa Tatula – Dor no vazio!

Joana Rainha – Se eu tivesse um gole de anis, me salvava!

Rosa Tatula – Há de vir alguém com um caneco!

Joana Rainha – Ai, Deus me abre suas portas!

Rosa Tatula – Os trabalhos do mundo abrem as portas do céu!

Joana Rainha – Este é meu último dia!

Deita-se e se curva, a boca na terra, os cabelos sobre o rosto,
as unhas arranhando o chão. Sob a barra gasta da saia,
as pernas e os pés descalços são da cor da cera. Rosa Tatula
a contempla, com expressão de sobressalto.

Rosa Tatula – Experimenta levantar! Não entregues a alma assim na estrada, mulher! Tens que confessar e ficar bem com Deus!

Joana Rainha – Ai, que grande romaria! Não me faltam manjares!

Rosa Tatula – A dor te priva dos sentidos!

Joana Rainha – Recolhe o meu lenço, que não cabem mais moedas! Silêncio, Laureano! Ah, que felicidade!

Rosa Tatula – São Brás! Delira!

Joana Rainha – Marelo, serve um copo de limonada! Tenho dinheiro, Marelo! Tenho dinheiro!

Rosa Tatula – Joana Rainha, não te acabes aqui, que me comprometes! Experimenta levantar! Vamos até a vila!

Joana Rainha – Que estrela tão grande no céu!

Rosa Tatula tenta levantar aquela relíquia enferma, e o corpo leve e desfeito escorrega, levantando os braços como duas aspas.

Rosa Tatula – Ai, que trabalho!

Ao longe, sob parreiras baixas, sustentadas por pilares de pedra, aparece um rapaz; atrás deste, desenha-se o perfil de outra figura, estendida à sombra. O rapaz, ajudando-se com um bastão, coloca sobre os ombros a roda dos consertadores de bilhas. É Miguilin, o Padronês, ambulante, ao qual, por seus dengues, se conhece nas feiras e mercados, onde é corrido e insultado. Miguelin usa brinco na orelha.

Joana Rainha – Socorro, homem de Deus!

Miguelin – Se é para socorrer, já estou chegando.

Rosa Tatula – Vem, pela alma de quem te pôs no mundo!

Miguelin – Quem me pariu foi minha sogra.

Rosa Tatula – Deixa esses relatos pra depois. Joana Rainha está com uma dor de todos os diabos.

Miguelin – Dá-lhe uma esfrega de ortigas.

Rosa Tatula – Vem aqui, alma do inferno!

Miguelin – Alma do inferno? Aí vem o Compadre Miau.

O outro, que estava deitado à sombra das parreiras já se levanta e sai para a luz. Trata-se daquele ambulante, que outras vezes era visto em companhia de uma mulher sofrida, que o chamava Lucero.

Miguelin – Convém parar, Compadre Miau?

Compadre Miau – Só se for para ver a careta da morte.

Miguelin – Deu o último suspiro!

Compadre Miau – É o que diz Coimbra.

Rosa Tatula – Que medo é esse, malditos?

Compadre Miau – Já que nos chamou pelo nome, é melhor que paremos.

Os dois compadres descem para a estrada. Miguelin procura com a língua uma pinta cabeluda que tem a um canto da boca, e o outro tira faísca do isqueiro. À sombra dos carvalhos jaz a mendiga, imóvel e estirada. As canelas nuas saem das saias como dois círios de cera.

Rosa Tatula – Joana Rainha! Joana Rainha!

DIVINAS PALAVRAS

COMPADRE MIAU – Não esperes resposta. Agora é avisar a família. Basta dizer meia verdade. Que aqui nestas paragens lhe deu uma dor, e que com a dor ficou. Esta mulher já é defunta.

ROSA TATULA – São Brás! Aí está em que deu, ter coração de manteiga! Agora me toca. dar contas à justiça!

COMPADRE MIAU – Escusa dizer que, no meu nome, nem se toca...

ROSA TATULA – E quem foi que descobriu que ela tinha morrido?

COMPADRE MIAU – No meu nome não se toca...

ROSA TATULA – E se eu tiver que fazer declarações?

COMPADRE MIAU – Não se toca no meu nome...

ROSA TATULA – Por que tanto medo?

COMPADRE MIAU (*com a faca nas mãos*) – Por que tanta curiosidade?

O ambulante está sentado à sombra das árvores, picando fumo de cigarro com sua navalha espanhola. Rosa Tatula, gelada e prudente, calça os tamancos à beira do caminho, pega o surrão de espigas e, apoiada ao bastão, mancando, parte a levar a triste nova. À sombra das árvores, o idiota, coberto de moscas, faz caretas. Miguelin, o Padronês, com a ponta da língua sobre a pinta cabeluda, move-se, ondulante, e enfia as mãos curvas sob o colchão do carrinho, de onde tira uma bolsa remendada, sonora de dinheiro.

COMPADRE MIAU – O barulho é de prata!

MIGUELIN – Da que deu a gata!

COMPADRE MIAU – Pois vamos a isso!

MIGUELIN – Isto é negócio só meu.

COMPADRE MIAU – Não pensei que fosse tão avarento, compadre! Não quer que seja negócio de dois, e no entanto, vamos ter que apresentá-lo.

MIGUELIN – Em que tribunal?

COMPADRE MIAU – Compadre, podemos deixar a sentença para Coimbra!

MIGUELIN – Compadre, não quero entregar meu pleito ao Diabo.

O ambulante levanta-se alisando o cigarro com a navalha de folha dourada; anda apenas dois passos e se senta sobre o baú do consertador de bilhas. Miguelin, com um sorriso apagado, e muito pálido, esconde a bolsa na sua faixa. Depois, envesgando os olhos para o cacho que lhe cai na testa, faz estalar a língua.

COMPADRE MIAU – Maricas! Se não me dás a bolsa por bem, te corto o coração com a navalha!

MIGUELIN – Que é daquela mulher que andava em tua companhia, Compadre?

COMPADRE MIAU – Foi para a sua terra, caminhando.

MIGUELIN – Muito longo o caminho?

COMPADRE MIAU – Muito longo!

MIGUELIN – Não foi para o fim do mundo?

742   TEATRO COMPLETO: RENATA PALLOTTINI

Compadre Miau – Foi para a praça de Ceuta.

Miguelin – Lá onde fica o presídio grande?

Compadre Miau – Lá onde está a fina flor de Espanha.

Miguelin – O compadre conhece essas paragens?

Compadre Miau – Compadre mariquinhas, de lá foi que escapei. Qual é o problema?

Miguelin – E já que tem corrido tanto, não seria melhor renunciar a esta pouca coisa?

Compadre Miau – Maricão, troca de música. Ainda me lembro de uma escalada tua, pelos palácios de Viana do Prior.

Miguelin – Se por suspeitas fui preso, por inocente me soltaram.

Compadre Miau – Lembra-se o meu amigo de uma vez em que tentávamos a sorte na Taverna da Estrada Nova?

Miguelin – Histórias!

Compadre Miau – Coimbra sabe quem era o ladrão.

Miguelin – Histórias!

Compadre Miau – Histórias serão. Mas é que, cavando ao pé da janela por onde entrou o ladrão, descobriu este brinco. Fique com ele, já que é irmão do que tem na orelha, e vamos repartir o dinheiro. Se não quer a prenda, podemos ir levá-la aos guardas da polícia.

Miguelin – Porcos rematados! Não gosto deles! Estivemos pra brigar, compadre! Briga de namorados!

Cena 3

Outro caminho, subindo entre as casas de uma quinta. À beira dos telhados, amadurecem as abóboras esverdeadas, e ao pé dos celeiros soam as correntes dos cachorros. O caminho desce até uma fonte represada, no recato de um sombreado de álamos. Cantam os melros, e as mulherezinhas da aldeia deixam transbordar as dornas, contando casos da quinta. Rosa Tatula chega depressa, trazendo a má notícia.

Rosa Tatula – Louvado seja Deus, e que silenciosa é sua Divina Justiça! Quedou-se para trás, privada dos sentidos, Joana Rainha. Ouvi que ela gritava, e depois, não houve jeito nenhum. Já tem cores de morte. Se não fosse a ânsia que tenho por chegar à vila, era capaz de passar pela porta daquela sua irmã, na Cruz de Lesón. Alguma das amigas mora por aqueles lados?

Uma Mulher – Temos casas parede meia.

Rosa Tatula – Pois podia levar-lhe a má notícia.

Uma Mulher – Achas que Joana entregou a alma?

Rosa Tatula – Só disse que tem a cor da morte.

DIVINAS PALAVRAS 743

Outra Mulher – Faz tempo que o mal lhe roía as entranhas. Muito trabalho passou, com sol e chuva, a puxar a carreta. Que sorte há de ter agora o mostrengo? Por onde rolará?

Rosa Tatula – Melhor considerando, é uma carga, e não é. Joana Rainha engolia mais bebida em um dia, do que qualquer uma de nós num ano inteiro, e ninguém nos dá bebida sem dinheiro. O aborto lhe dava seu sustento. Não sabeis o que se ganha, com um carrinho! Não há coisa que amoleça mais os corações. Joana Rainha tirava por dia coisa de sete reais. E onde é que meu corpo, sadio como é, consegue nem metade disso?

Duas mulheres, mãe e filha, com os cântaros à cabeça, descem pela senda para a sombra da fonte. A mãe é branca e loira, de olhos risonhos, harmônica nos movimentos do corpo e da voz. A filha, abobada, leitosa, redonda, com algo de lua, de vaca e de pão.

Uma Mulher – Vêm vindo aí as Gailas. São da família.

Rosa Tatula – Mari-Gaila, casada com um irmão carnal da defunta. Pedro Gailo, o sacristão, nos documentos é Pedro do Reino.

Outra Mulher – Seu ar não é de quem sabe a notícia.

Rosa Tatula – Mari-Gaila, corre, que tua cunhada sofreu um ataque, e está desmaiada, nas sombras do caminho.

Mari-Gaila – Qual das duas cunhadas?

Rosa Tatula – Joana Rainha.

Mari-Gaila – Ai, Tatula, diz se ela está defunta, que não me falta coragem!

Reza das Mulheres – Mais do que sabes, nós não sabemos.

Mari-Gaila deixa cair o cântaro, desamarra o lenço que leva à cabeça e, diante da filha, que suspira aflita, abre os braços em ritmos trágicos e antigos. A fila de cabeças, com um murmúrio quase religioso, está virada para a carpideira, que, sob as sombras da fonte aldeã, ressuscita uma antiga beleza histriônica. Parada no alto do caminho, abre a curva cadenciosa dos braços, com as curvas sensuais da voz.

Mari-Gaila – Rompe o cântaro, Simoninha! Simoninha, rompe o cântaro! Que triste sina! Acaba como a filha de um déspota! Nunca jamais quis acolher-se ao abrigo de sua família! Ai, cunhada, que não ouviste a voz do sangue, e agora ouves para sempre a voz da terra de uma vereda que todos pisam! Rompe o cântaro, Simoninha!

Uma Mulher – Não há outra igual, para um lamento!

Outra Mulher – Desde o berço ela tem essa graça.

Uma Mulher – Fala bonito como gente da cidade.

Mari-Gaila – Ai, cunhada, por sóis e chuvas, andar caminhos, passar trabalhos, foram tuas romarias deste mundo! Ai, cunhada, por cisma te separaste da família! E que má vontade tiveste para comigo, cunhada! Ai cunhada, que ouvias línguas venenosas!

744 TEATRO COMPLETO: RENATA PALLOTTINI

Rosa Tatula – Família são nossos pais e nossos filhos.

Uma Mulher – A lei do sangue sempre manda.

Rosa Tatula – Às vezes se renega.

Mari-Gaila –Não no meu peito, Tatula!

Rosa Tatula – Assim parece.

Mari-Gaila – Ainda que fique sem pão para minha boca, hei de encarregar-me da carreta.

Rosa Tatula – A carreta, se continuar pelos caminhos, traz proveito.

Mari-Gaila – Proveito ruinoso, se eu tiver que deixar o abrigo de minha casa.

Rosa Tatula – Pode ser arrendada. Se for o caso, fala comigo.

Mari-Gaila – Não me esquecerei. Que venha a mim a carga da carreta, não a estou recusando. A defunta era irmã do meu homem, não tem família mais chegada.

Rosa Tatula – O pleito há de ser entre vocês e a tua cunhada, Marica do Reino.

Mari-Gaila – Pleito? E por que há de haver pleito? Faço essa caridade porque tenho consciência. Quem é pode disputar o encargo ao irmão varão? Se forem à Justiça, o varão ganha qualquer demanda, ou então não existe lei às direitas.

Rosa Tatula – Bom. Mas se chegarmos a isso, lembra do que te disse.

Mari-Gaila – Ficamos por aqui. Nenhuma palavra fica posta entre nós.

Rosa Tatula – Sei que não fica, mas, se quiseres lembrar alguma coisa do que te disse...

Mari-Gaila – Lembrar-me-ei de tudo o que não esquecer.

Rosa Tatula – Hei de passar pela tua porta.

Mari-Gaila – Bem-vinda sejas.

Uma Mulher – A carreta vale uma fornada de pão!

Outra Mulher – Pão de puro trigo!

Mari-Gaila – Ai, que má sorte tiveste, cunhada! Que aprendam de ti as desavisadas! Morrer sem confissão pelos caminhos!

Simoninha, branca, simplória, inexpressiva, apertando os olhos, remeda o pranto de sua mãe, e abre os braços, diante do cântaro partido.

Cena 4

O bosque de carvalhos, à beira da estrada real. Joana Rainha está estendida com a cara para cima, e tem sobre o peito uma cruz formada por dois ramos verdes. Os pés descalços e as pernas cor de cera aparecem por baixo das saias como dois círios. Bastian de Candás, prefeito da aldeia, põe guardas à defunta, e dá ordens, com a mão no alto, como se fosse abençoar.

DIVINAS PALAVRAS 745

PREFEITO – Vocês, rapazes, aqui, firmes, sem afastar-se da finada defunta. O corpo não deve, por nada deste mundo, ser movido daqui, enquanto não chegar o Ministro da Lei.

Algumas mulheres da aldeia chegam apressadas. Brilho de lampiões, negror de mantilhas. Vem, entre elas, uma velha curvada, que dá gritos com o rosto entre as mãos. Por vezes, deixa-se cair no chão, abrindo os braços, e declama as frases rituais de um lamento. É Marica do Reino, irmã da defunta.

MARICA DO REINO – Onde estás, Joana? Calaste para sempre! Nosso Senhor te chamou, sem lembrar-se de nós, que aqui ficamos! Onde estás, Joana? Onde te finaste, minha irmã?

UMA MOÇA – Resignação, tia Marica!

Marica do Reino, ajudada pelas mulheres e coberta com o manto, caminha, curvada. Quando chega ao pé da defunta, abraça-a.

MARICA DO REINO – Ai, Joana, minha irmã, como estás branca! Já não me vêem teus olhos! Essa boca já não tem palavras para tua irmã, tua verdadeira irmã! Já não voltarás a parar à minha porta, e a me pedir bolinhos! Não te cansavas deles! Inda segunda-feira merendamos juntas! Como gostavas de bolinhos, especialmente quando tinham molho!

Depois da lamentação, fica ajoelhada, gemendo monotonamente. As mulheres se sentam ao redor, contando casos de estrada, casos de mortes repentinas, histórias de almas penadas. Quando decai o interesse das histórias, Marica do Reino redobra o seu pranto. Atravessando o bosque, chega o casal Gailo. A mulher traz o chale, sobre os ombros; o marido, capa longa e bastão senhorial, de ponteira dourada e punho de osso. A irmã, vendo-os chegar, levanta-se mais sobre os joelhos, e abre os braços, com expressão dramática.

MARICA DO REINO – Tarde vos deram o aviso! Estou aqui há muitas horas, estou quase gelada pelo frio da terra!

PEDRO GAILO – O homem que tem encargos não dispõe de si, Marica. Como foi que aconteceu este caso?

MARICA DO REINO – Estaria ordenado pela Divina Providência!

PEDRO GAILO – É certo! Mas, como foi que acontece?

MARICA DO REINO – Como posso saber? Pergunta à defunta, que só ela te pode dar a resposta!

PEDRO GAILO – Defunta, minha irmã, muito te atraía andar pelos caminho e andaste tanto que por eles encontraste a morte!

MARICA DO REINO – O mesmo disse eu! Deus nos ampare!

O Sacristão, limpando os olhos, onde o estrabismo parece acentuar-se, aproxima-se do carro do idiota.

746 TEATRO COMPLETO: RENATA PALLOTTINI

PEDRO GAILO – Ficaste orfão, e nem podes compreendê-lo, ó Laureano! Tua mãe, a minha irmã, finou-se, e não sabes, Laureano! Me ofereço para ser teu pai adotivo!

MARICA DO REINO – O encargo do inocente fica para mim.

MARI-GAILA – Nós também não queremos abandoná-lo, cunhada.

Mari-Gaila tem um gesto de desdém e um brilho provocativo nos olhos expressivos. A outra torce a cabeça mostrando pouco caso.

MARICA DO REINO – Refiro-me a meu irmão, que o é.

MARI-GAILA – E eu te respondia.

PREFEITO – Chega de conversa.

PEDRO GAILO – Que esperamos, Bastian?

PREFEITO – Esperamos que compareça a Justiça.

PEDRO GAILO – Pouco tem que esclarecer. Para mim, a defunta bebeu alguma água corrompida, e isso a matou. Está provado que os sulfatos da vinha envenenam as águas e provocam mortes.

PREFEITO – Lembram aquela minha vaca pintada?

MARI-GAILA – Parecia uma rainha!

PREFEITO – Pois esteve à morte, e só foi por diante porque a salvei com cozimentos de genciana. Gastei mais de sete reais na botica.

UMA VELHA – Existem águas que são mortais.

PEDRO GAILO – Não há dúvida que existem, e quando o corpo está fraco, mais depressa é atacado. Corrompem as entranhas.

MARI-GAILA – Os ricos falam tanto mal da aguardente, e não dizem nada da água!

PREFEITO – Os ricos falam mal da aguardente porque se regalam com outros sucos.

MARI-GAILA – Bebem anis com gelo!

Pela estrada real vem chegando o Juiz, num cavalo russo, de arreios de luxo e cabeçada enfeitada de borlas. O Oficial de Justiça caminha ao lado, como acompanhante. As mulheres, ajoelhadas, soprando-se os dedos, avivam as luzes de seus lampiões. Começam um pranto solene.

MARICA DO REINO – Joana, minha irmã, se no mundo da verdade encontras o meu falecido, conta-lhe como lhe fui fiel! Conta que nunca mais quis voltar a casar, e como não me faltaram propostas! Agora estou velha, mas quando me deixou estava bem-sacudida! Conta-lhe que um cubano de posses me pretendia, e que jamais o olhei duas vezes. E era lindo como um castelo!

MARI-GAILA – Cunhada, flor dos caminhos, já estás ao lado de Deus Nosso Senhor! Cunhada, que tantos trabalhos passaste, já tens lugar à sua mesa! Já estás na festa dos anjos! De hoje em diante, teu pão é pão com ovos e canela! Ai, cunhada, quem me dera estar também ouvindo histórias alegres da boca de São Pedro!

DIVINAS PALAVRAS

Cena 5

São Clemente. O átrio com a igreja no fundo. Passa por entre os ramos o clarão da lua. Alguns lampiões, pousados no chão, abrem seus círculos de luz oleosa em torno ao vulto da defunta, modelado sob um lençol branco. Os aldeões do velório com capas e mantilhas – bebem aguardente abrigados na igreja. O murmúrio das vozes, as pisadas, as sombras, têm o sentido irreal e profundo das fábulas.

Pedro Gailo – Desde o primeiro momento, eu disse que a falecida morreu por ter bebido de alguma fonte venenosa, pois muitas desgraças, entre animais e cristãos, já aconteceram assim.

Mari-Gaila – E o aborto deve ter bebido algum gole da mesma água, porque com perdão da palavra, sujou-se todo na palha. Foi preciso lavá-lo como se fosse uma criança de colo. Se soubessem como é completo, de suas partes!

Marica do Reino – Quieta, cunhada! Não terás que renegar esses trabalhos por muito tempo. Eu cuido da carreta.

Mari-Gaila – Aí está o irmão da morta. Com ele te entenderás, Marica.

Marica do Reino – Que tens a dizer, irmão?

Pedro Gailo – Os braços de um homem levam melhor qualquer carga.

Marica do Reino – A vontade da morta era que eu me encarregasse da carreta. Tinha declarado!

Mari-Gaila – Onde estão as testemunhas, Marica?

Marica do Reino – Estou falando com meu irmão.

Mari-Gaila – Mas eu estou escutando.

Marica do Reino – Se ao menos a defunta pudesse declarar sua vontade!

Pedro Gailo – Fala, minha irmã morta! Fala, diz se tua intenção era negar a lei de família!

Rosa Tatula – Não esperes resposta, que a morte não fia palavras.

Juiz – Seus peitos não têm mais ar, e não há palavras sem ar, como sem ar não há chama.

Pedro Gailo – É que às vezes acontecem milagres.

Juiz – Noutros tempos. Nestes, ao carro da morte ninguém rouba os bois.

Marica do Reino – E dizer que tudo isto surgiu por causa de uma disputa entre dois irmãos carnais verdadeiros!

Mari-Gaila – Não haverá disputa, se se respeita os direitos do que nasceu varão.

Marica do Reino – Vamos consultar os que entendem de Lei.

Juiz – Assim que cheguem à porta do advogado, estarão ainda mais enredados! Sem sair da aldeia, encontrarão barbas honradas, de gente que entende de Justiça!

Pedro Gailo – Qual é teu conselho, Sebastião de Candás?

Juiz – Se fosse dar meu conselho, não contentaria a ninguém. Ninguém está com a Lei!

748 TEATRO COMPLETO: RENATA PALLOTTINI

MARI-GAILA – A Lei não é pelo irmão homem?

JUIZ – A palavra da Lei, tu não a alcançaste.

MARI-GAILA – Mas existem aqui até pessoas que sabem latim!

JUIZ – O latim da missa não é o latim da Lei.

PEDRO GAILO – Qual é teu conselho, Sebastião de Candás?

JUIZ – Se não vão seguir meu conselho, pra que escutá-lo.

MARICA DO REINO – Pedimos o teu conselho, deves dá-lo.

JUIZ – Se assim como deixou o filho inocente, a finada deixasse um par de vacas, cada um levaria para casa a sua vaca. Isso é o que me parece. Se tivesse deixado duas carretas, cada um teria a sua.

ROSA TATULA – Dessa forma, nem haveria pleito.

JUIZ – No entanto, se deixa apenas uma carreta, também deve ser dividido o encargo representado pela carreta.

ROSA TATULA – Não é encargo, é proveito.

JUIZ – São bens "pro indiviso", como se diz nas sentenças.

MARI-GAILA – Ai, Sebastião, você diz sentenças, mas não explica como se pode repartir a carreta. Um tamanco pra dois pés, onde é que já se viu?

JUIZ – Isso nunca. Mas já vi muitos moinhos, que, em cada dia da semana, moem para um dono diferente.

UMA MOCINHA – Meu pai usa o moinho de André doze horas por semana.

MARICA DO REINO – De maneira que o justo seria repartir a carreta entre as duas famílias, com dias determinados.

JUIZ – Vamos supor: vocês são dois donos de um mesmo moinho. Então, de segunda a quarta, um faz uso dele; de quinta a sábado, o outro. Os domingos são alternados.

ROSA TATULA – Assim não haveria discussão.

MARICA DO REINO – Agora é você que deve falar, irmão.

PEDRO GAILO – O que nos deu aqui o nosso honrado vizinho é um conselho. Podemos acatar o conselho, ou não. O meu sentir já é manifesto, agora compete a ti declarar o teu.

MARICA DO REINO – Minha opinião à igual a tua, e daí não me afasto.

MARI-GAILA – Essas palavras são retorcidas.

MARICA DO REINO – São claras como o sol.

JUIZ – Vamos ver se caminho pelo teu caminho, Marica do Reino. A meu ver, queres dizer que concordas com aquilo que propuser o teu irmão.

MARICA DO REINO – Claramente!

JUIZ – E você, que responde, Pedro do Reino?

MARI-GAILA – Este bobo se conforma com qualquer coisa.

JUIZ – Então, está resolvido.

MARICA DO REINO – De maneira que três dias a carreta fica comigo, e três dias com minha cunhada.

JUIZ – O domingo é partilhado.

ROSA TATULA – Está feita a partilha, e sem peritos.

DIVINAS PALAVRAS

Mari-Gaila – É preciso festejar, bebendo um trago. Procura o caneco de aguardente, marido.

Pedro Gailo – Pega aí, na janela, encostado ao catre da defunta.

Mari-Gaila – Vamos dar também um gole ao coitadinho.

Juiz – Ele gosta?

Mari-Gaila – Gosta, quase lambe. O mal é que não se conforma com um gole só. Está embebido de aguardente.

Rosa Tatula – Tanta chuva e sol pelas estradas... Se não fosse essa ajuda, teria morrido.

Mari-Gaila – Queres um golinho, Laureano?

Rosa Tatula – Mostra-lhe a caneca, que só por palavras não alcança.

Mari-Gaila, graciosa e gentil, de pé ao lado da morta, enche o copo respira com delícias o aroma da aguardente.

Mari-Gaila – Sebastião, tens que ser o primeiro, porque resolveste a questão.

Juiz – Então, à saude de toda a companhia.

Mari-Gaila – Agora, o coitadinho. Já vou te dar, Laureano.

Rosa Tatula – Dá logo, e pede pra ele arremedar um trovão. Ele faz isso direitinho!

Mari-Gaila – Olha pra isso, meu Deus do céu! Põe a língua pra fora, que parece um apito!

Idiota – Hu, hu! Dá aqui!

Mari-Gaila – Quem é que dá?

Idiota – Naná!

Rosa Tatula – Que é isto, Laureano?

Idiota – Hu, hu!

Mari-Gaila – Como é que se pede?

Idiota – Hu, hu, hu!

Marica do Reino – Dá logo pra ele, é maldade!

Mari-Gaila – Tem que imitar o trovão, senão não dou.

Idiota – Miau! Fu! Miau!

Mari-Gaila – Isso é gato, bobo.

Rosa Tatula – Laureano, arremeda o foguete, assim você bebe.

Marica do Reino – Não façam o coitado ficar com raiva!

Idiota – Issst! Tun! Tun! Tun! Isssst! Tun!

Juiz – Pronto. Já ganhou seu gole.

Mari-Gaila – Eu morro de rir. Ele é divertido!

Pedro Gailo – Coitadinho!

Marica do Reino – A finada o ensinou muito bem! Não porque fosse nossa irmã, mas era uma mulher de proveito. Ai, Joana, que sorte negra tiveste!

Mari-Gaila – Ai, cunhada, deixa o pranto para amanhã, e bebe logo, tenho os braços cansados de segurar o caneco!

*A outra suspira, e antes de sorver a sua parte, passa na boca a ponta
da mantilha; depois, de um só gole, com uma careta. de repulsa, vira
o trago. Mari-Gaila bebe por último, e se senta na roda. Uma velha
começa uma história, e o Idiota, balançando a cabeça enorme,
sobre o travesseiro de palha, dá seu grito, na umidade do cemitério.*

IDIOTA – Hu! Hu!
SAPO – Cro! Cro!

Segunda Jornada

Cena 1

Lugar chamado Condes. Casario velho, com paus de videira diante das portas. Chácaras, com celeiros e palheiros. Por sobre os muros cachorros que latem. O raiar do dia, estrelas que se apagam, claras vozes madrugadoras, mugir de vacas e de vitelas. Sombras, com lampiões, entram e saem dos estábulos escuros, portando braçadas de capim. Em algum forno já se está cozinhando a broa, e a fumaça das ervas montanhesas perfuma o casario que desperta.
Marica do Reino, acocorada no umbral de sua casa, toma a primeira refeição, uma tigela de couve.

Uma Vizinha – Está esperando a carreta, tia Marica?

Marica do Reino – Desde ontem.

A Vizinha – Parece que sua cunhada, Gaila, está demorando.

Marica do Reino – Cunhada! Essa palavra me pesa na língua! A grande ladra, como tem outras luzes pelas tripas, anda no escuro pelas estradas, e passa as noites nas tavernas e nas estalagens, fazendo o que não deve.

A Vizinha – Quando bebe um trago, fica muito engraçada. São Brás, o que a gente riu com ela, há dias, na taverna de Ludovina! O Cego de Gondar, que também estava bem tocado, pedia a ela que se juntassem, e ela fechava a boca dele, com cada palavra!

752   TEATRO COMPLETO: RENATA PALLOTTINI

Marica do Reino – Pois olha que o Cego é bem esperto.

A Vizinha – Nem parecia. Falavam tudo no desafio, ele com sanfona, e ela com o pandeiro.

Marica do Reino – Milagres do vinho e da falta de vergonha.

A Vizinha – Ela não paga nem metade do que bebe. Muitas pessoas a convidam pra beber, por causa da sua lábia, e também para ouvir os versos engraçados que inventa.

Marica do Reino – Essa habilidade eu não conhecia! E dizer que não existe salvação para o desgraçadinho! Não olha por ele, não muda a palha do colchão, nem passa uma água nas suas vergonhas! Está em chagas, como um São Lázaro! Ai, que alma negra!

A Vizinha – E olhe que a carreta dá lucro! Muita gente queria essa mina!

Marica do Reino – Dá lucro pra ela, que não tem pena de andar com ele ao sol e à chuva, de feira em feira. Comigo não é assim. Como é de meu sangue, tenho pena, e acabo tendo só trabalho. Ando com a carreta um dia inteiro, e não dá nem para ganhar uma boa moeda!

A Vizinha – Pois olhe: só o que sua cunhada gasta em bebida, já passa disso!

Marica do Reino – Mas eu penso na decência.

A Vizinha – Ela, quando bebe, também dá de beber ao inocente.

Marica do Reino – Não faz nada demais! Ele é quem ganha!

A Vizinha – É, mas bebida não há de fazer bem ao coitadinho!

Marica do Reino – Muita, não, é claro. Mas um copinho, queima as lombrigas.

A Vizinha – Assim ficasse em copinho...

Marica do Reino – Não me diga!

A Vizinha – Eu, se fosse a senhora, não esperava por hoje sua cunhada Mari-Gaila...

Marica do Reino – Não diga essa palavra! Cunhada! Cunhada; antes essa vagabunda não o fosse! E meu irmão, que está tão iludido!

A Vizinha – Tio Pedro canta nos enterros, e a mulher nas tavernas.

Marica do Reino – Como é verdade que nós, as mulheres, somos filhas da Serpente! E meu irmão, coitado, tão inocente de sua vergonha!

A Vizinha – Ele só vê o dinheiro.

Marica do Reino – Nem isso!

A Vizinha – Desconfio que Mari-Gaila foi com a carreta para a feira de Viana do Prior. Ela não perde essa oportunidade.

Marica do Reino – E me rouba o meu dia! Ah, São Tomás, é esta e nunca mais! Juro que pego a carreta e não devolvo! Vou te dizer uma coisa secretamente: a sombra de minha irmã veio bater à minha porta; está vendo os sofrimentos do filho de seu pecado, e me declarou que não quer vê-lo em mãos estranhas. Ordenou que eu me encarregue de uma vez da carreta, e disse que essa intrusa há de arrastar correntes, neste mundo e no outro! Quero ser condenada se o que te digo é mentira!

A Vizinha – São pesadelos.

Marica do Reino – Eu estava bem acordada!

DIVINAS PALAVRAS

A Vizinha – E a alma da defunta disse tudo isso?
Marica do Reino – Tudo! Peço que não divulgues.
A Vizinha – Está enterrado aqui.

*A Vizinha entra em casa, para vigiar o fogo. Uma galinha
com pintinhos cisca na porta e, no alto da figueira,
três crianças sujas e quase nuas, comem.*

Cena 2

*Um bosque de castanheiros, onde faz ponto de parada a caravana
de mendigos, consertadores e fabricantes de peneiras que vão,
anualmente, às feiras de agosto em Viana do Prior. Mari-Gaila,
contente com sua nova aventura, sufocada e risonha, chega,
puxando o carrinho pela estrada branca de luz.*

Miguelin – Rende um bocado esse tesouro, hem, Mari-Gaila?
Mari-Gaila – Não dá pra nada.
Cego de Gondar – Agora você deu de explorar ainda mais, mostrando as
partes do aborto!
Mari-Gaila – O tempo não está bom pra se fazer dinheiro.
Vendedor de Limonada – O dinheiro, mesmo quando se faz ouvir, anda
em círculos, e sempre existe alguém que leva na cabeça.
Cego de Gondar – Por aqui levamos na cabeça todos.
Miguelin – Não existe dinheiro, e o que existe, vai todo para o Compadre
Miau.
Mari-Gaila – Sétimo Miau! Tenho ouvido falar dele, e do seu cachorro,
Coimbra. Pelo que sei, é um tipo divertido e que aproveita a vida.
Miguelin – Um condenado, isso sim!

*Mari-Gaila encosta o carrinho à sombra dos castanheiros, e se senta
à beira do caminho, com os olhos e os lábios alegres de malícia*

Mari-Gaila – Tenho uma pulga na perna, que parece que anda de taman-
cos. Vou catar. Não olhes, Padronês!
Miguelin – Por quê? Tens medo que te calunie? Todo o mundo sabe que
tens as pernas tortas.
Mari-Gaila – Tortas e finas!
Cego de Gondar – Contigo não há problemas. Se fossemos os dois a cor-
rer as feiras e as festas de romária, haveríamos de ganhar muito bom
dinheiro. E já não precisaríamos deixar esta boa vida.
Mari-Gaila – Esta vida foi o bem que a minha herança me trouxe.
Miguelin – Você abandonou o Palácio do Rei?
Mari-Gaila – Abandonei minha casa, onde era a rainha.

754   TEATRO COMPLETO: RENATA PALLOTTINI

Vendedor de Limonada – Pode ser que sua vida não seja boa, senhora, mas a verdade é que agora tem umas carnes que antigamente não tinha.

Rosa Tatula – E cores!

Mari-Gaila – Toda a vida tive cores como as de uma rosa, e porisso me acusavam de beber. E não era, era da minha boa conduta!

Os mendigos, escuros e preguiçosos, jogados à sombra das árvores, riem. Pela estrada, uma menina, com roupa longa de nazarenos, conduz um cordeiro enfeitado de fitas, sorrindo, estática, entre seus pais. Aldeões velhos. Moças vestidas como para a festa, passam cantando, entre bandos de rapazes pálidos, devotos, que vão fazer penitência.

Vendedor de Limonada – Este ano a feira de Viana vai ser superior!

Miguelin – A feira que dá mais dinheiro ultimamente é a Feira do Cristo de Bezán.

Mari-Gaila – Essas feiras distantes são boas pra vocês, que são corpos livres. Como é que eu posso ir, sete léguas, puxando essa carreta?

Cego de Gondar – Procura-se um boa companhia, e se faz a viagem por etapas. Para tirar com a carreta o que ela vale, o bom são as feiras de montanha. Essas é que dão o bem de Deus.

Mari-Gaila – Não vou faltar é à feira de São Campio da Arnoya.

Cego de Gondar – Se você entra em acordo comigo, vai ver que belo proveito.

Mari-Gaila – Em acordo já estamos; só que você chama de acordo o ir pra cama juntos, e isso é que eu não quero.

Rosa Tatula – Deus me perdoe, mas o pecado não aguenta com vocês!

Mari-Gaila – Pudera, eu com esta carne de rosas, que este desgraçado já está querendo apalpar! Tira a mão, maldito!

Cego de Gondar – Não fujas, Mari-Gaila!

Mari-Gaila – Procura aí um fósforo.

Cego de Gondar – Para o almoço?

Mari-Gaila – Sabido!

Cego de Gondar – Sinto um cheiro de sardinhas. E se juntássemos as provisões, Mari-Gaila?

Mari-Gaila – De minha parte, só tenho quatro arenques, que me deram de esmola. É comida que pede bebida.

Cego de Gondar – Apalpa aí os meus alforges, que deve haver qualquer coisa de bom lá dentro.

Mari-Gaila – Ah, sem-vergonha! Ele se trata como um Padre Prior.

Mari-Gaila, com os braços nus e as tranças recolhidas sob o lenço de flores, põe fogo em alguns galhos. Levantam-se cantando as chamas de uma fogueira. A fumaça tem cheiro de louro e de sardinhas, e lembra o vinho verde e a broa ácida. Um velho venerável, levanta-se lentamente. Tem o peito coberto de rosários, e traz a capa dos peregrinos ao ombro.

DIVINAS PALAVRAS

PEREGRINO – Por minha fé, cristão, que sinto não ter o que oferecer-vos, para tomar parte nesse repasto.

MARI-GAILA – Pois olhe que a sua alforja está dura!

PEREGRINO – Não carrego senão a minha penitência.

CEGO DE GONDAR – Algum pernil?

PEREGRINO – A pedra em que descanso a cabeça, quando durmo.

Abre o alforge, e mostra uma pedra de rio, com um buraco redondo e polido, marca de longos sonos penitentes. Mari-Gaila, ante aquele prodígio, sente uma onda de ternura cheia de gozo.

MARI-GAILA – Chegue-se aqui, venturoso, e repartiremos a comida entre os três.

PEREGRINO – Louvado seja Deus!

MARI-GAILA – Para sempre seja louvado!

Mari-Gaila tira as sardinhas do fogo, e as põe num pratinho de folha. Depois, tira o pão e o vinho do alforge do Cego, e faz lugar para o Peregrino em torno da capa remendada que serve de toalha de mesa. Enquanto todos comem, o Cego, com uma risada velhaca, cheira sua sardinha, posta sobre uma fatia de pão, e espicha a orelha.

CEGO DE GONDAR – Pode ser que tenha o travesseiro de pedra, mas os dentes ainda são resistentes! A penitência consiste em dormir mal, porque comer... Vá ser santo assim no inferno!

PEREGRINO – Fazia três dias que não comia.

CEGO DE GONDAR – Alguma indigestão?

PEREGRINO – Penitência!

CEGO DE GONDAR – Sou velho demais na safadeza, amigo!

O Peregrino acolhe essas palavras com gestos seráficos, e o Cego, depois de se refrescar com um gole, continua a dar risada. Miguelin, o Padronês, que nas sombras remenda um guarda-chuva, dá uma piscadela de malandro e assobia. O par de guardas civis de tricórnio, escuros e empoeirados, entra para a sombra do pequeno bosque onde os vagabundos fazem a sesta. Vendo quem chega, todos calam a boca, e os dois soldados vão e vêm, cruzando entre uns e outros.

UM GUARDA – Não esteve por aqui um sujeito que até outro dia corria as feiras com uma mulher da vida? Um tal de Conde Polaco?

CEGO DE GONDAR – Aqui não temos trato com a nobreza.

OUTRO GUARDA – É o nome de guerra.

CEGO DE GONDAR – É mais fácil mudar de nome do que de roupa.

MIGUELIN – Qual é o ofício desse tal, senhores Guardas?

UM GUARDA – Faz sempre o que há de pior, e eu estranho muito que não o conheçam.

CEGO DE GONDAR – Alguns correm o mundo com honradez, outros sem ela.

756 TEATRO COMPLETO: RENATA PALLOTTINI

MARI-GAILA – Os Senhores Guardas sabem disso!

OUTRO GUARDA – Eu, pra evitar enganos, prendia todo o mundo. Tenham cuidado no que fazem, que a gente está de olho!

MARI-GAILA – Nossa vida é um livro aberto!

UM GUARDA – Melhor!

Os guardas, sérios, o focinho amarelado dividido ao meio pelo barbicacho de oleado, se afastam, sob olhares de caçoada e de temor. As correias, os fuzis, os chapéus tricórnios brilham, na estrada branca de tanta luz.

CEGO DE GONDAR – Não há tesouro maior do que a visão. Esses homens, são mais cegos do que nós, que vivemos no escuro.

MIGUELIN – Pode ser.

CEGO DE GONDAR – Parece-me a mim, que estamos todos apontando o mesmo santo.

MIGUELIN – Eu não digo nada.

CEGO DE GONDAR – A minha boca está fechada.

MARI-GAILA – Por que tantos segredos?

CEGO DE GONDAR – Nós aqui nos entendemos.

MIGUELIN – Miau!

O astuto rapaz, recostado no tronco de uma árvore, abre o guarda-chuva para julgar o conserto, e assobia uma nova canção. Mari-Gaila, procurando guardá-la, escuta com um sorriso quieto, os olhos entreabertos...

MARI-GAILA – Linda modinha! Parece uma habanera.

VENDEDOR DE LIMONADA – O Compadre Miau a trouxe do fim do mundo.

MARI-GAILA – Vai ser divertido, quando nos encontrarmos pela primeira vez. Eu não o conheço, e no entanto há três noites que sonho com ele e com seu cachorro.

MIGUELIN – Só falta que o homem com quem você sonha, tenha de fato a cara dele.

MARI-GAILA – Padronês, se isso acontecer, acredito que ele tem parte com o Diabo.

CENA 3

Mari-Gaila, roda a carreta, e diz frases engraçadas. Para chamar gente, bate o pandeiro. Clarões de sol entre chuvas repentinas. Tempo de feira em Viana do Prior. Cercanias da Colegiata. Cavaletes e mesas debaixo das arcadas. Panos verdes e vermelhos, toalhas e guarnições das mesmas cores. Uma ladeira sobe pelo lado da Colegiata. Sombras de carvalhos, onde se vê o gado. À porta da taverna, alvoroço de

DIVINAS PALAVRAS

vaqueiros, alegria de moços, conversas de velhos, prosas e letanias de mendigos. Miguelim, o Padronês, sob os olhares da taverneira, conserta uma terrina de flores azuis. Coimbra, com roupa colorida, irrompe entre as pessoas, e a gaiola do pássaro mago aparece sobre os ombros do ambulante, que agora cobre o olho esquerdo com um pano verde. O Compadre Miau levanta sua estante à porta da taverna, e toca a flauta, fazendo bailar o cachorro Coimbra. O pássaro adivinho entra e sai de sua gaiola, profetizando. Mari-Gaila põe às costas o seu lenço de flores, e, mostrando-se ao ambulante, canta uma quadra, ao ritmo da mesma habanera que o Compadre Miau toca na sua flauta.

MARI-GAILA – Quem me dera viver em Havana
apesar do calor que faz lá!
E sair a passeio à tardinha
em caleça com um militar!
MIGUELIN – Reconheces o homem do teu sonho?
MARI-GAILA – Está diferente, por causa do olho tapado.
MIGUELIN – Compadre Miau, uma sorte do passarinho para esta mulher. Eu pago.
COMPADRE MIAU – Presente meu; ela merece muito mais, com tanta graça. Colorin, a sorte desta senhora! Colorin, interroga as estrelas!
MARI-GAILA – Minha sorte é a desgraça.

Colorin, de chapeuzinho verde e calças amarelas, aparece na porta de sua gaiola, com a sorte no bico. Mari-Gaila recolhe o papelzinho, e, sem desdobrá-lo, entrega-o ao ambulante que faz a leitura, numa roda de postos atentos.

COMPADRE MIAU (*faz a leitura*) – "Vênus e Ceres. Nesta conjunção se descerram os véus do teu destino. Ceres te oferece frutos. Vênus, luxúrias. Teu destino é o da mulher formosa. Teu trono, o da Primavera".
MARI-GAILA – Quebrados acertos! Minha sorte é a desgraça!

Sob as parreiras, largas e contínuas à porta da taverna, as figuras se definem numa luz esverdeada e aquosa. Miguelim, o Padronês, consertada já a terrina, pondo a língua sobre a pinta, o sorriso de lado, os braços recolhidos, o andar ondulante, junta-se à roda.

MIGUELIN – Que quer dizer esse olho que tem coberto, Compadre Miau?
COMPADRE MIAU – Quer dizer que um só já me basta para saber tuas intenções, compadre mariquinha.
MARI-GAILA – Vai outra, Padronês!
COMPADRE MIAU – Não fico mais bonito com o olho tapado? Diga, senhora.
MARI-GAILA – Se o descobrir, posso comparar.
COMPADRE MIAU – Logo mais, num lugar sossegado. De acordo?
MARI-GAILA – Que quer dizer?

758 TEATRO COMPLETO: RENATA PALLOTTINI

COMPADRE MIAU – Quer dizer: estamos conversados?
MARI-GAILA – Se é de seu desejo.

O Cego de Gondar, com a jaqueta caída, e uma taça
de vinho nas mãos, aparece na porta da taverna.
Tem um sorriso alegre, de quem bebeu e comeu bem.

CEGO DE GONDAR – Mari-Gaila, vem tomar um trago.
MARI-GAILA – Agradeço.
CEGO DE GONDAR – Bebe para refrescar a voz, Mari-Gaila. Lá de dentro ouvi tua canção.

Mari-Gaila enxuga os lábios com a ponta do lenço que tem na
cabeça, recebe a taça transbordante e vermelha das mãos do velho
ladino, e bebe, gargarejando depois com o vinho.

MARI-GAILA – Que sabor!
CEGO DE GONDAR – Próprio do Condado.
MARI-GAILA – Com este calor é ainda mais agradável.
CEGO DE GONDAR – Queres agora de um vinho branco que há lá dentro? Tem gosto de framboesa.
MARI-GAILA – Boa vida a tua!
CEGO DE GONDAR – Se queres provar, entra.
MARI-GAILA – E se de repente fico tonta?
CEGO DE GONDAR – Subimos e vamos dormir.
MARI-GAILA – Que mania! Por que é que você não tem uma boa menina para si?
CEGO DE GONDAR – As meninas só querem saber de si mesmas. Um cego precisa de uma mulher feita.
COMPADRE MIAU – Parece mais certo o contrário! Como não vê, o cego não pode apreciar a beleza! Quando apalpa, quer encontrar carnes firmes.
CEGO DE GONDAR – Você, como tem as carnes, Mari-Gaila?
A TAVERNEIRA – Depois de parir, não existem carnes duras.
MARI-GAILA – Isso depende da mulher. Eu, depois de parir, tinha a carne tão dura que não se podia beliscar.
CEGO DE GONDAR – Deixe ver como é agora.
MARI-GAILA – Fica quieto, senão não vou contigo.
COMPADRE MIAU – Se a senhora se vai, não podemos fazer aquela comparação!
MARI-GAILA – Está falando do olho tapado?
COMPADRE MIAU – Pois é.
MARI-GAILA – Daqui a pouco.
COMPADRE MIAU – Quer me esperar na taverna?
MARI-GAILA – Estou com este amigo, e espero, se não se demorar.

Mari-Gaila bate nas costas do velho sabido, e entra
na taverna, puxando a carreta. Antes de desaparecer
no escuro do saguão, vira-se e pisca para os que ficam.

DIVINAS PALAVRAS

COMPADRE MIAU – O garbo dessa mulher não é comum neste lugar. E depois, tem um bico!

VENDEDOR DE LIMONADA – As poucas mulheres de gosto e de valor, nesta terra, se guardam de nós! O senhor já terá ouvido falar de uma, que tem fama no mundo inteiro, a Carolina Otero! Pois bem! É filha do mendigo de São João de Valga! Essa mesma, a que se deita com o rei da França!

COMPADRE MIAU – A França não tem mais rei.

VENDEDOR DE LIMONADA – Pois então, com quem manda lá.

COMPADRE MIAU – A França é República, como devia ser a Espanha. Nas repúblicas, quem manda é o povo, gente como o senhor e eu, compadre.

VENDEDOR DE LIMONADA – Mas então, com quem é que a filha do mendigo de São João vai pra cama? Porque essa história é verdade! E além do mais é uma filha que não se esqueceu de sua mãe! Tirou-a dessa vida de pedinte, e montou uma taverna pra ela!

ROSA TATULA – E pensar que Mari-Gaila também podia ter tido essa sorte!

MIGUELIN – Histórias, aí, do nosso amigo.

VENDEDOR DE LIMONADA – Este amigo, por ter corrido mundo, deve saber.

COMPADRE MIAU – Mari-Gaila, em mãos de quem soubesse conduzí-la, poderia ter chegado onde chegou a outra.

VENDEDOR DE LIMONADA – Olhe, que é bastante!

COMPADRE MIAU – Não sou o primeiro. Colorin já tinha dito isso mesmo, e no seu bico está o conhecimento do futuro. Vamos tirar a sorte do passarinho, senhoras e senhores! O passarinho da sorte conhece o futuro! Senhoras e senhores, venham conhecer sua sorte!

CENA 4

A Quinta de São Clemente, ao cair da tarde, na hora do Ângelus. O lugar está cheio de pássaros e de sombras quase roxas. Pedro Gailo, o sacristão, passeia pelo pórtico, batendo com as chaves. Com as barbas grisalhas sem raspar, e as faces encovadas, o sacristão lembra, por alguma razão, a chama amarela das velas. Saem da igreja as últimas beatas, e Marica do Reino reza sobre a terra fresca de uma sepultura.

PEDRO GAILO – Adeus, Marica! Quando saíres, fecha a cancela.

MARICA DO REINO – Espera, quero falar contigo. Deixa terminar esta Ave Maria.

O Sacristão senta-se no muro do átrio, balançando as chaves. Marica do Reino se persigna. O irmão espera imóvel.

MARICA DO REINO – Qual foi o trato?

PEDRO GAILO – Por que essas palavras, Marica?

MARICA DO REINO – Não percebe? No entanto, é bem claro!

PEDRO GAILO – Se você não explicar...

MARICA DO REINO – Que é da carreta?

PEDRO GAILO – Sei tanto como você.

MARICA DO REINO – A tua mulher vai extraviada!

PEDRO GAILO – Tem quem lhe cubra a honra!

MARICA DO REINO – Aí irmão, outrora tão macho, e agora deixando que te enfeitem a cabeça! Que feitiço te fez essa mulher, que não vês mais a tua vergonha?

PEDRO GAILO – Não me envenenes, Marica!

MARICA DO REINO – Por que falo a verdade? Por isso me maltratas?

PEDRO GAILO – Calúnia, isso é que é! Foram mentiras que te disseram!

MARICA DO REINO – Calúnias! Antes fossem! Essa leviana, com sua conduta, é a vergonha de nossas famílias!

PEDRO GAILO – Tanto falam, tanto falam, que um dia se acaba a minha paciência! Já me resta só um pouco!

MARICA DO REINO – Pois acaba com esse pouco, e descarrega em mim a tua raiva!

PEDRO GAILO – Não falava de ti, ainda que pudesse falar. São muitas as más línguas!

MARICA DO REINO – Um dia verás claro, meu irmão!

PEDRO GAILO – Que diacho posso fazer? Queres que o teu irmão se desgrace?

MARICA DO REINO – Quero que não seja um cornudo!

PEDRO GAILO – Queres que eu me desgrace!

MARICA DO REINO – Serás honrado!

PEDRO GAILO – Honrado e na cadeia!

MARICA DO REINO – Não digo que se deva matar. Mas dá-lhe uma surra.

PEDRO GAILO – Voltará, depois da surra, à mesma vida.

MARICA DO REINO – Bate bastante.

PEDRO GAILO – Estou mal do peito! Compreende!

MARICA DO REINO – Compreendo muito bem!

PEDRO GAILO – Para conseguir alguma coisa, só matando. As tundas não bastam, porque ela recomeça. Compreende!

MARICA DO REINO – Pois deixa dela.

PEDRO GAILO – Não adianta nada.

MARICA DO REINO – Essa vagabunda te enfeitiçou.

PEDRO GAILO – Se chego a matá-la, tenho que pagar.

MARICA DO REINO – Tens muita, paciência!

PEDRO GAILO – Vocês querem que eu me desgrace, e tanto farão que me vão levar à força! Estão tecendo a corda, as bocas venenosas, estão chamando o verdugo! Estou perdido, e já sei! Hás de ver teu irmão enforcado, Marica! Esta noite vou afiar os gumes do punhal! Não quisera ter na minha alma os teus remorsos, Marica!

MARICA DO REINO – Não tenho culpa! Se perdeste a tua honra, e procuras recobrá-la, é porque esse é o teu destino!

DIVINAS PALAVRAS

Pedro Gailo – Destino que me arranjaram as bocas venenosas! Malditas sejam as línguas más! Assim se desgraça a um homem de bem que seguia o seu caminho, que não faz nenhum mal! Coitado de mim! Marica, minha irmã! Não te dá pena, a minha sorte?

Marica do Reino – Meu coração está fechado.

Pedro Gailo – Ai, que negro calabouço me preparas!

Marica do Reino – Em que triste hora nasceste! Nunca jamais voltarei a tirar o luto se levas a cabo teus maus pensamentos! Ai, meu irmão, antes queria ver-te entre quatro velas, do que afiando o punhal. Ciúmes e ódio às portas da casa nunca deram bom conselho! Ai, meu irmão, sentenciado sem remédio! Quando queres cuidar de tua honra, te ameaçam com as correntes! esconde o punhal, meu irmão, não afies a lâmina! Não te comprometas, que só de pensar nisso toda a minha alma se abrasa contra aquela maldita! A grande prostituta se iludiu com a carreta! Ai, irmão meu, por que é tão tirana a honra, que te obriga a procurar essa mulher, até às profundas da terra?

As vozes solenes da velha, no silêncio do átrio, cheio de sombras roxas, de fragrâncias de orvalho, de vôos inocentes de pássaros, tem o sentido das negras sugestões na primeira e sagrada inocência. O sacristão foge pelo caminho que vai à aldeia. A sotaína simples, e o chapéu pontudo põem no seu vulto alguma coisa de enfeitiçado. Volta-se perdido no milharal, cheio de rezas noturnas, e levanta os braços escuros, longos, magros.

Pedro Gailo – Tu me levaste ao pecado! Me levaste ao pecado!

Cena 5

Céu estrelado. Uma guarita de soldado, meio caída, na praia, está se desmanchando. Ondas do mar, com perfil de prata, abrem-se sobre os rochedos. Movem-se de leve as sombras dos mastros. As boias distantes mostram luzes. Na taverna do porto, ouvem-se canções e se joga cartas. Mari-Gaila chega, puxando a carreta e procura escutar, acocorando-se à sombra da guarita. Ouve-se leve rumor de guisos. Coimbra corre pela praia, farejando. Destaca-se, em negro, à porta da taverna, iluminada, a figura de Sétimo Miau. Mari-Gaila o chama baixo, e na sombra da guarita se juntam os dois.

Mari-Gaila – Vamos para mais longe.

Sétimo Miau – Não se assuste.

Mari-Gaila – Estou cuidando da minha reputação. Se nos vêem juntos, vai começar o enredo.

Sétimo Miau – Podemos nos esconder aqui na guarita.

762   TEATRO COMPLETO: RENATA PALLOTTINI

Mari-Gaila – Não chegue tão perto, amigo. Tire daí esse braço.
Sétimo Miau – Já está ameaçando com as unhas?
Mari-Gaila – É meu jeito. Como é que o senhor caminha pelo mundo, sem companheira?
Sétimo Miau – Ainda não pude conquistar um coração.
Mari-Gaila – E a quem foi que desejou, que foi tão mal correspondido?
Sétimo Miau – Renego de mulheres.
Mari-Gaila – Acho que morre por elas!
Sétimo Miau – Por uma só: a senhora!
Mari-Gaila – Quanto fogo! Pois olhe: pelo que sei, não faz muito o amigo andava acompanhado de uma boa fêmea.
Sétimo Miau – Por acaso a conheceu?
Mari-Gaila – Ouvi conversas. Que é dela?
Sétimo Miau – Suicidou-se.
Mari-Gaila – Que quer dizer?
Sétimo Miau – Que ela mesma se deu morte.
Mari-Gaila – Por pena de abandono?
Sétimo Miau – Por má cabeça.
Mari-Gaila – Ou muito amor.
Sétimo Miau – Algum homem já se matou pela senhora?
Mari-Gaila – Não caçoe!
Sétimo Miau – Então, serei eu o primeiro.
Mari-Gaila – Não mereço tanto.
Sétimo Miau – A senhora não pode saber.
Mari-Gaila – Tem muita lábia!
Sétimo Miau – Não há de querer a minha morte.
Mari-Gaila – Nem a sua, nem a de ninguém. Que diabo! Tire as mãos!
Sétimo Miau – Tem cócegas?
Mari-Gaila – Tenho. Fique quieto, que vem gente!
Sétimo Miau – Não vejo ninguém.
Mari-Gaila – Mas pode vir. O senhor é atrevido!
Sétimo Miau – Vamos entrar na guarita.
Mari-Gaila – Que teimosia!

O ambulante empurra suavemente a mulher, que resiste, branda e amorosa, recostando-se no peito do homem. Foguetes fazem explodir suas luzes coloridas e saltam sobre o mar. Sons de sinos que tocam as vésperas. Na súbita claridade dos foguetes, aparecem as torres da Colegiata. Mari-Gaila, na porta da guarita, se abaixa e levanta uma carta de baralho, caida na areia.

Mari-Gaila – O sete de espadas! Que será que quer dizer!
Sétimo Miau – Que terás a recompensa de sete trabalhos, dormindo esta noite com Sétimo.
Mari-Gaila – E se dormir a semana inteira?
Sétimo Miau – Que terás recompensa durante toda a vida.

DIVINAS PALAVRAS

Mari-Gaila – O senhor se compara a um Deus!
Sétimo Miau – Não conheço esse indivíduo.

*Mari-Gaila para, resistindo a entrar na guarita, os olhos
entreabertos, respirando e rindo, alegre de vinho e de excitação.
Deixando-se abraçar pelo ambulante, murmura, num transporte.*

Mari-Gaila – És o Conde Polaco?
Sétimo Miau – Esquece isso.
Mari-Gaila – Sim ou não?
Sétimo Miau – Não. Mas pode ser que o conheça.
Mari-Gaila – Pois, se é teu amigo, avisa que a polícia o procura.
Sétimo Miau – Ele já sabe. Já deve estar avisado.
Mari-Gaila – Não és tu?
Sétimo Miau – Troca de música.
Mari-Gaila – Está trocada.
Sétimo Miau – Entra.
Mari-Gaila – E a carreta?
Sétimo Miau – Fica fora. Entramos, pecamos, e partimos.
Mari-Gaila – Lindo verso.
Sétimo Miau – Vá!
Mari-Gaila – Sétimo! Você não gosta de mim!

*O ambulante morde a boca da mulher, que se achega suspirando,
desfalecida e feliz. O luar os destaca na porta da guarita abandonada.*

Sétimo Miau – Bebi teu sangue!
Mari-Gaila – A tí me entrego.
Sétimo Miau – Sabes quem sou?
Mari-Gaila – Tu és meu negro!

Cena 6

*A casa dos Gailos. Na cozinha, térrea, de telha vã, o pavio
do candil fumega e as galinhas se escondem sob as pedras quentes
do fogão. Simoninha, por detrás de um reposteiro rústico, troca de
roupa para dormir, enquanto o Sacristão desce do sobrado,
descalço e com uma sotaina velha. Numa das mãos, Pedro Gailo
traz um punhal escuro e carniceiro, na outra um caneco de metal.
Falando sozinho, senta-se a um canto do fogão.*

Pedro Gailo – Hei de vingar minha honra! Preciso procurar minha mulher. A mulher é a perdição do homem! Ave Maria, se não fosse assim, não se cumpririam as Escrituras. Da mulher sai a serpente! Puxa,
se sai! A serpente das sete cabeças!

764 TEATRO COMPLETO: RENATA PALLOTTINI

SIMONINHA – Que barulho é esse, meu pai? Por que não vai dormir?

PEDRO GAILO – Calar a boca também é obediência.

SIMONINHA – Bebeu fora da conta! Vá dormir, beberrão!

PEDRO GAILO – Tenho que afiar a faca.

SIMONINHA – Beberrão!

PEDRO GAILO – Vou passar a noite neste trabalho! Para limpar minha honra! Pra encontrar minha mulher! Ah, já está cortando! Meu destino é a desgraça! Sem pai e sem mãe vais ficar, Simoninha! Pensa! Vê como o punhal vai ficando afiado! Alumia, dá faíscas! E tu, tão nova, que farás neste vale de lágrimas? Ai, Simoninha, a lei da honra te deixa sem pai!

SIMONINHA – Olhe a bebedeira no que dá! Que assunto!

PEDRO GAILO – Ficas sem pai! Com esta faca hei de cortar a cabeça da grande prostituta e, com ela suspensa pelos cabelos irei à presença do Senhor Alcaide Maior, e direi: Vossa Ilustríssima Excelência pode mandar que me prendam. Esta cabeça é da minha legítima esposa. Vingando a minha honra, cortei-a de uma vez. Vossa Ilustríssima Excelência terá escrito nos seus textos o castigo que eu mereço.

SIMONINHA – Quieto, meu pai, que estou gelada de medo! Viraram a sua cabeça com falsidades! Ai, que almas negras.

PEDRO GAILO – A mulher que se afasta do marido, quer o quê? E os maus exemplos, querem o quê? Punhal, punhal, punhal!

SIMONINHA – Não se encha de maus pensamentos, meu pai!

PEDRO GAILO – Está escrito! Mulher, pagarás tuas culpas com a cabeça decepada... Tu, ficas orfã, e o mereces, porque és malcriada. Não tenho nenhuma pena da tua orfandade. Só quero saber de mim. Olha só como o punhal alumia!

SIMONINHA – Renegado! O senhor não é meu pai! O senhor está possuído pelo demônio. Três vezes renegado! Qual é a culpa de minha mãe? Onde estão as provas?

PEDRO GAILO – A culpa não se vê! Procuras culpa, e não se vê. É como o vento que levanta as telhas. Não se vê! Mas tua mãe está condenada à morte!

SIMONINHA – Paizinho, paizinho, esperemos que Deus a mate! Não suje as suas mãos de sangue! Olhe, que elas ficarão para sempre manchadas! Quem sabe se minha mãe ainda volta?

PEDRO GAILO – Ovelha que se desgarra, no matadouro é que paga. Não te metas nisso, Simoninha! Afasta! Deixa que arraste pelos cabelos essa infame! Hei de arrastá-la pela cozinha! Grita, berra, grande adúltera! Has de ter uma pedra entre os dentes, como os porcos.

SIMONINHA – Acalme-se, paizinho. Beba outro copo, e durma.

PEDRO GAILO – Cala-te, rebelde! Por que abriste a porta, pra deixá-la fugir? Enterrada aqui, ao lado do fogão, nunca seria descoberta!

SIMONINHA – Vamos fazer uma cova bem funda. Agora, pra tomar ânimo é melhor beber um trago.

DIVINAS PALAVRAS

*De camisola, com os ombros nus, pega o caneco de
aguardente, e o levanta para alcançar a boca do bêbado,
que o afasta com a mão e fecha os olhos.*

PEDRO GAILO – Você primeiro, Simoninha.

SIMONINHA – É aguardente!

PEDRO GAILO – Bebe você, e me deixa uma gota. A mulher foge de casa!

SIMONINHA – Vamos, tome o resto e afaste os meus pensamentos.

PEDRO GAILO – A mulher tem deveres com o marido, e o marido com a
mulher. Os dois usam os seus corpos, conforme o Santo Sacramento.

SIMONINHA – Se quer mulher, há de encontrar uma, que não é tão velho,
nem tão mau. Procure amigação fora, porque outra pra mandar aqui,
não quero.

PEDRO GAILO – E se de noite o inimigo me tenta? O inimigo é muito tentador, Simoninha, muito tentador!

SIMONINHA – Com um pouco de latim se espanta o diabo.

PEDRO GAILO – E se me tenta a pecar contigo?

SIMONINHA – Fora com o demônio!

PEDRO GAILO – Cobre os ombros, que o pecado entrou em mim.

SIMONINHA – Beba e durma.

PEDRO GAILO – Que perna redondas, Simoninha!

SIMONINHA – Sou toda gordinha, não havia de ter as pernas finas.

PEDRO GAILO – Que brancuras!

SIMONINHA – Não olhe o que não deve.

PEDRO GAILO – Põe um agasalho, e vamos fazer a cova.

SIMONINHA – Outra vez com o mesmo delírio?

PEDRO GAILO – Minha cabeça está fervendo!

SIMONINHA – Vá para a cama!

PEDRO GAILO – Para que cama, beleza? Se você não vem comigo, não quero.

SIMONINHA – Então largue a faca. Havia de ser engraçado, nós dois na
cama!

PEDRO GAILO – Então, vamos brincar disso?

SIMONINHA – Não quer mais fazer em fatias nenhum pescoço?

PEDRO GAILO – Cala a boca.

SIMONINHA – Ponha-se de pé, e não me belisque as pernas!

PEDRO GAILO – Doçura!

*Simoninha conduz o bêbado para o catre, detrás do reposteiro, e o
empurra, sufocada. A camisola lhe cai pelos ombros, e tem a trança
desfeita. Tira o candeeiro da parede, e sobe para dormir no segundo
andar. A voz nebulosa do Sacristão sai do catre de palha.*

PEDRO GAILO – Vem, Simoninha! Vem, minha prenda! Já que ela me põe
chifres, vamos por-lhe outros iguais na testa! Onde estás, quero
apalpar-te! Agora, tu és a rainha. Se me dás um coice, não. Mas, de
outro modo... vamos pagar-lhe na mesma moeda. Ai, como ri o diabo

vermelho! Veio ficar encima do meu peito! Simoninha! Vem aqui! Linda! Vem espantar o diabo!

Simoninha, com o candieiro na mão, escuta, acocorada na escada. O bêbado começa a roncar, e as palavras enroladas, que delineiam o perfil do seu sono, mal se distinguem.

CENA 7

Viana do Prior. Som de sinos. Noite de estrelas. Uma hospedaria, fora da cidade. E ali a pousada de mendigos e viandantes de toda laia, morenos cortadores de trigo, fabricantes de peneiras e suas mulheres, outras mulheres de beira de rio, que vendem rendas, alegres contadores de casos e doentes amarelos, que, com mantas ao ombro e cajado na mão, pedem esmolas para chegar à Santa Casa. O acaso os junta naquele grande pátio, sem outra luz que a chama de fogão, e a tristeza de um candil, pendurado à entrada das estrebarias. Aparece Rosa Tatula, puxando a carreta do anão, chega ao balcão, e procura pela bolsa, ao mesmo tempo que ri, com sua boca desdentada.

ROSA TATULA – É boa esta moeda, Ludovina?

Ludovina, pequena, ruiva, vermelha, redonda, bate com a moeda para ouvir o som, esfrega-a entre os dedos, examina-a, com a luz comprida do candeeiro. Solta-a de novo sobre o balcão.

LUDOVINA – Parece boa. Vê, lá, Padronês.

MIGUELIN – Não tem mancha.

ROSA TATULA – Quer trocá-la em níqueis, Ludovina? Tinha medo que fosse falsa, por causa da mão de onde provém. Vem do castelhano que tem aquele pássaro.

MIGUELIN – O Compadre Miau.

ROSA TATULA – É, esse contador de mentiras, que se juntou com Mari-Gaila. Andam juntos como dois namorados, ali pela praça, olhando os castelos de fogo, e como o povo é demais, me pediram para tomar conta da carreta. Gente moça é pra se divertir.

LUDOVINA – De mocidade já não têm muito.

MIGUELIN – São gatos do mesmo saco.

Do fundo escuro do pátio sai para a luz um moço alto, com a barba nascente, capote de soldado pobre nas costas, e o canudo de licença no peito. Tem um braço ferido, e pede esmola, tocando acordeão com uma só mão.

SOLDADO – Mari-Gaila não é mulher para um homem desse porte. A outra sim, tinha um garbo e uma fala muito mais bonita.

DIVINAS PALAVRAS

Miguelin – A outra tinha uma criança nas costas, e esta tem uma carreta que vale um prêmio de loteria. O Compadre Miau vai carregar esse aborto de cabeça grande pela Espanha toda, e vai fazer muito dinheiro.

Soldado – Não é um caso tão interessante. Existem outros fenômenos melhores.

Rosa Tatula – Mais bem ensinados, também.

Miguelin – O Compadre transformou um cachorro pulguento numa mina de ouro chamada "Coimbra".

Rosa Tatula – Mari-Gaila, que tinha direito a explorar o aborto, ou pelo menos, de explorar a metade dele, não conseguia nada.

Soldado – Não é um caso muito interessante.

Miguelin – Pois eu acho que faz sucesso até nas quermesses de Madri. Ludovina, arranja uma bebida, que eu pago, e traz um pedaço de papel. Vou fazer um chapéu para o monstrengo.

Soldado – Para essa cabeça? O chapéu não vai entrar.

Idiota – Hu! Hu!

Soldado – Pra fazer dinheiro com ele, era preciso que tivesse barba, corcunda, e um boné vermelho.

Idiota – Hu! Hu!

Miguelin – Pois terá tudo isso, se cair nas mãos do Compadre Miau.

Rosa Tatula – Paga mais uma pra ele, e prestem atenção. Quando bebe dois copos fica muito engraçado. Imita uma rã, Laureano.

Idiota – Quá! Quá!

Miguelin – Mais um golinho, Laureano?

Idiota – Hu! Hu!

Miguelin – Mais um, Ludovina.

Ludovina – Com esse são três, por tua conta.

Miguelin – Cobra aí do soldado.

Ludovina – Viva a festa!

Miguelin, um riso mau na boca, tendo a língua sobre a pinta cabeluda, dá de beber ao anão, que, afundado nas palhas da carreta, bebe com gosto, virando os olhos. Sob a abertura da chaminé ressoa deformado o grito do idiota.

Idiota – Hu! Hu!

Miguelin – Bebe, Napoleão Bonaparte!

Soldado – Ponha nele uns bigodes, como os do Kaiser.

Miguelin – Vou raspar a cabeça dele formando uma coroa como a dos padres.

Rosa Tatula – Que idéias! Idéias do diabo!

A um canto da lareira, um casal de velhos e uma menina branca, vestida de roxo assistem à cena. Comem roscas, bebem vinho, e têm um lenço com groselhas. A menina estática, parece uma figura de cera entre aqueles dois velhos do retábulo.

*Os velhos têm rugas profundas e o rosto cor de ocre, quente e doce,
como os Pastores de um quadro da Adoração. O grito do idiota
põe a flor de um sorriso no rosto triste da menina.*

MENINA – Queres pão doce, Laureaninho? E um biscoito?
IDIOTA – Pu... puta!
ROSA TATULA – Ele se esquenta, vendo a menina. É sabido!

*O Idiota agita as mãos, com um tremor de epiléptico, virando os olhos.
A Menina deixa sobre a carreta groselhas e roscas, e se senta
novamente, ao lado dos pais, absorta e estática. Com seu hábito
cor de violeta e suas mãos de cera, parece uma virgem mártir
entre duas velhas figuras de presépio.*

A MÃE – Ludovina, não deixa que lhe deem de beber tanto! Pode morrer!
ROSA TATULA – Vira pra lá essa boca!

*O Idiota, com os olhos revirados, a língua caída entre os lábios escuros,
respira com um resfôlego audível. A enorme cabeça, lívida, cabeluda,
viscosa, roda como uma cabeça cortada. Miguelim, o Padronês,
entortando a boca, molha com saliva a pinta cabeluda.
As outras sombras inclinam-se sobre a carreta.*

LUDOVINA – Não lhe tirem o ar.
MIGUELIN – Enfia ele de cabeça no poço, que isso passa.
LUDOVINA – Tatula, tira a carreta daí pra fora. Aqui não quero mais festas.

*Com a boca cada vez mais torta, o Idiota arranha a colcha
remendada do seu berço, e suas mãos, sacudidas por tremores
súbitos, parece que se afilam. A menina e os velhos guardam uma
atitude cristã, quietos, atrás da chama da lareira.*

PAI – Isso não aconteceria com a finada. Ela tinha cuidado, mas essa história de cada um lhe dar um copo...
LUDOVINA – Tira fora a carreta, Tatula.
MIGUELIN – Enfia no poço, que isso não é nada.
SOLDADO – Nada mas do que a morte!
LUDOVINA – Raios! Já disse que não o quero debaixo do meu teto!
ROSA TATULA – Talvez não seja morte total!
LUDOVINA – Estou olhando pela reputação da minha casa. E a culpa é toda tua, maricas!
MIGUELIN – Além de ter pago as bebidas, ainda me censuram!

*O Anão tem o último tremor. Suas mãos infantis, de cera escura se
encolhem sobre a colcha de remendos e a enorme cabeça azulada, com
a língua entre os lábios e os olhos vidrados, parece ter sido degolada.
As moscas do gado aparecem para picá-lo. Ludovina deixa o balcão.*

DIVINAS PALAVRAS

LUDOVINA – Não quero complicações na minha casa! Raios! Todo o mundo pra fora, já!

ROSA TATULA – Estou saindo. Mas seria bom que todos calassem a boca sobre o ocorrido.

LUDOVINA – Aqui ninguém viu nada.

A Velha sai puxando a carreta, e no umbral da porta, branco de luar, aparece Mari-Gaila. Seu vulto, cheio de rítmos clássicos, aparece nítido na noite de prata.

MARI-GAILA – Saúde para todos!

LUDOVINA – Chegaste em boa hora.

MARI-GAILA – Que mistério é esse?

ROSA TATULA – A morte não avisa.

MARI-GAILA – O coitadinho?

ROSA TATULA – Espichou.

MARI-GAILA – Desgraças como escadas! E agora que vou dizer a Sétimo? Preciso de conselho dele!

MIGUELIN – Onde está?

MARI-GAILA – Foi chamado ao Cassino dos Cavalheiros.

LUDOVINA – O conselho será enterrá-lo.

MARI-GAILA – Em terra bendita?

LUDOVINA – Não se pode enterrar um cristão debaixo de um limoeiro!

PAI DA MENINA – Em consciência, é preciso enterrá-lo ao lado de sua mãe.

MARI-GAILA – Tenho de caminhar toda a noite, com o morto no carro. Renegado seja o Demônio! Me dá de beber, Ludovina. Tragos com tragos. Põe outra aí, pra completar meio real ... E se o Sétimo perguntar por mim...

LUDOVINA – Terá resposta. Mari-Gaila, vai saindo! Não quero mais dentro das minhas portas o cheiro do defunto.

MARI-GAILA – Senhor Misericordioso, levas meus proveitos e me deixas meus males! Já se foi deste mundo quem me enchia os alforges! Jesus Nazareno, me privas do amparo que eu levava pelos caminhos, e não me dás outro sustento! Já não terei teus milagres, já não me encherás o forno de pão, Jesus de Nazaré!

CENA 8

Noite de estrelas. Mari-Gaila roda a carreta por uma estrada branca, e cheia do rumor do milharal. Ouve-se o canto do cuco. Quando esse canto acaba, ouve-se o riso trêmulo do Bode. Está sentado sobre uma pedra, com a barba espessa, sacudido por um golpe de vento. Mari-Gaila conjura.

770 TEATRO COMPLETO: RENATA PALLOTTINI

Mari-Gaila – Uma hora, por Nossa Senhora! Duas horas, o sol de esplendores! Três horas, a hora da Glória!

Bode – Cucurucú!

Mari-Gaila – Renegado!

Bode – Esta noite me torceste bem os cornos!

Mari-Gaila – Quatro horas, os galos cantores!

Bode – Cucurucú! Beija o meu rabo!

O lugar se transforma. Mari-Gaila atravessa uma passagem no meio de um banhado que tremeluz. O Bode, sentado sobre as patas no meio da vereda, ri, uma enorme risada que passa retorcendo-se pelos fios da sua barba.

Mari-Gaila – Cinco horas, a Sorte demora! Seis horas, os Reis Protetores! Sete horas, a morte vai embora!

Bode – Quando acabares podemos dançar.

Mari-Gaila – Oito horas, chamas do Purgatório! Nove horas, três trempes, três olhos! Dez Horas, a espada do Arcanjo se descobre! Onze horas, as portas se abrem agora! Doze horas, o trovão do Senhor rebenta nas tripas do Diabo maior!

Mari-Gaila espera o trovão, e só ouve a risada do Bode. Outra vez se transforma a paisagem. Agora, aparece uma igreja numa encruzilhada. As bruxas dançam em torno. Pela porta sai um clarão avermelhado, e passa o vento carregado de fumaça com cheiro de sardinhas assadas. O Bode, sobre a cruz do campanário, dá seu grito.

Bode – Cucurucú!

Mari-Gaila – Renegado, mil vezes renegado!

Bode – Por que não me reconheces?

Mari-Gaila – Maldito, nunca te vi antes!

Bode – Vem comigo ao baile!

Mari-Gaila – Não quero saber das tuas romarias!

Bode – Cucurucú! Vou te levar pelos ares, mais alto que o sol e a Lua. Cucurucú!

Mari-Gaila – Renego o teu poder.

Bode – Queres que te faça chegar ao fim da tua jornada! Posso fazer isso com um sopro.

Mari-Gaila – Bem que sei!

Bode – Andaste toda a noite, e não adiantou nada.

Mari-Gaila – Afasta, Bode, e me deixa passar!

Mari-Gaila puxa a carreta, mas não consegue movê-la. A carreta pesa, como se fosse de pedra. O Bode faz ouvir seu relincho.

Bode – Cucurucú! Não vais poder chegar a tua porta. Queres ou não minha ajuda?

DIVINAS PALAVRAS 771

Mari-Gaila – A que preço?

Bode – De graça. No fim da viagem, dançamos um pouco.

Mari-Gaila – Se fosse só isso...

Bode – É só isso.

Mari-Gaila – Tenho companhia melhor.

Bode – Cucurucú! A escolha é tua.

O Bode desata a rir, e desaparece do campanário, cavalando o galo da torre. Outra vez se transforma a paisagem, e volta a ser o caminho branco de luar, com o ruído do milharal. Mari-Gaila sente-se levada numa rajada de vento, quase não toca a terra. O impulso cresce, ela é suspensa no ar, sobe e suspira com deleite carnal. Sente de baixo das saias, os movimentos de uma garupa lanuda, estende os braços para não cair, e suas mãos encontram os cornos retorcidos do Bode.

Bode – Cucurucú!

Mari-Gaila – Aonde me levas, Negro?

Bode – Ao baile.

Mari-Gaila – Por onde vamos?

Bode – Por sob os arcos da lua.

Mari-Gaila – Ai, que desmaio! Não vou cair?

Bode – Aperta as pernas.

Mari-Gaila – Que corpo peludo!

Mari-Gaila desmaia, e se sente levada através das nuvens. Quando depois de uma longa cavalgada pelos arcos da Lua, abre os olhos, está ao pé da porta de sua casa. A lua, grande, redonda e insípida, cai sobre o carro, onde o anão faz sempre a mesma careta.

Cena 9

Simoninha, de camisola, com pés futivos e descalços, desce a escada do segundo andar. Na cozinha, negra e vazia, ouvem-se batidas à porta.

Simoninha – Estão batendo, meu pai!

Pedro Gailo – É, bater, batem...

Simoninha – Pergunto quem é?

Pedro Gailo – Que mal pode haver em perguntar?

Mari-Gaila (*voz*) – Abram, condenados!

Simoninha – É minha mãe, que voltou! Veja, meu pai, como ela é honesta!

Pedro Gailo – Quero só ver qual é a doença que a fez voltar.

Simoninha – Onde estão os fósforos?

Pedro Gailo – Comigo não estão.

Mari-Gaila (*voz*) – Ó, meu Deus! Tenho que ficar a noite toda no sereno.

Simoninha – Estou campeando os fósforos!

772 TEATRO COMPLETO: RENATA PALLOTTINI

Mari-Gaila (*voz*) – Estou aqui faz um vida!

Simoninha – Espera que eu vou acender o candeeiro!

A sombra do Sacristão, longa e fina, aparece por cima do
reposteiro. Sob a chaminé, a luz do candeeiro balança lentamente
e a mocinha, com a camisola caindo pelos ombros, levanta
a tranca da porta. Aparece Mari-Gaila, ao luar, escura e soberba.
Na estrada, meio virada, está a carreta.

Mari-Gaila – Que sono de pedra!

Pedro Gailo – Quem está cansado de trabalhar não dorme com um olho aberto, como as lebres!

Mari-Gaila – Pra que falar tanto, padreco? Tomara dormisses para nunca mais!

Pedro Gailo – Não terias melhores palavras pra voltar pra casa, desguaritada?

Mari-Gaila – Não me enchas a cabeça!

Pedro Gailo – O que eu devia fazer é separar-te a cabeça do pescoço!

Mari-Gaila – Ficou louco, padreco?

Pedro Gailo – O que é que você fez de minha honra?

Mari-Gaila – Sempre a mesma história, oh, paciência!

Pedro Gailo – Mulher pública!

Mari-Gaila – Olha, que te cato os piolhos a pau!

Simoninha – Não briguem!

Mari-Gaila – Fala, fala, e o que aconteceu foi que perdemos a galinha dos ovos de ouro!

Simoninha – O coitadinho, minha mãe?

Mari-Gaila – Esticou!

Pedro Gailo – Como assim... alguma dor repentina?

Mari-Gaila – Dor no vazio... Acabou nosso proveito!

Pedro Gailo – Deixou de padecer e não sabe mais nada.

Mari-Gaila – Nesse meio tempo mal juntei quatro moedas.

Mari-Gaila desamarra, com os dentes uma ponta do lenço,
e faz saltar na palma da mão as quatro moedas. Simoninha,
à vista daquele brilho, começa a chorar.

Simoninha – Ai! Já se foi o sol da nossa porta! Já se acabou o bem da nossa casa! Ai, partiu deste mundo sem olhar por nós!

Pedro Gailo – É preciso avisar minha irmã Marica.

Mari-Gaila – A menina que vá até a casa, de manhãzinha...

Simoninha – Minha Nossa Senhora, como vai ficar a minha tia... Vai ser o Dilúvio!

Mari-Gaila – Você não diz nem uma palavra. Deixa a carreta na porta, e volta.

Simoninha – E eu tenho que levar a carreta?

DIVINAS PALAVRAS 773

Mari-Gaila – É claro, minha bela. É claro! Não há de cair o enterro nas nossas costas!

Pedro Gailo – Nem vamos prestar declarações!

Simoninha – Só falta que a tia esteja de acordo.

Mari-Gaila – Quando estiver com a carreta na porta, não vai poder guardar o morto em salmoura.

Pedro Gailo – Já que se vai fazer assim, seria melhor antes do amanhecer!

Mari-Gaila – Isso sim que é ajuizado, padreco!

Simoninha – É, mas não vou fazer isso sem quatro pedras na mão.

Pedro Gailo – Fica quieta, malcriada! É tua tia e não podes levantar a mão contra ela!

Mari-Gaila – Se te acolher mal, quebra os vidros da janela.

Pedro Gailo – Isso não vai ser preciso, se aproveitamos o finzinho da noite.

Mari-Gaila – Boa idéia.

Pedro Gailo – É preciso evitar brigas na família. Simoninha, você vai, deixa a carreta na porta, e volta logo, em silêncio.

Simoninha – Minha mãe bem podia ter feito isso, quando veio.

Pedro Gailo – Mas é que essas idéias são próprias de um homem.

Mari-Gaila – Quieto, padreco! Você pensa que eu não tenho cabeça?

Pedro Gailo – Não digo isso, mas a verdade é que um homem tem outra inteligência.

Simoninha – Bom, chega!

Mari-Gaila – Chegou. Aproveita o fim da noite, e leva a carreta para a porta da tua tia..

Simoninha – Estou com medo...

Mari-Gaila – Que delicada!

Simoninha – O morto me assusta!

Mari-Gaila – Vai levar a carreta!

Simoninha – Ir por essas estradas tão escuras!

Mari-Gaila – E eu, não vim por elas?

Pedro Gailo – Obedece, Simoninha.

Simoninha – Vem comigo, paizinho!

Pedro Gailo – Eu te dou coragem falando da porta.

Mari-Gaila – Não demora tanto com conversas, amolante.

Simoninha amarra o cinto com mãos tremulas, põe o chale na cabeça, à guisa de capuz, e sai para o caminho, fazendo o sinal da cruz, e choramingando. Ao luar, puxa a carreta escura, onde a enorme cabeça do idiota, lívida e cabeluda, continua a fazer a sua careta. As mãos infantis, encolhidas sobre a coberta, têm um brilho de círios. Pedro Gailo, acocorado na porta, com os braços abertos, acompanha-a de longe com as suas palavras.

Pedro Gailo – Vai bem direitinho! É um pulo! Estás me ouvindo? Não tenhas medo! Olha a lua! Estás me ouvindo?

Simoninha (*voz distante*) – Fala comigo, paizinho...

Cena 10

Manhãzinha, luzes rosadas, cantos de pássaros. Na copa das figueiras os espantalhos abrem os braços. Dois porcos grunhem sobre a carreta, diante da porta ainda fechada de Marica do Reino. A velha, gasta e careca, põe a cabeça pela janela, e, com gritos, espanta os animais.

MARICA DO REINO – Fora. Fora! Pra fora, ladrões! Valha-me Vossa Senhora, os bacorinhos encima da carreta! Na calada da noite trouxeram o coitado! De noite! E nem um grito pra me avisar! Os desgraçados!

Marica, o corpinho mal atado e os peitos de cabra seca aparecendo, surge do fundo da cozinha, brandindo a vassoura.

MARICA DO REINO – Pra fora, ladrões! Pra fora, malvados! . . Ai, que susto, meu Deus! Ai, minha alma, não me deixes! Comeram toda a cara dele! Devorado! Devorado pelos porcos! Frio, frio de todo!

Com os gritos vão acudindo os vizinhos. Aparecem às janelas estreitas que se abrem debaixo dos telhado, agrupam-se nos pequenos pátios, saem dos estábulos, junto com o som dos mugidos. A bruxa, aos gritos, espanca as magras ancas dos porcos, que grunhem e dão voltas, querendo ficar perto da carreta. Fala Serenin de Bretal, um velho sábio, que está apagando um lampião na porta de um estábulo.

SERENIN – O mundo está perdido. Agora, os animais atacam sem escrúpulos, pra comer os cristãos.

Uma mulher grávida, que, rodeada de crianças, está num patamar, se persigna, e abre os braços sobre a sua prole, com expressão triste e resignada de morte lenta.

MULHER GRÁVIDA – Mãe de Deus! Mãe de Deus!
SERENIN – Se vê que a carreta dormiu ao relento.
VELHA NA JANELINHA – Parece que foi assim.
MULHER GRÁVIDA – Mãe de Deus! Mãe de Deus!
MARICA DO REINO – Esta noite, e em silêncio, o trouxeram! E em silêncio se foram sem um chamado pra me despertar, sem bater à minha porta! Sua negra conduta é que nos leva a isto!
MULHER GRÁVIDA – A mãe do coitadinho estava chamando por ele!
MARICA DO REINO – Aqui tendes este corpo frio! Cara e mãos comidas pelos porcos. Revoltam-se as entranhas, doi na alma ver esta carniceira! Sois testemunhas! Comido pelos porcos!
SERENIN – Os animais não têm entendimento.
VELHA DA JANELINHA – Por certo!
MARICA DO REINO – As entranhas da gente estremecem, à vista destes despojos! Foste abandonado à minha porta, Laureaninho! Almas soberbas causaram tua morte!

DIVINAS PALAVRAS

Velha da Janelinha – É estranho que ao ser mordido não gritasse!

Uma Moça – Pode ser que tenha gritado, tia Justa.

Marica do Reino – Nesse caso eu teria acordado.

Mulher Grávida – Eu não preguei olhos a noite inteira.

Velha da Janelinha – É estranho!

Serenin – E se já estivesse morto, quando os porcos avançaram? Reparem que não correu sangue! Era para a carreta estar inundada! Para mim, ele morreu de passar a noite ao relento e sob a lua. Isso é fatal, dizem, para esses fenômenos.

Velha da Janelinha – Pode ser que tenha sido trazido já morto!

Serenin – Isto vai dar Justiça, com certeza.

Marica do Reino – Se culpados existirem, devem ser castigados.

Velha da Janelinha – Vieram muito quietinhos!

Marica do Reino – Um levante de barbas honradas devia haver contra esse vitupério! Quem te roubou a vida, Laureaninho? Ah, se pudesses falar, corpo morto!

Serenin – Não grite tanto, que se compromete. O infeliz morreu de morte própria. Ninguém havia de querer tirar-lhe o seu sustento.

Marica do Reino – Quer dizer que morreu sob a minha custódia?

Serenin – Quero dizer que morreu pela vontade de Deus!

Marica do Reino – E por que o silêncio com que o deixaram na minha porta? Morreu foi nas mãos deles, mãos de ladrões!

Serenin – Se é assim, leva-o de volta. Como eles fizeram, fazes também!

Velha da Janelinha – Aqui temos mistério!

TERCEIRA JORNADA

CENA 1

*Na casa dos Gailos. Na cozinha, de terra e enfumaçada,
se encolhem sombras taciturnas, marido e mulher. Pelo telhado,
com som brincalhão, rola uma pedra. Um bando de rapazes
que passa pela porta, canta esta quadra.*

RAPAZES – Tanturutuntun! A Mari-Gaila
Tanturutuntun! Tanto dormiu
Tanturutuntun! A Mari-Gaila
Tanturutuntun! Que mal pariu!

MARI-GAILA – Filhos de uma...
PEDRO GAILO – Paciência!
MARI-GAILA – Raios!
PEDRO GAILO – Não vamos provocar.
MARI-GAILA – Você bem merece isso!
PEDRO GAILO – Adúltera!
MARI-GAILA – Corno!

*Voltam a ficar em silêncio. A sombra de uma bruxa passa bem junto
à casa, e fica espreitando pela porta. É Rosa Tatula, encurvada, sem
dentes, o alforge magro e o cajado na mão. Mari-Gaila se levanta
e fala em voz baixa com a velha. Entram as duas. Mari-Gaila canta.*

ROSA TATULA – Não dizes nada, Pedro Gailo?

DIVINAS PALAVRAS

PEDRO GAILO – Estamos ficando velhos, Tatula.
ROSA TATULA – Você ainda vai levantar muitas saias.
MARI-GAILA – Pois é. Agora, está contra mim, furioso como um leão. Maus
conselhos. Anda falando em me cortar o pescoço.
ROSA TATULA – Conversas de homem.
MARI-GAILA – Se não passarem de conversas...

*Mari-Gaila suspira fundo. Elegante de corpo e
de braços, pega o caneco, depois o copo, enche-o,
estalando a língua, bebe, de longe oferece ao marido.*

MARI-GAILA – Bebe!
PEDRO GAILO – Quero comungar.
MARI-GAILA – Bebe no meu copo!
PEDRO GAILO – Queria descarregar minha consciência.
MARI-GAILA – Vais me fazer desfeita?
PEDRO GAILO – Tenho um peso grande no peito.
MARI-GAILA – Bebe, estou te oferecendo.
PEDRO GAILO – Minha alma não te pertence.
MARI-GAILA – Bebe, sem escrúpulo.
PEDRO GAILO – Pestilência!
MARI-GAILA – Isso é o que ele me diz, Tatula!
PEDRO GAILO – Mulher de escândalo!
MARI-GAILA – Mal-assombrado!

*O Sacristão sai de casa, furioso, de repente, para no umbral,
os braços caídos, os cabelos de pé. Marica do Reino, coberta com
o chale grande, vem vindo para a casa, arrastando a carreta.*

PEDRO GAILO – É o fim do mundo, Marica, minha irmã!
MARICA DO REINO – O que recebi, trago de volta.
MARI-GAILA – Esse corpo frio não hás de deixar na minha porta.

*Marica, antes de responder, volta a cabeça; uma sombra,
e um olhar frio e hostil, estão às suas costas. Simoninha, que
acaba de voltar da fonte, está com as mãos nas cadeiras.
Nesse momento, lembra sua mãe, Mari-Gaila.*

SIMONINHA – Leve de volta esse presente, senhora minha tia.
MARICA DO REINO – Dá passagem!
SIMONINHA – Não se atreva a passar!
MARICA DO REINO – Vou passar e bater na tua cara.
SIMONINHA – Acuda , meu pai!
PEDRO GAILO – Por que teimas em vir a minha casa?
MARICA DO REINO – O defunto é de teu sangue.
PEDRO GAILO – É do teu também.
MARICA DO REINO – Não morreu nas minhas mãos.

778 TEATRO COMPLETO: RENATA PALLOTTINI

Mari-Gaila – Estava vivo quando foi entregue, cunhada!

Marica do Reino – Cunhada! Maldita palavra, que me apodrece a língua!

Mari-Gaila – Fala que eu te respondo!

Marica do Reino – Vagabunda!

Pedro Gailo – Que se cale vossa boca pelo respeito da morte! Que a morte espante as palavras do mal!

Rosa Tatula – Senhor, que susto!

Simoninha – Abaixe os cabelos, que estão de pé, meu pai.

Pedro Gailo – Aquele que está na porta me põe os cabelos em pé. Ele pede sepultura!

Marica do Reino – Pois é preciso dar-lhe sepultura. Mas não morreu nas minhas mãos, não sou eu que devo enterrá-lo!

Mari-Gaila – Bruxa miserável!

Marica do Reino – Vagabunda!

Pedro Gailo – Vai-te, Marica! Vai-te da minha porta. Meu sobrinho terá enterro de anjo.

Simoninha – Meu pai está muito rico!

Mari-Gaila – Mal-assombrado!

Marica do Reino – Deixa-me passar, Simoninha!

Simoninha – Quer passar, e não passa!

Marica do Reino – Sai da frente, que eu te enfio esta sovela!

Simoninha – Bruxa!

Marica do Reino – Eu te furo o coração!

Simoninha – Acuda, minha mãe!

Mari-Gaila – Tonta, deixa ela ir!

Pedro Gailo – Simoninha, põe para dentro de casa esse corpo defunto! É preciso levá-lo e amortalhá-lo com a minha camisa passada, pois vai comparecer diante de Deus.

Simoninha – Está ouvindo, mãe?

Mari-Gaila – Estou, estou ouvindo. E não digo nada.

Rosa Tatula – Não armem outra encrenca. Com três dias que a carreta e o defunto fiquem na porta da igreja, arranjam dinheiro para o sepultamento, e ainda sobra.

Mari-Gaila – Três dias não resiste, com este calor.

Rosa Tatula – Está curtido de aguardente.

Pedro Gailo – É preciso lavar muito bem seu rosto, rapar a barba que estava nascendo, e por nele a coroa de açucenas. Era inocente; merece enterro de anjo.

Mari-Gaila – Você, padreco, não vai tocar chamando para a missa? O que é, os sinos tocam sozinhos agora?

Cobrindo a luz na porta, escuro na sotaina; estreita, o Sacristão avalia a hora pela altura do sol, e corre para o átrio, balançando as chaves da igreja. Em torno da casa, volta a rondar a quadra dos rapazes.

DIVINAS PALAVRAS

RAPAZES – Tunturuntun! A Mari-Gaila
Tunturuntun! Tanto dormiu
Tunturuntun! A Mari-Gaila
Tunturuntun! Que mal pariu.

CENA 2

Mari-Gaila e Rosa Tatula conversam secretamente, de costas e no fundo
da casa, sob a pompa da figueira onde o espantalho abre os braços.
Está vestido com uma sotaina e é feito com duas vassouras.

ROSA TATULA – Já podemos falar sem medo.
MARI-GAILA – Então começa.
ROSA TATULA – Você se lembra do futuro que um dia te leram nas cartas?
MARI-GAILA – Cartas não dizem nada.
ROSA TATULA – Falava em amor, por três vezes.
MARI-GAILA – Prognósticos falsos!
ROSA TATULA – Você também leu!
MARI-GAILA – Minha sorte não muda.
ROSA TATULA – Só se você não quiser... Porque eu tenho que te dar um
recado...
MARI-GAILA – O quê?
ROSA TATULA – Palavras de alguém que espera resposta...
MARI-GAILA – Mandado de Sétimo Miau?
ROSA TATULA – Deste no alvo. E a música, conheces?
MARI-GAILA – A música é boa.
ROSA TATULA – Ele quer te ver.
MARI-GAILA – Eu tenho medo. Que cara fez, quando soube do fim da
carreta?
ROSA TATULA – Interrogou os presentes e descobriu tudo, como se fosse
um juiz. É bom que você saiba: o desgraçadinho esticou as canelas de
tanta aguardente que o Maricas lhe deu.
MARI-GAILA – Tinha que ser aquele desgraçado! E o Sétimo, que disse
quando soube?
ROSA TATULA – De momento ficou quieto, picando fumo.
MARI-GAILA – Estava dissimulando.
ROSA TATULA – Por certo! Depois, começou a beber com todos, e com o
Maricas também. Quando o pegou de jeito, pulou em cima dele,
cortou-lhe a pinta com a navalha , e o deixou sem calças na rua. Foi
uma risada só!
MARI-GAILA – E Ludovina?
ROSA TATULA – Morria de rir!
MARI-GAILA – Você acha que ela se entende com o Sétimo?
ROSA TATULA – Acho que já se entendeu!

780 TEATRO COMPLETO: RENATA PALLOTTINI

MARI-GAILA – Se já se entendeu, continua.

ROSA TATULA – Ciúmes teus.

MARI-GAILA – Deus me livre de ter ciúmes!

ROSA TATULA – O Sétimo está cego por você!

MARI-GAILA – De um olho só.

ROSA TATULA – E por que havia de querer falar contigo?

MARI-GAILA – Uma mulher só não lhe basta?

ROSA TATULA – Essa é a tua resposta?

MARI-GAILA – Ainda não dei a minha resposta.

ROSA TATULA – Estou esperando.

MARI-GAILA – Tenho que pensar.

ROSA TATULA – Os ditames do coração são rápidos.

MARI-GAILA – Assim dizem...

ROSA TATULA – Qual é a resposta?

MARI-GAILA – Que não estou para as conversas dele!

ROSA TATULA – Boa vida perdes!

MARI-GAILA – Andar errante?

ROSA TATULA – Contar moedas!

MARI-GAILA – Apanhar sol e chuva!

ROSA TATULA – Comer nas tavernas!

MARI-GAILA – Sobressaltos!

ROSA TATULA – Vida de rainha! São para ti estas meias listadas e estes brincos brilhantes. Põe as meias! Vê como elas se agarram firme às pernas!

MARI-GAILA – São compridas, as meias?

ROSA TATULA – De classe superior! Preferidas pelas mulheres ricas!

MARI-GAILA – Os ricos entendem disso!

ROSA TATULA – E então, que digo ao Sétimo?

MARI-GAILA – Que mando os meus agradecimentos.

ROSA TATULA – Mais nada?

MARI-GAILA – O resto, eu lhe direi pessoalmente. Que venha.

Mari-Gaila sorri pensativa, olhando o rio, coberto de reflexos dourados. Pela margem caminha uma caravana de húngaros, com ursos e caldeirões.

> MARI-GAILA (*canta*) –   Se recados me mandas
> não faço festa.
> Suspiros pelos ares
> são mensageiros.

ROSA TATULA – Sétimo quer te falar em lugar escondido.

MARI-GAILA – Para as despedidas.

ROSA TATULA – Para as despedidas, se não quiseres outra coisa. Que respondes?

DIVINAS PALAVRAS

Mari-Gaila – Que pode responder uma mulher enamorada?
Rosa Tatula – E vais onde ele marcar?
Mari-Gaila – Vou!
Rosa Tatula – Prometes?
Mari-Gaila – Prometido!
Rosa Tatula – Então me dá um gole, e já vou levar o recado.
Mari-Gaila – Entra , para tomá-lo.
Rosa Tatula – Espera.

A velha segura o braço de Mari-Gaila. De repente, vêem a Guarda
Civil, que cruza o caminho levando um homem amarrado.
Assombradas, debaixo da figueira, reconhecem o peregrino
de barbas veneráveis e travesseiro de pedra.

Mari-Gaila – Sempre o mais infeliz é que sofre!
Rosa Tatula – Engano teu! Esse é o Conde Polaco!
Mari-Gaila – Esse! Pensei que Sétimo fosse o Conde!
Rosa Tatula – O Condado do Sétimo é fazer dinheiro, com seus bichos.
Mari-Gaila – Muito safado!
Rosa Tatula – É muito divertido!
Mari-Gaila – Há alguma coisa nele que eu não gosto!

Cena 3

São Clemente. A igreja românica, de pedras douradas. A quinta
verde. Paz e aromas. O Sol traça seus juvenis caminhos de sonho
sobre a esmeralda do rio, Sétimo Miau aparece sentado no muro da
quinta. Simoninha, na sombra do pórtico, ajoelhada à beira da carreta,
pede, esmolas para o enterro. A enorme cabeça do idiota se destaca
sobre a almofada branca, coroada de camélias.
O corpo rígido se desenha sob a chita azul da mortalha,
cheia de estrelinhas douradas. Sobre o ventre, inchado como o
de uma mulher grávida, um prato de lata, cheio de níqueis
serve para recolher as esmolas. Sobre o monte de moedas
pequenas e escuras, aparece uma maior e brilhante.

Sétimo Miau – Como é? Muito dinheiro?
Simoninha – Um pouquinho!
Sétimo Miau – Vocês não sabem que mina enterram!
Simoninha – Será que o senhor é o único a saber?
Sétimo Miau – Esses fenômenos são muitos delicados. É preciso ter cuidado com eles.
Simoninha – Mais do que nós tínhamos!

782 TEATRO COMPLETO: RENATA PALLOTTINI

Sétimo Miau – A mim você vem dizer, menina? Pois então, não estou vendo a carreta, sem um toldo que fosse, sem uma pinturinha, pra aparecer melhor? E olhe que era um fenômeno bom até pras festas de Madri.

Simoninha – Viraram a cabeça de minha mãe com essas histórias.

Sétimo Miau – Tua mãe é uma mulher de juízo.

Simoninha – Mesmo que o senhor não acredite.

Sétimo Miau – Não é fingimento não. Se ela quisesse ser minha sócia, nós teríamos ficado ricos.

Simoninha – Minha mãe tem muito cuidado com a reputação, e por isso não quer sociedades.

Sétimo Miau – Uma sociedade é uma coisa legal.

Simoninha – É um ajuntamento.

Sétimo Miau – Conveniência de duas partes que se juntam pra ganhar dinheiro. Coisa legal. Eu teria arrendado a carreta. Pagaria um bom dinheiro, punha dois cachorros ensinados a puxar o carro, e olha.. não quero nem imaginar!

Simoninha – Pena que agora não dá mais!

Simoninha suspira, e se levanta sobre as pedras do pórtico, ainda sobre os joelhos. Afasta as moscas que picam a cabeça de cera. Algumas beatas, com cheiro de incenso e mantilhas, saem da igreja.

Simoninha – Uma esmolinha, pra ajudar o enterro!

Uma Velha – Como fede!

Outra Velha – Empesta!

Benita Costureira – Quando vão enterrá-lo?

Simoninha – Quando juntarmos dinheiro.

Benita Costureira – Cada ponto que fizeram na mortalha! Parece alinhar.

Simoninha – Para dar de comer aos bichos, está bom!

Benita Costureira – Quem cortou o pano?

Simoninha – Tudo foi feito pela minha mãe.

Benita Costureira – Não é muito caprichosa!

Simoninha – Também, não é costureira!

Benita Costureira – Não tinha outra linha melhor pra pregar as estrelas?

Simoninha – Deixe de pôr defeito, e solte um níquel!

Benita Costureira – Não tenho!

Simoninha – A costura está rendendo pouco!

Benita Costureira – Dá pra viver honradamente. Eu disse honradamente.

Simoninha – Pois olhe que ninguém se livra de calúnias.

Benita Costureira – Pode ser, mas minha fama não anda pelas ruas.

Simoninha – Como é fina!

Benita Costureira – Sou mais pobre que você, porém mais decente.

Simoninha – Ih, que mania com a decência!

Benita Costureira – É aquilo que eu mais prezo!

Simoninha – Claro!

DIVINAS PALAVRAS

BENITA COSTUREIRA – Que é que você quer dizer?

SIMONINHA – Que todos somos honradas, enquanto...

BENITA COSTUREIRA – Em nome do Pai, do Filho e do Espírito Santo! Isso são modos de uma mocinha?

SIMONINHA – Como não sou fina, não tenho outros modos!

BENITA COSTUREIRA – Vou-me embora! Não quero mais conversa!

SIMONINHA – Não vai dar nem um níquel!?

BENITA COSTUREIRA – Não.

SIMONINHA – Que caridade!

Pedro Gailo, com sotaina e sobrepeliz, aparece na porta da igreja.
Sente-se o cheiro das velas que fumegam no altar.
O arco da porta deixa entrever reflexos de ouro na penumbra.

PEDRO GAILO – Caramba! Você gosta de mexericar, hem?

SIMONINHA – Se falam comigo, eu respondo.

PEDRO GAILO – Todas as mulheres são iguais!

SÉTIMO MIAU – E apesar disso, não há festa sem elas, compadre! E o senhor, não se queixe, que tem uma boa companheira. Casualmente, fizemos juntos uma romaria, e pude apreciar seu comportamento, e sua habilidade para tirar dinheiro dos ricos.

SIMONINHA – Como todos falam bem da minha mãe? Só o senhor é que quer lhe quebrar a cabeça!

PEDRO GAILO – Cala a boca, Simoninha!

SIMONINHA – Isso é pra o senhor nunca mais dar ouvidos a histórias.

Coimbra salta em duas patas, e mexe o rabo, dançando em torno do Sacristão, que olha pra ela com olhos desconfiados. Coimbra, irreverente, cheira a sotaina, e espirra, imitando a tosse de uma velha.

SÉTIMO MIAU – Cospe fora o resfriado, Coimbra.

PEDRO GAILO – Que arrebente como um trovão!

SÉTIMO MIAU – Peça a pata pra ela, compadre.

PEDRO GAILO – Não sou das tuas artes.

SÉTIMO MIAU – Quais são as nossas artes?

PEDRO GAILO – Artes do Diabo!

SÉTIMO MIAU – Coimbra, vivem nos caluniando!

SIMONINHA – Se o senhor fosse bom, não estaria marcado!

SÉTIMO MIAU – Você acredita nisso?

SIMONINHA – Eu acredito em Deus.

Sétimo Miau cospe fora a ponta de cigarro, levanta. o tapa olhos, mostra o olho que estava coberto e volta tapá-lo depois de uma piscada.

SÉTIMO MIAU – Já viu que não estou marcado!

SIMONINHA – Então, por alguma maldade é que o traz coberto.

SÉTIMO MIAU – É porque vê demais. Vê tanto, que se queima, e preciso tapá-lo. Penetra nas paredes e nas intenções!

SIMONINHA – Ave Maria! Pra ver tanto, só sendo feiticeiro.

PEDRO GAILO – O Demônio se rebelou por querer ver demais.

SÉTIMO MIAU – O Demônio se rebelou por querer saber demais.

PEDRO GAILO – Ver e saber são frutos da mesma árvore. O Demônio queria ter um olho em cada lado do infinito. Queria ver o passado e o não chegado.

SÉTIMO MIAU – Pois levou a dele.

PEDRO GAILO – A dele era ser igual a Deus e ficou cego, diante da hora que nunca passa. Com três olhares, já era Deus!

SÉTIMO MIAU – O senhor sabe muito, compadre!

PEDRO GAILO – Estudo nos livros.

SÉTIMO MIAU – Estudo faz muita falta.

Pela estrada, entre milharais, aparece o vulto escuro de uma velha curvada, que manqueja. O Ambulante deixa a quinta, assobiando para Coimbra, e na porteira, une-se a Rosa Tatula. Ela era a velha.

SÉTIMO MIAU – Falaste com ela?

ROSA TATULA – E fiquei de voltar.

SÉTIMO MIAU – Como está?

ROSA TATULA – Está louca por você. Mal sabe de que jeito certos homens pagam as mulheres!

SÉTIMO MIAU – É claro que um dia vou deixá-la, ou ela me deixa. Mas enquanto isso, já terá corrido mundo!

ROSA TATULA – E terá trabalhado!

SÉTIMO MIAU – Será que não vai mudar de intenção?

ROSA TATULA – O Diabo vai manter aquele fogo aceso.

SÉTIMO MIAU – É uma mulher de méritos.

ROSA TATULA – Veja a filha. Tem vinte anos, e não vale uma risada da mãe.

SÉTIMO MIAU – A mãe tem outra garra.

ROSA TATULA – Parece mentira que, comendo mal, conserve as carnes tão rijas e os ardores de uma moça nova!

SÉTIMO MIAU – Não fala assim que eu tonteio!

ROSA TATULA – Que safado!

SÉTIMO MIAU – E quando voltas?

ROSA TATULA – Quando você me mandar e marcar o ponto para a entrevista.

SÉTIMO MIAU – Não conheço bem estes lados. Onde é que há um canavial?

ROSA TATULA – Que boas intenções!

A Velha coça a cabeça grisalha, e enquanto um riso astuto lhe descobre as gengivas sem dentes; o Ambulante, afastando o tapa-olho, lança um olhar sobre os verdes campos.

Cena 4

O rio divino de histórias romanas é uma esmeralda, com olhares
de sonho. As vacas de cobre bebem à margem, e em claros de sol, moças
que parecem cerejas e velhas encanecidas, que têm a cor do acre
melado das imagens de retábulos antigos, branqueiam linhos.
O campo, na tarde cheia de torpor, tem um silêncio palpitante e sonoro.
Miguelim, o Padronês aparece por cima de uma sebe e, sem falar,
piscando o olho misteriosamente, abre os braços, chamando gente.
Algumas vezes interrogam, distantes.

UMA MOÇA – Que foi, Padronês?
OUTRA MOÇA – Caiu a avelã, o que é que tem dentro?
MIGUELIN – Venham ver, que é de alegrar a vista!
UMA MOÇA – Diz o que é!
MIGUELIN – Um ninho de rolas.

Serenin de Bretal, que como um patriarca está segando o trigo
com seus filhos e netos, puxa de lado a jaqueta, com
aquele gesto caçoista do velho sabido.

SERENIN DE BRETAL – Ah, grande safado, já estou entendendo! São dois que
fornicam!
UM GRITO DE MOÇO – Cucurucú! Vamos ver!
UMA MOÇA – Você é o Diabo, Padronês!

No alto de pedras cobertas de ramos amarelos, destaca-se
contra o sol um pastor escuro, girando a funda, e a seu
lado um galgo, também escuro.

QUINTIN PINTADO – Se é mentira, não te vale ser ligeiro, Padronês! Te mato
com esta funda!
UMA VELHA – Outro demônio!
QUINTIN PINTADO – Onde é o casamento?
MIGUELIN – Entre as ramas.
QUINTIN PINTADO – Cucurucú! Vamos ver.
MIGUELIN – Atiça o cachorro.
QUINTIN PINTADO – É caça real!
UMA VOZ – O sem vergonha está escapando.
OUTRA VOZ – Corram atrás!
QUINTIN PINTADO – Não ha galgo bastante bom para esse espécime!
UMA MOÇA – Deixa ele ir. O homem está com a razão. A mulher é que tem
que se cuidar.
GRITOS DE MOÇOS – Cucurucú! Vamos fazer sair a mulher!

786 TEATRO COMPLETO: RENATA PALLOTTINI

Velhos e rapazes deixam o trabalho e correm sobre as sendas.
Os mais atrevidos entram pelos canaviais verdes da beira
do rio, atiçando os cachorros. Algumas moças têm um sorriso
envergonhado, algumas velhas os olhos furiosos. Mari-Gaila, gritando,
sai para o caminho, a saia presa entre os dente de um cachorro.

UMA VOZ – Com que é que ela estava fornicando?
OUTRA VOZ – Com o ambulante!
MARI-GAILA – Ladrões de honra! Filhos de uma...
UMA VOZ – Cachorra de rua!
OUTRA VOZ – Arranquem a roupa dessa mulher.
UMA VELHA – Vergonha das mulheres!
CORO DE VOZES – Nua! Nua! Que dance nua!
MARI-GAILA – Hão de ficar cegas! Vacas! Vacas! Vacas!

Mari-Gaila seguida por rapazes e cachorros, corre pela margem do rio,
segurando à cintura a saia rasgada, onde aparecem, pelos buracos, as
pernas. Milon de Arnoya, um homem gigantesco e ruivo, que caminha
diante do seu carro, corta-lhe o caminho, e com brutal alegria dá seu
grito. Mari-Gaila se detem, recolhendo do chão uma pedra.

MILON DE ARNOYA – Cucurucú!
MARI-GAILA – O primeiro que chegar eu arrebento!
MILON DE ARNOYA – Solta essa pedra!
MARI-GAILA – Estou me defendendo!
MILON DE ARNOYA – Solta!
MARI-GAILA – Não chega, Milon!

O gigante, com riso bárbaro, adianta-se de um salto, e a pedra
lhe dá no peito. Mari-Gaila, com os olhos acesos, procura
outra, quando o ruivo gigantesco a toma em seus braços.

MILON DE ARNOYA – Cucurucu! É minha! Peguei!
UMA VOZ – Milon a pegou!
MARI-GAILA – Solta, Milon. Depois, em segredo, vou contigo... Solta!
MILON DE ARNOYA – Não solto.
MARI-GAILA – Bárbaro, não tens medo de que um dia seja a tua mulher a
envergonhada?
MILON DE ARNOYA – Minha mulher não tem essas tentações.
MARI-GAILA – Você não sabe quem tem em casa.
MILON DE ARNOYA – Cala a boca, malvada!
MARI-GAILA – Solta! Em outra ocasião eu te procuro, onde você quiser.
Agora, solta!
MILON DE ARNOYA – Dane-se! Você já me deixou o veneno!

DIVINAS PALAVRAS

Mari-Gaila foge dos braços do gigante meio nu. O Coro de
Vozes se desfaz em clamores diversos e gritos entusiastas.

Uma Voz – Está fugindo!
Outra Voz – Não deixem!
Coro de Vozes – Atrás dela! Atrás dela!
Quintin Pintado – Pega! Para matar!

Quintin açula o cachorro e corre pela margem do rio, girando
a funda sobre a fugitiva. Rola pelos vales um rumor de risadas.
Mari-Gaila se desespera, encurralada.

Mari-Gaila – Almas negras! Fugidos do Inferno!
Quintin Pintado – Quero te ver dançando em camisa! Quero ver o teu
corpo!
Mari-Gaila – Não se aproxime, Caifás!
Quintin Pintado – Quero ver essa graça escondida!
Coro de Relinchos – Cucurucú!
Mari-Gaila – Sarracenos! Diabos do inferno! Se perco meu filho, ponho
todo o mundo nas grades!
Uma Voz – Não caimos nessa!
Outra Voz – Vai dançar nua!
Quintin Pintado – Quero ver teu corpo!
Mari-Gaila – Para isso me perseguem, filhos da... Posso dançar em cami-
sa, e também dançar nua!
Coro de Relinchos – Cucurucú!.
Mari-Gaila – Que ninguém se atreva a me maltratar! Olhem até ficar
cegos, mas não me ponham a mão!
Coro de Relinchos – Cucurucú!

Mari-Gaila arranca o corpinho e suas carnes trêmulas saem de entre as
anáguas soltas. De um ombro corre um fio de sangue. Rítmica e antiga,
séria e resoluta, levanta sua branca desnudez ante o rio dourado.

Mari-Gaila – Conformem-se com isto!
Coro de Relinchos – Cucurucú!
Uma Voz – Que suba no carro de Milon!
Outras Vozes – No carro de Milon!
Quintin Pintado – Que dance em seu trono!
Coro de Relinchos – Cucurucú!

Fragrante montanha de feno que caminha, o carro, com seus
bois dourados, tendo à frente o Gigante que o conduz, é como
o carro de um triunfo de faunos, na fronde do rio.

Cena 5

São Clemente. A quinta, no silêncio úmido e verde, e a igreja românica de pedras douradas pelo sol, no meio da oração vespertina do milharal. A sotaina do sacristão ondula sob o pórtico, e ao lado da carreta um coro de mantilhas rumoreja. Atropelando o Sacristão, dois rapazinhos irreverentes pentram na igreja e sobem ao campanário. Estala um repique louco. Pedro Gailo leva um susto, e fica com os braços abertos, pisando a própria sotaina.

PEDRO GAILO – Que falta de respeito a Deus!

MARICA DO REINO – Mais do que falta de respeito!

ROSA TATULA – Foram os meninos que entraram agora! Juventude pervertida!

SIMONINHA – Quebra a cabeça deles, pai!

PEDRO GAILO – Louvado seja Deus, que insubordinação!

MARICA DO REINO – Carne sem abstinência!

UMA VOZ DO MILHARAL – Pedro Gailo, tua mulher vem vindo nua sobre um carro, exposta à vergonha!

Pedro Gailo cai de joelhos, e com a testa golpeia as sepulturas do pórtico. Sobre sua cabeça, os sinos dançam loucos chegam ao átrio os rítmos da agreste faunália, e a testa do Sacristão, batendo nas pedras, levanta um eco de tumba.

MARICA DO REINO – Que é isso queres quebrar aí os chifres?

PEDRO GAILO – Engole-me, terra!

ROSA TATULA – Por que esse escândalo?

A VOZ DO MILHARAL – Foi vista de cara ao sol, com um homem encima!

SIMONINHA – Revoluções e falsos testemunhos!

A VOZ DO MILHARAL – Não fui eu que vi.

PEDRO GAILO – Nem ninguém que entenda de honra!

ROSA TATULA – É verdade! Casos desses não são para escândalos!

Pedro Gailo corre pisando a sotaina, e desaparece na porta da igreja. Sobe ao campanário, pisando a estreita escada como um vencido, e aparece para olhar pelos arcos do campanário. O carro da faunália vem pela estrada, enquanto em torno salta a excitada roda de moços, e no alto, branca e nua, procura cobrir-se com o feno Mari-Gaila. O Sacristão, escuro e longo, sai para o telhado, quebrando as telhas.

UMA VOZ – Castrado!

CORO DE FOLIA – Tunturuntuntun! A Mari-Gaila
Tunturuntuntun! Tanto bailou
Tunturuntuntun! A Mari-Gaila
que nuazinha terminou.

DIVINAS PALAVRAS

PEDRO GAILO – O Santo Sacramento me ordena encontrar a mulher adultera diante da mesma igreja onde nos casamos!

Pedro Gailo, que estava à beira do telhado, atira-se
de cabeça. Cai, com um vôo escuro, e fica achatado no chão,
com os braços abertos, a sotaina rasgada. Depois,
levanta-se e sai, manquejando, e entra na igreja.

UMA VOZ – Pensei que tinha morrido!
OUTRA VOZ – Tem sete vidas!
QUINTIN PINTADO – Cucurucú! Deixou os cornos por terra!

O Sacristão sai novamente para o pórtico, com uma vela acesa
e um missal. Tem um ar extraviado e misterioso. Com o livro aberto
e o chapéu torto, cruza a quinta e chega à beira do carro do triunfo
da alegria. Como para recebe-lo a mulher nua salta para o
caminho, tapando o sexo. O Sacristão apaga a vela sobre
as suas mãos cruzadas e bate nas mãos com o livro.

PEDRO GAILO – Quem estiver livre de culpa, que atire a primeira pedra.
VOZES – Cornudo!
OUTRA VOZES – Castrado!

Os insultos levantam suas flâmulas, voam pedras e braços
chamejam no ar. Cóleras desatam as línguas. Passa o
sopro aceso de uma palavra popular e judaica.

UMA VELHA – Vergonha dos homens!

O Sacristão volta-se saudando com gestos de padre, e, piscando os
olhos sobre o missal, aberto, reza em latim a branca sentença.

SACRISTÃO – Qui sine peccato est vestrum, primus in illam lapidem míttat.

O Sacristão entrega à mulher nua a vela apagada e pela mão a
conduz através do átrio, sobre as pedras sepulcrais. Milagre do latim!
Uma emoção religiosa e litúrgica comove as consciências e muda o
sangrento resplendor dos rostos. As velhas almas infantis respiram um
aroma de vida eterna. Não falta quem se esquive com sobressalto e
quem aconselhe cordura. As palavras latinas, com seu tremor
enigmático e litúrgico, voam do céu dos milagres.

SERENIN DE BRETAL – Vamos embora daqui!
QUINTIN PINTADO – Também vou, tenho o gado solto.
MILON DE ARNOYA – E se tivermos que ir prestar depoimento?
SERENIN DE BRETAL – Não vai acontecer nada.
MILON DE ARNOYA – E se acontecer?
SERENIN DE BRETAL – Fecha-se a boca para os guardas, e se agüenta firme!

O ouro do poente flutua sobre a quinta. Mari-Gaila, harmoniosa e nua, pisando descalça as pedras sepulcrais, vê o rítmo da vida sob um véu de lágrimas. Ao penetrar na sombra do pórtico, a enorme cabeça do idiota, coroada de camélias, parece-lhe uma cabeça de anjo. Conduzida pela mão do marido, a mulher adúltera se acolhe ao asilo da igreja, circundada pelo áureo e religioso prestígio que, naquele mundo milagreiro, de alma rudes, introduz o latim ignoto das Divinas Palavras.

A Vida é Sonho

Tradução do original de Calderon de la Barca. Estréia em 1991, sob direção de Gabriel Vilella, para Regina Duarte, no Teatro Anchieta, São Paulo.

Personagens

Basílio, Rei da Polônia
Segismundo, Principe
Astolfo, Duque de Moscou
Clotaldo, Velho
Clarim, gracioso (criado de Rosaura)
Estrela, Infanta
Rosaura, Dama
Soldados, Guardas, Músicos, Comitivas, Criados e Damas

Cenas na corte da Polônia, numa fortaleza pouco distante, e no campo.

PRIMEIRA JORNADA

*De um lado um áspero monte; de outro, uma torre, cuja parte
térrea serve de prisão a Segismundo. A porta que dá frente para o
espectador está entreaberta. A ação principia ao anoitecer,
Rosaura, vestida de homem, aparece no alto do monte
pedregoso, desce; Clarim a acompanha.*

ROSAURA – Ah, centauro violento
que correste parelhas com o vento!
Já que por estas penhas
te enfureces, arrastas e despenhas
fica-te neste monte
que eu seguirei sem ti a minha sorte!
Mal, Polônia, recebes
a um estrangeiro, pois com sangue escreves
sua entrada em tuas pedras
e aterras a quem chega em tuas terras!
Bem minha sorte o diz.
Mas quando achou piedade um infeliz?

CLARIM – Um só? Diz dois! Por que me esqueces? Fomos dois a sair em
busca de aventuras, dois os que entre desditas e loucuras viemos parar aqui... Dois caídos na montanha, sem cavalos, perdidos... Isso não
é bastante pra unir nossos pesares? Ah, senhora, e agora? A pé sozinhos e perdidos a esta hora?

Ouvem-se ruídos de corrente.

CLARIM – Céus! Que ouço?

ROSAURA – Deus! Que é isso?

CLARIN – Correntes? Deve ser um calabouço!

SEGISMUNDO *(dentro)* – Ai, mísero de mim! Ai, infeliz!

ROSAURA – Que triste voz ! Que triste esse rumor!

CLARIM – A mim me dá pavor!

ROSAURA – Clarim...

CLARIM – Senhora...

ROSAURA – Fujamos dos perigos desta torre encantada...

CLARIM – Ânimo pra fugir é que me falta...

ROSAURA – Se fugir não podemos
ao menos suas desditas escutemos...

*Abre-se a porta e aparece Segismundo, acorrentado
e vestido de peles. Há luz na torre.*

SEGISMUNDO – Ai mísero de mim! Ai, infeliz!
Descobrir, oh Deus, pretendo,
já que me tratas assim
que delito cometi
fatal, contra ti, nascendo.
Mas eu nasci, e compreendo
que o crime foi cometido
pois o delito maior
do homem é ter nascido.
Só quereria saber
se em algo mais te ofendi
pra me castigares mais.
Não nasceram os demais?
Então, se os outros nasceram
que privilégio tiveram
que eu não tive jamais?
Nasce o pássaro dourado,
jóia de tanta beleza
e é flor de pluma e riqueza
ou bem ramalhete alado
quando o céu desanuviado
corta com velocidade
negando-se à piedade
do ninho que deixa em calma:
e por que, tendo mais alma,
tenho menos liberdade?
Nasce a fera, e muito cedo
a humana necessidade

A VIDA É SONHO

ensina-lhe a crueldade,
monstro de seu labirinto;
e eu, com melhor instinto
tenho menos liberdade?
Nasce o peixe e não respira,
aborto de ovas e lamas,
é apenas barco de escamas
quando nas ondas se mira
e por toda parte gira
medindo a imensidade
de sua capacidade;
tanto lhe dá sul ou norte.
E eu que sei da minha sorte
tenho menos liberdade?
Nasce o regato, serpente
que entre flores se desata
e como cobra de prata
entre as flores se distende
celebrando a majestade
do campo aberto à fugida.
Por que eu, tendo mais vida,
tenho menos liberdade?
Em chegando a esta paixão,
num vulcão todo transfeito,
quisera arrancar do peito
pedaços do coração;
que lei, justiça ou razão
recusar aos homens sabe
privilégio tão suave,
licença tão essencial
dada por Deus ao cristal,
a um peixe, a um bruto e a uma ave?

ROSAURA – Tenho pena... e tenho medo...

SEGISMUNDO – Quem me ouviu? Clotaldo?

CLARIM (*a sua ama*) – Diz que sim...

ROSAURA – Um triste apenas... que conheceu tuas queixas...

SEGISMUNDO (*Agarrando-a*) – Apenas porque me ouviste é preciso que eu te mate.

CLARIM – Eu sou surdo!

ROSAURA – Se és homem, bastará que eu me ajoelhe, para que me veja livre.

SEGISMUNDO – A tua voz me enternece, tua presença me encanta... eu te respeito por força. Quem és? Nada sei do mundo... Esta torre me foi berço e sepulcro. Nunca vi nem falei senão a um homem e só por ele sei notícias do céu e da terra. Sou um homem para as feras e uma fera

798 TEATRO COMPLETO: RENATA PALLOTTINI

para os homens. Dos animais aprendi política, e aconselhado pelos pássaros contemplei os astros e aprendi a medir os círculos. Só tu conseguiste aplacar a minha ira, surpreender meus ouvidos e encantar os meus olhos. Olho-te e quero ver-te ainda mais. Fala: quem és?

ROSAURA – Com tanto assombro de ver-te, com espanto de te ouvir, não sei que possa dizer-te nem o que te perguntar. Eu sou...

Ouve-se a voz de Clotaldo, dentro.

CLOTALDO (*dentro*) – Guardas desta torre! Adormecido ou covarde, alguém deu passagem a duas pessoas que violaram o cárcere...

ROSAURO – Que mais perigos me esperam?

SEGISMUNDO – Eis Clotaldo, o meu guardião. Que novas infelicidades devo sofrer?

CLOTALDO (*dentro*) – Venham, guardas, para prender ou matar!

VOZES (*dentro*) – Traição!

CLARIM – Guardas da torre! Se nos é dado escolher... preferimos a prisão!

Entram Clotaldo e os Soldados; Clotaldo com arma de fogo, e os mais com o rosto coberto.

CLOTALDO (*aparte, aos soldados*) – Cubram o rosto. É importante que não saibam quem somos.

CLARIM – Brincando de mascarados?

CLOTADO – Haveis ultrapassado os limites permitidos e desrespeitado o decreto real. Vossas armas e vidas, senão usarei de força.

SEGISMUNDO – Antes, tirano, que toques ou ofendas a estas pessoas, acabará minha vida nestes grilhões miseráveis. Juro pelos céus! Despedaçado aqui me terás, com minhas mãos e meus dentes, antes que consinta em teus ultrajes.

CLOTALDO – Segismundo! se sabes que tuas desditas são tão grandes que, mesmo antes de nascer, morreste pela lei dos céus... se sabes que esta prisão é o freio da tua arrogância, por que esse orgulho? (*aos soldados*) Fechem a porta do cárcere.

SEGISMUNDO – Ah, céu, que bem fazes em tirar-me a liberdade! Se assim não fosse eu seria um gigante contra ti!

CLOTALDO – Por isso é que padeces tantos males.

Segismundo é levado por soldados, que o encerram na prisão.

ROSAURA – Já percebi que a soberba te ofende. Por isso, humilde, estou aqui a teus pés.

CLARIM – E se nem humildade nem orgulho te cativam, eu, nem humilde nem orgulhoso, antes confundido entre as duas metades, peço-te que nos desculpes e ampares.

CLOTALDO (*aos soldados*) – Hei!

SOLDADOS – Senhor....

A VIDA É SONHO

CLOTALDO – Tirem as armas dos dois, e ponham vendas em seus olhos,
para que não vejam de onde saem, nem como o fazem.

ROSAURA – Aqui está a minha espada. Não a entrego a qualquer um.

CLARIM – A minha é tão ordinária que pode ser entregue até ao pior sujeito.
(*a um soldado*) Toma lá.

ROSAURA – Se hei de morrer sem remédio, quero deixar-te esta espada,
prenda que foi estimada por quem um dia a cingiu. Por algum pressentimento, sei que esta arma dourada encerra mistérios grandes. Nela
apenas confiado, venho à Polônia vingar-me.

CLOTALDO (*aparte*) – Céus! Que é isto?
E quem te deu esta espada?

ROSAURA – Uma mulher.

CLOTALDO – Seu nome?

ROSAURA – Não posso dizer o nome.

CLOTALDO – Por que achas que há um segredo nessa arma?

ROSAURA – Quem me deu a espada, disse:
"vai à Polônia e procura
com perseverança e arte
que a vejam nobres senhores
porque algum há de ajudar-te."

CLOTALDO (*aparte*) – Valha-me o céu! É possível?
Esta é a espada que um dia
dei à formosa Violante
e, por ela, ao nosso filho;
esse seria o sinal
para ser reconhecido.
Mas que fazer, se é usada
por um homem condenado?
Este é meu filho, bem vejo,
bem o diz o coração,
mas que fazer? Pois, levá-lo
ao Rei é levá-lo à morte
e não levar é traição.
De um lado o amor de pai
e do outro a lealdade.
Porem, como duvidar
se a obediência à majestade
vem em primeiro lugar?
E agora, penso melhor:
ele falou em vingança.
Homem que está ofendido
é antes de tudo, infame.
Portanto não é meu filho,
nem tem o meu nobre sangue.

800 TEATRO COMPLETO: RENATA PALLOTTINI

Mas se de fato uma afronta
sofreu ele, de tal arte
que o marcasse, porque a honra
é de matéria tão frágil
que com uma ação se quebra
e com o vento se mancha,
foi nobre de sua parte
ter vindo para vingar-se.
Nesse caso, ele é meu filho
porque seu valor é grande.
Entre uma dúvida e outra
o melhor será levá-lo
ao Rei, dizer que é meu filho,
e que mesmo assim o mate.
Talvez que o Rei o perdoe
graças à minha lealdade.
A ele nada direi.
Se morrer, não sabe nada.

CLOTALDO (*alto*) – Vinde comigo, estrangeiros.
Comigo, nada vos falte.

*Mudança de cenário; salão do palácio real da corte, Astolfo
e Soldados entram por um lado, e por outro a infanta Estrela
e damas. Música militar e salvas, dentro.*

ASTOLFO – Diante dos teus belos olhos, que são estrelas, as trombetas e os
tambores, as aves e as fontes misturam salvas diferentes. És a rainha
de minha alma.

ESTRELAS – Se as palavras devem ser comparadas às ações, fizeste mal
pronunciando gentilezas tão cortesãs. Eu poderia desmentir todos esses graves ornamentos, que ouso declarar imerecidos. As lisonjas que
ouço de ti não condizem, segundo creio, com os fatos que vejo. E
olha que é ação baixa o elogiar com a boca e matar com a vontade.

ASTOLFO – Estás mal informada, pois duvidas da sinceridade das minhas
gentilezas. Suplico-te que ouças as minhas razões: há muito, bem
sabes, morreu Eustórgio III, rei da Polônia, deixando Basílio como
herdeiro, e mais duas filhas, minha mãe e a tua. Não quero recordar o
que não vem ao nosso assunto. Clorilene, tua mãe, que agora tem
dossel de estrelas em melhor império, foi a primogênita; a outra foi a
altaneira Recisunda, que Deus guarde mil anos; casou-se em Moscou
e dela nasci eu. Agora voltemos atrás. Basílio, que já vergado pelos
anos, é mais dado ao estudo que às mulheres, enviuvou sem filhos, e
tu e eu aspiramos ao trono deste Estado. Tu porque és filha da irmã
primogênita; eu, que nasci varão, embora de irmã mais nova, devo

A VIDA É SONHO

ser, para o efeito, preferido. Contamos ao tio as nossas intenções; ele respondeu que desejava um acordo entre nós e para isso marcamos este lugar e este dia. Com esta intenção saí de minha pátria. E aqui estou, com a mesma intenção. Em vez de fazer-te guerra, podes tu fazê-la a mim, Oh, queira o amor, sábio Deus, que o vulgo seja hoje a respeito de nós ambos um astrólogo exato e que o acordo termine fazendo de ti rainha – mas rainha na minha vontade. Para maior honra, o nosso tio dar-te-á a sua coroa; o teu merecimento te dará vitórias e o meu amor te entregará o seu império.

ESTRELA – Digo-te que no meu peito não há menos generosidade. Folgaria que a imperial realeza fosse minha só, para torná-la tua; embora no íntimo não esteja convencida de que és ingrato, suspeito de quanto dizes por causa desse retrato que está pendente do teu peito.

ASTOLFO – Penso dar-te satisfações a respeito dele... (*soam tambores*) Mas a ocasião foge, com tantos instrumentos sonoros que anunciam a chegada do rei.

Entram o rei Basílio e comitiva.

ESTRELA – Sábio Tales...

ASTOLFO – Douto Euclides...

ESTRELA – Que entre signos...

ASTOLFO – Que entre estrelas...

ESTRELA – Hoje governas...

ASTOLFO – ... resides...

ESTRELA – E seus caminhos...

ASTOLFO – ...seus rastros...

ESTRELA – Descreves...

ASTOLFO – ...regulas, medes...

ESTRELA – Deixa que em humildes laços...

ASTOLFO – Deixa que em ternos abraços...

ESTRELA – Hera deste tronco seja.

ASTOLFO – Rendido a teus pés me veja.

BASÍLIO – Sobrinhos, dai-me os braços. E já que vindes com tão efusivas provas de afeto e sois leal à minha paterna autoridade, acreditai que a ninguém deixarei descontente. Ficareis nivelados os dois. Prestai atenção, meus amados sobrinhos, ilustre corte da Polônia, vassalos, parentes e amigos: confesso-me rendido ao peso dos anos e, nesta ocasião, só vos peço o silêncio. Já sabeis que as sutis ciências matemáticas são as que mais curso e estimo; sacrifico-lhes o meu tempo e desprezo a fama em seu benefício, para me instruir mais todos os dias. Leio estes livros tão rapidamente que o meu espírito acompanha no espaço as rápidas mudanças dos astros. Prouvera ao céu que eles não viessem jamais a concretizar-se, consumando a minha tragédia, que já há anos venho adiando e sofrendo. Peço outra vez atenção para que observeis a minha conduta.(*adianta-se*)

De Clorinda, minha esposa,
tive um desgraçado filho,
para cujo parto os céus
se esgotaram em prodígios.
Antes que à formosa luz
lhe desse o sepulcro vivo
de um ventre (porque o nascer
e o morrer são parecidos)
sua mãe, muitíssimas vezes
entre idéias e delírios
sonhou que ele rompia
suas entranhas, atrevido,
qual monstro em forma de homem;
e por seu sangue tingido
dava morte à sua mãe,
sendo assim humana víbora.
Chegou o dia do parto
e os presságios se cumpriram.
Foi tal a força dos astros
que o Sol, no seu sangue tinto,
entrou a lutar com a Lua
como dois faróis divinos.
Foi este o maior eclipse
pelo Sol já padecido,
desde que chorou com sangue
a crua morte de Cristo.
Julgou-se que o Sol morria
no último paroxismo.
O céu se obscureceu,
tremeram os edifícios,
choveram pedras as nuvens
e correu sangue nos rios.
Assim nasceu Segismundo
dando-nos os maus indícios
porque matou sua mãe
e foi como se dissesse:
"homem sou; porque começo
a pagar mal benefícios."
Vi que meu filho seria
o homem mais atrevido,
o príncipe mais cruel
e o monarca mais terrível.
Com ele o reino seria
totalmente dividido,
escola de traições

A VIDA É SONHO

e academia de vícios.
E que eu a seus pés seria
roto, pisado e ofendido.
Acreditei nos presságios
porque são vozes divinas
e resolvi encerrar
em prisão o mal-nascido,
para ver se o sábio tem
sobre as estrelas domínio.
Mandei contar que o infante
morrera quando nascido;
fiz construir uma torre.
Nessa torre é que ele vive,
pobre, mísero e cativo.
Só digo três coisas mais:
a primeira é que te estimo
tanto, Polônia, que quis
livrar-te de um rei indigno.
A segunda é minha dúvida
sobre o direito que tive
ao desviar de meu sangue
Honra que lhe era devida.
Pois para evitar que os faça
fiz a meu filho um delito.
Esta é a última e terceira:
talvez um erro haja sido
acreditar-se nos astros
quando existe o livre-arbítrio.
Por todas essas razões
decidi propor-vos isto:
amanhã vou colocar
no meu lugar o meu filho;
sem que ele saiba quem é
será rei qual tenho sido.
Com isso conseguirei
três respostas aos três itens:
primeira – se ele for
calmo, prudente e benigno,
desmentirá de uma vez
totalmente o seu destino.
Segunda – se for cruel,
soberbo, ousado e atrevido,
saberei que estive certo,
minha obrigação cumprindo.
Finalmente, se assim for,

804 TEATRO COMPLETO: RENATA PALLOTTINI

tereis soberanos dignos
de minha coroa e cetro:
esses serão meus sobrinhos,
unidos em matrimônio
um do outro merecidos.

ASTOLFO – Como o mais interessado, digo que Segismundo apareça, pois basta-lhe ser teu filho.

TODOS – Dai-nos o nosso príncipe, que já desejamos rei!

BASÍLIO – Vassalos, vereis amanhã o meu filho.

TODOS – Viva o grande rei Basílio!

*Saem todos acompanhando Estrela e Astolfo; fica o rei;
entram Clotaldo, Rosaura e Clarim.*

CLOTALDO – Posso falar-te, Senhor?

BASÍLIO – Clotado, benvindo sejas,

CLOTALDO – Aconteceu uma coisa, ó Rei, que rompe o foro da lei e do costume.

BASÍLIO – Que foi?

CLOTALDO – Um belo jovem, ousado e inadvertido, entrou na torre.. E esse jovem, senhor, é...

BASÍLIO – Não te aflijas, Clotaldo. Se isso tivesse acontecido em outro dia, confesso que o lamentaria. Mas já divulguei o segredo e portanto, não importa que ele o saiba. Procura-me mais tarde, porque tenho muitas coisas que te dizer, e muitas a te pedir. Terás de ser o instrumento do maior acontecimento que o mundo já viu. E perdoa a esse jovem, para que, enfim, não penses que castigo os teus descuidos. (*sai*)

CLOTALDO – Que vivas, Senhor, mil séculos! (*aparte*) Melhorou o céu a minha sorte! Já não direi que é meu filho, pois já posso poupar a sua vida. (*alto*) Estrangeiros, estais livres.

ROSAURA – Beijo os teus pés mil vezes.

CLARIM – E eu vejo-os, que uma letra não faz diferença...

ROSAURA – Deste-me a vida, senhor e, já que vivo por tua vontade, serei teu eterno escravo.

CLOTALDO – Não foi vida o que te dei, porque um homem agravado não está vivo.

ROSAURA – Mas com a vingança deixarei a minha honra tão limpa que a minha vida há de poder parecer dádiva tua.

CLOTALDO – Toma a espada que me entregaste. Ela basta, eu sei, para te vingar. Espada que foi minha – ainda que só por momentos – sempre te servirá.

ROSAURA – E sobre ela juro vingança, mesmo que o meu inimigo fosse mais poderoso do que é.

CLOTALDO – Ele é muito poderoso?

A VIDA É SONHO

ROSAURA – Tão poderoso que nem quero falar disso.

CLOTALDO – Melhor seria esclarecer de quem se trata, para que eu não venha a ajudar o teu inimigo.

ROSAURA – Meu adversário é nada menos que Astolfo, duque de Moscou.

CLOTALDO – (*aparte*) Céus! (*alto*) Se nasceste moscovita, pouco poderá ter-te ofendido aquele que é teu natural senhor. Regressa a tua pátria, pois, e deixa esse ardente brio que te precipita.

ROSAURA – Ofendeu-me, embora fosse o meu príncipe.

CLOTALDO – Não é possível, mesmo que atrevidamente tivesse posto a mão no teu rosto.

ROSAURA – A ofensa que me fez foi bem maior.

CLOTALDO – Explica-te, pois não podes ir além do que eu imagino.

ROSAURA – Poderia falar; porém, não sei com que respeito te olho, com que afeto te venero, com que estima te ouço, que não me atrevo a dizer-te que este traje esconde um enigma, pois ele não é de quem parece.

CLOTALDO – Como?

ROSAURA – Basta-te saber que não sou o que pareço e que se Astolfo veio para casar com Estrela, poderá sem dúvida ofender-me. E com isto já te disse bastante.

Saem Rosaura e Clarim.

CLOTALDO – Escuta, espera! Detém-te!
Que confuso labirinto
é este, por onde a razão
não consegue achar o fio!
A minha honra é a ofendida,
poderoso o inimigo,
eu vassalo, ela mulher:
descubra o céu um caminho,
mas eu duvido, em verdade,
de que possa descobri-lo,
quando em tão confuso abismo,
todo o céu é um presságio
e todo o mundo um prodígio.

SEGUNDA JORNADA

Salão do palácio real. Basílio e Clotaldo.

CLOTALDO – Tudo foi feito conforme ordenaste. Com a agradável bebida que com tantas ervas mandaste preparar, desci à estreita prisão de Segismundo. A fim de que se encorajasse para a empresa que solicitas, falei com ele sobre a presteza de uma águia vertiginosa que, desprezando a rosa dos ventos, passava a ser na altitude suprema do fogo um raio de pluma ou um cometa em liberdade. Ele não precisa de mais; tocando neste assunto da majestade, discorre com ambição e orgulho, e disse-me: "Que na inquieta república das aves haja também quem lhes jure obediência! Isto me consola. Se estou subjugado, é à força porque voluntariamente jamais me renderia". Vendo-o já enfurecido com isto, que tem sido tema da sua dor, ofereci-lhe logo o licor e sem forças, ele caiu no sono; vi no seu corpo um suor frio, de modo que, se eu não soubesse que era morte fingida, duvidaria da sua vida. Coloquei-o numa carruagem e levei-o até o teu quarto, preparado com a majestade e a grandeza que a sua pessoa merece. Lá o deitamos na tua cama e quando o letargo se dissipar, será por nós servido, com majestade e grandeza. Qual é o teu intento, trazendo desta maneira Segismundo cá para o palácio? Explica, se a minha obediência merece esse favor.

BASÍLIO – Quero satisfazer-te, dando resposta a tudo. Se hoje ele soubesse que é meu filho e amanhã se visse outra vez reduzido à prisão e à

A VIDA É SONHO 807

miséria, não haveria dúvida que, pelo seu caráter, ficaria para sempre desesperado, pois sabendo quem é, que consolo poderia ter? Por isto quis deixar aberta uma porta ao desgosto: Ele poderá dizer que foi sonhado quanto aqui viu. Deste modo poderemos verificar duas coisas: a primeira é a sua natureza, porque ele, acordado, pode fazer quanto pensa ou imagina; a segunda é o consolo, pois ainda que agora seja obedecido e depois torne a sua prisão, poderá entender que sonhou, e isto far-lhe-á bem. De resto, Clotaldo, no mundo, todos os que vivem sonham.

CLOTALDO – Não me faltariam razões para provar que te enganas; mas já não há remédio e, pelo que ouço, parece, que teu filho despertou, encaminhando-se para nós.

BASÍLIO – Quero retirar-me. Tu, como seu guia, procura-o e desfaz as incompreensões que o cercam.

CLOTALDO – Tenho licença para lhe dizer a verdade?

BASÍLIO – Sim. Sabendo a verdade pode ser que fique a conhecer o perigo e que assim mais facilmente o vença. (*sai*)

Entra Clarim.

CLARIM – (*aparte*) – Entrar aqui custou-me quatro pauladas de um guarda ruivo que inchou dentro da farda. Acho que já tenho o direito de ver o que está acontecendo. Para entrar nesta festança, um homem despojado e despejado não pode ter vergonha...

CLOTALDO – Clarim, que há de novo?
CLARIM – Há que por tua clemência,
disposta a vingar agravos,
a Rosaura aconselhaste
que tome seu próprio traje.

CLOTALDO – Fiz isso para que não pareça leviandade o vestir roupas de homem...

CLARIM – Há que, mudando seu nome
ela hoje se apresenta
qual se fosse tua sobrinha
e agora é dama de Estrela.

CLOTALDO – Fez bem em gozar finalmente a honra que o nosso parentesco lhe dá.

CLARIM – Há que ela está esperando
que a ocasião logo chegue
para vingar sua honra
como já lhe prometeste.

CLOTALDO – É um cuidado sensato. No entanto, só o tempo há de tornar isso possível.

CLARIM –   Há que ela está regalada,
servida como princesa
por ser a tua sobrinha...
... e de mim ninguém se lembra!

CLOTALDO – O teu lamento é justo. Vou te satisfazer. Entretanto, colabora comigo.

CLARIM – Segismundo já vem aí!

*Entram músicos cantando e criados que entregam vestes
a Segismundo. Clarim canta.*

Canção de Clarim

CLARIM (*cantando*) –
Houve um jovem bem nascido
que numa torre encantada
viveu vinte anos de vida
sem nunca ter visto nada
do que era a sua vida
do que era a sua vida...

Um dia, meio desperto.
Viu ao seu lado um criado
e outro jovem tão formoso
que o prisioneiro, encantado,
queria-o sempre ao seu lado
e podia tê-lo amado...

Onde está o prisioneiro,
onde está o cavaleiro
e onde está o criado?

Não há cavalo nem moço,
nem torre, príncipe, nada,
porque tudo foi sonhado...
porque tudo foi sonhado...

Segismundo entra.

A VIDA É SONHO

SEGISMUNDO – Estranho é tudo que vejo...
Tudo que sinto e respiro...
É espanto o que admiro ....
é tanto que já não creio...
Eu, em telas e brocados,
eu, cercado de criados,
um leito cheio de sedas,
gente pronta a me vestir...
Não sonho? Ou sim? É engano.
Bem sei que estou acordado.
Eu sou Segismundo... Não?
Céu... o que é que foi mudado?
Que fez minha fantasia?
O que fizeram de mim?
Que houve enquanto eu dormia?
Isto que eu sou terá fim?
Não sei... não posso saber...
Já não quero discutir...
Melhor deixar-me servir...
E seja o que há de ser.

1º CRIADO – Quanta melancolia!

2º CRIADO – Quem não estaria melancólico no seu caso?

CLARIM – Eu.

2º CRIADO – Basta de conversa.

1º CRIADO (*a Segismundo*) – Devem continuar a cantar?

SEGISMUNDO – Não, não quero que cantem mais.

2º CRIADO – Pretendíamos alegrar-te, visto que estás tão absorto.

SEGISMUNDO – Eu não preciso distrair-me com as suas vozes. Só gostei de ouvir as músicas marciais.

CLOTALDO – Dê-me vossa alteza, grande senhor, a mão a beijar.

SEGISMUNDO – (*aparte*) – Clotaldo. Como será possível distinguir-me com tal respeito quem na prisão me maltratava? Que se passa comigo?

CLOTALDO – Com a grande confusão que este novo estado te dá, soferá mil dúvidas o teu entendimento e a tua razão. Senhor, és o príncipe herdeiro da Polônia. Se estiveste escondido, isso foi devido às inclemências da sorte, que promete grandes tragédias a este império ao coroar a tua augusta fronte com os lauréis régios. Apesar de tudo, no entanto, creio em tua inteligência. Sei que vencerás o prognóstico das estrelas. Um varão magnânimo pode vencê-las. Trouxeram-te da torre em que vivias para este palácio, enquanto tinhas os sentidos rendidos ao sono. Teu pai, o rei meu senhor, virá ver-te e por ele saberás o restante.

SEGISMUNDO – Vil, infame e traidor! Mas que tenho eu de saber mais, agora que sei quem sou, para mostrar desde hoje o meu orgulho e o meu

810   TEATRO COMPLETO: RENATA PALLOTTINI

poder? Como pudeste trair a tua pátria, a ponto de me ocultares, negando-me a minha condição, contra a razão e o direito?

CLOTALDO – Triste de mim, meu senhor!

SEGISMUNDO – Traíste a lei, lisonjeaste o rei e foste cruel para mim; e assim a lei, o rei e eu, entre infelicidades tão duras, condenam-te à morte!

2º CRIADO – Senhor...

SEGISMUNDO – Que ninguém me interrompa, isso será esforço vão! E por Deus! Se alguém interferir, jogo-o pela janela.

2º CRIADO – Foge, Clotaldo!

CLOTALDO – Ai de ti, que tanto orgulho mostras, sem saber que estás vivendo um sonho! (*sai*)

2º CRIADO – Senhor, repare que...

SEGISMUNDO – Retira-te daqui.

2º CRIADO – ... que ele obedeceu ao rei.

SEGISMUNDO – Naquilo que não é lei justa, ele não deve obedecer ao rei, mas ao seu príncipe, que sou eu.

2º CRIADO – Ele não tinha o direito de julgar se fazia bem ou mal.

SEGISMUNDO – Acho que estás contra mim, porque me replicas.

CLARIM – Diz o príncipe muito bem, e tu fizeste muito mal.

2º CRIADO – Quem te deu licença para intervir?

CLARIM – Eu próprio a tomei.

SEGISMUNDO – Quem és?

CLARIM – Um intrometido; e neste ofício sou chefe; sou o maior mequetrefe que terá sido parido!

SEGISMUNDO – Só tu, nestes novos mundos me agradaste!

CLARIM – Eu, senhor, sou um grande agradador de todos os Segismundos...

Entra Astolfo.

ASTOLFO – Mil vezes feliz seja o dia, oh príncipe, em que te mostras, enchendo de sol a Polônia e de resplendor e alegria todos estes horizontes! Surges qual divina aurora, pois acabaste de sair, como o Sol, do seio dos montes! Surges, portanto, e embora tão tarde a tua fronte seja coroada com o laurel régio, queira Deus que ainda tarde muito a tua morte!

SEGISMUNDO – Deus te guarde.

ASTOLFO – Só porque não me reconheces, devo desculpar-te por não me honrares mais. Sou Astolfo, duque de Moscou, e teu primo; haja igualdade entre nós.

SEGISMUNDO – Se digo que Deus te guarde não te mostro bastante agrado? Já que te queixas, alardeando quem és, para outra vez direi: que Deus não te guarde.

2º CRIADO (*a Astolfo*) – Considere Vossa Alteza que ele cresceu nos montes e por isso faltam-lhe modos. (*a Segismundo*) Astolfo, senhor, prefere...

A VIDA É SONHO

811

Segismundo – Molestou-me ouvi-lo falar, dando-se tanta importância. Ademais, apressou-se em pôr o chapéu...

2º Criado – É pessoa importante.

Segismundo – Mais importante sou eu.

2º Criado – Contudo, é melhor que haja mais respeito entre os dois do que entre as demais pessoas.

Segismundo – Quem és tu para me falares desta maneira?

Entra Estrela.

Estrela – Seja Vossa Alteza muitas vezes bem-vindo ao trono que, agradecido, vos recebe e deseja; apesar das falsidades, oxalá nele vivais augusto e eminente, uma vida longa, que se conte por séculos e não por anos.

Segismundo (*a Clarim*) – Quem é esta soberba beldade? Quem é esta deusa humana? Quem é esta formosa mulher?

Clarim – É tua prima Estrela, senhor.

Segismundo – Melhor dirias o Sol: (*a Estrela*) Podes, Estrela, ofuscar e dar alegria ao mais rutilante farol. Dá-me a beijar a tua mão, em cuja taça de alvura bebe a aurora sua pureza.

Estrela – És galante e cortesão.

Astolfo (*aparte*) – Estou perdido.

2º Criado – Repara, senhor, que não é comedido ir tão longe, e jamais estando Astolfo...

Segismundo – Não me aborreças!

2º Criado – Digo o que é conveniente.

Segismundo – Tudo isso me enfada. Contra o meu gosto, nada me parece conveniente e justo.

2º Criado – Pois eu, senhor, te ouvi dizer que ao justo é bom obedecer e servir.

Segismundo – Também me ouviste dizer que saberei atirar pela janela quem me aborrecer!

2º Criado – Não se pode fazer isso a um homem como eu!

Segismundo – Não? Por Deus! Hei de provar que sim!

*Agarra o criado, levantando-o e o carrega, saindo
da sala acompanhado pelos demais.*

Astolfo – Que vejo!

Estrela – Todos, todos para detê-lo! (*sai*)

Vozes, fora; Segismundo volta a entrar.

Segismundo – Caiu ao mar, da varanda. Provei que podia ser feito.

Astolfo – Pois deverás medir com mais calma as suas ações. O que vai de um ermo até o palácio é a mesma distância que separa os homens das feras.

812 TEATRO COMPLETO: RENATA PALLOTTINI

Segismundo – Já que és tão severo e falas com tanto orgulho, tem cuidado. Talvez não aches em breve cabeça onde pôr o chapéu...

Sai Astolfo; entram Basílio, Clarim e Criados.

Basílio – Que aconteceu aqui?

Segismundo – Não foi nada. Atirei daquela varanda abaixo um homem que me aborrecia.

Clarim (*a Segismundo*) – É o rei. Não estás vendo?

Basílio – A tua chegada já custou uma vida, logo no primeiro dia?

Segismundo – O homem me disse que aquilo não podia ser feito. Joguei e ganhei a aposta.

Basílio – Pois muito me desgosta, príncipe, vir te ver, esperançado em te encontrar prudente e triunfante de fados e estrelas, e, em vez disso, te encontrar de ânimo tão áspero, que a primeira ação que neste momento praticaste foi um grave homicídio. Com que amor poderei agora estender os meus braços para estreitar os teus, se sei que eles são capazes de matar? Assim, eu, que vejo nos teus braços o instrumento desta morte, afasto-me deles. E embora tivesse desejado cingir amorosamente o teu peito, vou embora sem o fazer, pois sinto medo dos teus braços.

Segismundo – Posso prescindir disso, como até agora. Um pai que sabe usar contra mim tanta rudeza que de si me afasta, negando-se como pai, para me criar como uma fera e me tratar como um monstro, e chega a desejar a minha morte, convence-me da pouca importância que tem isso de não me dar os braços, porque me tira, afinal, a qualidade de ser humano.

Basílio – Prouvera ao céu e a Deus que eu não tivesse chegado a dar-te vida, pois não escutaria a tua voz nem veria o teu atrevimento.

Segismundo – Se não me tivesses dado o ser, não me queixaria de ti. Mas, já que nasci, queixo-me porque me negaste. Embora dar seja a ação mais nobre que existe, é baixeza dar, para depois retirar.

Basílio – Nem me agradeces o te haver de repente transformado de pobre prisioneiro em príncipe?

Segismundo – Que tenho eu de agradecer-te por isso? Tirano da minha vontade, se estás velho e caduco, que me dás ao morrer? Só o que é meu. És meu pai e meu rei. Logo, toda a grandeza da minha condição me é dada pela natureza, pelo direito da sua lei. Poderia, isso sim, pedir-te contas pelo tempo que me negaste liberdade, vida e honra. Deves agradecer que eu não cobre de ti, porque és tu o meu devedor.

Basílio – És bárbaro e atrevido; cumpriu o céu o que ditou. Portanto, apelo para ele. Ainda que saibas agora quem és, e estejas informado, ouve bem este aviso: sê humilde e brando, porque talvez estejas a sonhar por mais que te sintas desperto. (*sai*)

A VIDA É SONHO

813

SEGISMUNDO (*confuso*) – Estarei sonhando? Estou
tão mal ciente e desperto?
Não sonho, pois sei ao certo
o que fui e o que sou.
Ainda que não te agrade
hei de prosseguir aqui;
sei quem sou e o que já
vi por mais que isso te enfade.
Não podes tirar-me o nome
e o lugar de teu herdeiro.
Se estive em prisão, primeiro,
morto de frio e de fome,
foi por não saber quem era;
mas como informado estou
de quem sou, já sei que sou
misto de homem e de fera.

Entra Rosaura, com trajes femininos.

ROSAURA – Foi-me ordenado que seguisse Estrela, mas tenho medo de encontrar Astolfo. Clotaldo não quer que ele saiba quem sou nem que
me veja, dizendo que isso interessa à minha honra. (*pausa*) O príncipe está aqui... é melhor que eu me vá.

SEGISMUNDO – Ouve, mulher, um momento. Surpresa! Que vejo?

ROSAURA – O mesmo que eu, duvidando e crendo.

SEGISMUNDO – Eu já vi esta beleza em outra ocasião.

ROSAURA (*aparte*) – E eu vi esta pompa, esta grandeza, reduzida a uma
estreita prisão.

SEGISMUNDO – Quem és?

ROSAURA – Sou uma infeliz dama de Estrela.

SEGISMUNDO – Diz antes que és sol, a cuja luz vive aquela estrela, pois é de
ti que ela recebe o resplendor.

Entra Clotaldo, que se oculta; Clarim e Criados.

CLOTALDO (*aparte*) – Preciso dominar Segismundo; afinal, eu o criei. (*pausa*) Os dois juntos!

ROSAURA – Agradeço a tua gentileza. Que o meu silêncio, mais eloquente
que as palavras, te responda. Quando a razão é vagarosa, fala melhor,
senhor, quem mais cala.

SEGISMUNDO – Espera, não te vás. Por que me queres deixar assim perdido?

ROSAURA – É licença que peço a vossa alteza.

SEGISMUNDO – Partir tão depressa é tomar a licença ...

ROSAURA – Se não a dás, terei de tomá-la.

SEGISMUNDO – Farás que eu me torne grosseiro. A resistência é um veneno
cruel para a minha paciência.

814 TEATRO COMPLETO: RENATA PALLOTTINI

Rosaura – Não ouso, nem posso ofender-te.

Segismundo – Para provar meu poder, quero afastar do teu rosto os vestígios do medo. Sou bastante inclinado a vencer o impossível. Hoje, arrojei pela janela um homem que me dizia que isso não se podia fazer. Assim, só para provar que posso, atirarei tua honra pela janela...

Clotaldo (*aparte*) – Fica mais teimoso a cada hora... Que hei de fazer? Se por um louco desejo estão novamente arriscando a minha honra?

Rosaura – Não era em vão que este reino infeliz receava, com a tua tirania, traições, delitos, lutas e mortes. Mas que pode fazer um homem que de humano só tem o nome, e que nasceu no meio das feras, cruel, orgulhoso, bárbaro, tirano e atrevido?

Segismundo – Se não fossem as tuas injúrias, eu me mostraria cortês, para te cativar. Mas se falas de mim nesses termos, por Deus! Vou me esforçar por dar razão à injúria. (*aos presentes*) Deixem-nos sós! Fechem a porta, e que ninguém entre.

Saem Clarim e os Criados.

Rosaura (*aparte*) – Vou morrer... (*alto*) Senhor...

Segismundo – Sou tirano. Por que pedes mercê?

Clotaldo (*aparecendo*) – Príncipe, atende, olha...

Segismundo – É a segunda vez que me irritas, velho louco e caduco. Como pudeste entrar aqui?

Clotaldo – Vim para aconselhar que sejas mais agradável se desejas reinar; já te vês senhor de todos, e eu quero demover-te de crueldades, pois talvez tudo isso não passe de um sonho.

Segismundo – Tu me provocas, quando me ameaças com o desengano. Matando-te, verei se isto é sonho ou realidade.

*Segismundo arranca a adaga; Clotaldo detém a arma
com a mão e põe-se de joelhos.*

Clotaldo – Imploro-te que poupes a minha vida.

Segismundo – Tira essa mão da adaga!

Clotaldo – Não a soltarei, enquanto não venha gente que detenha a tua cólera.

Rosaura – Ai, Deus!

Segismundo – Solta, caduco, louco, bárbaro inimigo! Solta, ou morrerás de outra maneira! (*lutam*)

Rosaura – Corram todos depressa; Clotaldo vai ser morto!

*Entra Astolfo no momento em que Clotaldo vem cair
a seus pés; interpõe-se aos contendores.*

Astolfo – Então, o que é isso, príncipe generoso? Assim se mancha adaga tão viril num sangue gelado? A meus pés, esta vida tornou-se sagrada para mim. De algo lhe servirá eu ter chegado.

A VIDA É SONHO

815

SEGISMUNDO – Que sirva para morreres. Também poderei vingar-me agora, com a tua morte, da insolência que há pouco tiveste comigo.

ASTOLFO – Eu defendo a minha vida; assim, não ofendo a majestade.

Astolfo desembainha a espada e lutam.

CLOTALDO – Não o firas, senhor!

Entram Basílio, Estrela e Comitiva.

BASÍLIO – Lutam aqui, em meu palácio?

ESTRELA *(aparte)* – Astolfo.

BASÍLIO – Que aconteceu?

ASTOLFO – Nada, senhor, porque tu chegaste.

Embainham as espadas.

SEGISMUNDO – Muito, senhor, embora tenhas chegado. Eu quis matar esse velho.

BASÍLIO – Não respeitavas aqueles cãs?

SEGISMUNDO – É vão pretender que eu respeite cabelos brancos. *(Ao Rei)* Esses mesmos, hei de ver um dia aos meus pés. *(Sai)*

BASÍLIO – Pois antes desse dia voltarás a dormir onde poderás verificar que tudo quanto aconteceu foi sonhado.

Saem o Rei, Clotaldo e Comitiva.

ASTOLFO – Em face do que houve entre mim e Segismundo, prevejo orgulhos, infelicidades, mortes... e sei que acerto, porque tudo acabará por acontecer. No entanto, ao ver, senhora, esses olhos magníficos...

ESTRELA – Acredito que essas finezas sejam verdadeiras¡ mas devem destinar-se à dama cujo retrato vi pendente no vosso peito.

Entra Rosaura, que se oculta.

ASTOLFO – Farei com que o retrato saia do meu peito e nele entre a imagem da tua formosura. Vou buscar o retrato. *(afastando-se)* Perdoa, bela Rosaura, o agravo que te faço... *(sai)*

Aparece Rosaura.

ESTRELA – Astreia!

ROSAURA – Senhora!

ESTRELA – Quero confiar-te um segredo.

ROSAURA – Honras, senhora, quem te obedece.

ESTRELA – Apesar de te conhecer há pouco tempo, Astreia, entrego-te as chaves da minha confiança.

ROSAURA – Dispõe desta tua serva.

816 TEATRO COMPLETO: RENATA PALLOTTINI

ESTRELA – Pois, para dizer tudo em poucas palavras, o meu primo Astolfo
vai casar comigo. Desgostou-me, no entanto, vê-lo trazer ao pescoço
o retrato de uma dama. Falei-lhe cortesmente nisso, e ele, por
galanteria, e por me querer bem, foi buscar o retrato para mostrar-me.
Ora, isto me embaraça muito. Assim, peço-te que fiques aqui à sua
espera. Quando ele vier, diz que o entregue a ti. Não te digo mais
nada. És sensata e formosa, deves saber o que é o amor. (*sai*)
ROSAURA – Oxalá não o soubesse! Valha-me o céu! Que devo fazer hoje,
nesta emergência? Se digo quem sou, Clotaldo, a quem minha vida
deve este amparo pode ficar ofendido comigo. Se não disser quem sou
e Astolfo chega a ver-me, como hei de dissimular?

Entra Astolfo, que traz o retrato.

ASTOLFO – Aqui está, senhora, o retrato. Mas...
ROSAURA – Por que se detém Vossa Alteza? De que se admira?
ASTOLFO – De ouvir-te, Rosaura, e de te ver aqui.
ROSAURA – Eu, Rosaura? Engana-se vossa Alteza se me toma por outra
dama. Eu sou Astreia e a minha humildade não merece a grande dita
de lhe causar essa perturbação.
ASTOLFO – Não continues a disfarçar, Rosaura. A alma nunca mente e,
embora ela te veja como Astreia, é como Rosaura que te quer.
ROSAURA – Não compreendi, e portanto não sei responder. Apenas direi
que Estrela mandou que o esperasse aqui, pedindo-me para dizer de
sua parte que me entregue aquele tão discutido retrato; e que eu própria o vá levar.
ASTOLFO – Por mais esforços que faças, oh, como dissimulas mal, Rosaura!
ROSAURA – Já te disse que só espero o retrato.
ASTOLFO – Bem se queres levar o engano até o fim, é com o engano que te
respondo. Dirás, Astreia, à infanta, que a estimo tanto que, tendo-me
ela pedido um retrato, seria pouco gentil, enviá-lo. Assim, mando-lhe
o original, para que o aprecie e estime; o original do retrato poderás
tu levá-lo, porque está contigo.
ROSAURA – Dê-me Vossa Alteza esse retrato porque sem ele não saio daqui.
ASTOLFO – Mas como poderás levá-lo, se não o dou?
ROSAURA – Desta maneira. (*procura tirá-lo*)
ASTOLFO – É inútil.
ROSAURA – Por Deus! Ele não há de ir parar nas mãos de outra mulher!
ASTOLFO – És terrível!
ROSAURA – E tu ardiloso!
ASTOLFO – Basta, Rosaura minha.
ROSAURA – Eu, tua? Mentes, vilão.

Ambos agarram o cordão com o retrato; entra Estrela.

ESTRELA – Astreia... Astolfo... que é isto?

A VIDA É SONHO 817

Rosaura – Se queres saber, senhora, eu te direi. (*ignorando Astolfo, que pretende impedi-la*) Vendo-te falar em retratos, recordei-me de que tinha um, meu, na manga. Quis vê-lo, e tirei-o, o retrato me caiu da mão, e Astolfo, que ainda tem o da outra dama, recolheu-o do chão; está tão rebelde que, em vez de me dar um, quer levar os dois. E como não me devolvia o meu, apesar dos rogos, eu, zangada e impaciente, quis arrebatá-lo. Aquele que ele tem na mão é o meu. Podes verificar.

Estrela – Dá-me, Astolfo, esse retrato. (*tira o retrato da mão de Astolfo*)

Astolfo – Senhora...

Estrela – As aparências não desmentem a verdade.

Rosaura – Não é o meu?

Estrela – Pode haver dúvida?

Rosaura – Agora pede que te dê o outro.

Estrela – Toma o teu retrato e vai-te.

Rosaura (*apanhando o retrato*) – Agora, venha o que vier. (*sai*)

Estrela – Dá-me agora o retrato que te pedi. Embora não pense verte nem falar-te jamais, não quero que ele fique em teu poder.

Astolfo – Embora quisesse, formosa Estrela, servir-te e obedecer-te, não posso dar-te o retrato, porque...

Estrela – És vilão e grosseiro amante. Já não o quero, nem quero que recordes o meu pedido. (*sai*)

Astolfo – Espera, Estrela! (*pausa*) Valha-te Deus, Rosaura! Donde, como, e de que maneira vieste hoje à Polônia, para me perder e te perderes? (*sai*)

Mudança de cena; prisão de Segismundo na torre.
Segismundo, como no princípio, com peles e grilhões,
deitado no chão; Clotaldo, dois criados e Clarim.

Clotaldo – Deixem-no aqui. O seu orgulho acaba hoje onde começou.

Clarim – Não despertes mais, Segismundo, para que não vejas mudada a tua sorte, e te sintas perdido de uma glória irreal. A tua glória foi uma sombra da vida e um prenúncio da morte.

Clotaldo – Quem tão bem sabe discursar devia também prever um bom lugar onde exercitar a sua eloqüência. (*aos soldados*) Podem fechar também esse. (*aponta um quarto contiguo*)

Clarim – A mim? Por quê?

Clotaldo – Porque Clarim que conhece tão graves segredos deve ficar em prisão, com muros bastante espessos para guardar o que sabe.

Clarim – Acaso eu ameaço de morte o meu pai? Não. Atirei da janela algum novo Ícaro? Eu durmo, ou sonho? Por que devo ser preso?

Clotaldo – Porque és Clarim.

Clarim – Então, desde amanhã serei corneta, caladinha, que é instrumento ruim!

Levam-no e Clotaldo fica só; entra Basílio, embuçado,
enquanto Segismundo segue adormecido.

818 TEATRO COMPLETO: RENATA PALLOTTINI

BASÍLIO – Clotaldo.

CLOTALDO – Senhor! Vossa Majestade, aqui?

BASÍLIO – Uma tola curiosidade animou-me a vir ver o que acontece a Segismundo.

CLOTALDO – Aí está ele, reduzido a sua miserável condição.

BASÍLIO – Aí, príncipe infeliz e mal nascido! Procura despertá-lo, Clotaldo. O ópio lhe tirou as forças.

CLOTALDO – Está inquieto, senhor, falando baixo.

BASÍLIO – Quais serão seus sonhos, agora?

SEGISMUNDO (*sonhando*) – Piedoso é o príncipe que castiga os tiranos. Morra Clotaldo às minhas mãos e beije meu pai os meus pés.

CLOTALDO – Quer me matar.

BASÍLIO – Ameaça-me com maus tratos e humilhações.

CLOTALDO – Pretende roubar-me a vida.

BASÍLIO – Projeta derrubar-me a seus pés.

SEGISMUNDO (*sonhando*) – Surja na espaçosa praça do grande teatro do mundo este valor primordial: pra realizar a vingança vejam o príncipe Segismundo que derrota o próprio pai. (*despertando*) Mas, onde estou?

BASÍLIO (*escondendo-se*) – Não convém que me veja. (*a Clotaldo*) Já sabes o que fazer. Fico para escutar de mais longe. (*afasta-se*)

SEGISMUNDO – Sou eu, porventura? Sou eu, preso e aferrolhado? Sois, torre, o meu sepulcro? Sim. Ah! Quantas coisas espantosas eu sonhei!

CLOTALDO – Já é hora de acordar?

SEGISMUNDO – Sim, já é hora de acordar.

CLOTALDO – Dormiste todo este tempo!

SEGISMUNDO – E acho que ainda não despertei. Pois se o que vi, palpável e certo, era sonho... o que vejo agora é incerto. Será que não sonho que estou acordado?

CLOTALDO – Conta-me o que sonhaste.

SEGISMUNDO – Mesmo que tivesse sido um sonho, não direi o que sonhei, Clotaldo, mas sim o que vi. Despertando, me vi num leito colorido e magnificente. Mil nobres submissos a meus pés me chamaram príncipe, e me ofereceram pomposas roupas, adornos e jóias. Tu transformaste a calma do meu ânimo em alegria, revelando a minha sorte: embora esteja nesta miséria, eu era o príncipe herdeiro da Polônia.

CLOTALDO – Então, mereci um prêmio.

SEGISMUNDO – Não. Eu te mataria duas vezes, por traidor.

CLOTALDO – Por que tanta severidade?

SEGISMUNDO – Eu era senhor de todos, e a todos pedia desforra. Só amava uma mulher... creio que tudo isto foi verdade, já que tudo se acabou... só isto não se acaba...

O Rei se vai.

A VIDA É SONHO

819

CLOTALDO – Como antes de adormeceres havíamos falado sobre as águias,
tu, dormindo, sonhaste grandezas impossíveis. Mas teria sido bom que,
mesmo em sonhos, pudesses honrar quem te criou com tantos cuidados, Segismundo. Até em sonhos não se perdem as boas ações. (*sai*)

SEGISMUNDO (*só*) – É certo; então reprimamos
esta fera condição,
esta furia, esta ambição,
pois pode ser que sonhemos;
e o faremos, pois estamos
em mundo tão singular
que o viver só é sonhar
e a vida ao fim nos imponha
que o homem que vive, sonha
o que é, até despertar.
Sonha o rei que é rei, e segue
com esse engano mandando,
resolvendo e governando.
E os aplausos que recebe,
vazios, no vento escreve;
e em cinzas a sua sorte
a morte talha de um corte.
E há quem queira reinar
vendo que há de despertar
no negro sonho da morte?
Sonha o rico sua riqueza
que trabalhos lhe oferece;
sonha o pobre que padece
sua miséria e pobreza;
sonha o que o triunfo preza,
sonha o que luta e pretende,
sonha o que agrava e ofende
e no mundo, em conclusão,
todos sonham o que são,
no entanto ninguém entende.
Eu sonho que estou aqui
de correntes carregado
e sonhei que noutro estado
mais lisongeiro me vi.
Que é a vida? Um frenesi,
Que é a vida? Uma ilusão,
uma sombra, uma ficção;
o maior bem é tristonho,
porque toda a vida é sonho
e os sonhos, sonho são.

Terceira Jornada

Mesmo cenário; na torre de Segismundo, o compartimento de Clarim.

CLARIM – Pelo que sei, vivo preso numa torre encantada. Quem me faz companhia são as aranhas e os ratos. Se pelo que sei me matam, que castigo me darão pelo que ignoro? Pode um homem com tanta fome estar a morrer vivendo? Quero dizer tudo em voz clara; todos irão acreditar, porque, para mim, silêncio não casa com o nome de Clarim. Não posso calar-me. Tenho a cabeça cheia dos sonhos desta noite: mil clarinetas, trombetas, miragens, procissões, cruzes, penitentes; uns sobem e outros descem, outros ainda desmaiam vendo o sangue que escorre dos corpos. Mas eu, é de fome que desmaio. Nestes novos tempos, consideram que é próprio dos santos aguentar e calar; mas santo, para mim, é isto de jejuar sem querer. Inútil queixar-me. É bem merecido o castigo que padeço, pois, sendo criado, calei-me, e isto é o maior sacrilégio.

Som de tambores, clarins e gritos, dentro.

1º SOLDADO – Está nesta torre. Derrubem a porta e entrem.

CLARIM – Graças a Deus: Não há dúvidas de que me procuram, pois dizem que estou aqui. Que será que eles querem?

1º SOLDADO – Entrem!

Entram vários soldados.

A VIDA É SONHO   821

2º Soldado – Está aqui!

Clarim – Não está.

Soldados – Senhor...

Clarim – Será que estão bêbados?

1º Soldado – Tu és o nosso príncipe. Não admitimos nem queremos senão o nosso príncipe natural, e não o duque estrangeiro. Dá-nos os pés, senhor, para beijarmos.

Soldados – Viva o nosso grande príncipe!

Clarim (*aparte*). Por Deus, parece que é serio. Será costume neste país, prenderem uma pessoa num dia, consagrá-la como príncipe no outro e despachá-la no terceiro outra vez para a prisão? Sim, é, porque estou vendo. Preciso desempenhar o meu papel.

Soldados – Dá-nos os pés, senhor!

Clarim – Não posso, porque preciso deles para mim. Além do que, seria feio um príncipe perneta.

2º Soldado – Dissemos todos a teu pai que só a ti aceitaríamos como príncipe, e não a Astolfo.

1º Soldado – Sai, para reaver o teu império. Viva Segismundo!

Todos – Viva!

Clarim – Segismundo? Para vocês todos os príncipes à força são Segismundos?

Segismundo (*aparecendo*) – Quem chama aqui por Segismundo?

Clarim – Pronto. Sou um príncipe gorado.

1º Soldado – Quem é Segismundo?

Segismundo – Eu .

2º Soldado (*a Clarim*) – Ó tolo atrevido! Querias fazer-te passar por Segismundo?

Clarim – Eu, Segismundo? Nego isso. Foram vocês que me segismundaram.

1º Soldado – Grande príncipe Segismundo: nós te aclamamos senhor nosso. O teu pai, o grande rei Basílio, receando que os céus cumpram uma profecia que prevê a sua submissão são a ti, pretende tirar-te a faculdade da ação e o direito que te pertence; quer que em teu lugar fique Astolfo. Com esse fim reuniu a corte. Mas o povo, com um nobre desprezo pela profecia que se atribuiu ao teu destino, vem buscar-te, para que, ajudado pelas suas armas, saias desta prisão para reaver a tua imperial coroa e poder. Sai pois, que lá fora um exército numeroso de revoltados plebeus aguarda para te aclamar. A liberdade te espera. Não ouves as vozes da multidão?

Vozes (*dentro*) – Viva Segismundo! Viva!

Segismundo – Que é isto, oh céu?! Queres que eu sonhe outra vez grandezas que o tempo há de desfazer? Queres que veja outra vez entre idéias e sombras vacilantes a majestade e a pompa varridas pelo vento? Queres que outra vez sinta a desilusão aquele que nasceu humilde e vive atento? Não. Não hei de tornar a ver-me agarrado pela minha desgraça. Adeus, oh sombras, que perante os meus sentidos agora

822 TEATRO COMPLETO: RENATA PALLOTTINI

fingem ter corpo e voz. Não quero o poder fingido, não quero pompas fantásticas, ilusões inúteis. Já vos conheço, e sei que isto é o que acontece com quantos sonham. Mas para mim acabaram as ilusões; estou acordado, sei muito bem que a vida é sonho.

2º Soldado – Se pensas que te enganamos, olha para fora e vê o povo que te aguarda, disposto a obedecer-te.

Segismundo – Já outra vez vi isto mesmo, tão clara e distintamente como agora estou a vê-lo... e foi sonho.

2º Soldado – Sempre, grande senhor, as grandes coisas trouxeram prenúncios; se já sonhaste com isto, foi um prenúncio.

Segismundo – Dizes bem foi um prenúncio. E se ele se confirma, já que a vida é tão curta, sonhemos, alma, sonhemos outra vez, mas com a precaução de despertar deste engano na melhor altura, e de ver que ele acaba. Assim, consciente, será menor a desilusão... Tanto mais que recusar seria escarnecer da sorte e desafiá-la... Atrevamo-nos a tudo, pois todo poder é emprestado e há de tornar ao seu legítimo dono. Vassalos, eu vos agradeço a lealdade. Em mim tendes quem vos livrará da escravidão. É minha intenção empunhar armas contra meu pai e dar razão ao que está escrito nos céus. Já que hei de vê-lo aos meus pés... tocai alarma!!

Todos – Viva Segismundo! Viva!

Entra Clotaldo.

Clotaldo – Que alvoroço é esse?

Segismundo – Clotaldo!

Clotaldo – Senhor...

Clarim (*aparte*) – Aposto que vai atirá-lo pela janela.

Clotaldo – Já sei que chego a teus pés para morrer.

Segismundo – Ergue-te pai, ergue-te do chão, porque vais ser o norte e guia de quantos confiarem nas minhas resoluções e porque já sei que devo a minha criação à tua lealdade. Dá-me tuas mãos.

Clotaldo – Que dizes?

Segismundo – Digo que estou sonhando e que procuro agir bem, embora em sonhos.

Clotaldo – Pois, senhor, se agir bem é agora o teu lema, penso que não te ofenderás por eu hoje procurar outro tanto. Mas, fazer guerra a teu pai! Eu não posso aconselhar-te contra o meu rei, nem ajudar-te. Estou aqui a teus pés. Mata-me.

Segismundo – Vilão, traidor ingrato! (*aparte*) Céus! Devo moderar-me pois, não sei ainda se estou acordado (*alto*) Clotaldo, invejo a tua coragem e te agradeço. Vai servir ao rei; no campo de batalha nos veremos.

Clotaldo – Beijo mil vezes os teus pés. (*sai*)

A VIDA É SONHO

SEGISMUNDO – Vocês, toquem às armas! Vamos reinar, minha sorte! Não me despertes, se durmo e, se estou acordado, não me adormeças. Se for realidade, por isso mesmo; senão, por ganhar amigos para quando despertarmos.

Saem todos; tocam os tambores.
Mudança de cena; salão do palácio real. Basílio e Astolfo.

BASÍLIO – Quem, Astolfo, sendo valente, poderá deter a fúria de um cavalo sem freio? Quem, sendo prudente, poderá deter o caudal de um rio que corre, soberbo e vertiginoso, para o mar? Pois parece mais fácil deter tudo isso que a soberba ira do povo. Que o diga o rumor da plebe dividida que, de um lado, grita: Astolfo! E de outro: Segismundo! E o rumor ressoa e multiplica-se em ecos por todo o país.

ASTOLFO – Senhor, adia-se hoje o que a tua mão me prometia. Se a nação ainda resiste em aceitar-me é preciso que eu a mereça primeiro. Dá-me a tua ajuda e que um raio caia sobre quantos se julgam trovão! (*sai*)

BASÍLIO – Pouco conserto tem o que é inevitável: e muitos riscos o que é previsível. O que tem de ser, será. Que dura lei! Pensando fugir ao perigo, ofereci-me ao perigo. Com o que eu reprimia, me perdi. Eu mesmo, eu destrui a minha pátria.

Entra Estrela.

ESTRELA – Se com tua autoridade não tratas de refrear o tumulto desenfreado que vai crescendo pelas ruas e praças, entre os dois grupos do povo dividido, verás o teu reino afogar-se em sangue. Os soldados já parecem esqueletos vivos!

Entra Clotaldo.

CLOTALDO – Graças aos céus, chego vivo aos teus pés!

BASÍLIO – Clotaldo! Que notícias me dás de Segismundo?

CLOTALDO – O povo, desabrido e cego, entrou na prisão e de lá tirou o príncipe. Vendo-se restituído à sua condição, ele mostrou valentia, dizendo ferozmente que há de dar razão aos veredítos do céu.

BASÍLIO – Preparem-me um cavalo! Quero ser eu, em pessoa, a vencer na luta a um filho ingrato. Que ao menos na defesa da minha coroa vençam as armas e sejam derrotados os presságios!

Saem Basílio e Estrela; quando Clotaldo vai sair,
entra Rosaura, que o detém.

ROSAURA – Embora as virtudes do teu peito gritem, ouve-me a mim, que sei que tudo é guerra. Mandaste que eu vivesse disfarçada no palácio e que evitasse encontrar-me com Astolfo. No entanto, ele acabou por me ver e ficou em tão difícil situação que passou a falar com Estrela à noite, num jardim. Ora, eu tenho a chave do jardim e posso entregá-la a ti, para que mates Astolfo. Assim, ficará restaurada a minha honra.

CLOTALDO – É verdade que, desde o dia em que te vi, fiquei decidido a fazer por ti o mais que pudesse, Mas quando Segismundo pretendeu assassinar-me, Astolfo interveio em minha defesa, demonstrando-me a sua afeição. Como poderei eu, tendo a alma agradecida, pensar em dar morte a quem me salvou a vida?

ROSAURA – Um dia me salvaste a vida; mas me disseste que vida manchada não é vida. Devo supor, então, que não me deste nada.? Queres ser ao mesmo tempo generoso e agradecido? Sê antes generoso. Salva a minha honra. Serás grato depois.

CLOTALDO – Serei apenas generoso. Eu, Rosaura, te dou a minha fortuna. Recolhe-te a um convento, é a melhor solução que te posso dar. Nesta altura, quando o reino, dividido, sofre tão graves desditas, não hei de ser eu, que nasci nobre, quem as aumentará. Creio que não poderia fazer mais e melhor, mesmo que fosse teu pai,

ROSAURA – Se fosses meu pai e não me vingasses, seria eu quem sofreria a injúria.

CLOTALDO – Que pensas fazer?

ROSAURA – Matar o duque.

CLOTALDO – Uma dama, que não conheceu o pai, tem tanta coragem?

ROSAURA – Eu tenho!

CLOTALDO – O que te encoraja?

ROSAURA – A minha fama.

CLOTALDO – Olha que terás de enfrentar Astolfo...

ROSAURA – Toda a minha honra o condena.

CLOTALDO – É o novo rei, e o noivo de Estrela!

ROSAURA – Deus não há de permitir!

CLOTALDO – É uma loucura.

ROSAURA – Bem. sei.

CLOTALDO – Pois cura-te dela.

ROSAURA – Não posso.

CLOTALDO – Perderás, certamente...

ROSAURA – Já sei...

CLOTALDO – ... vida e honra.

ROSAURA – Não duvido.

CLOTALDO – Que tens em mente?

ROSAURA – Matar-me, depois.

CLOTALDO – Isso é despeito.

ROSAURA – É honra.

CLOTALDO – É desatino.

ROSAURA – É coragem.

CLOTALDO – É delírio.

ROSAURA – É raiva, é ira.

CLOTALDO – Quem vai te ajudar?

A VIDA É SONHO

ROSAURA – Vou sozinha.

CLOTALDO – Não desistes?

ROSAURA – Não.

CLOTALDO – Pensa bem se há outras maneiras...

ROSAURA – Do contrário, estaria perdida. (*sai*)

CLOTALDO – Já que tens de perder-te, espera, filha, e percamo-nos todos. (*sai*)

Mudança de cena; Segismundo, vestido de peles, com soldados que marcham, e Clarim. No campo. Rufam tambores.

SEGISMUNDO – Se a Roma triunfante dos seus começos imperiais me visse neste momento, como se alegraria por ter conseguido a fera que eu sou para dirigir os seus poderosos exércitos!

Entra Rosaura, vestida com saio de pastor, com espada e adaga.

ROSAURA – Generoso Segismundo:
tua majestade heróica
nasce ao dia dos seus feitos
da noite de suas sombras.
Grande amanheças ao mundo,
lúcido sol da Polônia
e a uma mulher infeliz
que hoje a teus pés se arroja
ampares por ser mulher
e infeliz: duas coisas
que ao homem que for valente
qualquer uma basta e sobra.
Três vezes já tu me viste
em diverso traje e forma:
a primeira em tua prisão,
estando eu vestida de homem.
Na segunda, era mulher
Quando estavas tu na corte.
A terceira é esta, quando
sou mulher e armas suporto.
Nos palácios de Moscou
nasci, de mãe muito nobre,
e de um traidor, cujo nome
não digo porque o ignoro.
Minha sorte foi tão dura
quanto a desta mãe formosa.
Também conheci ladrão
dos troféus da minha honra.
Astolfo! Ai de mim! Seu nome
me encoleriza e me enoja.

Astolfo foi dono ingrato
que, olvidado de suas glórias
(porque, de um passado amor
se esquece até a memória)
veio à Polônia, chamado
por sua ambição famosa
para casar-se com Estrela,
do meu crepúsculo o foco.
Eu, ofendida, burlada
calei minhas penas fundas
até que um dia, a Violante
contei-as, todas chorosa.
Ela então contou-me as suas
consolando-me, piedosa.
Juiz que foi delinquente
quão facilmente perdoa!
Deu-me a espada recebida
do raptor de sua honra,
e mandou que, disfarçada,
vestisse trajes de homem.
"Vai à Polônia", me disse
"para que te vejam os nobres;
em algum encontrarás
consolo para tuas dores".
Aqui encontrei Clotaldo,
o que me salvou da morte
e me pediu fosse dama
de Estrela, noiva de Astolfo.
No entanto, quer impedir
somente esse matrimônio
e pede que minha luta
por minha honra abandone.
Por isso hoje venho a ti
Segismundo! E em tua pessoa
ponho minha confiança
ofereço a minha força.
Mulher, para me queixar
varão, para ganhar glórias.

SEGISMUNDO – Oh céus! Era então verdade?
Mas então não era sonho?
como pode esta mulher
dizer coisas tão notórias?

A VIDA É SONHO

Pois se é assim, e há de ver-se
desvanecida entre sombras
a grandeza e o poder
a majestade e a pompa
saibamos aproveitar
este pouco que nos toca
pois só se goza na vida
o que entre sonhos se goza.
Rosaura está em meu poder,
é bela, e minha alma a adora...
(*mudança*)
Mas não... é mulher ferida...
e mais a um príncipe toca
dar honra do que tirá-la.
Por Deus! Que de sua honra
hei de ser conquistador
mais que de minha coroa.

ROSAURA – Senhor! Pois assim te vais?
Nem uma palavra boa
te merece o meu cuidado
te merece o meu desgosto?
Como é possível, senhor,
que não me olhes nem me ouças?

SEGISMUNDO – Rosaura: o dever me força
por ser piedoso contigo
a ser cruel contigo agora.
Não te responde esta voz
para que o brio responda;
não te falo, porque quero
que por mim falem as obras
nem te olho, pois é força,
em pena tão rigorosa
que não olhe tua beleza
quem deve olhar por tua honra.

ROSAURA – Meu Deus, que palavras dizes:
Depois de tanto pesar
posso eu me conformar
com enigmas infelizes?

Entra um soldado cantando.

828 TEATRO COMPLETO: RENATA PALLOTTINI

SOLDADO (*cantando*) – Já se declarou a guerra
de Segismundo a Basílio.
Já saem para o combate
forças do pai e do filho.
Soam tambores valentes
no palácio sitiado;
agora é a hora da morte
para os míseros soldados.
Uns gritam: "que viva o rei!"
outros: "viva a liberdade!"
Todos querem o poder
e redobra a luta armada
e soa a hora da morte
para o povo esfomeado.

O exército de Basílio
sofre derrota fatal.
Também se acabam os reis
quando o maior é rival.
E se a morte nos persegue
de pouco adianta fugir,
pois mesmo estando escondido
caiu ferido Clarim.
Clotaldo aconselha a todos,
Astolfo busca a batalha,
ao rei suplicam que fuja
montado no seu cavalo.
Porém Basílio recusa
mesmo que a morte o aguarde.

Do lado de Segismundo
mostram-lhe onde o rei se acha;
o príncipe, sem perdão,
ordena que os seus soldados
busquem nos bosques e árvores
cada tronco e cada ramo.

Quando Basílio compreende
que terminou a contenda
depõe as armas que tinha
e ante o filho se apresenta,
para que o curso da vida
mais uma vez se mantenha...

Entram Basílio, Clotaldo e Astolfo, que vêm fugindo.

A VIDA É SONHO

BASÍLIO – Ai de mim, rei infeliz!
Ai de mim, pai perseguido
CLOTALDO – Teu exército, vencido
foge de inimigos vis!
ASTOLFO – os traidores triunfantes
ficam
BASÍLIO – Em batalhas tais
os que vencem são leais
e vencidos os traidores.
Fujamos, Clotaldo, pois,
do cruel, do desumano
rigor de um filho tirano.

Ouve-se um tiro dentro e Clarim sai, ferido, de onde estava.

CLARIM – Valha-me Deus!
ASTOLFO – Mas quem é
este mísero soldado
que a nossos pés vem cair
do próprio sangue manchado?
CLARIM – Sou um homem desgraçado
que por querer me guardar
da morte, a fui procurar.
Fugindo dela, encontrei
a morte, pois não há lugar
para a inimiga secreto.
Quanto mais longe te escondes
mais te alcança a sua seta.
Por isso digo: voltai
à sangrenta guerra, e logo,
porque entre as armas e o fogo
bem mais seguros estais
que no bosque mais guardado;
não há seguro caminho
contra a força do destino
e a inclemência do Fado.
De pouco vale tentar
da morte se defender;
sempre acaba por morrer
aquele que Deus mandar.
(*cai morto*)
BASÍLIO – Sempre acaba por morrer
aquele que Deus mandar!
Com que razão esclarece
nossa pobre ignorância

830 TEATRO COMPLETO: RENATA PALLOTTINI

e nos dá conhecimento
este cadáver que fala
por boca de uma ferida
sendo o sangue que derrama
cruenta língua que ensina
o pouco valor do esforço
que fazemos contra a sina;
o homem bem pouco alcança
se ante si alça-se a Força!
Pois eu, por livrar de mortes
e sedições minha pátria
terminei por entregá-la
aos traidores que evitava.

CLOTALDO – Inda que saiba o destino
os caminhos, e inda que ache
a quem busca, na espessura
de penhascos, não é próprio
de nossa gente cristã
perder a fé na vitória.
Certo é que o varão prudente
vence o destino carrasco
e se não está protegido
contra a pena e a desgraça
procura como salvar-se.

ASTOLFO – Clotaldo, senhor, te fala
como prudente varão
que madura idade alcança;
eu, como jovem valente.
Por entre as espessas matas
deste monte está um cavalo
rápido filho dos ventos.
Foge, que eu te guardarei
de todos os elementos.

BASÍLIO – Se Deus quiser que eu pereça
ou se a morte a mim me aguarda
aqui a quero encontrar
esperando, cara a cara

Entram Segismundo, Estrela, Rosaura, soldados, corte.

BASÍLIO – Se andas a procurar-me, aqui estou, príncipe, ao teu dispor. Calca a minha fronte e pisa a minha coroa; abate, arrasta minha dignidade, vinga-te na minha honra, serve-te de mim como escravo. E após tantas precauções, cumpra-se o que estava escrito. Cumpra o céu a sua palavra.

A VIDA É SONHO

SEGISMUNDO – Ilustre corte da Polônia, que és testemunha de fatos tão surpreendentes, escuta o que determina o teu príncipe! Deus escreveu tudo o que o céu determina e que, cifrado nos espaços azuis, nunca engana ou mente. Engana e mente, sim, quem decifrar as determinações do céu para as usar em seu benefício. Meu Pai, aqui presente, para se eximir à sanha da minha condição, fez de mim um bruto, uma fera humana, de maneira que eu, devendo ter nascido galhardo, generoso, dócil e humilde, para o que bastaria uma vida normal, aprendi desde a infância os meus costumes com as feras. Que bom modo de impedir esses costumes! Se dissessem a um homem: "uma fera vai te matar!" – iria ele despertá-la enquanto dormia? Se dissessem: "essa espada que trazes cingida será aquela que te matará" – seria tolice, para evitar, o desastre, desembainhar a espada e apontá-la contra o próprio peito. Se dissessem: "montanhas de água hão de ser a tua sepultura num poço de prata" – mal faria ele em se atirar ao mar, quando, espumando, eriça a raiva de suas ondas. Aconteceu ao meu pai o mesmo que acontece a quem, sendo ameaçado por uma fera, a desperta; a quem, sendo visado por uma espada, a encosta ao peito; a quem agita as ondas de um mar tempestuoso. Uma vez desencadeadas as forças, não poderia mais descansar a minha sanha, adoçar a espada da minha fúria, tranquilizar a dureza da minha violência, porque o futuro não pode ser afeiçoado com injustiças e fomes de vingança. Assim, quem deseja dominar a sua má sorte, terá de usar de prudência e temperança. Ninguém se preserva dos desastres que ainda não aconteceram; quando muito poderá prevê-los e acautelar-se deles na devida altura; sua chegada, ninguém poderá evitar. Que nos sirva de exemplo o que neste local aconteceu, espetáculo prodigioso e singular! Basta termos chegado a ver, apesar de todas as prudências, ajoelhado a meus pés um pai e derrubado um monarca. Foi veredito do céu; por mais que ele quisesse impedi-lo, nada pode fazer. Poderei eu, no entanto, que sou menor na idade, nos méritos e na sabedoria, dominar o meu destino? (*ao rei*) Ergue-se, senhor, e dá-me a tua mão.

BASÍLIO – Filho! Com tão nobre ação outra vez as minhas entranhas te geram, És o príncipe. Mereces o laurel da tua condição e a palma da tua vitória. Venceste. Que as tuas façanhas te coroem!

TODOS – Viva Segismundo, Viva!

SEGISMUNDO – Porque espero obter outras grandes vitórias, vou alcançar a mais custosa hoje: vencer-me a mim próprio. Astolfo, dá a mão a Rosaura. Tu lhe deves a honra e eu estou disposto a fazer-te pagar essa dívida.

ASTOLFO – Embora seja verdade que lhe devo obrigações, repara que ela não conhece pai e seria uma baixeza infamante eu casar-me com mulher...

CLOTALDO – Não continues. Rosaura é tão nobre quanto tu, Astolfo, e a minha espada a defenderá. Basta declarar que é minha filha.

832 TEATRO COMPLETO: RENATA PALLOTTINI

ASTOLFO – Que dizes?

CLOTALDO – Que eu quis guardar segredo disto até a ver casada, nobre e honrada. A história é muito longa, mas é certo, é minha filha.

ASTOLFO – Pois sendo assim, cumprirei a minha palavra.

SEGISMUNDO – Para que Estrela não fique desconsolada, vendo que perde um príncipe com tanto mérito e fama, pela minha mão hei de casá-la com alguém que, se não o excede, o iguala. Dá-me a tua mão!

ESTRELA – Eu não mereço tanta felicidade!

SEGISMUNDO – Clotaldo, que lealmente serviu meu pai, tem os meus braços à sua espera, com as mercês que queira solicitar.

SOLDADO – Se assim recompensas quem não te auxiliou, que me darás a min, que causei a rebelião no reino, libertando-te da prisão em que jazias?

SEGISMUNDO – A prisão. E para que não saias nunca de lá, hás de permanecer vigiado até a morte; estando a traição passada, já não é preciso o traidor.

BASÍLIO – O teu talento surpreende a todos.

ASTOLFO – Que caráter tão mudado!

ROSAURA – Que sábio e que prudente!

SEGISMUNDO –   O que é que vos espanta?
Se o meu mestre foi o sono
e temendo em minhas ânsias
estou, de acordar na torre?
E mesmo que assim não seja,
basta sonhá-lo de novo.
Assim cheguei a saber
que a felicidade humana
passa sempre como um sonho
e hoje quero aproveitá-la
ainda que dure pouco
pedindo, de nossas faltas
a todos os que me ouvem
perdão, pois em peitos nobres
o perdão é flor de ouro.

As Cidades Invisíveis

Pequena ópera poética – inspirada na obra de mesmo nome, de Ítalo Calvino. Este texto não corresponde integralmente ao que foi montado, em junho de 2001, no Centro Cultural Banco do Brasil, São Paulo, com direção de Márcia Abujamra. No entanto, em linhas gerais, é o mesmo texto. Gostaria de dar créditos aos atores, Walderez de Barros e Elias Andreatto, generosos colaboradores.

Personagens

Maltrapilho 1/ Kublai Khan
Maltrapilho 2 / Marco Pólo

Cenário

Um muro branco, à esquerda, por detrás do qual se vê a silhueta de uma cidade moderna. Lixo e jornais velhos, em primeiro plano. Caixotes onde os personagens se sentam.

Adereço: uma grande capa de cor única, no avesso da qual, multicolorido, se vê uma espécie de mapa de retalhos.

Os personagens vestem restos de roupas rasgadas.

Enquanto o público está entrando, Maltrapilho 1/Kublai Khan e Maltrapilho 2/Marco Pólo estão em cena. Maltrapilho 1/ Kublai Khan pega jornais, lê alguns com cuidado, outros não, folheia com descaso. Cada pagina lida ou apenas olhada é jogada fora. Matrapilho 2/Marco Pólo, por sua vez, investiga o que está no lixo, pega objeto por objeto, enfileira, estuda cada um, guarda de volta ou os deixa soltos. Vemos Maltrapilho 1/ Kublai Khan subir até a plataforma mais alta. Ele olha ao redor, olha para frente.

MALTRAPILHO 1/ KK – E eu que acreditava que o meu império era a soma de todas as maravilhas. No entanto, é tudo um esfacelamento, sem fim e sem forma. A ética está apodrecendo, e não há tempo, em uma vida humana, para remediar o Mal. A minha vitória sobre os meus adversários só me fez herdeiro de suas prolongadas ruínas. Cidades, cidades, cidades, é o que eu tenho. Lama.

1ª CANÇÃO

– VOZ –

cidades
onde os rios se internam
e escondem suas águas

838   TEATRO COMPLETO: RENATA PALLOTTINI

cidades
onde as águas explodem
e invadem as casas

onde as gentes explodem
de seus continentes

invadindo as cidades
que são de outras gentes

cidades sitiadas
que são de outras gentes

cidades sitiadas
cidades sonhadas
cidades que sentem

> *Maltrapilho 2/Marco Pólo começa a murmurar baixinho –*
> *le cittá invisibili, le cittá invisibili.*
> *Maltrapilho 1/ Kublai Khan ouve um pouco e depois fala:*

MALTRAPILHO 1/KK – A voz dele me faz acreditar nas razões invisíveis que dão vida às cidades. Com ele, sou capaz de ver através das muralhas que já começam a desmoronar, a filigrana de um desenho tão fino a ponto de evitar as mordidas dos cupins. (*música sai; Kublai Khan dirigi-se a Marco Pólo; sentando-se*) Você vai voltar a me contar histórias? Estou triste, como se tivesse sido esvaziado ...Meus ministros falam comigo das coisas do Império, mas só me contam o que julgam que eu quero ouvir. Ou então falam do concreto, de números, de cifras, de cifrões ...Mas eu sempre acho melhor ouvir histórias ...Tudo o que tenho não vale as palavras bem organizadas, esse rio de palavras que sai da tua boca ...essas mentiras ornamentadas, essas pessoas fugidias... conta, Marco... fala a teu senhor Kublai Khan!

MALTRAPILHO 2/MP (*adiantando-se e falando ao público; é a sua apresentação*) – Marco Pólo, cidadão veneziano, filho de Nicolau e sua mulher, nascido em 1254, século XIII da nossa era!! Saí de Veneza, minha cidade natal, pela primeira vez, em 1271, com dezessete anos! Um menino! Fui com meu pai e meu tio Mateus em direção a Catai, que era a China. Ali encontrei a Grande Kublai Khan... (*KK se levanta e cumprimenta*)... senhor de todos os tártaros, no Extremo Oriente...

MALTRAPILHO 1/KK – Senhor de todos os tártaros do Extremo Oriente ...Minha mãe era cristã, e eu tinha por isso um apreço especial aos viajantes que vinham do ocidente ...Sou tetraneto do grande Gengis Khan e gosto de viver viajando, de uma para outra, entre as minhas diletas, três cidades do império, das mais belas: Xanadu, por mim construída,

AS CIDADES INVISÍVEIS

com seu palácio de mármore e seus quartos azuis; Erginul, a terra dos bois selvagens e peludos, terra do melhor almíscar; e, finalmente, Changanor, com seus muitos rios e lagos cheios de cisnes, rodeados de campos onde há garças, faisões e perdizes, bem perto da grande muralha...

Maltrapilho 2/MP – Nem uma cidade é igual a outra, por isso, eu poderia falar durante anos de todas as cidades que conheci...

Maltrapilho 1/KK – O tempo não me importa ..:O tempo é uma renda que se estende sobre os objetos...

Maltrapilho 2/MP – Na primavera de 1271 despedimo-nos de Veneza e partimos para a primeira cidade, já na Armênia ...ali encontramos quem ia ser, depois, o Papa Gregório Décimo ...Um velho senhor muito gentil! Passaram-se dois anos antes que conseguíssemos chegar ao Grande Khan, a Kublai, na cidade de Klemenfu...

Maltrapilho 1/KK *(marcando a cidade no mapa)* – De Klemenfu tudo sei...

Maltrapilho 2/MP – Nem tudo... saberá por acaso dos casamentos que se fazem entre os mortos? *(pausa)* Ah... em Klemenfu, a cidade das ruas de vidro e dos palácios facetados, quando um jovem morre casto, procura-se, em todas as famílias, aquela na qual uma donzela também tenha morrido sem casar-se... combina-se a data, convida-se os amigos, celebra-se a festa... as duas famílias se tornam parentes. Desenha-se depois em papeis coloridos todos os presentes que os noivos receberiam e queima-se tudo, para que a fumaça atinja seus espíritos onde estiverem ...

... esta é a deixa para a ...

2ª Canção

*Um mundo só de espaços solitários
ninguém à vista
as ruas silenciosas*

*os degraus das escadas
e os abraços*

olhar estrelas devagar, talvez a chuva

*a ladeira da Glória
o eco repercutindo
de um bonde que descia*

840 TEATRO COMPLETO: RENATA PALLOTTINI

o morro do Piolho era vazio
o mundo era vazio
a plenitude estava na neblina.

MALTRAPILHO 1/KK – De que cidade falas agora?

MALTRAPILHO 2/MP – Eu não posso, senhor, deixar de pensar em Tanateia...

MALTRAPILHO 1/KK – Tanateia... ela existe?

MALTRAPILHO 2/MP – Tanto quanto existem ou não existem todas as outras cidades...

MALTRAPILHO 1/KK – Como é Tanateia?

MALTRAPILHO 2/MP – Um lugar de onde as serpentes fugiram, para dar lugar a uns homens de botas altas e chapéus desabados. Onde se fez uma capela porque se acreditava nos céus. Onde o céu está perto porque a cidade é elevada. Onde as pessoas gritaram porque queriam liberdade, depois tiveram liberdade, ali a liberdade se fez e depois se perdeu. Onde se está buscando até hoje o jeito de ser feliz. De ser feliz sobre as pontes e debaixo delas. De ser feliz acompanhados de cachorros, de mendigos e de ratos. Uma cidade de ratos cinzentos e brilhantes, grandes entre os grandes. Uma cidade dominada pelos ratos, onde os sinos batem todos às seis horas e, no inverno, os arbustos dão grandes flores rosadas, brancas e vermelhas.

MALTRAPILHO 1/KK – Quem vive lá?

MALTRAPILHO 2/MP – Gente.

MALTRAPILHO 1/KK – Fazendo o quê?

MALTRAPILHO 2/MP – O que pode. E é nessa cidade de misérias e dourados, de nuvens e carros que voam que não posso deixar de pensar.

MALTRAPILHO 1/KK – Para que pensas um lugar assim tão triste?

MALTRAPILHO 2/MP – Tanateia não é triste, senhor! É tão alegre quanto a vida!

MALTRAPILHO 1/KK – Volta a sonhar e conta-me coisas mais suaves.

MALTRAPILHO 2/MP – Eu sonho, senhor, uma cidade onde as mulheres velhas esperam, à tardinha, nas calçadas, a volta de seus netos.

MALTRAPILHO 1/KK – Pois na minha cidade as mulheres velhas são arrastadas pelas águas das tempestades. (*musica começa*) Me diz Marco Pólo, nessa tua cidade os netos sempre voltam?

MALTRAPILHO 2/MP – Não, às vezes, o que vem são as tempestades. (*música; Maltrapilho 2/MP pega os jornais que Maltrapilho 1/KK esparramou no palco e leva para baixo da "ponte"*) Foi depois de uma longa caminhada que conheci uma cidade onde as chaminés são vermelhas e as ruas elevadas, onde ninguém anda em superfícies planas e todos olham continuamente para trás, sobre os ombros...

MALTRAPILHO 1/KK – De que tem medo essas pessoas que vivem olhando para trás, por cima do ombro, como malfeitores?

MALTRAPILHO 2/MP – Dos malfeitores. (*maltrapilho 2/MP ameaça Maltrapilho 1/KK com uma faca*) O que mais se teme, o que mais se

AS CIDADES INVISÍVEIS

defende na vida? Dizei-me, Grande Khan! O que mais se teme
senhor?

MALTRAPILHO 1/KK – A morte.

MALTRAPILHO 2/MP – O que mais defendemos? Nosso dinheiro? Nossas
mulheres, nossos filhos? Vamos, diz, qual é a última coisa que se
quer perder na vida?

MALTRAPILHO 1/KK – A vida.

Música sai.
Maltrapilho 2/Marco Pólo fala brincando:

MALTRAPILHO 2/MP – A vida, meu senhor, a vida.

MÚSICA "MATEMÁTICA"
– MALTRAPILHO 1/KK –

As
cidades
os
símbolos
esses
um dois olhos
de
desejos
esses
três quatro nomes
na
memória
essas
trocas sutis
esses
cinco ou seis mortos
e o céu
essas mulheres
as cidades contínuas

MALTRAPILHO 1/KK (*interrompe a música*) – Está errada a matemática das
cidades, Marco Pólo. (*anda seis passos contando para ele mesmo*)
Veja. Esses (*um, dois, três, quatro, cinco*) seis metros não são iguais
aos seis metros de quem mora a leste do Rio Amarelo. No meu império, seis não é igual a seis.

MALTRAPILHO 2/MP – Conheci uma cidade toda feita a partir de relações
entre as medidas de seu espaço e os acontecimentos do passado. Lá, a
distância entre o chão e um lampião é pensada como a distância entre

o chão e os pés pendentes de um enforcado; a altura de uma varanda e o salto de um adúltero que foge de madrugada; a inclinação de um canal que escoa a água das chuvas e o passo majestoso do gato que se introduz numa janela. A cidade é como uma esponja que absorve as ondas provocadas por essas recordações... e se dilata. A descrição dessa cidade hoje deve conter todo o seu passado. Mas ela não conta seu passado a ninguém. Ela o contém como as linhas da mão. (*conta os seus passos, como fez Maltrapilho 1/KK*) Depois de seis dias e sete noites chega-se à cidade branca... bem exposto à luz, com ruas que giram em torno de si mesmas, como um novelo. Sobre sua fundação conta-se que homens de diferentes nações tiveram o mesmo sonho. Viram uma mulher correr de noite, numa cidade desconhecida, de costas, com longos cabelos...

Maltrapilho 1/ Kublai Khan completa.

MALTRAPILHO 1/KK – ...e nua.

Maltrapilho 2/Marco Pólo continua:

MALTRAPILHO 2/MP – Eles a perseguiam de um lado para outro mas ela os despistava. Após o sonho, os homens partiram em busca dessa cidade ...não a encontraram mas encontraram uns...

Maltrapilho 1/ Kublai Khan continua a descrição junto com Maltrapilho 2/Marco Pólo.

MALTRAPILHO 1/KK + MALTRAPILHO 2/MP
...uns aos outros.

MALTRAPILHO 1/KK – Decidiram, então, construir uma cidade como a do sonho. Nenhum deles, nem durante o sono, nem acordado, reviu a mulher.

MALTRAPILHO 2/MP – Chegaram novos homens ...homens que sonharam o mesmo sonho que eles. Os recém chegados só não compreendiam o que os atraía a esta cidade feia, cheia de ruas que não levavam a lugar algum.

MALTRAPILHO 1/KK – Uma armadilha. Você acha que alguém se importa com a gente?

MALTRAPILHO 2/MP – Que diferença faz? A cidade é assim: quando as pessoas se vêem, imaginam muitas coisas – possíveis conversas, em que trabalham, surpresas, mordidas. Só que ninguém se cumprimenta, no máximo um rápido olhar e pronto, todo mundo desvia. Ninguém presta atenção na gente.

MALTRAPILHO 1/KK – Talvez esse nosso diálogo se dê entre dois maltrapilhos, apelidados Kublai Khan e Marco Pólo, que estão revolvendo um depósito de lixo, amontoando resíduos enferrujados, farrapos, papel

AS CIDADES INVISÍVEIS

...bêbados de um mau vinho, vêem resplender ao seu redor todos os tesouros do oriente...

MALTRAPILHO 2/MP – Sonho todas as noites com Astreia...

MALTRAPILHO 1/KK – Faz-me sonhar contigo, bufão.

MALTRAPILHO 2/MP – Em Astreia o fumo empana os horizontes; a cidade parece envolta numa nuvem de fuligem e gordura que gruda nas paredes das casas; as pessoas, porém, conhecem todos os seus caminhos e vão por eles sem conversar, passo a passo; imaginam, entrementes, estar em outros lugares, onde o mar refresca os limites do dia e se embriagam com isso. Quando chegam às casas (*que estão empinadas em encostas multicores*) são capazes de reconhecer os fragmentos das horas passadas, de toda a jornada, em imagens que aparecem, sozinhas, nas paredes.

MALTRAPILHO 1/KK – As imagens aparecem sem serem provocadas?

MALTRAPILHO 2/MP – Pode ser que os habitantes bebam elixires alucinógenos e toquem botões misteriosos que existem pelas paredes...

MALTRAPILHO 1/KK – E não enlouquecem?

MALTRAPILHO 2/MP – Talvez enlouqueçam, mas ninguém se dá conta.

MALTRAPILHO 1/KK – Existe isso no meu próprio império?

MALTRAPILHO 2/MP – O império está doente; e, o que é pior, procura habituar-se às suas doenças...

Pausa. Fica só a melodia da música para acompanhar a descrição que segue. Marco Pólo está no alto da escada, olhando o espelho de água do cenário e, ainda se divertindo, conta, sem poesia, a próxima cidade.

MALTRAPILHO 2/MP – Quero te contar agora de uma cidade que foi construída à beira de um lago, com varandas sobrepostas e ruas suspensas sobre a água. E assim, quando um viajante chega depara-se com duas cidades: uma perpendicular sobre o lago e a outra refletida de cabeça para baixo. Nada existe nem acontece na primeira cidade sem que se repita na segunda. Os habitantes sabem que seus atos são, simultaneamente, aquele ato e a sua imagem refletida no espelho de água.

MALTRAPILHO 1/KK – E a intimidade, a privacidade?

MALTRAPILHO 2/MP – Nenhuma, senhor, eles nem a querem. Quando os amantes, com seus corpos nus rolam, pele contra pele, à procura da posição mais prazerosa, quando os assassinos enfiam a faca nas veias escuras do pescoço de alguém, quando fechados em suas plenárias os políticos fazem belos discursos, o que importa não é o amor, a morte ou o bem comum mas suas imagens frias e límpidas, impressas no lago.

MALTRAPILHO 1/KK – E amanhã?

MALTRAPILHO 2/MP – Que se foda o amanhã...

Pausa. Mutação. Os dois Maltrapilhos assumem-se como são.

MALTRAPILHO 1/KK – Você sabe aquele pessoal do Gasômetro?

844 TEATRO COMPLETO: RENATA PALLOTTINI

MALTRAPILHO 2/MP – Onde, lá embaixo? Embaixo do Elevado?

MALTRAPILHO 1/KK – Esses mesmos. Me convidaram ...quer dizer, convidaram a gente ...pra ir lá na Noite de Natal.

MALTRAPILHO 2/MP – Fazer o quê?

MALTRAPILHO 1/KK – Ué. Comer, beber.

MALTRAPILHO 2/MP – E eles tem disso?

MALTRAPILHO 1/KK – Tem umas mulheres que passam lá e levam coisas.

MALTRAPILHO 2/MP – Sei.

MALTRAPILHO 1/KK – E daí? Você vai?

MALTRAPILHO 2/MP – Não sei. Lá chove.

MALTRAPILHO 1/KK – E aqui não?

MALTRAPILHO 2/MP – Bom, mas na Palmeiras, não. E lá tem feira. A gente descola umas coisas legais.

MALTRAPILHO 1/KK – Sei.

MALTRAPILHO 2/MP – No duro, mesmo, eu preferia ficar aqui, a gente junto, conversando, pra quê se mexer daqui? Aqui a gente tem o que precisa, e depois, fica perto de restaurante e perto de restaurante sempre é melhor.

MALTRAPILHO 1/KK – Bom e tem os travestis, que são legais.

MALTRAPILHO 2/MP – É melhor ficar aqui. A gente é amigo, a cidade, a gente tira de letra. Esta cidade, a gente sempre tira de letra. Esta cidade, ela é tão grande que sempre parece que alguém, não sei quem, ainda que não esteja pensando em nós, pensa em nós. A cidade comporta a gente, você entende?

MALTRAPILHO 1/KK – Não, mas eu acredito. (*mutação; Maltrapilho se sente novamente Kublai Khan*). Gostaria que o meu império, tão grande em territórios, tivesse a mesma grandeza interior. Ele está apinhado de riquezas e obstruções, sobrecarregado de ornamentos e incumbências, complicado por mecanismos e hierarquias, e está sendo esmagado pelo seu próprio peso. Mas nos sonhos que você me ensinou a sonhar, Marco, aparecem agora cidades leves como pipas, cidades transparentes como mosquiteiros. Meu cansaço, então, me deixa e apenas observa. E eu me deixo balançar nas traças da imaginação. Conto o que sonhei esta noite: em meio a uma terra plana e amarela, salpicada de meteoritos, vi uma cidade onde a lua pousa no alto de suas torres ou balança pendurada em guindastes.

MALTRAPILHO 2/MP – Eu conheço esta cidade. E quando a lua pousa sobre ela todas as coisas crescem indefinidamente.

MALTRAPILHO 1/KK – Mas tem uma coisa que você não sabe: agradecida, a lua concedeu à cidade um privilégio: crescer com leveza. (*pega sua capa que estava amontoada como um volume cinza disforme; levanta-a, mostrando primeiro a frente cinza e depois a veste; música*) No avesso está o sonho. Veja o império que construímos. (*apóia a capa na primeira passarela deixando-a cair para o chão; o avesso*

AS CIDADES INVISÍVEIS 845

da capa estará, portanto, visível para a platéia; desce para olhar seu "mapa" e falar sobre as cidades que lá estão) Isaura a cidade dos mil poços mas que cresce para o alto; Olívia, com grandes aglomerações nas ruas e onde os guinchos comprimem os pedestres contra os muros; Eufêmia, cidade onde se troca de memória ouvindo e contando histórias ao pé das fogueiras; Otávia; Argia, onde no lugar de ar existe terra; Ândria, onde cada rua segue a órbita de um planeta; Fedora e seu palácio de metal onde, em cada cômodo, encontra-se uma esfera de cristal e dentro de cada esfera, uma cidade em miniatura -são as formas que Fedora teria podido tomar se, por uma razão ou outra, não tivesse se tornado o que é; Moriana, Pirra; Eudóxia; Laudâmia e de Laudâmia, cruzando esse oceano, se chega a Leônia; depois Eutrápia, que não é uma mas muitas cidades, todas do mesmo tamanho; Zobeide; Despina; Zora; Sofrênia; Pentesiléia; Marósia e tantas outras mulheres maravilhosas. (*vira a capa de frente mostrando os objetos; Marco Pólo saiu de cena*). E, olha, Marco formas de que eu gosto e que guardo, na esperança de que um dia elas encontrem as suas cidades. Não sei por que pensamos em Noites de Natal quando é sabido que essas noites e as noites que seguem essas noites são sempre iguais para nós, mal dormidas, insones quando a cidade é sempre igual, opaca para os pobres mas infinita, esse animal que se desenrolou na urbe enorme, esse polvo, essa poeira esse povo de areia, que se move incessante essas noites sem antes esse Natal de águas e de objetos flutuantes...

MALTRAPILHO 2/MP (*off*) – O que você está dizendo?

MALTRAPILHO 1/KK (*mentindo*) – Que eu queria ter um cachorro...

Marco Pólo que tinha ido urinar num canto enquanto o outro falava volta, arrumando as calças e tocando o sexo.

MALTRAPILHO 2/MP – E eu, o queria de fato era uma mulher...

Kublai Knan olha desconfiado para o outro, como se sua dupla personalidade estivesse sendo posta em discussão. Depois, resolve assumir de novo o jogo.

MALTRAPILHO 1/KK – Às vezes me pergunto por que me faz essa deferência, me concede esse privilegio, caro Marco.

MALTRAPILHO 2/MP – Qual?

MALTRAPILHO 1/KK – O de encher minhas áridas horas de ócio com suas descrições maravilhosas.

MALTRAPILHO 2/MP – Eu lhe direi por quê se antes me fizer o favor de responder a uma indagação minha.

MALTRAPILHO 1/KK – Indague.

846 TEATRO COMPLETO: RENATA PALLOTTINI

MALTRAPILHO 2/MP – O senhor realmente crê em tudo o que lhe conto? Ou, perguntando de outra maneira: acredita que as cidades que eu descrevo realmente existem?

MALTRAPILHO 1/KK – Essa é fácil de responder: não, eu não creio, mas isso não tem importância. Ouço-o como uma criança pequena ouve os contos de fada que lhe conta sua ama. Os contos em si não importam nada. O que importa é que, nesses momentos, a dor nos dá uma trégua.

MALTRAPILHO 2/MP – Mas a dor é assim constante?

MALTRAPILHO 1/KK – A minha é, com certeza. Suas histórias vão fazendo adormecer a dor, como nuvens que escondessem um sol demasiado ardente...

MALTRAPILHO 2/MP – Posso saber que parte do seu corpo assim o faz sofrer, meu príncipe?

MALTRAPILHO 1/KK (*batendo no peito*) – Dói aqui, meu amigo; sinto uma dor por debaixo do osso que centraliza o peito dos homens...

MALTRAPILHO 2/MP – Só dos homens?

MALTRAPILHO 1/KK – Nas mulheres, a maternidade e o aleitamento dão vazão natural a essas dores. Por isso são elas mais felizes e também mais insignificantes.

MALTRAPILHO 2/MP (*rindo*) – Insignificante, as mulheres? Poderia lhe contar histórias belíssimas, e ademais verdadeiras, sobre essas contrapartidas dos varões barbudos. São as mulheres, sempre, as que lavam e vestem os defuntos. São elas também que fazem os partos das outras mulheres. Elas trazem a vida e preparam a morte, sire.

MALTRAPILHO 1/KK – Pois bem, que assim seja. Mas, me diga: e você, por que se fatiga em inventar histórias?

MALTRAPILHO 2/MP – Eu na verdade não invento histórias, ninguém as inventa. O que fazemos, nós, os fabuladores, é vestir a realidade com outras roupas, organizar com cuidado a forma como essa realidade deve entrar em cena, no teatro.

MALTRAPILHO 1/KK – Mas, então, existe um teatro?

MALTRAPILHO 2/MP (*meio rindo*) – Sempre existe um teatro! E mais: eu não dou de graça as minhas histórias. Eu as vendo.

MALTRAPILHO 1/KK – Vende? A quem?

MALTRAPILHO 2/MP – Ao senhor, príncipe!

MALTRAPILHO 1/KK (*rindo também*) – A mim? E o que tem recebido em troca?

MALTRAPILHO 2/MP – Como Sherazade, a princesa do Oriente, tenho recebido a vida. A vida, trabalho, honras, privilégios, dinheiro, uma pequena lasca de poder. Que mais podia pretender um estrangeiro, um mercador de terra distante? Diante de um príncipe, que mais podemos pretender nós, os burgueses? Um pouco de poder.

MALTRAPILHO 1/KK – Até que o tenham todo.

MALTRAPILHO 2/MP – Até esse dia. Mas até esse dia, vou descrever uma terra como não há outra. A extraordinária cidade de Melania, onde

AS CIDADES INVISÍVEIS

tudo é farsa: quando se vai à praça encontra-se um pedaço de diálogo – o soldado fanfarrão e o estrangeiro mentiroso deparam, ao sair de casa, com o jovem apaixonado e a meretriz. Ou então, o pai avarento, da soleira da porta, dá as últimas recomendações à filha namoradeira e é interrompido pelo criado, servidor de dois amos, que vai entregar um bilhete à alcoviteira.

MALTRAPILHO 1/KK – E a farsa continua?

MALTRAPILHO 2/MP – Ela vai se modificando: os atores vão morrendo e outros nascem e os substituem; quando alguém muda de papel ou abandona a praça para sempre, verificam-se mudanças, numa seqüência, até que todos os papeis sejam novamente assumidos, entendeu?

MALTRAPILHO 1/KK – Sim, mas para quê?

MALTRAPILHO 2/MP – Para que a cidade de Melania não morra.

MALTRAPILHO 1/KK – Mas se a cidade é toda um teatro!

MALTRAPILHO 2/MP – Sim, mas nenhum habitante da cidade se deu conta disso.

MALTRAPILHO 1/KK – Como?

MALTRAPILHO 2/MP – A vida deles é demasiado breve para que possam percebê-lo...

Pausa. Kublai Khan, inquieto, volta a mexer em seus guardados.

MALTRAPILHO 1/KK – Será que você conheceu alguma vez uma cidade como Quinsai?

MALTRAPILHO 2/MP – Que cidade será essa?

MALTRAPILHO 1/KK – É a antiga capital das velhas dinastias. Ela tem pontes arqueadas sobre canais, palácios principescos, com umbrais de mármore imersos nas águas, pequemos barcos curvos, movidos por longos remos, barcos chatos que descarregam hortaliças nas praças dos mercados, balcões refletidos como em cristais, cúpulas, campanários e os jardins das ilhas que verdejam o cinza da laguna. Você a conhece?

MALTRAPILHO 2/MP (*baixando a cabeça e claramente mentindo*) – Não sire. Jamais poderia imaginar que existisse uma cidade como essa.

MALTRAPILHO 1/KK – Mentira! Essa cidade existe e você a conhece! É Veneza!

MALTRAPILHO 2/MP (*humilde*) – Pode ser Majestade.

MALTRAPILHO 1/KK – Por que você nunca menciona Veneza?

MALTRAPILHO 2/MP – Ao contrário, senhor, todas as vezes que descrevo uma cidade, digo algo a respeito de Veneza.

MALTRAPILHO 1/KK – Quando pergunto sobre outras cidades, quero que você me fale a respeito delas. E quando pergunto de Veneza quero que me fale de Veneza!!

MALTRAPILHO 2/MP – Para distinguir as qualidades das outras cidades, preciso partir de uma primeira, que permanece implícita. No meu caso, trata-se de Veneza.

848 TEATRO COMPLETO: RENATA PALLOTTINI

MALTRAPILHO 1/KK – Então, você deveria começar a narração de suas viagens do ponto de partida. Descrevendo Veneza inteira, ponto por ponto.
MALTRAPILHO 2/MP – Perdoe não tê-lo feito, senhor.
MALTRAPILHO 1/KK – Mercador mentiroso, embusteiro!
MALTRAPILHO 2/MP – Embusteiro, eu?
MALTRAPILHO 1/KK – Farsante!
MALTRAPILHO 2/MP – Eu me vou, senhor.
MALTRAPILHO 1/KK (*assustado*) – Marco! Meu amigo Marco Pólo!
MALTRAPILHO 2/MP – Trata-me como um mentiroso!!! Um louco! Um impostor!
MALTRAPILHO 1/KK – Marco! Por Deus!

Aproxima-se de Marco Pólo e o tira de onde estava,
consolando-o; Marco está à beira das lágrimas.

MALTRAPILHO 2/MP – As margens da memória, uma vez fixadas com palavras, cancelam-se. Pode ser que eu tenha medo de perder Veneza, se falar a respeito dela. Ou pode ser que, falando de outras cidades, já a tenha perdido pouco a pouco!

Ameaça partir.

MALTRAPILHO 1/KK – Não podes ir sem antes explicar-te!
MALTRAPILHO 2/MP – Eu nunca reneguei minhas verdades e minhas cidades!Eu me vou!

Afasta-se rapidamente Kublai Khan vai atrás dele.

MALTRAPILHO 1/KK – Não, Marco Pólo! Meu amigo! Guardas!!! Detenham o mercador! Marco! Meu irmão!

Marco Pólo sai definitivamente; Kublai Khan sente-se abandonado
e em pânico. Grita de novo pelos guardas, insiste, até que Marco
Pólo é como que atirado para dentro, das coxias.

MALTRAPILHO 1/KK – Marco Pólo, meu senhor! Desculpa!
MALTRAPILHO 2/MP – "Teu Senhor"?
MALTRAPILHO 1/KK (*humilhado*) – Marco Pólo, meu ...amado amigo ...Perdoa me!Fui impulsivo ...Imprudente... (*abraça-o*) Recomecemos...
MALTRAPILHO 2/MP – A troco de que?
MALTRAPILHO 1/KK (*Ansioso*) – Do que quiseres!
MALTRAPILHO 2/MP – A mais bela mulher do teu império!

Kublai Khan recua, desconfiado.

MALTRAPILHO 1/KK – Se eu te der a mais bela mulher ...juras que continuarás a vir aqui, todas as noites, descrever-me coisas das tuas viagens? E se essa bela mulher te mantiver preso em tua alcova, onde quererás ama-ia sem descanso?

AS CIDADES INVISÍVEIS 849

MALTRAPILHO 2/MP (*sorrindo irônico*) – Juro que continuarei a vir aqui, todas as noites. Nenhuma mulher me afastará do gozo de ver teus olhos, abertos, tua boca, palpitante, teu peito arfante de ansiedade e prazer ...(*curvando-se*) senhor...

Kublai Khan se tranquiliza e senta-se.

MALTRAPILHO 1/KK – Recomecemos, então ...Há tempos queria te fazer uma pergunta: é certo que todo mercador contrabandeia. Minha curiosidade me leva a querer saber que é o que tu contrabandeias: estados de ânimo, estados de graça, elegias? Anda diz: quais foram as mercancias que já levaste, sem pagar o devido, atravessando fronteiras?

MALTRAPILHO 2/MP – Dou de barato o crime de que me acusa o príncipe. Contrabandear, o que é isso? Carregar mercadorias através de caminhos perigosos e quase impraticáveis, sujeito aos ataques dos salteadores, aos desastres, aos contratempos, mortes de animais, doenças, cansaço, melancolia, nostalgia? É isso?

Kublai Khan acena com a cabeça, indolentemente.

MALTRAPILHO 2/MP – Carreguei comigo sacos de tâmaras, de figos secos e de passas douradas; vinhos doces e fortes, aguardentes de trigo, de arroz e de uns grãos amarelos que ninguém conhece, mas que existem. Esta última é a melhor e a mais embriagante de todas.

MALTRAPILHO 1/KK – Onde se encontra essa aguardente?

MALTRAPILHO 2/MP – Não lhe posso dizer por agora; porém direi mais tarde. Carrego também fardos de seda, das mais delgadas até as mais espessas, veludo púrpura e lã macia, linho rústico para os lençóis dos noivos.

MALTRAPILHO 1/KK – Tudo isso, passando por fronteiras de muitos reinos, sem pagar aos seus chefes os direitos devidos?

MALTRAPILHO 2/MP – Já lhe disse, príncipe: os direitos, eu os pago com as minhas histórias, com o encanto que não é meu, é da imagem em si, com o valor inestimável do que, fingido, vai muito além da realidade. Minhas palavras curam doenças, tranqüilizam as dores, alongam e adornam as vidas.

Kublai Khan aproxima-se da caixa na qual costuma se sentar e dali extrai uma garrafa; bebe um gole, oferece-a a Marco Pólo, que também bebe.

MALTRAPILHO 1/KK – E onde se encontra aquela aguardente?

MALTRAPILHO 2/MP – Há, muito distante da terra, de toda a terra, muito para além, dois oceanos para além de nós, em um lugar onde só se pode ir com barcos muito fortes, muito resistentes... (*caminha para o proscênio e aumenta a voz e a largueza dos gestos*) ...mas para onde se irá, um dia, em pássaros velozes, feitos de prata e vidro, pássaros

850   TEATRO COMPLETO: RENATA PALLOTTINI

perfumados que cortarão as nuvens e que se misturarão ao azul, pássaros de vários tamanhos e procedências ...nesse lugar, onde existem montanhas gigantescas e rios cujas margens se perdem nos horizontes e que não tem horizontes, e que se encontrará o grão dourado do qual se faz a melhor aguardente... (*volta-se e bebe mais um pouco da garrafa*)

MALTRAPILHO 1/KK – Uma terra que ainda não existe e já produz grãos dourados e a melhor aguardente?

MALTRAPILHO 2/MP (*com desprezo*) – Quem disse que não existe uma terra que apenas está imersa nas neblinas do nosso desconhecimento? O que não sabemos, sire, é muito maior do que o nosso orgulho vácuo...

MALTRAPILHO 1/KK (*rindo*) – Estás mais louco do que nunca, mercador veneziano. Mas diz: nunca contrabandeaste outras mercadorias? ...Nunca transportaste em tuas mulas extratos das papoulas e de folhas que produzem sonhos cheios de lagos, brisas e sombras azuis? Dizem que essas ervas poderosas dão muito dinheiro a quem comercia com elas!

MALTRAPILHO 2/MP – A mim não me darão dinheiro, meu sonho é outro.

MALTRAPILHO 1/KK – Há quem tenha enriquecido transportando esses sonhos...

MALTRAPILHO 2/MP – Eu os transportaria, mas não quero sonhá-los. A mim, me dariam pesadelos.

MALTRAPILHO 1/KK – O que é um pesadelo senão um belo sonho não desvendado?

Rindo Kublai Khan e Marco Pólo desmontam o "painel"
de jornais que Kublai Khan montou no início do espetáculo,
acendem o fogo e queimam os jornais.
Música acompanha essa ação.
No final da música silêncio entre eles.

MALTRAPILHO 2/MP – Consegue se lembrar, pedra por pedra, da ponte que um dia te descrevi?

MALTRAPILHO 1/KK – E eu preciso lembrar pedra por pedra?

MALTRAPILHO 2/MP – Juntas, elas definem a curva do arco; isso é o que sustenta a ponte.

MALTRAPILHO 1/KK – Para que falar das pedras? Só o arco me interessa.

MALTRAPILHO 2/MP – Eu conheci uma cidade, escondida atrás de tapumes, andaimes, armaduras metálicas, pontes de madeira suspensas. Pouco se via da cidade tantas eram as construções. Quando perguntei por que a construção demorava tanto tempo, os habitantes me responderam: "Para que não comece a destruição". Eu insisti, "vocês têm medo de que a cidade comece a desmoronar e a despedaçar-se se tirarem os andaimes?" Não só a cidade, me responderam.

MALTRAPILHO 1/KK – Basta. Primeiro você me fala de pedras que sustentam arcos. Agora me fala de uma cidade em construção eterna. Pra

AS CIDADES INVISÍVEIS

que tanta construção? Qual o objetivo de uma cidade em construção senão uma cidade? Esses habitantes não tem um plano? Um projeto?

Marco Pólo vem para frente, olha o horizonte.

MALTRAPILHO 2/MP – Perguntados, eles dizem que vão mostrar assim que terminar a jornada de trabalho, que não podem ser interrompidos com perguntas. O trabalho termina ao pôr-do-sol, a noite cai sobre os canteiros de obras, surge uma noite estrelada. "Eis o projeto".

Emocionado Kublai Khan se recolhe.

MALTRAPILHO 2/MP – São as pedras que sustentam o arco.

MALTRAPILHO 1/KK – Sei perfeitamente que o meu império apodrece como um cadáver no pântano, que contagia tanto os corvos que o bicam quanto os bambus que crescem adubados pelo seu corpo em decomposição. E você não me fala disso, querido amigo. Mesmo quando decido pensar, não as cidades injustas do meu império, mas uma cidade justa, percebo que, se quiser ser justo com a cidade dos justos, vou ser obrigado a reconhecer que dentro dela existe uma semente maligna: a certeza e o orgulho de serem, entre todos, os mais justos. E sei que eles vão deixar fermentar rancores, rivalidades e o natural desejo de represália contra os injustos vai se misturar com o anseio de estar em seu lugar e fazer o mesmo que eles. E a minha cabeça continua. Vejo que nesse momento, uma outra cidade injusta cava seu espaço. Não consigo parar. Vejo que essa cidade injusta que germina em segredo na secreta cidade justa traz, dentro dela, o possível despertar de um amor latente pela justiça, ainda não submetido a regras, capaz de compor uma cidade ainda mais justa do que era antes. E quando depois olho o interior deste novo germe de justiça, descubro uma manchinha que se dilata na forma de crescente inclinação a impor o justo por meio do injusto, e talvez seja esse o germe de uma imensa metrópole. Tenho tanto medo. E voce não me fala disso, querido amigo.

Enquanto isso, Maltrapilho 2/Marco Pólo procura alguma coisa...

MALTRAPILHO 2/MP – ...Senhor...acredito que as pontes e os viadutos dessa cidade estão suspensos sobre o lago das nossas mentes.

MALTRAPILHO 1/KK – ...certamente! E por mais longe que as nossas vidas agitadas de comandante e de mercador nos levem, sempre estaremos olhando dentro de nós por esta imagem silenciosa.

MALTRAPILHO 2/MP – Mas pode ser que aconteça exatamente o contrário: que aqueles que roubam uns aos outros nas ruas só existam porque nós dois pensamos neles, sufocados embaixo de pontes e viadutos.

MALTRAPILHO 1/KK – E que não existem o esforço, os gritos, o fedor, mas apenas a minha capa.

852   TEATRO COMPLETO: RENATA PALLOTTINI

MALTRAPILHO 2/MP – Que os carregadores, os pedreiros, os lixeiros, as cozinheiras que limpam as entranhas dos frangos, as lavadeiras inclinadas sobre a pedra, as mães de família que mexem o arroz aleitando os recém-nascidos, só existem porque pensamos neles.

MALTRAPILHO 1/KK – Para falar a verdade, eu jamais penso neles.

MALTRAPILHO 2/MP – Então não existem.

MALTRAPILHO 1/KK – Não acho bom pensarmos assim. Sem eles jamais poderíamos continuar imaginando nossas cidades.

MALTRAPILHO 2/MP – Tudo bem. A verdade, então, é outra: são eles que existem e não nós.

MALTRAPILHO 1/KK – Acabamos de demonstrar que, se nós existíssemos, não existiríamos.

MALTRAPILHO 2/MP (*alto e firme*) – Pois eu aqui estou! E vou continuar contando histórias! E amanhã vou estar aqui, com minhas histórias e meus sonhos, outra vez, outra vez e sempre! Sobre todas as cidades, as que existem e as que outro homem sonhou, e que também existem, e as lindas e as más, as maravilhosas e as insubstituíveis, Veneza e Bagdad, Paris e Argel, Atenas e Cuzco!

MALTRAPILHO 1/KK – O que é isso, de que falas?

MALTRAPILHO 2/MP – De qualquer delírio.

MALTRAPILHO 1/KK – Dá-me um cigarro.

MALTRAPILHO 2/MP – É proibido.

MALTRAPILHO 1/KK – Dá-me de tudo que é proibido! (*Kublai Khan dá um cigarro a Marco Pólo, que acende e dá algumas tragadas. Depois se adianta e fala*)

Renunciar aos teus ruídos
à flor roxa dos teu mendigos
ao caos dos teus edifícios

Eu, poeta, que às vezes, ora,
ouso perseguir a gloria
y dejar em la memória
de los hombres mi canción

Eu, que nasci na Frei Caneca,
em Maternidade fresca
que hoje pretendem que pereça

Eu, de carcamanos ricos,
nem por isso menos tímidos
e às vezes mesmo malditos

que abro as janelas mais estranhas
e pontuo com minhas lágrimas
tua miragem, cidade,

AS CIDADES INVISÍVEIS

que ardo em Paris sem esquecer-te
que luto por teu respeito
e ainda mamo no teu peito

Sei que sair é estar mais perto
encolhida sob o teu teto
de céu, de lata, de incerto

e volto sempre a ti, madrasta
dos filhos que pariste, astro
que a nossa vida tanges, monstro
final de todas as viagens.

FINAL

*Kublai Khan acaba de fumar o seu cigarro, depois apresenta ao outro o
seu caixote de sentar-se, virado de tal maneira que, subindo-se nele
pode-se ver além do muro.*

MALTRAPILHO 1/KK – Sobe ai!

MALTRAPILHO 2/MP – Pra quê?

MALTRAPILHO 1/KK – Pra ver o que tem do lado de lá.

MALTRAPILHO 2/MP (*desconfiado*) – Não tenho vontade de ver mais nada.
Já vi tudo que havia ...não tenho mais vontade de viajar, de observar,
de examinar as coisas e as pessoas, para vê-las por dentro do que são,
para ver o que realmente são...

MALTRAPILHO 1/KK – Nesse caso, quem vai me relatar os acontecimentos,
a quem vou mandar para que me represente diante dos reis estrangeiros, a quem farei o meu mais alto dignitário, o meu embaixador?
Ninguém tem os teus olhos, Marco Pólo!

MALTRAPILHO 2/MP – Porque não experimenta ver com os seus próprios
olhos?

MALTRAPILHO 1/KK – Porque não me interessam as coisas reais; me interessa ver de que forma as coisas reais aparecem através de outras
pupilas. Especialmente das tuas, que, de tão experimentadas, podem
hoje em dia construir súmulas de cidades, ver as almas das pessoas,
fazer resumos de fatos, colher a essência dos acontecimentos...

AS CIDADES INVISÍVEIS 855

MALTRAPILHO 2/MP – Pois tendo em vista a fragilidade das nossas vidas, príncipe, eu o aconselharia a ver a vida de frente, pela primeira vez!
MALTRAPILHO 1/KK (*encolerizado*) – Vai tu, eu ordeno!

*Marco Pólo, resignado, dá de ombros, suspira e sobe no
caixote; Kublai Khan espera, impaciente como
uma criança, até que o outro se acomode.*

MALTRAPILHO 1/KK – E então? O que é que você vê?
MALTRAPILHO 2/MP (*claramente mentindo*) – Uma cidade ...uma cidade encantadora ...suas ruas, calçadas de argila rosada, têm coberturas em arco, sustentadas por espessas colunas de madeira, que a protegem do sol e da chuva ...de quando em quando, na junção de quatro ruas, há uma praça cheia de árvores floridas ...as flores podem ser amarelas, roxas e vermelhas, azuis ...as arvores são freqüentadas por pássaros canoros e os pássaros gostam de cantar somente quando os transeuntes se aproximam, como se o seu canto não tivesse sido criado senão para agradar aos habitantes de Tanateia.
MALTRAPILHO 1/KK (*ansiosíssimo*) – Tudo isso está aí, ao meu alcance?
MALTRAPILHO 2/MP (*seguindo na sua farsa*) – Isso e muito mais! A cada quatro praças surge uma, povoada de arbustos frutíferos ...são mangas, caquis, e umas frutinhas negras e redondas, brilhantes, muito doces, que nascem pegadas ao troco!
MALTRAPILHO 1/KK – Não pode ser, isso não existe!
MALTRAPILHO 2/MP – Não só existe como está aqui, ao alcance da nossa mão!
MALTRAPILHO 1/KK – E que mais?
MALTRAPILHO 2/MP – Os habitantes são extremamente cordiais, pacíficos e sorridentes.
MALTRAPILHO 1/KK – Quem vive aí?
MALTRAPILHO 2/MP – Todos. A cidade atrai todo tipo de peregrinos, estrangeiros, viajantes. Ela é generosa para com os mercadores, para com os artífices, especialmente os orientais, e faz prosperar os que trabalham.
MALTRAPILHO 1/KK – Como se movem os habitantes?
MALTRAPILHO 2/MP – De mil maneiras. Há os que correm a pé nu pelas ruas, os que andam em todo tipo de veículos de rodas, como também há os que se aprofundam pela terra abaixo e andam em túneis...
MALTRAPILHO 1/KK – Em túneis?
MALTRAPILHO 2/MP – Como os ratos e os salteadores, como as raízes das plantas.
MALTRAPILHO 1/KK – E que mais?
MALTRAPILHO 2/MP – A cidade é rodeada por dois grandes rios, que correm tranqüilos com suas águas límpidas. Os rios são ricos em peixes que alimentam os habitantes. No centro geométrico da cidade existe um

856 TEATRO COMPLETO: RENATA PALLOTTINI

grande templo, de linhas muito puras. De lá vem, constantemente, um cântico. São as crianças da cidade, felizes e sadias, cantando ao Deus que lhes facultou tanta paz e fartura...

MALTRAPILHO 1/KK – Há um só deus?

MALTRAPILHO 2/MP – Não! Todos os deuses são aceitos! Há deuses negros e brancos, deuses que atendem aos cânticos e deuses que se adora em silencio, há divindades femininas e masculinas, divindades tolerantes, deuses rebeldes, deuses antideuses! Há de tudo!

MALTRAPILHO 1/ KK – Desce, Marco! Desce! Quero ver!

MALTRAPILHO 2/MP – Pois não, príncipe.

MALTRAPILHO 1/KK – Me ajuda!

MALTRAPILHO 2/MP – Vamos.

Marco Pólo ajuda Kublai Khan a subir no caixote e depois a subir no muro. Com certa dificuldades ele se acomoda e, ainda de frente para a cena, tentando virar-se, diz, com grande entusiasmo.

MALTRAPILHO 1/KK – Vou ver tudo isso? Vou ver todas essas belezas de Tanateia? Quero ver!Quero ver...

No meio da ultima frase, Kublai Khan vai morrer. Há aqui, duas possibilidades: na primeira, a mais claramente alusiva, Kublai Khan recebe um tiro pelas costas, vindo da cidade de Tanateia e cai. Na segunda, mais otimista, Kublai vira-se e, ao ver a cidade, por prazer ou medo, tem um ataque que o fulmina. Marco Pólo, tranqüilamente, adianta-se falando:

MALTRAPILHO 2/MP – E assim morreu o Grande Khan, o maior de todos os imperadores tártaros, o que dominou toda Catai e mais as terras conhecidas ao seu redor ...Dois de seus descendentes mantiveram terrível guerra, pela esplendorosa herança que deixava o príncipe do oriente! Eram quintais e quintais de ouro, eram grutas transbordantes de diamantes, arcas que se abarrotavam de seda e veludo, mulheres, filhos, terras, minas, frutos de todo tipo, grãos em toneladas, rios de vinho e de mel, milhões de ovelhas, ursos, camelos, cavalos...

Esta enumeração, que pode ir ao infinito, vai sendo sobrepujada pela voz da Canção Final.

CANÇÃO FINAL

Acabou-se a canção feita em honra de Khan, do príncipe feliz que, sem ter visto nada, foi o homem que mais viu, o que mais conheceu dos frutos doces da imaginação.

AS CIDADES INVISÍVEIS

Acabou-se a canção

*feita em honra às cidades que jamais existiram
àquelas feitas de água e de vidro e miragens
cidades que não foram e que nunca serão.*

Acabou-se a canção.

*Acabou-se a canção do que não é.
Acabou-se a canção do que queremos ser
da vida e dos amores, do ermo e da solidão
acabou-se a canção*

acabou-se a canção do que nunca fazemos.

Até o dia em que se faça outra canção.

Fortuna Crítica

O TEATRO DE RENATA PALLOTTINI: 1ª FASE*

Elza Cunha de Vincenzo

Tomamos 1969 como o ano de referência para avaliar esta vaga da produção teatral feminina, e São Paulo como o centro de maior interesse para a compreensão do tema, parece-nos necessário assinalar o fato de que o fenômeno não surge repentinamente, mas tem antecedentes muito significativos.

Seus inícios podem ser recuados para os primeiros anos da década de 1960 e estão ligados aos nomes de duas autoras – Renata Pallottini e Hilda Hilst – cuja obra poética já se tornara conhecida desde a década anterior. Pode-se pensar que o interesse que as faz voltarem-se para o teatro se associa, inicialmente, ao forte estímulo que a vitalidade do próprio teatro da época representava e ao próprio interesse por encontrar uma frente de participação nos debates de então. Todavia, ao menos no que diz respeito à primeira delas, liga-se também ao campo de possibilidade que se abre com o Curso de Dramaturgia da Escola de Arte Dramática, criado em 1961. A aproximação da riquíssima área de reflexão oferecida pelos aspectos históricos e teóricos do teatro, o contato com o pensamento de professores como Décio de Almeida Prado, Sábato Magaldi, Anatol Rosenfeld, Alfredo Mesquita, Augusto Boal, Alberto D'Aversa, nomes intimamente associados ao teatro através do ensino, da crítica militante e ensaística, da direção, parece ter sido decisivo. Renata Pallottini, a primeira mulher a freqüentar o Curso de Dramaturgia (também a única, naquele primeiro ano de funcionamento) é igualmente a primeira a escrever para teatro em São Paulo, no período de que falamos. Hilda Hilst, não ligada àquele curso, começa a produzir alguns anos depois. Na realidade, o caminho estava aberto.

---

* Publicado em, *Um Teatro da Mulher*, São Paulo, Perspectiva/Edusp, 1992.

862   TEATRO COMPLETO: RENATA PALLOTTINI

Ambas as autoras têm, de fato, sua obra iniciada antes de 1969. Hilda Hilst, porém, no ano em que recebeu o Prêmio Anchieta, com *O Verdugo* (1969)[1], tinha já praticamente prontas todas as suas peças (oito) que escrevera a partir de 1967. Embora tenha visto algumas delas encenadas desde o ano anterior ao prêmio *(O Visitante, O Rato no Muro, O Novo Sistema)* e, posteriormente, *O Verdugo* (em 1971/1972) *e As Aves da Noite* (em 1980 e 1981, em São Paulo e no Rio), Hilda Hilst parece não ter voltado a escrever para teatro depois de 1969, embora sua atividade como escritora e poeta jamais se tenha interrompido.

Renata Pallottini, ao contrário, tendo escrito sua primeira peça em 1960, ou pouco antes, continuará a produzir ao longo das décadas de 1970 e 1980; paralelamente, desenvolve intensa atividade em vários setores da vida teatral de São Paulo. Como autora, Renata obtivera também o Prêmio Anchieta em 1968, com *O Escorpião de Numância.* Inspirado em Cervantes, e resultado de um convívio da autora com a cultura e o povo espanhóis durante uma temporada de estudos na Espanha, *O Escorpião...,* que narra o longo e doloroso cerco de Roma ao povo numantino e sua extraordinária resistência, é também uma metáfora para o não muito menos terrível "cerco" em que vivia o povo brasileiro. "A língua cortada do mensageiro [diz um breve ensaio sobre o teatro de Renata] é uma síntese poética da palavra castrada à juventude da década de 60, enquanto Teogenes comia o pão enviado pelo inimigo, e sua cidade morria de fome"[2].

Mas *O Escorpião...* não era o primeiro texto teatral de Renata Pallottini. É de 1960 a encenação de *A Lâmpada* (texto escrito em 1958), uma pequena peça que antecipa a forma quase "fechada" de duas personagens da *nova dramaturgia.*

A Lâmpada foi encenada pelo Teatro do Estudante de Campinas (TEC) sob a direção de Teresa Aguiar. Essa estréia é particularmente interessante, porque associa o nome de Renata Pallottini ao da diretora Teresa Aguiar, duas mulheres envolvidas com os primórdios da participação feminina no teatro. Teresa Aguiar é precisamente a primeira pessoa a montar e dirigir também em 1968 as peças ainda desconhecidas de Hilda Hilst; em 1969 encena, na Colômbia, durante um Festival Internacional de Teatro Universitário, *O Rato no Muro,* com um grupo de alunos da Escola de Arte Dramática de São Paulo e do Departamento de Teatro da ECA. Trata-se, como se vê, de duas pioneiras.

Em 1961, já estudante de Dramaturgia da EAD, Renata tem um trabalho seu dirigido por Alberto D'Aversa. É *Sarapalha,* uma adaptação do conto homônimo de Guimarães Rosa, feita algum tempo antes para um concurso do Arena, peça em que a autora capta com segurança os elemen-

---

1. Nesse mesmo ano aparece o nome de Leilah Assunção, com uma menção honrosa pelo texto *Jorginho, o Machão,* no mesmo concurso.

2. Jurandir Diniz Junior, "Texto sobre o Teatro de Renata Pallottini" (datilografado).

O TEATRO DE RENATA PALLOTTINI: 1ª FASE   863

tos dramáticos da narrativa. É esta, provavelmente, a primeira adaptação de Guimarães Rosa para o teatro[3]. Aliás, o interesse pela obra de Guimarães Rosa vai levá-la novamente a outra adaptação, oito anos mais tarde, em 1969. *João Guimarães, Veredas* já não parte apenas de um conto, mas será uma montagem de vários textos – algumas narrativas de *Corpo de Baile* e trechos vários de *Grande Sertão: Veredas*. A mesma fidelidade ao espírito e à linguagem de Guimarães Rosa é mantida aqui e a encenação se dá mais uma vez sob a direção de Teresa Aguiar. A montagem do Grupo Rotunda, associado à Cia. Nydia Lícia, merecerá alguns reparos da crítica, mas da adaptação do texto diz Sábato Magaldi:

foi feliz [...] por ter conseguido preservar-lhe a admirável linguagem. O trabalho de Renata Pallottini, preparado com grande amor e conhecimento da obra de Guimarães Rosa, serve de excelente introdução ao seu estudo e aprendizado, sem necessidade de comentários explicativos[4].

Entre a encenação de *Sarapalha,* em 1961, *e João Guimarães, Veredas,* em 1969, Renata escrevera várias peças. Em 1962, O *Exercício da Justiça,* que ela própria dirige na EAD, é novamente um texto breve. Mas nesse texto surgem claramente delineados, já, alguns traços que serão os de seu teatro posterior: certas características formais, bem como algumas das preocupações centrais que sua obra desenvolverá numa segunda fase. Entre essas preocupações, repontam os problemas com a justiça, a qual a autora vê como *cega* e que, além disso, é muitas vezes invisível, notadamente para os marginalizados; mas aparece também a figura do próprio marginal percebido principalmente como resultante humana de uma ordem social injusta, ordem, aliás, implicada no próprio desenrolar da ação. A pequena peça é toda construída por associações de cenas fragmentadas e mudanças de planos, num todo sintético, que no entanto mantém sempre firme a tensão dramática. Este não é ainda, em 1962, um processo habitual no teatro brasileiro, embora lembre vagamente a maneira de Nélson Rodrigues. A manipulação do tempo e do espaço, bem como a intersecção dos vários níveis de realidade, característica da estruturação épica do teatro, será uma das possibilidades técnicas desta autora, e vai revelar-se completamente nas peças dos anos 1970 e 1980. Mas esta linha épica, desde a primeira peça em que aparece (que é justamente O *Exercício da Justiça)* assumirá um caráter especial: o da elaboração poemática. Daí podermos considerar o teatro de Renata Pallottini, em sua maior parte, um teatro

3. O cinema tentará, posteriormente, outras adaptações: *A Hora e a Vez de Augusto Matraga,* com direção de Roberto Santos, bastante razoável, *e Grande Sertão: Veredas,* em que já não se consegue a mesma façanha. A adaptação desta última obra para a TV só será realizada em 1985. No teatro surge, em 1986, A *Hora e a Vez...* sob a direção de Antunes Filho.

4. Sábato Magaldi, *O Estado de S. Paulo,* 11.9.1969.

864 TEATRO COMPLETO: RENATA PALLOTTINI

poético, do qual não está contudo ausente um correto sentido da linguagem coloquial, do dia a dia, e, em alguns casos mesmo, um torneio particularmente popular e brasileiro. Essa tonalidade verbal será, digamos, temperada, colocando-se "acima", no caso de uma peça como *O Escorpião de Numância, ou* "abaixo", no caso de peças como *Pedro Pedreiro* ou *O Crime da Cabra,* todas pertencentes ao que poderíamos considerar a primeira fase do seu teatro.

Com *O Crime da Cabra,* escrita em 1961 e encenada em 1965, surgem os prêmios Molière e Governador do Estado, bem como a primeira montagem profissional. *O Crime da Cabra,* baseada em uma pequena notícia de jornal, é um dos raros exemplos de teatro verdadeiramente popular escrito por mulher no Brasil. Popular não é força de expressão. Esta peça – vista mais tarde pela autora como uma farsa ingênua – tem sido testada por mais de uma encenação em ambientes populares como circos e teatros de bairro. Nela aparece, claro, outro traço que vai marcar também diversas peças suas: uma certa qualidade de humor, não ácido, mas vivo, atilado.

foi antes de 1964 – e naquele tempo um Delegado de província podia ser pensado como um distraído decifrador de palavras cruzadas; um latifundiário da Guarda Nacional era ainda alguém com quem se podia brincar [...] vai você brincar com um Coronel de verdade, hoje em dia![5]

Seguem-se *Nu para Vinicius,* em 1964, *e Pedro Pedreiro,* em 1968. Esta última, um texto que focaliza a vida do migrante nordestino na adaptação ao ambiente urbano, tem ainda um caráter bem popular e conserva, de *O Crime da Cabra,* certo sentido de humor. Com *Pedro Pedreiro,* criada a partir da popular música de Chico Buarque de Holanda, pela primeira vez é tratado, num tom satírico, porém bem humorado, um assunto que se tornará às vezes dramático no teatro brasileiro, nos anos seguintes: a relação da gente simples das camadas médias e baixas da população, geralmente da periferia, com a televisão, nos programas chamados "de auditório".

Mas o fato é que, em *Pedro Pedreiro,* muito daquela alegria despreocupada, muito da farsa que havia em *O Crime da Cabra* parece ter desaparecido. Estamos em 1968, e os tempos são outros...

Em 1969, Renata Pallottini assume a presidência da Comissão Estadual de Teatro, sucedendo no cargo a Cacilda Becker; o biênio 1969/1970 será especialmente produtivo, segundo depoimentos da época[6].

5. Palavras de Renata Pallottini a propósito de uma encenação de *O Crime da Cabra,* em 1977, pelo Teatro Rotunda, de Campinas.

6. "Não é difícil relacionar o surto da nossa atividade cênica com a política adotada pela Comissão Estadual de Teatro" (S.M., "A Grande Força do Nosso Teatro", *Jornal da Tarde,* 26.8.1969). Trabalhando com um grupo de nomes significativos do teatro paulista e brasileiro – Anatol Rosenfeld, Sábato Magaldi, Décio de Almeida Prado e outros – a CET pôde exercer suas funções apoiada em princípios de compe-

O TEATRO DE RENATA PALLOTTINI: 1ª FASE   865

Em 1970, um livro, reunindo quatro pequenas peças de anos anteriores, entre as quais *A Lâmpada* e *O Exercício da Justiça,* é editado em São
Paulo[7]. Em 1971, se encena ainda uma comédia da autora, *A História do
Juiz.* "A peça nasceu de uma sensação de espanto risonho, sensação peculiar ao advogado que se defronta com artigos de uma lei anacrônica, ou
excessivamente complexa, ou ridícula, ou ainda incompreensível e inútil",
diz a autora, em seu comentário[8]. Focalizando de novo as relações da Lei
com a Justiça, *A História do Juiz é* uma risada do bom senso diante do
contra-senso de uma velharia com vigência legal ainda em 1957, quando
fora escrita. No texto surge uma personagem chamada Todas as Coisas que
desempenha papéis variados, em posição secundária, conforme as necessidades da ação. O interessante do ponto de vista formal é que ela é uma
antecipação do que seria mais tarde o Coringa de Augusto Boal, "naturalmente sem a mesma elaboração teórica e ideológica"[9].

Até 1971, todas as peças de Renata Pallottini vinham sendo encenadas por grupos universitários, amadores e profissionais, algumas repetida-
mente, como *A História do Juiz* e *O Crime da Cabra;* todas tinham passado pelo teste do palco. Mas em 1973, Renata conhecerá o veto da censura[10].
(Este é, aliás, um problema que terão de enfrentar todas as nossas autoras,
como veremos). *Enquanto se Vai Morrer...,* talvez o seu texto mais importante até a data, escrito em 1973, permanecerá inédito. A peça inicia, na
verdade, uma outra fase desta produção, ao mesmo tempo em que coloca a
autora no ciclo da dramaturgia de intenções claramente políticas e dentro
do quadro da criação de todo o grupo de mulheres que formam a nova
geração de escritoras de teatro. Treze peças, e aproximadamente treze anos
de experiências, de apuro de técnicas, precediam aquele trabalho.

tência, isenção e independência de posições em face de possíveis pressões políticas,
linha que conseguiu manter graças ao prestígio intelectual e moral desse grupo.
    7. *"Uaite Cristmas"* e *O Vencedor* são as duas outras peças.
    8. Renata Pallottini, *O País do Sol,* tese de doutoramento em Artes,
apresentada ao CTR da ECA, em 1982 (texto datilografado, p. 46-47).
    9. *Idem, ibidem.*
    10. A história dessa censura é contada na tese de doutoramento da autora.

A ANARQUIA ORGANIZADA[1] DE RENATA PALLOTTINI*

Elzbieta Szoka

No início dos anos sessenta, o respeitado crítico de teatro e historiador, Sábato Magaldi, escreveu em um ensaio publicado no *Panorama do Teatro Brasileiro,* de 1962, que na sua opinião os mais influentes e vigorosos autores naquela época de dispersas individualidades artísticas eram Nelson Rodrigues, Jorge Andrade, Ariano Suassuna e Gianfrancesco Guarnieri[2]. É bastante sintomático que no extenso ensaio de Magaldi sobre a dramaturgia brasileira dos anos cinqüenta e início dos sessenta, o leitor possa encontrar apenas dois nomes de dramaturgas: a mundialmente famosa novelista Rachel de Queiroz, autora de duas peças, *Lampião* e *Beata Maria do Egito,* e uma escritora relativamente desconhecida, Maria Ignez Barros de Almeida, também autora de duas peças, *O Diabo Cospe Vermelho* e *Não me Venhas de Borzeguins ao Leito.*

Magaldi não podia prever o impacto das mulheres escritoras que logo começariam a influenciar os palcos brasileiros. Entre elas está Renata Pallottini, a primeira dramaturga no Brasil cujo trabalho já tem quase trinta anos de continuidade. Suas primeiras peças foram escritas no fim dos anos cinqüenta, numa atmosfera cultural sufocante e caótica de "antes da

---

* Publicada na *Revista Hispânica Moderna,* Hispanic Institute, Columbia University, Nova York, 1996. Tradução de Rita Moreira.

1. "Anarquismo Organizado" é um termo usado por Renata Pallottini numa entrevista que realizei com ela em São Paulo em março de 1993.

2. Magaldi admite sua inabilidade para predizer em qual direção o teatro brasileiro irá se desenvolver no futuro próximo e que uma das características do final dos anos cinqüenta é a "pluralidade de tendências".

868 TEATRO COMPLETO: RENATA PALLOTTINI

tempestade", época em que várias tendências de protesto social e cultural tinham apenas começado a se articular em lugares como o Teatro de Arena e o Teatro Oficina em São Paulo. Dez anos mais tarde, no final dos anos sessenta, os palcos brasileiros pertenciam aos jovens e militantes dramaturgos, muitos deles mulheres, que revolucionaram o teatro nacional sob o ponto de vista estético e/ou ideológico. Naquela época, o teatro começou a representar um papel significativo ao oferecer comentários alternativos sobre a sociedade brasileira e formar uma nova sensibilidade nas audiências. 1969 foi um ano particularmente significativo na história da dramaturgia brasileira contemporânea. Entre numerosas estréias interessantes notava-se, mais do que nunca, a presença de mulheres dramaturgas. Dez anos após sua estréia Pallottini se tornava parte desse processo.

Pallottini escreveu sua primeira peça, *A História do Juiz*, em 1957. Concebida como uma farsa sobre a intolerância, a estreiteza mental e o desejo de liberdade, a peça teve que esperar até 1971 pela sua primeira apresentação[3]. Trata-se da primeira tentativa de Pallottini de uma narração "épica", depurada em seus últimos trabalhos, quando ela introduz um personagem chamado Todas as Coisas, cuja função é desempenhar vários papéis, de acordo com as necessidades do desenvolvimento da trama. Esse processo lembra um dos Sistemas Coringa, de Boal, desenvolvido alguns anos mais tarde, que combina dois métodos fundamentais do teatro moderno: o épico (Coringa) e o naturalista (ator = personagem). O Coringa é considerado uma retomada e uma síntese das teorias de Brecht e Stanislávski[4].

Em 1957 Pallottini escreveu uma adaptação do *Sarapalha* de Guimarães Rosa para uma competição organizada pelo Teatro de Arena. A adaptação foi posteriormente exibida pela TV Tupi, um dos canais da televisão

3. *A História do Juiz* foi publicada na *Revista de Teatro* número 407, setembro/outubro de 1975. A encenação de 1971 pelo Grupo Teatral Equipe foi dirigida por Eloy de Araújo. O espetáculo foi levado em turnê para várias cidades do estado de São Paulo. Em 1974, a peça foi montada no Rio de Janeiro pelo Grupo Libra e dirigida por Lutero Luiz.
4. Anatol Rosenfeld explica duas funções do Coringa: "O Coringa como tal é sobretudo comentarista explícito e não-camuflado. [...] É dele e da projeção da peça a partir da perspectiva dele que provém a unidade. [...] O Coringa, evidentemente, pode assumir todas as funções no decorrer da peça". "Essencial ao sistema [...] além da função coringa, basicamente brechtiana, a função protagônica, que apresenta a realidade mais concreta (fotográfica)". "Face à função protagônica a do Coringa é, como vimos, teatralista, criadora de 'realidade mágica'". Rosenfeld também cita a interpretação de Magaldi do sistema Coringa: "Reunindo a função Coringa (épica) e a função protagônica (dramaticidade naturalista), o sistema realiza sintetiza-se dois métodos fundamentais do teatro moderno — Stanislávski e Brecht unidos com o propósito de se vivenciar uma experiência e ao mesmo tempo comentá-la para o espectador". *O Mito e o Herói no Moderno Teatro Brasileiro*, São Paulo, Perspectiva, 1982, pp. 15-18.

A ANARQUIA ORGANIZADA...	869

brasileira[5]. Entre 1958 e 1984, ela escreveu dezessete adaptações para várias estações de TV e antes de 1958 já havia publicado três livros de poesia, *Acalanto* (1952), *O Cais da Serenidade* (1953), *e Monólogo Vivo* (1956). As diversas atividades criativas de Pallottini não devem ser encaradas como a tentativa de uma jovem escritora de encontrar o meio de expressão mais apropriado no início de sua carreira artística. Tanto é que, nos anos seguintes Pallottini continuou a trabalhar simultaneamente com poesia, prosa, teatro, adaptações de textos literários para o palco e para a tela e tradução literária. Também abriu um escritório de advocacia e, a partir de 1964, passou a ensinar dramaturgia na Universidade de São Paulo[6]. O trabalho administrativo sempre foi parte de suas várias atividades. A partir de 1969, atuou como membro ou presidente de várias organizações teatrais, e em 1985 fundou uma associação de dramaturgos do Estado de São Paulo, a Associação Paulista de Autores Teatrais.

A diversidade é uma das características fundamentais e também um dos aspectos mais interessantes do trabalho de Pallottini. Outro aspecto — particularmente desafiador para os críticos de teatro – é a "heterogeneidade" temática e estilística de suas peças, que são difíceis, senão impossíveis, de classificar ou categorizar mesmo para propósitos didáticos gerais. Nas entrevistas gravadas que realizei com ela em março de 1993, Pallottini admitiu que essa "imprevisibilidade" de sua dramaturgia deve ter sido uma das causas de seu relativamente modesto sucesso comercial com audiências, que não sabiam o que esperar dela como dramaturga[7].

Apesar das dificuldades em se abordar o trabalho de Pallottini de uma maneira sistemática, houve algumas tentativas significativas de categorizá-lo. Em seu estudo sobre mulheres dramaturgas[8], Elza Cunha de Vincenzo divide o trabalho de Pallottini em dois períodos: peças escritas de 1957 até 1972 são consideradas como de "primeira fase", e peças escritas depois de 1972 pertencem à "segunda fase".

---

5. *Sarapalha* foi publicado em *Diálogo*, n. 8, Novembro de 1957. Em 1961 foi encenada por Alberto D'Aversa na Escola de Arte Dramática da Universidade de São Paulo.

6. Pallottini escreve em sua biografia, apresentada em setembro de 1988 na Universidade de São Paulo, durante uma competição para uma posição acadêmica no Departamento de Artes e Comunicações: "Em 1964, o professor Sábato Magaldi teve que deixar o departamento e me recomendou como sua substituta. [...] Nós todos sabíamos que o departamento não tinha fundos para pagar bem seus professores, portanto não era uma oportunidade para eu deixar minhas outras atividades mas, pelo contrário, significava trabalhar ainda mais".

7. Ao contrário das corajosas peças de "protesto social" de Plínio Marcos, do teatro "popular" de Suassuna ou das peças "feministas" de Leilah Assunção, que atraem audiências específicas, principalmente estudantes e intelectuais, as peças de Pallottini são difíceis de "serem identificadas e de se identificar com elas".

8. *Um Teatro da Mulher*, São Paulo, Perspectiva/Edusp, 1992.

870 TEATRO COMPLETO: RENATA PALLOTTINI

Alguns dos primeiros trabalhos de Pallottini do primeiro período, como *A História do Juiz* (1957), *O Crime da Cabra* (1962), *Pedro Pedreiro* (1968), são exemplos do teatro popular brasileiro. Vincenzo observa que *O Crime da Cabra* é um dos raros exemplos de teatro de sucesso "verdadeiramente popular" escrito por uma mulher[9].

1957 foi o ano em que Ariano Suassuna, um jovem escritor do Recife, conquistou os palcos do Rio de Janeiro e de São Paulo com peças nas quais combinava temas eruditos da literatura mundial com crenças populares do nordeste brasileiro, o regional e o universal, linguagens literárias e coloquiais. O teatro popular, baseado no folclore brasileiro, tomou-se o bem merecido reino de Suassuna e poucos autores ousaram se aventurar nesse território. Pallottini é uma das poucas exceções de sucesso.

Outra importante peça desse período é *A Lâmpada* (1958), encenada por Teresa Aguiar em 1960. A peça é considerada uma antecipação de algumas das tendências da "nova dramaturgia" dos anos sessenta e setenta[10]. Essa encenação é particularmente interessante porque associa Pallottini à diretora Teresa Aguiar, outra mulher pioneira envolvida com os primórdios da participação feminina no teatro brasileiro. Nos anos seguintes, Pallottini e Aguiar trabalharam juntas em várias outras produções. Como De Vincenzo observa, outra inovação trazida à luz por essa peça é o tema da homossexualidade, que só seria tratado de maneira séria e exaustiva muito mais tarde[11].

Quanto ao segundo período, De Vincenzo sugere uma divisão temática das peças de Pallottini em "peças acadêmicas", escritas nos anos setenta, e "peças italianas", escritas nos anos oitenta. É importante acrescentar, neste ponto, que as "peças acadêmicas" devem sua designação ao tema da vida na universidade e as "peças italianas" falam sobre a imigração italiana no Brasil. Enquanto a divisão é baseada em diferenças temáticas, essas peças partilham de uma estrutura teatral semelhante:

---

9. A peça foi encenada em 1965 e recebeu dois prestigiosos prêmios, o "Molière"e o "Governador do Estado".

10. A "Nova Dramaturgia" floresceu nos anos sessenta e setenta no Brasil. Muitas mulheres dramaturgas faziam parte da "nova dramaturgia" e foram capazes de se expressar por várias décadas. Ela se opunha ao sistema social e político que era igualmente repressivo para homens e mulheres, e tentava manter um equilíbrio entre o particular e o geral, entre as questões individuais e sociais. Fazia uso de uma forma dramática fechada, funcionando com dois ou três personagens em situação limite. As peças de protesto social de Plínio Marcos são um dos exemplos da nova dramaturgia. Também Leilah Assunção, Consuelo de Castro, Isabel Câmara, e muitas outras mulheres dramaturgas encontraram sua voz na "nova dramaturgia".

11. "A peça trata, num tom sério e delicado, um tema que é ainda uma antecipação – o homossexualismo, tema que só virá bem mais tarde para o teatro brasileiro, quando as questões das minorias começarem a preocupar o mundo.", *Um Teatro da Mulher*, p. 28.

A ANARQUIA ORGANIZADA...

Toda a produção teatral de Renata Pallottini nos últimos quinze anos – precisamente o que estamos considerando sua segunda fase – pode, pois, ser vista como constituída de dois blocos de peças, que representam dois momentos de interesses diversos.

Do ponto de vista da construção, aquilo que marca toda esta segunda fase a partir de 1972 – com exceção talvez de *Tarantella,* a última (que representa uma experiência da autora com uma dramaturgia fechada, rigorosa, de poucas personagens) – é a dominância de uma forma dramática aberta, cuidadosamente elaborada, através da multiplicidade de cenas e de personagens, assim como da manipulação do tempo, do espaço e de níveis de realidade.[12]

As "peças acadêmicas" e as "peças italianas" do segundo período partilham mais uma característica. A "acadêmica" *Enquanto se Vai Morrer...,* de 1972, e a "italiana" *Colônia Cecilia,* de 1984, são as favoritas de Pallottini e, ao mesmo tempo, as mais prejudicadas. A primeira, censurada por motivos políticos, jamais foi encenada; a segunda, encenada em 1984 no Teatro Guairá de Curitiba, nunca chegou aos palcos de São Paulo, terra natal de Pallottini e objetivo principal de todo dramaturgo brasileiro. Na entrevista, ela se refere ao infortúnio dessas duas peças como "dois momentos de crise", que teriam causado uma depressão e de um temporário "bloqueio de escritor", sem contudo fazê-la parar de escrever para o teatro.

Colônia Cecilia, sobre uma pequena colônia anarquista de imigrantes italianos no Sul do Brasil, é um exemplo da afinidade de Pallottini com o teatro "épico" e a linguagem cinematográfica, com ênfase em imagens e edição. As cenas "épicas" nessa peça são desenvolvidas por meio de canções, poemas, cartas, documentos, discursos e um episódio "culinário": uma receita poética de polenta. Eles têm a função de fornecer um fundo histórico para os eventos, bem como de comentar o aspecto "heróico" da experiência. Tal estrutura aparentemente "solta" nos lembra um certo tipo de roteiro de cinema ou teatro que serve como base para futuro desenvolvimento dos episódios a serem filmados ou encenados. Essa analogia, no entanto, é apenas uma ilusão, uma vez que *Colônia Cecília* foi concebida como um drama com todas as suas implicações literárias e dramáticas. Também pode ser considerada um elaborado experimento com algumas técnicas do teatro épico, desde a tragédia grega, até Brecht e Boal. A peça oferece um excelente material para a encenação, mas também pode ser apreciada por um leitor no silêncio da biblioteca.

Outra analogia no que diz respeito à estrutura da peça é a estabelecida com a poesia. A própria Pallottini admite que escreveu *Colônia Cecilia* "como se fosse um livro de poemas"[13]. Um processo associativo de idéias e imagens igualmente "subjetivo" pode ser encontrado em *Enquanto se*

---

12. Idem, p. 236.

13. De Vicenzo cita uma entrevista dada por Pallottini, publicada em setembro de 1984, idem, p. 259.

872 TEATRO COMPLETO: RENATA PALLOTTINI

Vai Morrer... que, de acordo com De Vincenzo, é a quinta-essência do teatro "poético" de Pallottini. Naquela peça, mais do que em qualquer outra pode-se notar:

> aproximação entre seqüências que se buscam, em níveis diversos e em tempos diferentes, cenas que se fundem e se transformam como na mira de uma objetiva cinematográfica. O tempo flui e reflui numa linha que não obedece, aparentemente, a nenhuma lógica... temporal, mas a uma atração de imagens, própria da linguagem poética[14].

A experiência artística de Pallottini inclui poesia, prosa, adaptações para a tela e traduções literárias, e ela recorre a todos esses meios de expressão em suas peças. A forma aberta na maioria das peças do segundo período pode ser associada com e justificada por sua preocupação temática com a anarquia e a utopia, que constituem parte integrante de sua experiência pessoal e tradição familiar. O avô de Pallottini, um anarquista vindo da Itália para o Brasil em 1901, foi baleado nas costas em 1918, em uma pequena cidade do estado de São Paulo[15].

A tradição familiar da escritora, associada à sua revolta contra a perseguição mundial aos anarquistas, estimulou seu interesse por esses temas. Ela colecionava livros sobre anarquistas, os quais tinha que esconder. Nessa época, estudava direito e estava envolvida com várias organizações progressistas. Esses dois aspectos de sua personalidade e atividades parecem contraditórios, o que ela admitiu em nossa conversa gravada:

> É uma contradição. Ou talvez uma dialética. Uma reação contra a ordem e a rotina que levam à estagnação. Minha vida é uma série de contradições. É um velho conflito entre os princípios apolíneos e afrodisíacos. Gosto que as coisas sejam organizadas e, ao mesmo tempo, tenho vontade de romper a ordem quando esta fica muito presa à rotina. Estou sempre procurando uma nova opção, uma terceira possibilidade. Uma vez destruído um velho sistema ou rotina gosto de organizar o novo sistema de modo a poder seguir em direção a alguma outra coisa. É uma espécie de "anarquia organizada". A anarquia completa sem nenhuma ordem não leva a um lugar nenhum. E não gosto de ficar presa a rotinas, eu quero ir adiante[16].

"Anarquia organizada" é um dos temas de *Colônia Cecilia,* na qual um grupo de imigrantes anarquistas seguem um "líder amigável", Rossi. A peça é baseada em acontecimentos reais que ocorreram no final do século dezenove. Em 1890, um grupo de imigrantes italianos formou uma co-

---

14. Ibidem, p. 237.
15. "Repórter do Anarquismo", em *Colônia Cecília,* de Renata Pallottini. Esse título pode ser considerado como uma alusão ao apelido artístico "Repórter do Tempo Mau", dado por críticos ao legendário Plínio Marcos.
16. Szoka, "Anarquia Organizada", entrevista com Renata Pallottini, São Paulo, março de 1993.

A ANARQUIA ORGANIZADA...

lônia anarquista no estado do Paraná, no sul do Brasil. Quatro anos mais tarde, a colônia foi destruída pelas forças do governo. Uma das causas da destruição foi a traição de um dos colonos, cujo roubo da colheita do grupo tornou impossível o pagamento dos impostos pela colônia. Outra razão foi o crescente descontentamento das autoridades com a experiência dos anarquistas enquanto tal. Houve também várias desavenças entre os colonos que, apesar da ideologia unificadora, vinham de origens muito diferentes e tinham expectativas distintas com relação à experiência. O líder do grupo, Giovanni Rossi, descreveu esses eventos no documento "Uma Experiência Incomparável", publicado pela primeira vez em junho de 1932 em uma revista italiana de São Paulo, *Quaderni della libertá*.

Na peça, os personagens têm encontros na "Casa do Amor", onde são discutidos assuntos controvertidos como amor livre, propriedade individual versus propriedade coletiva e limites da liberdade. Em algumas cenas, o didatismo de Rossi é mais evidente do que em outras, mas a mensagem utopista, semelhante ao princípio bíblico "Ame ao outro como a si mesmo", está presente em todas elas. A peça expõe a visão de anarquia de Pallottini não apenas através da seleção dos tópicos, mas também por seu uso dos vários elementos formais. A estrutura aberta cria uma atmosfera de aparente caos. Por outro lado, a ordem dos episódios e dos vários elementos formais que expressam significado é rígida e lógica.

A peça consiste em trinta e quatro cenas, treze das quais contêm componentes dramáticos tradicionais, tais como diálogo ou situação. As primeiras quatro cenas, compostas de poemas, servem como introdução "épica" cuja função é fornecer informação factual sobre a colônia real e expressar a dimensão heróica da empreitada. As cenas seguintes são compostas de canções, discursos e documentos. Esses intervalos "épicos" são intercalados com cenas cujos episódios dramáticos servem ao desenvolvimento da trama.

Quatro episódios-chave na peça geram os conflitos e são introduzidos quase simetricamente. A Cena 5 contém o primeiro episódio-chave dramático com implicações "épicas", a inauguração de um moinho na colônia. O segundo episódio-chave dramático, que gera o conflito "naturalista" entre personagens específicos, aparece na Cena 10 e é desenvolvido na Cena 27. O terceiro episódio, que combina conflitos "épicos" e "específicos", aparece na Cena 21. A Cena 31 contém um episódio que leva à destruição da colônia e combina os métodos "épico" e "naturalista". Os episódios dramáticos aparecem na seguinte ordem (os quatro episódios-chave estão em itálico):

5. Inauguração do Moinho
10. A Chegada de Eleda
14. A Lição de Música
15. A Geada
19. As Lavadeiras

874   TEATRO COMPLETO: RENATA PALLOTTINI

20. O Confronto
21. *Saudade*
24. O Aumento
25. A Revelação
27. O Processo de Amor
28. Croup
29. O Acerto de Contas
31. *O Roubo*

Essas cenas levam avante o desenvolvimento da trama, que atinge o clímax próximo ao meio da peça (cenas 19 e 31). Elas se referem aos problemas emocionais, de saúde e financeiros existentes na colônia; sua principal função é mimética, e a história que contam está limitada ao "prosaico" da vida diária na colônia. No entanto, em algumas dessas cenas pode-se observar uma abordagem mais complexa da história pois nelas combinam-se elementos "épicos" e "naturalistas" pelo uso de "atores" épicos e "personagens" naturalistas (14,15) e pela introdução de diálogos, vozes, canções, poemas dramáticos (28, 31).

O conflito principal da peça, como foi interpretado por De Vincenzo, está entre o entusiasmo de Rossi pelo potencial da colônia utópica e o freqüente ceticismo e descrença do grupo, causados pelas muitas dificuldades em levar adiante a incomum tarefa (260). Essa interpretação está limitada à dimensão naturalista da peça, com suas referências específicas à colônia real. Mas parece que um outro conflito, mais abstrato, pode ser adicionado à interpretação desta peça: aquele entre a liberdade total de um indivíduo e a liberdade limitada pelas regras do comportamento social. Esse antagonismo é melhor exemplificado pelas cartas e monólogos de alguns colonos (12: A Carta; 17: Uma Reclamação). A cena 27, O Processo do Amor, ilustra muito bem a contradição entre o conceito de sociedade livre que se rebela contra autoridade e governo e a vida diária de um grupo que tem que seguir um líder e se ajustar às "regras da anarquia".

Cenas como O Confronto, Nostalgia, O Processo de Amor e O Roubo, desempenham uma função dupla. Além de servirem ao desenvolvimento tradicional de tramas, o papel desses episódios é exemplificar algumas das contradições da ideologia anarquista ou comunicar verdades mais óbvias sobre a natureza humana, a corrupção, e a burocracia. O tema do livre-arbítrio também é evocado por esses episódios, suscitando nos personagens reações que variam de acordo com a situação. No Processo do Amor o grupo debate a questão da liberdade, desta vez relacionado ao triângulo amoroso formado por Eleda, seu marido Aníbal, ainda amado por ela, e Guido, um homem que ela admite também amar. Como um verdadeiro anarquista, Aníbal aceita o fato de que sua mulher ama outro homem e está disposto a partilhar com ele dos sentimentos dela. Guido se sente desconfortável e culpado, mas na sua opinião a liberdade é o valor

A ANARQUIA ORGANIZADA... 875

mais importante. A questão principal para Elida é uma eventual gravidez e o desconhecimento da paternidade: ela não pode ser feliz sem saber quem será o pai de seu filho.

O desejo de viver a própria vida de acordo com suas necessidades e vontades parece ser limitado pelas necessidades e desejos do "outro". A cena naturalista do estupro (cena 20: O Confronto) é um dos exemplos extremos desse conflito entre "duas vontades individuais livres" diferentes e incompatíveis. Um homem de um vilarejo vizinho ataca uma das mulheres da colônia, esperando que ela seja "suficientemente liberada para agrada-lo". Ele diz que tem o direito de pedir-lhe sexo porque assim o deseja. Ela recusa, não quer fazer sexo com ele. O homem, fisicamente mais forte, tenta estuprá-la, mas um dos homens da colônia, que por acaso está nas proximidades, escuta seus gritos e vem socorrê-la. Ele mata o estuprador e enterra-o nos campos.

Outra contradição que o grupo tem que enfrentar é de natureza prática; relaciona-se ao dinheiro. Embora eles não se considerem donos das terras nas quais trabalham, têm que pagar impostos às autoridades brasileiras. Os problemas começam quando descobrem que seu único "negociante", José, que prometera vender a colheita por um lucro razoável, havia fugido com o dinheiro. Como conseqüência, eles não conseguem pagar os impostos e a colônia é invadida pelas forças governamentais. Os comentários do coro são surpreendentes como notícias:

Vozes – Ele roubou!
– Um anarquista!
– Um anarquista também rouba!
– O dinheiro!
– Tudo! Tudo! Tudo!
– (Colônia Cecília 73)

A oposição central entre "sujeito" e "objeto" da narrativa épica, como explanada por Anatol Rosenfeld[17], é mantida nesta peça por meio de vários artifícios literários, bem como por dois tipos de "atores". Nas cenas

17. Rosenfeld enfatiza duas abordagens para os termos "épico", "lírico" e "dramático". O primeiro é "substancial" e se refere à estrutura do gênero. O segundo é "adjetivo" e se refere ao estilo da obra de arte. A oposição entre o "sujeito" lírico e o objeto "épico" é inerente ao gênero épico. No drama tradicional essa oposição desaparece. Os sujeitos "líricos" ou "épicos", narrando ou comentando a história, não interferem com a realidade "independente" e "objetiva" encenada, *O Teatro Épico*, São Paulo, Perspectiva, 198, pp. 15-36. Na peça de Pallottini pode-se observar tanto a abordagem "substancial" quanto a "adjetiva". Ela introduz várias formas literárias (cartas, poemas, canções, diálogos) e combina os estilos lírico e épico na maioria das cenas.

876 TEATRO COMPLETO: RENATA PALLOTTINI

tradicionalmente "dramáticas", Pallottini introduz personagens que têm semelhança com seus protótipos da colônia real. Esses personagens são "objetos" naturalistas da peça, cuja função principal é participar do desenvolvimento da trama nas cenas naturalistas. Em outras cenas ela introduz "atores", que são os "sujeitos" ou "narradores" épicos ou líricos do drama e cuja função é manter o equilíbrio entre a realidade "subjetiva" e "objetiva", assim como permanecer entre a metamorfose naturalista e o estranhamento épico. Ela também serve-se do coro, chamado Vozes, cuja função principal é comentar os eventos, de acordo com os princípios da tragédia grega.

Nas cenas "tradicionais", Pallottini usa uma técnica naturalista introduzindo personagens específicos como Rossi, Rosa, Eleda, José e outros, cuja função na peça é a de "objetos" dramáticos participando da ação dramática. O personagem principal, Rossi, também pode ser visto como um herói ou protagonista trágico, sofrendo oposição pela maioria dos demais personagens/antagonistas na sua busca por um ideal. Formalmente, ele participa do desenvolvimento da trama bem como das cenas nas quais mensagens de maneira geral mais "épicas" são expressas através de canções e poemas.

A cena da destruição da colônia pelos soldados do governo é retratada, assim como outras "cenas épicas" desta peça, pelos comentários do coro. O coro desempenha um papel semelhante ao que tem na tragédia grega, parafraseada propositalmente por Pallottini. Em algumas "cenas épicas", Pallottini também usa personagens chamados "Atores" (Ator 1, Ator 2, etc.) que podem ser vistos como "atores épicos" na tradição do teatro brechtiano. O equilíbrio entre "metamorfose" (tornando-se o personagem) e "estranhamento" (permanecendo o ator) é uma das principais tarefas dos "atores épicos". Ainda que a metateatralidade não esteja em jogo nesta peça, o "estranhamento" ainda permanece no caso dos "Atores", em oposição à "metamorfose" dos personagens específicos naturalistas, freqüentemente introduzidos nas mesmas cenas (Geada; Lavadeiras; Saudade; Croup; Acerto de Contas).

Esse "estranhamento" é usado para criar um tom "objetivo", quase de um documentário da narração épica dos eventos históricos. Os discursos dos "Atores" podem ser vistos como referências específicas à sua vida na colônia. No entanto, ao mesmo tempo, eles apresentam uma imagem mais geral da experiência anarquista. Nas cenas nas quais interagem com personagens naturalistas, os "Atores" exemplificam um equilíbrio entre o "geral" e o "particular", o "social" e o "individual". Em outras cenas, sua função é fornecer informação sobre as origens e sobre os eventos atuais na colônia.

O emprego de recursos da tragédia grega e especialmente a retomada do teatro brechtiano foi muito comum no teatro brasileiro de protesto nos anos sessenta e setenta. Em *O Mito e o Herói no Moderno Teatro Brasileiro,* Rosenfeld vê a estética de Boal do Teatro do Oprimido como uma

A ANARQUIA ORGANIZADA...

elaboração inovadora das idéias de Brecht[18]. O "herói trágico", com todas as suas implicações míticas, está presente em várias peças de Dias Gomes. Consuelo de Castro emprega o modelo da tragédia em sua primeira peça sobre a rebelião dos estudantes de 1964 na Universidade de São Paulo, *A Prova de Fogo*. Alguns dos personagens de Plínio Marcos podem ser considerados "heróis populares". O épico foi a forma mais escolhida para muitos dramaturgos preocupados com complexos temas sociais, assim como com o lugar do indivíduo no processo de mudança. A ligação entre ideologias esquerdistas representadas por Brecht e muitos autores de teatro de protesto brasileiros não foi coincidência. Estava enraizada em uma forte crença idealista no potencial do indivíduo e na justiça social. Essa atitude levou à criação de certos mitos sobre a sociedade brasileira, os quais, de acordo com Rosenfeld, eram condição *sine qua non* para a credibilidade do herói. Suas existências estão interligadas: não existe herói sem um mito para defender e não existe mito sem um herói para exemplificá-lo[19].

Em *Colônia Cecília* Rossi defende o mito da Utopia e é esse mito que o traz à luz. O papel de Rossi como um herói e a conseqüente "mitologização" da colônia anarquista explicam até certo ponto algumas inconsistências ideológicas mencionadas anteriormente que escapam à lógica comum. Numa peça realista, "prosaica", essas contradições poderiam gerar alguma crítica, mas na visão "épica" da "heróica" *Colônia Cecília,* trata-se de uma *abordagem"* subjetiva" (poética) de eventos "objetivos" (históricos) e essa duplicidade é uma das características do texto. O contexto sócio-político do Brasil da virada do século, introduzido pelas aparições ocasionais de personagens naturalistas de fora da colônia, bem como pelos discursos "épicos" dos "Atores", não só aumenta o heroísmo do grupo como enfatiza sua alienação e determinação.

A peça apresenta "o mito de um mito", um mito de anarquia revivido por um mitológico (heróico) grupo de imigrantes italianos. A tentativa de Rossi de criar uma sociedade ideal utópica teve que ser simplificada a fim de se tornar heróica e de gerar uma dimensão mítica, adequada a uma peça. Uma análise pedante dos acontecimentos da virada do século seria mais apropriada a uma pesquisa acadêmica. O mesmo é verdade quanto à ideologia anarquista, que era o impulso para as ações de Rossi. Rossi era um crente "subjetivo" mais do que um intelectual "objetivo" que estudava ideologias. O papel ideológico e formal de Pallottini enquanto artista foi o de sintetizar e organizar esses dois mundos diferentes e seguir adiante, além da dialética e das oposições binárias.

18. Op. cit., p. 12.
19. Idem, p. 35.

SOBRE O TEATRO DE RENATA PALLOTTINI

Sobre *Enquanto se Vai Morrer*

"O que mais chama a atenção no texto de *Enquanto se vai morrer* [...], fora o seu evidente engajamento político, é a complexidade da sua estrutura, muito influenciada pela linguagem cinematográfica[...]. Esta é a peça maldita de Renata Pallottini. Escrita em plena ditadura do General Medici, foi proibida pela censura em 1972, às vésperas da estréia, por 'atentar contra a segurança nacional'"

SERGIO FONTA
Programa de Leitura Dramática patrocinada pela SBAT, 1998

Sobre *Serenata Cantada aos Companheiros*

"O importante, em *Serenata* [*Cantada aos Companheiros*], é que uma autora, consciente dos problemas de toda ordem, decide confessar-se, situando-se no mundo. [...] todos os diálogos nascem de uma profunda emoção, que provoca um trave no espectador, sem sentimentalismo, ou melodramaticidade".

SABATO MAGALDI
Jornal da Tarde, 1976

880 TEATRO COMPLETO: RENATA PALLOTTINI

"Apelando para imensas doses de coragem, franqueza e sinceridade, Renata regressa à juventude e acende sobre esta uma luz decidida de piedade e revolta".

ALBERTO GUZIK
Jornal da Tarde, 1976

"É mister ouvir essa serenata, sob pena de perdermos a oportunidade de conhecer as causas da omissão ante a realidade pela qual optamos muitos de nós, jovens dos anos 50".

ILKA ZANOTTO
O Estado de São Paulo, 1976

Sobre *Colônia Cecília*

"O resultado é um espetáculo verdadeiramente inesquecível: *Colônia Cecília*, texto de Renata Pallottini sobre os colonos anarquistas que tentaram, em solo paranaense, no fim do século XIX, realizar a utopia que fracassara na Itália, uma colônia onde o homem era a sua própria medida e seu destino maior, sem autoridades, sem Estado, sem documentos, sem impostos. Libertário e igual."

FAUSTO FUSER
Visão, 22 de outubro de 1984

"O texto, aproveitando um fato histórico pouco estudado, a colônia anarquista fundada no final do século XIX por Giovanni Rossi, em terras do Paraná, e que não teve sucesso, é um grande poema dramático, não fosse a autora, antes de tudo, poeta. Utilizando-se de uma estrutura fracionária, vinda dos expressionistas, com os elementos líricos e épicos da poesia, a peça parece, num primeiro momento, pouco dramática. Entretanto, sua ação é rigorosamente clássica: uma vontade vigorosa dos colonos, que se opõe a outra, primariamente à estrutura, normas e convenções sociais, mas fundamentalmente à inviabilidade das utopias[...] Esse conflito dramático, na melhor linha clássica, dá força dramática ao texto, que se expande na beleza poética."

CLOVIS GARCIA
O Estado de São Paulo, 31 de outubro de 1984

Sobre *João Guimarães, Veredas*

"Renata Pallottini foi em geral muito feliz na adaptação cênica da narrativa roseana, por ter conseguido preservar-lhe todo o tempo a admirável linguagem[...] O trabalho de RP, preparado com grande amor e conhecimento da obra de Guimarães Rosa, serve de excelente introdução ao seu estudo[...]"

SÁBATO MAGALDI
Teatro, O Estado de São Paulo, 11 de setembro 1969

SOBRE O TEATRO DE RENATA PALLOTTINI 881

Sobre *O Escorpião de Numância*

"Muito boa esta peça [*O Escorpião de Numância*] [...] O diálogo é enxuto, com palavras exatas, cuja significação nos alcança facilmente, com uma grande carga poética. Trata-se de um dramaturgo que domina perfeitamente os seus dois instrumentos : a linguagem e a técnica [...] Esta peça rasga uma esperança, um grito de alerta, um brado para a liberdade, cumprindo a sua missão de que nenhum artista poderá, nos dias que correm, ficar indiferente à sorte da humanidade."

HERMILO BORBA FILHO
Parecer de Jurado no Concurso Anchieta da Secretaria Estadual de Cultura de São Paulo – Voto escrito em 1968

"Na peça de Renata – notável pela áspera simplicidade com que se configura a situação coletiva, sem que se omitam matizes individuais – Cipião Emiliano surge como representante cruel da expansão imperial. Numância, segundo Renata 'ilustra a força que pode ter um povo que se une e que, assim, consegue derrotar as mais violentas investidas do poder arbitrário e da violência.'"

ANATOL ROSENFELD
O Escorpião de Numância, 1969

"Mas vejamos mais de perto a "Numância" atual. Não é mais *O Cerco de Numância*, e sim *O Escorpião de Numância*, título bastante sugestivo e que constitui, já por si, um achado, pois os numantinos – como o escorpião que, quando se vê cercado, prefere matar-se a ser morto – optam pela morte e não pela escravidão.

São muitos os momentos, como este, altamente dramáticos e poéticos, que valorizam a peça baseada em Cervantes. Uma adaptação que, sob vários aspectos, é uma criação."

CELIA BERRETINI
O assunto é Numância, S.L. O Estado de São Paulo, 31 de outubro de 1970

Obras sobre Renata Pallottini

História e Ficção em Colônia Cecília *de Renata Pallottini*. Dissertação de Mestrado apresentada à UNESP – Araraquara, sob orientação da Prfa. Dra. Lidia Facchin. SP, 2000.

Em Busca de um Teatro Poético – Monografia de Fim de Curso – Jurandir Diniz Junior – ECA/USP – SP, manuscrito – s/d.

Renata Pallottini's organized anarchy. In: "Revista Hispánica Moderna", Columbia University, NY , dezembro 1996.

TEATRO NA PERSPECTIVA

O Sentido e a Máscara
Gerd A. Bornheim (D008)
A Tragédia Grega
Albin Lesky (D032)
Maiakóvski e o Teatro de Vanguarda
Angelo M. Ripellino (D042)
O Teatro e sua Realidade
Bernard Dort (D127)
Semiologia do Teatro
J. Guinsburg, J. T. Coelho Netto e
Reni C. Cardoso (orgs.) (D138)
Teatro Moderno
Anatol Rosenfeld (D153)
O Teatro Ontem e Hoje
Célia Berrettini (D166)
Oficina: Do Teatro ao Te-Ato
Armando Sérgio da Silva (D175)
O Mito e o Herói no Moderno Teatro Brasileiro
Anatol Rosenfeld (D179)
Natureza e Sentido da Improvisação Teatral
Sandra Chacra (D183)
Jogos Teatrais
Ingrid D. Koudela (D189)
Stanislávski e o Teatro de Arte de Moscou
J. Guinsburg (D192)

O Teatro Épico
Anatol Rosenfeld (D193)
Exercício Findo
Décio de Almeida Prado (D199)
O Teatro Brasileiro Moderno
Décio de Almeida Prado (D211)
Qorpo-Santo: Surrealismo ou Absurdo?
Eudinyr Fraga (D212)
Performance como Linguagem
Renato Cohen (D219)
Grupo Macunaíma: Carnavalização e Mito
David George (D230)
Bunraku: Um Teatro de Bonecos
Sakae M. Giroux e Tae Suzuki (D241)
No Reino da Desigualdade
Maria Lúcia de Souza B. Pupo (D244)
A Arte do Ator
Richard Boleslavski (D246)
Um Vôo Brechtiano
Ingrid D. Koudela (D248)
Prismas do Teatro
Anatol Rosenfeld (D256)
Teatro de Anchieta a Alencar
Décio de Almeida Prado (D261)

A Cena em Sombras
Leda Maria Martins (D267)
Texto e Jogo
Ingrid D. Koudela (D271)
O Drama Romântico Brasileiro
Décio de Almeida Prado (D273)
Para Trás e Para Frente
David Ball (D278)
Brecht na Pós-Modernidade
Ingrid Dormien Koudela (D281)
O Teatro É Necessário?
Denis Guénoun (D298)
O Teatro do Corpo Manifesto:
Teatro Físico
Lúcia Romano (E301)
O Melodrama
Jean-Marie Thomasseau (E303)
João Caetano
Décio de Almeida Prado (E011)
Mestres do Teatro I
John Gassner (E036)
Mestres do Teatro II
John Gassner (E048)
Artaud e o Teatro
Alain Virmaux (E058)
Improvisação para o Teatro
Viola Spolin (E062)
Jogo, Teatro & Pensamento
Richard Courtney (E076)
Teatro: Leste & Oeste
Leonard C. Pronko (E080)
Uma Atriz: Cacilda Becker
Nanci Fernandes e Maria T.
Vargas (orgs.) (E086)
TBC: Crônica de um Sonho
Alberto Guzik (E090)
Os Processos Criativos de Robert Wilson
Luiz Roberto Galizia (E091)
Nelson Rodrigues: Dramaturgia e
Encenações
Sábato Magaldi (E098)
José de Alencar e o Teatro
João Roberto Faria (E100)
Sobre o Trabalho do Ator
Mauro Meiches e Silvia Fernandes
(E103)
Arthur de Azevedo: A Palavra e o Riso
Antonio Martins (E107)
O Texto no Teatro
Sábato Magaldi (E111)

Teatro da Militância
Silvana Garcia (E113)
Brecht: Um Jogo de Aprendizagem
Ingrid D. Koudela (E117)
O Ator no Século XX
Odette Aslan (E119)
Zeami: Cena e Pensamento Nô
Sakae M. Giroux (E122)
Um Teatro da Mulher
Elza Cunha de Vincenzo (E127)
Concerto Barroco às Óperas do Judeu
Francisco Maciel Silveira (E131)
Os Teatros Bunraku e Kabuki: Uma
Visada Barroca
Darci Kusano (E133)
O Teatro Realista no Brasil: 1855-1865
João Roberto Faria (E136)
Antunes Filho e a Dimensão Utópica
Sebastião Milaré (E140)
O Truque e a Alma
Angelo Maria Ripellino (E145)
A Procura da Lucidez em Artaud
Vera Lúcia Felício (E148)
Memória e Invenção: Gerald Thomas
em Cena
Sílvia Fernandes (E149)
O Inspetor Geral de Gógol/Meyerhold
Arlete Cavaliere (E151)
O Teatro de Heiner Müller
Ruth Cerqueira de Oliveira Röhl
(E152)
Falando de Shakespeare
Barbara Heliodora (E155)
Moderna Dramaturgia Brasileira
Sábato Magaldi (E159)
Work in Progress na Cena Contemporânea
Renato Cohen (E162)
Stanislávski, Meierhold e Cia
J. Guinsburg (E170)
Apresentação do Teatro Brasileiro
Moderno
Décio de Almeida Prado (E172)
Da Cena em Cena
J. Guinsburg (E175)
O Ator Compositor
Matteo Bonfitto (E177)
Ruggero Jacobbi
Berenice Raulino (E182)
Papel do Corpo no Corpo do Ator
Sônia Machado Azevedo (E184)

O Teatro em Progresso
Décio de Almeida Prado (E185)
Édipo em Tebas
Bernard Knox (E186)
Depois do Espetáculo
Sábato Magaldi (E192)
Em Busca da Brasilidade
Claudia Braga (E194)
A Análise dos Espetáculos
Patrice Pavis (E196)
As Máscaras Mutáveis do Buda Dourado
Mark Olsen (E207)
Caos / Dramaturgia
Rubens Rewald (E213)
Para Ler o Teatro
Anne Ubersfeld (E217)
Entre o Mediterrâneo e o Atlântico, Uma Aventura Teatral
Maria Lúcia de Souza Barros Pupo (E220)
Do Grotesco e do Sublime
Victor Hugo (EL05)
O Cenário no Avesso
Sábato Magaldi (EL10)
A Linguagem de Beckett
Célia Berrettini (EL23)
Idéia do Teatro
José Ortega y Gasset (EL25)
O Romance Experimental e o Naturalismo no Teatro
Emile Zola (EL35)
Duas Farsas: O Embrião do Teatro de Molière
Célia Berrettini (EL36)
Marta, A Árvore e o Relógio
Jorge Andrade (T001)
O Dibuk
Sch. An-Ski (T005)
Leone de'Sommi: Um Judeu no Teatro da Renascença Italiana
J. Guinsburg (org.) (T008)
Urgência e Ruptura
Consuelo de Castro (T010)

Pirandello do Teatro no Teatro
J. Guinsburg (org.) (T011)
Canetti: O Teatro Terrível
Elias Canetti (T014)
Idéias Teatrais: O Século XIX no Brasil
João Roberto Faria (T015)
Heiner Müller: O Espanto no Teatro
Ingrid Dormien Koudela (Org.) (T016)
Büchner: Na Pena e na Cena
J. Guinsburg e Ingrid Dormien Koudela (Orgs.) (T017)
Teatro Completo
Renata Pallottini (T018)
Três Tragédias Gregas
Guilherme de Almeida e Trajano Vieira (S022)
Édipo Rei de Sófocles
Trajano Vieira (S031)
As Bacantes de Eurípides
Trajano Vieira (S036)
Teatro e Sociedade: Shakespeare
Guy Boquet (K015)
Eleonora Duse: Vida e Obra
Giovanni Pontiero (PERS)
Linguagem e Vida
Antonin Artaud (PERS)
Ninguém se Livra de seus Fantasmas
Nydia Licia (PERS)
O Cotidiano de uma Lenda
Cristiane Layher Takeda (PERS)
História Mundial do Teatro
Margot Berthold (LSC)
O Jogo Teatral no Livro do Diretor
Viola Spolin (LSC)
Dicionário de Teatro
Patrice Pavis (LSC)
Jogos Teatrais: O Fichário de Viola Spolin
Viola Spolin (LSC)
Zé
Fernando Marques (LSC)